イスラーム世界の都市空間

陣内 秀信・新井 勇治 編

法政大学出版局

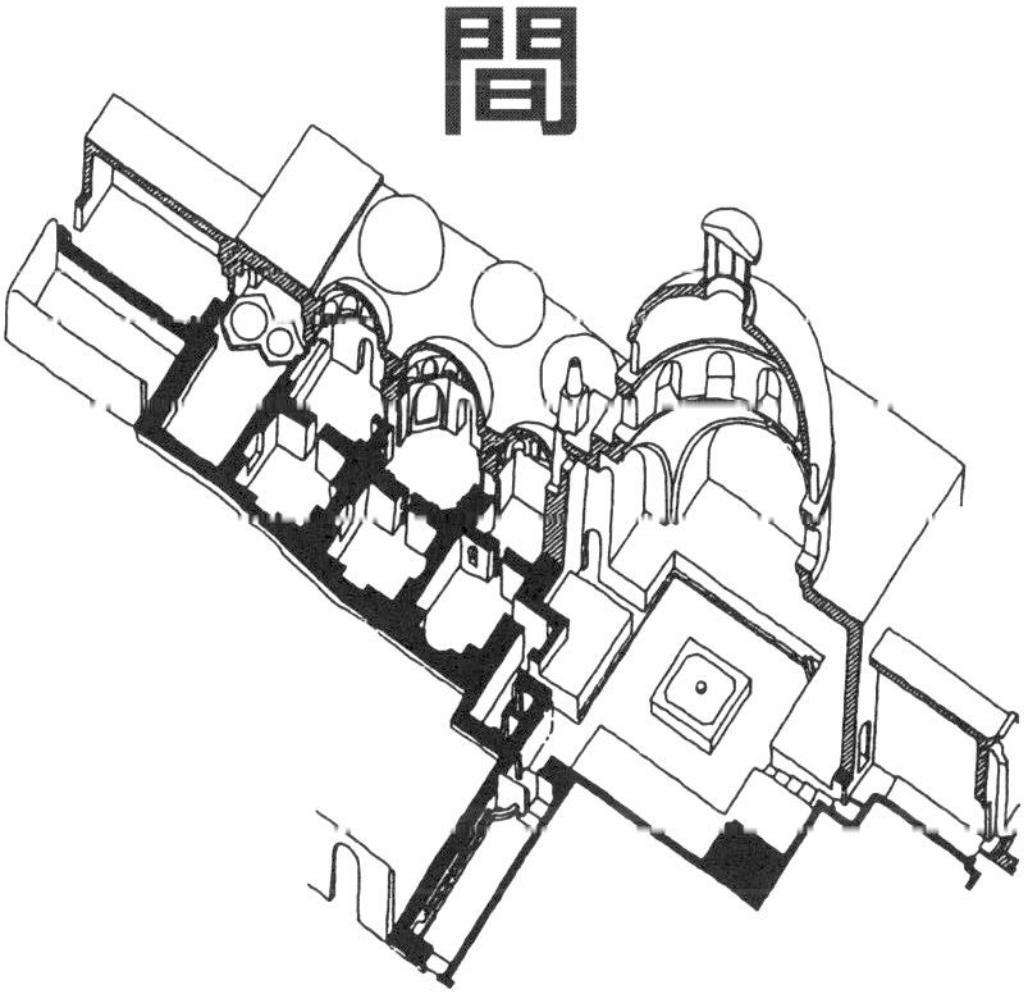

目次

II　各論＊多様な都市の生活空間

なぜ今、イスラーム世界の都市か

陣内秀信

都市研究の新たなる潮流

この二〇年ほど、〈都市〉に関する新しい視座からの研究が世界中で活発に展開されてきた。それにはさまざまな理由があろう。機能性や合理性ばかりを追求した近代的発想の都市づくりの時代が終焉し、どこでも都市の個性を求め、質の高い環境を追求するようになってきた。そのため、都市の歴史や文化に関心が生まれ、都市風景について人々が語るようになってきた。学問の世界でも、学際的交流が進み、あらゆる分野が出会い、共通の場で考えられる具体的な対象として〈都市〉がクローズアップされてきたといえる。従来から都市を扱ってきた建築や都市計画、地理学、社会学などばかりか、むしろ歴史学や文学、美術史、そして人類学、民俗学、記号論などの領域の人々が新たな方法を導入しながら、魅力ある研究対象として、都市へ熱いまなざしを向けたのである。

そもそもは、こうした都市へのアプローチはフランスのアナール派などの影響もあって、西欧諸国にまず生まれた。歴史的街区の再評価や都市の歴史的記憶をデザインに結びつける動きが、西欧に早く起こったのとも軌を一にしている。

しかしそれは、非西欧世界にも意外に早く広がることになった。日本での都市史研究の隆盛、江戸東京論ブームなどもこの流れの中で生まれたといえよう。西欧近代の都市をモデルに考えた戦後の都市づくりの発想からの大きな転換が訪れたのである。アジア都市への関心も芽生えはじめた。

そんな知的環境の中で、イスラーム世界の都市への興味も急速に高まってきたといえる。もちろん、現地の建築家や都市計画の専門家の間でも、歴史の中でつくられた自分たちの都市の個性的な姿への関心が生まれているし、優れた調査や研究も登場しはじめている。

迷宮都市の再評価

西アジア・アラビア半島から北アフリカにかけての中東・イスラーム世界の都市はどこも、われわれの気持ちを高ぶらせる不思議な魔力をもっている。喧騒に満ちたバザール（アラビア語でスーク）と清澄なモスクの空間を核とし、〈迷宮〉のように広がる複雑きわまりないこうした都市を徘徊すると、その密度高く組み立てられた場の力に、誰もが圧倒されてしまうだろう。また、航空写真でアラブ世界やイランの都市を上から眺めると、まるで生き物のように有機的で変化にとんだ形をしている。曲がりくねった道路網の中に、中庭をもつ住宅群があたかも細胞のようにぎっしりつまっている。

このようにエキゾチックな雰囲気を漂わせ、独特の活力にあふれる中東の都市の面白さは、建築の分野では比較的早くから注目されてきた。あまりに機能性や合理性を追求し、魅力を失った日常の近代都市から逃げ出したいという思いが、不思議な魔力をもった珍しい都市空間へと人々を向かわせたのだろう。

そのためか、イスラーム世界によくみられる独特の迷宮空間については、自然発生的で秩序のないヴァナキュラーな都市造形の面白さ、ということで片づけられがちだった。その中で、原広司研究室によって一九七〇年代前半に行なわれた、中東地域の集落における住居集合の論理に関する調査研究は、問題意識を先取りしていたものとして注目される。

だが考えてみると、中東・イスラーム世界の都市は、西欧都市に比べ、ずっと長い都市文明の歴史を背後にもっている。紀元前三〇〇〇～二〇〇〇年のメソポタミアの古代都市に始まり、古代ペルシアの都市、ヘレニズムやローマ・ビザンツ都市と展開した古代都市の豊かな経験を背景に、連綿と続く都市づくりの知恵を受け継ぎながら、多様な要素を巧みに配置し、複合化させ、密度の高い都市空間を見事に築き上げてきた。

こうしたイスラーム世界の都市に、理にかなった秩序が存在することは疑いがない。ただそれが、単純な合理性に慣れきった現代のわれわれの目には、見えにくいにすぎなかったのである。

特に、アラブ地域における旧市街は、近代がめざした都市の姿とはまったく反対の性格をもっている。道は見通しがきかず、狭くてごちゃごちゃし、車も入れない。ロバや馬が行き交い、路上はとても清潔にはなりえない。緑はなく、広場や公園も欠如している。秩序のない、遅れた都市というレッテルが貼られてきたのである。近代の世界にとって、都市のモデルを西欧に求める考え方が、ずっと支配的だった。

しかし、〝人とモノと情報〟が集まり、活気にあふれるまさに都市の原点が、イスラーム世界には見られる。建築や都市計画を専門とする者にとって、インスピレーションの源泉となりうる要素が、ここにはふんだんに散らばっているのである。

一九八〇年代に入って、急速にイスラーム世界の都市の捉え方も変わってきた。混沌としているように見えて、実は逆に、全体から細部に至るまで、秩序を持ちながら巧みに組織化された都市であることも明らかになってきた。芦原義信氏が、一見アメーバのようにだらしなく展開する東京の中にも「隠れた秩序」がある、と指摘したのともよく似ている。

イスラームの都市性を巡る学際的共同研究の展開

社会や文化の構造を対象とする諸分野でも、イスラーム社会を研究する人々が増え、しかも都市論の隆盛を背景にして、イスラーム世界の都市そのものを研究対象とする研究者も少なからず登場してきた。日本の社会全体からの要請としても、国際化の中で中東を中心に大きく広がるイスラーム世界の社会や文化の特質を理解することが大きな課題として認識されるようになってきた。

こうした状況を背景に、一九八八年四月から九一年三月までの三年間、東京大学東洋文化研究所の板垣雄三氏を中心に、文部省の重点領域研究として、「イスラームの都市性」に関する研究プロジェクトが実施された。イスラーム研究者を核としながらも、それ以外の地域を専門とする研究者を大勢迎え入れ、世界のさまざまな地域の都市の比較という視点に立って、イスラーム世界の都市の特質を描こうという刺激的な枠組みがとられた。総勢一三〇名を越える参加メンバーの学問分野も歴史学、経済学、政治学、社会学、文学、美術史、人類学・民俗学、地理学、そして建築、都市計画など、実に多岐にわたり、都市の研究にふさわしい文字通り学際的な研究体制が組まれた。われわれも建築史の立場からこの研究プロジェクトに積極的に参加し、さまざまな分野の方々との交流の中から多くを学ぶことができた。

特に、一九八八年夏、イスラーム研究の専門家の方々とともに、カイロ、シリアのダマスクスおよびアレッポ、トルコのブルサ、イスタンブルをはじめとする諸都市を訪ね、イスラーム世界の都市の特質を現地で一緒に考えることができたのは、私にとって大きな刺激となった。

このような一連の共同研究の活動、交流の中で、さまざまな認識が深まり、共通の問題意識も形成され、今後の課題も明らかになった。

基本的な姿勢としてまず、従来、西欧の都市が常にモデルとして語られたが、世界の都市文明の長い歴史の中では、中東を中心とする世界にこそ高度に発達した都市が形成されたのであり、それを受け継ぐイスラーム世界の都市には独自の社会の仕組みと高度な文化がつくられた、という認識が共有化された。一見迷宮状に見える都市の在り方も、その固有の価値体系の上でその意味が解き明かされたといえる。

そしてまた、従来、一般的によく使われてきた「イスラーム都市」という言い方自体がそもそも成り立ちうるのか、常に問われ続けた。イスラーム都市という概念の批判的再検討がさまざまな視点からなされたのである(羽田正「イスラーム都市論の解体」『イスラーム都市研究――歴史と展望』、三浦徹「イスラーム都市研究再考」『イスラームの都市性』などを参照)。

実際、イスラーム教の世界は東西に大きく広がっており、各地で都市の在り方にもさまざまな違いが見られる。気候風土、民族性、そして先行した文化・歴史によって大きく方向づけられ、同じイスラーム社会とはいえ、都市の構造、生活習慣もかなり異なることがこの間の研究で明らかになりつつある。例えば、乾燥地帯である中東のアラブ世界やイランなどを見慣れていると、イスラーム世界の都市では、モスクにしても住宅にしても、建築は中庭型をとるものだと思いがちだが、蒸し暑いインドネシアなどの東南アジアに行くと、建築は逆に外に向かって開放的なつくりをとる傾向を示すのである。また、地中海に面している同じ中東世界でも、アラブ圏とトルコとでは、都市の形態や住宅の構成にかなりの違いが見られるのである。今後の課題として、各地域ごとでの気候風土、民族性、そして固有の先行する歴史・文化などを考慮した都市の実態の把握が求められる。

中東のアラブ世界で見るならば、旧市街の空間を特徴づける迷路と中庭型住宅は古代から受け継がれたものだけに、それをもって「イスラーム都市」そのものの特徴と決めつける発想には問題がある。この古代から連綿と続くアラブ的要素に加え、もう一つ重要なのは、古代地中海世界のフェニキア、ヘレニズム、ローマの文化がどのようにイスラーム時代の都市に受け継がれたかという問題である。一般に、イスラーム研究者はそれ以前に存在した古代に、従来あまり関心を示さないできたように見える。同じ地域における歴史の重なりをより複眼的に探求することが必要なのである。

　歴史的パースペクティブで見たときに、もう一つの大きな課題は、近代におけるイスラームの都市性である。ヨーロッパ諸国の支配、影響下で形成されたイスラーム諸国の近代の市街地は、広くてまっすぐな並木道、広場、幾何学的な街区、中層のアパート群などからなる西欧風の都市風景を見せ、旧市街と著しいコントラストをなす。だが、その中にもさまざまなレベルでイスラームの伝統社会における都市の性格が受け継がれ、あるいは新たに生まれているに違いない。それを明らかにすることも、今後の重要な課題である。今日のイスラーム世界の都市から近代的・現代的要素をきれいに取り除き、伝統的な景観を想像するだけの学問では、現代という時代に積極的な意味をもちにくい（後藤明「イスラーム都市とは」『イスラームの都市性』参照）。

　文系諸分野の研究者との交流の中で、建築の領域との重なりを大いに認識できた都市独特のテーマは数多い。都市における日常生活の基本単位をなしてきたハーラ（マハッラともいわれ、「街区」と訳される）の在り方をめぐってずいぶん議論がなされたが、これは建築の側からも、その実態を明らかにすべき重要な課題である。

　また、イスラーム法にもとづく宗教制度としてのワクフ制度によって、都市施設がつくられ、運営されたという点も、イスラーム社会における都市の形成・発展のメカニズムを探る上で、重要な視座を与えてくれる（林佳世子「ワクフ制度――イスラーム都市空間構成の原理」『イスラームの都市性』参照）。

　イスラームの「都市のネットワーク」という視点も、建築のわれわれにとって非常に興味がもたれる。確かに、イスラームの都市を見ていると、都市とは「人とモノと情報」が集まる場であり、それを取り結ぶネットワークが非常に重要なのがよくわかる。ポストモダンの状況を経た今日、都市の再定義をするとすれば、まさにこうしたイスラーム世界の都市の特徴がそのまま当てはまるようにさえ見える。都市の原点が、イスラーム世界に見て取れる。建築の立場からすれば、スーク（バザール）やハーン（キャラヴァンサライ、隊商宿）などの商業空間、文化施設などの在り方をネットワーク論の発想から読み解いていくことが求められよう。

もう一つは、世界のさまざまな地域の比較論の中から浮かび上がった「都市のコスモロジー」という視点である。中国や東南アジア、インドを対象とすると、都市の構造や空間を捉えるには、常にコスモロジカルなモデルが重要となる。日本の都市にも、部分的にそれが適応できる。ところが、中東・イスラーム世界の都市や西欧都市にはそう簡単にこうした発想が当てはめられない。別の論理で都市を読む必要がある。あるいは、東アジアのコスモロジーとは違った形での象徴表現が見られる。

都市のフィールド調査

われわれの研究室では、二十数年前から、イタリア都市の研究と並んで、東京の調査・研究に取り組んできたが、この十数年間は、それと並行して、中国の都市や地中海周辺のイスラーム世界の都市のフィールド調査を手がけてきた（中国都市の研究に関しては、陣内秀信編『中国の水郷都市――蘇州と周辺の水の文化』鹿島出版会、一九九三年。および陣内秀信・朱自煊・高村雅彦編『北京――都市空間を読む』鹿島出版会、一九九八年参照）。目的は同じで、近代のあまりに単純に機能を整理して配列、構成された都市のつくり方を反省するために、古い文明圏に分布する複合的なシステムで組み立てられた変化に富む都市空間を解剖し、その特質を知るということにある。

なかでもイスラーム地域の都市では、中心部を占める宗教的象徴のモスク、交換と生産の場であるスーク（バザール）、社交や娯楽の場である社会・文化施設、そして家族や個人の生活拠点の住宅がいかにつくられ、また相互にどのように結ばれてこの一見複雑に見える都市を組み立てているのか、その原理を解き明かそうというのである。

作業としては、都市構造の全体的な骨格を観察、把握した上で、建築（都市施設、商業施設と住宅）や都市空間（街路や広場）の実測を行なう。その際に、住民や使用者からの聞き取りにも力を入れる。可能な限り詳しい地図の入手に努めるが、国や都市ごとに事情はかなり異なっている。

これまでにわれわれの研究室では、次のようなイスラーム世界の都市のフィールド調査を行なってきた。

まず、一九八九年八月、トルコ全体のジェネラル・サーベイを実施し、各地でチャンスのある限り、住宅や外部空間の実測も行なった。トルコのオスマン建築史の専門家、谷水潤氏にコーディネーターをお願いし、やはりオスマン朝都市史が専門の林佳世子氏にも加わっていただき、研究室の数名のメンバーで調査を行なった。かつて谷水氏の指導教授だったミマール・シナン大学のジェンギズ・エルズン教授から、詳細な情報と貴重な助言を得ることができた。こうして広くて多様性に富むアナトリア半島全体を巡り、地方ごとに見られる都市構造、住宅の特質を描き出すことができた。その成果は『PROCESS : Architecture No. 93 トルコ都市巡礼』(一九九〇年一二月)として刊行された。

その頃、われわれの研究室のOBの今村文明氏が、青年海外協力隊の一員として、モロッコ王国文化省文化財管理局で、首都ラバトの旧市街(メディナ)の修復再生の仕事に三年間たずさわった。その機会を生かし、一九九〇年三月、今村氏を中心に、研究室のメンバーが合流してモロッコ都市の現地調査を実施した。ここでは都市を絞り、特にマラケシュとフェズを詳しく調べ、それぞれ、「〈マラケシュ物語〉――迷宮の中のパラダイス」(『SD』一九九一年四月)、「〈フェズ物語〉――モロッコ立体迷宮都市を読む」(『SPAZIO』四三号、一九九一年六月)に成果を発表した。

次いで一九九一年一〇月、シリアのダマスクスの調査をする機会に恵まれた。ちょうどわれわれの研究室にダマスクスからシリア人のアブダラ・アラジュ氏が留学しており、彼と彼の家族の協力を得て、調査はスムーズに進んだ。元シリア国立博物館館長で建築・美術史家であるアフィーフ・バハナシー氏、そしてドイツ考古学研究所およびフランス・アラブ研究所の方々から貴重な資料の提供と研究上の助言を得ながら、この旧市街のつっこんだ調査を実施できた。『季刊 iichiko No. 26 特集・ダマスクスの文化学』(一九九三年冬)にその成果がまとまっている。

以上の三つの調査のすべてに中心メンバーとして参加した新井勇治氏が、一九九三〜九六年の三年間、ダマスクスに留学し、ダマスクス大学、フランス・アラブ研究所で、シリアを中心とするアラブ・イスラーム世界の都市・建築史の研究を深めることができたのは、われわれの研究室にとって願ってもない収穫だった。

一九九六年の八月には、アラビア語が堪能になった新井氏が留学先から合流し、チュニジアの都市調査を行なった。われわれの研究室のOBで中国都市の専門家の高村雅彦氏、南イタリア都市調査の経験が豊富な柳瀬有志氏も現役メンバーに加わって、強力なチームで調査ができた。チュニジアでは、東京在住のメッセルマニ氏から、各都市で活躍する建築家の方々を紹介していただき、現地の案内をしていただくとともに、興味深い情報を得られた。

このように、最近十数年間、われわれの研究室では、地中海を取り巻くイスラーム世界の都市を対象として、フィールド調査を継続的に行なってきた。

本書は、われわれのこれまで蓄積してきた個々のフィールド調査の成果を整理、編集すると同時に、イスラーム世界の都市の特質を描くべく、重要ないくつかのテーマに関する論考を前半部分（第I部）に並べ、一冊に編んだものである。まだ日本では十分に知られていない、中東・イスラーム世界の都市における生活空間の魅力や面白さを、たっぷりと描き出すことを目的としている。

本書を企画するにあたり、日本におけるイスラーム建築史の第一人者、石井昭先生の都立大学の研究室で学び、イスラームの専門家として優れた研究を精力的に発表しておられる山田幸正氏と深見奈緒子氏にも協力をお願いした。山田氏には、総論において、イスラーム地域の都市を最も大きく特徴づける宗教施設と商業施設という重要な部分の執筆を担当していただき、深見氏には各論において、中東・イスラーム世界の東端を占める重要な国、イランを代表する古都イスファハーンの都市と住宅について、最近の現地調査の成果をふまえて執筆していただいた。本書は、建築分野からイスラーム地域の都市を扱った日本で最初の包括的な書物となる。お二人の協力が得られたことで、建築（とりわけ建築史）の分野からのイスラーム世界の都市研究（特に中東の）に関する目下の到達点の広がりをここに示すことができたと考える。

本書は、「イスラーム世界の都市空間」と銘打っているが、扱っているのは、もっぱら西アジアから北アフリカにかけての高度な特徴ある都市文化を形成した地域である。地中海周辺のアラブ諸国、そしてトルコ、イランの都市が主に登場する。イスラームという宗教、生活規範、そして価値観の体系と結びついた都市の共通の特徴を探りながら、同時に、気候風土や先行する歴史・文化などに裏打ちされた地域ごとの固有の都市の在り方を描き出すことに努めている。どの地域でも都市を中心に扱っているが、都市にはさまざまな要素が組み込まれ、複雑で刺激的な文脈構成になっている。本書では都市のもつ多様な姿に迫り、構造を紐解いていくことを志している。都市に対する農村もまた魅力的で、異なった構成を示すが、次への課題としておきたい。

また、それぞれの都市の近代地区も含めた全体像を意識しつつも、重点的に調査を行なってきたのは、前近代（一九世紀以前）に形成された旧市街（メディナ）の部分である。その姿をできるだけヴィヴィッドに伝えることを考えている。

「生活空間」にこだわるのも本書の大きな特徴である。前述のような「イスラームの都市性」に関する大掛かりな共同研究の成果として、歴史学の研究者を中心に、イスラーム世界の都市そのものに関する著作が次々と出版されたことも考えてのことである。特に、三浦徹氏の『イスラームの都市世界』は、ハンディーな本ながら、アラブ世界を主な対象として、中東・イスラームの都市世界の全体像を形態から社会のしくみまで、見事に描いている。

そこで本書では、われわれのスタンスを明確にし、建築分野からのフィールド調査で得られた知見をできるだけリアルに表現するべく、生活空間に重点を置いて記述している。そこには、都市の中心部に展開する公的世界も、そのまわりに広がる住宅地の私的世界も登場するが、普通なかなか覗くことのできない住宅の内部については、特に力を入れて紹介していきたい。

なお、本書の内容により奥行きをもたせるため、比較の視点から、中東のイスラーム地域からは東へ遠く離れた中国西域の都市を、参考として取り上げている。われわれの研究室の地中海世界の都市調査を経験した後、個人として調査に取り組んだ柘和秀氏による研究成果である。

この中国新疆の都市空間と伝統住宅に関する調査報告は、まさに中国の重要なイスラーム地域を扱っている。中国のいわゆる四合院形式ではなく、より西アジアのものに近い中庭型の住宅が見られるのも、興味深い。日本での他の研究者、あるいは研究グループによるイスラーム世界の都市に関する調査研究の成果も蓄積されつつある。

本書の執筆者でもある山田幸正氏のモロッコ、エジプトを中心としたアラブ世界の都市に関する一連の研究、さらに深見奈緒子氏のイランの都市や住宅に関する調査研究などが代表的なものである。

また、インドおよびパキスタンのイスラーム教徒とヒンドゥー教徒が混在する地域の都市について、近年、京都大学の布野修司、山根周の両氏を中心とするグループ、さらには東京工業大学の八木孝二氏を中心とするグループが精力的に調査・研究を展開しており、その成果が大いに期待される。インドの都市に関しては、一九六〇年代から行なわれた飯塚キヨ氏による一連の先駆的な研究が今なお大きな価値を持ち続けていることを忘れることができない。

最後に、方法論について少し述べておきたい。複雑にでき上がっている都市を目の前にすると、どこから手をつけていいか迷いがちである。その点では、イタリアで始まり、欧米に広まりつつある建築類型学／都市形態学の方法を身につけていれば、イスラーム世界の都市にも確実にチャレンジできる。建築と都市空間を有機的に結びつけながら捉え、建築が敷地割り、街区、街路などの要素と一体化して織りなされ、集合体としての都市組織（urban fabric）を形づくっている状態を考察する。つまり、建築から都市全体まで、空間の系譜をできるだけ時間軸をも入れながら捉えるのである。われわれはこういった発想と方法をもって、いつもイスラーム世界の都市の調査にチャレンジしてきた。

本書はしたがって、〈イスラーム世界の都市を読む〉という性格をもっている。その意味では、同じ法政大学出版局から以前に出版した『都市を読む＊イタリア』（一九八八年）のイスラーム版ということもできよう。

参考文献

飯塚キヨ「図説インド都市建築史」『SD』二月〜四月号、鹿島出版会、一九七〇年
熊本大学環地中海建築調査団『SD臨時増刊号　地中海建築』鹿島研究所出版、一九七一年
熊本大学環地中海建築調査団『SD臨時増刊号　続地中海建築　中近東・バルカン編』鹿島研究所出版、一九七三年
東京大学生産技術研究所・原研究室「住居集合論　その一――地中海地域の領域論的考察」『SD別冊』四号、鹿島研究所出版、一九七三年
東京大学生産技術研究所・原研究室「住居集合論　その三――東欧・中東地域の形態論的考察」『SD別冊』八号、鹿島出版会、一九七六年
前嶋信次・石井昭編『世界の文化史蹟第一〇巻　イスラムの世界』講談社、一九七八年
日本イスラム協会監修『イスラム事典』平凡社、一九八二年（『新イスラム事典』二〇〇二年）
石井昭『世界の建築第三巻　イスラーム』学研、一九八三年
B・S・ハキーム、佐藤次高監訳『イスラーム都市　アラブのまちづくりの原理』第三書館、一九九〇年
羽田正・三浦徹編『イスラム都市研究――歴史と展望』東京大学出版会、一九九一年
板垣雄三・後藤明編『事典イスラームの都市性』亜紀書房、一九九二年
板垣雄三・後藤明編『イスラームの都市性』日本学術振興会、一九九三年
三浦徹・東長靖・黒木英充編『イスラーム研究ハンドブック』栄光教育文化研究所、一九九五年
三浦徹『イスラームの都市世界』山川出版社、一九九七年
布野修司・黄蘭翔・山根周・他「ジャイプルの街路体系と街区構成　インド調査局作製の都市地図（一九二五―二八年）の分析　その一」『日本建築学会計画系論文集』第四九九号、日本建築学会、一九九七年
山根周・布野修司・荒仁・他「モハッラ、クーチャ、ガリ、カトラの空間構成――ラホール旧市街の都市空間構成に関する研究　その一」『日本建築学会計画系論文集』第五一三号、日本建築学会、一九九八年
八木研究室（東京工業大学）、茶谷・安藤研究室（法政大学）「路地と中庭――中世インドの都市型住居に探る」『ディテール』一四〇―一四二、一九九九年
陣内秀信・中山繁信編『実測術――サーベイで都市を読む・建築を学ぶ』学芸出版社、二〇〇一年
大塚和夫・小杉泰・小松久男・東長靖・羽田正・山内昌之編『岩波イスラーム辞典』岩波書店、二〇〇二年
片倉もとこ他編『イスラーム世界事典』明石書店、二〇〇二年

I

総論＊都市空間の読み方

都市の空間構造

陣内秀信・新井勇治

「計画された都市」と「生きられた都市」

中東の世界には、四千年にも及ぶ長い都市の歴史がある。中世以来それを受け継いだ中東のイスラーム地域は、高度に発達した都市の文化を開花させた。ところが、近代になって、ヨーロッパを中心とする価値観が世界を支配する中で、イスラーム地域の都市の固有な価値は長らく忘れ去られてきた。

近代の開発からは取り残され、多くの都市問題をかかえているとはいえ、こうした中東・イスラーム世界の都市を訪ねると、その旧市街（メディナ）の内部には、往時の繁栄を物語る素晴らしい建築群や都市施設がぎっしりと並ぶ、特徴ある都市空間を構成していることに驚かされる。中東の都市は、特に中世の時点で比較するならば、経済的、文化的な繁栄から見ても、また人口規模から見ても、ヨーロッパの都市が足下にも及ばないほどに発達していたことがわかる。

ここでは、西アジアから北アフリカにかけての中東・イスラーム世界の都市をいくつか取り上げながら、複合的かつ緻密に組み立てられたその空間の中に、人々の生活がどのように営まれているのかを描き出してみたい。地中海周辺のアラブ圏を中心に論ずるが、必要に応じてイランやトルコについても触れていきたい。

イスラーム世界における都市の空間構造を分析する研究は、アラブ人の研究者自身によっても近年、徐々に活発になっているが、なかでも、チュニスのメディナを分析したB・S・ハキームの『イスラム都市――アラブのまちづくりの原理』（原著＝B. S. Hakim, *Arabic Islamic Cities*）は刺激的な内容を含んでいる。住宅内部の構成から都市全体の形態に至るまで、系統的にその構造を分析し、アラブ・イスラーム世界の都市の特質を考察している。しかも、ハードな面ばかりか、その形態を生み出したソフトの観点に光を当て、イスラーム法がいかに都市の環境形成に大きく影響したかを論じていて注目される。

そもそも都市をとらえるには、マクロな視点から見た支配者の側からの「計画された都市」という面と、市民や住民のミクロな側からの行為を集積してつくり上げられる「生きられた都市」という面の両方が重要であるが、アラブ世界の都市こそ、この両側面から見ていくのに格好の対象ではないかと思われる。

実際、ハキームもこのような立場で都市を分析する。まず巨視的には、イスラーム地域における都市全体の骨格および中心機能は、主として支配者がマクロなスケールでつくり上げた秩序体系であり、そこには計画的意志が働いている。もう一方の都市の魅力は、何といっても住宅地のあの迷宮空間であり、ヨーロッパの都市を見慣れた目には非常に奇異に映るが、中庭を中心として実に巧みに都市空間が組み立てられているのに驚かされる。それがミクロなスケールの都市づくりといえる。

迷宮都市、あるいは迷路状の都市空間といっても、よそ者の目にそう映るだけで、長く住み、その空間に馴染んでいる住民には、どこも違った表情をしたこういった空間は、かえってわかりやすいはずである。

イスラーム世界の都市を語るには、地理的広がりの中で、その多様性を比較しながら考えなければならないのと同時に、イスラーム以前から綿々と続いてきた長い都市や建築の歴史を考察することが求められる。

実のところ、イスラーム地域の都市の中に見いだせる重要な構成要素が、真にイスラームの価値観のもとで生まれた新しいものか、それともメソポタミア、地中海世界の古代都市文明の遺産からもたらされたものかを識別するのは、そう簡単ではない。

建築史の分野で、都市の原型の一つを示すものとしてしばしば引き合いに出されるものに、メソポタミアのウルの都市平面図がある。バグダードの近くに栄えた起元前二〇〇〇年頃のこの都市については、ジッグラトを中心とする神域に加え、一般の居住地の構成が、考古学調査で明らかにされている（図1）。この図を見ると、現在のイスラーム地域の都市における旧市街の住宅地と非常によく似ているのに驚かされる。迷路的な複雑な道路網の中に中庭型の住宅がぎっしり並んでいるのである。このことから考えても、メソポタミアに非常に古い時代に形成されたアラブ地域の都市と、イスラーム時代になってからつくられた都市、あるいは変容してきた都市との関連を十分に見ていくことが必要なのがわかる。同時に、イスラーム以前にこの中東地域に広がっていたヘレニズム、ローマ・ビザンツの計画的につくられた都市とイスラーム時代の都市との関係についての考察も重要である。

都市中心部の機能と形態

まず、イスラーム世界の都市の一般的なイメージを描いてみたい。代表的なアラブ地域の都市の一つ、シリアのアレッポを見てみよう。幸い、街の東に位置する高台の城砦から、西に広がる中心部を望むことができる（図2）。右手にミナレットをもつ大モスクがあり、その左や前後には、ヴォールトやドームでカバーされたスーク（市場、ペルシア語ではバーザールと呼ぶ）が広がり、巨大な商業空間が発達している様子がわかる。都心部には、こうした商業空間ができている一方、周辺に落ち着いた住宅地が広がり、両者は明確に区分されている。

中東・イスラーム世界の都市をヨーロッパのそれと比べ、まず興味を引かれるのは、このように都心部が交易、商業の空間として非常に活気にあふれているということである。その核にはほとんどの場合、宗教的にも社会的にも都

図1　ウルの中庭型住宅　前2000年

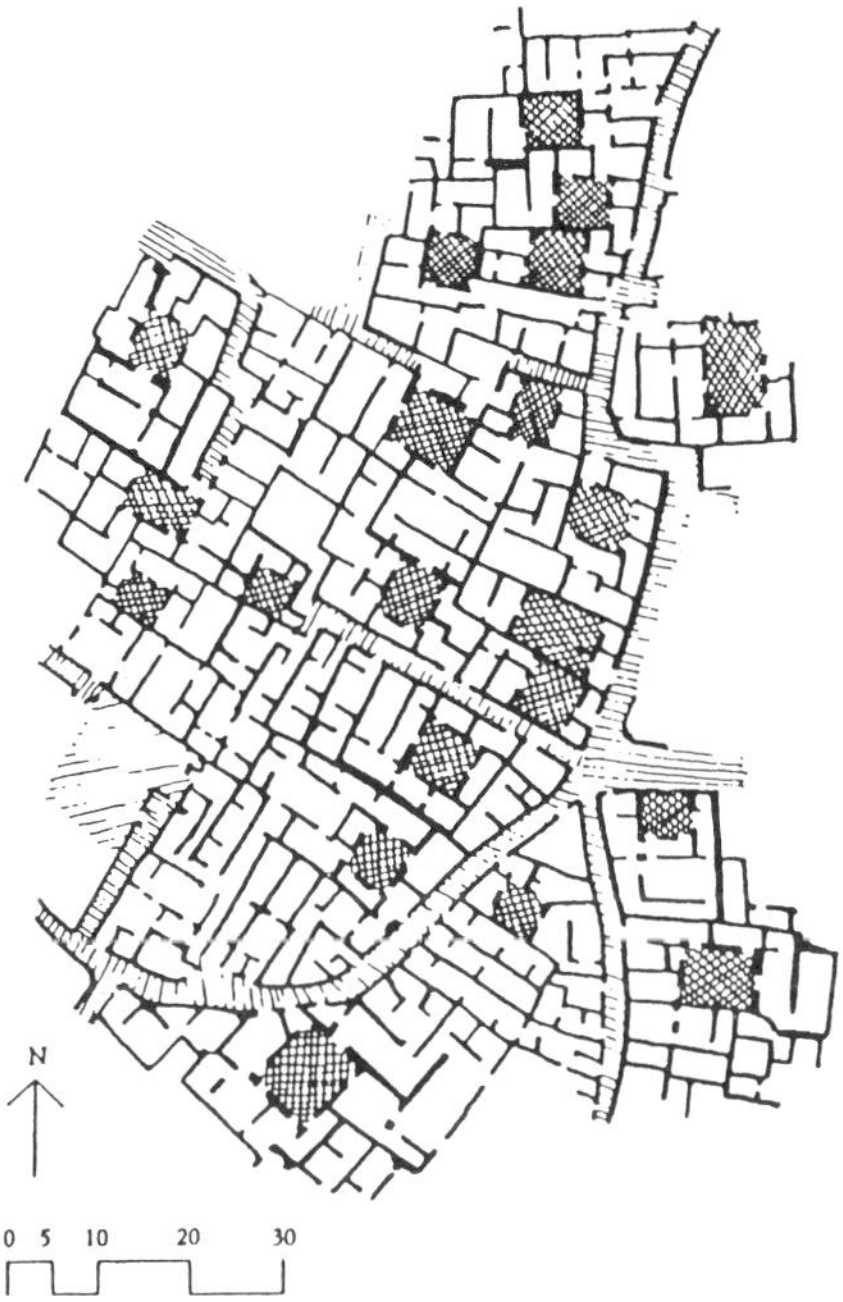

図2　アレッポ中心部

市の中心となる大モスクがあり、近くにマドラサ（イスラーム教の高等教育機関）をも伴いながら、都心部の求心力を著しく高めている。大モスクのまわりにスークが発達し、都心の公共的な空間を形成しているのである。このように聖と俗の空間が一体化している点が注目される。

スークはモノと人と情報が集まる活気に満ちた空間だが、その商業、流通機能に加え、どこか祝祭的な雰囲気をもっている。この狭いが活気ある空間に身を置くだけで、われわれの気持ちは高ぶり、どこか晴れがましい気分になる。

スークあるいはバーザールという商業専用空間は、イスラーム世界の都市独特のものである。そもそも、イスラーム社会では、商業というものが最初から非常に重要な役割を占めた。イスラーム教を説いた預言者のムハンマド自身が商人階級の出身で、商人のスピリットがイスラーム社会には、すみずみまで及んでいる。

世界中に交易ネットワークを張り巡らせるイスラーム社会の都市だから、スークには各地から商人や旅人が集まってくる。したがって、スークはインターナショナルな性格をもち、常に活気と賑わいに満ちた公共性に富んだビジネスの空間であり、その主役は男達である。

両側に小さな店舗がぎっしり並ぶスークの背後には、数多くのハーン（アラビア語で「隊商宿」の意。あるいはフンドゥク、ワカーラと呼ばれる。ペルシア語でキャラヴァンサライ）が設けられ、商人の宿であり、取引の商館の役割を果たした。こうしてスークとハーンが表裏に巧みに組み合わされ、中東・イスラーム世界の都市ならではの密度の高い商業ゾーンを形づくっているのである。

また、国際的に開かれた都市に発達していったのは、商人の力ばかりでなく、メッカ巡礼者や学問を求める人々の交流も重要な役割を果たした。巡礼はアラビア語でハッジと呼ばれ、イスラーム教徒の義務の一つになっている。かつては、巡礼時になると大規模な隊列が組まれ、各都市を経由しながらメッカに向かい、命を落とすこともある厳しい旅であった。現在でも、巡礼明けの祝祭はイスラーム世界における重要な行事であり、盛大に行なわれている。

巡礼や学問の旅をしながら、各地を巡る人々も国際的であった。一二世紀のイブン・ジュバイル、一四世紀のイブン・バットゥータはその代表であり、当時の様子を伝える旅行記を残している。各地に建てられたマドラサ（教育機関）が果たした役割も大きく、またコーランの唯一の言語となるアラビア語が共通言語となり、交流を容易にした。マドラサの著名な師には多くの学生が集まり、各地の支配階級の人達は、ワクフ（寄進制度）によってマドラサを建てたり、師を招いて学問を奨励した。師や学生達が各地にあるマドラサを巡ることによって、情報やモノも伝達し、都市の国際性は増していったのである。

中東の都市は一般に、まわりを城壁で囲われている（トルコの都市は事情が異なり、城壁へのこだわりは少なく、ブルサのように、ビザンツ時代の城壁の外に大きく展開している例も多い）。その内部は全体としてかなり複雑に見えるが、外から来る商人や旅人がこの都心に迷うことなく到達できるよう、城門からのアプローチにあたる主要道路は比較的わかりやすくできている。そこにある種の計画性が読み取れる。

一方、その裏手に大きく広がる住宅地は、よそ者の侵入しにくい迷路状の都市空間を構成し、安全で落ち着いた住民の生活の場となっている。そこは女と子供が主役の場といえよう。都心が世界に開いたインターナショナル・シティであるのに対し、地元の住民のための住宅地はドメスティック・シティということになる。こうして公的空間と私的空間が明確に分かれているところに、中東・イスラーム世界の都市の大きな特徴がある。

西欧では近代になってようやく成立する職住の分離が中東の都市ではかなり早い段階から実現していたのが注目される。とはいえ、こうした性格を異にする職と住の空間が、表と裏の比較的近い所に巧みに仕分けられ、組み合わされて、都市をコンパクトに組織していたのであり、そこが近代の都市とは決定的に異なる。

官と民に分け、官と関係するものが公共的と考える今日のわれわれの発想は、イスラーム世界ではまったく馴染まない。大モスクとスークあるいはバーザールのある都心が公的な空間とはいえ、基本的には民間の商業活動が集積している場であって、ヨーロッパ都市のように象徴性をもつ市庁舎や役所の施設がそびえ立つわけではないし、為政者の城（館）があっても一般には城壁沿いの、都市にとっての縁に置かれ、中心部の空間を支配することはあまりない。モスク、マドラサなどの宗教施設と商業施設とで基本的に構成され、威圧的な姿をとる世俗権力のモニュメントはそこには存在しないことが多い。ただし、アラブ拡大初期の軍隊の駐屯地（ミスル）や王都として新規にできる都市には、中心に宮殿や総督の館が置かれることもあったが、次第に周縁に移っていった。

イスラーム世界における都市の成立背景

イスラーム世界の都市の中には、実は、イスラーム教が支配する以前に起源をもつ古いものが多い。三浦徹氏は、現在中東で人口三〇万をこえる五五の都市を地図に示した上で、そのうち三分の二以上が、なんらかの形でイスラーム以前からの都市を前身としていると指摘する（『イスラームの都市世界』）。

ここで少し、こうしたイスラーム地域の都市の空間が、それ以前に存在したいかなる都市の在り方を受け継ぎ、あるいはモデルとして形成されたのかを考えてみよう。この点に関しては、イスラーム世界の都市史を専門とするイタリア人の研究者、パオロ・クネオがその著書（Paolo Cuneo, *Storia dell'urbanistica–Il mondo islamico*）に大きな視野からの考察を展開しており、ここでも主にその記述に依拠しながら書き進める。

中東の各地には、さまざまな民族が住み、土着の伝統をもち、イスラーム以前の都市の体験を積んでいた。イスラーム教の発祥の地、メッカ、メディナは、イスラーム時代に入ってからの変化が激しく、そのもとの構造はわかりにくいが、商業機能、宗教的な機能などを十分に備え、キリスト教徒、ユダヤ教徒も住み、外の世界と密接につながった都市だった。

紀元前一五世紀から後六世紀に及ぶ繁栄した文明を表わすタイフは、アラビア半島におけるプレ・イスラームの最も重要な都市であり、ヘレニズム・ローマの文化的影響も受けたが、むしろアケメネス朝、ササン朝のペルシア、そしてエチオピアとの交流を強くもった。

イスラームが支配を広げていったアラビア半島、西アジア、北アフリカ、スペイン、そしてさらに中央アジア、インドなど、それぞれの地域には、先行する都市の文化がすでにあった。

まず、メソポタミア・ペルシアの地域では、シュメール、バビロニア、アッシリア、アケメネス朝ペルシア、パルティア、ササン朝ペルシアといった古代の文化が存在したのである。その中で、ウルやウルクに代表される古代の都市文明の栄えたメソポタミアの肥沃な三角地帯には、初期のカリフ征服時代（七世紀）にも、アラブ民族をはじめとするさまざまな人々が、ヘレニズムやローマ・ビザンツとの関係をもち、したがって部分的にはキリスト教化しながら、そしてまたイラン、特にササン朝との関係をもちながら、長い間住んでいた。ユーフラテス川に沿ったアル・ヒーラ、そしてキャラヴァンルートの中心であり、大きな神殿のまわりにほぼ円形の形態でつくられたハトラ（図3）、そしてメソポタミア地方を結ぶやはり通商都市として栄えたエデッサ（現在のトルコのウルファ）などが知られている。

エジプトでは、古代ファラオ時代、そしてアレクサンドリアの文化、さらにコプトの文化が下敷となった。

一方、シリア・パレスチナ地域の都市では、アラム語を話す人々の重要な共同体が、ローマ・ビザンツ都市の形成に貢献した。その一つ、二〜三世紀にキャラヴァンルートの中心として栄えたパルミラ（現在のタドモル）は、シリア砂漠の遊牧民を定住させた。また、それ以前にも紀元前二〇〇〇年頃には楔形文字を使用していたマリ王国やウガリット、次いでペトラやバールベックが繁栄した。このようにヘレニズム・ローマ、そしてビザンツの文化が、先行する都市の経験としてすでに存在していた。

また、スペインでは、ローマ・西ゴートの文化が、モロッコではベルベルの文化、北アフリカとシチリアでは、フェニキア、ギリシア・ローマとビザンツの文化がそれぞれ先行して存在し、後のイスラーム時代の都市形成に影響を与えた。

古代都市の受け継ぎ方は、地域によって異なる。シリア・パレスティナ地域では、アレッポやダマスクス、アンティオキアのように、ヘレニズム都市の骨格を受け継ぎ、ビザンツ時代のゆるやかな変化を受けた後に、イスラームの都市社会を受け入れたから、その連続性が見えやすい。

一方、北アフリカ、スペインでは、フェニキア、ギリシ

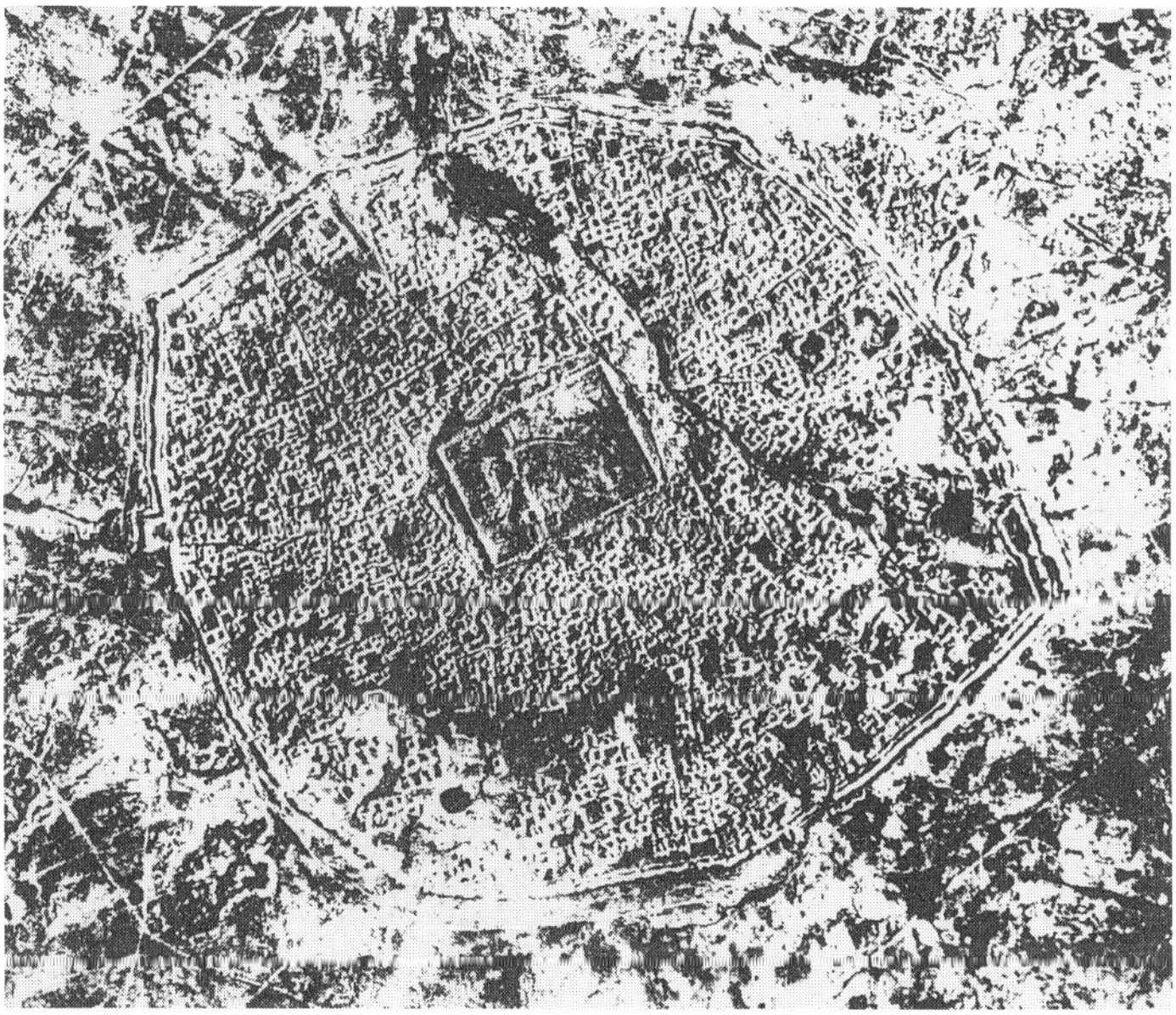

図3　上空から見たハトラ（後一〜三世紀）

ア・ローマ、ビザンツ、西ゴートなどの支配のもとに形成されたが、古代の都市構造と現在との対応がそれほど明確にはたどれない。ローマ帝国崩壊後、古代の都市は、道路や水道などの基盤のメインテナンスができずにしばしば見捨てられ、新たに居住地がつくられる際にも、古い都市を必ずしも受け継がなかったのである。トリポリ、アルジェ、アガディールなど、古代都市の上につくられたことが知られている都市の場合でも、ローマ・ビザンツの計画的な都市構造をそのまま活用する度合いは強くはない。明確ではないが、古代都市を起源とするといわれるチュニジアのスファックス（古代名タパルラ）、およびスース（ハドゥルメトゥム）はグリッド状の都市構造をおおむね保持しており、またカルタゴの役割を受け継いだチュニスも、元のグリッド状の構造を多少だが残しているように見える。

古代からの長い伝統は、もちろん建築のレベルにもさまざまに受け継がれた。北アフリカの地理的には東と西の両端において、塔のように聳える高層のよく似た住宅が見られたが、いずれもイスラーム以前に起源をもつものである。七世紀にナイル川流域に生まれた初期イスラーム時代の都市、フスタートにはかつて、高層化した住宅（一家族用と複数家族用があった）が建設されたという。イエメンなど、南アラビアに今も見られる住宅とも似ている。一方、南モロッコのベルベル人の都市がつくられた地域に、同じようないかつい高層の住宅群がある。もともとは農村の、囲われた畑と監視の塔や防備を固めた穀物倉庫などをもつ、防御機能を備えた建物の集合体から発展したものである。

古代からの経験を受け継ぎ、地域を越えて連続しているものとして、庭園の文化がある。エデンの園の記憶、バビロニアの空中庭園、そしてアッバース朝の庭園の間の関係が注目される。灌漑システムで水を引く技術が共通してみられる。都市構造としては、都市を城壁で囲い、防御し、外と内を明快に区別する発想も、地域を越えて共通している。このように古代からイスラーム時代の都市に受け継がれた要素はたくさんある。

古代起源の都市

すでに見たアレッポは、同じシリアのダマスクスと同様、古代の都市を下敷にして形成された。そのことが、イスラーム時代の都市発展にも大きな影響を与えたのである。

アレッポの都市発展の過程については、J・ソヴァジェの有名な復元図が作成されており、しばしば引用される(図4)。それによれば、ヘレニズム・ローマ時代のアレッポには、中心にアゴラ＝フォルムがあり、神殿のある聖域であると同時に、シビックセンターの役割をもった。そこには市場機能も存在したに違いない。ビザンツのキリスト教の時期を経た後、イスラーム時代のアレッポは、都市のコアをそのまま受け継ぎ、そこにさまざまな中心機能を担わせたのである。

ヘレニズム・ローマ都市に欠かせなかったバシリカ、劇場、競技場などの市民が集まる社会的・文化的な公共施設は都市から失われたが、それに代わって、中心部にイスラームの特徴であるモスクやマドラサなどの宗教施設と商業空間がより充実していった。

同時に、主要な道路のネットワークも受け継いだ。そのためにヘレニズム都市に特有の格子状の街路パターンが、変容を受けながらも、基本的には生き続けている。

現在の都市中心部の連続平面図と比較してみよう(図5)。大モスクの在り方に注目してみると、宗教施設とはいうものの、多様な役割をもち、さまざまな使われ方のされるヨーロッパの広場とある意味で似ていることに気づく。大モスクには、四カ所からアクセスできるし、回廊で囲われた大きな中庭の空間は、さまざまな目的で使われる。以前、シリアに近い南トルコの街、ディヤルバクルの大モスクを訪ねた際に、その中庭がまさに多様な活動の展開する広場として生き生きと使われている光景を見て驚いたことがある。のんびり休息し、くつろぐ人々。会話を楽しむ老人達。喚声を上げて遊ぶ子供達。入口あたりに大勢の人だかりを目当てに集まる物売り。礼拝の機能に加え、大

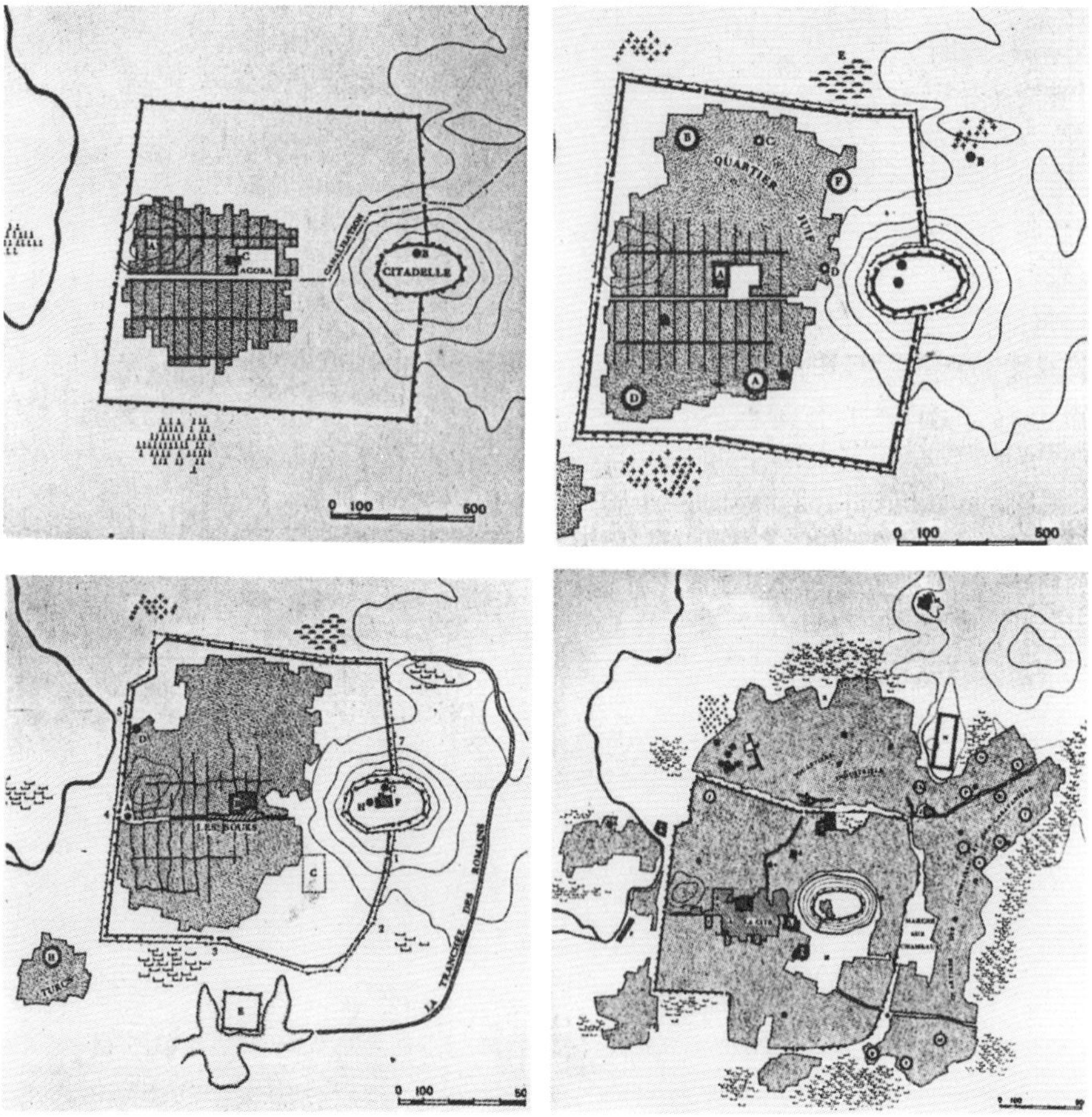

図4　アレッポの発展段階（J. Sauvaget による）
左上：ヘレニズム時代，　右上：ビザンツ時代
左下：11世紀イスラーム時代，　右下：19世紀

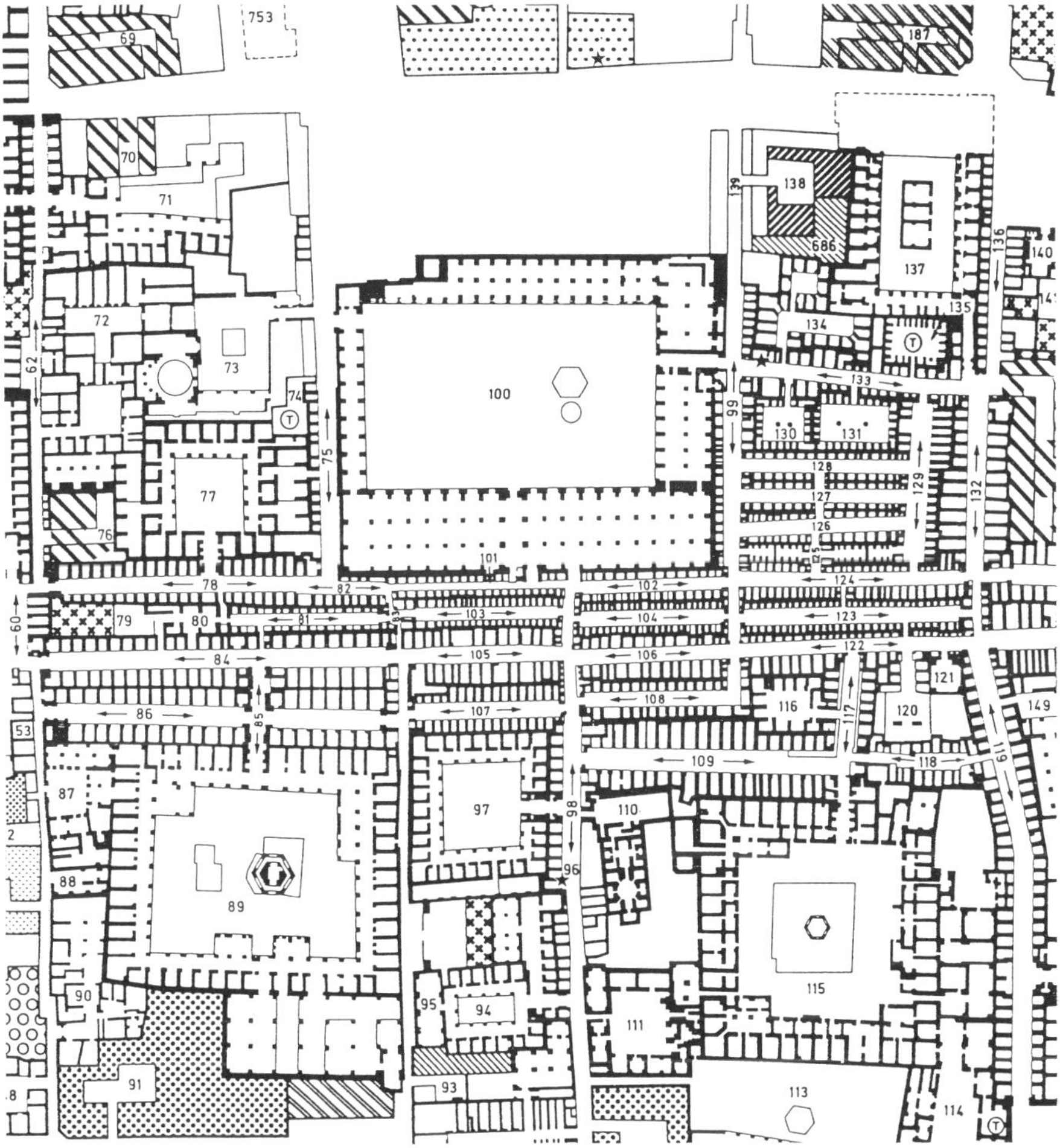

図5　アレッポ中心部の連続平面図（H. Gaube, E. Wirth による）

モスクがいかに市民の生活にとって重要な役割を果たしているかを認識させられたのである。ちなみに、このディヤルバクルも古代に起源をもち、その大モスクは、古代広場の跡を受けているといわれる(図6)。

大モスクおよびその周辺空間がもつ、市民の集まる都市のセンターとしての役割は、ヘレニズム都市のアゴラ、ローマ都市のフォルムといった古代都市の広場がもっていたものとも共通するように思える。地理的、空間的にばかりか、機能的にも意味的にも、古代都市のアゴラの在り方がイスラーム時代の大モスク、およびその周辺の中枢部分に受け継がれたものと思われる。

同じくシリアのダマスクスについても、やはり古代都市との関連性が強く見られ、道路、町割りにも古代の構造がかなりよく下敷きとして生かされている。それを一面で受け継ぎ、新たな時代の要請に合わせて活用、変化させることで、イスラーム時代の都市がつくられたのである(図7、8)。

旧市街のまん中よりやや北西に寄った位置に、都市の中心としての大モスクがある。ここはもともと神殿のあった古代の聖域にあたり、まわりに市場の空間があった。それを受け継いだビザンツ時代には、神殿の場所が教会に変わり、さらにその跡に大モスクがつくられた。そしてそのまわりに商業施設がさらに集まり、スーク、ハーンが連なる国際ビジネスセンターになったのである。だが、都市のコアという意味では、古代以来の場所性を受け継いでいるといえる。

大モスクを囲う外の壁には、古代の石積みがそのまま残されている。また、その内側の回廊の部分には、ビザンツ様式の鮮やかなモザイクが装飾に使われ、列柱の柱頭が転用されている。モスクの構成にも、ビザンツの教会の様式からの影響が強く見られる。同じイスラーム世界のモスクであっても、地域ごとにその歴史や気候風土を反映して、ずいぶん多様な性格の違いを示すのである。

ハキームが調査したチュニスも、ローマの古代都市の上に成立したと考えられる。ここでもメディナの中心に大モスクがあるが、実はそこが、かつてのローマ時代の南北道路=カルドと、東西道路=デクマヌスの交差する地点にあ

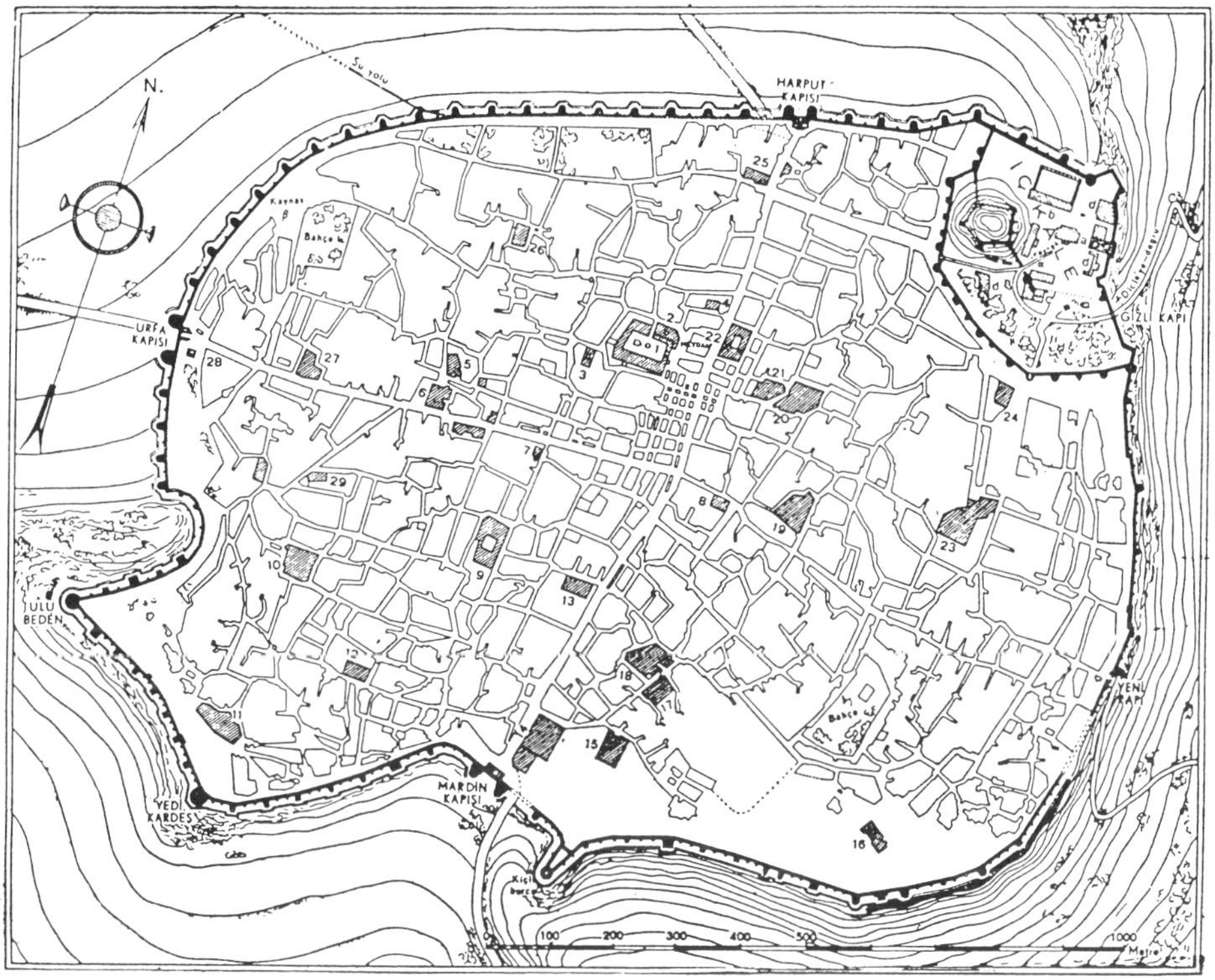

図6　ディヤルバクル

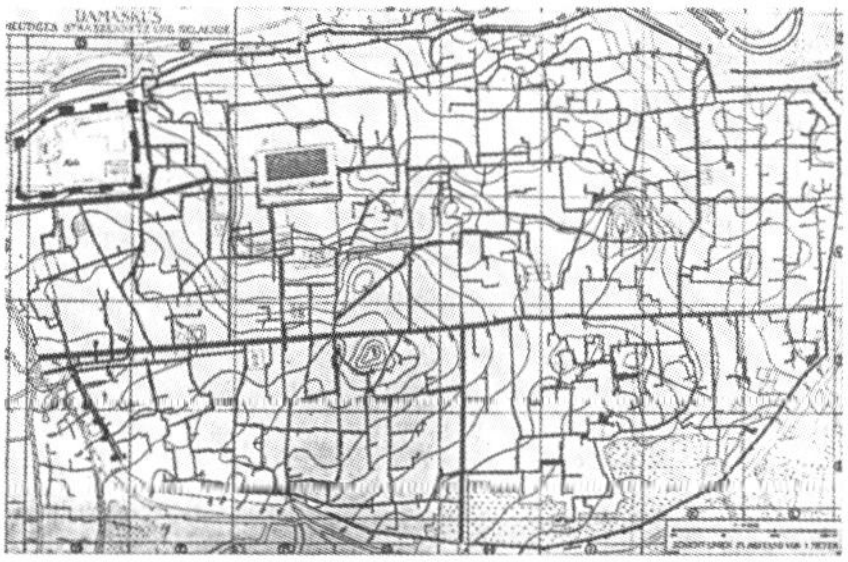

図8　ダマスクス　イスラーム時代の平面図
（C. Watzinger, K. Wulzinger による）

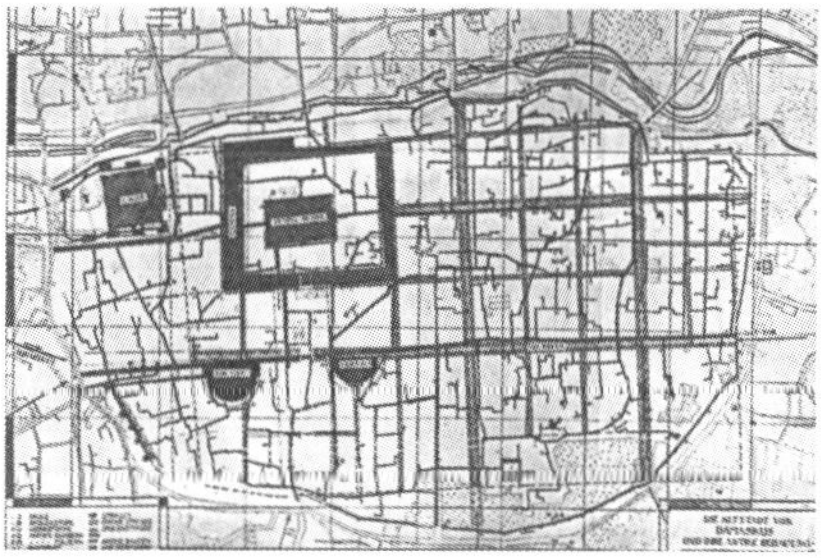

図7　ダマスクス　ヘレニズム・ローマ時代の復元図
（C. Watzinger, K. Wulzinger による）

たり、おそらくフォルム（広場）がそこにあったと想像される。

イスラーム地域の都市が古代のグリッド状の計画都市の街路パターンを受け継いでいる場合、一つの問題が生まれる。モスクは原則として、聖地メッカの方向に合わせてその軸（キブラ）を設けながら建てられるが、先行する街路のグリッドの向きがそれとはずれる、ということがしばしば起きるのである。アレッポやダマスクスの場合、ほぼ南の方角にメッカがあるので、礼拝の方向、キブラが矛盾なくもともとのグリッドの南北軸にのる形でモスクを建設できた。しかし、チュニスの場合、先行するグリッドの道路に規定されて決まった大モスクのキブラの方向は、実際のメッカの方向と三〇度近くずれているのである。そのため、中庭が不整形になり、礼拝室も無理やり角度を合わせたように整形を崩している。このように先行する古代都市からの影響は少なくなかった。

ヘレニズムやローマの都市を受け継いだイスラーム時代の都市では、このように基本的には古代に整備されたグリッド状の道路パターンを受け継ぎながら、必要に応じてそれを変形させ、特に住宅地では迷路状のパターンにつくり変えながら、独自の都市空間を獲得した。

中心の商業空間の在り方を、古代都市とも比較しながら、さらに考えてみたい。

図9は、古代の遺跡都市ポンペイの中心にあるフォルム（広場）の平面図である。南北に長い長方形の回廊で囲われた広場で、北の頭部に神殿をもち、南西の一画には多目的ホールとしてのバシリカがある。北東の部分には、ハーンの構成とも似たマーケットが置かれている。要するに、この広場の周囲はすべて公共的な用途の建築であり、個人の住宅はまったくない。こうした公共側がつくり出す特化した都心という在り方は、ギリシア・ローマの時代にでき上がり、その後の地中海世界の都市文化にも大きな影響を与えたと思われる。

ヨーロッパの中世都市は、事情が異なり、中心の市庁舎広場、あるいはカテドラルの広場の周辺には、市民の住宅が囲み、商機能も住機能も混在している。公的空間と私的空間の区分は弱い。その意味では、古代ギリシア・ローマの都市の在り方をより受け継いでいるのは、むしろ中東・イスラーム世界の都市であると言えそうである。

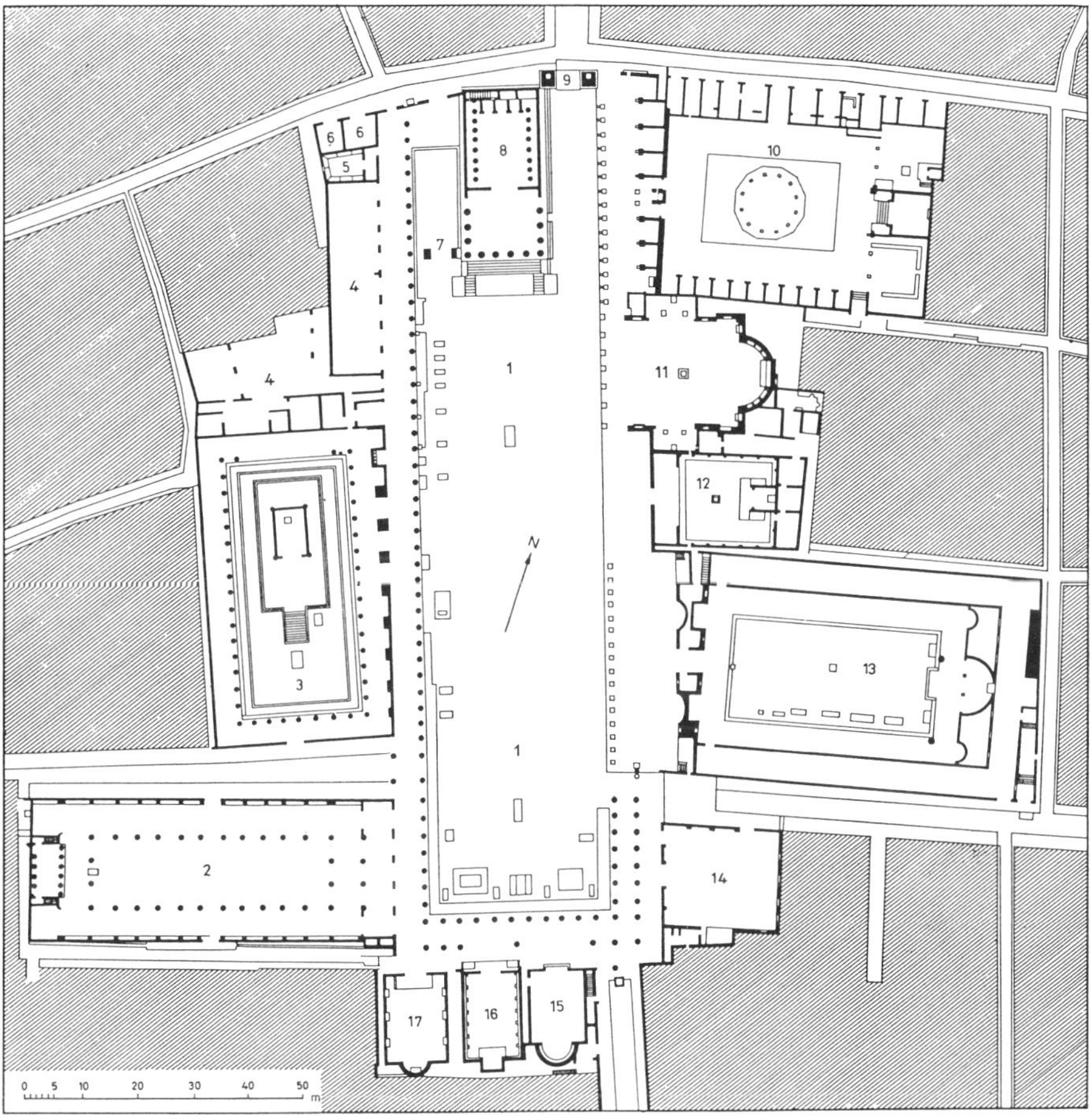

図9　ポンペイのフォルム平面図

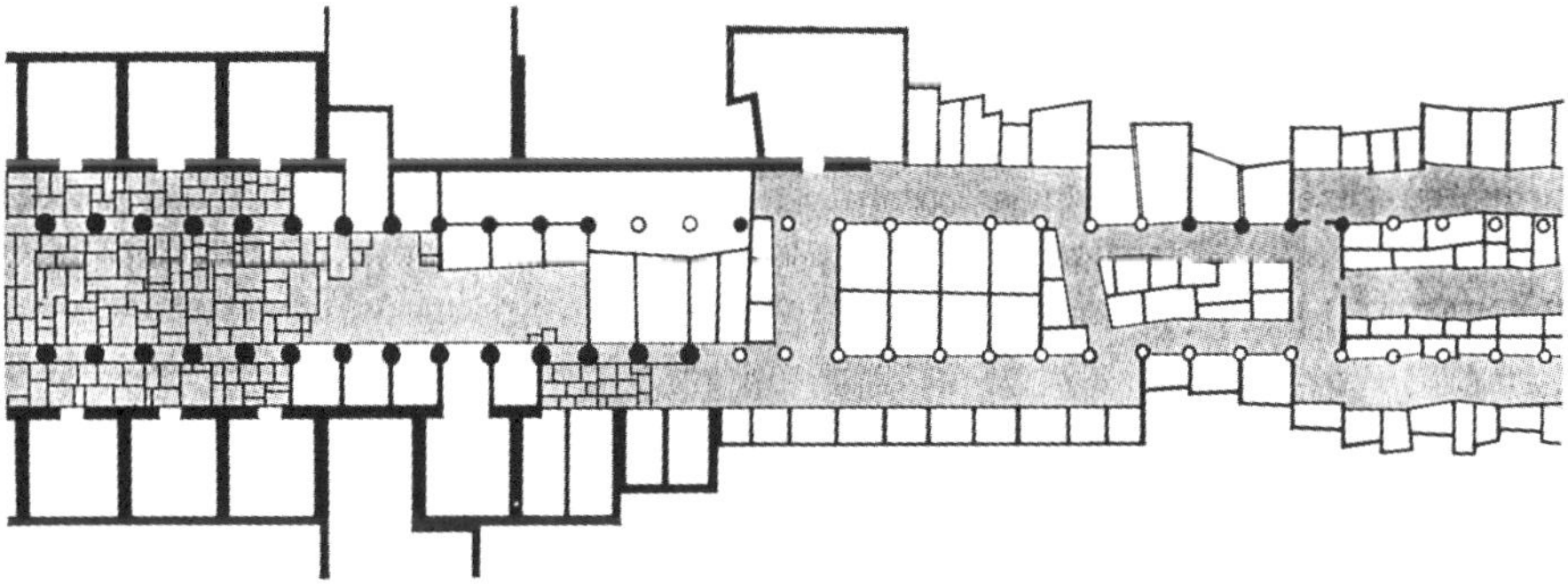

図10　スーク誕生仮説（J. Sauvaget による）

次に再び、アレッポの商業施設群の平面図に目をやろう（図5）。スークの店舗群、ハーンがぎっしりと詰まり、高密で賑やかな商業空間を構成している。ヘレニズム・ローマの都市では、これほどに商業空間が発達していたとは考えにくい。中東・イスラーム世界の都市は、古代のアゴラやフォルム、あるいは神殿があった場所をコアにしながら、また道路のパターンを継承しながら、そこを世界のネットワークの拠点である商業都市にしていったのであろう。商業機能が都心にこれだけ集積されている点にこそ、中東・イスラーム世界の都市の大きな特徴がある。

図10はJ・ソヴァジェによる、古代の列柱道路から商店街に変容していく一つの例を示したものである。図は左から右に時代の経過とともに、列柱の間に次第に店舗が建ち並び、細分化していき、街路は狭く折れ曲がっていく様子を描いている。パルミラでは実際、列柱道路に店舗が張り出して建てられている遺構が見られ、現在のダマスクスでも建物の間に列柱の一部がのぞいている地区があり、変化のプロセスの一例と考えられる。ただし、イスラーム時代以前にも変容は起こっていたと思われる。

しかしアレッポやダマスクスのハーンの在り方は、例えば、ローマ近郊のオスティアに似たような形で見ることができる（図11）。ここはやや内陸に位置するローマにとっての外港都市で、物資の集積地であった。しかも帝政ローマ時代にずっと生き延びた都市なので、高度に発達して四〜五階建てのアパート建築が数多くつくられた。そしてこの都市には、ハーンのような中庭型の商業施設がたくさん存在した。表の道路に面してタベルナという店が並び、その奥に、中庭を中心としたこのような大規模建築が置かれたのである（図12）。

中庭形式の建築が普遍的に見られる地中海世界にあって、古代のローマ都市と中東・イスラーム世界の都市とで、それぞれ独自にこうした商業施設が生まれた可能性もありうる。しかし、中東世界には古代のヘレニズム・ローマの都市が随所につくられていたことからすると、その都市施設の在り方がイスラーム時代の都市に影響を与えたと考える方が自然であろう。

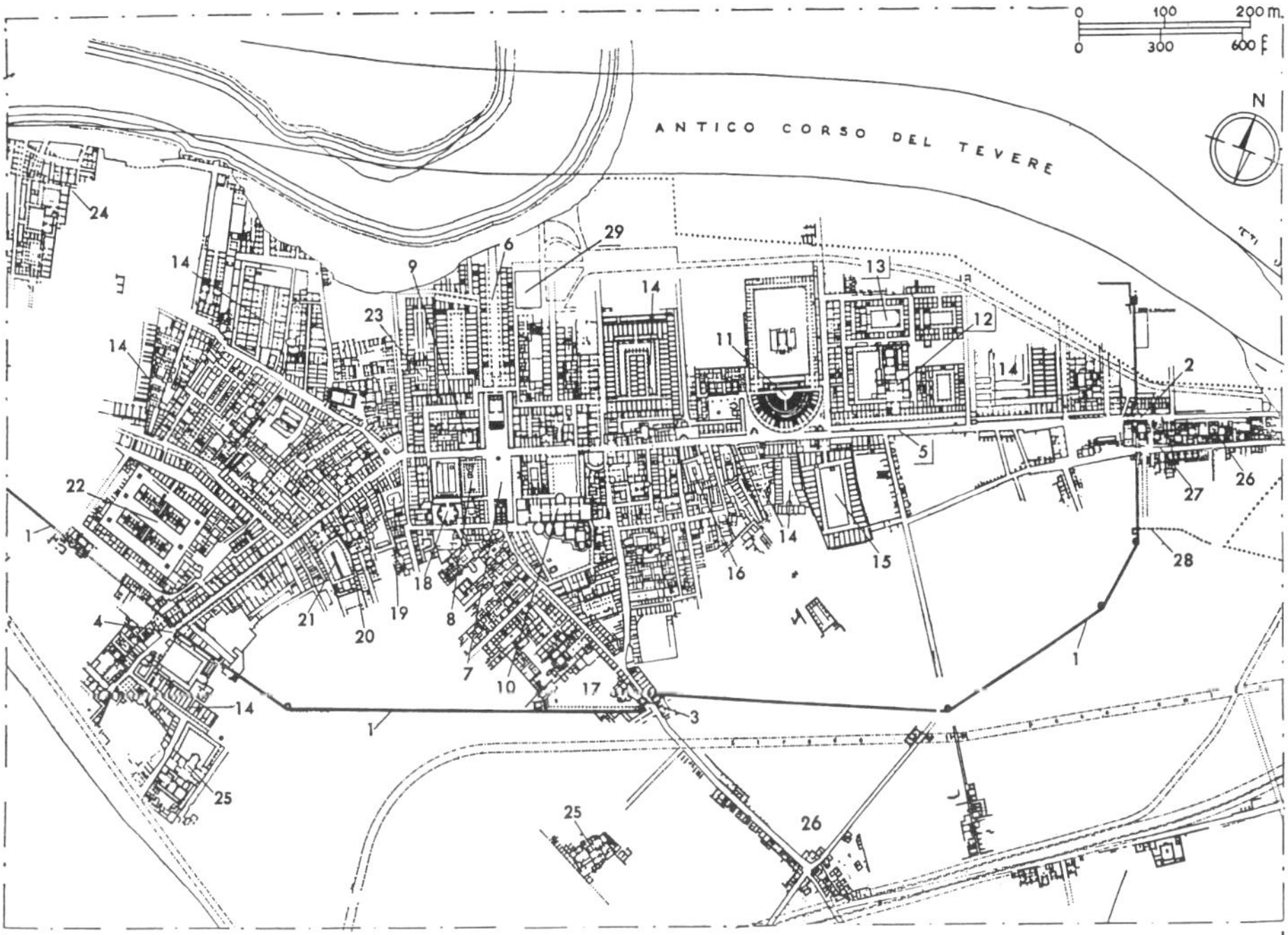

図11　オスティアの都市平面図

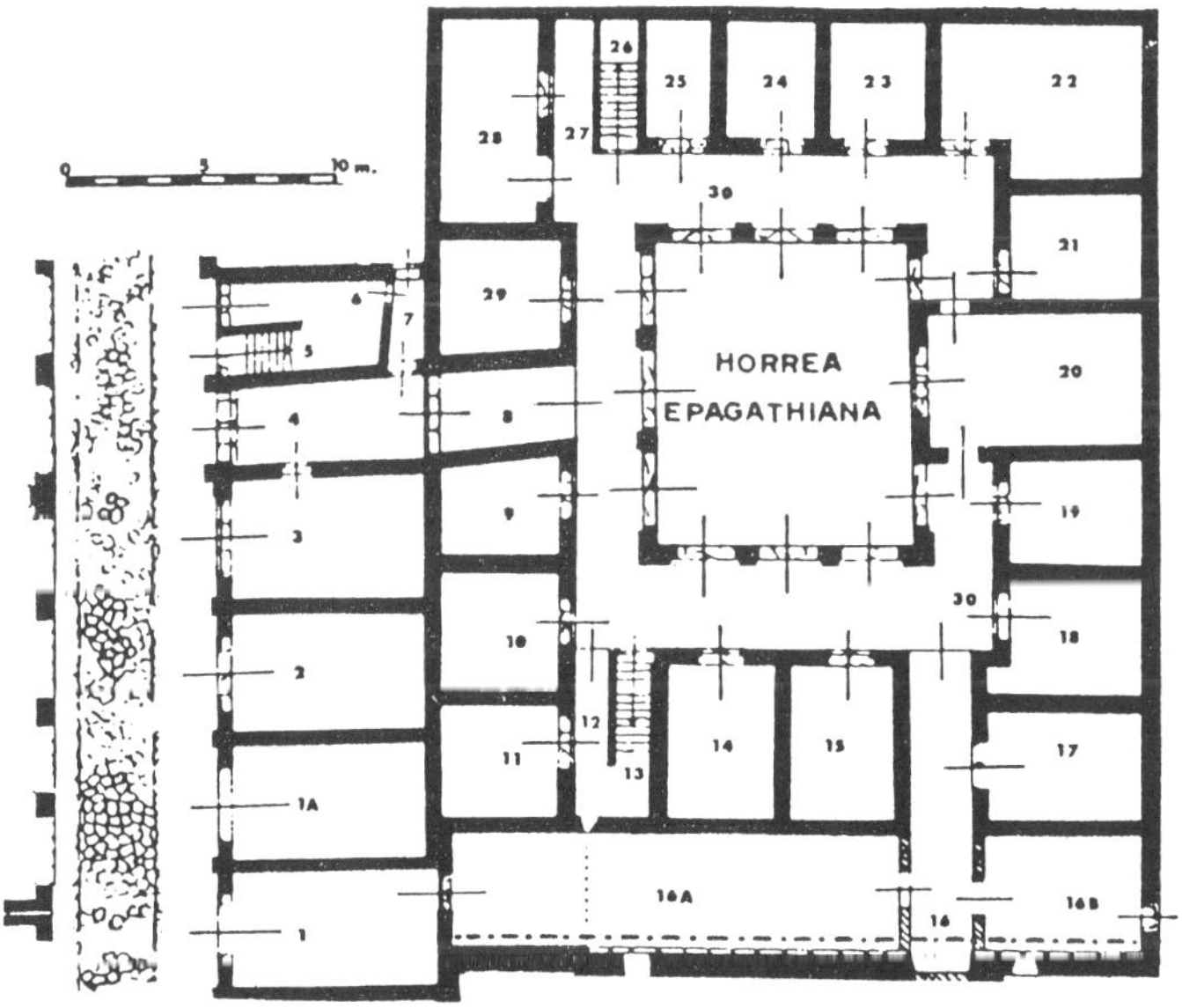

図12　オスティアのホレア（倉庫兼事務所）道路沿いに店舗が並ぶ

中世に創建された都市

中東の重要な都市の中には、イスラーム時代に新規につくられたものも数多い。そこでも、形態こそ違え、これまで述べてきた都市の特徴の多くが共通して見られる。

イスラーム勢力の拡大に伴い、七世紀前半に早くも、ミスルと呼ばれる軍隊の駐屯地として、イラクのバスラ、クーファ、そしてエジプトのフスタート、チュニジアのカイラワーンといった都市が建設された。ユーフラテス川のほとりにつくられたクーファは、城壁で囲われ、いくつかの城門から中心へと放射状に集まる道路によって組み立てられた。公的性格をもつ中心部には、大モスクに加え、総督の館、そして商業機能にあてられる大きな広場が設けられた（図13）。この都市は次第に地区のモスクやハンマームなどを付け加え、市民にとっての真の都市へと変化、成長していった。

中世に王朝の首都として新たに建設されたイスラーム時代の都市の中にも、ヨーロッパの中世都市のように、中心へ向かう放射状に伸びる道路網によって組み立てられる都市がある。モロッコのフェズやマラケシュ（図14）などがその代表だが、ヨーロッパのカテドラルの代わりに大モスクが中心に位置し、その周辺に商業センターを発展させている。ただし、カイラワーンやスースのように、都市の中心が移ったり、地形条件によって都市の中心よりも周縁にある方が都合がよい、という例外もある。しかし、いずれにしても、複雑に見える都市の多くは、大モスクのまわりに発達した商業機能をもつ公的空間を中心に、ある種の計画性をもって成立しているといえるのである。

一〇世紀にファーティマ朝の王都として創建されたカイロ（アラビア語でカーヒラ）は、長方形の整った形態の都市を南北に貫く明快な道路軸をもち、中央部に大小二つの宮殿と大モスク（アズハル・モスク）を配置した（図15）。近くのイスラーム時代初期につくられた古い都市、フスタートと役割を分担し、もっぱら軍事と行政の中心機能をもったため、初期にはスークがなかった。フスタートが破棄され、カイロにさまざまな機能が集中すると、一三世紀に安全のため、城門の南の外にそびえる小高い丘に城砦（シタデル）を建設し、宮殿や諸官庁を移した。それを契機に旧市街の中心部にスークが発達したのである（図16）。

こうしてつくられたカイロは、外部から来る商人、旅人にとっては、南北の城門から都心へのアクセスが容易で、広域交易活動にとってうまく適応する都市構造となっている。それに対し、この南北軸から住宅地へ東西に入り込む道路は、どれも折れ曲がり、よそ者の目にはいささか複雑に見えるが、住民の生活圏を形づくる上では、理にかなっている。

黒瀬重幸氏は、一八世紀の地図を使って、カイロの都市構造を分析し、その街路網は、国際的な商業活動（都市間交通）とハーラ単位の住生活（都市内交通）をコンパクトな区域内で両立させていることを指摘し、また、都市の中の核になる商業施設やモスクへのアクセシビリティが高い、つまり移動がスムーズに行なわれることを定量的に明らかにしている（「一八世紀カイロの街路網」『イスラームの都市性』）。一見、複雑に見える都市が、実は機能的にもうまく組み立てられているのである。

ところで、イスラーム世界の都市を設計する上での、より強い理念のようなものは存在しなかったのだろうか。イスラーム世界の中にも、一種の理想都市としてつくられたバグダードのような面白い例がある。アッバース朝の首都として七六二年にカリフのアル・マンスールによって計画されたこの都市は、完全な円形プランをとり、直径二・三五キロの大きさで、四つの門から出入りした（図17）。こうした明快な形態の都市は七〇年間ほどは機能したが、バグダードが外側への華やかな発展・拡大を見せるにともない、九世紀には早くも廃墟となり、やがて完全に破壊され、今は跡形もない。

メソポタミア・イラン地域には、さまざまなアジア系の文化と結びついたイスラーム以前の円形プランをもつ都市遺構がいくつも見いだせる。これらの存在がバグダードの都市形態に直接的な影響を与えたものと考えられるが、そこにイスラーム的な理念が表われているわけではない。

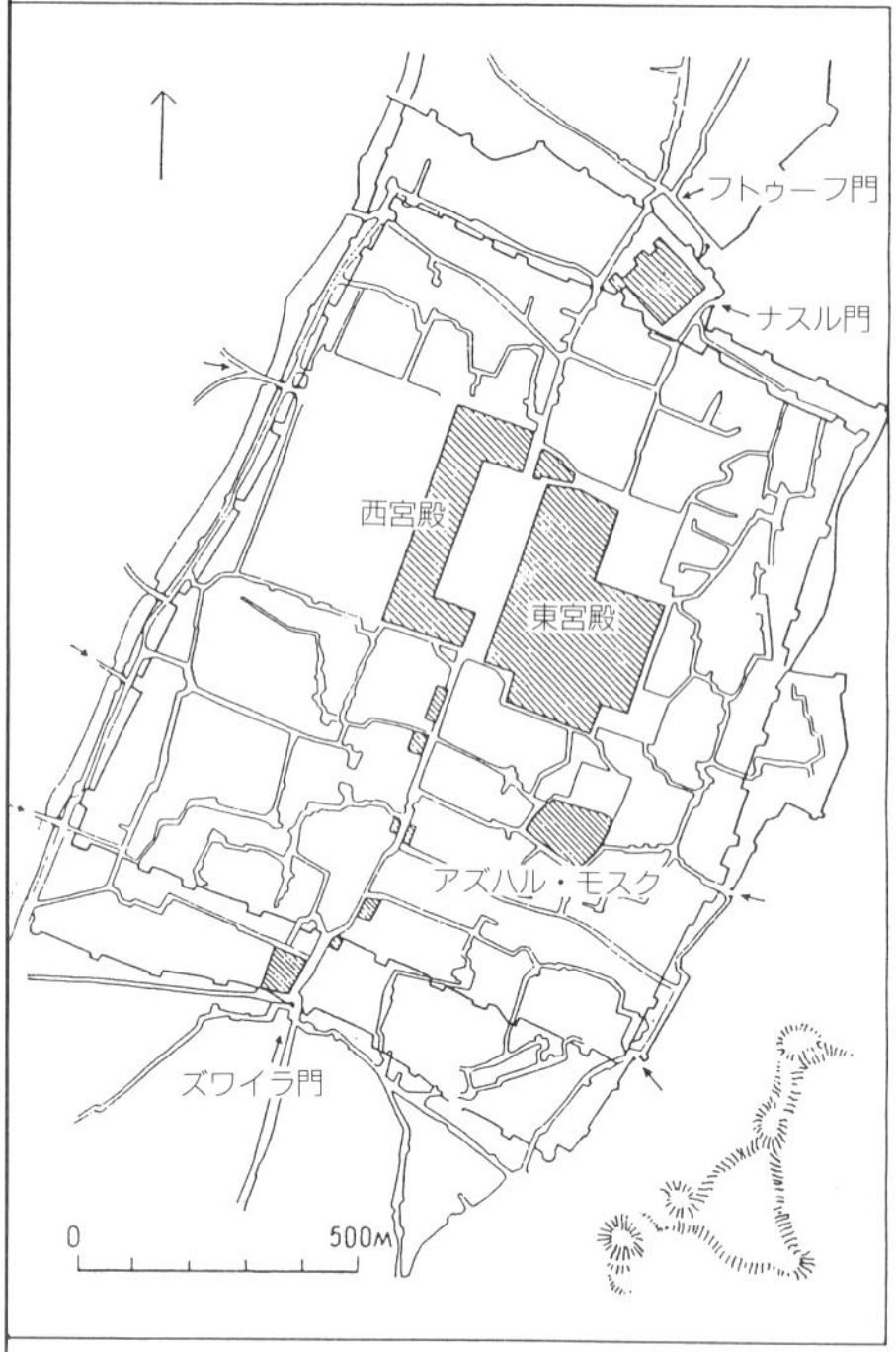

図15　10世紀のカイロ

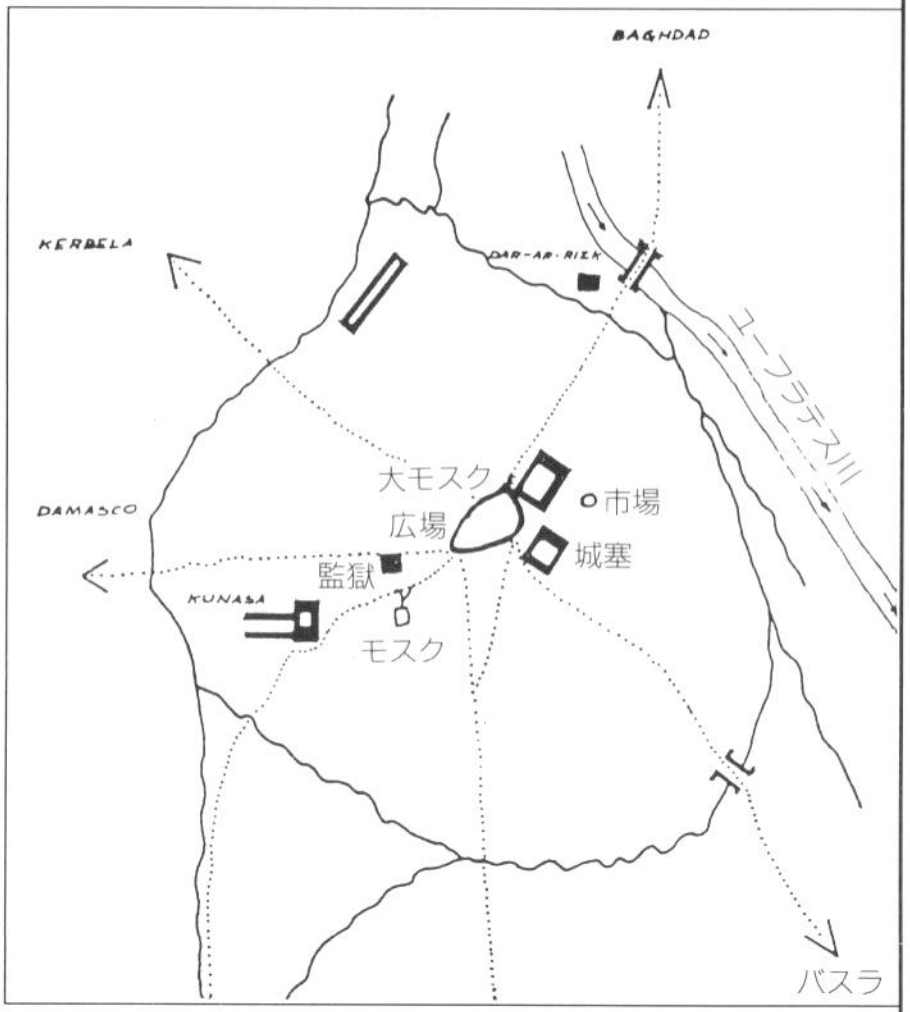

図13　クーファの都市構造

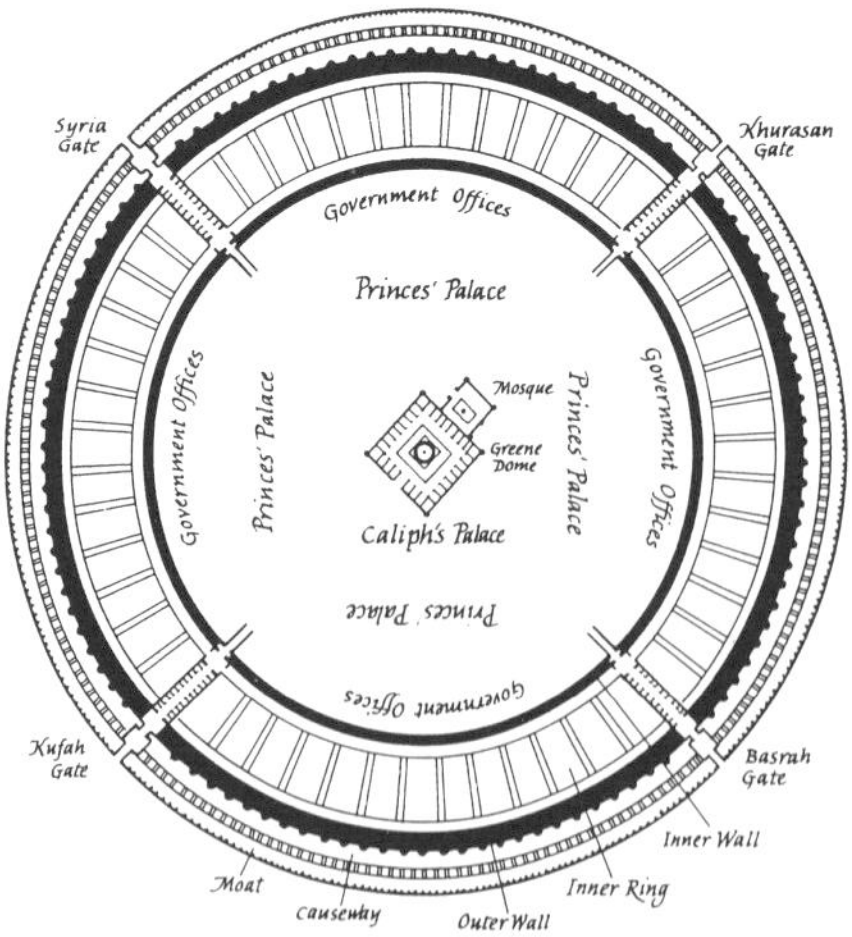

図17　円形都市の復元平面図（Hitti による）

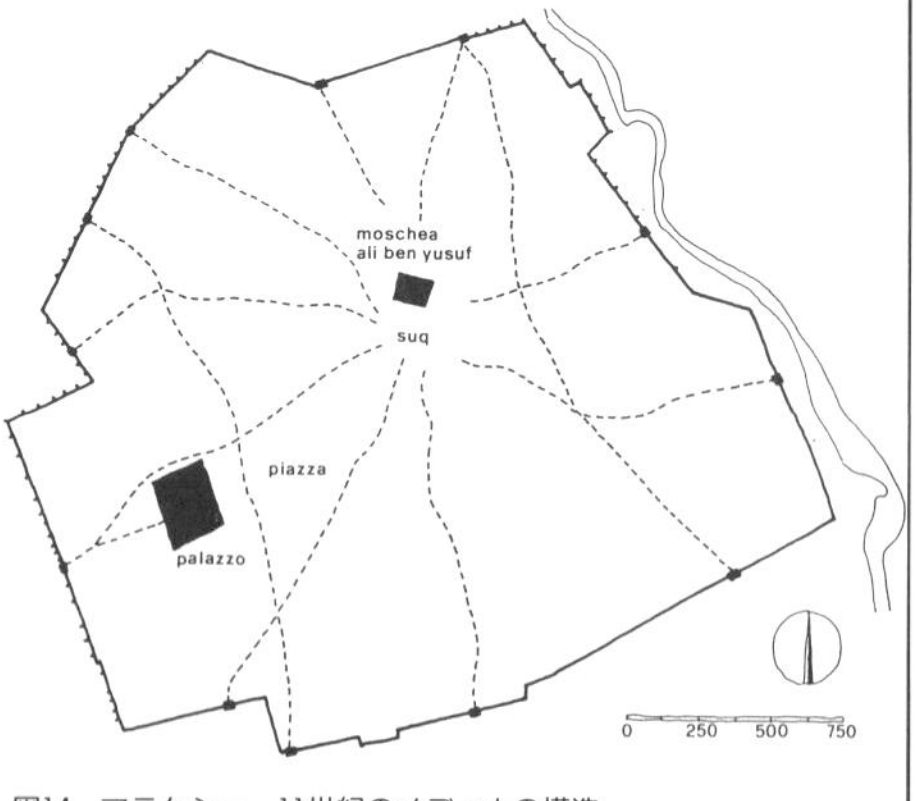

図14　マラケシュ　11世紀のメディナの構造
（G. Deverdun による）

図10　10世紀末のカイロ（フランス人による地図）

イスラーム世界には、風水思想をもつ中国文化圏やヒンドゥーの思想を背景とするインド文化圏のような、コスモロジー（宇宙論）と結びついた都市の設計というものも見られなかった。都市建設のために空気や水の自然条件に恵まれた土地を選ぶのは当然としても、それ以上に、山や川などの大地や自然の中に聖なる要素を見いだして空間を秩序づけるということはなかった。もっぱら地理的、政治的条件に見合った現実的な都市づくりを押し進めたといえる。

イスラーム社会の都市施設

中東世界の都市には、イスラーム社会ならではの都市施設が数多く見られる。各施設については後に詳しく述べられるので、ここでは簡単に触れておく。

宗教施設として、まず街を巡っていてもっとも目をひくのはモスクである。大モスク（ジャーミー）は街の中心となり、金曜の集団礼拝が行なわれる。それに対し、住宅街などにある小規模なモスク（マスジド）では日々の礼拝が行なわれる。教育機関であるマドラサは、西欧社会に先駆けて発達し、コーランだけでなく、医学、数学などさまざまな学問が教えられた。幼年生向けのコーランの勉強はクッターブ（初等教育機関）で行なわれた。イスラーム教普及に一役かった神秘主義教団の修道所として、ザーウィヤ、リバート、テッケなどが挙げられる。

スークあるいはバザールを中心に商業機能が発達したのも、イスラーム世界の都市の大きな特徴である。商業施設としては、店舗群に加え、商品の生産・加工、保管、そして宿泊施設となるハーン（キャラヴァンサライ）、公衆浴場のハンマーム、団欒の場となるマクハー（コーヒー店）やチャイハネ（トルコの茶屋）などがある。

その他の施設として、公共の水汲み場（サビール）や病院、墓廟、慈善食堂などが重要である。

スークの構成

イスラーム世界の都市が古代からの多くの遺産を受け継いだとはいえ、無数の小さい店が並び、活気にあふれたスーク（市場）の空間というのは、地中海の古代都市にもヨーロッパの中世都市にもほとんど見られず、やはりイスラーム社会ならではの要素といえよう。そして、中東の都市におけるスークの大きな特徴は、上にヴォールトやドームで屋根が架かり、アーケードになっていることにある。このチューブのような空間は、上にほぼ等間隔に穴を開けて、光や空気を取り入れる工夫をしている。こうしてスークの中の環境は人工化され、夏の暑さの厳しい過酷な気候の乾燥地帯でも、内部に快適環境を生みだすことができた。

スークをさらに詳しく見よう。小さな店舗が両側に並ぶスークだが、業種ごとにゾーンがわかれ、例えば香料、貴金属、カーペット、布地、サンダルなどの履物、といったように扱う商品ごとに、それぞれ特徴ある界隈を構成している。店は小さくとも、その取引量、販売量は大きく、ここに店を構える商人たちの経済力はたいへんなものである。

店舗群の背後に位置するハーンは、よそから来る旅人、商人にとっての宿泊所である。中庭を囲む構成をとり、一階部分は商品を保管したり荷物運搬の動物用に使われ、二階部分は宿泊機能に加え、職人の工房や卸売り商人の事務所という機能ももってきた。

スークは一見、複雑な形態を示しているが、実は明快なヒエラルキーをもっている。その中心部には貴金属、カーペットなどの高級品を販売する店が並び、大モスクの周辺には本、装身具など、モスクの活動と結びついたものを売る店が集まっている。逆に、城門近くには、毎日搬入する必要があり、しかも汚れやすくかさばるものを扱う生鮮食料品の店が並ぶ傾向がある。このように、商業活動を中心としたイスラーム世界の都市には、店の配置に関しては歴史的経験に応じて、見事なゾーニングが貫かれている。

大きく広がるイスラーム世界だけに、スーク、あるいはバザールの形態にも、地域ごとの違いが存在する。まずイランでは、イスファハーンに代表されるように、堂々たるアーケードが架かった立派なバーザール（ペルシア語）が線状に伸びる傾向が見られる（図18、19）。バーザールの二つの通りが交差するポイントには、特に装飾的なドームが架かり、象徴的な空間を生んでいる。

トルコのバザール（トルコ語ではチャルシェ）を見ると、大都市の場合には、イスタンブルの大バザール（図20）やブルサのバザールに典型的に示されるように、ドームがいくつも架かった堅固なつくりのベデスタンを中心に、商業ゾーンが面的に広がっている。

アラブ圏では、シルクロードの西端にあたるシリアのアレッポ、ダマスクスのスークが特に目を奪う。複数のスークが南北、東西の方向に平行に形成され、背後には数多くのハーンが立地して、一大商業コンプレックスを形成しているのである。どのスークにも立派なアーケードが架かる。カイロ旧市街の中心部にあるハーン・アル・ハリーリーも、大規模なスークを形成し、典型的なものとなっている。

スーク的な空間は、実はイタリアでも、イスラーム世界と深く結びついた都市の中に見いだすことができる。まず、シチリアのパレルモに、典型的なスークのような空間が見られる。この都市の場合、直接アラブ人が居住していた歴史をもち、地名にもアラビア語のものがずいぶん残っている。裏通りに展開する商店街はどれも、イスラームのスークを思わせるつくりになっているのである。だが、ここでは常設のアーケードではなく、テントを架けて直射日光を避けている。しかし、例えば、南イランでもモロッコでも、テントやよしず張りの簡単なアーケードがつくられており、発想は共通しているといえよう。

アラブ世界やトルコと密接な関係をもち続けたヴェネツィアにも、スーク的なマーケット空間が見られる。リアルト橋の西側に、中世の早い時期から、大きな商業空間が形成された。絹織物や貴金属など、高級品を商う店がずらっと並ぶその雰囲気は、イスラームのスークあるいはバーザールとよく似ている。その周辺には工房がぎっしり並び、都心にやはり特化した商業空間を形成したのである。

図18　イスファハーンのバーザール平面図

図19　イスファハーンのバーザール

図20　イスタンブルの大バザール平面図

社交とくつろぎの場

中東・イスラーム世界の都市の中心部には、このように商業・交易の機能が集中し、巨大なビジネス空間を形づくったが、そこは単なる経済の場としてのみ機能していたわけではない。人々はそこに長時間、あるいは一日滞在するわけだから、リフレッシュする必要があり、また人々と楽しく交流する場も求められた。こうして多様なレクリエーション施設、コミュニケーション施設がつくられ、都市の文化もそこから生まれた。それがまた商談の場となっているのである。

その一つとして、マクハーすなわちコーヒー店がある。アレッポのスークの中に、その典型的な古い建物が残っており、現在は倉庫となっているが、ドームをのせた本来の華麗な雰囲気を想像することは難くない（図21）。南トルコのウルファには、これと同じような見事なドームをいただく、現役で使われているマクハーの素敵な建物がある。

ダマスクスでは、大モスクの東側に隣接する一画に、マクハーが二つ存在する。スークと住宅地のちょうど間に位置し、スークで働く人々、あるいはリタイアした男達が、昼間から大勢集まって、水タバコを吸い、ゲームに興じながら、同時に、お互いの情報を交換し、社交につとめている。息抜きの場であると同時に、都市社会の中で共同生活を営んでいくのに欠かせない、社会的関係をとりむすぶ場でもある。

特にチュニジアでは、どの都市でも今なおマクハーが重要な役割を果たしている。緑、赤などカラフルに装飾された入口がまず目を奪う。中に入ると、高くなった床や作り付けのベンチに、横になってくつろぐ人々の姿が多いのも印象的である。

そもそも、コーヒーを飲む文化は十五世紀中頃からアラブ世界で発達したといわれ、こうしたマクハーというものがつくられ、人々の集まる場所として機能してきた。このコーヒー、そしてコーヒー店の考え方は、一六世紀にヴェネツィアを通じて、ヨーロッパに導入された。まさに、パリやイタリア都市で見られるカフェの原形は、このアラブ・イスラーム世界のコーヒー店にあるといえる。

現在では、コーヒーはもちろんのこと、お茶（チャイ）がよく飲まれている。トルコでは、チャイハネと呼ばれるお茶屋がいたる所にあり、雑談やゲームに興じながら気軽に利用されている。バザールの中では、狭いスペースを活用したお茶のデリバリー所があり、店での商談や休息時に注文を受け、独特のお盆で運ばれる。中東のどの地域でも簡単な接客には、お茶が出され、北アフリカでは砂糖を多量に入れ、ミントを加えたお茶が好まれている。

また、ハーン、あるいはキャラヴァンサライの中庭も、人々の交流の場として重要な役割を果たしてきた。特に、南トルコの都市において、このハーンの中庭が、今も男達の賑やかな交流の場として機能している様子を、各地で見ることができる。

中東・イスラーム世界の都市には一見、広い公共的な空地としての広場がないように思われるが、実はモスクやハーンの中庭が、人々の集まってくつろぎ、歓談する社交場であり、公的な小広場の機能を果たしているともいえる。イスラーム社会は、人と人のつながりが重視されるネットワーク社会といわれる。その在り方がそのまま都市空間にも現われており、都心に広場的な空間、つまり公共の空間がネットワーク化していると解釈できるのである。そう見るならば、都心に広場を中心とする公共空間を形成し、常に人の集まるライフスタイルを発達させた南欧の都市の在り方ともよく似ていることがわかる。

イスラーム社会のレクリエーション施設として忘れられないのが、ハンマーム（公衆浴場）である（図22）。浴場はギリシア人も使っていたが、ローマ人が大いに発展させ、どの街にもいくつもの公衆浴場（テルメ）がつくられていた。

古代のテルメはさまざまな役割をもっていた。まず、回廊のある中庭でバレーボールやレスリングなど、スポーツを楽しんで汗を流し、そして風呂に入る。冷水室、温水室、熱湯があり蒸気が立ちこめる部屋など、さまざまなタイプの浴室に入ることができた。マッサージを受け、美容にも努め、今日のエステティック・サロンの役割もしていた。

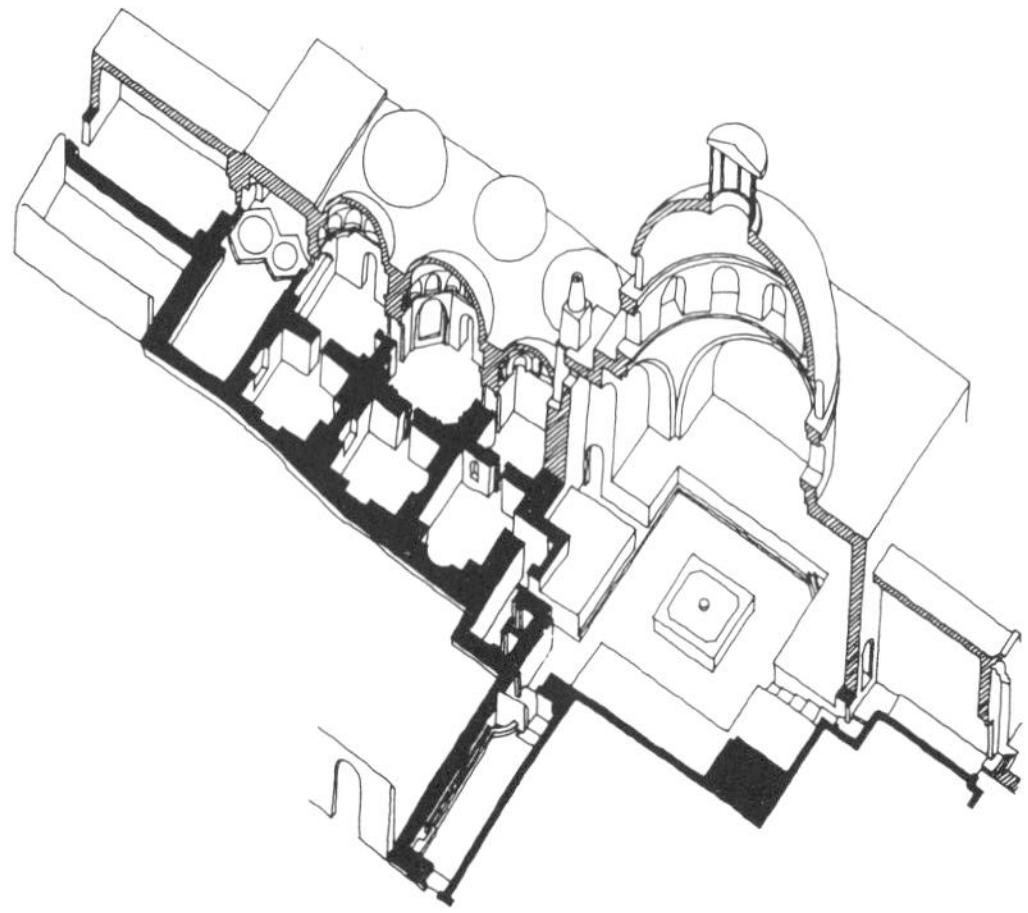

図23　ダマスクスの公衆浴場（ハンマーム・アル・スルタン）

図21　アレッポの元マクハー

図22　イスタンブルの公衆浴場（19世紀の版画）

詩をつくったり本を読んだりできるテルメもあった。健康、衛生に加え、レクリエーションばかりか、文化の空間であり、社交の場でもあった。

このようなローマの公衆浴場の伝統は、中世のヨーロッパでは次第に薄れていったが、逆に、イスラーム圏の都市にそのまま受け継がれ、おおいに発展した。

イスラーム社会では、礼拝の前に身を清めるという宗教上の規則があるため、公衆浴場（アラビア語はハンマーム、トルコ語はハマム）にしばしば行く必要があった。

しかし、そればかりかローマ人のテルメと同じように、ハンマームは美容と健康に加え、人々の娯楽と交流の場として重要な都市施設になった。スークの中にも、あるいは、それぞれの住宅地にも、必ずハンマームがつくられた。大都市では百を超える数があったと記録が残っているほどである。日本の下町の銭湯とよく似たコミュニティ・センターとしての機能をもっていたといえる。

ダマスクスのハンマームに入ると、道路から階段をちょっと降りたところに、まず大きなサロンがある。そこが脱衣場であり、同時に、風呂から上がって、タバコやお茶で一服し、ほてりを冷ましながらゆっくりくつろぐような交流の場である。大きなドームがかかったシンボリックな空間のまん中には、涼しげに噴水が立ち上がり、いかにも居心地のよい快適な空間がつくられている（図23）。

内部に入ると、大理石の床と壁でつくらえた立派な浴室が続いている。奥へ進むほど温度と湿度が増して、身体がほぐれるようになっている。身体を洗ったりマッサージを受ける温浴室の奥に、サウナのような熱浴室がおかれている。

コミュニティ施設としても重要だったハンマームは、結婚式の前に、花嫁の身づくろいの儀式のために借り切って、親戚や友人を招いて賑やかに宴会を行なうような、象徴的な意味をもつ場でもあった。自由が束縛されていた女性にとっては特に、ハンマームは楽しいくつろぎの場であり、また母親達が息子の嫁を探すのにも格好の場であったという。

近代化とともに、各家に簡単な風呂が設けられ、ハンマームは日本の銭湯と同様、かつてのようには使われなくなったが、今でもモロッコなどでは、男性にも女性にも昔と変わらずよく利用されている。

このようにイスラーム社会では、さまざまなレベルで社交の場が存在した。人と人の間を結んでいくソフトウェア的なものが、ヨーロッパよりずっと発達していたといえよう。

イスラーム世界の都市における公共施設の発達ぶりは、公衆トイレにも見て取れる。イタリアやフランスの街ではトイレ探しに困ることが多いが、イスラーム圏では慣れてくるとまったく問題ない。ちょっとしたモスクの近くには必ずトイレが見つかる。人が集まる公的な場所にトイレを設置することは、都市計画の常識であった。その発想が、ヨーロッパ以上にイスラーム世界の都市に受け継がれている。これも都市性の高さを計る尺度の一つであろう。

都心に公衆トイレが多いのには、それなりの理由がある。スークで働く人々にとって、狭い店舗の中には、商品と自分の身を置く場所しかない。トイレは当然、外部の公共的なものを利用することになる。息抜きのためのハンマームも重要となるのである。

ワクフ制度

ワクフとは、財産の所有権の行使を停止することで、イスラーム社会において重要な制度である。ワクフ制度については、林佳代子氏が詳しく論じている（『イスラームの都市性』）。モスクやマドラサといった都市施設は、支配者や軍人、ウラマー（イスラーム知識人）によって建設され、ワクフとして寄進された。また同時に商業施設も整えられ、公衆浴場の入浴料や店舗の賃貸料などによって、施設は管理、運営、保全がなされた。

オスマン帝国（一三世紀末─二十世紀初め）下では、支配者によってキュリイェと呼ばれる宗教複合施設がつくられだ。モスクを中心に、マドラサ、墓廟、病院、公衆浴場、慈善食堂、店舗が計画的に建設され、市民に威厳を示しながら、恩恵を与えた。キュリイェは高台や丘に築かれることが多く、そこを中心に街が発展していった。都市の中で地域の発達の核となり、新規の開発や再開発に多いに役立った。支配者による都市全体の計画はなくとも、地区ごとにおいて計画性が働いていたことがわかる。

住宅地の特徴

これまで見てきた公的世界の周辺に広がる私的世界としての住宅地は、よそ者が入り込みにくい迷路状の複雑な構造を示している。イスラーム社会においては、家族というものが非常に重要な役割をもつ。コーランにおいても、その家族の私的な領域である家は守らなければならないことが説かれている。したがって、住宅の構成で最も重視されるのはプライバシーということになる。

中東・イスラーム世界の都市では、喧騒にあふれた公的ビジネス空間から、静かで落ち着いた私的空間に至るまで、都市は段階的な構成をとっている。道路に関しても、その段階構成に応じたいくつかのカテゴリーがはっきり見られることを、ハキームはチュニスを例にとって図示する（図24）。

城門から大モスクとスークのある中心部へ伸びるのが、最も往来の多いメインストリートである。次に、ハーフ（マハッラ）すなわち街区の間を結ぶ道路が第二カテゴリーとしてある。その次に、ハーラ（マハッラ）の内部に入り込んだ居住者の生活に密接に結びついた道路がある。そして一番末端に、袋小路（クルドサック）がある。このような袋小路が多く用いられることは中東・イスラーム世界の都市の大きな特徴となっている。

近代の発想からすると、こういった袋小路は車も入れず、防災上も欠陥があると思いがちだが、中東の都市では、袋小路の奥は都心の喧騒から最も離れた落ち着いた場所という考えから、そこに立派な邸宅を設けることも多い。ただし、袋小路の形態や使い方、意味は都市によって異なる。カイロ、チュニス、フェズなどでは袋小路の奥に邸宅が多いのに対し、古代都市の構造をよく残すダマスクスでは、むしろ主要道路に立派な住宅が建ち、そして袋小路の中には質素な庶民の住宅が立地する傾向が顕著に見られる。

ハキームによれば、チュニスにおける道路の幅も明確な判断に基づいて決まっているという。まず往来のある主要な通りは最低七キュービット（キュービットは腕の長さで五〇センチ前後）の幅をもつが、イスラーム法によって決められたこの幅は理にかなっていて、荷物を積んだラクダ二頭がすれ違うことのできる幅だという。一方、袋小路の場合は、一頭が通れる幅が必要なのである。

部屋が道路の上にブリッジ状にかかる手法（サーバート）も、道を歩く人にとっての視線を塞ぎ、よそ者が自由に通り抜けて行くのを心理的に拒絶するような効果をもっている（図25）。また、袋小路は特に、外部の人間が入り込みにくい私的性格の強い空間である。

袋小路の入口など、ハーラの入口にあたる場所に、かつてゲートが設けられ、夜間、扉が閉められるようになっていた。そのドアソケットの跡が、そしてまれには扉の跡が今も残っていることがある。

ヘレニズムやローマの都市を受け継いだダマスクス、アレッポ、そしてチュニスなどでは、従来の計画的な道路パターンを、イスラームの時代に変形させ、迷路状のパターンにつくりかえた。人々の生活の場であるハーラ（マハッラ）を重視する、部分からの発想が、全体の明快な構成を優先した古代の都市構造を変化させたのである。一見、無秩序に見えながら、そこには実は、居住者の間で共有された生活空間を組み立てるための、また別のしっかりした秩序や論理が存在したのである。

同じような現象は、ヨーロッパでも、ローマ起源の都市が中世都市に生まれ変わる際に、しばしば見られた。フィレンツェの中心部などは、その典型である。ヨーロッパの中世都市でもやはり、地区ごとのまとまりが尊重され、部分からの発想の強い都市づくりがなされたのである。

図24　チュニスのメディナにおける道路のヒエラルキー
（B. S. Hakim による）

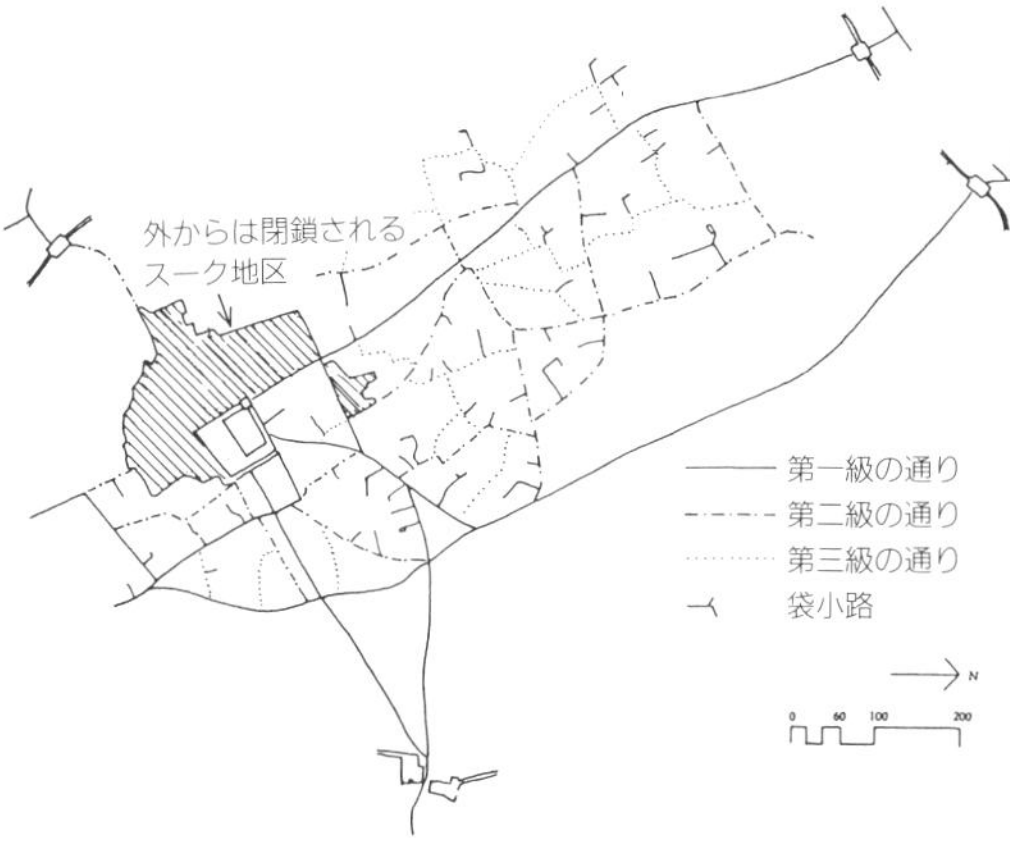

図26　ハーラの街区モデル
（J. Sauvaget による）

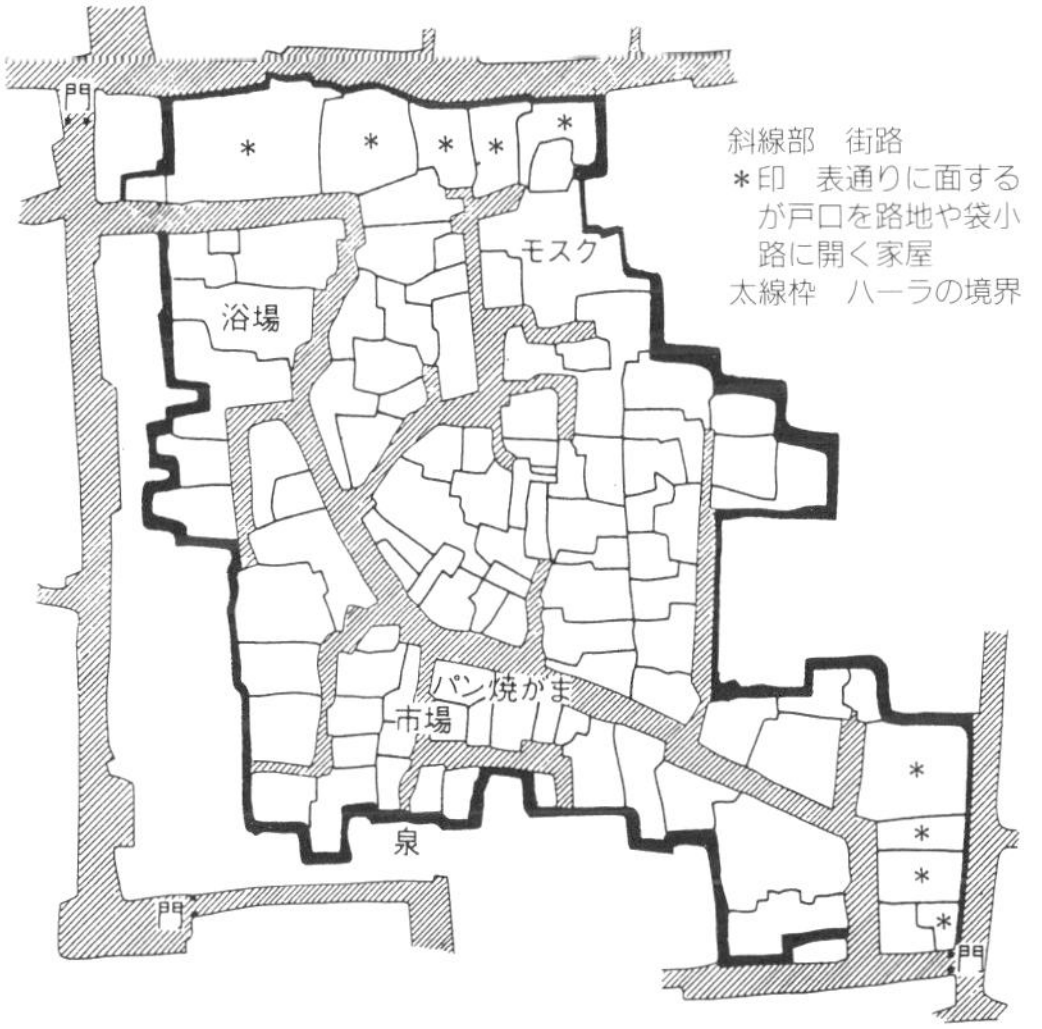

図25　トンネルで空間が分節される街路（ダマスクス）

図27　墓の上でゲームに興じる男たち
（フェズ）

中世に生まれたカイロでも、南北のメインストリートが明快な都市軸を構成するのに対し、そこから分かれる枝道は複雑な様相を見せて、地区住民のための、ある閉鎖性をもった生活空間を組織している。

住宅地を通る道は一般的に、それに面する窓も少なく、ほとんど装飾が見られず、閉鎖的で無愛想な表情を見せている。ところが、一歩、住宅の内側に入ると、世界がまったく変わる。中庭を中心とする、美しく飾られた居心地のよい生活空間がそこにある。家の内と外のコントラストの大きさに驚かされる。

アラブ地域の都市では、住宅に限らず、すべての建築に中庭型が用いられている。モスク、マドラサ、ハーン、病院など、宗教建築や公共建築もすべて、中庭を囲う形式を示すのである。高密な都市を組織する基本ユニットとして、こうした中庭型の建築はふさわしい。中庭に入ると、都市の喧騒を逃れ、落ち着きのある雰囲気が漂っている。

こうした中庭を用いる空間構成の知恵は、メソポタミア、地中海世界の古代都市から連綿と続いてきたアラブ文化のよき伝統であり、イスラームの時代にさらにそれを洗練させ、より美しく、一層居心地のよい空間としていったのである。

街区の構成

旧市街は、いくつかの街区が集まってできていると考えられる。街区はハーラ、マッハラと呼ばれ、小規模なもので一〇〇軒ほど、大規模のもので数百軒ほどの住宅や公共施設で構成されている。かつては、出身、職業、宗教などを同じくする者たちが集まった地区の単位であった。J・ソヴァジェは街区の構成図（図26）を示し、モスク、ハンマーム、共同水汲み場、小市場が備わり、街路は閉ざすことによってその中で完結し、小都市のように機能するとしている。しかし、すべての街区がそうであったわけではない。施設が整っていなかったり、街区の規模が一定でなく、時代や地域によって、変化している。

ダマスクスでは二〇世紀以降、かつてのハーラではなく、ハイイという単位が使われ、少し大きめな地区範囲が設定されている。住民も街区の範囲の意識が薄くなっており、明確な境界の認識がなくなってきている。しかし、各街区には街区長（ムフタール）がおり、役所への書類提出前に住民登録や結婚、出産、不動産売買などの第一次手続きを行なっている。

城壁の外の墓地

最後に、墓地にも目を向けておこう。コーランでは、個人の墓をつくることは禁止されているが、実際にはほとんどの地域で墓はつくられている。サウジアラビアでは現在でも禁止されているが、墓をつくらないどころか、逆に聖者や祖先の墓への参詣を盛んに行なっているところもあるほどである。

中東・イスラーム世界の都市では、メディナと呼ばれる旧市街の城壁の外側に、死者の世界、すなわち墓地が広がっている。西欧のキリスト教の都市が、街の中にある教会のまわりに墓地をつくったのとは正反対に、イスラーム世界の都市では、ギリシアやエトルリア、そしてローマと続く古代の地中海世界の伝統を受け継ぎ、城壁の外に墓地、ネクロポリスをつくった。イスラーム世界の都市では、聖者や支配者の廟を別とすれば、一般の人間の墓は、城壁の外につくられるのが普通なのである。こうして異界を日常の生活空間の外に出した。イスラーム世界を旅していると、城壁の外にどこまでも広がる墓地を目の当たりにし、まるで都市が死体の製造工場のように思えてくることもよくある。あるいは、死者が都市のまわりを囲んで、守護してくれているようにも見える。

だが、イスラーム世界の墓地は、案外あっけらかんとしており、日本の墓地のように、陰気で気持ち悪いとか、怖いというイメージはあまりない。

モロッコのフェズは、川がつくった渓谷の両側の斜面に迫力満点の立体迷宮都市を発達させているが、そのまわりを囲う城壁沿いの内外の高台に、墓地が広大に広がっている、そのうちのフトー門の脇に広がる高台の墓地で、面白い光景に出会える。無数の墓が並ぶ死者のためのこの異界に毎夕、男達が集まり、墓石のまわりでくつろぎ、会話やゲームに興じている（図27）。高密な市街地に住む生者にとって、遊びや息抜きの格好の舞台となっているのだから、驚かされる。女達も、墓地の土手に座って、日没のスペクタクルに目をやりながら、お喋りを楽しんでいるのである。

カイロの城壁の東の外側に広がるネクロポリスは、特によく知られる。ムカッタム山の麓に広がる墓地の中には、重要な人物の廟もあり、墓守も住み、参拝の人々をひきつける場所となっていたが、近代になると、カイロ市の人口爆発にともない、大勢の人々が墓地の中に流れ込んで、住みついた。電気を引き、学校もつくって、普通の都市空間ができてしまった。ここでは、死者の都市の中に生者の都市が入り込み、死と生が同居した不思議な光景を見せている。

参考文献

A・U・ホープ、石井昭訳『ペルシア建築』鹿島出版会、一九八一年
L・ベネーヴォロ、佐野敬彦・林寛治訳『図説都市の世界史　一　古代』相模書房、一九八三年
L・ベネーヴォロ、佐野敬彦・林寛治訳『図説都市の世界史　二　中世』相模書房、一九八三年
P・ランプル、北原理雄訳『古代オリエント都市——都市と計画の原型』井上書院、一九八三年
A・スチールラン、神谷武夫訳『イスラムの建築文化』原書房、一九八七年
M・モクテフィ、福井芳男・木村尚三郎監訳『カラーイラスト　世界の生活史　イスラムの世界』二七、東京書籍、一九八九年
木島安史『イスラム都市史の研究——カイロの旧市街地街路網の変遷と公共的建築物の立地動向』文部省科学研究費補助金一般研究（C）研究成果報告書、一九八九年
林佳代子「イスラム都市の慈善施設「イマーレット」の生活」『東洋文化』第六九号、一九八九年
佐藤次高・他『イスラム都市社会の形成と変容に関する比較研究』科学研究費補助金（国際学術研究）研究成果報告書、一九九〇年
B・S・ハキーム、佐藤次高監訳『イスラーム都市　アラブのまちづくりの原理』第三書館、一九九〇年
林佳代子「一六世紀イスタンブルの住宅ワクフ」『東洋文化研究所紀要』第一一八冊、一九九二年

八尾師誠編『銭湯へ行こう・イスラム編』TOTO出版、一九九三年
R・S・ハトックス、斉藤富美子・田村愛理訳『コーヒーとコーヒーハウス』同文館、一九九三年
羽田正『モスクが語るイスラム史』中公新書、一九九四年
山中由里子「文明を支えた空間――都市と建築」『文明としてのイスラーム』栄光教育文化研究所、一九九四年
黒田美代子『商人たちの共和国――世界最古のスーク、アレッポ』藤原書店、一九九五年
陣内秀信『都市の地中海』NTT出版、一九九五年
三浦徹『イスラームの都市世界』山川出版社、一九九七年
杉田英明『浴場から見たイスラーム文化』山川出版社、一九九九年
J・D・ホーグ、山田幸正訳『イスラム建築』本の友社、二〇〇一年

J. Sauvaget, *Alep*, Paris, 1941.
J. Gluck, *Persian Architecture*, Shiraz, 1969.
J. D. Hoag, *Islamic Architecture*, Milano, 1975.
E. L. Rocca, *Guida archeologica di Pompei*, Verona, 1976.
G. Michell, *Architecture of the Islamic World*, London, 1978.
F. Fusaro, *La città islamica*, Roma-Bari, 1984.
A. Raymond, *The Great Arab Cities in the 16th-18th Centuries*, New York, 1984.
H. Gaube & E. Wirth, *Aleppo*, Wiesbaden, 1984.
L. Micara, *Architetture e spazi dell'Islam–Le istituzioni collettive e la vita urbana*, Roma, 1985.
P. Cuneo, *Storia dell'urbanistica–Il mondo islamico*, Roma-Bari, 1986.
B. S. Hakim, *Arabic Islamic Cities*, London, 1986.
A. B. Prochazka, *Introduction to Islamic Architecture*, Zurich, 1986.
D. Behrens-Abouseif, *Islamic Architecture in Cairo*, Cairo, 1989.
K. Herdeg, *Formal Structure in Islamic Architecture of Iran and Turkistan*, New York, 1990.
M. Kheirabadi, *Iranian Cities*, Texas, 1991.
N. D. MacKenzie, *Ayyubid Cairo*, Cairo, 1992.

S. Santelli, *Medinas–Traditional Architecture of Tunisia*, Tunis, 1992.
A. Gangler, *Aleppo in Nordsyrien*, Wasmuth, 1993.
C. Williams, *Islamic Monuments in Cairo*, Cairo, 1993.
W. Lyster, *The Citadel of Cairo*, Cairo, 1993.
A. Petersen, *Dictionary of Islamic Architecture*, New York, 1996.

宗教施設と都市のコンテクスト

山田幸正

イスラーム建築とは何か

イスラーム世界の建築といえば、葱坊主のようなドームに鉛筆や土筆《つくし》のような尖塔、鍾乳石のように垂れ下がった天井、蔓や唐草が複雑に絡み合ったようなタイル装飾など華麗で幻想的な光景を思い浮かべるのではないだろうか。しかし、それはわれわれにとって馴染みが薄く、それゆえ、ある種の誤解も含まれた画一的なイメージだけが先行しているように思える。

そもそも「イスラーム建築」とは、「中東アラブ」と呼ばれる地域を中心に、スペインと北アフリカ、アナトリア・トルコ、イラン、中央アジア、インド、さらには東南アジアを含む広大な地域を舞台に、七世紀半ばアラビア半島に興ったイスラームを奉ずる人々、つまり、アラブ人、ペルシア人、トルコ人、ベルベル人、モンゴル人、インド人、マレー人、インドネシア人など、実にさまざまな民族を担い手として、現代にいたる一三〇〇年あまりの長きにわたって発展してきた建築とその文化の総体をさすものである。このうち、何世紀にもわたって数々の重要なモニュメントを生み出してきた地域に限定してみても、西はエジプト、北はトルコ、東はイランとする範囲におよび、ヨーロッパ諸国の範囲をはるかに越えてしまう。このハートランドたる地域のほかに、イスラーム建築をみるうえでは北アフリカ、スペイン、そしてインドはけっして排除されるべきではないだろう。近世以降、新たにイスラーム世界の仲間入りして、今日においてもますますその領域を拡張しつつある東南アジアやアフリカ内陸部などの地域も若々しく活気ある動きがみられて見過ごせないが、建築伝統のうえではこれまであまり注目されていない。

ここで例えばヨーロッパの建築文化、なかんずく西ヨーロッパのものをながめるとき、一九世紀末にフレッチャーが説いた「西洋建築史」の枠組みがあまりに有名であるが、そこでは「ギリシア建築」や「ローマ建築」、「イタリア・ロマネスク建築」や「フレンチ・ゴシック建築」など、いわゆる様式や地域によって、区分され解説されている。今日でもこうした枠組みが一般的なものであろう。「キリスト教建築」というような概念を持ち出して、ヨーロッパを中心にアメリカ大陸やアフリカ大陸などにおよぶ壮大な建築文化観や歴史観が述べられることはあまりみられない。同様に、「仏教建築」ということで東アジアから東南アジアに広がる建築をひとつの共通した基盤のうえで議論する試みもあまりないのではないだろうか。上述のように民族・言語、社会的な多様性を抱え込んだイスラーム世界において、当然のこと、それぞれの地域ごとに継承される建築文化や伝統は存在し、それぞれにヨーロッパ諸国と同じくらいに何世紀にもわたるアイデンティティを主張している。むやみに「イスラーム」なる言葉で括ろうとすると、そうした地方の独自性を矮小化してしまう結果となるかもしれない。近年の学問研究が進展するなかで、地域的・時代的に多様な特徴が指摘されつつあることも事実である。しかしながら、こうした外見上にみられる多様性をこえて、イスラーム世界を一括してとらえ、そのなかの文化をその総体として理解したくなる強い誘惑を感じる。ひとつの建築文化が共有されているとわれわれに思わせるもの、それは当然のことながら、イスラームそのもののなかにあることになる。

イスラームとは

「イスラーム（islām）」とは、元来「自分のすべてを委ねること」を意味するアラビア語で、単独で用いる場合はアッラーが委ねられる対象となる。すなわち、「アッラーへの絶対的な帰依・服従」をあらわすのがこの言葉の語意である。それを信じる人々、つまり、イスラーム教徒は「ムスリム（muslim）」と呼ばれる。ちなみにアッラー（allāh）とは、そもそも「神」をあらわすアラビア語の普通名詞イラーフ（ilāh）に定冠詞がついたものである。定冠詞つきで呼ばれる神、つまりは唯一絶対なる神をあらわすのである。

すべてのムスリムが信じなければならぬことが六つ（六信）、行なわなければならないことが五つ（五行）あるとされる。これら六信は、信仰の「柱」といわれる五行の実践なくしては完成しないのである。このように、内面的な信と外的なあらわれとしての行が不可分に結びついている点は、まさしくイスラームの特質を端的に示している。信者たるものは五行、つまり信仰告白（シャハーダ shahāda）、礼拝（サラート ṣalāt）、喜捨（ザカート zakāt）、断食（サウム ṣawm）、巡礼（ハッジ ḥajj）を実践することによって、個々人において直接に信仰が成り立つのであって、いわゆる聖職者なる特別な階層に属する人物を介しているわけではないのである。教会における牧師や神父、仏教寺院における僧侶などを介する宗教儀礼とは異なり、信者みずからがおこなう行《ぎょう》こそが信仰そのものなのである。いわば「聖職者」同様な行ないを日々、一生にわたって行なう者、それがムスリムなのである。特定の時に聖職者を通じて宗教儀礼に「参加する」者の目には、ムスリムのこのような日常生活が一般に厳格であるように映るのではないだろうか。

これまで「イスラム教」と呼ばれることが一般的であったが、今や「イスラーム」と呼び慣わされる傾向にある。仏教やキリスト教などと同様、イスラームも宗教ではあるが、ふつうに考えられている宗教の枠組みにとどまらないのである。人の心の救済を第一義とし、政治や経済などとは無縁なもの、あるいは無縁であるべきものと思われている宗教とは異なり、イスラームは人々の精神的・肉体的活動の万般にわたる教えであり、その意味で固有の世界観を前提としている「宗教」なのである。つまり精神的、いわゆる「宗教」倫理的なことだけにとどまらず、日々日常的な行動規範のすべて、例えば商取引や契約など商法的なこと、結婚・離婚、遺産相続など民事的なこと、さらには刑法的なことまで規定されている。ムスリムとしての生活そのものを「神にすべて委ねること」が、すなわち、イスラームなのである。「聖」と「俗」とがある意味で峻別されている「宗教」のあり方からすると、イスラームはこれまで理解されにくく、さらにはある種の誤解すらまねいていたといえる。そうしたわけで、イスラム「教」と呼ぶことが避けられているのである。

さらにこのような個人と個人をつなぐ概念もイスラーム特有なものである。イスラーム共同体、これをウンマ(umma)と呼ぶが、それは単なる信仰団体ではない。前述のごとく、イスラームは個人の心の救済だけをめざすのではなく、同時に政治や経済を含めた社会活動の場である共同体全体の救いを第一義的に考えているのである。このようにイスラームによる法(シャリーア sharī'a)が人間の日常生活の包括的な規範である以上、ウンマは人の「霊的」な関係にとどまらず、生活規範を共有する人々の結合体なのである。

イスラーム勃興まもない時代において、世界はダール・アルイスラーム(dār al-islām イスラームの家)とダール・アルハルブ(dār al-ḥarb 戦いの家)のふたつに分けられるとされた。ダール・アルイスラームはイスラームの主権の確立された土地をさし、イスラームが唯一の正しき教えと考えられていた。このように考えていたムスリムたちはダール・アルハルブの地域にイスラームを広げるために挑んでいった。これが聖戦(ジハード jihād)である。それから長い歴史が流れ、広大な地域に広がるなかでしだいにその姿を変えて、現代におけるイスラーム世界の同一性はややあやしいものとなっており、単純な議論では語り尽くせなくなっているのも事実である。しかし、いまやイスラーム教徒(ムスリム)は全世界に一〇億をこえる人口を有し、彼らが大多数を占める国々をまとめて「イスラーム世界」と呼ぶのが今も一般的である。やはりイスラームという「宗教」にはその根底をなす部分に「世界」と称するにたる独自性があり、強い共通性が認められていることにほかならない。

宗教施設とは

当然のこと、イスラーム建築と称されるなかには異なる用途にそれぞれ供される建物種別が存在し、それぞれにイスラーム社会を特徴づける建築的表現を備えている。しかし、これまで述べてきたようにムスリム一人ひとりの生活万般を包含するという最も広義にその宗教概念を考えると、ではイスラームにおける「宗教」施設とはいったい何であろうか。あらゆるものが宗教建築であるといえないことはない。事実、住宅、事務所、商店などのような建物でもその中の一室や一部、いや、屋外の野原や荒野においてでさえ、清潔と判断されれば、どこでもが「モスク」となるのであり、預言者ムハンマド自身もそうした指摘をしていたことが彼の伝承ハディース（ḥadīth）として残されている。商取引であろうと、なんらかの契約ごとであろうと、それは広い意味での宗教的行為に含まれるのであるから、そのための建物はどうなるのか。政治的行為もやはりイスラームの枠組みのなかにある。このようにある意味では「聖」「俗」を簡単に区別しにくいという本質的な性格は、イスラーム建築の大きな特徴ともなっている。すなわち、異なるいくつかの機能に対応しうる建築の形式や形態がおもに採用されていることである。逆にいえば、限られた建築の形式・形態が好まれてきたのであり、それらは一種の汎用性を保証するものであった。その典型とみなせるのが中庭式の建築であろう。

そうしたことを前提としながらも、本稿でもやはり従前にならって「宗教」を狭義にとらえて、精神的・霊的、神学的な意味での宗教的ないし準宗教的な建造物や施設を、礼拝所、神学院・神学校、僧院・修道場、墓廟などの用語で呼べるものとしよう。それぞれに時代や地域、民族、言語によって建物の名称もさまざまである。例えば、礼拝所はモスク（masjid）やジャーミー（jāmiʿ）、学院・学校はマドラサ（madrasa）やクッターブ（kuttāb）、僧院・修道場はザーウィヤ（zāwiya）、ハーンカー（khānqā）、テッケ（tekke）、タキエ（takiye）など、墓廟はクッバ（qubba）、アーラームガー（ārāmgāh）、ダルガー（dargāh）、キュンベト（kümbet）、テュルベ（türbe）などと呼ばれている。それらすべてを取り挙げるだけの紙面的な余裕はないので、ここではモスクを中心にして述べることにしよう。

モスク

しばしばイスラーム寺院と訳されることあるが、モスクは本質的にアッラーに祈りを捧げる礼拝所であって、神殿や祠堂ではない。本来アラビア語ではマスジド（masjid）といい、「ひれ伏す」という動詞からの派生語で、文字どおり、聖地メッカのカーバ神殿を目標に跪き額づく動作を繰り返す、礼拝儀礼を行なう場所である。このほか、英語でモスク（mosque）、フランス語でモスケ（mosquée）、スペイン語でメスキータ（mesquita）などという。

建築としてのモスクはその軸線を必ずメッカの方角（キブラ qibla）に向くように建てられ、その方角を明示する目的で礼拝室最奥の壁中央にミフラーブ（miḥrāb）と呼ばれる凹部が設けられる。金曜礼拝の行なわれる大規模中心モスク（ジャーミー jāmiʿ「会衆モスク」「金曜モスク」などとも訳され、単に「大モスク」とも呼ばれる）には、ミフラーブの右側に階段状の説教壇ミンバル（mimbar）が設けられる。礼拝を行なう権力者・統治者を保護する目的で、ミフラーブ前面の一部が木製の間仕切などで仕切られることがある。この部分はマクスーラ（maqṣūra）と呼ばれ、しばしば華麗なドームで覆われる。大規模なモスクの中で大勢の会衆者が一斉に同じ動作で礼拝を行なうために、礼拝の先達（イマーム imām）の動作を中継する台（ディッカ dikka）がみられる場合もある。多くのモスクは周壁や回廊に囲まれた中庭（サフン ṣaḥn）が設けられ、その中央には礼拝前の浄め（ウドゥー wuḍūʾ）のための水盤などがあり、清らかな水が絶えず流れ出ている。偶像など具象的なものはいっさい排除されたモスク内はガランと広く、市街の喧噪とは隔絶された神聖な空間が演出されている。

礼拝への呼びかけアザーン（adhān）を朗唱するための塔は、「光の在る所」を意味するミナール（minār）、英語でミナレット（minaret）と呼ばれる。信者たちに参集をうながす実用的な役割だけでなく、象徴的な意味をもつ。つまり、街の家並みの上に聳え立ち、モスクの存在を示す信仰・精神的統合となっているのである。形態ははなはだ多様であるが、概して地方色が認められる。マグリブ地域では初期の時代から一貫して、堂々たる角塔が一般的であり、中東アラブ地域では中世以降、円形塔身を基本としてバルコニーを張り出し、頂部に宝珠を飾る形式が普及した。また、イラン・中央アジア地域やトルコ地域では細くて高い円塔が好まれ、一一世紀以降には二基一対とする双塔形式、さらに近世のトルコやインドにおいては大ドームを中心とした外部空間の集中性を強調するための多塔形式が発達した。

モスク建設と都市社会

前述のごとく、礼拝にふさわしい場所が、すなわちモスクである。それは建築物である必要もないが、モスクをもたないムスリム・コミュニティは存在しえない。であるから、ふつうコミュニティとしてまっ先に建設するのがモスクであり、住民・民衆の心の拠り所とされる建築物となる。イスラーム建築のなかで、モスクこそがそれぞれの民族や時代を象徴する最大のモニュメントとして建設され続けてきたのである。

預言者のモスク

預言者ムハンマドは生誕地であるメッカで布教活動を進めていたが、西暦六二二年、迫害などによってそれが不可能な状態に至り、余儀なく北方の町へ移り住むこととなった。この事件を聖遷（ヒジュラ hijra）と呼び、理想的なイスラーム共同体ウンマの形成と発展の起点と認識され、この年を紀元とするヒジュラ暦（太陰暦）がイスラーム世界の暦として採用された。移住した都市は現在、メディナと呼ばれ（正確には「預言者の町」マディーナ・アンナビー Madīna an-Nabī）、カーバ神殿のあるメッカとともに「二聖都」と称される。預言者ムハンマドの墓廟とそれを含むモスクの立つ位置に、かつて彼の住居兼集会・礼拝所があったとされる。

イスラーム世界で最初のモスクとなった、この預言者の家は現存していないが、多くの記録や伝承などによってその全容はよく知られている（図1）。一辺五六メートルほどの敷地を日干煉瓦の壁で囲み、その北と南辺に椰子の幹

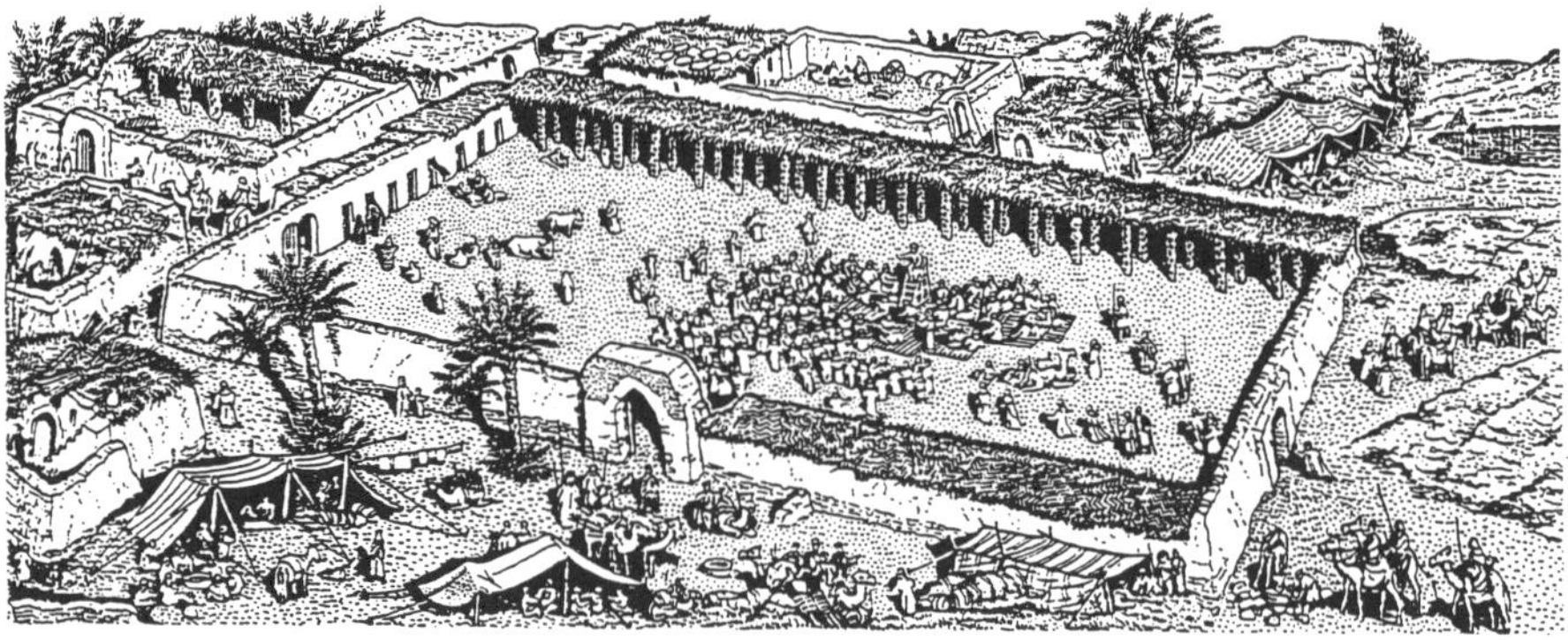

図1　預言者のモスク　メディナ（サウジアラビア）662年頃（H. & R. Leacroftによる）

を柱に草葺き屋根のかかった柱廊を設け、東辺にいくつかの居住室があるだけのきわめて粗末な中庭式の建物であった。このようにたいへん簡素な建築ではあったが、イスラームを奉じる新興コミュニティが後に各地に次々に建設することになる中心的施設の原形となる要素がすでに備わっていた。それはほとんどなにもない囲われた広い空間、つまり、そこに一度に多くの信者を安全に収容できる空間が形成されていることである。敷地のキブラ側にあるズゥッラ（zulla）と呼ばれる日陰となる場所は当初からあったものではなく、後に付加されたものといわれ、しかもキブラが当初のエルサレム（北方）からメッカ（南方）に変更されると、当初のズゥッラを破却して新たに造り替えられた。こうしたことは、この空間が礼拝する信者たちを強い陽射しから守るためのものではあったが、建物のなかで主要でかつ重要なものであるというより、むしろ便宜的なものとみなされていたことを物語っている。また、この建物は預言者ムハンマド自身の住まいとして使用されていたものであったが、そうした部分は東の壁沿いに並ぶ九つの部屋だけで、しかも壁で囲われた矩形から外にはみ出すように造られていた。この建物が本来、個人的な住宅として意図されたものではなく、はじめからムスリム・コミュニティを意識して建設されたと考えられる。それが施設の中央に広くのこされたオープンスペースであった。そこではムハンマドの講話と集団礼拝が繰り返し行なわれただけでなく、急速に伸展しつつあったイスラーム共同体にかかわるすべてのことが決められていたのである。

コミュニティセンターとしてのモスク

モスクがモニュメンタルな建築形態を獲得するようになるのは、ウマイヤ朝によるダマスクスの大モスク（七〇九—七一五年）以降のことであろう。そこにみられる最も基本的な構成要素には、前述した預言者のモスクからの強い連関がみてとれる。列柱が建ち並び屋根で覆われた礼拝室と回廊、それに対して広く開け放たれた中庭。これらを並置させた基本構成のなかにアラビアの厳しい気候が刻印されているのであり、さらにその背景には史上最初のモスクへの畏敬があるだろう。敷地は古代からの聖域であり、建築様式の多くは土着のビザンティンからのものであったが、なによりも、ひとつのモニュメントならしめている基本構成がモスク建築として最もふさわしいものであったことには疑う余地はない。それは、中央に広いオープンスペースをもった建築として表現されているのである。ダマスクスの大モスクが創建された時代ともなれば、イスラーム共同体は強力かつ巨大なものになっていたが、そうした帝国の核として機能したのが、このモスクの中庭にほかならない。それは産声をあげたばかりのムスリム・コミュニティのすべてが決められていた預言者のモスクにおける中庭の状況とまったくといってよいほど重なり合うのである。

モスク、なかんずくジャーミー・マスジド（jāmiʿ masjid）と呼ばれる会衆モスク（単に「大モスク」とも呼ぶ）では、毎週金曜日正午にその町のムスリム・コニュミティに属するすべての成人男子が集まって集団礼拝がなされる。その際に指導者から純粋な宗教的、つまり精神的な講話・説法がなされるだけではなく、政治的なアナウンスメントなどコミュニティにかかわることが公にされ、議論され、決定された。時と場合によっては政治集会、戦争のための作戦会議、訴訟事に対する審理・裁判などの場となった。また、遠征軍の閲兵式、外国使節を迎える式典が行なわれたり、コミュニティに属する財宝・宝物の保管場所としても使われていた。会衆モスクにおけるこうした公共的な役割・機能は、ある意味では個人的信仰を満たすこと以上に重要なことであって、中世の時代を通じて大規模モスクにおいて継承された。そこではイスラームへの賛美、共同体全体への共感・和合もあったが、統治している王朝や君主への支持と賛美を謳うセレモニーでもあった。一〇世紀頃まではカリフの承認を得て会衆モスクは建設されるものであり、ひとつの都市にひとつの会衆モスクが原則であった。逆にいえば、会衆モスクを建てることができるということは、そのコミュニティが「都市」となった証しでもあった。

このほかに会衆モスクが担っていた役割のなかに教育や学問の振興がある。イスラームの法学、神学をはじめ、コーランやハディースの勉強、さらには諸科学の分野まで習得されていた。モスク内のひとつの柱を背にして教授が座り、そのまわりを学生たちが車座になって聴講するというのは基本的な授業風景であった。一四世紀のイブン・バットゥータをはじめ多くの学者・研究者たちは著名な人物を訪ねて、都市から都市に渡り歩くことも珍しいことではなく、盛んに学問的交流がなされていた。一一世紀以降、普遍的な教育制度としてのマドラサ（神学校）が設立され、しだいにその役割を薄めていったが、けっして消え去ったわけではなかった。カイロにあるアズハル・モスクはシーア派ファーティマ朝によって九七〇年創建され、その直後からイスラーム法学・神学の研究センターとなり、今日においてもイスラームの最高学府とされている。また、フェズのカラウィーン・モスク（八五九年創建、一一三五年などの改修）やチュニスのザイトゥーナ・モスク（九世紀中頃）なども背後に図書館などを備え、近隣にある複数のマドラサと一体的な教育がなされた高等学院として名高い。このような高等学院を兼ねた重要なモスクでは高名な学者を数多く輩出し、彼らの著作が出版されたり、蔵書として保管され、かつ販売された。また、モスク周辺には本を扱うスーク（市）がたったり、本屋などが立地することも多い。コーランを熱心に読誦する子供たちの姿はモスク内でもよく見かけるが、クッターブ（kuttāb）と呼ばれるコーラン学校がそのための専用施設で、やはり会衆モスク周辺に設けられることが多い。

また、断食月（ラマダーン ramaḍān）などには特別の説法や神学講義、夜通し行なわれる瞑想やジクル（dhikr）と呼ばれる儀礼など、中世以降に興隆する神秘主義的な集まりの場としてもモスクは使われる。信者それぞれの人生における通過儀礼、例えば、誕生、割礼、結婚、離婚、葬儀、その他誓いをたてるなどに際して特別な礼拝が執り行なわれるのもモスクにおいてである。中世のキリスト教修道会などが設けたホスピスと同様、モスクでも巡礼者や参拝者、旅人、病人やけが人、貧者たちに食事を与え、宿泊させた。先に述べた預言者のモスクにおいてキブラと反対側に設けられていた有蓋部分はそのような人々を収容する場所であったとされる。

このようにモスク、とくに会衆モスクは、イスラーム初期からさまざまな用途に使われる多日的な施設であった。モスクが排他的ではなく、こうした多くの機能を包含したことは、冒頭において述べたイスラームの本質に照らして考えれば、当然のことであった。このように多機能的な性格をもち、それらの機能が十分に発揮されるために、建築それ自体は簡素で包含的な形態、きわめてフレキシブルな形態が最も適していたといえよう。時代の流れとともに、そうした多岐にわたる機能はしだいにそれぞれ専門分化して、モスクから切り離されていった。

モスクの形態

これまで述べてきたように、ジャーミーと単なるマスジドとは担っている機能や役割がまったく異なり、その区分も明確であるが、しかし、それら二つの建築類型上の区別は規模的な相違を除けば、基本的なレイアウトに関する限り、あまり認められない。逆にいえば、モスクを形態だけからみて、ジャーミーとマスジドとを区別することはほとんどできないのである。これはなにもモスクに限ったことではなく、イスラーム建築全般において、ひとつの形態が唯一で排他的な特定の機能と結びついていることはほとんどない。限られた建築的ヴォキャブラリーを異なる建築類型に使い回しているのであり、それぞれの建築類型は一般的に機能と形態が相互作用できる柔軟さを有している。これもいわば、イスラーム建築の特質のひとつであろう。

ミスルにおけるモスク建設

メソポタミアをはじめ中東アラブ地域は都市文明発祥の地として知られ、イスラーム以前に東方ではペルシア、西方ではヘレニズム、ローマなどの都市が数多く存在していた。現在イスラーム都市と呼ばれるもので、それら古代都市を基盤としたものは数多くある。イスラームが急速な拡張を続けていた七世紀から八世紀初頭において、そのような都市では当初、その場にあった既存建物を改造・改修して、モスクに利用していた。

一方同じ頃、イスラーム勢力によって新たに建設された都市もあり、それをミスル（miṣr）と呼んだ。一般に軍営都市と訳され、征服地において軍隊の駐屯地を核として形成された都市をいう。代表的なものとして、イラクのバスラ（六三八年）やクーファ（六三九年）、エジプトのフスタート（六四二年）、チュニジアのカイラワーン（七六〇年）などが挙げられる。これらの都市の中心には会衆モスクと総督の館（ダール・アルイマーラ dār al-imāra）が建設され、当初はアラブ人だけが部族ごとに居住していた。この時代に属する会衆モスクの遺構はまったく現存しないが、文献史料などによっていくつかは知られている。六三九年にクーファ総督サード・ブン・アルワッカースが最初に建設した会衆モスクは、一辺一〇〇メートルあまりの正方形の敷地を堀で囲み、キブラ側に吹き放ちの柱廊を設けただけのものであった（図2）。その柱廊にたち並ぶ円柱は大理石の転用材で、そのうえにはシリアの教会にならったトラス組木造切妻屋根が架けられていたといわれる。バスラにはこれより数年前に会衆モスクが建設されていたが、それは当初、葦でできた囲いがあっただけであった。このように当時の会衆モスクは非常に簡素なもので、建築としての基本的な要件としては、かなり広い空間を確保し、なんらかの方法で囲い込み、その囲い全体がキブラに向いていることであった。囲われた内部がどのように建てられるかはさして問題ではなかったようだ。つまり、まず、戦闘や布教活動に従事する数千というムスリム兵士を一度に収容できること、メッカの方角に自然に向かうことができること、そして、堀、塀や外壁などによって囲い、外界とは区別された聖域、つまりハラム（ḥaram）が形成されていることである。非常に簡単な装置による囲いではあっても、その内部はハラムとして流血、殺傷、伐採などコーランによる禁制のすべてが作用する、神聖不可侵の空間となっていることが重要であった。

やや時代はくだるが、イスラーム初期に属するモスクの遺構をみてみよう。例えば、カイラワーンの大モスク（八

図3　カイラワーンの大モスク

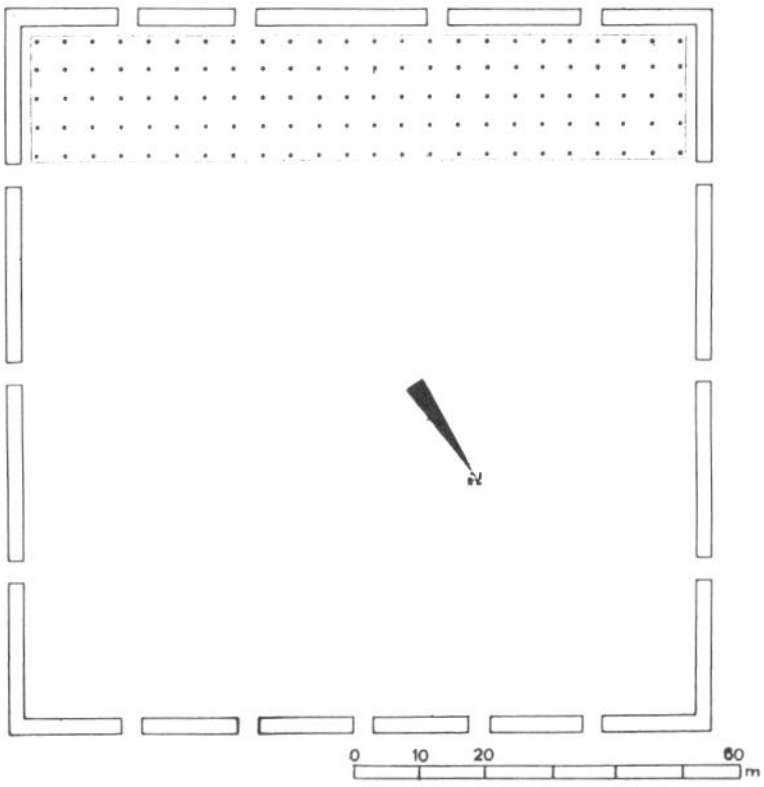

図2　クーファの大モスク　イラク，639年
復元図（K. A. C. Creswell による）

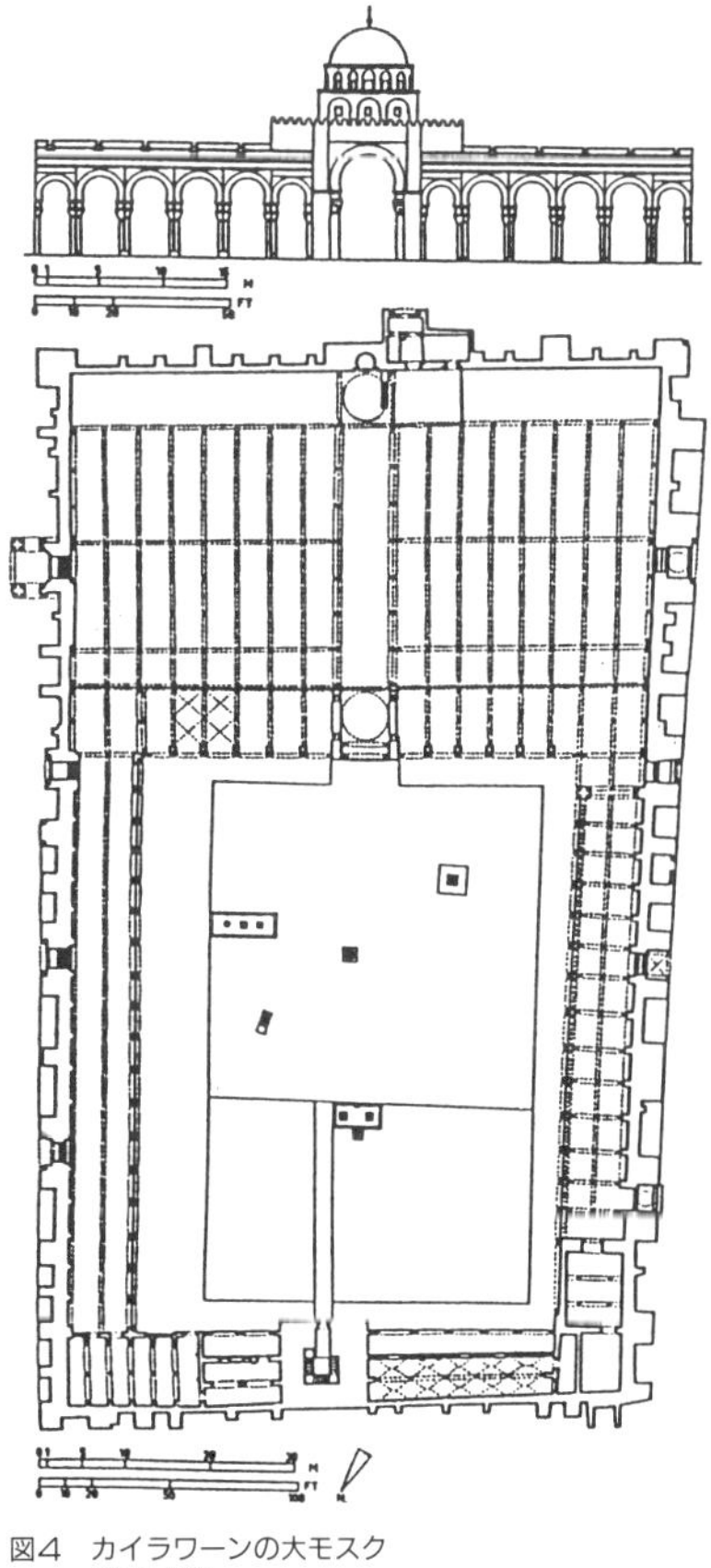

図4　カイラワーンの大モスク
836年改築

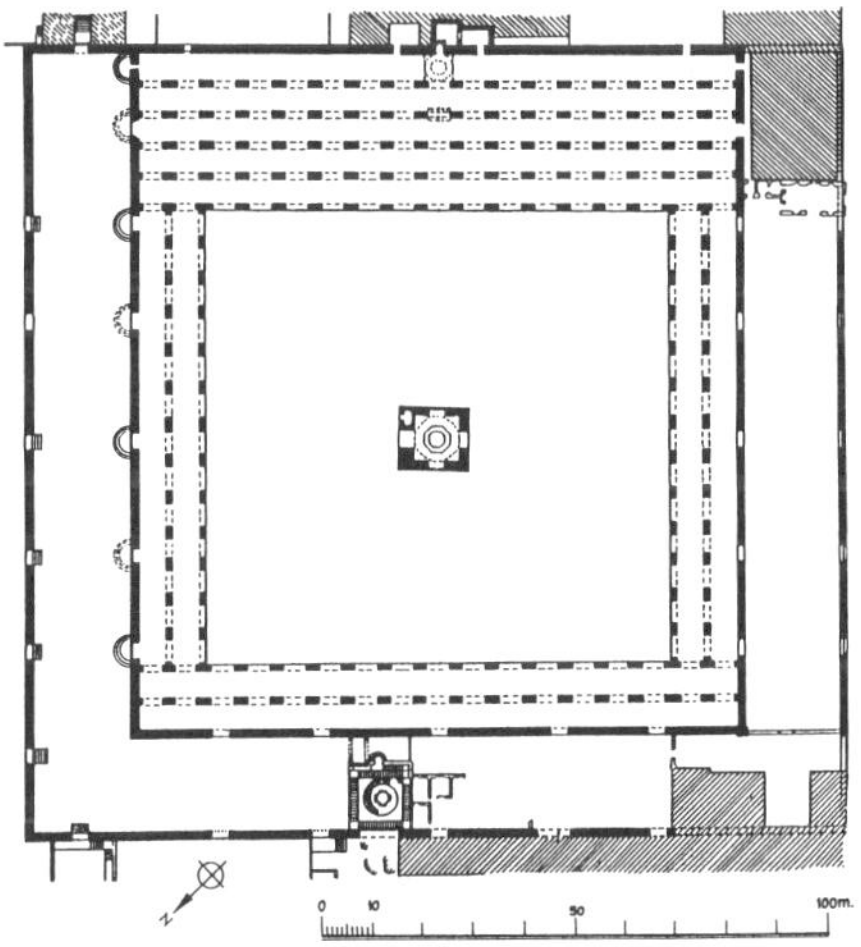

図5　イブン・トゥールーン・モスク　カイロ（エジプト）
876-79年

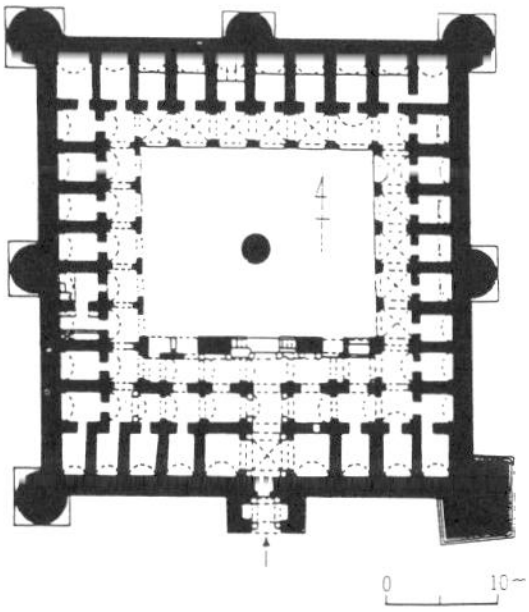

図6　スースのリバート　チュニジア，821年

三六年改築）やカイロのイブン・トゥールーン・モスク（八七六―七九年）は、いずれもこれまでの簡素な造りのモスクとは違い、堂々たるモニュメントの風格をもっている。前者はアグラブ朝、後者はトゥールーン朝という、中央のアッバース朝の宗主権を認めつつも独立した力を樹立した、いわゆる地方王朝によって建設されたものである。双方とも全体の外形はほぼ矩形で、堅固な外壁を有している。カイラワーンでは外壁にバットレスが所々に突出し（図3、4）、カイロではズィヤーダ（ziyāda）と呼ばれる外庭をもつ二重の外壁で囲われている（図5）。モスクの外形が矩形を呈しているのは、市街地がまだ十分に発達する以前に会衆モスクの建設が計画されたことを物語るのだろうか。堂々として、いかめしいその外壁の構えは、当時いまだ安定しなかった諸般の状況のなかで軍事的な拠点としてのモスクのありさまを示しているのではなかろうか。ただし、入口はキブラ側を除く各辺に複数設けられており、一度に大勢の人々が出入りする公共的利便性もみられる。

当時、会衆モスク以上に軍事的性格をもっていた建造物として、チュニジア・スースのリバート（八二一年）を挙げよう。リバート（ribāṭ）とは、しばしば「武装修道院」と意訳され、征服と布教の過程にあったイスラーム教団の活動の拠点として営まれた軍事・宗教両面の性格をもつ初期イスラーム時代を特徴づける施設である。スースのものは現存する最も完全な実例である（図6）。一辺三八メートルほどの中庭式正方形プランとした二階建ての堅固な石造建築で、北・東・西の三辺各中央および三つの隅には円形断面の櫓が突出し、東南隅だけは方形の櫓の上に円筒状の望楼がそびえている。南辺の中央ただ一カ所のみ設けられた出入口の上部にはドームを冠した方形のパビリオンが載り、これは正面ファサードのモニュメンタリティーを高める役割のほか、当然、防備上の目的をもっていた。内部は中庭の周囲に上下二層に小部屋を配置し、南辺の上層には礼拝広間が設けられている。本来、リバートは遠征軍の中継・前線駐屯基地、情報の伝達・通信のための宿駅所で、建築的にみても辺境地にたつ砦にその祖形を見いだすことができよう。この建物はジハード（聖戦）を戦う武人ガージーが集団で修道生活をする施設であったが、こうした施設が中世以降、軍事的性格を弱め、神秘主義思想の影響を受けて、より宗教修行の場としての性格を強めていった。

つまり、中世以降、イスラーム世界の各地で盛んにみられるハーンカーやザーウィヤなどと同種の施設となっていったのである。

増殖しながら市街に埋没するモスク

さきほど会衆モスクはムスリム・コミュニティの成員たるすべての成人男子が金曜正午に集まる場所であると言った。そうであるなら、世相が安定し、都市が発達して住民の人口が増大すれば、おのずとそこの会衆モスクは拡張されねばならない。そのような歴史的経過をいまにたどることができるのが、スペイン・コルドバの大モスクである(図7)。後ウマイヤ朝の初代アブド・アッラフマーン一世による七八五年創建当初、礼拝室は間口一一スパン、奥行一二スパンの大きさであった。その後、八三三年あるいは八四八年にアブド・アッラフマーン二世によって奥行方向に一〇スパン拡張され、九五二年にはアブド・アッラフマーン三世によって中庭とミナレットが付加された。九六一年から九六八年にかけてハカム二世によって礼拝室の奥行がさらに一一スパン広げられた。最後にヒシャーム二世の代になって東側に八スパン付加され(九八七年)、文字通り、後ウマイヤ朝代々の諸王の貢献の結果、現在みる規模、すなわち東西約一三五メートル、南北約一七五メートルに達したのである。その礼拝室内部は現在、一部をキリスト教会堂が占め、旧態とはかなり異なっているとはいえ、数百本の柱が林立する、その空間は幻想的で実に印象深い。このようなモスクの拡張は、コルドバがこの時代、コンスタンティノポリス(現イスタンブル)、バグダードとともに中世世界における三大文化都市のひとつに成長していたことを物語るものである。

つぎに、イランの中世モスクを代表するイスファハーンの大モスクについてみてみよう。肥沃なオアシス都市として古くから栄えたこの町の大モスクは、一一～一二世紀のセルジューク朝時代にその主要部が建設され、基本的な構成が整ったとされる。中庭を囲んで四つのイーワーンが相対する、いわゆる四イーワーン形式モスクである(図8・9)。中庭の広さはおよそ幅六〇メートル、奥行七〇メートル、全体の規模は現在、およそ幅一五〇メートル、奥行

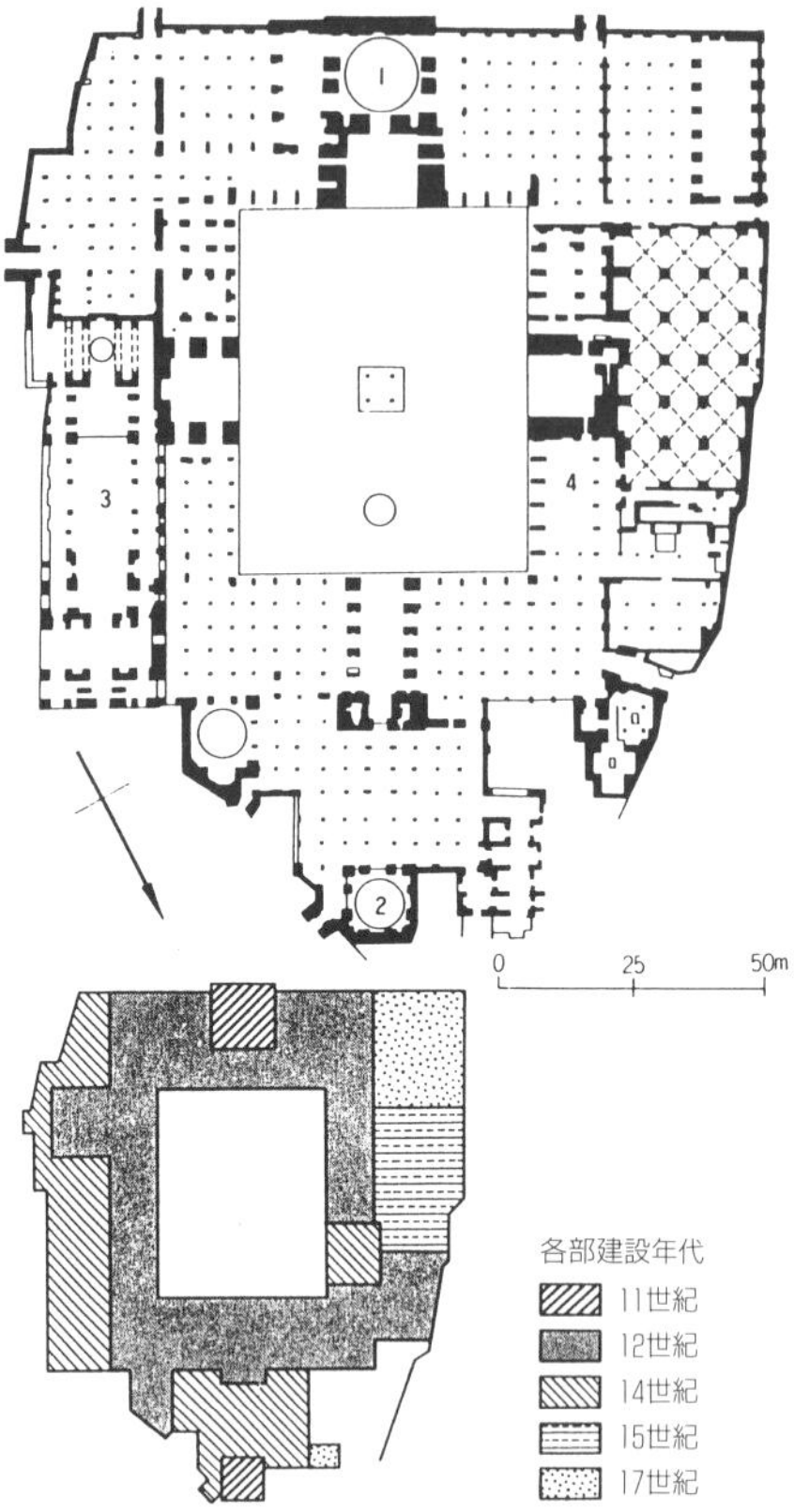

図8　イスファハーンの大モスク　イラン，11世紀～
1 主礼拝室
2 副礼拝室（ゴンバッド・イ・ハーキ）
3 マドラサ
4 スルタン・オルジェ・イトゥのミフラーブ

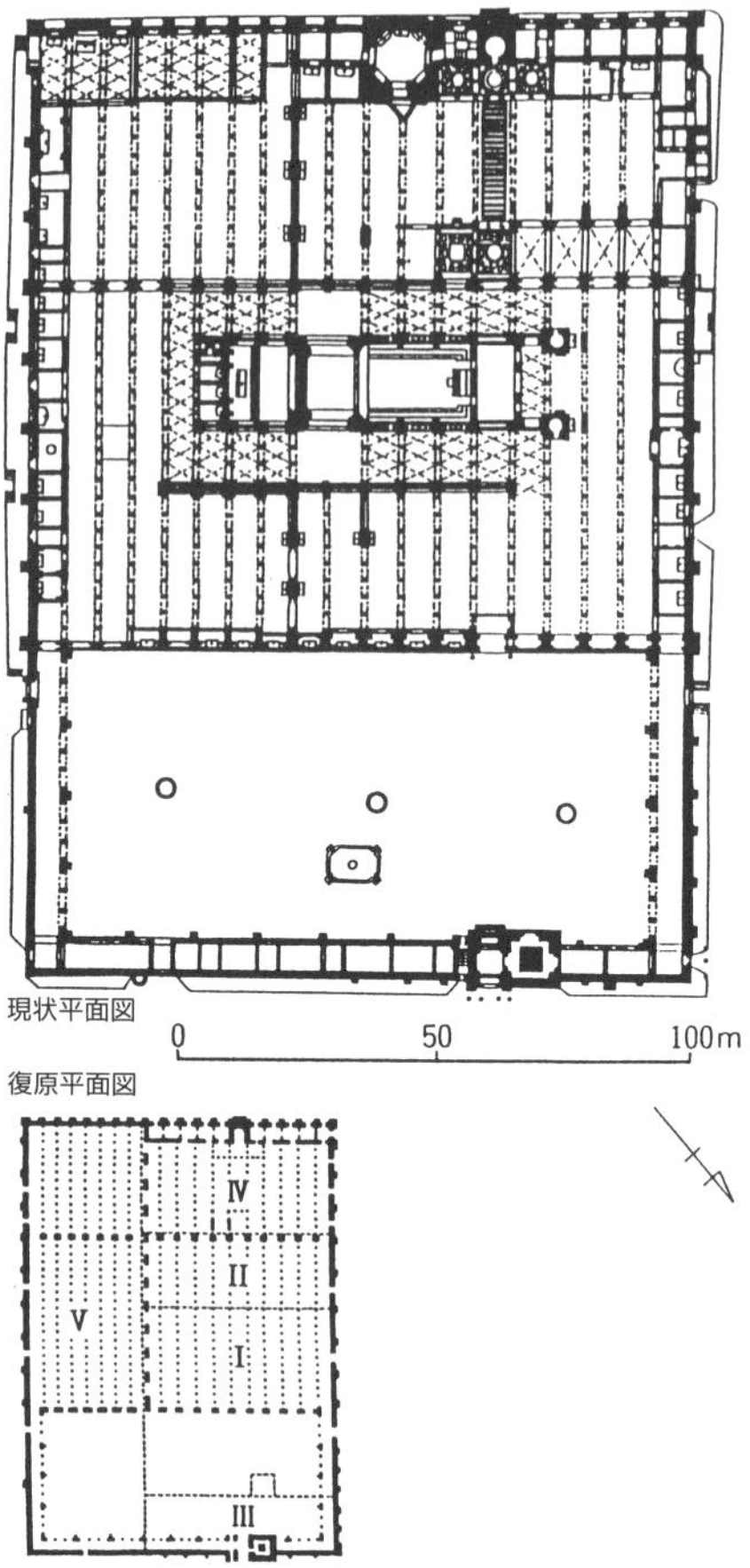

図7　コルドバの大モスク　スペイン，785年創建
各部建設年代
I：785年（アブド・アッラフマーン1世）
II：833-48年頃（アブド・アッラフマーン2世）
III：952年（アブド・アッラフマーン3世）
IV：961-68年（ハカム2世）
V：987年（ヒシャーム2世）

図9　イスファハーンの大モスク

一七〇メートルにおよぶ。中庭周辺の回廊部分は基本的に一一～一二世紀にさかのぼるが、それより外側の列柱式広間は一四世紀、一五世紀、一七世紀などの時代に増築されたものである。図をみるとわかるように、中庭は整然たる矩形を呈しているのに反して、建物外周壁はきわめて不規則な形で、しかも周辺の市街地のなかに埋没してしまっている。こうなると、外観ファサードなるものは無いに等しい。これは中庭式建築の本質を如実に示すものといえよう。つまり、中庭式建築においては、外側は裏であり、中庭こそが表側なのである。また、中庭式建築ゆえに、すでに稠密化した市街地内に細胞が増殖するかのように、不規則な形になろうと、外へ外へと増築することが可能だったのである。

図10　カラウィーン・モスク

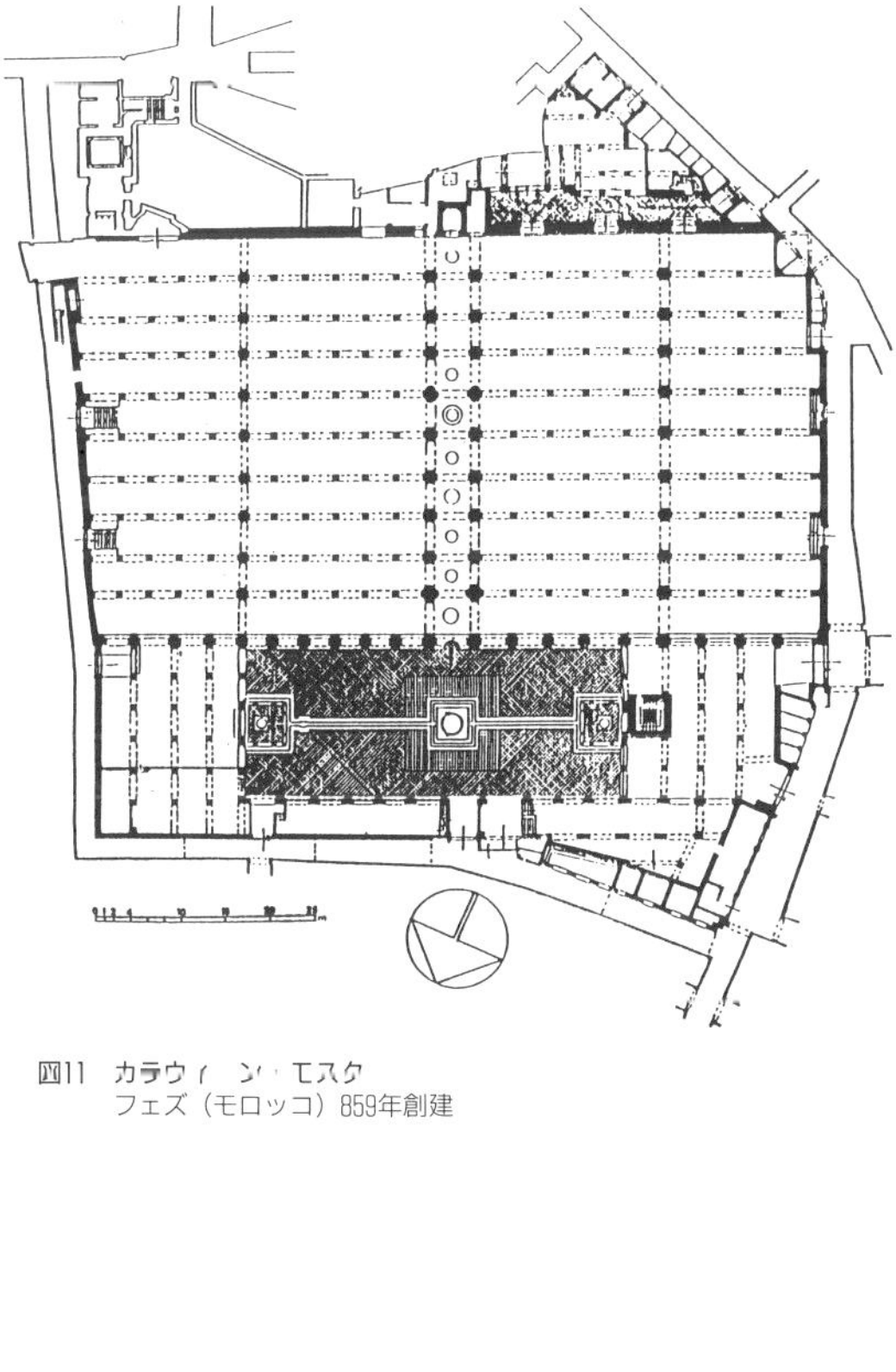

図11　カラウィーン・モスク
フェズ（モロッコ）859年創建

いまひとつ、フェズのカラウィーン・モスクを挙げよう。このモスクは最初、八五九年にある富裕な商人の婦人によって創建された個人的礼拝のためのモスクであったが、ファーティマ朝支配下の一〇世紀はじめに会衆モスクとなり、後ウマイヤ朝の後援によって拡張され、さらに一一三五年のムラービト朝による拡張・改修によって、ほぼ現状の規模、東西約九〇メートル、南北約七〇メートルに達したものとされる（図10、11）。前例のイスファハーンの大モスクと同様、比較的狭いものの中庭は整形な長方形であるのに対して、建物全体はすこぶる不整形なものとなって、稠密な市街地のなかにあり、地上からでは容易に建物の全体像をつかむことはできない。モスクの周囲に一三カ所の入口が設けられ、キブラ側を除く建物の各辺から人々が吸い込まれ、吐き出される。また、このモスクの特に西側と南側には、隣接して店舗や工房が密集するスークが形成されており、市内のなかでも最も人通りが多く活気のあふれる地区となっている。前例のイスファハーンの大モスクにおいても、同じようにすぐ近くに大バーザールがあり、会衆モスクとバーザールとで町の中枢部が形成されている。

複合化するモスク

中世以降のモスクをはじめ宗教建築・準宗教建築において注目されることは、複数の機能をもった建物による複合的施設となることである。そうしたことが特に顕著にみられるのが、カイロのマムルーク朝建築においてである。遺存するマムルーク朝時代の建造物のなかで、モスクと称されるものは必ずしも多くなく、マドラサが比較的多い。マドラサとは、本来モスク内で教授されることが多かったイスラーム諸学を教育する機関で、教授や学生たちのための宿房や給食設備などを付設し、制度化されたものをいう。一一世紀にセルジューク朝が、活発化しつつあったシーア派に対抗してスンナ派の神学・法学を振興するためにバグダードなどの都市に設立したことに始まるとされる。

カイロのマドラサは一二世紀後半以降ダマスクスなどで盛んに建設を進めたアイユーブ朝から、制度的・建築的に大きな影響を受けている。その多くが建設者たる歴代のスルターンや有力者たちの墓廟を付設する複合施設となって

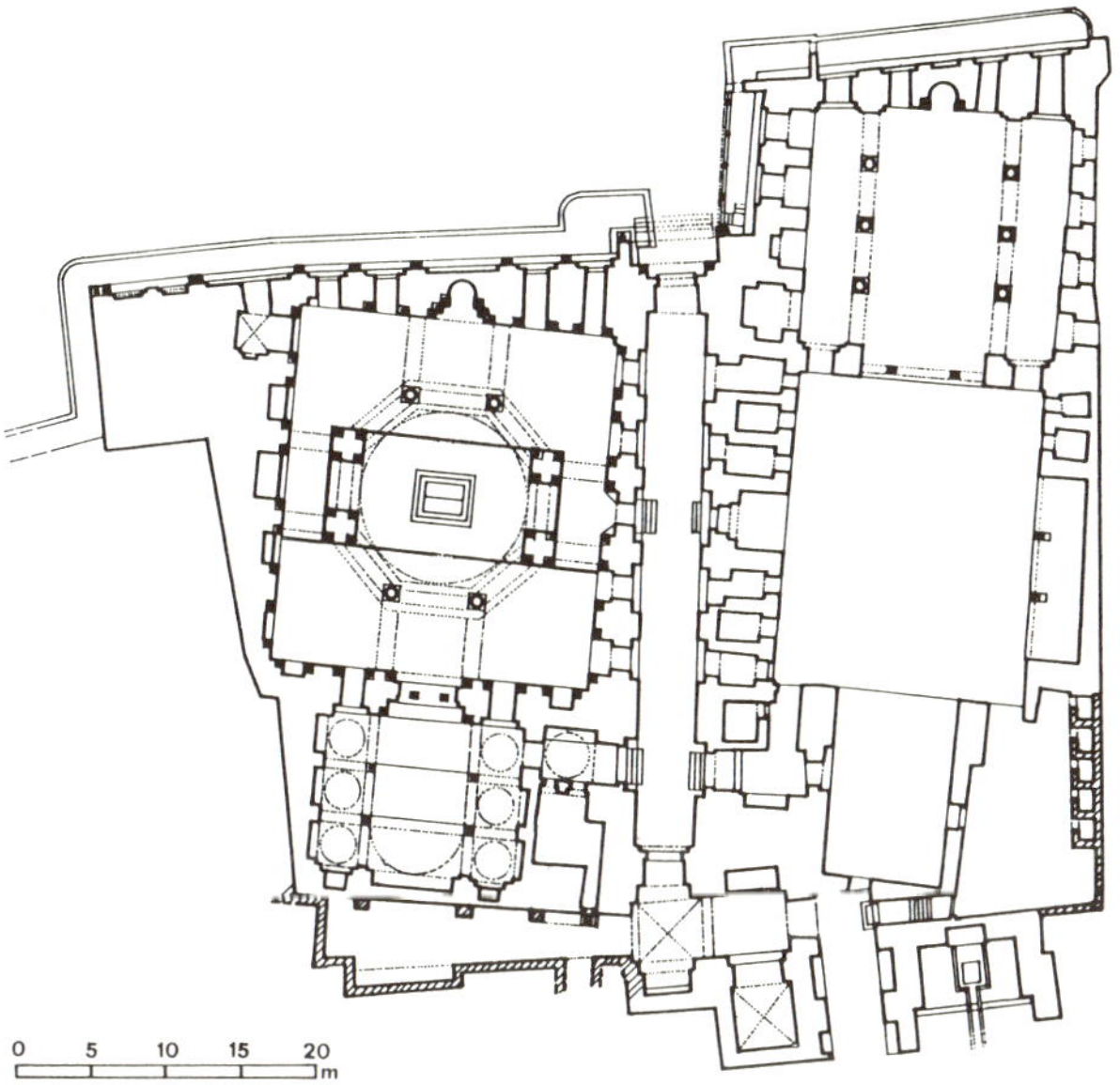

図12　スルターン・カラウーンの複合体
カイロ（エジプト）1284-85年

いる。ほかにも病院、サビール・クッターブ（sabil-kuttāb 公共給水場兼コーラン学校）、さらにハーンカー（スーフィー、つまり神秘主義修道者たちが修行を行なう道場）などを付属させるものもある。このような複合施設は稠密な市街地のなかに建設されることが普通であっただけに、それぞれの建物の配置計画に見るべきところが多い。初期の代表的実例としてはスルターン・カラウーンの複合体（一二八四―八五年）を挙げねばならない（図12）。このモニュメントはバイナル・カスラインと呼ばれるかつてのファーティマ朝カイロの中心地に建設されたもので、門から通じる長い通廊の左右に墓廟とマドラサを配し、通廊の奥にはかつて大規模な病院があった。敷地はかなり不整形なものであるが、それぞれの建築は中庭を中心に、礼拝広間、イーワーン、墓室など主要な部分を整形に計画し、壁体の厚さをさまざまに変化させて、周辺の小部屋など小空間を巧みにつくりだしている。こうした墓廟を付属させた複合的宗教施設は、後述するワクフという宗教的寄進制度との関係において発展したものであった。

こうした複合化も、冒頭で述べた初期イスラーム時代にみられた会衆モスクにおける包括的な性格の延長上にあるといえないだろうか。時代が進むにつれて、モスクがもっていた機能がしだいに分化・発展して、別個の施設となるものもあったが、同時にそれらが再びモスク、あるいは、それに類する宗教施設の周辺に凝集されたとは考えられないだろうか。さきに繰り返し述べてきたように、モスクをはじめ、イスラームの宗教施設は当初よりけっして排他的なものではなく、もともと包括的な施設であり、このようなことはイスラームという「宗教」の本質ともつながることなのである。

モスクの軸線と立地

モスクをモスクならしめているものはいったい何か、といえば、これまで何度となく述べてきたように、礼拝を行なうことができる場所であればよいのであり、建物としての天井も周壁もいらず、一枚の壁すら必要ないのである。ただし、しいていえば、礼拝者が正しくメッカの方角を向いているかをみずから確認できることが必要である。メッカの方角をキブラといい、通常モスクではキブラの方向にある壁（キブラ壁と呼ぶ）には、ミフラーブと呼ぶ壁龕（ニッチ）を設けて、これを礼拝の目標としている。

教友たちのキブラ

キブラという軸線を建物のなかに持ち込むということは、モスクに限らず、礼拝空間をもつマドラサ、ザーウィヤ、ハーンカーなどのほか、墓廟においてすら（死者もキブラの方に顔をむけて埋葬される）、イスラームの宗教的、準宗教的建築にとっては最も重要なことである。この問題は当然、預言者ムハンマドの時代からあったわけで、彼はメディナにいる時、真南をキブラとしていたと伝えられる。預言者や彼の教友たち（サハーバ）によるこうした行動は後の時代、イスラームの勢いがアンダルシアから中央アジアまで広がった時代にも影響を及ぼし、モスクを南向きにたてることが多かった。アラビア半島より外の地域、なかでもシリアやパレスチナでは、前述したごとく、その土地に前からあった既存の宗教施設、ないしその敷地をモスクに転用することが多かったこともこうした慣習につながっているのであろう。エルサレムの聖域内にあるアクサー・モスクも矩型の神殿の敷地に建設されたこともあって、キブラは真南を向いている。この方角が後の時代でもエルサレムではキブラと考えられることが多いが、実は天文学的なデータに基づく計算数値によるキブラは南から東へ四五度ほどの方向である。同じように、古代以来の聖域に建設されたダマスクスの大モスクもミフラーブは真南の壁にある。ダマスクスにおいてもこの方角が一般にキブラとされるが、正確には南から東へ約三〇度の方角なのである。エジプトでは冬至の日の出の方角、イラクでは冬至の日没の方角がそれぞれ、中世の時代を通じて広く信じられていたキブラであったが、これは教友たちのキブラ（qibla al-ṣaḥāba）と呼ばれていた。

理論的キブラと天文学的キブラ

イスラームの天文学者たちは、キブラをメッカへ向かう大圏の方位と考えていた。九世紀頃よりさまざまな場所からメッカの方角を計算する方法が考えられていたといわれ、もともとプトレマイオスの地理学による地球の緯度・経度や三角関数をはじめ、古代ギリシアの知識などを土台に開発されたものであった。九世紀後半に活躍したアラブ人天文学者バッターニーによる三角関数を用いた方法は簡便で、概算的なものではあったが、メッカの子午線を中心にしてエジプトとイランを含む範囲なら一〜二度程度の誤差しかなく、一九世紀に至るまで広く使用された。さらに一〇世紀ともなれば、各地で立体幾何学や球面三角法などを用いたより正確な方法が提案されていた。例えば、球面三角法で解いたバグダードのナイリージー（九〇〇年頃）、投影法によるカイロのイブン・ユーヌス（九八〇年頃）、球面三角法によるバグダードのアブー・アルワファー（九七五年頃）、投影法と球面三角法の両方の手法を用いたカイロのイブン・アルハイサム（一〇二五年頃）、さらにいくつかの方法で中央アジアのガズナとメッカとの経度の差を観測した結果から求めた平均値をもとに、これまた数種の異なる手順でキブラを計算した中央アジアで活躍したビールーニー（一〇二五年頃）などが著名である。

少なくとも九世紀にはこうした天文学や数学をもとにして正確にキブラを求める方法があったにもかかわらず、それ以降でも実際に多くのモスクがこうした方法で決められた方位に建設されていなかったことは明らかである。前述の預言者や教友たちなど初期イスラーム時代からの慣例に従ったものもそうであるが、そのほかに「やや科学的な」方法でキブラが決められることがあった。イスラームにおいてかなりの発展を遂げた天文学からの知識は、おもに実用的な問題、つまり、農事カレンダーを作成すること、宗教行事に関係する太陰暦の精度を高めることなどに用いられていたが、そうしたことのひとつに算術によらないでキブラを決めることも含まれていた。それぞれの地点でのキブラは、天球のなかで特に目立つ天体、例えば、太陽、月、アルゴ座の一等星カノープスなどの特定の恒星が春分・秋分点、または冬至点もしくは夏至時において、地平線上に現われる時、もしくは没する時の方角とされているものが多い。中世の史料にみられる各地方のキブラは、例えば、北西アフリカ（マグリブ）では春分・秋分点における日の出の方向、つまり真東とされ、またイエメンでは北極星の方角、つまり真北の方向、シリアではカノープス星が昇る方向、中央アジアでは冬至における日没の方向、つまり真西から南へ約三〇度の方向、インドでは春分・秋分点における日没の方向、つまり真西の方向とされた。

既成稠密市街地における軸線調整

初期イスラーム時代に属するモスクは、市街地が発達する以前に建設されたこともあって、外形はほぼ矩形のものが多いことは前述した通りである。中世の時代ともなると、都市そのものが十分に発展したなかに、新たにモスク建設が計画されるようになる。そうした状況のなかでは、これまでとは違って、整形な敷地は得にくいのが通例であった。このような敷地条件であっても、キブラの軸線は明確に示すよう建築を計画しなくてはならない。カイロのアクマル・モスク（一一二五年）はファーティマ朝後期に属する小規模な建築であるが、そのような敷地条件に順応した

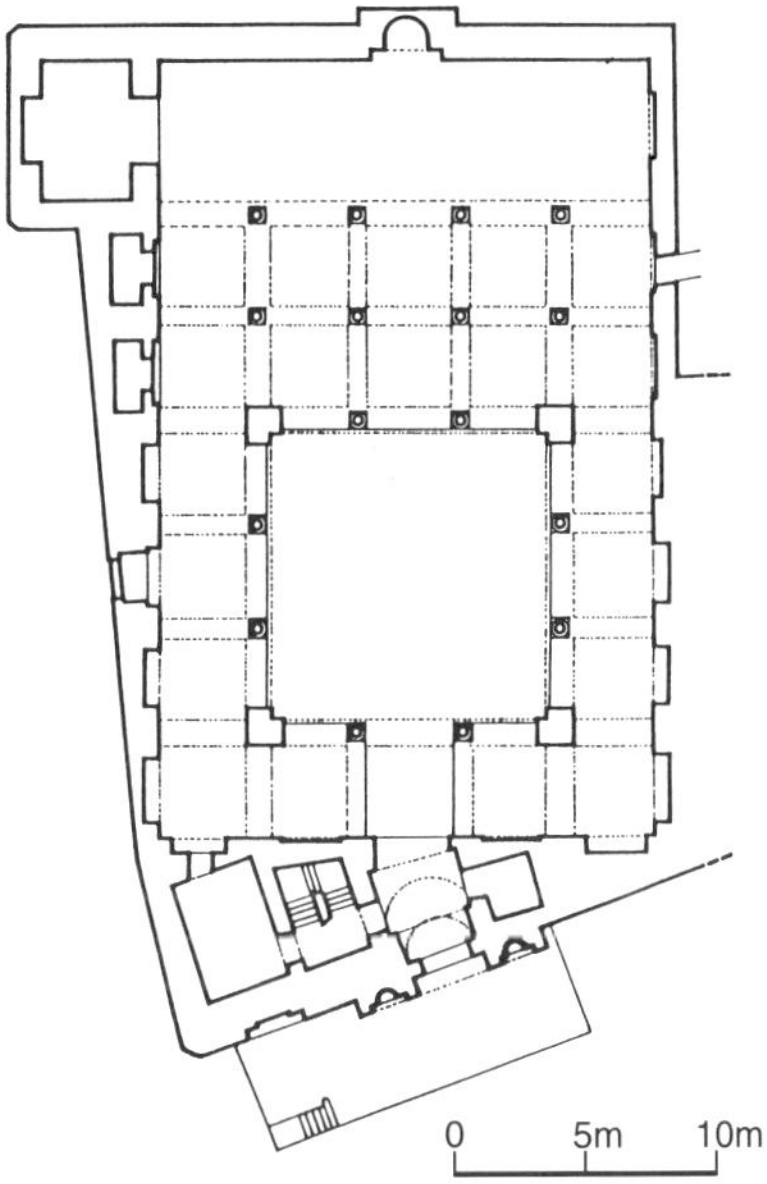

図13　アクマル・モスク
カイロ（エジプト）1125年

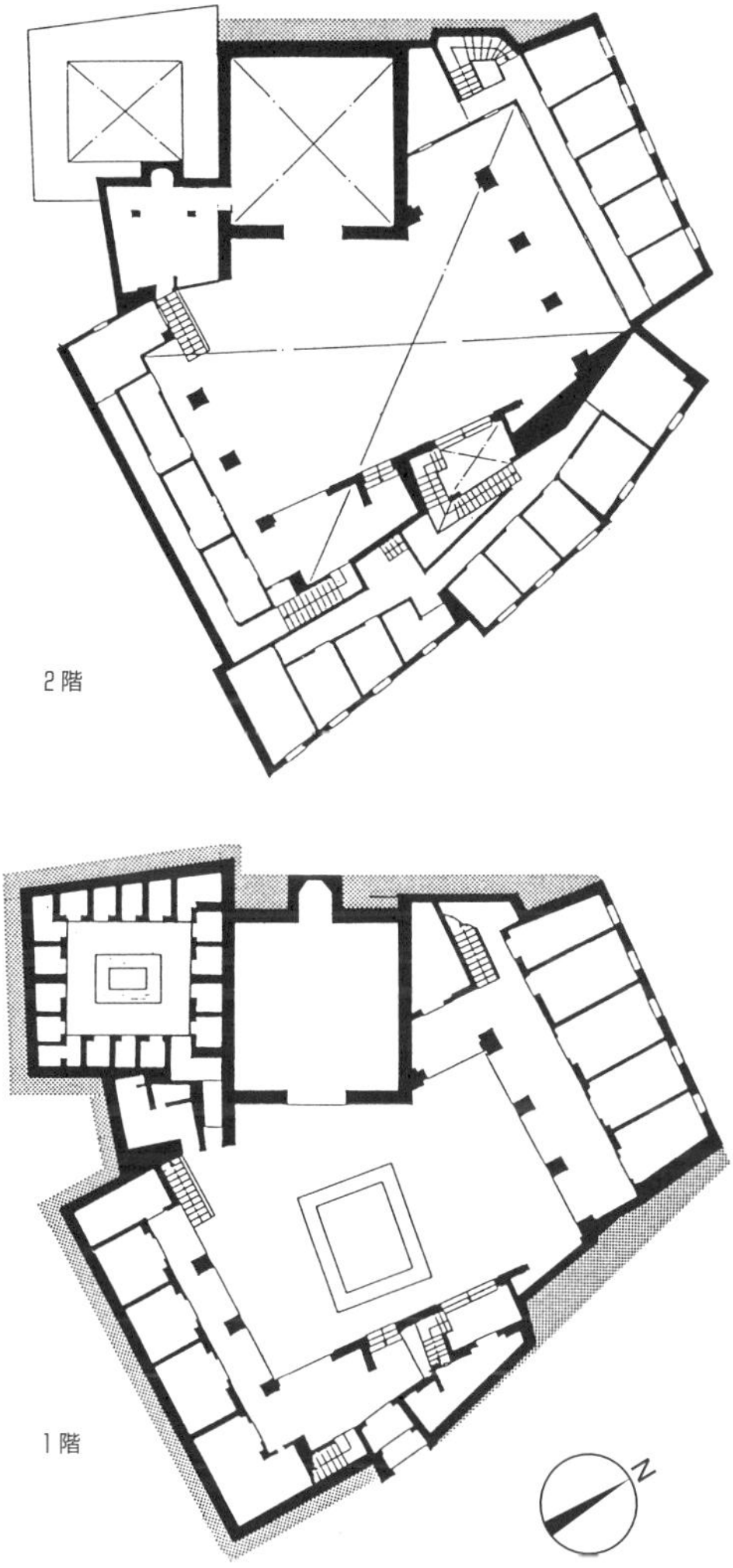

図14　マドラサ・サッファリーン
フェズ（モロッコ）1271年

最も早い実例のひとつであろう（図13）。このモスクは、敷地の前面を通る主要街路がキブラの軸とずれているため、キブラに正対して建つ中庭を中心としたモスク本体と街路との間に、門から中庭までの通廊を含む三角形をした空間を挟み込んでいる。また、このモスクは街路に面したファサードを特徴的なアーチやニッチで本格的に飾った最初の建築でもあり、カイロにおけるイスラーム建築の多くが中庭式プランでありながら、街路側のファサードを重視するようになる契機ともなる作品なのである。

ところで、カイロ（正確にはカーヒラ al-Qāhra）はファーティマ朝がエジプト征服とともに新たに建設したものであるが、その外形および主要街路など都市の軸がなぜキブラとわずかにずれているのだろうか。カーヒラ以前に建設されたフスタート（al-Fusṭāṭ）における最初の会衆モスクであるアムル・モスクは、冬至の日の出の方向、つまり、真東から南へ二七度向けられて建設され、フスタート自体もその軸線にあったと思われるが、実はより現実的な理由として、古代に開削された運河に多少とも沿う形で発展したのであった。カーヒラの西側にもこの運河が流れ、これに沿って都市域が形成されたものと考えられている。しかし、先に挙げたファーティマ朝の天文学者イブン・ユーヌスが数学的にキブラを計算したことによって、カーヒラ内に建てられた会衆モスク、アズハル・モスク（九七〇年）やハーキム・モスク（九九〇―一〇一三年）はともにその軸線が都市全体の軸とは一〇度ほどずれている。つまり、計算によるキブラは真東から南へ三七度であり、ファーティマ朝のモスクはほぼ正確にキブラを向いているのである。

街に一つだけではないキブラ

九世紀初頭に創建されて以来、新陳代謝を繰り返しながら発展してきたモロッコの古都フェズは、大局においてマリーン朝が首都においた一三世紀後半に形成された都市形態を今日に伝えていると思われる。この時代に属する六件のマドラサが現存するが、その最古の実例がマドラサ・サッファリーン（一二七一年）である（図14）。入口からの建物全体の主軸線がほぼ真東に向かっているのに対して、奥にある方八メートルほどの礼拝室はそれより三〇度ほど南

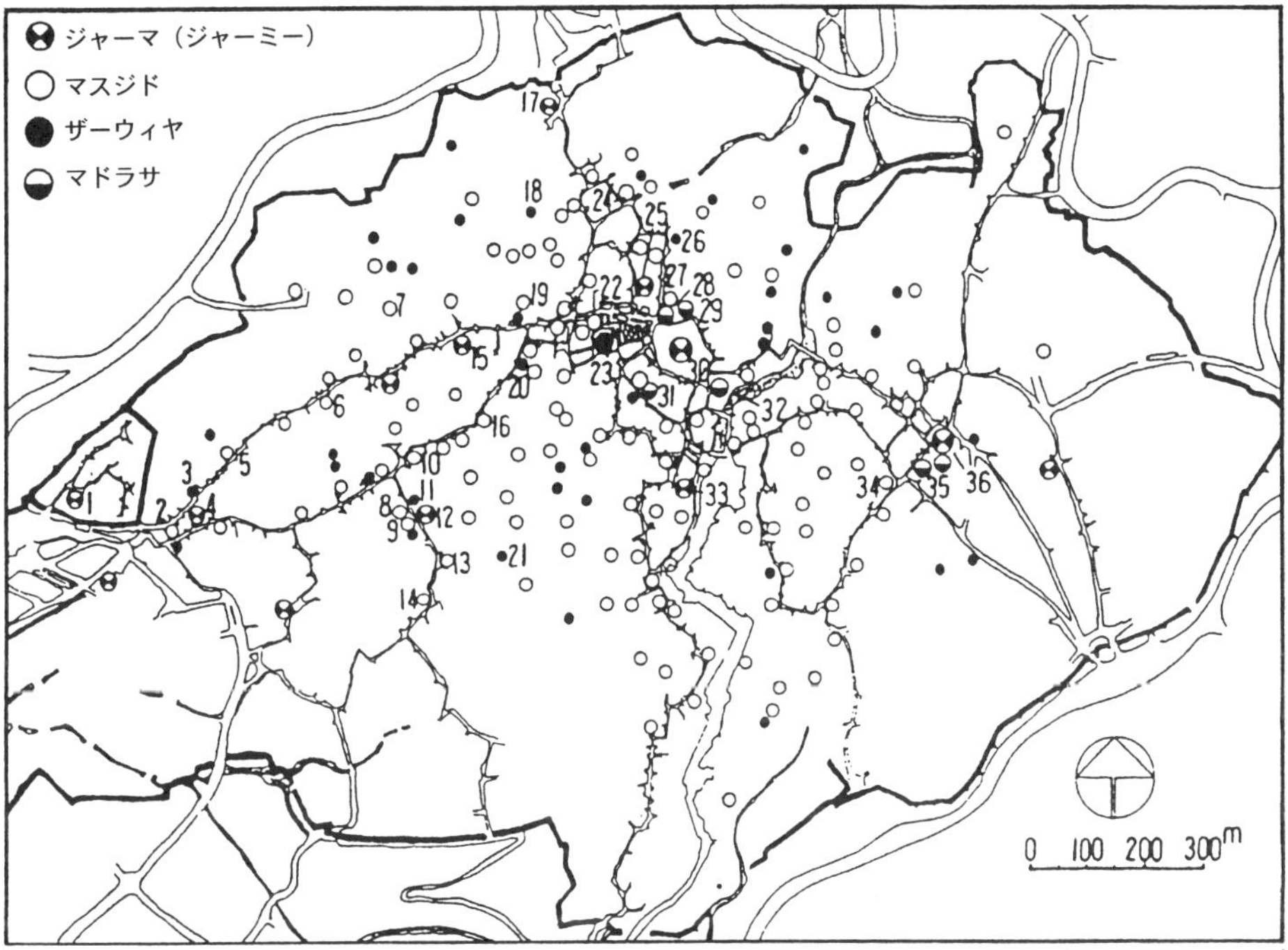

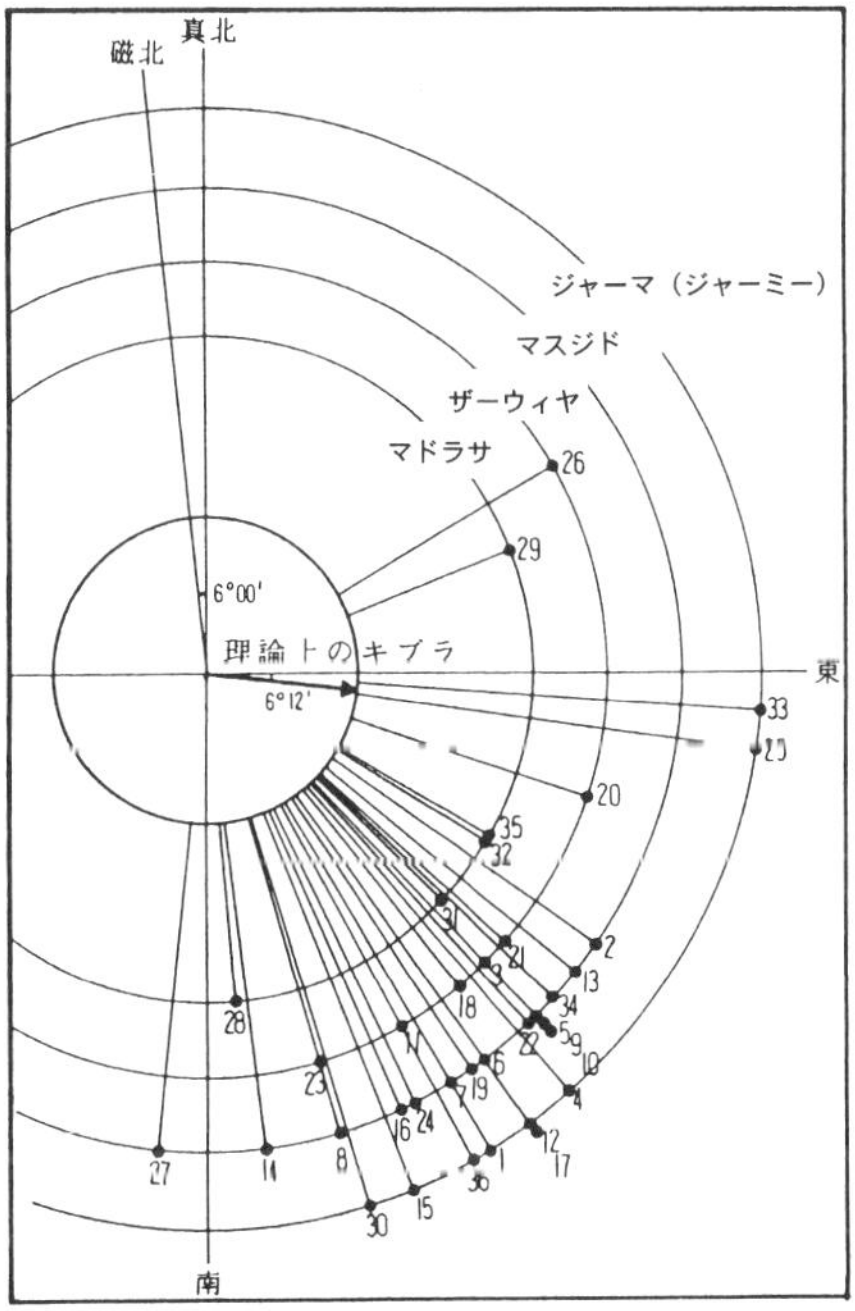

図15　フェズ・メディナの宗教施設とキブラ
（1986年2月，吉田正二氏による調査）

へ振れている。そのため中庭は異例な形態となってしまっている。もう少し詳しくみると、この中庭の軸線は前面の街路とも異なり、その中にある深い水槽もこれまた微妙にずれている。いずれにせよ、礼拝室だけでもキブラに正確に向けようと苦心したことがうかがえる遺構である。

しかし、ほぼ同じ時代に建設されたマドラサをそれぞれ見てみると、建物として実現されている礼拝室の軸はそれぞれ著しく異なっていることに驚かされる。マドラサだけではなく、市内にあるジャーミーと称される会衆モスク、一般のマスジド、聖人にまつわる神秘主義教団の施設であるザーウィヤなど、それぞれの建物でかなり異なる方向に礼拝室の軸線を向けているのである。やや古くなってしまったが、一九八六年二月に現地において実施した調査の結果を図示してみた（図15）。実測されたジャーミー九例のうち七例は、磁北から右まわりの角度で一四五度から一六九度の範囲内にあり、カラウィーン（八五九年）やアンダルス（八六一年）など創建年代の古いものを含んでいる。一方、リシフ（一七八五年）とディワーン（一七九一年）の二例は、比較的新しく、ほぼ同時期に建設されたもので、真東に近い方向に向けられている。実測できた一五例のマスジドのうち、一三例が南東の一三一度から一七〇度までの角度内にあり、前述のジャーミー七例よりやや広い範囲ながら、ほぼ類似した方角をさす。大方のザーウィヤ（七例中五例）は南東の一三八度から一七〇度の角度内にあるが、多くの信者を擁し、著名で活発なザーウィヤであるシディー・アハメド・ティッジャーニー（一八一四年）はこれらとは大きく異なり、北東方向六六度に軸線を向けている。シェラティーン（一六六九年）以外の四例がマリーン朝に属するマドラサで、前述のように、ほぼ同時期に建設されたにもかかわらず、建物の軸は大きく異なっている。特にほぼ南とする（磁北から一八一度）アッタリーンと北東をさす（七五度）メスバヒヤとでは、距離にしてわずか二五メートルしか離れていない位置にある。全体として、フェズではほぼ南東方向（磁北から一二六度～一七〇度）がキブラであると、かなり古い時代から考えられていたといえよう。しかし、この四五度ほどの範囲内に入らないものも数多くあり、特に近年では真東に近い方向とする考えもあったようだ。ちなみに理論的なキブラを計算すると、ほぼ真東の方向となり、カラウィーン・モスクで実際に礼拝している人々は建物軸とは異なる方位、やや東に向きを変えているようにうかがえる。こうしたキブラのばらつきは、川に向かって傾斜しているフェズの地形におもに影響を受けているとする説もあるが、やはり建設されたその時代ごとに、あるいは建設した人々が属する学派ごとに信じるキブラがあったと考えるべきだろう。

中央アジアの古都サマルカンドにおいては、中世以降、四つのキブラが同時に存在していたことが知られている。すなわち、預言者ムハンマド自身がキブラとした真南を主張するもの、また、中央アジアに初めてイスラームを広めた教友たちが行なった冬至の日没の方向とするもの、メッカ巡礼路が向かう方向である真西とするもの、さらに一一世紀の科学者ビールーニーが算出した方向とするものの四つである。つまり、同じ町、同じ時代であっても真南から真西までの広い範囲内で異なるキブラが信じられていたのである。同様な状況はイスラーム世界の西の端、スペインのコルドバにおいてもみられ、いくつかのモスクは冬至の日の出の方向に向けられているが、大モスクなどは南の方向（夏至の日の出に対して直角の方向）に向けて建てられているのである。東から南の方向にかけておよそ九〇度の範囲は認められるとする宗教権威の見解もあるという。かなり大まかな話であるように感じられるが、長い年月のなかで生み出されてきた多くの人々の見解に対して、厳格で排他的に対処するというよりは、むしろより柔軟で包括的に対処されたものと考えられ、こうしたフレキシブルな態度は少なくとも近代以前のイスラームには一般的であったとみるべきだろう。地球上のいかなる場所に居ようとも、ムスリムたるものはアラビア半島のメッカにあるカーバ神殿に向かって祈りを励行するという、きわめて求心的な宇宙観をもつのであるから、ムスリムが多く住み、いくつものモスクが立地する街には、なんらかの軸線の存在が認識されてもよさそうである。しかし、モスクをはじめ多くの宗教施設は、実際にはかなりばらばらの方向をさして建てられているし、キブラという宗教的軸を意識して都市の形態が規定されていることもない。実態として軸は表現されずとも、今も日々、世界のあらゆる所から精神の矢がメッカめがけて放たれているのである。

モスクの立地

前述したように、都市内にあるモスクは金曜日の集団礼拝が行なわれるジャーミーと呼ばれる会衆モスクと、日常的な礼拝のためのモスクとに大きく区別される。集団礼拝は一種の政治的な集会でもあり、法学上、一定数以上の住民を有する都市でしか行なうことができないとされており、またジャーミーは原則、ひとつの都市にひとつしか許されなかった。そのため、人口の増大とともに拡張されていった実例は数多い。しかし、それでも収容できないほどに人口が増大したり、都市域が拡大すれば、一つの都市にも複数のジャーミーが認められるようになった。

モロッコのフェズは創建された九世紀初頭から一一世紀後半まで、川を挟んでそれぞれ壁をめぐらした二つの地区からなっていたが、それぞれに二件ずつのジャーミーがすでに所在していたとされる。しかし近世、少なくとも一七世紀はじめ以降、再び三つの地区（キスマ qisma）に大きく分割された。すなわち、左岸南西部のアンダルス、左岸北東部のレムティーン、右岸のアドゥワである。一七世紀はじめ、フェズは無政府状態に陥り、略奪、飢饉などが続き、人口は減少していった。こうしたフェズにとって非常に不幸な状況下において、上記の三地区が成立したのであって、それぞれの地区は互いに反目しあった。特に一七世紀後半には、激しく対立し、それぞれに地区を閉ざして互いに監視・警戒しあった。さらにこれらのメディナの諸地区は、つねに権力側にあったフェズ・アルジェディード（メディナの西方にマリーン朝によって建設された王宮域を含む市街地）とも幾度となく争っていたため、メディナの市街地は大いに荒廃し、カラウィーン・モスクからアザーン（礼拝への呼びかけ）が一時中断したこともあったという。一九世紀の歴史家カッタニーによれば、これらの三つの地区はそれぞれ六つ、合計一八の「街区」に分かれていたという。これら一八街区は、はっきりとはしないが、おそらく一七世紀頃からではなかったかと想像される。さらにル・トゥルノーによれば、二〇世紀はじめの保護領時代にも、多少変化は認められるものの、ほぼこの一八街区が受け継がれていたことが知られる。現在、ジャーミーとされるのは左岸地区に九件、右岸地区に二件を数えるが、上述した伝統的街区とは一対一に対応していない。また、日常的なマスジドは左岸に八九件、右岸に三五件みられる。神

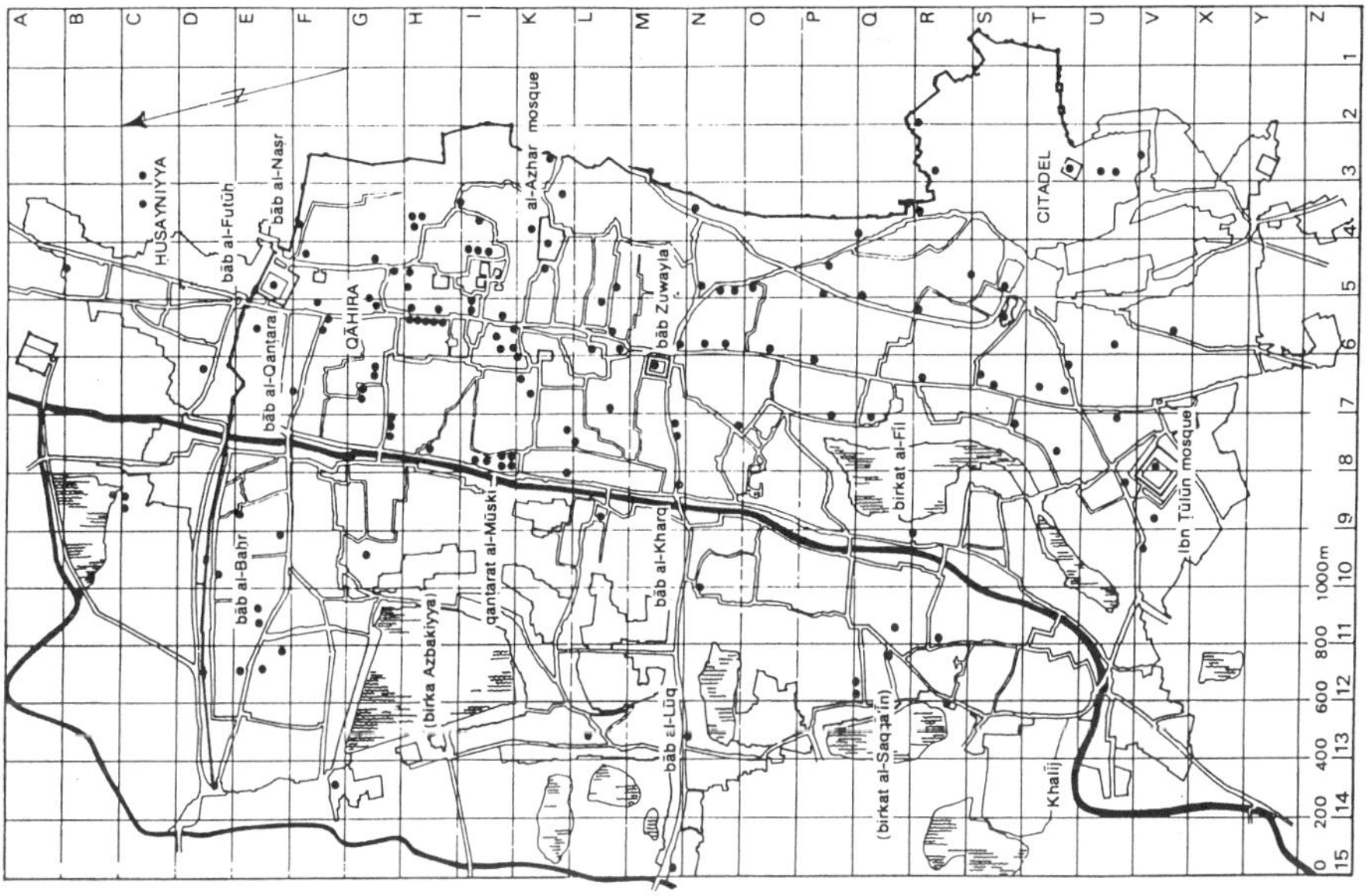

マクリージーの時代（15世紀）

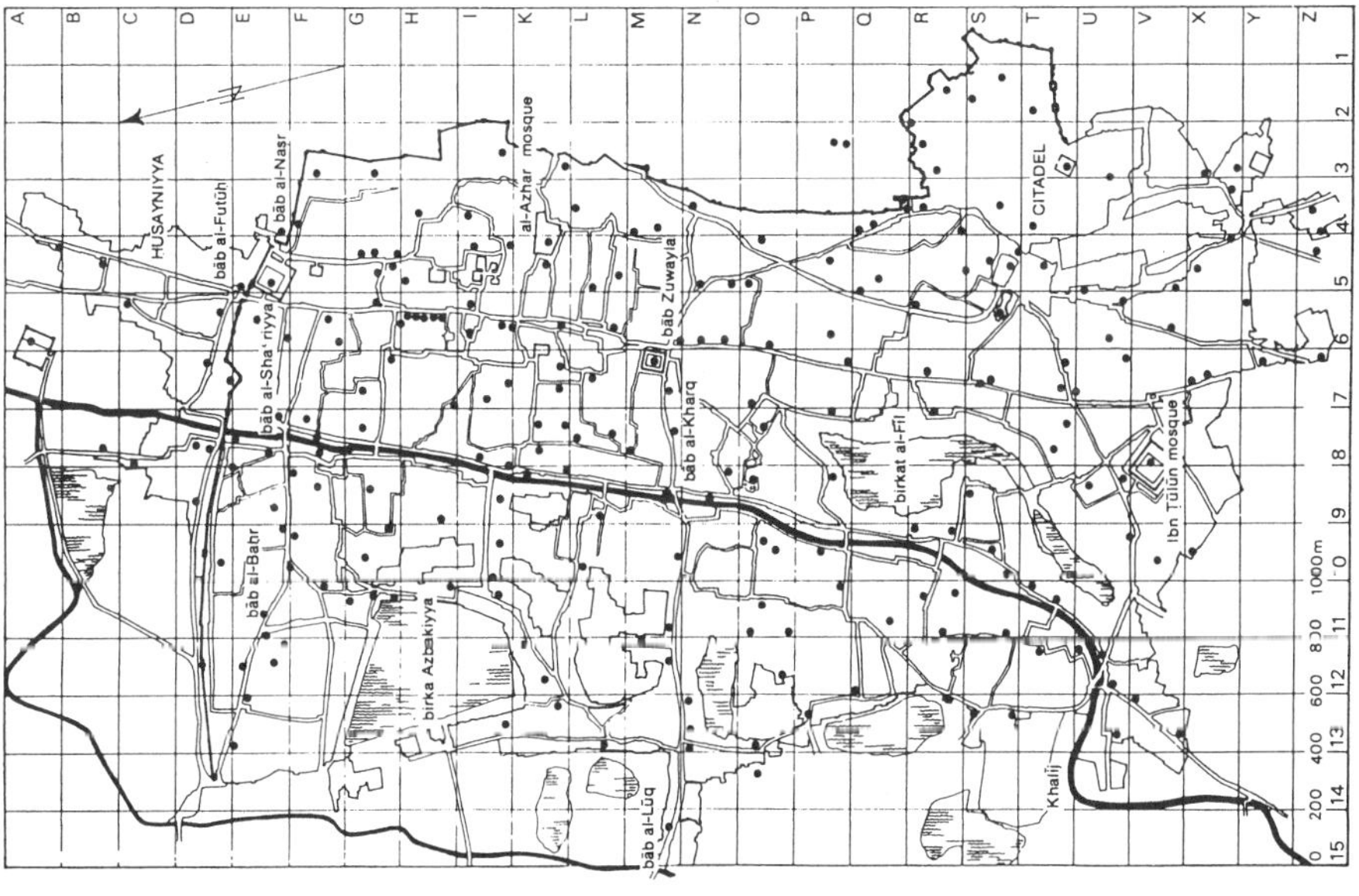

エジプト誌より（18世紀）

図16　カイロにおけるモスクの分布（A. Raymond による）

秘主義教団にかかわるザーウィヤも日常的な礼拝に供されている施設であろうが、左岸に三〇件、右岸に八件が散在する。それらの数や分布は住民の人口分布によく対応しているとは言いがたく、とくにジャーミーはすべて主要な街路に立地し、日常的な宗教施設もそうした利便性に偏る傾向がみられる。

同様なことは中世のカイロにもいえる。歴史家マクリージーが一五世紀はじめのカイロの様子を綿密に記述した地誌によれば、ファーティマ朝創建のカーヒラ地区内にモスクは六九件あったとされる。その立地はかなり偏ってみえ、人口分布を表わすよい指標とはなりえない。とはいえ、定住人口の増加や市街化などは一応、読み取ることは可能である。一五世紀マクリージーの記述と一八世紀末のフランス人学者たちの記録を比較することはカイロの都市発展をみる上で有益である（図16）。すなわち、一八世紀末にカーヒラ地区内のモスクは六七件で、一五世紀から変化がみられないが、カーヒラの南側の地区では一五世紀に四九件だったものが、一八世紀には九三件と九割増、さらには西側の地区に至っては三倍にもなっている（一五世紀＝二三件、一八世紀＝七四件）。つまり、カーヒラ内はすでに中世の時代で人口飽和状態にあり、その後の人口増はなかったが、近世にはその南と西方において急激な市街化が進んだことを如実に示している。モスクの立地についてみると、住宅地の奥につながる路地ではなく、店舗などが多く立地する主要な街路を中心にみられ、モスクをはじめ多くの宗教・準宗教施設が密集する、いわゆる「歴史的地区」は現状においても、同時に商業地区となっている。中世以降、カーヒラの外側に発展した南や西側の地区においてもモスクは商業機能が根付いた場所に立地している。

イスラーム世界の都市をヨーロッパの都市と比較するとき、よく「イスラーム都市には広場空間や公会堂などのパブリック・スペースが欠如している」と言われる。確かに、街路を押し広げたようなオープンスペースはあまり見当たらない。しかし、モスク、とくに会衆モスクは、現代社会においても、まさに住民が参集する場であり、礼拝や説法など個人的な信仰とは別に、情報交換や社交の場なのである。人々が礼拝に集まり、情報を交換する場は、同時に、物流の場ともなっている。近くに併設されている商業センターが日々の生活を支える品々を作り、商う場となっているのである。まさに人々は多種の目的をもって、モスクとその周辺に足を運んでいるのである。このように、モスクをはじめ宗教施設に多くの人々が集まるがゆえに、周囲の店舗や工房など商工業施設は成り立っているのであるが、同時に、それら宗教施設は実は、周辺の商工業施設によって維持されているのである。それがワクフという宗教的寄進制度であり、中世以来、権力者たちはこの制度をつかって、民衆にみずからの政権の正統性を主張し、みずからの権威を示そうとしたのである。ワクフについては、後段の商業施設についての稿に譲ろう。

参考文献

O. Grabar, *The Formation of Islamic Art*, New Haven, 1973 (new edition 1988).
M. Rogers, *The Spread of Islam*, Oxford, 1976.
G. Michell ed., *Architecture of the Islamic World*, New York, 1978.
D. Behrens-Abouseif, *Islamic Architecture in Cairo. An Introduction*, Leiden, 1989.
A. Raymond, *Le Caire*, Paris, 1993.
R. Hillenbrand, *Islamic Architecture*, Edinburgh, 1994.
R. Rashed, *Encyclopedia of the History of Arabic Science*, vol. 1-3, London & New York, 1996.
A. Petersen, *Dictionary of Islamic Architecture*, London, 1996.

商業施設と都市構成

山田幸正

イスラームと商人

「キリスト教徒商人」や「仏教徒商人」などという言葉はあまり聞きなれないが、「ムスリム商人」は実に耳慣れ、よく使われる言葉である。イスラームは商業を基盤においている宗教ではないかという印象すらもつ。たしかにイスラームの文化圏においては、どの時代においても商業が非常に隆盛で、東西交易が盛んに行なわれていたことはよく知られた事実である。概して他の宗教が「金儲け」や「金銭感覚」などを軽視、あるいは侮蔑する傾向にあるのに対して、イスラームでは、経済活動、とりわけ商業活動に大いに好意的であったように思われる。ムスリム（イスラーム教徒）における根本的規範である聖典「コーラン」のなかにも、商業にかかわる字句を数多く見いだすことができるのである。例えば、「アッラーの啓典を読誦し、礼拝の務めをよく守り、アッラーから授かった財産を、あるいはひそかに、あるいは大っぴらに、惜しみなく使う人々は、絶対はずれっこない商売を狙っているようなもの……」（第三五章二六節）、「これ、信徒のものよ、アッラーがお前たちに、酷い天罰を蒙らずにすむようなうまい儲け口を伝授しようか。それには、アッラーと使徒を信じ、アッラーの御為めに財産も生命も賭けて戦うこと……」（第六一章一〇節)、「神の御導きを売り飛ばして、それで迷妄を買い込んだ人々。だが彼らもこの商売では損をした。目算どおりに行かなかった……」(第二章一五節)、「……アッラーの下した神兆を安値で売り飛ばしたりしてはならぬぞ……」(第二章三八節)など。このように多くの商業用語や商習慣などを使って、できるだけ具体的に宗教的思想を理解させようとしている箇所が多くみられる。また、実際の商取引に関してもコーランは明確に規定している。たとえば、「信徒の者よ、お互い同士でくだらぬことに財産を浪費してはならぬぞ。協定の上で商売する場合は別として……」(第四章三三節)など。また、商業上の規定で最も有名なのが、高利(リバー ribā)の禁止であろう(第三章一二五節、四章一五九節、二章二七六節など)。このようにコーランに商業関係の語句による表現が多いのは、ムハンマド自身が商業を営んでいたことに加え、最初にイスラーム布教の対象となった、メッカやメディナが非常に商業が盛んな都市であったことによるといわれる。また、預言者のスンナ(sunna 範例・慣行)においても、「誠実で信用のおけるムスリム商人は、最後の審判の日、信仰に殉じた人々と同等に扱われる」とし、また「商人はこの世の先達、地上での神の信頼おける下僕であり」、「信用のおける商人は、最後の審判の日に神の玉座の蔭に座る」としていて、預言者ムハンマド自身、明らかに商業を特別なものと考えていたようである。

後の時代、とくにアッバース朝時代には商業活動が非常に活発となり、それを背景に商人階級が社会の第一線にたつようになり、商人による利潤追及と贅沢な消費への願望を、宗教的に正当化しようとする思想家まで現われた。例えば、ムハンマド・アルシャイバーニー(八〇四年没)はその著『所得の書(Kitāb al-Kasb)』のなかで、生計を求めるということはムスリム各人の義務であり、神はアラブ人が商人になることを勧めていて、信仰を内面に秘めて成功する事業家こそが真のムスリムであると、説いている。

商人の分類と職能

商業全般を体系的に扱った一一世紀半ばの著作、ディマシュキーの『商業の美点の指摘』によると、商人というのは三種類に分かれるという。すなわち、貯蔵する者（ハッザーン Khazzān）、旅をする者（ラッカード Rakkād）、輸出入をする者（ムジャッヒズ Mujahhiz）の三つである。まず、貯蔵する者、これは倉庫業者というべき商人で、一定の場所において時間的な市場価格の変動を利用して、その差益を追求する投機的な商人、主として農産物を扱う国内業者を指しているようである。次に旅をする者、旅商とは運送業者に相当するが、その当時まだ運送と商業とが未分化であり、みずから商品の買い付けも行なったはずである。彼らは地域的な市場価格の差を利用して利益を得ていたわけで、隊商を組んで遠距離を移動して商品を運んでいた。旅商は目的地に着くと、その地の隊商宿（ハーンやフンドゥク）に入り、荷物を付属の倉庫に預ける。通常、旅商がみずから商品を直接小売りすることはできず、そのため仲買人（シムサール simsār）に商品の売り捌きを依頼する。最後に、貿易商は各地に代理店を設けて商品の輸出入を行なう大規模な商人で、商品の輸送は上記の旅商、運送業者に委託した。

さらにディマシュキーによると、この当時すでに、イスラーム世界では現金取引をしないで決済する方法、つまり、小切手などの信用取引が広く行なわれていた。旅商ラッカードは小売業者を債務者、両替商を保証人として売渡契約書を作成して、それによって両替商から信用状を受け取っていた。また、貿易商ムジャッヒズにとっては、このような信用取引の慣行やそれに対する信頼性なしには、商売は成り立たないはずである。ナースィリ・ホスローによれば一一世紀のバスラでは、すべての貿易商は両替商のところに口座をもっていて、取引はすべて両替商宛の手形でなされていたという。

フェズの商業活動

では、具体的にどのような商業活動が営まれていたのかを、モロッコの古都フェズについてみてみよう。ル・トゥルノーの著作『保護領時代以前のフェズ』によれば、二〇世紀初頭のフェズには伝統的な商業規範が存在していて、それは成文化されたものではなく、おそらく平衡点に達する歴史的過程のなかで形成された慣例・慣習のうえに成り立っていたという。

同業者組合　中世ヨーロッパにおける「ギルド」とは異なり、組織の結束力、有効性などあまりなく、お互いの干渉をさけるようにして、ただ併存している程度の集まりであったとされる。当然のこと、多くの場合はひとつの業種にひとつの組合が対応していた。例えば窯業の場合、異なる三つの工程や技術に分業化されていたが、組合としてはひとつであった。しかし、一部皮なめし・染色業のように、もともと異なる場所に分散していて別個の三つの組織を形成していた例もある。組合の構成員の多寡、例えば一千人を超える機織職工の組合も、一五人ほどしかいない篩《ふるい》製造工の組合も、原則的には同等と考えられていた。しかし、実際問題として特別扱いされた組織もあり、そのひとつにカイサリーヤ内に店をもつ裕福な商人グループがあった。一九二〇年代のある調査では、六一の組合があったとされる。保護領成立（一九一二年）の前後約三五年間で、組合の数はほとんど変わっておらず、フェズの経済環境の驚異的な安定性を裏付けるものかもしれない。ひとつの同業者組合は、同一の出身地や同族などから組織されていることが多かったことも、このような安定的な組合数に対応していたのかもしれない。また、いわゆる伝統的なルールによって規制・抑制されていたといわれ、組合が無限定に増殖することを妨げていた。

競　売　経済活動のなかで手工業と商業とはそれぞれ別個のものとしてみるのが通常であるが、前近代のフェズにおいては、職人として工房で仕事をする人も一般的に商人の範疇に含められていた。すなわち、伝統的手工業はほぼ完全に商業のなかに取り込まれていたのである。彼ら職人も自分たちが生産した品物を、直接客に売るか、競売するかして、捌いていた。競売する方がより一層の利益をあげられたといわれる。フェズにおいて重要な工業産品である、皮や羊毛、バブーシュ、織物などは定期的にスークやカイサリーヤなど場所を定めて競売が行なわれていた。競売は一部、食料品などを除いて、競売人ダッラール（dallāl）を仲介して行なわれる。彼らはおよそ七〇〇人を数え、専売権をもったいくつかの組合を組織していた。

外国との商取引　そもそもフェズは周辺諸外国、とりわけ北アフリカやイベリア半島と商業的関係が盛んであった。

おもに陸上交通に頼った古い時代より、地中海沿岸やサハラ北縁沿いのメッカへの巡礼路を中心にエジプトやアラビア半島、さらに遠くスーダンなどアフリカ内陸部、イラク・イラン、インドといったアジア方面まで、人やモノの交流があった。エジプトのカイロ市内の隊商交易施設（ワカーラ）にもマグリブ商人の使用していたものがいくつもあり、フェズ商人の代理人もカイロ市内に住んでいた。文献的に裏付けられるのは一六世紀以降のヨーロッパ側の史料からである。そこにはポルトガル、イギリス、イタリアなどとの商取引などが示され、アフリカやヨーロッパなどで活躍するフェズ商人の姿がみられ、フェズがモロッコにおける対外的な商業の拠点であったことを再認識させられる。

小売り　小売り商人（ハワーンティー ḥawānti）はもちろんスークの一角をしめる小さな店舗を経営しており、取り扱う商品によって集団をなすのではなく、立地するスークに属していた。一部の行商人をも含めて、彼らはみなメディナ市域における自分の地区内にいて、外へ出て活動することはなかった。

仲買・卸売り　ル・トゥルノーは仲買・卸売り商人をタージル（tājir）と呼んでいる。彼らは基本的に店舗を持たず、隊商施設であるフンドゥク内などに倉庫や事務所を持ち、そこで活動していた。また、しばしばフェズ以外の都市（その中には外国も含まれた）に集団で進出して、ひとつのコロニーを形成していた。ル・トゥルノーによると、この卸売り商人はさらに三種類、つまり農産物を扱う問屋業、不動産などの財産売買業、輸出入業に分けられるという。

輸送業　ル・トゥルノーは輸送業者について、上述した小売りや卸売りの商人とは分けて扱っている。ディマシュキーのいうラッカード、旅商にあたるが、ディマシュキーの時代に比べればはるかに専業化したものと考えられる。彼らはひとつの組合に属し、馬、ラバ、ロバなど使役用の動物はすべて、その組合が所有していた。実際の業務はそれぞれにムッリム（muʻllim）と呼ばれる頭によって隊商が組織されて請け負われていたが、それぞれの隊商はその旅程ごとに地理的特徴だけでなく、その土地で有効な習慣や援助をもとめることのできる有力者などについても精通した地元出身者ごとにまとまっていたという。

フェズ市内の運送業務は、上述したような組織化された組合の形態をとった公益交通ではないにせよ、ムフタシブ

（muhtasib 市場監督官）の権限下におかれた、ある種の認可団体がこれを行なっていた。ザルザヤ（zerzaya）と呼ばれるベルベル人の人足集団で、メディナ左岸の中心地に近い一五カ所ほどに彼らの溜り場があり、あらゆる種類の輸送を請け負っていた。また、カイサリーヤをはじめ、市内の主要なフンドゥクや倉庫など、小グループとなって泊り込み、火災や盗難などに備える夜警の役も彼らが果たした。

伝統的都市構成と商業施設

都市内の商業活動の中心は、スーク（sūq ペルシア語ではバーザール bāzār）と呼ばれる一連の店舗群である。市門からのびる主要街路の両側に間口わずかに二〜三メートルほどの店舗が並び、中心的なジャーミーなどが立地する都市の心臓部を貫き、しばしば強い陽射しを防ぐために恒久的なヴォールトや簡易な草葺きなどで覆われている。スークにはみずから製造し販売する職人の工房も多く含まれる。同じ種類の商品を扱う店舗や同じ業種の工房がひとまとまりに並んでいる場合が多く、そうした商品や業種、出身地や有力者などの名で呼び分けられている。特に貴金属や絹製品など高級な品物だけを扱う店舗が集まった建物は、カイサリーヤ（qaysarīya）とかベデステン（bedesten）などと呼ばれ、固有の門を有し、夜間や休日は完全に閉ざされ、夜警が見張っていた。

フェズ・メディナの商業施設立地と都市軸

フェズのメディナにおける主な商業施設を図示してみると（図1）、宗教的中心であるイドリース廟とカラウィーン・モスクの周辺は、同時に商業活動の中心でもあることがよくわかる（図2、3）。また、北のギーサ門からの街路が最も短い距離の道程でそうした中心地に達することから、多くの手工業の作業場や倉庫などが所在する。西のマハルーク門、ブージュルード門より中心部に至る街路タラー・ケビーラは、ほぼ途切れることなく店舗が連続して立

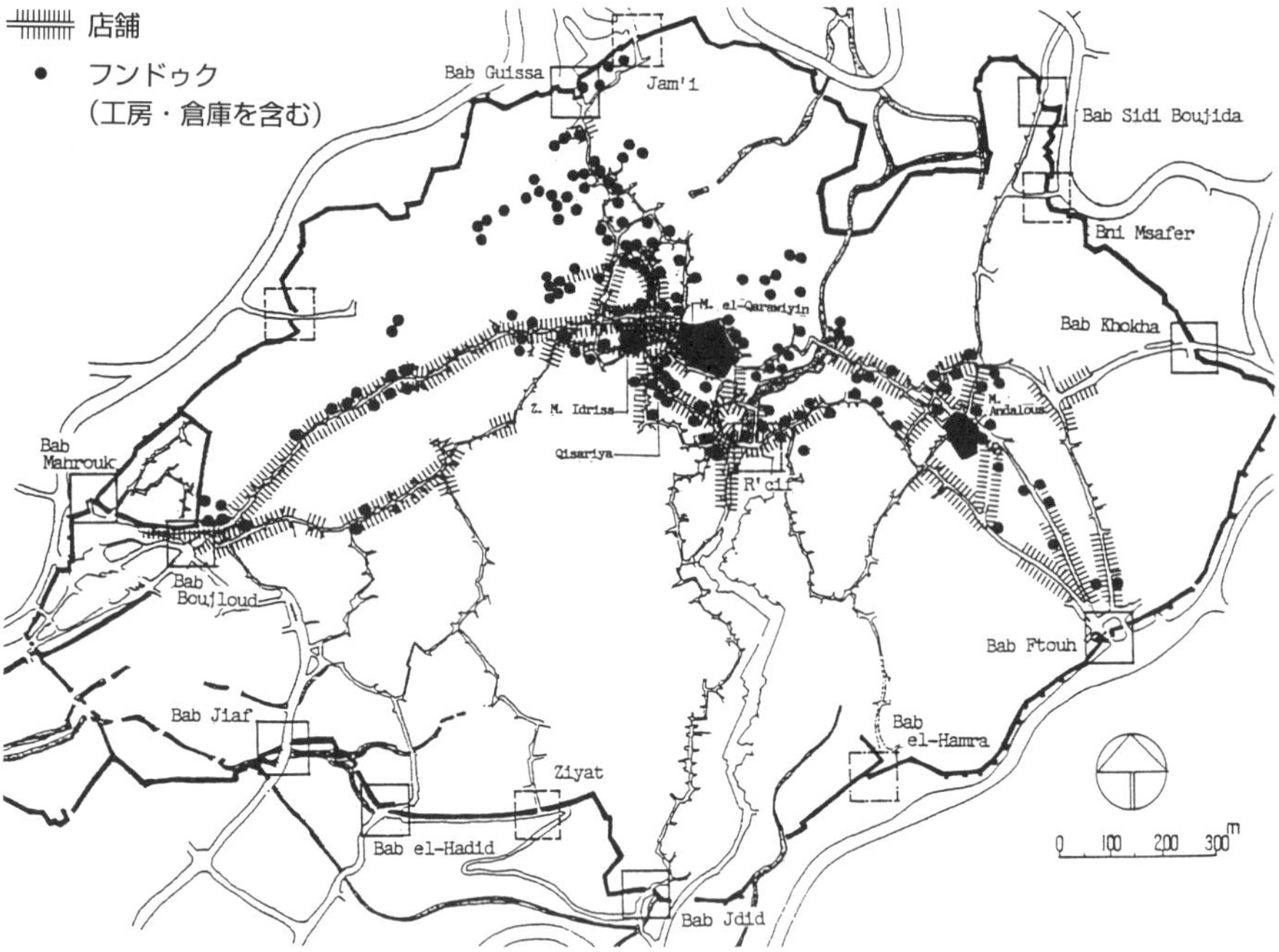

図1　フェズ・メディナ内の商業施設

図3　フンドゥク・テトゥワニー
（屋上，3階居室の明かり取り）

図2　フンドゥク・テトゥワニー（内観）

地し、もっとも重要な幹線のひとつとなっている。その南に平行するタラー・セギーラもまた、その沿道に多くの店舗・工房が面し、南のハディド門などからの街路と接続する機能を有する重要幹線街路である。左岸と右岸それぞれ相互の交通は、三つの橋を介して二系統の街路によってなされる。メディナ東端のフトゥフ門からの三つの主要街路は、アンダルス・モスク周辺で、南と北からの街路と結びつく。これらメディナを東西に貫く街路は、商業施設が集中的に立地する都市の「軸」となっているのである。

一一世紀後半、左岸と右岸が統合され、一三世紀後半には西方にフェズ・アルジェディード（新メディナ）が建設された時も、この都市軸は重要な役割を演じたと考えられるだけでなく、今世紀初頭より開発・建設された新市街もこの軸をさらに西南にのばすものであった。おそらく街の創建以来、フェズが都市発展するなかで、この軸が形成されたものと考えられる。さらに大きくみれば、フェズは東にアルジェリア、チュニジア、西に大西洋岸の諸港、北にジブラルタル、スペイン、南にアトラス、サハラをひかえ、主要交易路の交わる都市として、古くから重要な地位を占めてきたのである。単純に水利用を考慮すれば、川に沿って市街地が形成されてもおかしくないが、それとは異なるフェズの市街地形成における都市軸は、こうした交易路と密接に対応していたのかもしれない。

中世カイロ（カーヒラ）における商業活動

中世時代以来、カイロにおける経済は、カーヒラ内を南北に貫通する主要街路沿いの地区カサバ（Qaṣaba）に付与された商業的機能に大きく依存していると言ってよかろう（図4）。

チュニジアに興ったファーティマ朝は、九六九年エジプトを征服し、アッバース朝バグダードに対抗するシーア派の本拠地としての新都建設に着手し、その町を「勝利者」カーヒラ（al-Qāhira）と命名した。一一世紀末になって市域が拡張された段階で、東西約一キロ、南北約一・五キロほどの矩形を呈し、北のフトゥーフ門と南のズワイラ門とを南北に結ぶ広い街路が貫き、市街は大きく二分されていた。中心部にあったカリフの東西両宮殿の間において、そ

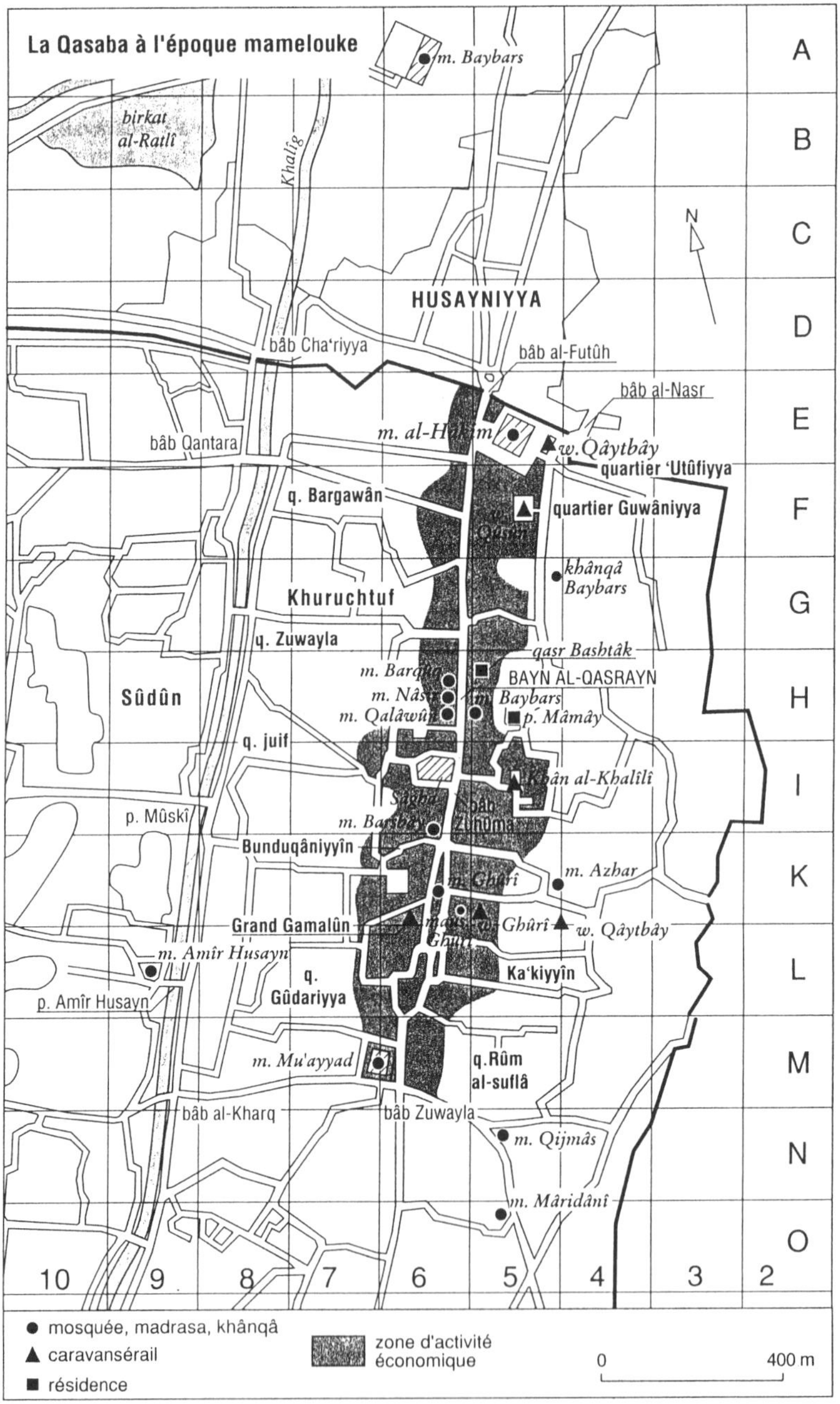

図4　マムルーク朝時代のカーヒラ（A. Raymond による）

の主要幹線街路は一部拡張され、そこをバイナル・カスライン（Bain al-Qasrain）と呼んだ。この時代のカーヒラはいわば政治的な中心であって、商業的機能が浸透するようになるのは、ファーティマ朝の崩壊後であった。アイユーブ朝時代に都市防衛用の壮大な市壁が建設され始め、その後の市街地形成の基本的枠組み、つまり、カーヒラの南方および西方にむかって発展する方向づけができあがった。次のマムルーク朝時代になって、カーヒラ内、そのなかでもバイナル・カスラインを中心に商業地域が展開し、まさにこの地がカイロ経済の中心地に変容していった。中世の歴史家マクリージーの記述によって、すでに一五世紀のはじめ、この地区が経済的に卓越した地位にあったことがうかがい知れる。レイモンらによれば、一五世紀はじめにおいておよそ三八ヘクタールが商業地区に属し、その中に四八のスークが含まれ、四四の隊商施設が存在していたとされる。こうした旺盛な商業活動を反映して、かつてバイナル・カスラインと呼ばれた地区を含めたこの通り全体が、両側に店舗が並ぶスークという意味でカサバと呼ばれた。

近世カイロの商業地区とその活動

カーヒラ　一五一七年以来、カイロはオスマン朝における一州都となった。しかし、このことが都市としての重要性を著しく減少させたわけではなかった。地中海沿岸からアラビア半島にいたる広大な地域を領有するオスマン朝帝国は、当然のこと、帝国内における商業活動の隆盛につとめた。歴史的経緯からしても、地理的な位置からしても、カイロは東西交易における中継点でありつづけた。ただし、マムルーク朝時代に比べれば、その規模ははるかに限定的なものであり、オスマン帝国内におけるひとつの商業センターの性格が強かった。オスマン朝時代のカーヒラ内における商業地区の面積は約五五ヘクタールとなり、その中にスークは五七を数え、また隊商施設は二二八あったとされる（図5）。その主要な部分はかつてのバイナル・カスラインを中心としたハーン・アルハリーリーやサーガ、さらにそこから南に伸びて、ブンドゥカーニーン、ハーン・ハムザーウィー、グーリーヤ、アズハルを含めてズワイラ門周辺まで及び、その面積はおよそ一八ヘクタールで、カーヒラ全体の七割以上にあたる四〇のスークを包含してい

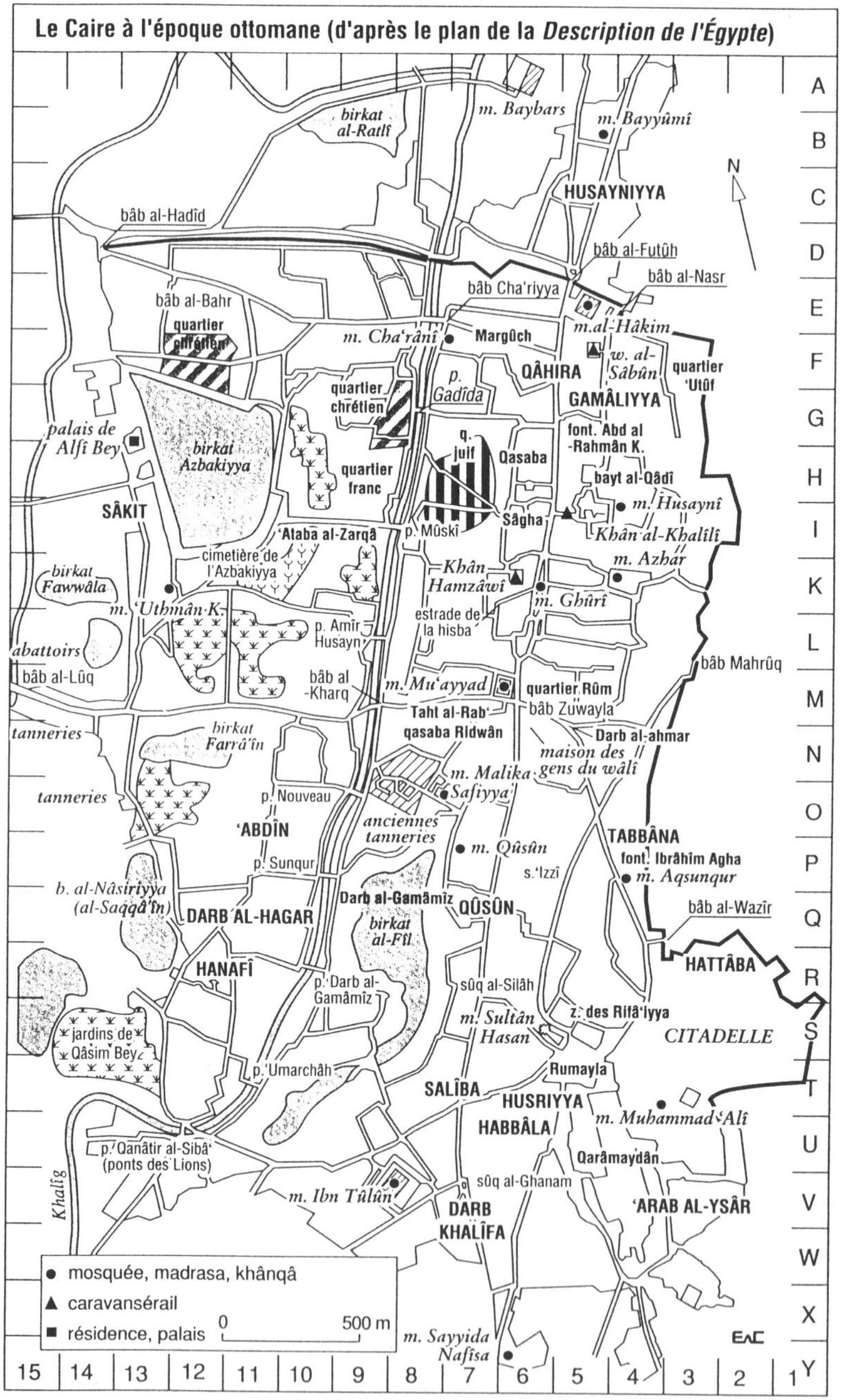

図5　オスマン朝時代のカイロ（A. Raymond による）

た。また、同じくレイモンによれば、一七八〇年〜一八〇〇年の二〇年間の法廷文書（マフカマ maḥkama）に記載されていた合計三九一人の商人・職人の約六五％にあたる二五六人がこれら中心地域内で活動し、また彼らの財産はなんと全体の八八％を占めるという。これらの数字は他の地区よりも多くの人々が商工業を営み、かつ、より高い収益をあげていたことを示すものだろう。すなわち、これら中心地域で取り扱われた商品や産品は、他の地域に比べて、より高い価値を有するもの、つまり、主に交易品であったことがわかるのである。一七世紀以降、カイロを中継点としてコーヒーが盛んに取り引きされていた。一八世紀にはムハンマド・アルダーダ・アルシャラーイビーなる有力商人が現われ、ハーン・ハムザーウィー近くに中規模のワカーラ（現存）を建設している。そのほかの交易品としては、石鹸、タバコ、砂糖などが知られ、これらを取り扱う隊商施設が多く立地していた。また、グーリーヤのスーク周辺には多くの織物商が活動していたことが知られる。

これら中心地域内には手工業の工房はさほど多く立地していたわけではなかった。例外的に、銅細工（naḥḥsīr）がバイナル・カスラインに店舗・工房を構え、また木製の轆轤《ろくろ》細工や箱細工がアシュラフ・バルスバーイのモスクからアズハル・モスクにかけて立地していた。

中心地域のなかでも、最も古い歴史を持ち、かつ重要な機能を担っていたのが、ハーン・アルハリーリーとサーガの二つの地区である。かつてバイナル・カスラインの南東側にあるハーン・アルハリーリー地区は、一三八二年に創建され、一五一一年に全面的に改築された隊商施設を中心に、香料や貴金属、インド綿など高級品を扱う店舗、スークと合体した巨大な市場が形成されていた。

一方、サーガ地区はカサバを挟んでその反対側に、宝石や貴金属を扱う店舗が集中的に立地するスークである。オスマン朝時代には、サーガはひとつの街区を形成し、東西に三本、南北に二本の小路に面して小店舗が集合したスークを中心としていた。かつては多くの両替商が活躍し、この地区の西側にあったユダヤ人地区（Ḥāra al-Yahūd）と深いつながりをもっていた。サーガ地区の最大の特徴として、ファーティマ朝崩壊以来、カーヒラにおける商業的な中心であり続けたこと、少なくとも一三世紀末期頃には両替商や金銀細工の店舗などが立地するスークが形成され、その基本的性格が現在まであまり変わっていないことが指摘されよう。

サーガ、ハーン・アルハリーリーおよびその周辺地区は同時に、カラウーンの複合体、アズハル・モスクやフサイン・モスク、アシュラフ・バルスバーイのモスクなど宗教的施設やモニュメントが集中的に立地する場所でもあることに留意すべきである。この地区はアイユーブ朝、マムルーク朝の支配者たちが競うように宗教的モニュメントを建設、集積していった、カーヒラのなかでもきわめて特殊な土地柄である。そこで取り扱われる商品が収益性の高い交易品や贅沢品であり、また、経済の基幹的業種である両替商が多く立地することは、単なる偶然ではなく、これらの地区が国家権力者の強い意図のもとにおかれていたとみられよう。

南部地区　カーヒラ内だけでなく、その周辺の地区にもオスマン朝時代には商業地区が形成されていた。レイモンによれば、例えば、ズワイラ門の南側周辺に五つのスークと一六の隊商施設、シタデルの麓のスーク・アルシラーフからルマイラにかけて一一のスークと一七の隊商施設、さらに南のイブン・トゥールーン・モスク周辺に九つのスークと一四の隊商施設が存在していたという。これらのスークは歴史的経緯によって、特定の商品を扱うものが多くみられる。例えば、スーク・アルシラーフはその名称が示すように、武器や馬具などを商う店舗・工房が多く、シタデル周辺に多く居住していた軍人・武人に対応して形成されたものであるし、またイブン・トゥールーン・モスク周辺は中世以来、マグリブ出身者が多く居住する地区であることからマグリブ産の織物が中心に扱われていた。

いずれのスークでも扱われる商品・産品は価値の比較的低いもので、製粉や酢製造などの食品加工業、製糸や織物、染色などの工房、皮革加工、木工、金属加工などが主であった。また、カイロ周辺の農村からの品物の市場が市門近くなどの広場で開かれ、ラハバ（raḥba）、アルサ（'arsa）、ルクア（ruq'a）などと呼ばれた。特にルマイラの野菜市は、一七世紀末から一八世紀にかけて食糧不足や高騰に対するデモなどが起こる場所でもあった。

カーヒラの外側には、染色、油の圧搾、窯業などの釜場の臭気や煙といった生活に不都合な作業場などが立地していたが、市街地の膨張とともに、その場所を移していった。たとえば、一七世紀初頭、大モスクの建設にともなって、ズワイラ門南方にあった皮革染色場が移転された。その後、この移転によって市街地拡大が容易になったとされる。

西部地区　ファーティマ朝時代よりカーヒラの北西方、ナイル川東岸にマクス（al-Maqs 別名をマクサム al-Maqsam）と称する港が設置され、穀物など多くの物資がここからカーヒラに輸送された。しかし川の流れが変わり、一三世紀半ばにはこの港は放棄され、新たにブーラーク（Būlāq）という港が造成された。一五世紀までのブーラークは上エジプトからの穀物を荷揚げする港であったが、ミスル（かってのフスタート）に比べ、十分な発達を遂げていたわけではなかった。

ブーラークの様相を大きく変えたのは、一五世紀はじめのマムルーク朝スルターンによる東西交易の独占化にともなう交易ルートの変更である。スルターン・バルスバーイ（一四二二―三八年）は香辛料などを専売化し、カーリミー商人が独占していた利潤を取り上げてしまった。インド洋からの貿易船の寄港地をイエメンのアデンからジェッダに変え、さらにアイザーブを避けてトゥールやスエズに荷を運び、そこからカイロにもたらされた。カイロにはいる商品はこれまでのように南からではなく、北からはいるようになり、ミスルよりブーラークが有利となった。一五世紀後半には、トルコのブルサをはじめ、地中海沿岸諸国からの商品が盛んに取り引きされ、多種・大量の商品の卸しがブーラークの主要な経済活動となった。また、一四世紀末から一五世紀はじめにミスルにあった製粉所、軍需工場、製糖所、木材・皮革取引所など手工業的性格も移転された。

ブーラークのもつ重要な役割に徴税があった。それは港がマクスから移された、かなり早い時期から備わっていた機能とされ、一四世紀はじめの記述にみられる。一四世紀はおもに穀物に対する課税であったが、一五世紀以降は交易品に対する課税が中心となり、下エジプトからの船舶は必ずブーラークに寄港しなければならなかった。オスマン朝時代を通じてもこうしたブーラークでの課税・徴税は継続されていた。商品によってはそれぞれ特定の場所、ブーラーク内にある別々の隊商施設で取り引きされたため、徴税もそれぞれの隊商施設ごとで行なわれていた。

一六世紀にはオスマン帝国の商業センターとして、ブーラークはさらなる発展をとげた。一六世紀のオスマン朝のワーリー（知事）たちは短い任期にもかかわらず、積極的に投資を行ない、数多くの隊商施設の倉庫・取引所をはじめ、製糖所や染色場などの手工業工房、集合住宅などを建設した。この時期に商業中心部や幹線街路などが形成され、現在につながる市街地構成ができあがった。

都市間交易とその施設

イスラームがおもに広がった地域は、いわゆる乾燥・半乾燥気候の砂漠やオアシスからなる生態系あるいは環境に支配されている。そこでは遊牧民による遊牧・牧畜業がほかの文化圏にくらべてより大きな重要性をもつといわれる。すなわち、商人や職人がおもに活躍する都市はそれ自体で自立・成立しえないどころか、その周辺にひろがる農業社会、そして遊牧社会と常に深く関連しあって形成されるひとつの経済圏に依存しているのである。この経済圏のなかで都市は、モノ、人、情報などのネットワークの結節点であり、商人の活動がその流れを効率的かつ円滑にしているのである。当然のこと、こうした経済圏はそれ自体で充足完結したものではなく、彼ら商人たちが原動力となって、さらにほかのさまざまな規模の経済圏と重層的に結びついていた。

砂漠のなかをラクダに荷物を積んだ隊列が進む光景は、イスラーム世界を表象する典型的なイメージのひとつであろう。しかし、都市と都市をむすぶ主要交易路上を隊列を組んで荷貨を運搬する隊商や、それに類する経済的な組織形態は、かなり初期の時代まで遡ることができるものであり、イスラーム世界に固有、特有なものではない。それはイスラーム以前にも存在し、一説によれば、その起源は古代アケメネス朝ペルシアに創設された宿駅制度（ava-hāna）であるとする。そうした組織的な交易のための施設、つまり宿駅もすでに古代より知られていた。ビザンツ帝国内ではエンポリア（emporia）と呼ばれる施設が一定間隔ごとに設けられていたという。古代におけるこうした施設は、交易を第一義的な目的としたものではなく、むしろ、遠征や辺境警備など軍事的な中継基地や補給基地、情報連絡網としての役割が重要であったと考えられる。

このように都市間をむすぶ交易路を利用する組織的な経済活動は、イスラーム以前の古代社会に遡るものであるとされるが、隊商交易というものがイスラーム世界において、非常に活発に行なわれたことは歴史上の事実である。イスラーム世界といっても、その歴史的な展開は実に多様であり、地理的ひろがりも広大である。そうしたなかで、いや、イスラームの外の世界をも包括する範囲のなかで、モノ、人、情報の国際的な交流のシステムは、世界史的にみて大きな役割を果たしてきたといえよう。このような交易システムは都市というものを結節点としてひろがる巨大な国際的商業ネットワークを形成していた。

隊商交易施設

前述のごとく、イスラーム世界において高度に発達した交易にかかわるシステムや施設は、みずからが考案したものではなく、イスラームにおけるほかの多くの制度や建築と同様、それ以前の古代世界にすでにあった制度や建築を受け継いだものであった。しかし、イスラーム世界においては古代よりはるかに活発に行なわれるようになった。人々が盛んに往来し、遠隔地の物産を、また情報や技術を交換し、伝達しようとしたことは、時代や地域をこえてイスラーム世界に普遍的に観察することができる。

一般に、イスラーム世界における隊商交易施設は二つに大きく分けられる。すなわち、交易路上に一定間隔で立地する、いわゆる隊商宿で、ここでは「交易路型隊商施設」と呼ばれる範疇のもの。これらは、たとえば、カールワーンサラーイ (qārawānsarāy)、ハーン (khān)、マンジル (manzil)、リバート (ribāṭ)、ヤーム (yām) などの言葉で呼ばれる。つぎに、都市の中心的な市場と結びついて、問屋・倉庫・宿屋などとして使用されるもの、ここでは「都市型隊商施設」と呼ぶことにする。これらには、例えば、カールワーンサラーイ (qārawānsarāy)、ハーン (khān)、フンドゥク（fonduq）、ワカーラ（wakāla）、サムサラ（samsara）、カイサリーヤ（qayṣarīya）、ベデスタン（bedestan）などの語が使われる。

これらの呼称は時代、地域、さらには民族などに属するものである（図6）。リバートはその語源が示すように、軍事的性格の強い施設として使われたものと考えられ、その意味では商業的機能は副次的であった。イスラーム世界の拡張期において、各地に建設された軍事的拠点をさすアラビア語として広まったもので、その後、イスラーム世界が「中世」という新たな展開をみせる頃には、一部中央アジアなどを除いて使われなくなった。その頃から商業的な性格より、宗教的性格に結びつく言葉となったことも示唆に富むことである。

次にカールワーンサラーイとハーンは、ともにペルシア語起源の言葉として、もっぱらペルシア世界ではカールワーンサラーイが、アラブ世界ではハーンが使われるようになった。また、ともに今日まで交易路型、都市型を問わず、最も一般的な呼称である。しかし、都市型隊商施設に対して一般的に使われるようになるのは、おそらく、カールワーンサラーイは一一世紀後半以降、ハーンは一二世紀後半以降とみられる。アラブ世界では、少なくとも都市型隊商施設についてはハーンよりもフンドゥクの普及のほうが古く、一一世紀末から一二世紀はじめの地中海沿岸における、おもに十字軍とのかかわりあいのなかで使われるようになったものであろう。

最後にワカーラは、一四世紀後半、シリア地方で使われたものが、後期マムルーク朝時代のエジプトに伝わり、そこでのみ定着したものであった。一方、その頃までには、フンドゥクがマグリブ地方（西方アラブ圏）で、ハーンがエジプトを除くマシュリク地方（東方アラブ圏）で、「住み分け」られるようになった。ワカーラはハーンとは異なり、最初から都市内に立地するものに限られて使われたことは注目すべきであろう。

あえて仮説としていえば、アラブ世界における、フンドゥク、ハーン、ワカーラの三つの呼称の変遷は、都市型隊商施設が都市内においてある一定の役割ないし意味をもって設置されるようになったことと関連すると思われる。当

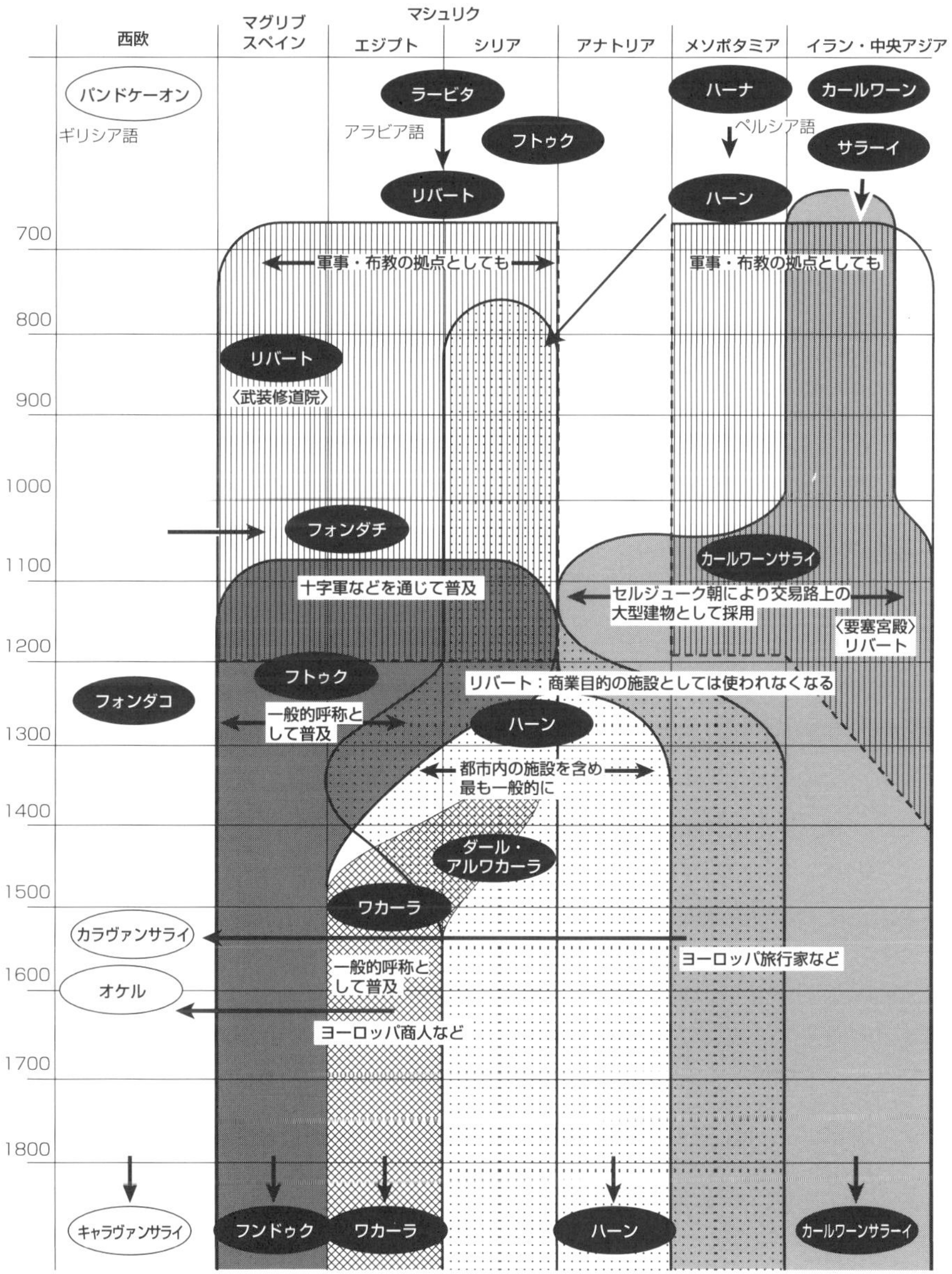

図6　主な隊商交易施設の呼称

然、国際交易を中心とした商業活動は中世以前より活発であり、そのための施設が都市内に設置されていたはずである。ただ、そうした施設に対する呼称が固定化されない時代には、交易路上の施設とまったく同質の施設が都市に置かれていたのであって、「都市型らしい性格」は見られなかったのではないだろうか。つまり、都市型隊商施設は、地中海を囲むアラブ世界においては、中世の一二世紀頃より、都市内の商業活動と有機的に結びついた施設として設置されるようになり、中世の後半期、一四世紀から一五世紀頃には、ほぼ確立した地位を占めるようになったという仮説が立てられるのではないだろうか。

交易路型隊商施設

安全を脅かす遊牧民や山賊などの存在する地方、あるいは水や食糧が不足がちで得にくい地方において、欠かせぬ施設として建設されたのが交易路型の隊商施設であった。であるから、本来、泉を守る囲いのようなものであったのが、しだいに建築化されていったにちがいない。旅人、巡礼者、旅商人のための避難所であるばかりでなく、遠い世界からもたらされる情報の交換・交流のセンターともなった。なかにはしだいに隊商施設の周囲に集落ができ、都市化していく例さえあった。

地理的・歴史的に広大なイスラーム世界の「交易路型隊商施設」を総括することはかなり困難ではある。それでも共通して指摘すべき点をいくつか挙げることはできるだろう。

第一に建築形態についてである。孤立的に立地することが宿命である交易路型の隊商施設にとって、第一義的に重要な建築的要件は安全性である。そのため、石造や煉瓦造など強固な壁体によって固めた構造物は外形をコンパクトな矩形とし、隅櫓や控え壁が設けられた要塞の構えをもつ。一カ所のみ設けられた入口は両側に突出部を備え、強固な扉が備わる門構えが普通である。内部には中庭、ないしそれに代わる広間を共用スペースとして設け、荷解きや荷造り、補給品の調達などのために使われる。旅人や旅商人など人間の宿泊スペースも要件のひとつであったが、それより、商品や動物のためのスペースのほうがむしろ重要視されている施設さえみられる。居室と倉庫・厩を、中庭に直接面する側と建物の外壁側とに区分する構成や、前半部に中庭式建築とし、後半部にヴォールト天井で覆う構成などは比較的規模の大きな施設であり、一般的な規模のものには宿泊用の小部屋を区画して設けず、ヴォールトのかかる細長い広間の壁体内に二人程度が眠れる空間のニッチを設けるだけのものもある。交易路上における人・商品・動物・情報などにかかわる宿泊・休憩、一時貯蔵、補給、さらに交換、交流などの諸機能をすべて安全性のなかで確保することが、交易路型施設としてもつべき第一義的役割であるといえよう。

第二に、主要交通路の要衝に立地する公的施設であるだけに、当初より、軍事的役割を担っていたことが挙げられる。前述の建物の安全性にもかかわることとして、駐屯部隊が常駐することがなければ、たとえ要塞化された建物であっても意味をなさない。また、商品の往来だけでなく、人や情報の往来の確保も重要な任務であり、建物内だけが安全であっても、十分に用をなしているとは言いがたい。つまり、周辺地域の治安の安定も必要不可欠な問題であり、そのための軍隊の駐屯地でもあったはずである。逆に遠征など純粋に軍事的目的で設置されている「砦」に、交易やバリードと言われた情報伝達がその一部に間借りする形も存在したであろう。古代のものや初期イスラーム時代、その他緊張状態にあった時代や地域において、そのような状況が想像される。しかし、時代がくだるにしたがって交易の重要性が増し、軍事と商業との主客が逆転していった。また、初期イスラーム時代のシリアのカスル・アルハイル（八世紀はじめ）などにみるように、それが地域の開拓と開墾、地域の安定、交易と情報の振興、それに王侯の遊興など、さまざまに複合的な役割を担って建設されていたことは注目に値するだろう。交易路型の隊商施設を起点に集落や都市に発展した事例があることも、合わせて留意すべきである。

最後にパトロネイジについてである。イランの大セルジューク朝やアナトリアのルーム・セルジューク朝、オスマン朝、サファヴィー朝など、交易を振興するためや、巡礼路整備に貢献するなどの一種の政治的プロパガンダのために、施設が連続的に建設されることを指摘しておきたい。また、このような施設がワクフ（宗教的寄進制度）によっ

図7　イスタンブルの都市型隊商施設：ビュユック・ヤニ・ハーン（外観）

図8　ビュユック・ヤニ・ハーン（内観）

て基本的に無料で使用できることにも表われている。つまり、交易路型の隊商施設は、その建設においても、その利用・管理においても、宗教と商業とが混然一体となったシステム・枠組みのなかにあったのである。

都市型隊商施設

都市内に所在する隊商施設は、激しい新陳代謝を反映して、中世まで遡れるものはほんのわずかな実例のみで、交易路型施設以上に情報はきわめて限られている。しかし、都市型としての建築的な特徴を概観してみよう（図7、8）。

まず、建築的にみて、ごく基本的な要素・構成については「交易路型施設」に通じている。すなわち、中庭ないし有蓋広間を中心に、小さな区画をその周囲に配する平面構成など共通している。隊商交易品を扱う点については、当然のこと、変わることはない上、おそらく施設として一定の建築形態を獲得したのは「交易路型」のほうが早かったはずである。しかし、こまかくみると、いくつか異なる点を指摘することができる。さきに「交易路型」の基本的な要件として挙げた安全性については、「都市型」では厳格な防備はもはや必要ない。やはり戸口は一カ所のみとすることが多いが、なかには二カ所以上設ける例もみられる。また、装飾的な意匠をもった門構

え も多くみられる。高密な商業地区に立地するため、入口の両側には店舗をともなうのが普通であり、狭く不整形な敷地条件から、無理やり諸室を配したり、二階以上の多層建築とすることもしばしばである。そうした上階部分には、外壁面に大きく窓が設けられたりもする。また、「交易路型」では不可欠な要素であった厩舎がかなり縮小される、あるいは、それをともなわない例もある。

さきに「交易路型」で総括したほど、単純に割り切ることができない機能を備えていたのかもしれない。人・商品・動物を単に一時的に収容するだけの「交易路型」とは違った、都市内立地に独特な付加的機能を備えていた。おそらく当初、「交易路型」とほぼ同様な建築として市門近くにあったものが、しだいに地場の手工業、周辺産業などを包含する流通システムの重要な施設のひとつとして、スーク内に立地するようになった。「フェズの商業活動」において述べたように、中世のイスラーム世界の都市において商業活動は高度に発展し、専業分化・複雑化していくなかで、その中心的な商業施設として機能し、また変容していったのが都市型隊商施設であったろう。取り扱う商品、あるいは競売や倉庫など業務内容や経済活動に対応した多様な形態が造り出されたと考えられる。

都市ごとに異なる建築形態

イスラーム世界における主要な伝統的都市を見まわした時、そこにある隊商施設の形態が都市ごとに異なっている。では、このように都市ごとに異なる建築形態は、いつごろ成立したものであろうか。さきの隊商施設の呼称をめぐる議論で仮説したことも含めて、都市型隊商施設というものが、その都市の経済や文化の枠組みにふさわしい形態を獲得し固定化した時代こそ、その都市が現代につながる「伝統的な都市性」を備えた時であろうと想像される。おそらく、その都市における経済的実用性と、いわゆる公共性をもった都市施設として一般に認知された時の状況をなんらかの形で反映しているのではないだろうか。

カイロの場合、一四世紀はじめスルターン・ナーシルがミスルの北方、ナイル川沿いにダール・アルワカーラを建設したとされる。これは王立の商業施設で、国策として建設・運営された施設であろう。カーヒラ市内ではなく、この当時ほとんど市街化されていなかった土地に建設されている。これよりやや遅れて一三三〇～四〇年頃、アミール・クースーンがカーヒラ内にハーンを建設している。現在知られている碑文のなかでは、これが最古である。一五世紀のマクリージーの記述では、この建築はワカーラと呼ばれ、この呼称が使われ始めていたことがわかる。つまり、仮説として、カイロの隊商施設は、一四世紀の中頃に公的機関として権力者によって市内に建設されたものに始まり、呼称が定着し始めた一五世紀頃には、建築の性格や形態が固定化したのではないだろうか。また、カイロの隊商施設において重要な意味をもつのが、一五世紀はじめのバルスバーイによる東西交易の独占であろう。これまで交易商人から間接的に国家収入を得ていたのを、国家自体が直接交易にのりだし、商品を専売化したのである。このために重要な役割を果たしたのは、言うまでもなく、ワカーラであったはずである（図9、10、11）。国家機関の建築として、急遽、当時の建築技術や意匠がアッセンブルされたことは十分考えられる。

フェズについては、歴史的史料が不足しているため、カイロほど明確にはわからない。フンドゥクという語はこの種の呼称としては最も古い。呼称が古いだけでなく、フェズのフンドゥクの建築形態もきわめて伝統的なものである。二階建ての柱廊型やテラス型の建築は、スースのリバートをみるまでもなく、イスラーム建築においては常套的な建築形態のひとつであり、おそらく古くからフンドゥクの建築様式として使われていたであろう。では、都市の中心部に三階建て柱廊型のフンドゥクが建設されるようになったのはいつ頃であろうか。現存遺構テトゥワニーを一四世紀マリーン朝時代とするにはやや疑問が残るが（図12）、少なくとも一四世紀マリーン朝のマドラサであるアッタリーンやメスバヒーヤの碑文に記されている隊商施設が近傍にあったことは事実であろう。マリーン朝時代、フェズ市内に国家の一大政策として六棟ものマドラサが建設された。おそらく、これらの建設、維持のためのワクフとして多くのフンドゥクが建設されたであろう。これまで市門近くにあった隊商施設が、新たな役割を担ってスークと直接結びつく形で、市内中心部に建設されたのはこの時代ではなかろうか。その時、建築形式として三階建て柱廊が採用され

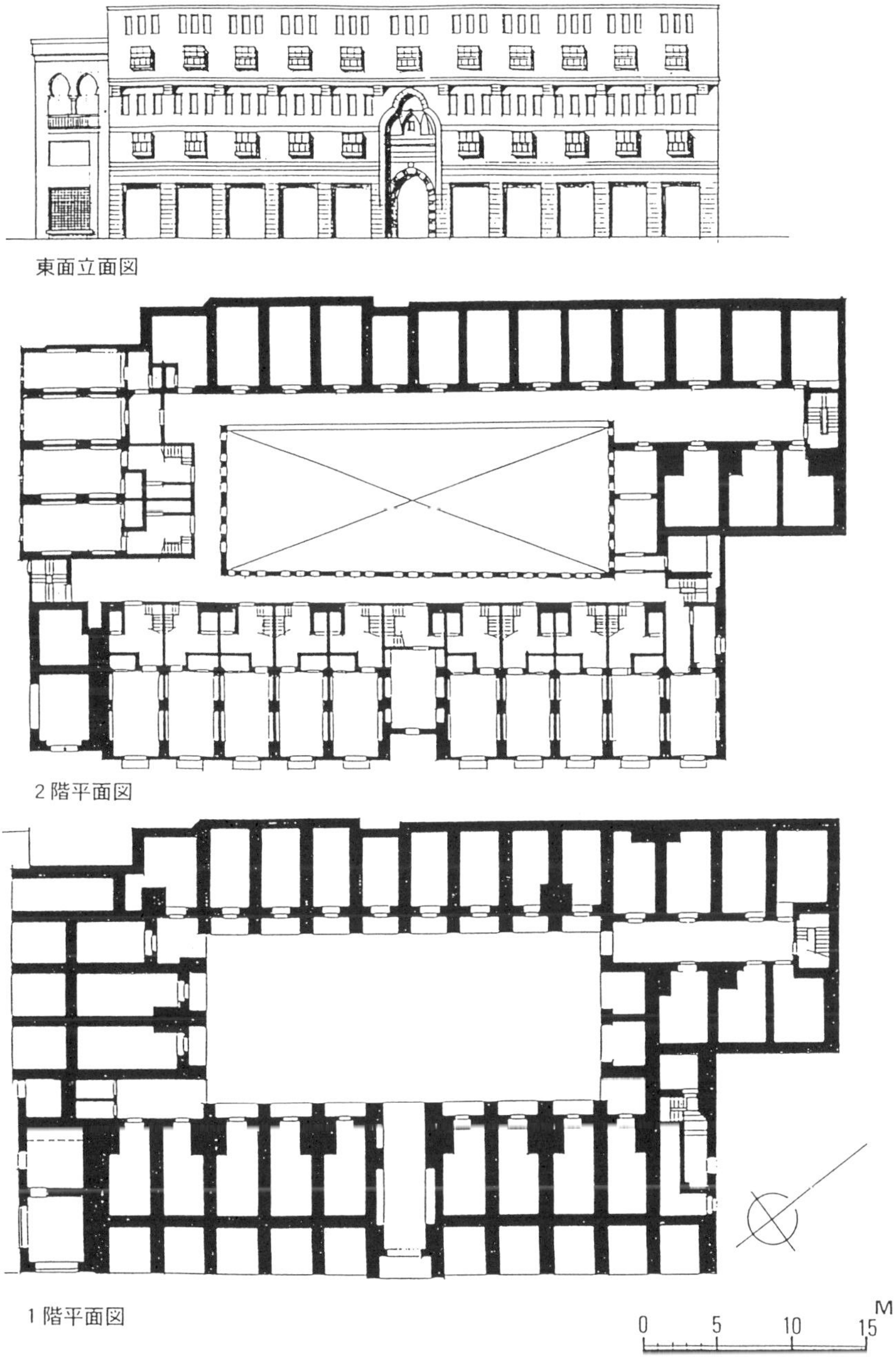

図9　マムルーク朝のカイロのワカーラ（スルターン・カーイトバーイのワカーラ，1480/81年）

図10　ワカーラ・グーリー（内観）

図11　ワカーラ・グーリー（街路側ファサード）

図12　フェズの3階建て柱廊型のフンドゥク
（フンドゥク・テトゥワニー）

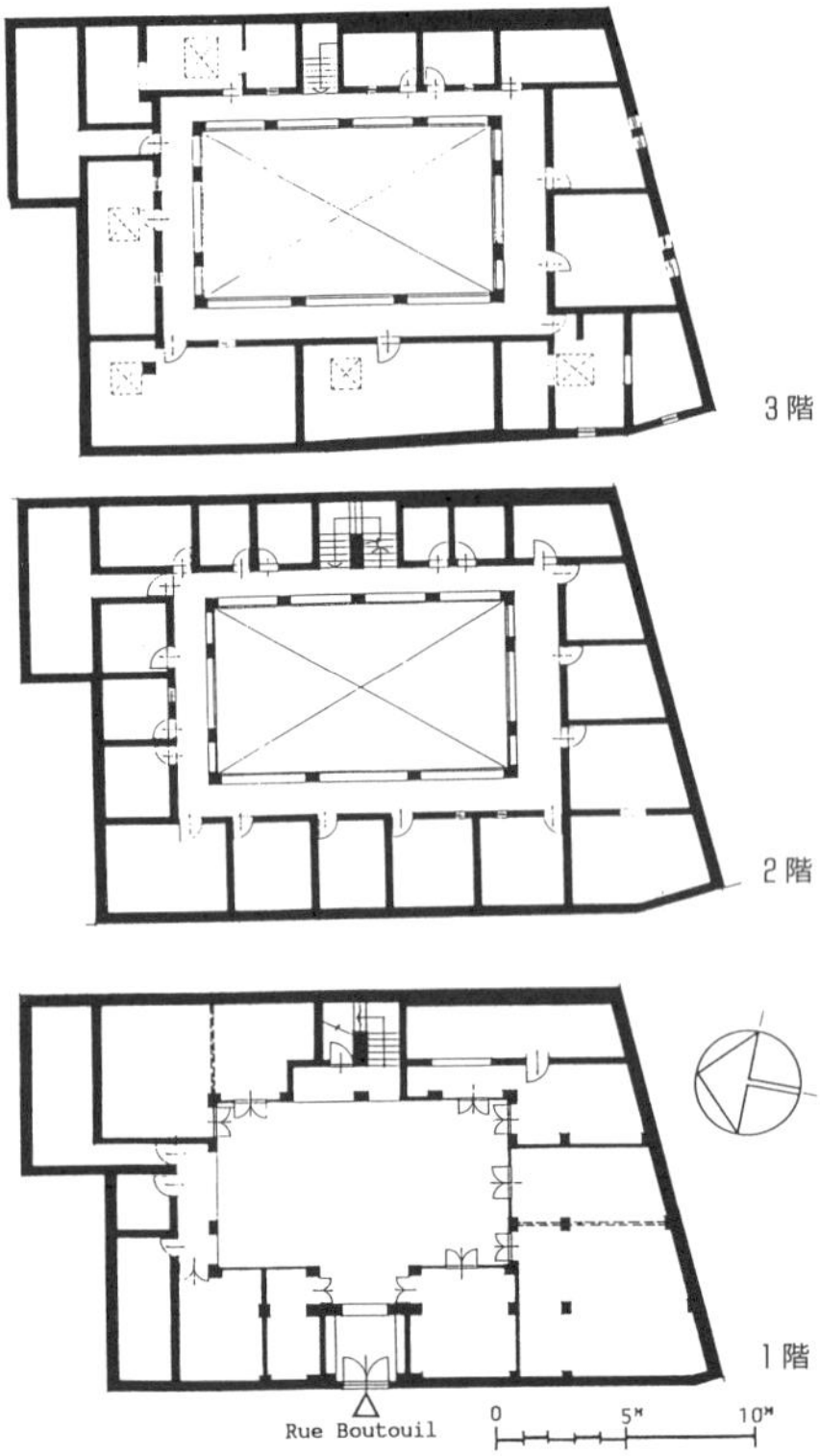

テトゥワニー Fonduq Tetwani；平面図

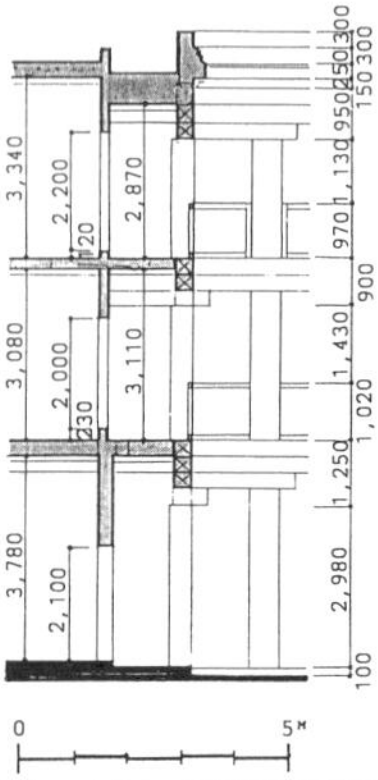

テトゥワニー；柱廊部矩計図

たと考えられないだろうか。

社会的ネットワークにおける役割

都市型隊商施設が担った役割は、おそらく時代とともに増大しつづけたであろう。伝統的な経済活動のなかでも、多様な商人や職人などが存在していたことはすでに述べた。オスマン朝時代のカイロのワカーラについてみても、そのいくつかはそれぞれコーヒー、織物、油、砂糖などの取り扱われた商品がわかるほか、シリアなどからのキリスト教徒、アルメニア人、チュニジアやモロッコからのマグリブ人、スーダンとその周辺からの黒人などの商人がそれぞれ異なる特定の建物を利用していた。そのような商人によって分かれるだけでなく、穀物、香辛料、コーヒー、織物など商品ごとに分けられ、さらに原料から製品まで各段階ごとの区別、倉庫機能のみのものから取引所となるものまで、それぞれ特定な役割を演じる施設が都市内に併存していたのではないだろうか。製粉所や油搾り、染色・織物その他の工房、スークやカイサリーヤ内の店舗、家畜や原材料置場の囲い地など多くのさまざまな施設との関連のなかで、位置付けられるのが都市型隊商施設ではなかったろうか。

ただし、その都市の経済活動などにとって複合化することが都合のよい機能もあった。カイロの隊商施設であるワカーラの多くは、ラブァ（rab'）と呼ばれる集合住宅を併設したひとつの複合建築であった。古代ローマにおけるインスラなどに先例はあるが、少なくとも一五世紀後半のカイロにおいて、こうした複合建築がほぼ完成形として存在していたことは、当時の都市文化としてはかなり高度なレベルを反映していると思われる。店舗・倉庫と住戸が複合されたのは、両者が同じ賃貸物件として最も効率よい投資の対象であったからであり、一般庶民の都市居住に対する需要の大きさを裏付けるものと考えられる。

分業化や専業化の進展していた都市経済のなかで、都市型隊商施設はその果たすべき多岐にわたる機能に対して、いくつかの建築の規模や形式として存在し、それらがネットワークとして結ばれ、関連づけられた総体として都市的需要に対応していた。

都市建築とワクフ

これまで述べてきたイスラーム都市における商業施設は、前章でとりあげた宗教施設とたがいに無関係にあるわけではない。これらを結ぶのはワクフ（waqf）と呼ばれるイスラーム独特の寄進制度である。ワクフとは、本来アラビア語で「停止すること」を意味し、イスラーム法の用語としては「所有権移転の永久停止」を意味する。すなわち、ある者（ワクフ設定者）が特定の所有財産の処分を永久に禁止し、ある者（ワクフ管理者）にその財産の管理を委ね、慈善を目的として社会または自己もしくは他人（受益者）のために使用し収益を与えることを取り決めた契約のことである。実際には、個人の所有権が凍結され、そこからの収益が慈善目的に充てられる物件（ワクフ物件）と、それらの物件からの収益がその建設、維持、運営に使われる施設（ワクフ施設）とからなる。ワクフ物件は、通常収益を生むことができ、永続的な履行が期待できる不動産、都市内では隊商施設をはじめ店舗、工房、住宅など賃貸物件やハンマームなどが主である。一方ワクフ施設にはモスク、マドラサ、修道場などの宗教施設はじめ、病院、救貧所、給水場などの公益施設がある。ここでは、エジプトのカイロの事例をとりあげることにしよう。

政治権力者によるワクフ事業

マムルーク朝建築において最も特徴的なものは墓廟を含む複合体建築であることは、「宗教施設」のところですでに述べた。その直接的なモデルとなったのはサーリフ・アイユーブのマドラサ複合体（一二四二―四四年）である。この複合体はかつてファーティマ朝の東宮殿があった場所にあり、この周辺はバイナル・カスラインとして知られる。カーヒラの中心部にあたる、この建築の周辺にはその後、カラーウーンの大複合体（一二八四／八五年）やバルクークのモスク（一三八四―八六年）など権力者による著名なモニュメントが次々に建設されることになった。これらの宗教的モニュメントはワクフによるもので、その周辺には、当然、これらを経済的に支える相当数のワクフ物件が同時に建設されていた。件数的に中心となったのは店舗である。カラーウーンの例では、三件のカイサリーヤ内に総数二五五の店舗が収容されていた。集合住宅ラブァや店舗の上階などに住戸を複合された建物はカラーウーン以降、しばしばワクフ事業に含まれている。また、ハンマーム（公衆浴場）は宗教的な意味もあって、ワクフ物件として重要な建物であった。多くの宗教施設を創建したことで有名なカーイトバーイ（一四六八―九六年）によるワクフ物件はおそらく膨大な数にのぼったであろうが、現存するものとして知られるのはワカーラ・ラブァ一件だけである。また、マムルーク朝末期のグーリー（一五〇一―一六年）は四件のワカーラ・ラブァなどをワクフ物件として建設したことが知られている（そのうち現存するワカーラ・ラブァは二件のみ）。

エジプトを支配したオスマン朝のワーリー（知事）たちはカーヒラの外港であったブーラークの発展にパトロン的役割を演じ、カーヒラにおける以上の建設活動を展開した。カイロ知事の任期はたかだか数年と短いにもかかわらず、ブーラーク内に広く有利な土地を公共用地として収用し、非常に熱心に建設を行なった。彼らの建設活動の中心はワカーラであった。スレイマーン・パーシャ（一五二五―三五年）以来、一六世紀だけで一二件以上ものワカーラが建設され、この時ワクフ物件としてワカーラ建設が最も注目されていたことがうかがえる。

マムルーク朝やオスマン朝に限らず、エジプトを支配してきたイスラーム政権は、いずれも外来の異民族によるものであった。そのような本来、土着の社会と繋がりをもたない権力にとって、イスラーム精神の発露であるワクフの設定は、一般民衆から統治の認知を確保するために不可欠な手段であったとみられよう。それらの宗教建築を維持するためにワクフ物件として各種の賃貸建物が創建されたが、そのなかでも最大級の投資を要した建築であるカイサリーヤやワカーラなどの交易に関連した施設は少なくとも一三世紀後半には政治権力者たちに注目され、マムルーク朝末期からオスマン朝支配初期において特に重要視されていた。

地区再開発としてのワクフ事業

高密な市街地におけるワクフ施設やワクフ物件は、市内に分散しているものが多いが、当然、これらの建物を一カ所に集中させることが、経済的にも、また視覚的にもより効果があり、より好ましいことであった。ただ、マムルーク朝後半において、すでにカーヒラ内やその周辺地区である程度の敷地を確保することは権力者でも容易ではなく、そうしたなかで複数の既存の施設や敷地を一括して取得する手法が考案されていたことが知られる。建て込んだ都心地区の中ですでに老朽化したり未使用な状態になった建物や土地が接収され、再利用・再開発されることによって地区の活性化につながった。

一七世紀中頃の有力アミールであったラドワーン・ベイが行なった事業において、ズワイラ門から南にのびる既存の街路が尊重され、二つの既存のモニュメントがこの事業によって新設された諸施設と調和して塡め込まれて、約一三〇メートルにわたってほぼ直線街路となっている。また、ワカーラ北側のかつての狭い路地は直線的な街路に再生された。マムルーク朝時代のスルターンたちの事業にくらべ、その規模は小さくなったとはいえ、ワカーラ・ラブァをはじめ商業施設を中核とした、こうしたワクフ事業はその地区のパイロット的プロジェクトと位置づけられる。

オスマン朝時代以降、これまでの支配者層に代わって地元にゆかりの深い名望家たちによって実施された小規模なワクフ事業がその地区の活性化に一役を担うことになった。一七世紀はじめの商人ザハビーによるワカーラ建設では、所有者の異なる三つの土地が購入され、そこにあった既存建物は破却されている。また、一七〜一八世紀のオスマン朝後期のブーラークでは、土着の軍人や商人、シェイフたちが建設に多くかかわった。当然、彼らはブーラークの社会や経済に深い個人的かかわりあいをもち、小規模ながら、長期にわたって建設活動を続けた。例えば、一五七〇年頃までその家系を辿ることのできるアシー家について、少なくも三代にわたって盛んな経済・建設活動がみられた。また、この時代、ガバルティーと呼ばれる地元コミュニティのリーダーたちの建築活動が注目される。亜麻布、木材、タバコ、油などの商人のほか、ワカーラの計量人（qabbānī）とその娘、軍需工場の技師などあまり名の知られない人々が、ワクフとして多くの建設活動にたずさわった。彼ら、いわゆるブーラーク住民（a'yān Būlāq）による建築はさほど大きな規模ではないものの、実に多様であった。ワカーラという大型建物から、圧搾機や製粉・グラインダーまでにおよんだ。また、新築するだけでなく、古い建物を改修、再建して再利用するものが多くみられるようになった。市街地の高密化によって新たに敷地を得にくくなったことや、商業的に価値のある地区であるにもかかわらず老朽化して使用不能の建物が多く存在するようになったことなどがそうした傾向を強めたと考えられる。カイロの支配者層にはもはやブーラークにおける建設投資を継続することができなくなったオスマン朝後期において、それに代わって地元の住民が町の発展を担ったのである。

ワクフとしての公共性と投資

このようにイスラーム社会、とりわけ都市部においては、公的な性格をもった建物のほとんどがワクフの枠組みのなかに属しているといっても過言ではない。それは都市の機能として不可欠な要素はすべてといってよいほどである。宗教、教育、社会福祉、公益施設などのすべては、都市型隊商施設や店舗などの賃貸商業施設をはじめ、公衆浴場、集合住宅や賃貸住宅などの収益を財源に依存して、維持されていた。施設建設だけでなく、その施設の維持・運営費用の財源も賄われていることも重要である。例えば、モスクのイマームやコーラン詠みの俸給、学牛への給食、蠟燭や絨毯の費用など実にこまかな点までワクフに規定されていた。さらにスークの夜警、店舗の修理、水路の管理などもワクフ物件からの収益によって賄われる場合もあり、都市社会におけるさまざまな側面に及んでいた。

モスク建設などを含む大規模なワクフを設定する場合には、その財源としての商業施設なども大規模に建設された。また、個人的な「寄進」としてワクフを設定する場合であっても、収益の得られる施設建設などをともなった。いずれの場合も、少しでもよい条件で賃貸されることがその施設の重要な要件となり、経済的原理のなかで施設建設が考えられたはずである。近世においては「家族ワクフ」と呼ばれる後者の例が飛躍的に増えるわけで、巨大なパトロネイジを失っても、こうした市民によるワクフを通しての経済活動が都市の新陳代謝を進めていった。

商業・交易活動などの盛衰が、市街化・都市化にまともに影響する。それはなぜか。都市内の多くの建物、さらには市街地そのものが、ワクフという宗教的な性格を持ちながら、実際は経済的な中身をもった制度の上に構築されているからにほかにならない。つまり、経済の裏付けをもったワクフという制度がさまざまな都市に必要な社会資本を充実させる市街地形成の原動力でもあった。こうしてみてくると、イスラーム社会におけるすべての建物は、一種の「宗教施設」であり「商業施設」である。都市型隊商施設は単なる商業施設ではない。賃貸借する一般庶民のための住宅や集合住宅も単なる世俗建築ではない。逆に、モスクやマドラサであっても、その建設や維持において、商業的側面を組み込んでいるのである。ワクフは慈善的な寄進ではあっても、都市の経済状況を高度に理解したうえでなされるものであり、経済的な潜在力を十分に考慮した「投資」としての意味合いをもつものであった。

参考文献

R. Le Tourneau, *Fès, avant le protectorat : étude économique et sociale d'une ville de l'occident musulman*, Casablanca, 1949.

A. Raymond & G. Wiet, *Les Marches du Caire*, le Caire, 1979.

N. B. Hanna, *An Urban History of Būlāq in the Mamluk and Ottoman Periods*, Annales supplement 3, IFAO, le Caire, 1983.

M. Scharabi, *Der Bazar, Das traditionelle Stadtzentrum im Nahen Osten und seine Handel-seinrichtungen*, Tübingen, 1985.

O. Seif, *Khan al-Khalil*, Cairo, 1991.

D. Panzac, *Les Villes dans l'Empire Ottman : Activités et Sociétés*, Tome I, 1991 ; Tome II, 1994, Aix-en-Provence.

W. M. Weiss, *The Bazaar : Markets and Marchants of the Islamic World*, London, 1998.

住宅と住宅地

陣内 秀信

はじめに

アラブ世界の中庭型住宅は、人類が築き上げた住宅文化の中でも、特筆すべきものの一つである。アラブ人のもつ楽園のイメージをまさに地上に実現しているのが、この中庭型住宅といえよう。

外は迷宮のように複雑に入り組む閉鎖的で殺風景な道路であっても、ひとたび家の中に入ると、まるで世界が変わり、居心地のよさそうな美しい中庭が登場する。まん中に噴水がとられ、ジャスミンの香りがただよい、柑橘類やブドウの樹木が植わった中庭は、ほんとうに楽園のような雰囲気に包まれている。家族の生活を大切にし、プライバシーを重んずるイスラーム社会の中で、こうした外に閉じ内に開く中庭型の住宅は理想的な形態を示していた。ただし、こうした中庭型の住宅は、イスラーム社会になってから生まれたものではなく、アラブの世界では紀元前二千年以前からつくられてきたものである。

同じ中東のイスラーム圏でも、トルコの住宅は、木造を多用し、その形態、空間の構成もかなり異なる。民族性の違い、気候風土の差などがトルコの住宅建築を異なるものにしてきた。もちろん、トルコの国土も大きく広がるから、地域による違いも大きく、シリアとの国境に近い東南部には、アラブ圏とよく似た中庭型住宅の文化圏も広がっている。こうしたトルコの住宅については各論に譲ることとして、ここでは、アラブ世界の中庭型住宅について論じていきたい。なお、東に隣接し、同じように中庭型の住宅を発達させてきたイランについても若干の比較を試みたい（イランの住宅の詳細については、各論のイスファハーンの項を参照されたい）。

中庭型住宅が生まれる必然性

アラブ地域やイランの都市には、中庭型の住宅が普遍的に見られるが、それにはさまざまな必然性がある。まず、石や煉瓦、あるいは日干煉瓦を積んで壁をつくる建築の方法にとっては、中庭を残して、まわりをぐるりと敷地一杯に建物で囲う方法が、土地利用の効率からみても合理的である。しかも隣の家と壁を共有することもできるから、この方法はきわめて経済的でもある。

また、都市は防御の点から考えて、できるだけ周囲を小さくする必要があったから、狭い所に高密に住むことが求められた。中庭型のこうした住宅は、その要求にも見事に応えるものであり、例えばバグダードの伝統的な地区では、ヘクタール当たり一〇〇〇人もの高密度でありながら、すぐれた住環境を実現していた（図1）。

そしてイスラーム世界で最も重要なプライバシーを守る上でも、中庭型の住宅は実に都合がよかった。外界から完全に遮断できる中庭を中心とした空間は、特に女性を他者の視線から保護するのに最適なのである。中庭型の住宅では、各部屋へのアクセスも中庭の側から取られ、物的にも、機能的にも、また象徴的にも中庭が住宅全体を統合する役割をになう。

さらに、環境装置として考えても、中庭をもつ住宅は、すぐれた機能をもっている。そもそも壁が厚く、隣と接しているこのような住宅では、外部の気温の変化が内部に伝わりにくく、夏は涼しく、冬は比較的温かく過ごせる。中庭においては、中央に噴水が置かれて涼しさを与え、また樹木が日陰を生みだす。しかも中庭に面していろいろな方位を向いた部屋をもてるため、季節や時間によって快適な場所へ移動することができる。さらに、夜間に冷えた空気が直射日光の入らぬ狭い道に保たれるが、それが気圧の差によって中庭へ引き込まれ、住宅の内部を涼しくするという循環作用も働く。

社会的観点から見ると、外観をあまり飾らず内部の様子を外に表わさない中庭型住宅は、見掛け上は階級による差をほとんど感じさせないため、平等を旨とするイスラーム社会にとっては好ましいものだった。また内部の構成にしても、中庭の数や大きさに違いはあっても、建築類型の基本的なコンセプトの点では、階級による違いは見られない。そして、富める者も貧しい者も同じ地区に混ざって住んでいるというのが、イスラーム社会の一つの特徴である。しかしそれは、古代メソポタミアのウルの都市にすでに見られる特徴でもあった。

中庭型住宅の系譜

アラブ世界の都市が示す迷路状の都市構造と中庭型住宅は、紀元前二〇〇〇年以前にさかのぼるウルの都市以来、この地域に綿々と続いてきた特質のように見える。復元が試みられているウルの代表的な個人住宅を見ると、中庭のまわりの二階にはギャラリーが巡っており（図2）、バグダードの伝統的な住宅の構成とよく似ているのに驚かされる（図3、4）。気候風土や社会の生活習慣にもあった、高密都市をつくるのにふさわしいこのような中庭型の住宅は、ウルの時代から受け継がれ、改良され、また洗練を受けながら今日に至るまで、バグダードの住宅の中にも生き続けてきたと考えられる。

北アフリカのチュニスの住宅の成立については、J・ルヴォーがその歴史的背景を整理して説明している。まず、ギリシアのペリスティリオンあるいはそれを導入したローマのペリスティリウムをもつ住宅（図5）からの影響が挙

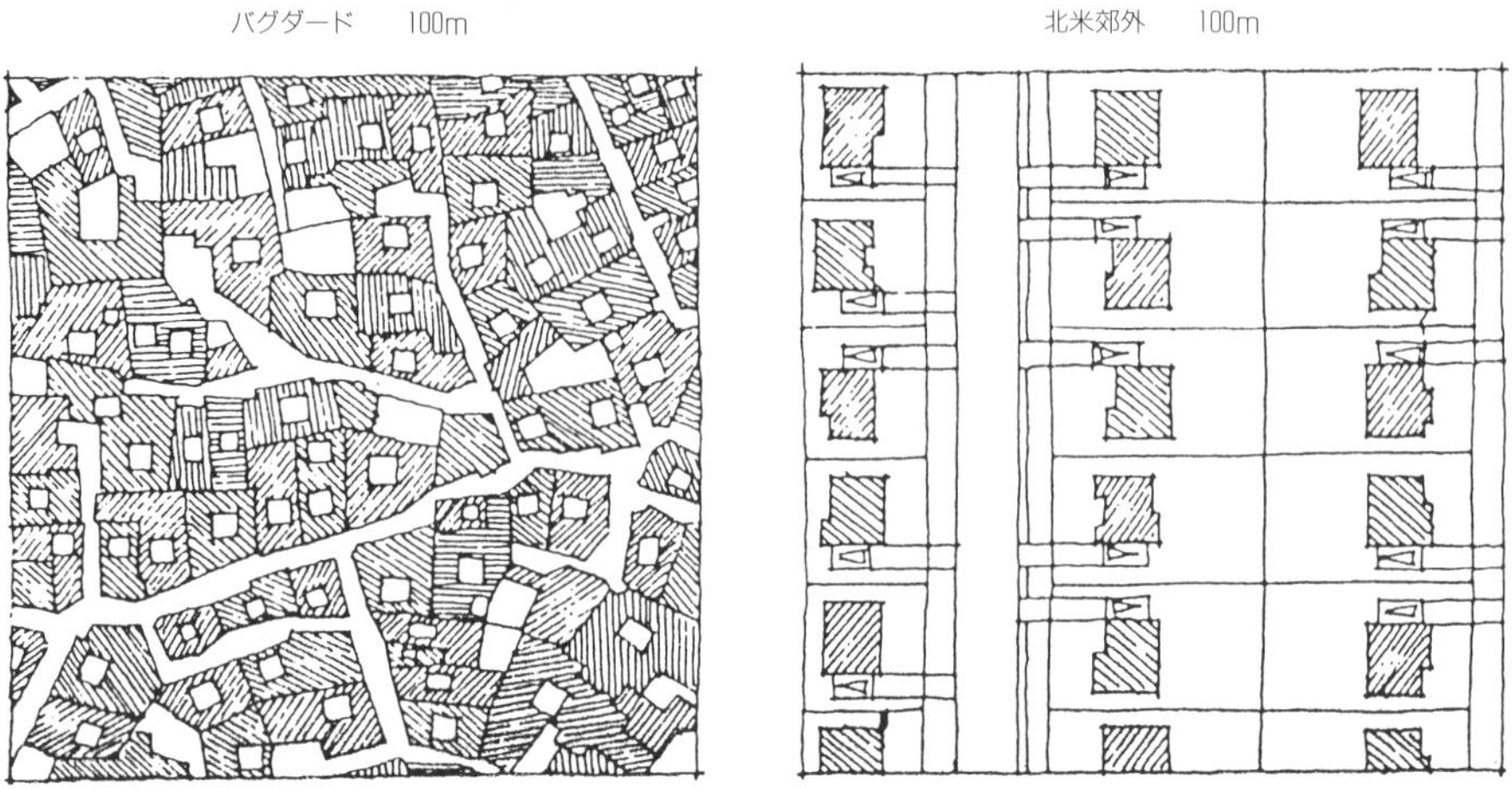

図1　市街地のプラン比較（N. Schoenauer による）

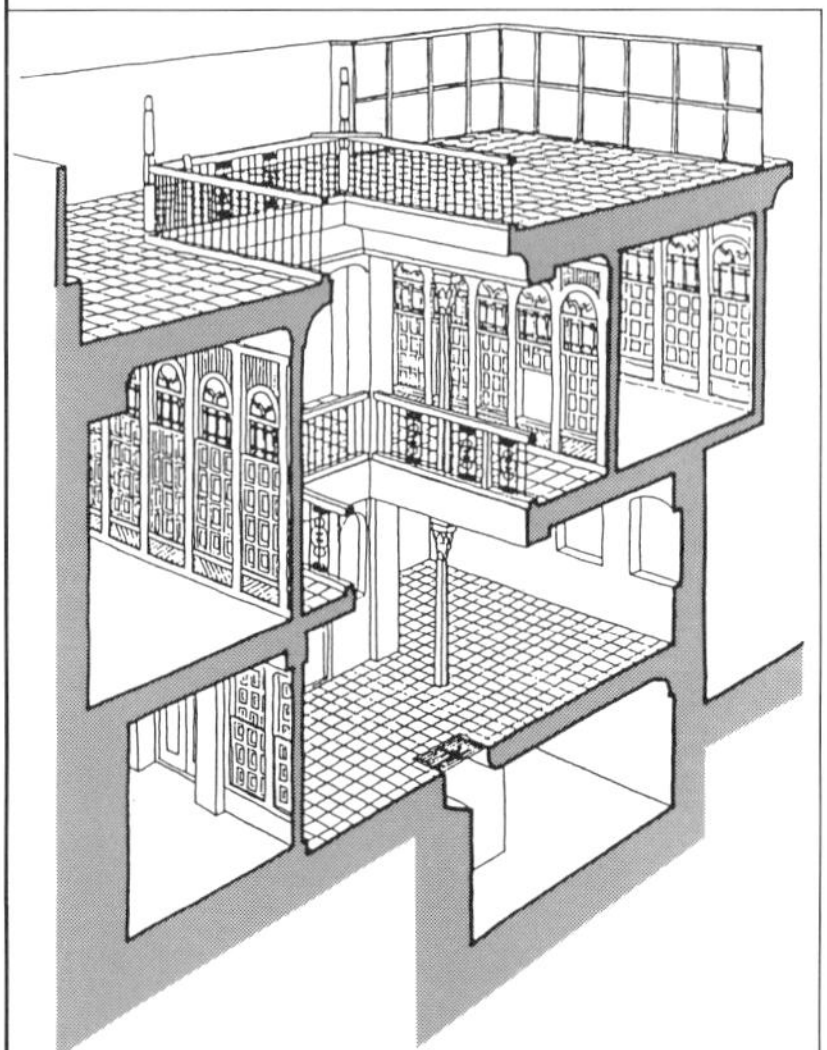

図3　バグダードの住宅における中庭まわりの空間構成
（J. Warren, I. Fethi による）

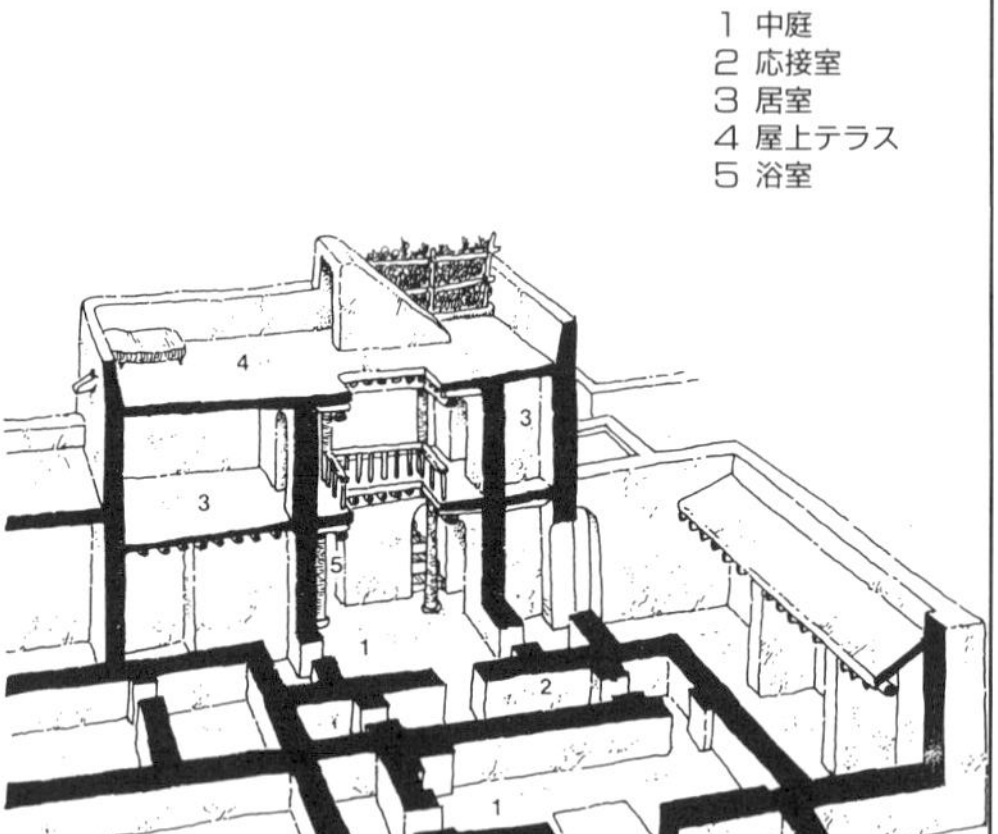

図2　ウルの住宅復元図
（V. Alliata による）

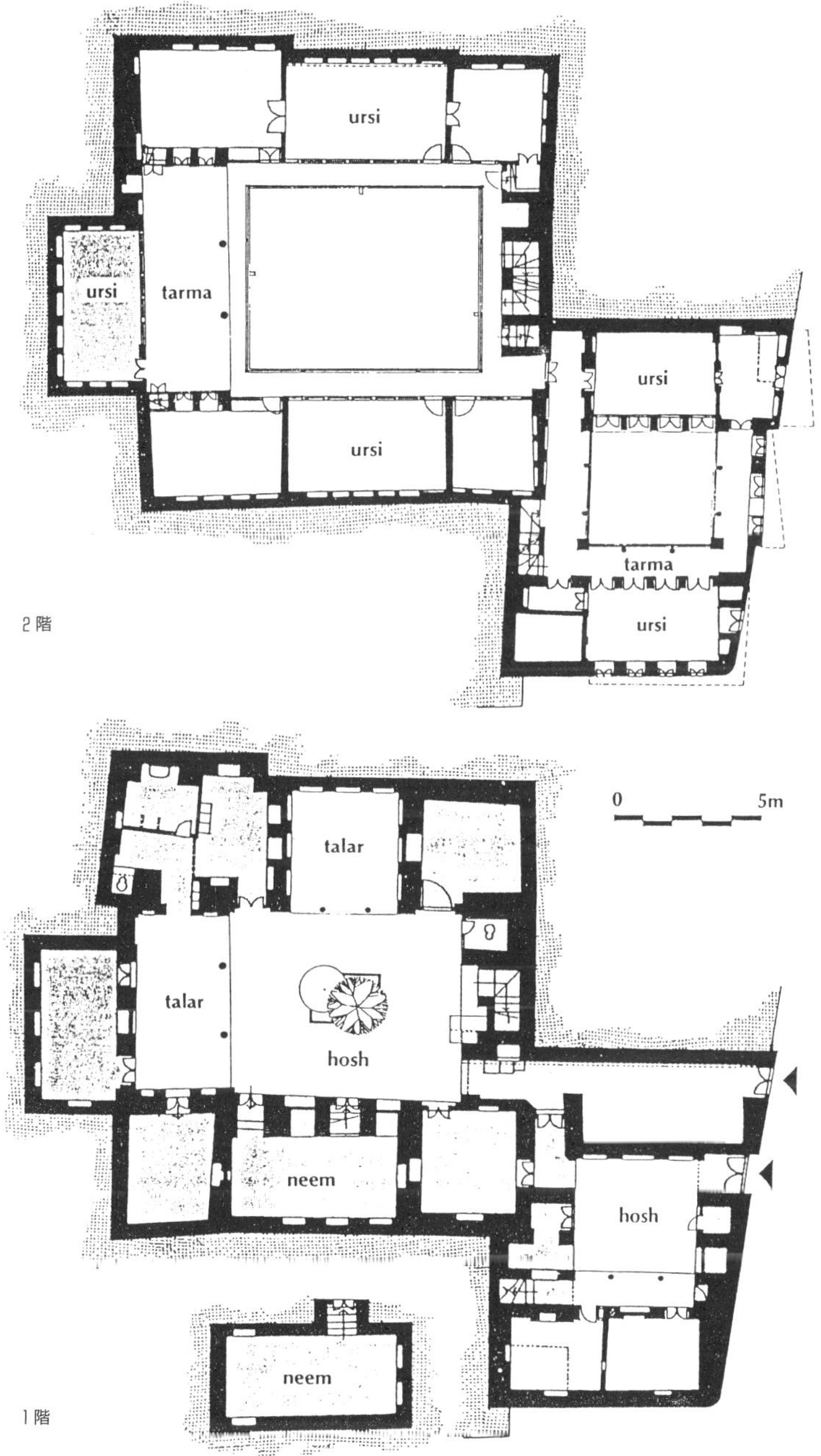

図4　バグダードの住宅平面図（J. Warren, I. Fethi による）

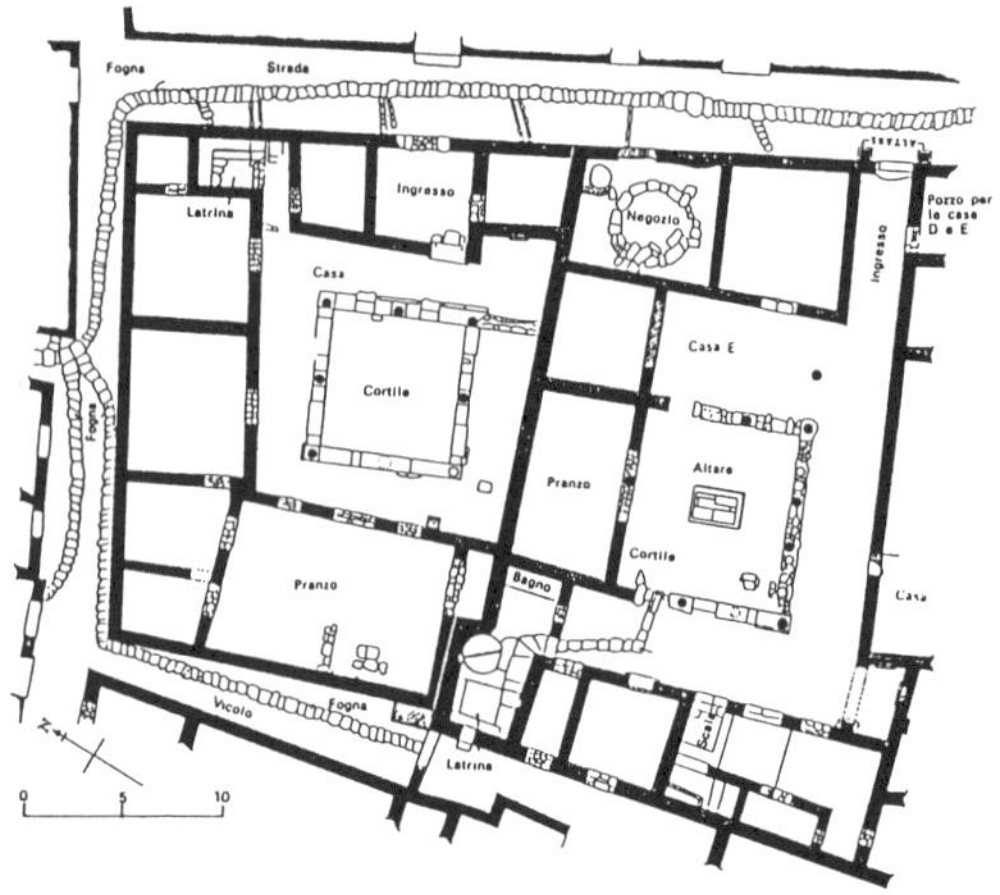

図5　デロスのペリスティリオンをもつ住宅平面図

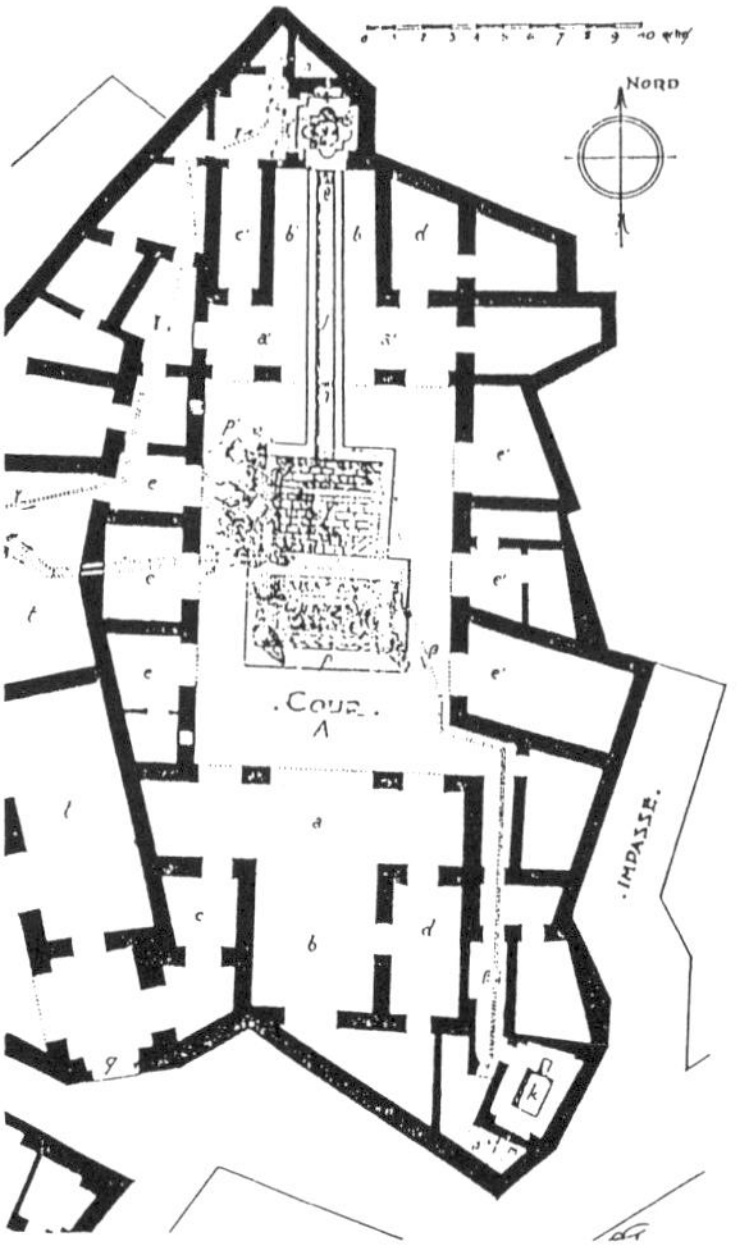

図6　フスタートの住宅平面図
（A. Gabriel による）

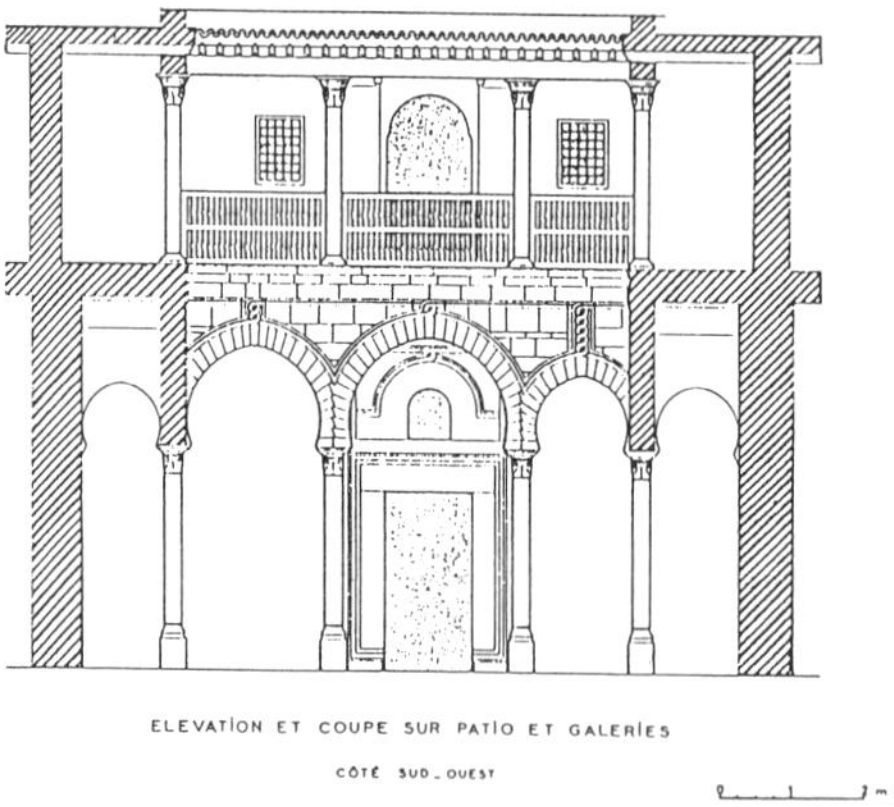

図8　チュニスの住宅の中庭側立面図
（J. Revault による）

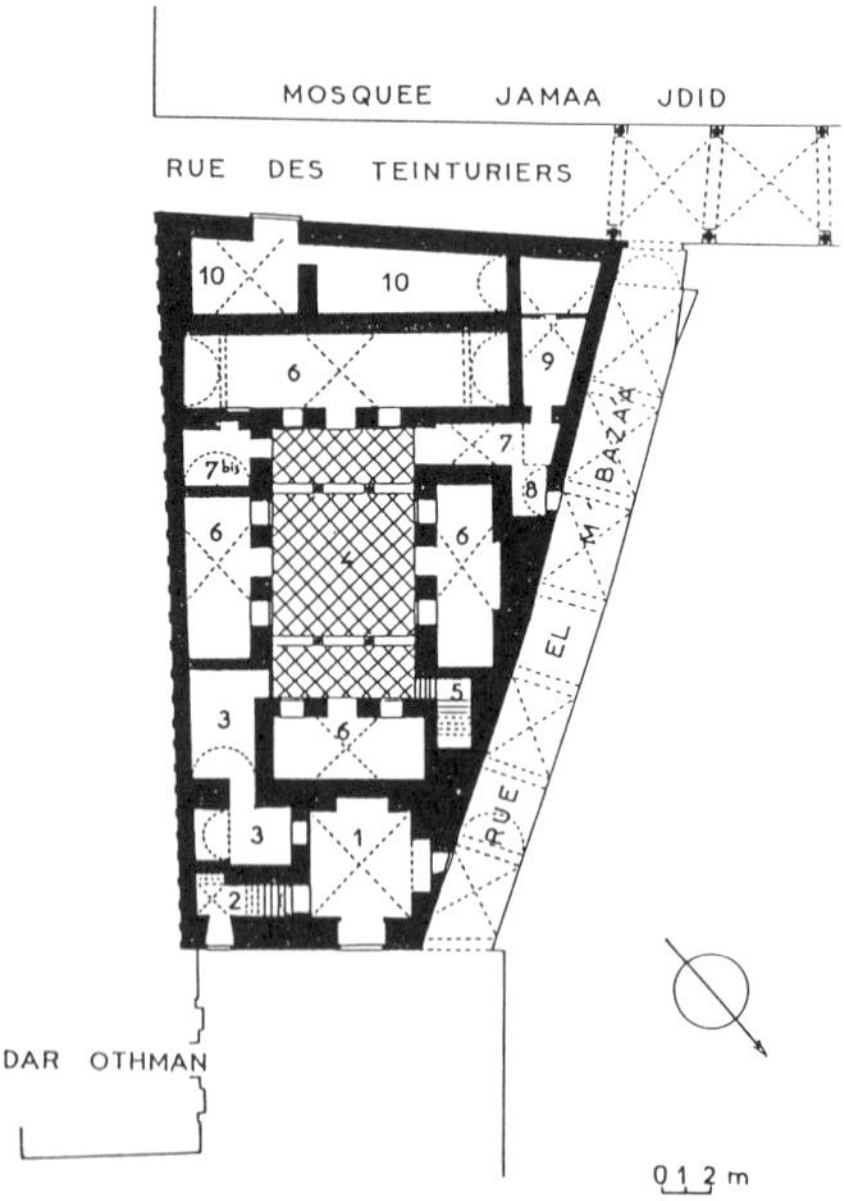

図7　チュニスの住宅平面図
（J. Revault による）

げられる。もう一方では、バグダードの近くにある古い都市で、九世紀にアッバース朝の首都として栄えたサーマッラーの邸宅、また七世紀から一一世紀にかけて存続した、エジプトにおける初期イスラームの都市フスタートの住宅（図6）における経験を、チュニスは受け継いだ。いずれも中庭に面した開放的な半戸外の部屋やT型プランの象徴的な部屋をもつところに特徴がある（図7、8）。このようにチュニスをはじめとする北アフリカの住宅は、地中海やオリエントの経験を生かし、それを気候や文化的環境に合わせながら、ローカル色のある住宅を形成したもの、というのである。

住宅に見られる共通した特徴

中庭を中心に構成されるアラブ世界の住宅には、いくつかの共通して見られる特徴がある。まず、家庭のプライバシーを守るため、外と内の接点である入口の空間は非常に重要視されている。道を挟んで、対面の住宅と入口が向かい合うことは避けられる。そして家の内部が直接覗けないように、入口は必ず折れ曲がって入るようになっている。重要な客以外は、入口のところで接客できるように考えられており、しばしばベンチが壁につくりつけられている。

敷地が歪んでいても、住宅の中心を占める中庭は、正方形か長方形の整った形をとり、美しく象徴的な印象を与える。その中心に噴水が置かれ、まわりに樹木や花が植えられるが、ギリシアのペリスティリオンやローマのペリステイリウムに見られるように、地中海世界には古くからこうした中庭の在り方が成立していた。

最もイスラーム社会らしい特徴は、住宅の内部を、男性の接客ゾーンと女性および家族のゾーンに分けるという点に見られる（図9、10）。富裕な家で中庭を二つもつ場合には、このゾーン分けは明快にできる。こうした考え方は、すでにフスタートにも見られたようである。

普通の住宅では中庭は一つしかないから、男性の公的空間を一階に、女性の私的空間を二階にとって、上下にゾーンを分ける方法も用いられる。あるいは、入口の近くに男性の接客の部屋をとり、奥の方に女性や家族の空間を置くという工夫が見られる。

しかし、実際には、そう厳密にプランニングの上での定石があるわけではない。チュニスの住宅では、玄関を入ると、中庭の正面突き当たりの位置に接客の部屋がとられていることが多い。この場合、客は中庭を横切ることになる。またバグダードでは、二階にとられた豪華なウルシーという部屋で宴会を行なうことが多い。この場合、女性は、その部屋の上方に中階のようにつくられた小部屋に入って、上から間接的に宴会に参加するのである。

いずれにしてもプライバシーを尊重し、女性を男性の目に晒さないようにするため、視線を考えたプランニングがさまざまに工夫された点に、イスラーム社会の住宅の特徴がある。格子の窓を用いることによって、外からは見られずに、内側から路上や中庭の様子を眺めたり、風通しをよくするという巧みな工夫もなされた。接客空間に接した場所にも、格子窓の背後に女性がいることにより、彼女達自身が楽しむと同時に、その香り、ささやきが宴会、接客の

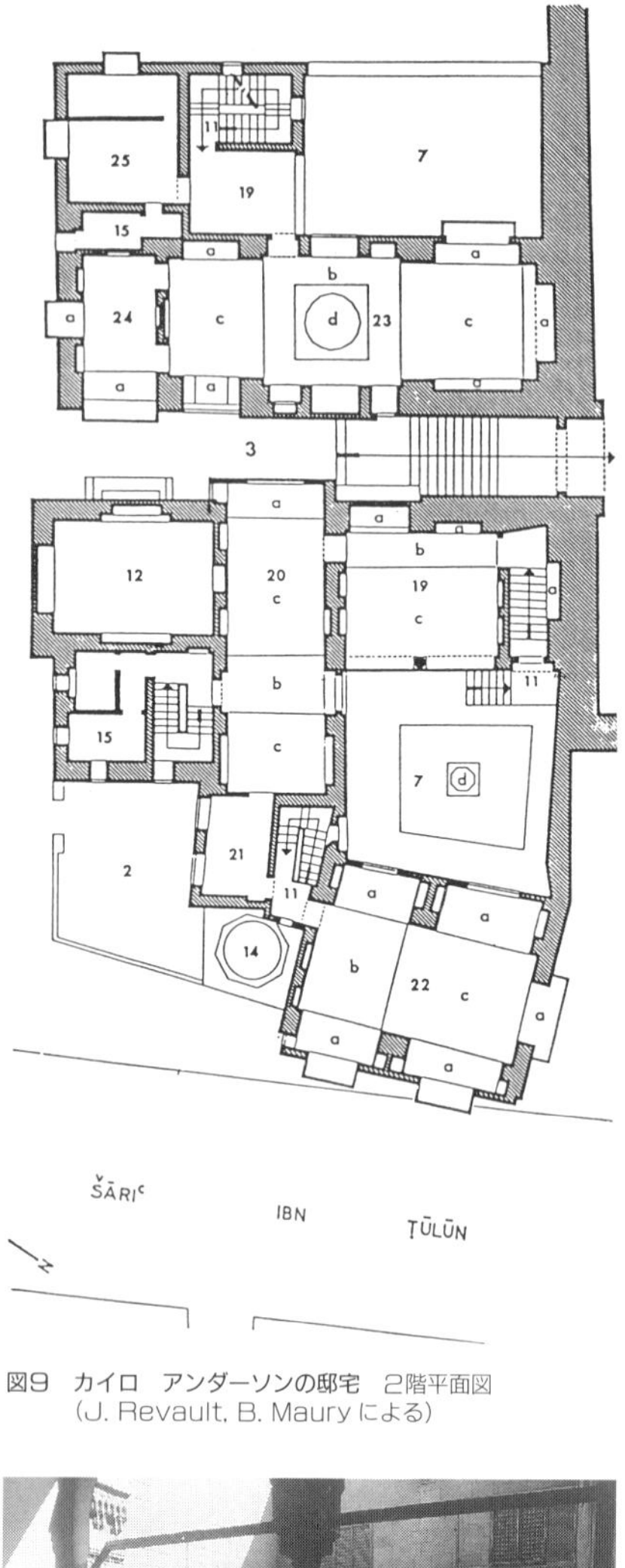

図9　カイロ　アンダーソンの邸宅　2階平面図
(J. Revault, B. Maury による)

図10　アンダーソンの邸宅
ロッジアから中庭越しにハレムリックの方を見る

広間にも伝わり、華やかな雰囲気を醸し出せたのである。

中東の住宅のもう一つの大きな特徴は、季節や時間によって、快適な場所に人々が移動するという点である。特に夏の厳しい暑さをしのぐために、このような知恵が発達した。したがって、それぞれの部屋は、ヨーロッパの住宅のように特定の機能や用途をもっているわけではなく、さまざまな形で使われる。そのため家具も少なく、動かせるものばかりである。

中庭に面して、例えば北と南のように、いくつかの部屋を置き、季節や時間で移動する使い方は、イスラーム初期のサーマッラーやフスタートでもすでに見られてきた。

これまで中東の住宅に共通する特徴を挙げてきたが、実はその多くが、イスラーム以前の時代から中東や地中海世界に見られたということは、注目される。プライバシーを重んじ他人から家族を守る考え方や、地味な外観の住宅をよしとする価値観は、ウルなどの古代メソポタミア都市とも共通している。入口をクランク型に折り曲げるやり方も、もちろん古代から用いられている。また、季節によって、あるいは客のランクに応じて部屋を移動することは、ペリスティリウムに面していくつかの部屋を配するローマの住宅においても行なわれていた。

独特の気候条件を背景に高密な都市空間を築いた長い歴史の中で蓄積された、このような住宅づくりの豊かな知恵と技術を受け継ぎながら、イスラーム社会の新たな規範や価値観に合わせて洗練を加えることによって、中東の都市は高度な生活空間を実現できたのである。

パラダイスとしての住宅

さらに詳しく住宅を観察し、その形態と意味について考察していこう。すでに見てきたようにアラブ地域の中庭型住宅は、いささかうっとうしい道路に面した外側からでは想像もつかないほどに明るく、美しく、開放感に満ちている。そこには何者からも侵されない静かで落ち着いた平和な安らぎがある。地上のパラダイスが実現しているといっても過言ではない（図11）。社会を構成する基本ユニットの家族にとっての安らかな生活の場であるミクロコスモスが庭を中心に成立しているのである。

ここでは何よりも快適な空間が追求されている。ヨーロッパでは、ルネサンスになってようやく一部の貴族住宅で始まった快適な住まいづくりが、アラブ世界では中世以前から実現していたのである。建築的にも優美に飾られ、居心地のよさはまさに最高である。

大理石で美しく舗装された中庭の中ほどには噴水が置かれ、繊細に立ち上がる水が涼しげな表情を生み、同時にまた物理的にも空気を冷やす役割を果たしている。また、柑橘類やジャスミンの木が、色彩と香りを添える。アラブ世界の都市はそもそも、乾燥地帯の厳しい自然の中に人工的につくれたからこそ、水や緑に象徴的な意味を与え、また人々の精神と身体にとって真に居心地のよい空間を実現することを求めたのであろう。都市の中の水と緑の溢れるオアシスのようである。

このような地上のパラダイスへの願望はまた、イスラームの素晴らしい庭園文化を生み出した。グラナダにあるアルハンブラ宮殿の「獅子のパティオ」の見事な空間にそれを象徴的に見て取れよう。

まわりを囲われた中庭は閉鎖的に見えるが、実は、上に開いているため、無限の世界や宇宙に通じる開放感をもっているのである（図12）。家族のミクロコスモスは、中庭を通じてマクロコスモスとも通い合う。屋上が積極的に活用されることも、この開放感を一段と高めるのに貢献している。隣りを覗き込まないように、屋上のまわりには高い目隠しの壁が立ち上がっていることが多い。特に、女性にとっては屋上は、広くて自由な空間である。

暑さの厳しい気候条件の中で、快適に過ごすための工夫が徹底的に追求された。アラブ諸国やイランの暑い地方の住宅は、その全体がすぐれた環境装置となっているかのようである。特に、屋上にバドギールという風を取り入れる塔状の口を設けているのが面白い。その空気を壁の中に設置したダクトで地下や半地下の部屋に送り込む。そこには

図11　ディヤルバクル（トルコ）の中庭型住宅

図12　空に開く中庭空間
フェズ（モロッコ）の庶民住宅

図13　中庭に面するイーワーン（ダマスクス）

図14　豪華な室内（フェズ）

しばしば水盤が設けられており、外から取り込まれた空気の方が温度が高いため、水から気化熱を奪って蒸発させることになり、室内温度を下げる働きをする。こうした地下室は、夏には実に快適な空間となる。

環境をコントロールするために、格子、スクリーン、日よけ幕が巧みに利用されるのも大きな特徴である。

家族の居心地のよいミクロコスモスをつくり出すのに、中庭のまわりの建築的構成は大きな役割を果たしたが、地域によってその特徴はさまざまに異なっていた。明るく開放的な作りにするため、柱廊が用いられることも多い。軸線が設けられ、シンメトリーの構成をとる場合も少なくないが、宗教建築や公共建築に見られるようなモニュメンタリティが追求されているわけではなく、あくまで快適で美しい生活空間を生むように工夫されている。

戸外の生活を楽しむ習慣が古くからあり、中庭に面して開かれたイーワーンと呼ばれる半戸外の大きな部屋が設けられていることも多い（図13）。住宅の中庭にイーワーンを置く手法は、イランの各地、シリアのダマスクスやアレッポなど、中東に広く分布している。フスタートにおいても、イーワーンをもつ構成がどの住宅にも見られた。北向きのイーワーンは、夏の接客や居間の空間として、特に重要な役割をもつ。他の地域でも、イランやイラクにおけるタラール、カイロのマクァドのように、イーワーンと似た半戸外の空間がしばしば見られる。

高密な大都市に発展したカイロでは、このような中庭に開かれた半戸外の空間が二階にとられた。マクァドと呼ばれるこの空間も、やはり夏の気候を考え、北向きに設けられている。

住宅の内部も、快適で美しい空間となっている（図14）。女性のための私的空間は特に美しく飾られている。床のカーペット、壁、出窓、天井、シャンデリアなど、どれをとっても豪華な装飾性を見せる。インテリアをこうして飾る感覚というのも、ヨーロッパ以上に中東世界の住宅において発達していたといえよう。

三つの都市における住宅の比較

以上述べてきたように、アラブ地域の住宅には、共通したさまざまな特徴を見いだせる。しかし同時に、気候条件も異なり、歴史や文化の背景にも違いがあるため、それぞれの地域で住宅の形態や機能にかなりの違いがあるのも事実である。ここでは代表的な都市として、バグダード、カイロ、チュニスを選び、相互に比較しながら、住宅の在り方についてより掘り下げて観察していこう。

バグダード

バグダードの住宅については幸いすぐれた研究があり、建築の形態や機能に加え、住み方に関しても詳細に知ることができる（J. Warren & I. Fethi, *Traditional Houses in Baghdad*）。その特徴を要約しておきたい。

バグダードの住宅には、カイロやチュニスのように古いものはなく、最古のものでも一四〇〇年以上前にはさかのぼらない。木の部分に虫がつき、痛みやすいこと、またしばしば洪水によって壊されたことがその主な理由である。木造部分を多く使用するトルコの民家がやはり古いものを残していないこととも共通している。とはいえ、近代になってからつくられたものでも、ウルの住宅とも類似性をもつほどに、伝統の根強さを示している。

バグダードの住宅の最大の特徴は、中庭の側に、カイロやチュニスに比べより開放的な構成をとり、一階にも、二階にもリワーク（柱廊）を設けている点にある（図3、4、15）。一般に、二階の方が階高も大きくとられ、立派なつくりになっている。その点では、一階を重視するチュニスの住宅の場合とちょうど逆になっている。ただし、三階、四階へと伸びたカイロの住宅ほど、垂直方向へのダイナミックな展開を示しているわけではない。

中庭に向かう四つの面は、どれもシンメトリーの構成をとる傾向がある。その軸線にのる中央の部分に、重要な部屋が置かれる。部屋の前面になにもないものはイーワーン、二本の円柱が立っているとタラールと呼ばれる。たいて

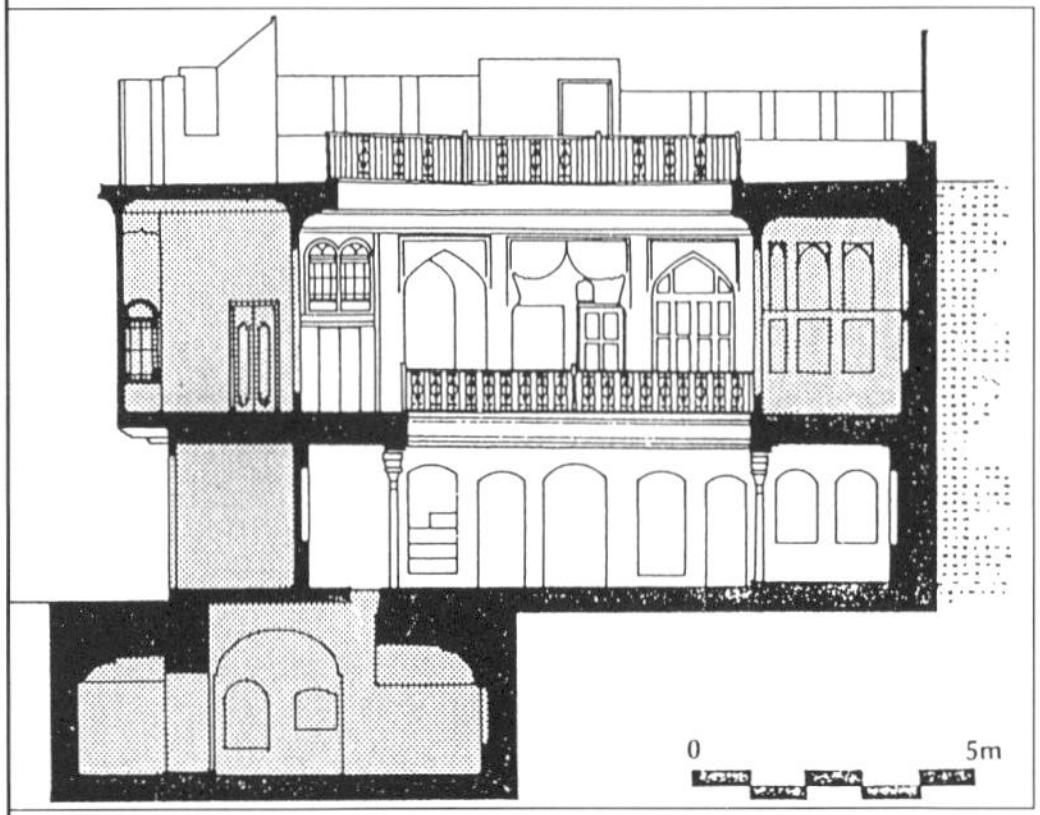

図16　バグダードの住宅断面図
（J. Warren, I. Fethi による）

図15　2層の回廊が巡る中庭

い二階に置かれる、前面をガラス窓で飾られた立派な部屋はウルシーと呼ばれ、接客や宴会によく使われる。涼しい季節には居間としても使われる。

バグダードはとりわけ夏の暑さが厳しいため、この街の住宅においては、カイロやチュニス以上に、時間と季節によって人々は居る場所を変える。九月または一〇月に、南向きの冬用のイーワーンあるいはタラールへ、四月または五月に、北向きの夏用のイーワーンあるいはタラールへ移動する。この移動のため、他のイスラーム地域ほど、男性の接客ゾーンと女性・家族の私的ゾーンの区別が明確ではない。

夏は、睡眠を二回に分ける。夜は屋上で星の下で寝て、昼のシエスタには地下の部屋が使われる（図16）。夏以外は、二階の部屋で寝る。一年の半分の時期は屋上で寝るため、夜のプライバシーが非常に重要であり、隣を覗かないように、伝統的には地上二階までしかつくれなかった。

地下の部屋や半地下の部屋が非常に発達している点は、イランやシリアの住宅とも共通している。同時にこれらの地域では、風を取り込んで気化熱で冷やすためのバドギールが発達している。

バグダードの住宅は比較的新しいものが多いこともあって、

外側の道路に面して大きな格子の出窓を発達させている。他のイスラーム地域の中では、トルコの各地やダマスクス、カイロなどに、やはり出窓が比較的多いように思われる。

カイロ

カイロについては、J・ルヴォーとB・マウリーによる一四〜一九世紀の住宅に関する膨大な調査報告が出版されている。またそれに基づいて、木島安史氏が現地調査を行ない、住宅の空間構成を分析している。

カイロの住宅は、他のアラブ地域の住宅と比べて、かなり異なる構成を示している（図17、18）。最大の特徴は、高密な大都市の要請を受けて、住宅が高層化し、三階さらには四階へと発展していったことである。生活の主要な空間が二階以上に置かれているから、その分だけ、中庭自体を、一階のまわりの部屋と有機的に結びつけて積極的に使うことが少なくなっているように見える。

バグダードやチュニスのような、中庭に面して柱廊、あるいはギャラリーを設ける開放的な構成は、カイロには見られない。また、メインフロアーである二階では、中庭に面してギャラリーが巡るわけではないから、それぞれの部屋へのアクセスを中庭の側から直接取るという他のアラブ地域の都市に見られるような方法が、ここでは使えない。部屋と部屋を内部でつないでいく動線となっている。

中庭に面した部分には、軸線やシンメトリーの構成はほとんど見られず、有機的なプランニングを示している。それもバグダードやチュニスの住宅と大きく異なる点である。

中庭に入った時、最も目を引くのは、階の北向きの位置にとられたマクアドという半戸外のロッジアの空間である（図18）。それは大きな連続アーチを通して、中庭に開いている。北を向いているから、夏には陽射しを避けた快適な広間となる。このマクアドへは必ず、向かって右側についた階段で中庭から昇って入るようになっている。

住宅の内部を構成する広間の大きな空間単位は三分割され、中央の低いドゥル・カーアと両リイドの少し高いイー

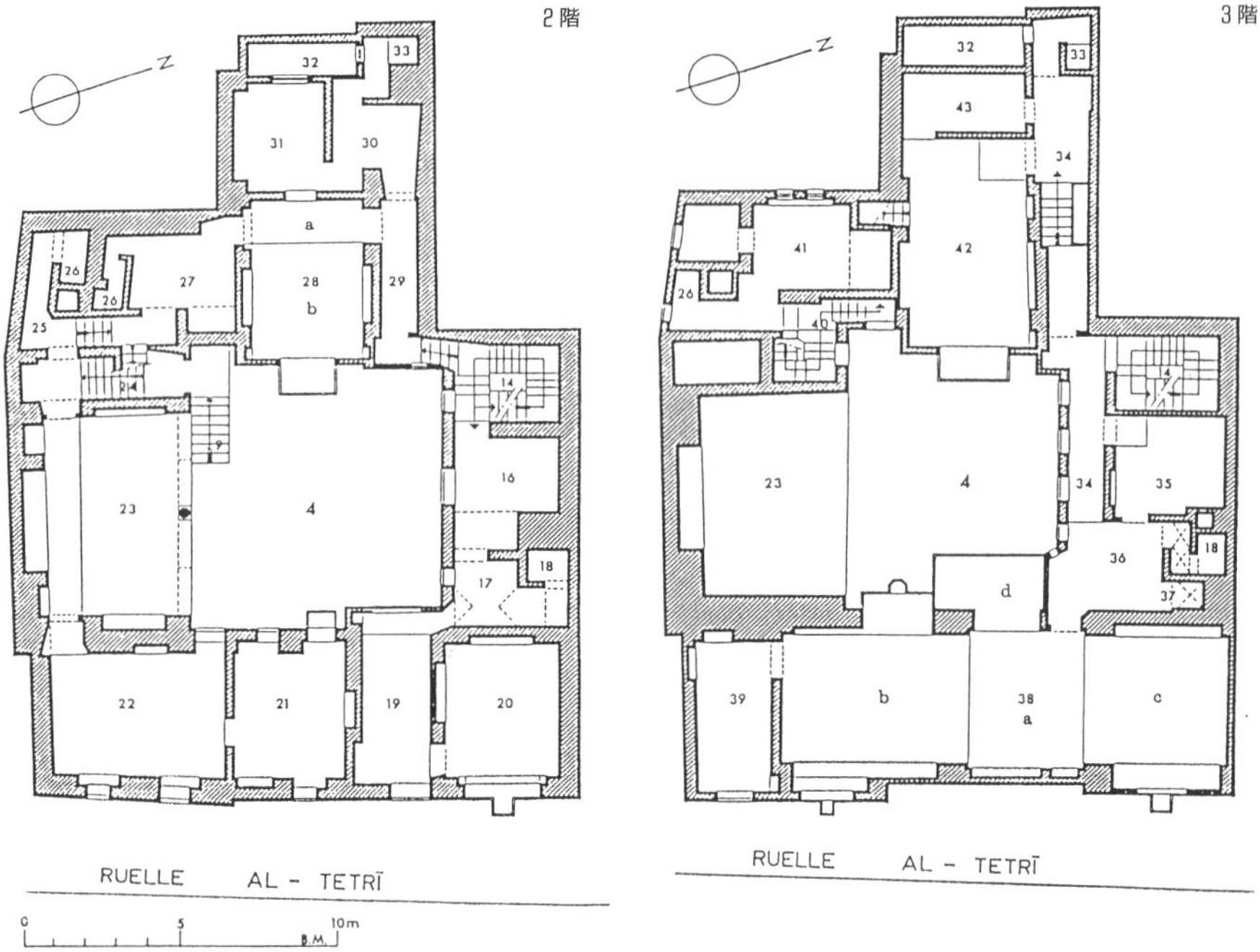

図17　カイロの住宅（サブスーリー邸）平面図
（B. Maury による）

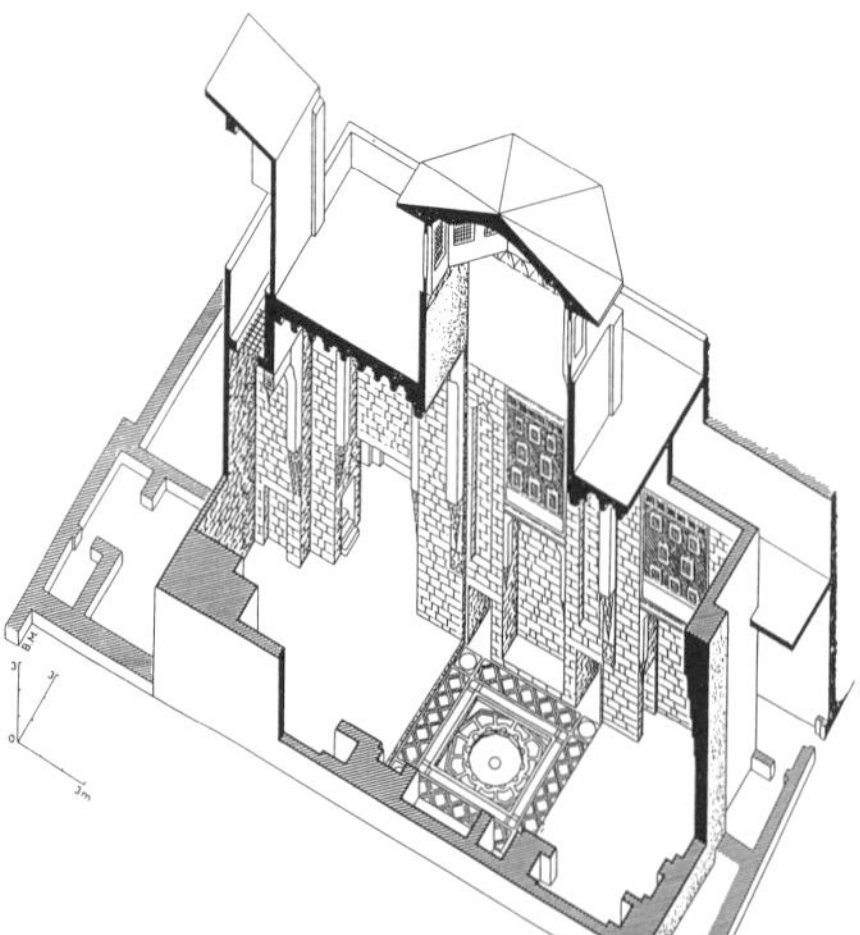

図19　カイロの住宅における広間の空間構成
（J. C. Garcin, B. Maury 他による）

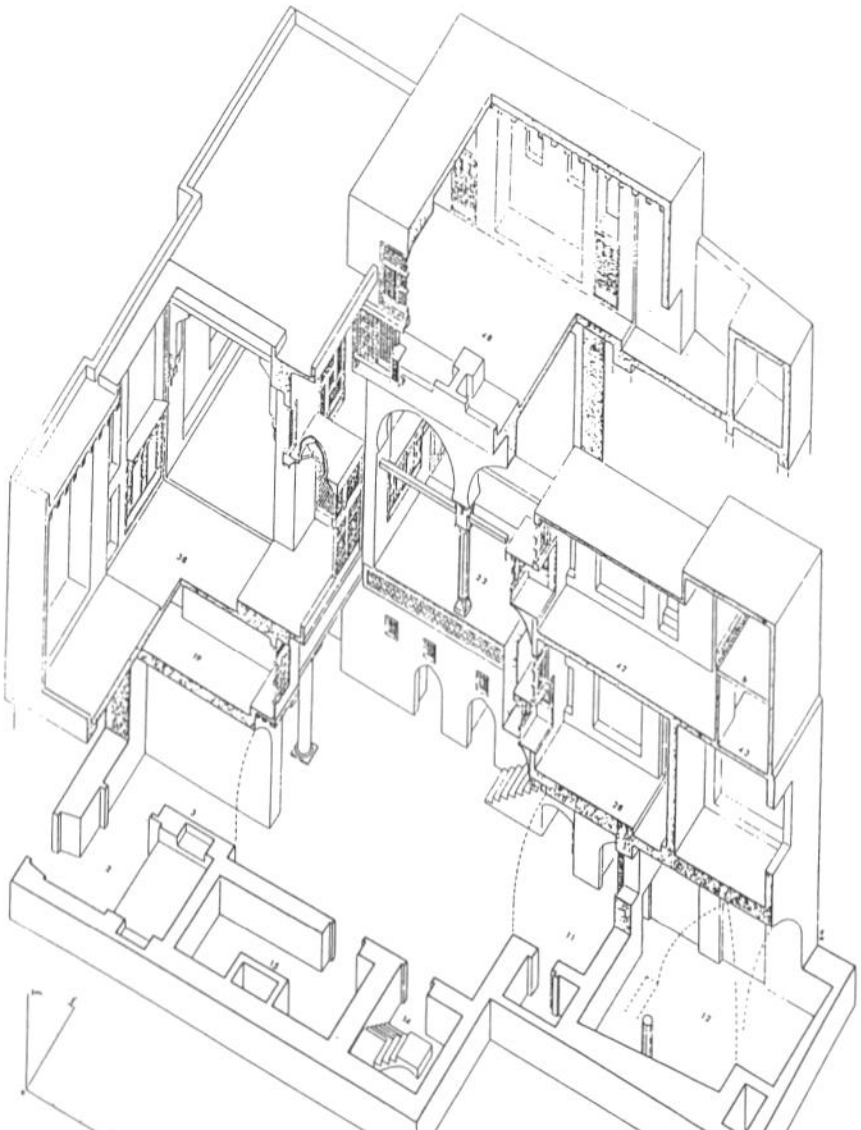

図18　サブスーリー邸　アクソメ図
（B. Maury による）

ワーンからなっている（図19）。ドゥル・カーアは、上にのったドームから光を取り込み、また床の上にはしばしば噴水を設けて、半分戸外のような面白い雰囲気の空間となっている。大規模な邸宅では、このよう大ホールが、一階に置かれて接客空間になっている場合も多い。また女性や家族の空間にもこうした広間の空間単位がしばしば用いられる。

このような部屋は、中庭に面した部分に格子窓を設けている。中庭に私的空間が直接面していても、外からは覗かれず、しかも内部の女性たちは、内側から中庭を眺められるようになっている。あるいは採光、通風も充分に保証される。部屋が道路に面していると、外側にも同じような格子窓を設けることが多い。

このように他の都市と比べかなり特異なカイロの住宅の構成がいかにして成立したのかを知るのはむずかしい。カイロのすぐ近くに少なくとも一二世紀までは存在したフスタートの街の住宅（図6）と比較すると、中庭のまわりに展開する両者の構成はまったく異なっていることがわかる。中庭に向かうそれぞれの面をシンメトリーとし、それらの中央にイーワーンを置く構成は、カイロには受け継がれず、むしろチュニスの住宅に大きな影響を与えたと思われる。

しかし、カイロの住宅内部を構成する広間の基本単位の方に、フスタートに見られた〈イーソーン：中庭：イーワーン〉という組み合わせが持ち込まれていると考えることもできよう。

チュニス

チュニスの住宅については、やはりJ・ルヴォーの精力的な研究がある。また、チュニスに関し、B・S・ハキームが住宅のレベルから都市のレベルまでを形態学的に分析した研究も興味深い。

すでに述べた通りチュニスの住宅は、ギリシア・ローマ、およびオリエントのサーマッラーやフスタートで発達したものを利用して、気候、生活習慣に合わせながら、独自のものとして生まれたと考えられる。やはりここでも、夏

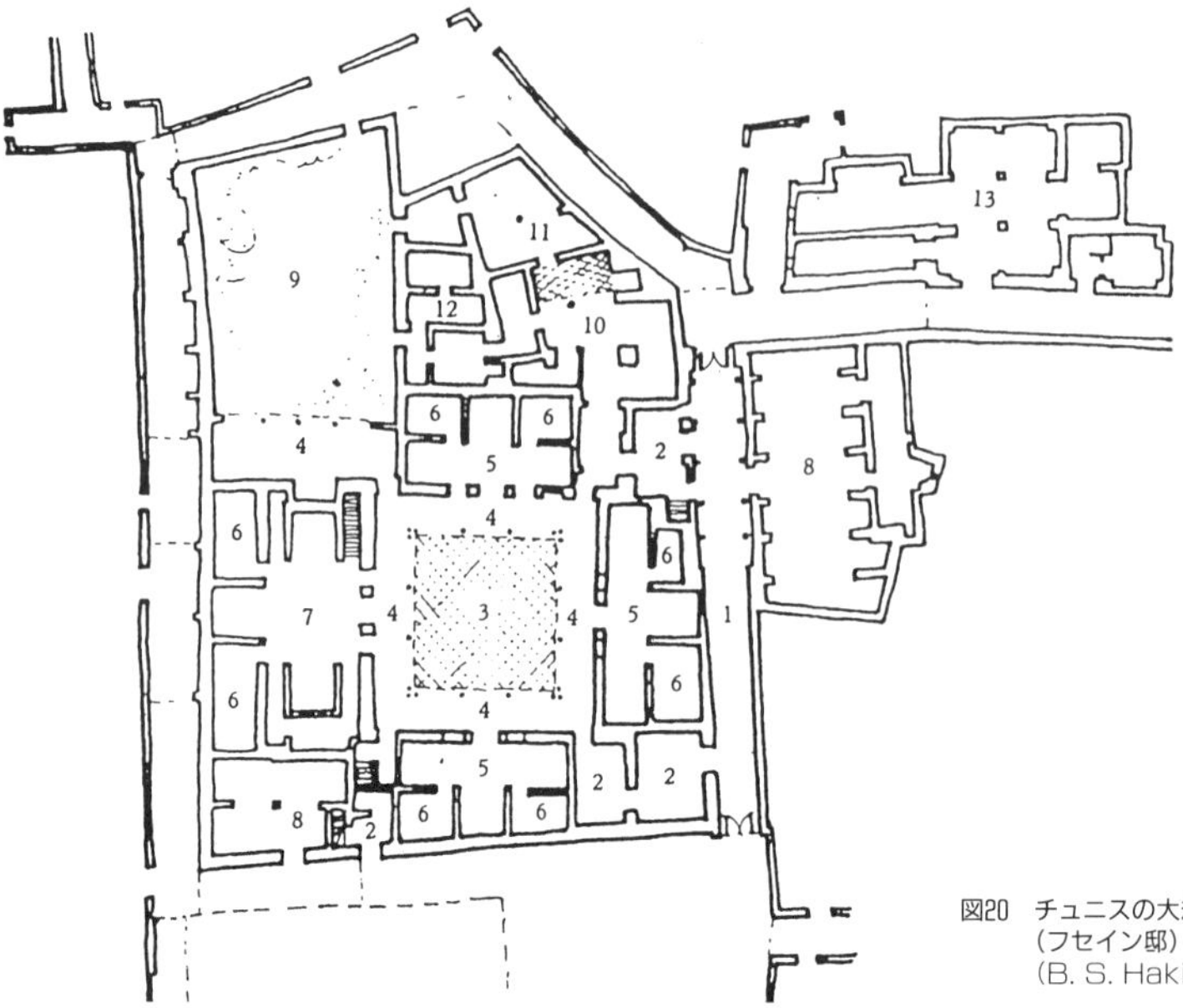

図20　チュニスの大規模住宅（フセイン邸）の平面図（B. S. Hakim による）

に涼しく快適に過ごすことをまず考えている。中庭のまわりには、中産階級以上の住宅では、ブルタールという柱廊がつくられた。金持ちの家では、それが中庭の二面、三面に巡り、さらに四面すべてを囲むこともある。こうして複数の柱廊をもち、その背後にそれぞれ立派な部屋を置くことによって、夏と冬で場所を移動することができる。

チュニスの住宅では、バグダードとは違って一階の部分が重要であり、接客の部屋も玄関を入って、中庭の正面突き当たりの位置にとられることが多い（図20）。このような典型的な部屋の構成を見ると、広い空間の中央奥にクブーと呼ばれるアルコーブがあり、近い親戚や友人をもてなせる最も重要な生活空間として使われる。その両側には、寝室や物置として使われるマクスーラと呼ばれる小部屋がシンメトリーに置かれている。このような構成には、フスタートの中庭に面したイーワーンとの共通性が確かに見られる。

職人の住居などでは、平屋のものもある。二階は通常、高さが一階に比べて低いが、やはりそこにも同じように柱廊（ブルタール）が巡り、開放的なつくりになっている。

地下室はバグダードとは違って、主に貯蔵室として使われる。

中庭の機能とイメージの地域比較

これまで、イスラーム世界における中庭型住宅の中庭の機能、意味、そしてイメージをさまざまな角度から見てきたが、中東・イスラーム圏といっても、東のイランから西端のモロッコまで、地理的にきわめて広い。気候風土の違いが大きいばかりか、その土地にイスラーム以前の古い時代から受け継がれた建築文化の在り方も異なっている。ここでは中庭の在り方、イメージについて、地域ごとの違いを浮き彫りにしたい。

中庭はまわりを部屋で囲われたオープンスペースであるが、そこに込められた意味、そのイメージが、地域によってかなり異なっている。水や緑の取り込み方に違いがあるし、その幅とまわりを囲う建物の高さとの関係、つまり中庭のプロポーションにも、地域ごとに差が見られる。それにともない、中庭の使い方そのものも、かなり異なる。なお、ここでは地域ごとの特徴をあくまで大きな傾向としてとらえることを試みており、それから外れる例ももちろん見られる。

まず、東に位置する重要なイスラーム圏、イランから見よう。日干煉瓦でつくられることの多いこの国の住宅は、中庭の在り方の一つの極として、そこに「庭園」のイメージを強く表現している。広くてゆったりつくられた中庭の中央部にはプール（池）がとられ、その水面が落ち着きを生む。また、樹木が多く植えられ、水と緑がたっぷりとられた自然の要素の多い美しい庭園のイメージが中庭にある。古代ペルシアから育まれた庭園文化の蓄積が、一般の住宅にまで今なお受け継がれているのであろう（図21）。

二階建ては少なく、中庭から階段で少し上がって、そこから一階のそれぞれの部屋へアプローチする。その下を利用した半地下、あるいは地下の部屋もしばしば見られる。アラブ圏の住宅に比べると、まわりを囲う建物の高さに対し、中庭の幅が広く、全体としてゆったりした印象を与える。上流階級の邸宅も庶民の家も、立派さは異なっていようと、似たような発想でつくられている。

シリアのダマスクスやアレッポの住宅では、イランの住宅に比べると、中庭はより人工的な空間として整備される。庶民の家も含め、二階建てが多い。樹木を植える所に土を残しながら、それ以外は、中庭全体が白と黒、あるいは朱色の石で美しく舗装される。メソポタミアやペルシアからもともと伝えられ、広がったイーワーンが、中庭とより一体化しながら、戸外の広間のように使われる。家族の団欒も接客も、もっぱらこのイーワーンから中庭にかけての戸外空間で行なわれる。われわれが訪ねる際に、お茶やコーヒーや果物でもてなされるのは、いつもこのあたりである。中庭の中央に噴水が置かれ、多くの場合は、イーワーンの軸線にのる象徴的な構成をとる。噴水の水と柑橘類やジャスミンの香りが居心地のよさを生む。この美しい戸外サロンのような空間は、人工と自然が絶妙に組み合わされた、まさに「地上に実現した楽園」のイメージをもっている（図22）。

カイロの住宅は、すでに見たように、巨大都市の高層化の現象を示し、他のアラブ地域の住宅といささか異なる特徴をもつ。中庭は緑を置き美しく飾られるものの、採光、通風、動線上の役割が中心で、それが本来もつ生活空間としての重要性が薄れる。こまかい装飾のある格子窓（マシュラビーヤ）のある壁面が、中庭の側にも街路の側にも同じように向けられているのを見ても、私的で親密な中庭の在り方がすでに失われているのがわかる。一方、室内に噴水を設けたり、上から採光して、象徴性と居心地のよさの演出をむしろ建築内部に実現しているのが注目される（図9、10、17、18、19）。

ここでの直接の比較として興味深いのは、むしろ北アフリカのチュニジアやモロッコの住宅である。そこでは、中庭とそれを囲う一階の部屋との結びつきがより大きくなり、中庭はさらに美しく飾られた人工的な空間となる。チュニジアでは、中庭の床面は完全に石で舗装され、その一部に敷かれたカーペットに女性達が足を投げ出して座り、寛いでいる姿をよく見る。中庭を居間のように使う感覚は、シリア以上に強いといえよう。チュニジアの中庭には、多

図23　チュニス（チュニジア）の中庭

図21　ガズヴィン（イラン）の中庭

図22　ダマスクス（シリア）の中庭

図24　メクネス（モロッコ）の中庭

くの場合、シリアやイランと異なり、緑もなければ、中央の噴水もなく（そのかわり壁面の一画に雨水を利用する貯水槽、あるいは井戸を設ける）、人工的な戸外の多目的広間という印象が強い（図23）。都市内の住宅の中庭に緑がなくてもかまわないのは、多くの家族が田園に別荘、あるいは農場をもつからだという。

ある規模以上の住宅にはブルタール（柱廊）が用いられるが、格の高い住宅ほどその数を増やし（最大四面）、中庭をシンメトリーの構成にしようとする指向性が感じられる。これも、中庭とまわりの部屋群との一体感が強いことを裏付けている。

中庭が美しく飾られ、最も人工空間化しているのが、モロッコの住宅である。乾燥地帯で夏の暑さの厳しい西アジアのアラブ、ペルシア世界に比べれば、比較的温暖で雨も降り、地中海性気候に近いともいえる。その代表的な都市であるフェズやメクネスで調査した住宅の中庭はどれも、いわゆる現代建築の「アトリウム」にきわめて近い性格をもっている。同時にそれは、古代ポンペイのドムス型住宅（独立住宅）の玄関を入った所にある人工的な半分内部化された中庭、アトリウムとも相通ずる空間のようにも見える。

中庭の面積が比較的小さくコンパクトで、しかも住宅の二階が充実しているため、中庭はプロポーションからしても垂直方向に発達し、アトリウムの感じを強くもつのである。空がだいぶ上の方で四角く開く。また、タイルで美しく舗装された中庭を上の階から見下ろすと迫力がある（図24）。

しかも中庭は生活上、非常によく使われ、接客もここで行なわれる。大勢を招いて宴会を行なうにも中庭は重要である。床も腰壁もタイルで美しく飾られ、インテリア化している。富裕な家族の邸宅ほど、一般に緑もなく、半分室内のサロンの雰囲気をもつ。噴水は邪魔にならぬよう、壁に設置していることも多い。

比較的雨の降るフェズでは、中庭の上に簡単な屋根をのせ、完全に室内化している住宅も少なくない。こうなると中庭が内部の広間となり、そこに家具が置かれ、生活の場そのものになる。

こうして中庭が人工的な空間になればなるほど、太陽の向きなど、方位や自然条件への配慮はなくなる。モロッコの中庭では、あまり陽射しの入らないものもある。シリアのイーワーンやカイロのマクァドなど、中庭に面して大きく開いた快適で象徴性をもった戸外のリビングルームが、夏の暑さを避けるために、北向きにつくられたことを思うと、同じように中庭を中心とする中東の住宅とはいえ、その計画原理が地域によってかなり異なることに改めて驚かされる。

「庭園」志向のものから「アトリウム」に近いものまで、中庭の機能、イメージの違いを比較してきたが、そのことを裏付けるのに、中庭とまわりの部屋の間にあるレベル差に注目してみたい。

イランの住宅では、すでに見た通り、中庭のまわりには一段高い位置にアプローチ用の通路やデッキが設けられていて、部屋と中庭の間に大きなレベル差がある。中庭はあくまで、住宅建築にとって、自然をたっぷり取り込んだ外部の空間である。

シリアでは、中庭とまわりの部屋の入口部分にはレベル差がないが、アタベと呼ばれるちょっとした前土間のような空間（カラフルな石が敷き詰められている）があり、その先で床面が上がっている場合が多い。イーワーンの両サイドにくる格の高い部屋では、この前土間的な空間に噴水を設ける場合もある。中庭とまわりの部屋の結びつきは、イランの場合よりずっと強いとはいえ、両者がまだ一体となっているわけではない。

イーワーンの床の高さを見ても、中庭の床面にそのまま揃っている形式よりも、一段高くなっている形式の方が多い。中庭はやはり、建築にとって自然の要素を取り込んだ外部空間として存在するといえよう。

一方、チュニジアやモロッコでは、中庭とまわりの部屋の間に、もはやレベル差がなくなり、空間的な一体感が強まる。特にモロッコでは、シリアにしてもチュニジアにしても部屋の扉が内側に開くのに対し、それが中庭に向けて外に開くという特徴をもち、両者の密接なつながりを表わしている。また、中庭の側にも、部屋の内部にも、同じようにタイルで美しく装飾された腰壁が見られることも、連続性をもつ空間としてのイメージを表現している。実際、親族や友人が大勢集まって祝宴などが催される際にも、中庭とまわりの部屋とを一体化し、大空間として使うことができる。

中庭のもつ性格のこういった違いは、住宅の内部と外部の関係の微妙な違いとなって現われると思われる。私的空間と公的空間の結び方の問題である。

シリアでも、内部のプライバシーを守るため、住宅の外からの入口をできるだけクランク状にするが、チュニジアやモロッコに比べるとその構成は単純で、そこに接客機能はなく、したがって、比較的簡単に中庭まで人を通す。中庭はすでに述べたように、住宅建築にとっては外部空間であるから、そこまで人を入れてもかまわない。イーワーンと中庭の空間にはパブリックな意味合いが与えられている。

アラブ・イスラーム社会では、血の繋がった複数の家族（拡大家族）が中庭を囲んで一緒に住む形式が一般的である。個々の家族単位（例えば長男や次男の家族）が部屋を一つずつ使うことが多い。シリアの住宅では、中庭にパブリックな性格が求められているから、一階の部屋は客間、南向きの冬の居間、女性達の共通の部屋などにあて、家族のための私的な部屋は、できるだけ二階にとろうとする傾向が見られる。

一方、マグリブのチュニジアやモロッコでは、入口の部分に、ドリーバ、スキーファと呼ばれる空間を配し、そこに作り付けのベンチを設けて、たいていの接客をまかなうことができる。このドリーバ、スキーファは、実は住人にとっても大切な場所で、チュニジアでは、道路側の表の扉を開けておくと微風が通り、心地よい空間となるので、夏の暑い時期、昼寝をしたり寛ぐための空間として活用される。

ドリーバ、スキーファがフィルター状の緩衝ゾーンとして存在することにより、中庭にまで入るのは、親族、親しい友人、重要な客などに限られることになり、中庭はシリアに比べると私的性格が強いものとなる。それだけ、中庭が内部化し、また建築と一体化している。

そして、中庭を取り巻く一階にとられた横長のプロポーションの部屋に家族の居住空間がとられている例が、現在でも数多く見られる。その中に、近い親戚や友人をもてなすアルコーブ（クブー）や両サイドにとられた寝室も含まれている。そもそもチュニジアやモロッコの住宅では、中庭を囲う四面に、同じような横長の形態の部屋をシンメトリーに並べようとする傾向があり、逆にシリアのような、公的性格をもったり、大家族で一緒に使うことを最初から目的とした特別な形の部屋というものは存在しない。横長の部屋はすべて家族の居住空間になりうるものである。

なおモロッコでも、上流階級の中庭を二つもつ大邸宅では、玄関に近い第一の中庭には接客などの公的な性格をもたせ、奥の第二の中庭には家族のプライベートな部屋を配する、という理にかなった構成が見られる。

都市のコンテクストの中の住宅

最後に、住宅を都市のコンテクストの中に置いてさらに見ていきたい。

まず、住宅の都市の中での立地の仕方について考えてみよう。すでに述べたように、イスラーム地域の住宅は私的世界のものであり、その立地は、賑やかな都心部を避け、裏通りに面した場所や奥まった場所を好む傾向がある。立派な邸宅が袋小路（クルドサック）の突き当たりに、わざわざ立地することも少なくない（図25）。

たとえば、ダマスクスで最も大規模な宮殿である一八世紀のアズム宮殿は、大モスクの南に広がるスークから東の奥に入った所に、あまり目立たずに建っている。

また、カイロでも、一般に奥まった所の方が住宅として重要な場所だったように思える。奥まった邸宅の例は数多いが、なかでも、ムサーフィルハーナ邸はその代表である。南北のメインストリートから東に入る道の一番奥の突き当たりにあり、用事のある人間以外は決して入りこむことはない。

イスラーム社会では、自分の邸宅、住宅の豪華さを外に誇らしげに表現しようという感覚や発想は存在しなかった。階級の違いも、外観を見ている限り、ほとんどわからないほどである。

その点は、建物の正面を立派に飾りたてるヨーロッパの住宅とは大きく異なる。特にイタリアでは、一二〜一三世

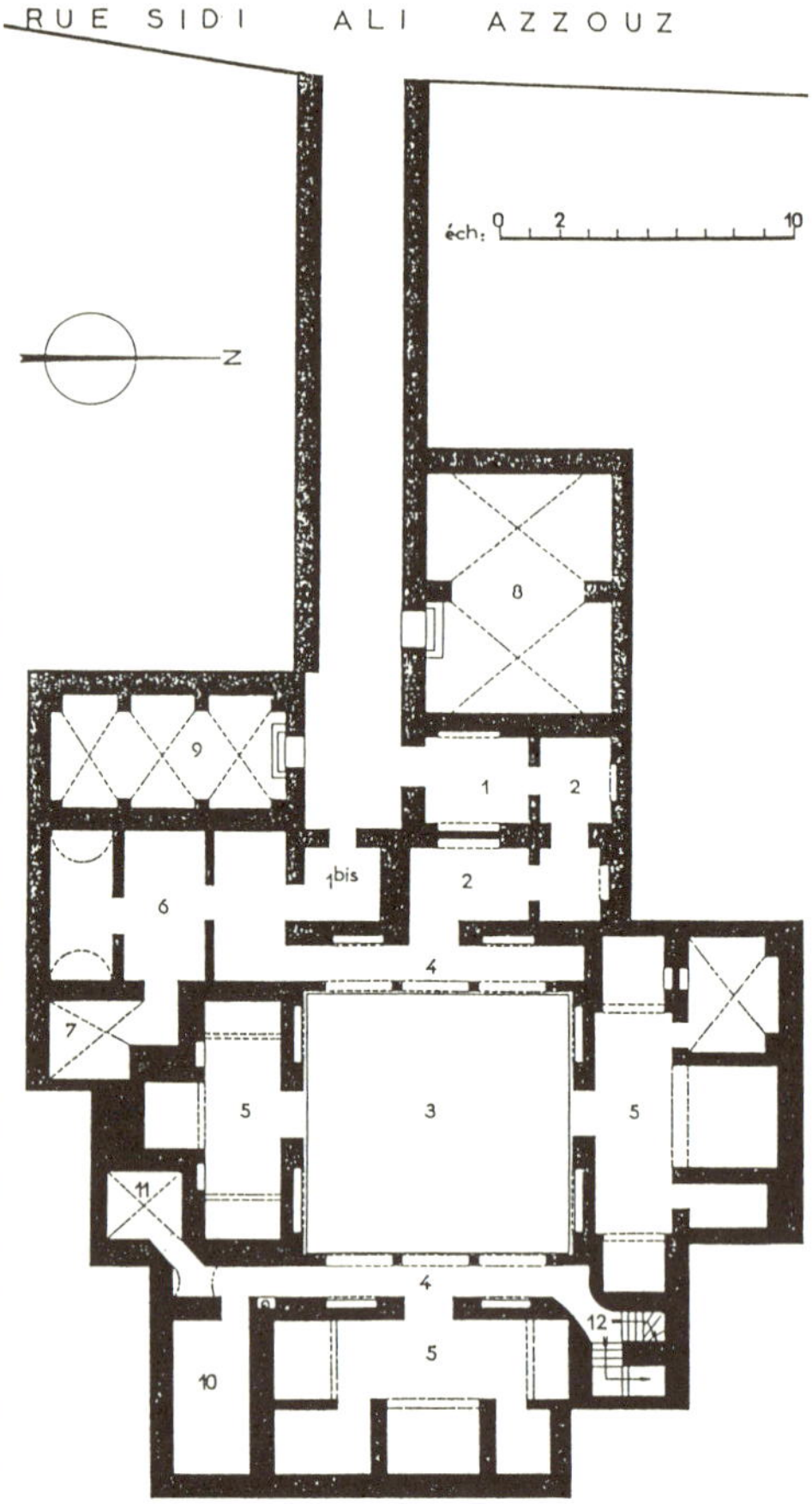

図25　袋小路にある邸宅
（バイラム・トルキー邸）
チュニス（J. Revault による）

図26　ラッザーズ邸の道路側外観

図27　ラッザーズ邸の
3階の部屋からの眺め

紀におけるヴェネツィアの大運河や、一六世紀におけるローマのジュリア通り、ジェノヴァのストラーダ・ヌオーヴァなどのように、貴族が同じ場所にこぞって立派なパラッツォを構え、壮麗な象徴軸を生み出そうとする傾向をもった。主要な道路に沿って有力家の住宅が並ぶ現象は、古代のポンペイなどにもすでに見られた。ポンペイの住宅は、アラブ世界と同様に中庭をもつ形式のものだが、内部に豪華で落ち着きのある快適な空間をとる一方、道路に面した正面をフレスコ画などで飾るようにもなった。そもそもポンペイの住宅では、イスラーム時代の住宅ほど内部のプライバシーが考えられておらず、玄関の入口も、まっすぐ入る形式をとり、内部が簡単に覗ける。ポンペイのドムスと呼ばれる住宅は、もともとはアトリウムという半分内部化したような中庭だけをもち、そのまわりに部屋を配していたが、前二世紀のはじめに東方ヘレニズム世界の影響を受けて、後ろ側にもうひとつの中庭であるペリスティリウムを付け加えるようになった。やがて、道路に近いアトリウム全体がパブリックな広間としての役割をもつようになり、昼間は入口を開放し、誰もが自由に出入りできる場所になった。それに対し、奥のペリスティリウムが家族のプライベートな空間になったのである。二つ中庭をもつ場合に、一つが公的な役割を果たし、もう一つが私的な場所になるという点だけ見れば、アラブの住宅の場合と似ているが、ポンペイのアトリウムは自由に人の入れる開かれた場所なのであり、個人の邸宅を都市の公共空間のコンテクストの中に結びつける装置として機能していたのである。

しかし、カイロの街でもやがて、表通りにも立派な住宅が立地するようになる。あるいは、大きな邸宅の一部が表通りに面することを、むしろ好む傾向も出てきたのではないかと考えられる。例えば、二つの中庭をもつ大規模なラッザーズ邸はその代表の一つである（図26、27）。一五世紀に建設され、一八世紀の所有者の名前がつけられている建物である。東側の中庭のまわりに展開している部分は、メインストリートであるバイナル・カスフインにまで張り出してきている。二階、三階にゆったりとした広間をとり、大きな格子の出窓をつけている。従来、内側にだけ開いていた住宅が外にも窓を開けるようになると、視線を遮るために格子が使われるようになるのである。こうして住宅の在り方も、都市のコンテクストの中で時代とともに変わり、街路の景観にも変化が生まれたのである。

ここで、イスラーム世界の都市によく見られる袋小路について考えてみたい。このような袋小路は、利用者によって共同で所有される私的所有物である。アラブの都市では、袋小路は、子供の遊び場や立ち話の場としても使われているが、主に通路としての役割をもつものであり、そこに面した入口から、閉鎖的な構成をとるそれぞれの住宅に入ることになる。

イスラーム文化の影響を受けた南イタリアにもやはり、シチリアやプーリア地方を中心に、袋小路のシステムが多く見いだせる（図28）。例えば、シチリアの西南部にある小さい街、マザラは、中世以来アラブの影響の強いところで、現在も地元の住民がカスバと呼ぶ迷路状の古い一角には、アラブ系の人達も住む。この地区の中に、袋小路が数多く見いだせる（図29）。しかしここでは中東や北アフリカの都市と違って、個々の家族は中庭のある住宅に閉鎖的に住んでいるのではない。路地を共同で利用しながら、そこから直接に各住戸へのアクセスをとっているのである。こうした路地は、何家族もが共同で使う集合的性格をもった中庭のように見える。マザラの場合は、袋小路の入口にゲートがついて私的領域を明示しているが、似たような構造をもつパレルモやプーリア地方のチステルニーノなどでは、別にゲートは設けられていない。いずれの場合も、袋小路の道に面して幾家族もが住み、人間臭い近隣関係がそこに現われていて、家族のプライバシーを尊重し一つ一つの住宅が囲い込まれる本当のアラブ圏の住宅とは、性格がかなり異なっている。こうして南イタリアの住宅と比べると、中東や北アフリカの都市の住宅がいかに広くて豊かなものであるかを再認識させられる。

といっても、アラブ地域の都市の住宅が、すべて一家族で専用する個人住宅だったはずがない。限られた土地に大勢が住む大都市においては、複数の家族が同じ建物に住む集合住宅の形式が生まれる必然性があった。特に、壁構造の建物で、隣や上へ成長・拡大を繰り返す中東や北アフリカの住宅においては、イタリアなどのヨーロッパの国と同様に、住宅の階ごとに所有者が違うということもよくある。

特に、人口増加の激しかったカイロにおいては、早くから共同住宅ないしコンドミニアムの形式が登場したことが

図28　シャッカ（シチリア）の地図（E. Guidoni による）

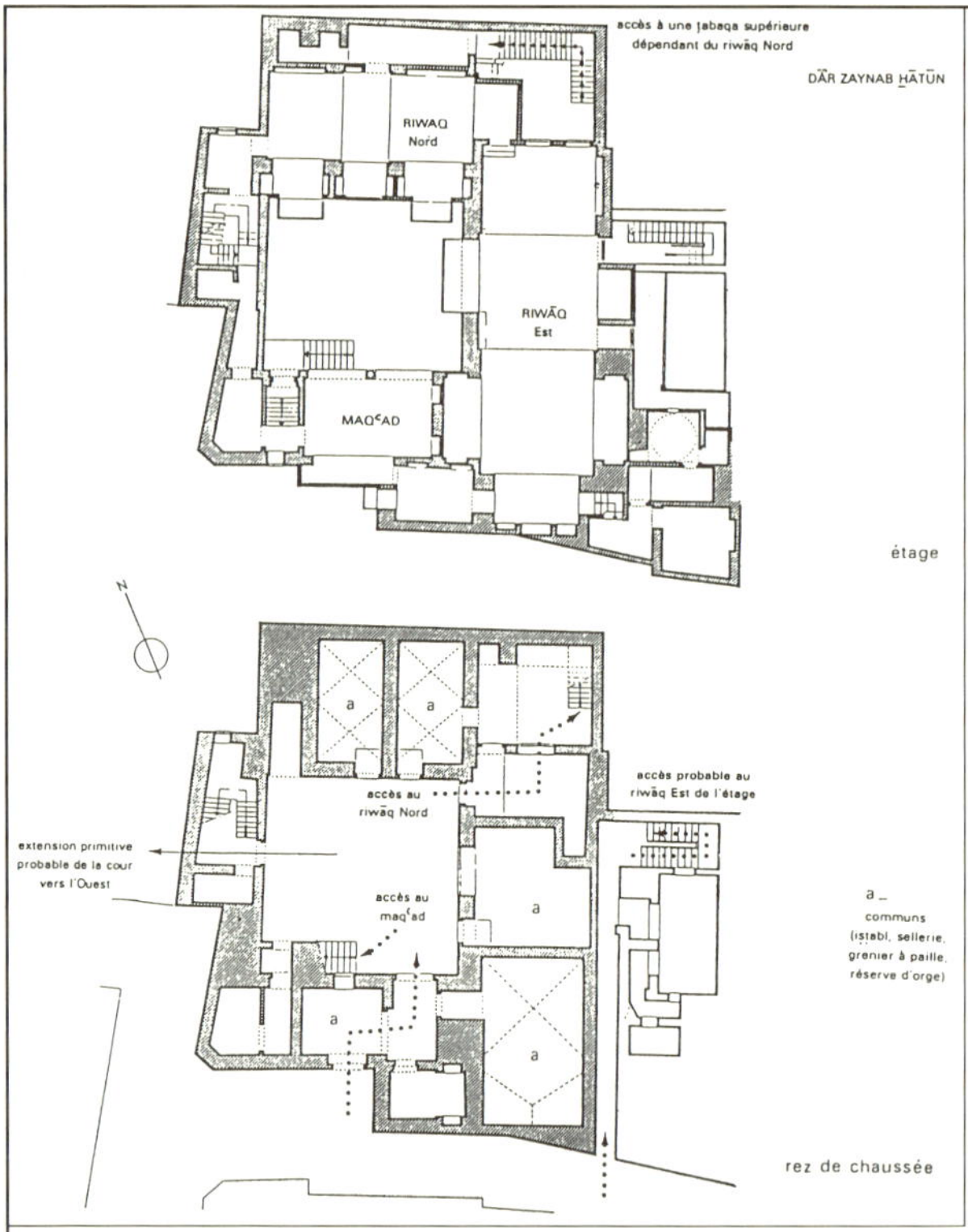

図30　2世帯用の住宅
カイロのゼイナブ・ハトゥーン邸
(J. C. Garcin, B. Maury 他
による)

図31　数家族用の中庭空間（ダマスクス）

図29　マザラの袋小路

知られている。一五世紀のゼイナブ・ハトゥーン邸は、外観上は一家族用の普通の住宅のように見えながら、内部では南と北の部分で分割され、それぞれに独立した階段を設けて、二家族用の住宅として使われていた興味ある例である（図30）。

この一五世紀、カイロの人口は増大し、路上に家のない人々が溢れた。こうした社会状況の中で、ラブァ（rab'）と呼ばれる集合住宅がつくられた。古い建物を改造して集合住宅に変えたものや、職人のため職場と一体化した集合住宅などもあった。こうしたコンドミニアム式の大きな住宅は、オスマン朝の時代に特に普及した。とりわけ往来の多い通りに沿って、中産階級、職人、商人などがこうした住宅に住んだ。

実は、フスタートにおいても、一家族用の住宅ばかりか、高層の集合住宅が存在したらしいが、実態はよくわかっていない。時代を遡るならば、古代ローマの都市には、オスティアの遺跡が示すように、一家族用のドムスに対しインスラと呼ばれる集合住宅がたくさん作られていたことが知られている。

先に述べたシチリアやプーリア地方の路地を囲う形式ばかりか、南イタリアの特にナポリ周辺の地域には、中庭を囲んで多くの家族が共同に住む形式が一般的に見られる。現在のアレッポやダマスクスの住宅地を調べてみると、ちょうどそれと同じように、複数の家族が一つの中庭を囲んで生活する形式を確かによく見かける（図31）。チュニジアにおいても、チュニスのような大都市ばかりか、地方の小都市スファックスなどでも、中庭型住宅に複数の家族が住む例が多く見いだせる。

住宅の調査は一般に、大規模で質の高いものを中心に行なわれてきたため、普通の市民の住宅はなかなか対象にならず、その生活の実態はまだ十分にはつかめていない。今後、調査の対象範囲を広げ、都市における住文化の全体像を把握することが大きな課題といえよう。

むすび

これまで、アラブ世界を中心に住宅の在り方を見てきた。中庭型の住宅をぎっしり詰め込んだ都市組織、迷路状の道路網、袋小路によるアプローチ、住宅のクランク状に曲げた入口、そして質素な外観などが、アラブのイスラーム世界に共通して見られる特徴といえる。だが、すでに指摘してきたように、こういった特徴のほとんどすべてが、すでに四千年前の都市、ウルの居住地にも同じように見られたのである。

夏の暑さの厳しい乾燥地帯という独特の気候条件を背景に、高密な都市空間を早くから築いた中東には、このような住宅づくりの豊かな知恵と技術が古代から綿々と受け継がれてきた。そしてそれらが、イスラーム社会の新たな規範や価値観に合わせて洗練を加えることによって、現在見られるような独特の住宅地を形づくっていると考えられるのである。

アラブのイスラーム社会における都市は、部分部分における市民、住民の自発的な建設行為を集積させて、変化に富んだ特徴ある高密な都市空間を築いてきた。こうして街が「生きられた空間」を獲得してきた。そのメカニズムについて、ハキームが言及している（前掲『イスラーム都市――アラブのまちづくりの原理』）。

たとえば、チュニスの特徴ある一つの要素として、道路の上にブリッジのように架かるサーバートという部屋が随所に見られる。道路をはさむ両側の敷地が同じ所有者なら問題がないが、異なる一般の場合には、張り出したいという希望者は、反対側の所有者の了解を得なければならない。しかし、構造的に安定していて、しかも通行の邪魔にならなければ、許されることが多い。ところが、袋小路の空間の場合には、そこに住み利用する住民の共同財産であるため、そこにブリッジを架けるには、全員の了解を得る必要があり、なかなか実現しないのである。

公的空間を私的な利益のためにいかに利用できるかという問題は、都市を見る時に常に興味あるテーマである。チュニスでは、フィナーという考え方によって、自分の家からちょっと張り出したあたり（一～一・五メートル程度）までの空間を、ある個人の利益のために使うことが認められている。道路側に出窓を出したり、壁際の路上に動物をとめておいたり、物を置いたりという利用が許されるのである。それをもう少し拡大すると、サーバートが生まれるというわけである。

プライバシーを守るために、視線への配慮もいろいろな形でなされる。通行人が中を覗けないように、道路側の窓は一・七五メートルの高さにしなければならない。また、道路をはさんだ住宅は、お互いに中を覗き合わないように、入口は直接向かい合わないようにずらして設ける必要がある。

これらはごく一部にすぎない。生活空間のこまかいところまでを制御するルールが数多くできていて、イスラーム法として規定されている。だからこそ、非常に複雑に見える中東の都市も、部分部分がしっかりと組み立てられ、近隣のトラブルを避けて、優れた環境を維持することができたのである。一歩、内側に入ると中庭のまわりにパラダイスのような私的生活空間がある、という都市の在り方も、こうした社会システムの上に初めて成立したのである。

人々の身体感覚にみあった住みやすい住宅地をつくるには、ヘレニズム・ローマの計画的な住宅地と住宅よりもむしろ、もっと古くから中東のアラブ世界で培われてきた環境づくりの知恵が生かされてきたと考えられる。それがイスラーム時代には、さらに近隣のトラブルをうまく調整するシステムをイスラーム法として整えながら、魅力ある独自の生活空間をつくり上げてきたと思われるのである。

参考文献

西沢文隆『コート・ハウス論――その親密なる空間』相模書房、一九七四年
木島安史「地中海世界の都市住居概観――カイロ市に残る邸宅遺構を中心として」『地中海学研究』八、地中海学会、一九八五年
N・ショウナワー、三村浩史監訳『世界のすまい六〇〇〇年②――東洋の都市住居』彰国社、一九八五年
岡崎文彬『イスラムの造景文化』同朋社出版、一九八八年
J・ブルックス、神谷武夫訳『楽園のデザイン――イスラムの庭園文化』鹿島出版会、一九八九年

木島安史『建築巡礼　一四　カイロの住宅――アラビアンナイトの世界』丸善、一九九〇年
山田幸正「住居空間のもつ意味」『アジア読本　アラブ』河出書房新社、一九九八年

S. Giannini, "Ostia," in *Quaderno* n. 4, Genova, 1970.
G. Fanelli, *Firenze : architettura e città*, Firenze, 1973.
G. Caniggia, *Strutture dello spazio antropico*, Firenze, 1973.
E. L. Rocca, *Guida archeologica di Pompei*, Verona, 1976.
O. Kucukerman, *Turk Evi*, Istanbul, 1978.
M. Musselmani, *Damascene Homes*, Damascus, 1979.
J. Revault & B. Maury, *Palais et maisons du Caire du XIVe au XVIIIe siècle III*, le Caire, 1979.
J. Revault, *Palais et demeures de Tunis (XVIe et XVIIe siècles)*, Paris, 1980.
J. Warren & I. Fethi, *Traditional House in Baghdad*, Horsham, 1982.
E. Guidoni, *Vicoli e cortili*, Palermo, 1982.
J. C. Garcin & J. Revault, *Palais et maisons du Caire–epoque mamelouke*, Paris, 1982.
B. Maury, *Palais et maisons du Caire du XIVe au XIIIe siècle IV*, le Caire, 1983.
V. Alliata, *Le Case del paradiso*, Milano, 1983.
J. Ch. Depaule & S. Noweir, *L'habitat urbain dans l'orient arabe elements d'architecture*, 1984.
F. Fusaro, *La città islamica*, Bari, 1984.
L. Micara, *Architetture e spazi dell'Islam-Le istituzioni collettive e la vita urbana*, Roma, 1985.
A. D. C. Hyland & A. Al-Shahi, *The Arabic House*, University of Newcastle upon Tyne, 1986.
Groupe de recherches et d'études sur le proche-orient, *L'habitat traditonnel 1*, Paris, 1988.
Groupe de recherches et d'études sur le proche-orient, *L'habitat traditonnel 2*, Paris, 1990.
Groupe de recherches et d'études sur le proche-orient, *L'habitat traditonnel 3*, Paris, 1991.

イスラーム世界の都市空間の特質

陣内秀信

居心地のよい住空間

長い歴史を受け継いだ中東のイスラーム地域の都市は、われわれにとって馴染みのある欧米の都市や日本の近代都市とはいささか異なる原理で組み立てられている。ここでは、環境演出という視点からこの地域の都市の特徴を説明していきたい。

すでに見たように、交易・商業機能が集積し世界に開かれた都心部に対して、そのまわりに広がる住宅地は、閉鎖的かつ迷路的で、よそ者が入りにくいプライバシーの高い空間となっている（図1）。国際都市に集まる人々が、勝手に住宅地に侵入してきたら困るから、ある入りにくさをもった都市の空間を意図的につくり出しているのである。まさに生活者のためのドメスティック・シティということができる。

閉鎖的でいささかうっとうしい迷路や袋小路を通って、住宅の中に入ると、そこにはまったく別の世界がある。中庭を中心にして、まさにオアシスあるいはパラダイスの感覚でできた非常に居心地のよい空間が生まれているのである。そもそも中庭をもつ住宅は、家族の生活空間を都市の喧騒や他人の視線から遮断し、静かで落ち着いた環境を獲得するのに非常に適したものである。特に、女性が他人の目に触れるのを避ける上でも、外に対して閉鎖的な中庭は、都合がよかった。もちろん、高密都市でありながら、良好な環境を各住宅に保証するのに、中庭型住宅がすぐれた形式であったのはいうまでもない。中庭型住宅は、外には開口部をあまり取らず、無愛想だが、内側に開き、装飾を施して、華やかな雰囲気をかもしだす。

ダマスクスの典型的な住宅を見てみよう（図2）。中庭は石で美しく舗装され、中央には噴水がある。ブドウの棚をはじめ、木々が日陰をつくっている。中庭に面し、アーチで囲われたイーワーンと呼ばれる半戸外の空間がとられ、特に夏の居間として活用される（図3）。直射日光が入らないように、北向きに設けられ、涼しく過ごせるように工夫されている。住宅の在り方は、同じ中東のイスラーム圏でもかなり違っている。都市化が進んだカイロでは住宅は上に発達し、二階以上が重要になっている。それに対し、アレッポやダマスクスでは一階が重要で、中庭の地上レベルが大切な役割を果たす。それに面してイーワーンが置かれているのである。

この家では幸い、女性のプライベートな空間（ハレムリック）をも見せてもらえた（図4）。カーペットも壁も色彩が美しく、インテリアのデザイン感覚が発達している。

アメニティという考え方が近代のイギリスで重要なものになったが、そういった考えの本質は、イスラーム世界では中世からすでに存在していたといえよう。居住性とか居心地のよい住空間というのは、ヨーロッパではルネサンスになってようやく貴族、上層階級だけが、少しずつ獲得したにすぎず、一般の市民は近代にならなければまったく望めなかったのである。世俗の住宅建築は残りにくく、残念ながらイスラームの残存する住宅は、ほとんどが一六世紀以後のものであるが、おそらくそういう感覚というのは、中東の世界では中世以前から存在したと思われる。むしろ、イスラーム以前の古代にまで遡ると考える方が自然であろう。

居心地のよい住空間を求めるセンスは庭園の発達をも促し、グラナダのアルハンブラ宮殿のような庭園文化に結実した。イタリアにおいて古代ローマ時代、そしてルネサンスに二回ほど庭園文化が開花したが、いずれもオリエント

図2　住宅の中庭空間　ダマスクス

図1　ダマスクス住宅地の迷路

図3　イーワーン

図4　ハレムリック

図5　ダマスクスの狭い道路

からの影響を強く受けており、特にルネサンスのイタリアの庭園はイスラーム世界からの影響によって生まれたと考えられる。

中庭という建築の構成手法を用いると、空間は閉じているように見えるが、実際には上の方に開いており、外界、宇宙へと通じている。無限大に開いた非常に開放感をともなう空間ともいえる。屋上を積極的に活用するのも、やはり中東のイスラーム世界の大きな特徴である。

アラブ地域やイランの都市では、住宅自体は居心地のよい中庭、そして開放感のある屋上をもつ一方、その外には迷路的で閉鎖的な道というものが巡っていて、その両者が空間構成的に相互に関連をもって成立している。それと家族の構成、地区住民の構成も密接に結びついていると考えられる。

住宅ばかりか、都市空間全体も居心地のよさを追求している。特に夏は、コンクリートの壁や道路でできた新市街では、照り返しがあって暑くてたまらないが、旧市街の狭い道に入ると、むしろずっと涼しく感じる。しかも建物が影を落とすから、その下を通ると非常に涼しい（図5）。また当然、石や煉瓦の壁ばかりだから、室内にも熱が伝導されにくく、涼しい環境が保たれる。

街のあちこちに泉（サビール）が設置され、通行人に水を供給しているし、モスクやマドラサ（神学校）、ハーン（隊商宿）など、どんな建物の中庭にも泉、噴水を設け、あらゆる意味で都市全体のレベルでも居心地のよさを追求しているのである。

自然と人工

中東の都市では、光、水、緑の取り込み方が非常に上手なのに驚かされる。住宅、モスク、マドラサなどの中庭に噴水があるが、建物の室内にまで噴水をつくっている例も、あちこちで見ることができる。

図6はカイロの住宅だが、二階に立派な広間があり、トップライトで上から光を採っている。この手法はやはりイスラーム圏の建築の大きな特徴であるが、上から光を取り込むことにはもちろん明るくするという物理的な目的もあるが、それに加え象徴的な空間をつくりだす意味があるのではないかと考えられる。

図7はアレッポの精神病院で、一五世紀頃のものである。独特の複合建築的なプランをもっており、やはり中庭を中心に構成されている。待合室から中庭に入ると、回廊の巡った非常に落ち着いた空間になっている。中庭の上から光がたっぷり入り、中央には泉が設けられている。その奥に三つほど患者を治療するための部屋がある。それぞれの部屋の中央に噴水があり、小部屋が周囲に巡っており、やはりドームの上に穴をあけて光が射してくるようになっている。光と水を利用して人間の精神、心に語りかけるような空間になっている。それが治療につながっていたのであろう。ヨーロッパにも、もちろん中世やルネサンスの時代に病院はあったが、これほど建築的に高度につくられたものは存在しなかった。

トルコの古都ブルサにあるイェシル・ジャーミ（緑のモスク）では、正面のポーチを入ると、ドームのかかった中央の部分に噴水がある（図8）。このブルサは、観光パンフレットもうたうように、まさに「水と緑の街」という感じで、自然環境に恵まれている。とはいえ、その水をモスクの内部まで引き、メインのドームの下に泉をつくるというのは驚きである。室内の噴水という発想はヨーロッパでは考えにくいが、イスラーム世界ではカイロをはじめ、住宅の中でもしばしば見られた。ブルサではモニュメンタルな宗教施設の中でそれを実現したのである。

中東のイスラーム世界では、都市を人工環境化していくセンスが発達している。厳しい自然環境の中に都市をつくるから、それを人間の手で制御し、人工化していく知恵がヨーロッパ以上に早くから発達したのも当然である。

スークの多くは、ヴォールトやドームでカバーされ、アーケードとなっている。歴史的にはチュニスのように、木の質素なものから石や煉瓦のものに変化したことが知られているものもある。アレッポの中心には、アーケードをもつスークが幾筋もつくられ、人工空間化した商業センターが広がっている。イラン各地の都市も、アーケード状のパ

図7　アレッポの精神病院

図6　トップライトのある室内空間

図9　ガズヴィンのバーザール

図8　イェシル・ジャーミ　ブルサ

図11　ムラディイェの廟　ブルサ

図10　アル・ラッザーズの邸宅　カイロ

ーザールを見事に発達させてきた。イラン北部のガズヴィンにも、その典型例を見ることができる（図9）。

図10はカイロの住宅だが、ここでは一階レベルに堂々たる広間を設け、やはり中央のドームの上から光をうまく採っている。カイロの住宅の広間（アラビア語でカーア、またはドゥル・カーア）は、その中央に、こうした室内でありながら光が射し込む半分戸外のような、両義的な性格をもったスペースを置き、その両サイドに一段高いコーナー（カイロではイーワーンと呼ぶ）をつくって、三つのユニットを合わせて構成されている。上から光を取り込み、その下に噴水を置く見事な構成も見られる。

次に、人工的なものと自然的なものの関係について見よう。外のような中のような不思議な空間がこうして生まれる。モスクを中心としたキュリイェと呼ばれる複合施設である。モスクの建て方は、アラブ圏とトルコではかなり異なっている。トルコ人が中央アジアの遊牧民起源だということと密接に関係するが、ブルサのモスクには、アラブ世界で古くから発達したような中庭や前庭はなく、正面にポーチがあるのみである。その前に大きな御神木のような樹木が一本あって、浄めの泉亭が設けられている。図11はブルサの街の西側にあるムラディイェ地区の、モスクの建物本体のまわりに、囲いはきわめてゆるいが、聖なる境内ができているといえよう。

モスクの後ろ側には、廟が数多くつくられている。イスタンブルの発達した市街地の中のより大きなモスクでさえ、まわりに廟や墓をたくさんとる。トルコの都市内の聖域は、こうして自然を取り込み、静かな空間を設けて、そこに死者の世界をつくり出しているのである。墓の在り方も、イスラームの各地域によって異なっている。トルコのモスクがもつこのような性格は、中央アジアの樹木信仰との結びつきを想像させる。

やはりブルサの古い街を歩いていると、道のちょっとしたふくらみのある所に、御神木のような大きい木がはえているのをよく目にする（図12）。その下には泉があり、人々が水を汲みにくる。まさに地霊（ゲニウス・ロキ）を感じさせる。

図12 巨木と泉

図13 リフレッシュする人々 アダナ（トルコ）

身体性

ヨーロッパの都市、あるいはそこでの人々の振る舞いを、イスラーム世界の人々のそれと比較すると、中東の都市では人間の〈身体〉というものがクローズアップされるように思われる。ヨーロッパでは、特にルネサンス以後、視覚的な秩序を重んじた都市づくりが押し進められた。パースペクティブの考えに基づき、見た目に美しい壮麗な空間が追求された。アラブ地域やイランの都市では、建築内部の中庭のまわりに美しい秩序だった空間がつくられても、都市全体を明快な軸が貫き、視覚的な壮麗さを表現するということは、きわめて少なかった。逆に、都市の部分部分を、人間の身体感覚に即してつくり、それを繋いでいくという方法がとられたのである。

　住宅を筆頭に、すべての建築が、中庭を中心に居心地よくつくられていることは、すでに述べた通りである。人々の感覚を和ませ身体を悦ばすこうした空間は、都市の中のパラダイスかオアシスのように見える。

　一方、都心のスークのあの賑わいも、別の意味でまた身体的である。人息、音、香料などの臭い、混雑、上から射す光……。どれをとってもヨーロッパ世界にはない感覚である。

人々の身を清める行為を見ていても、身体というものを強く感じさせる。イスラーム教徒にとって、礼拝の前に水で身を清めることは欠かせないが、人々の行動をよく観察していると、礼拝の時に限らずモスクやハーンの泉亭で顔を洗ったり、靴を脱いで足を洗っていることがわかる（図13）。水で清める意味もあろうが、もっと直接的に身体をリフレッシュしている、人々の気持ちよさそうな表情が見てとれる。夏の暑い時期には、その意味がますます強くなる。都市の中に、こうしてリフレッシュできる場所が随所につくられていたのである。

モスクというと、生真面目な礼拝空間と思いがちだが、実際には実にのどかで、リラックスした空間なのである。夏の暑い時期には、昼寝をしている人もいる。身体にとっての心地よさを提供し、あるいはリフックスする場としてモスクが使われているのである。モスクでは、こうして快適性をも追求するが、他方、礼拝の時には、人々は身体を動かして酷使する。そういった空間の中における身体性ということが、イスラーム世界では強く印象に残る。

タウンスケープ

イスラーム世界の都市には、こうして五感のすべてと結びついた身体的な空間がつくられていたが、視覚的な効果を考えたタウンスケープの演出も、もちろん追求されていた。特に、カイロの街を歩くと、そのことを強く感じる。

カイロの旧市街（イスラミック・カイロ）を南の方から、北へ向かって歩いてみよう。まず、街の南にある城砦の高台から眺めると、一四世紀のスルタン・ハサンのマドラサが近くに見える（図14）。正面の一番目立つところにミナレット（塔）を意識的に置いている。ミナレットはもちろんコーランを流すという宗教的な機能をもつものだが、都市景観の上でも象徴として重要な役割を果たしている。このマドラサの右（北）側の建物はほとんど同時代のものだが、道の側にミナレットを二本並べ、ここに迫力のある都市景観を生み出すのに成功している。

道路をずっと先へ歩いていくと、シークエンスの変化を楽しむことができる。その変化を生み出す最も重要な要素は、ミナレットの配置である。本来ミナレットはモスクのどこに置かれてもよいはずだが、実際には非常に計算しながら、街路に飛び出すように目立つ所に置かれていることが多い（図15）。カイロには一四世紀に建てられたモスクやマドラサなどの宗教施設が多いが、市街地がだんだん成熟していったこの時期に、道路とそれに面する宗教施設の関係が再構成されたのであろう。宗教施設の配置、中庭と外部の関係、ミナレットの位置が都市景観を考慮に入れてダイナミックに決められたに違いない。

同時にカイロの街では、サビールと呼ばれる泉がとりわけ重要で、その上にはクッターブという名称の寺小屋が置かれていた（図16）。その組み合わせの共同施設が街のいたる所にある。道のちょっとした広がりのあるところに置かれ、視覚的にも景観的にも大きな役割を果たしている。もちろん人々が集まる場所としても重要である。特にオスマン朝が支配した一八、一九世紀に立派な泉がたくさんつくられた。

さらに北へ進むと、城壁で囲われた最も古い部分の南側にあるバーブ・ズワイラという城門が見えてくる。道をずっと回りこんでいくと、前方に塔が一番いい格好で聳えているのが目に飛び込む（図17）。

もちろんヨーロッパの都市でも、カテドラルの塔などが道の前方にランドマークとして聳えるということはしばしばあるが、カイロでは徹底してその効果をあちこちに追求している。ズワイラの城門のすぐ南側では、都心部に入っていく重要な街道の付け根の所に、一二世紀のアル・サーリフ・タライーというモスクが、正面にモニュメンタルなポーチを見せて建っている（図18）。通常古いモスクは、中庭側に開放的なつくりをとり、外観を飾らないが、ここでは中世からすでに街道に向けた顔を強く意識した建築デザインがなされたことがわかる。

さらに北へ進んだ一角に、マムルーク朝のスルタンであるアル・グーリー（一六世紀初頭）のワクフ（財産寄進制度）としてつくられた建築群がある。図19の右側がマドラサで、左側が廟である。さらに左の方には、大規模なワカーラ（隊商宿）がある。ここでもマドラサのミナレットが道の側に象徴的に聳え、風景を引き締めている。

アラブの都市においては一般に、住宅は外側に閉じ、中庭の側に開放的なつくりを見せるが、大都市カイロでは、

図14　スルタン・ハサンのマドラサ

図17　バーブ・ズワイラの塔

図15　街路沿いのミナレット

図18　アル・サーリフ・タライーの正面

図19　アル・グーリーのマドラサ（右）と廟（左）

図16　サビール

近世になると、住宅が街路に面する外観を強く意識するという傾向も見られるようになった。格子のついた出窓（マシュラビーヤ）を設け、変化にとんだ外観がつくられるようになったのである。

大スケールの眺望

同じ都市景観という点でも、中東地域の都市それぞれで、異なった特徴が見られる。特に、トルコの都市はアラブ地域の都市とはまったく違う都市景観の在り方を示す。トルコの古都ブルサと、そこでの経験をも受け継いだと考えられるイスタンブルを取り上げ、その景観構造について考えてみたい。

ブルサは、丘陵地の斜面に形成された緑の豊かな都市である。アラブ世界の都市が中庭型住宅をぎっしり詰めて高密都市をつくるのに対し、ブルサの市街地は空地を残しながら、地形に合わせて比較的ゆったりできている。そして高台の先端の最も重要な場所にモスクなどのモニュメントを置き、大きなスケールで印象的な都市風景を形づくっている。

イェシル・モスク（緑のモスク）から東側のエミール・スルタン・モスクを見た眺めは印象的である。モスクが丘の出張った一番よい場所を占め、しかもミナレットがアラブ世界のもの以上に象徴的に高くそそり立ち、糸杉ともあいまって、めりはりのあるスカイラインを構成している。逆に、エミール・スルタン・モスクからイェシル・モスクを見てみよう。やはり丘の突端の最も目立つ位置に、イェシル・モスクがつくられているのがわかる（図20）。このようにブルサでは、外から遠望する人々にダイナミックな景観を印象づけるのと同時に、自分の方から外を眺めた時にも、大きく展開するパノラマを楽しめるように、地形を巧みに利用しながら都市空間が形づくられているのである。

七つの丘の上に形成されたイスタンブルは、ブルサ以上にダイナミックな都市の景観構造をもつ。起伏を最大限活用して、高い場所にモニュメントを建設し、壮大なスケールの都市景観を生み出しているのである。

金角湾の対岸のガラタ地区にあるガラタ塔に昇ると、イスタンブルの旧市街が一望のもとに見渡せ、その様子がよくわかる（図21）。最も左（東）にトプカプ宮殿、次にアヤ・ソフィア、そしてブルー・モスク、それからヌル・オスマニエ・モスクと続く。これがちょうどガラタ橋の上の方にある。さらに右（西）に目をやると、バヤジッド・モスクがある。このあたりの丘の斜面に、湾の港から上にかけて商業空間が発達しており、その中心としてバヤジッドの近くに大バザールがある。

さらに右（西）に、巨大なスレイマニエ・モスクが聳えている（図22）。一五五〇年に建築家シナンがつくったもので、まさにオスマン朝のルネサンスともいわれるほどに素晴らしい建築作品である。この建築が実にいい場所につくられている。外から見た景観が印象的なばかりか、中からの眺望も素晴らしい。さらに右手の別の丘の上に、スレイマニエより古く、一四六三年から七〇年にかけてつくられたファーティフ・モスクが聳えている。

ここで、トプカプ宮殿とスレイマニエについて、内部から見た眺望を中心に観察してみたい。トプカプ宮殿は、確かにあまり大きく聳えるものではないが、やはり海からの景観を引き締めている（図23）。この宮殿の敷地には、巨大な象徴的建築があるわけではなく、むしろ小規模な建物が数多く分布し、しかもある種、散漫な集合の仕方を見せている。中央アジアの遊牧民に起源をもつトルコ人だけに、テントを並べた集合体と同じような配置がここに見られる、という解釈もなされている。この宮殿の奥の方で、実にうまく眺望が開けるように工夫してある。右側に金角湾、そしてガラタ地区、左側には旧市街が広がる（図24）。西洋世界でも、ルネサンスになると、ウルビーノやピエンツァの君主の宮殿のように、田園に向かってパノラマが開けるような景観の演出が見られたが、トプカプ宮殿は海を背にしてそれ以上の効果をあげている。

先に見たスレイマニエは実は、モスクとその背後の廟を中心に、マドラサや貧民救済の食堂（イマーレット）、ハマーム（公衆浴場）などの施設を配し、キュリイェと呼ばれる大きな複合体を構成する形でつくられた。オスマン朝は、まずブルサでキュリイェをいくつかつくる体験をし、その後、首都になったイスタンブルで、ファーティフにおいて

図21　イスタンブル旧市街　手前はガラタ地区

図20　イェシル・モスクの遠望

図22　金角湾とスレイマニエ

図24　トプカプ宮殿からの眺め

図23　海から見たトプカプ宮殿

大規模で幾何学的な形態をもつキュリイェの建設を実現していた。その経験をふまえ、一五五〇年にスレイマニエの壮麗なキュリイェを完成させたのである。

ここでは地形が巧みに使われている。湾に近い北の側が一段低くなっている。そこに中庭をもった二つのマドラサが置かれている。モスクはプラットフォーム状の高い位置に聳え、その下のレベルにマドラサがつくられているから、その頭越しに金角湾に向かって視界が開ける。こういうパノラマを得るための眺望計画があったのであろう。同時に、外から眺めた時のスレイマニエの象徴的な景観演出が追求されたのはいうまでもない。

トルコでは、ヨーロッパの建築以上に、都市の眺望を考え、風景と一体となる建築、あるいは風景を楽しむ建築を発達させてきたように思われる。こういったランドスケープ・アーキテクチュアの考え方が、ブルサで展開し、さらにイスタンブルで大きく開花したのではないかと想像される。しかし、もう一方で、変化に富んだ地形を生かしてダイナミックな風景建築をつくる発想が、ギリシア以来、地中海世界にいつも見られた点も忘れられない。ローマが発展させたこうしたセンスを、ビザンツ文化が継承していったのである。アラブとはちがうトルコ独特の地形や自然に対する感性と、ビザンツ文化がもった景観設計へのセンスが組み合わされて、イスタンブルのダイナミックな都市風景が誕生したといえるのではなかろうか。坂と斜面の多いイスタンブルを歩くと、面白い眺望体験をあちこちで味わえる。

高密都市化

イスラーム世界の都市でも、時代とともに建物が垂直に伸び、高密な市街地を形づくった。それとともに街並みや都市の景観に変化が現われた。特にカイロでは、高密都市の在り方をよく観察できる。

街の南端にある九世紀後半につくられたイブン・トゥールーン・モスクは、まだ非常に平板な構成をとり、広い中庭を一層の回廊が囲んでいるにすぎない（図25）。イラクのモスク形態が、そのまま持ち込まれたのである。ところが、先に見た一四世紀のスルタン・ハサンのマドラサ、あるいはモスクは、すでに成熟しつつある都市の状況に合わせてボリュームと高さのある堂々とした形態を獲得したのである（図14参照）。高密市街地の中でとりわけ際立つことを意識して設計されたことは明らかである。その北側にあるもう一つのモスクとの間に挟まれた街路空間を見ると、一四世紀の段階で、これほどまでにダイナミックな景観を生み出していることに驚かされる（図26）。イタリアでも、ルネサンスの後半にならないと登場しない。

すでに触れたアル・グーリーのワクフとしてつくられた複合体も興味深い。一六世紀はじめにつくられたマドラサ、廟、ハーンのすべてが、かなり高層化している。マドラサは高く聳え、学生たちの部屋は階段で昇って、上へ上へととられている。マドラサのホールは二階に置かれ、下のレベルには布地のスークが形成されている（図27）。立体的

図25　イブン・トゥールーン・モスク

図26　スルタン・ハサンのマドラサ横の街路空間

図27　マドラサの下にあるスーク

な土地利用が早くから進んでいたのである。図28は、同じワクフに属す一六世紀のハーンである。他のイスラーム圏にはほとんど見られないほどに高層化している様子がわかる。

住宅に関しても、カイロの場合、早くから垂直方向への展開を見せた。中世の住宅は残念ながら残存しないが、一六世紀にはすでに、地上階より二階の方が重要であったことが遺構で確かめられる。

近世カイロの典型的な住宅として、アンダーソンの館と呼ばれるものがある（図29）。二〇世紀初頭にイギリス人アンダーソン少佐が隣接する二軒の住宅を買い取って、イスラーム風の住み方を継承していた。三階まであるこの建物は、小道を挟んだ二軒をブリッジで結びつけて使用し、今は博物館として公開されている。

ダマスクスやアレッポの住宅では、中庭に面した一階が重要で、そこに戸外の居間のイーワーンが取られているが、カイロでは主階が二階以上に持ち上がっている。そして大きなロッジアの空間（マクァド）が二階にあり、そこが夏の最も快適な北向きの居間になっている。図30は、三階に巡らされたギャラリーから、二階レベルにとられている大ホール（カーア）を見下ろしたものである。二階なのにこういった噴水がとられ、高層化しながらも居心地のよさを追求している。このような大広間は祝祭やレセプションの場であり、社会的にも重要な空間だった。

住宅の立地

カイロでも古い時代には、他のアラブ世界の都市と同様、奥まった所に重要な住宅を置く傾向が見られた。しかし、一七、一八世紀になると、表通りにも立派な住宅が立地するようになる。あるいは、大きな邸宅の一部が表通りに面することを、むしろ好む傾向も出てきたのではないかと考えられる。

奥まった邸宅としては、たとえばムサーフィル・ハーナ邸がある。メインストリートから入る道の一番奥の突き当たりにある。

図28　アル・グーリーのハーン

図30　2階の大広間（アンダーソンの館）

図31　道路側に置かれた広間（アル・ラッザーズの邸宅）

図29　中庭に面したマクァド（アンダーソンの館）

それに対し、二つの中庭をもつ大規模なアル・ラッザーズ邸では、メインストリートであるバーブ・アル・ワジル通りにまで張り出してきている。二階、三階に大きな開口部をとり、ゆったりとした広間がつくられている（図31）。そこには格子が用いられている。従来、内側にだけ開いた住宅が外にも窓を開けるようになると、視線を遮るためにマシュラビーヤ（こまかい装飾のある格子窓）が使われるようになるのである。ただし、中庭に面した部分でも、女性のいる私的な部屋は、訪問する客の男性から見られないように、やはり窓に格子をつけている。

図31の部屋は私的な空間にあたる。女性も内に閉じ籠っているだけでは満足できず、やはり街の外の様子を見たり、街の賑わい、文化的な刺激に触れたくて、窓辺にいて格子越しに外を覗くようになる。こうして住宅の在り方も、都市のコンテクストの中で時代とともに変わり、街路の景観にも変化が生まれたのである。

しかし、一般にヨーロッパの住宅では、ファサードを飾って中身以上に自分の顔を美しく見せるという自己主張が強いのに対し、イスラーム世界の住宅では逆に、外観はきわめて質素なのに、中に入ると、びっくりするほど美しく飾られ、居心地のよい空間がつくられているのである。女性のいる住宅内部の私的な空間は、外の目から隠す必要があった。このように社会制度や家族の在り方が建築にもそのまま現われている点が興味深い。

むすび

このようにイスラーム世界の住宅や都市の歴史的な在り方を調べていくと、ヨーロッパよりずっと高度な文化を早くから発達させていたことがわかってくる。欧米中心の近代の価値が世界を支配する時代が終わろうとしている現在、こうしたイスラーム世界の文化を理解することはきわめて重要な課題である。

ただし、イスラーム世界は西から東まで大きく広がり、地域によって多様性を見せている。ここで扱ったのは、あくまで中東のアラブ地域の都市とトルコの都市にすぎない。今後、より広い視野でイスラーム地域の都市を比較して見ていきたい。

また、アラブ世界の都市については、四千年もの長い都市の歴史があり、ここで見てきたような特徴の中には、イスラーム時代以前からすでに獲得されていたものが少なくないと考えられる。こうした点に関しても、より厳密に研究する必要がある。

II

各論＊多様な都市の生活空間

シリア＊オアシスに持続する世界最古の都市文明

新井　勇治

ダマスクス＊歴史の積層する都市

はじめに

シリアの首都ダマスクスは、今なお人が住み続ける世界最古の都市の一つである（図1）。紀元前三〇〇〇―二〇〇〇年頃には人が定着し、灌漑農業が営まれていた。その頃に栄えていた他の都市遺跡からダマスクスの名が刻まれた粘土版が発掘されている。さらに、シルクロードの交易が活発に行なわれていた時代でも、この地域の中心地として繁栄してきた。周辺にある都市の城門に、ダマスクスの名が付いているところも多く、その重要性がうかがえる。今日ではイスラーム教が圧倒的な多数であるが、旧約聖書にもダマスコの名で登場し、さらに新約聖書の「使徒行伝」では聖パウロの改宗の地となり、キリスト教、ユダヤ教とも深い関係をもっている。一九八九年には世界遺産へも登録され、年々訪れる人が増えている。

ダマスクスの飛行場に降り立つと、辺りには砂漠の光景が広がる。大地や山は乾いた砂や石に覆われ、緑がない。飛行場を出ると荒野になるが、しだいに樹木が多くなり、その緑を抜けると、突然街が現われる。まさにオアシス都市を実感することになる。

現在の市街は形成の過程で、大まかに三つの地域に分けることができる。城壁で囲われた古代都市を受け継ぐ旧市街、イスラーム時代の一一世紀以降に城壁の外に拡張された市街、そして一九世紀以降の近代化によって、新たにフランス統治下で計画的に造られた西欧的な新市街である。

ここでは歴史的な旧市街を中心に語っていく。旧市街は、蜂の巣のように高密に建物が集まり、道が複雑に折れ曲がっている。一歩街に踏み入ると、車はほとんどなく、ヒューマンスケールであたかも中世にタイムスリップしたかのような世界が展開している。

都市の全体像

ロケーションと都市形成

ダマスクスは、地中海沿岸から標高一五〇〇メートルほどのレバノン山脈を挟み、イラク、サウジアラビア方面に続くシリア砂漠の入口に位置するオアシス都市である。緯度は東京とほぼ同じで、標高七〇〇メートルに位置する。年降水量は二〇〇ミリほどで、冬に雨が集中し、時には雪が降ることもある。夏の日中は気温四〇度近くまで昇るが、標高差と乾燥気候のため、日陰では涼しく快適に過ごすことができる。

街の周囲には、「グータの森」と呼ばれる緑豊かな果樹園や灌漑農業地帯が広がり、まさにオアシス都市の景観をつくっている（図2）。現在人口は市内で三五〇万を数え、近年急激な増加をみせている。緑地は新興住宅地の拡大によって次第に失われているが、高台から眺めると、今なお街の周縁一体に、「グータの森」が広がっていることが

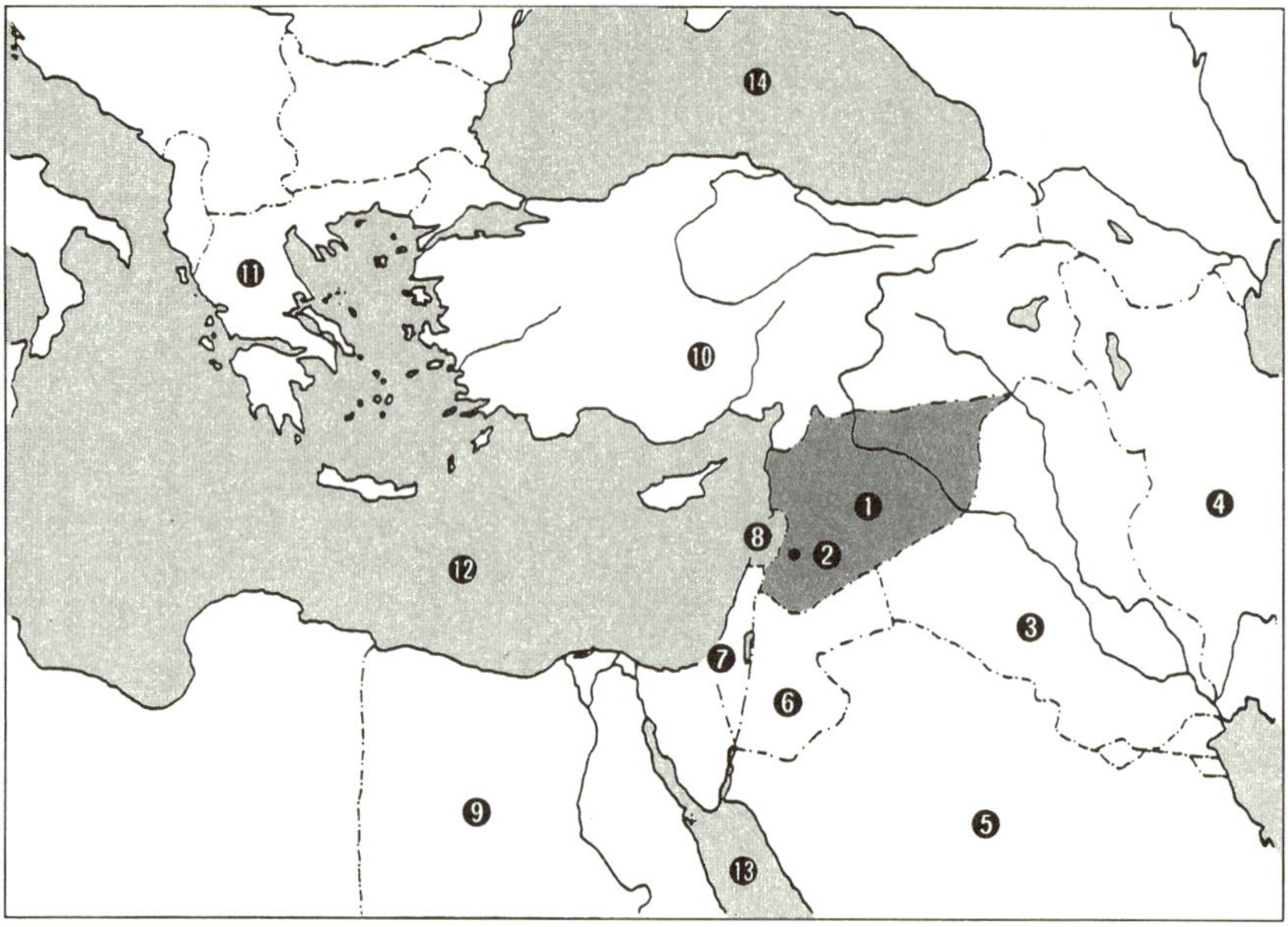

図1　隣国地図

❶シリア　❷ダマスクス　❸イラク　❹イラン　❺サウジアラビア　❻ヨルダン　❼イスラエル　❽レバノン　❾エジプト　❿トルコ　⓫ギリシア　⓬地中海　⓭紅海　⓮黒海

図2　**ダマスクスの眺望**　中央に旧市街のウマイヤ・モスク，手前に新市街のビル群が建ち並び，奥には「グータの森」が広がる

図3　雪をいただいた冬のカシオン山　中腹まで住宅街が広がる

わかる。

旧市街の北西側には、高さ四〇〇メートルほどのカシオン山が聳えている（図3）。旧約聖書にある人類初めての殺人事件となるカインとアベルの伝説地と言われている。一一世紀以降に形成されたサーリヒーヤ地区を中心に、険しい斜面の中腹まで住宅街が広がっている。住宅街は年々上に延びていき、夜に住宅の窓からこぼれた光が、あたかも夜空に輝く星々のようにきらめき、幻想的な光景を作り出している。元々のシリア人以外にもオスマン朝期以降に、他地域から移動してきた人々が住みついて形成した地区が多くみられる。今では、郊外や他都市などから流入してくる人々の受け入れ地ともなっており、金銭的に余裕ができると次第に下の中心部に近づくように、移り住んでいくと言われている。

ダマスクスはその位置の重要性のため古代ギリシア、ローマ、オスマン帝国などの他民族の支配を多く受けた。そのため、いたる所に古代の名残りや遺跡がみられる。世界遺産である旧市街は、東西一・五キロ、南北一キロの卵形の城壁で囲われ、新市街とは隔絶されたかのように伝統的な街並みが今も維持されている（図4）。

その旧市街を時代に沿って見ていこう。

旧市街の基礎が築かれたのは、古代ギリシア、ローマの支配を経てからで、前一世紀には都市の骨格が造られていった（図5）。市街は矩形の城壁で囲われ、街の中心を東西に貫くデクマヌスが通り、中心から北西に寄ったところに街のシンボルとなるハダド神殿が建てられていた。南西部には円形劇場を備え、神殿から東のアゴラに向けて列柱道路が延び、暗渠の水道設備も整えられていた。古代のデクマヌス（東西路）は、聖書の聖パウロの使徒行伝で「まっすぐの道」として登場し、今なおその名で呼ばれている。現在でも発掘や土木工事の際に、神殿の遺構の一部や列柱の跡など、街のいたる所で遺跡が発見されている。旧市街の東側の入口となるバーブ・シャルキー（東門）は三世紀に造られ、考古的な発掘によって、現在の路面から三、四メートル下に古代の路面があり、門自体の一部も埋っていることが分かっている。また、門から市内に向けて列柱が並んでいた。

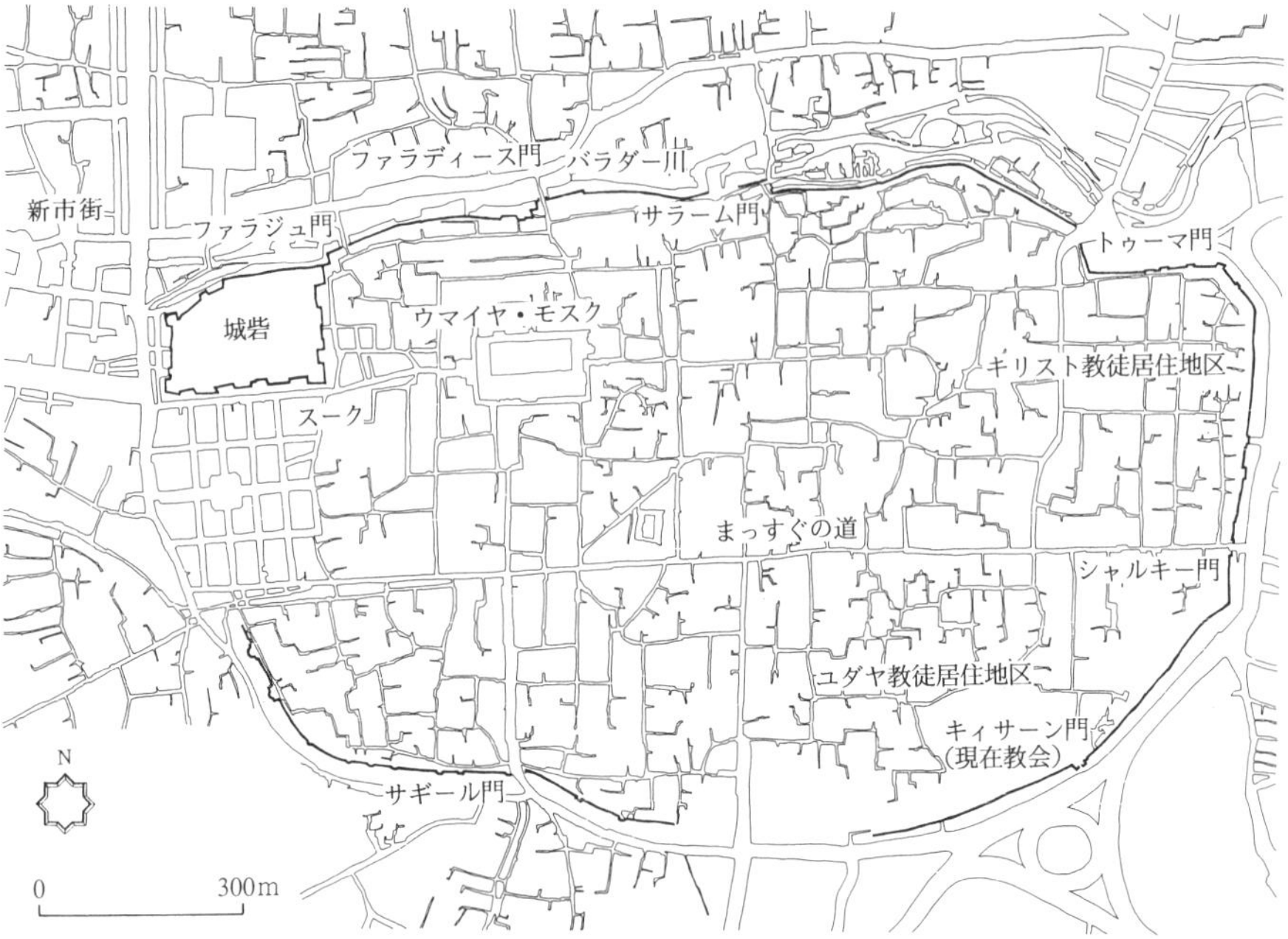

図4　ダマスクス旧市街図

図6　バラダー川の暗渠部

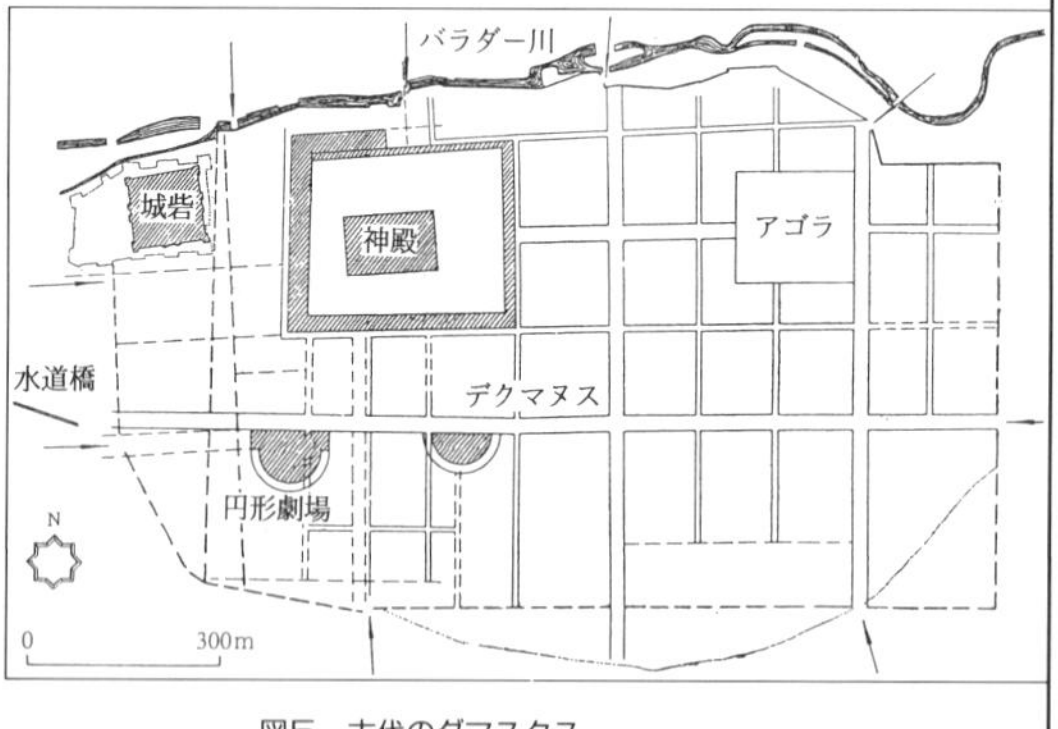

図5　古代のダマスクス
（J. Sauvaget による図をもとに加筆作成）

乾燥地での都市の形成には、水が重要であった。市街のすぐ北側にはレバノン山脈を水源とするバラダー川が流れている（図6）。山脈からダマスクスに近づくと、川は七本に分岐し、本流は市街のすぐ北側を通り、二本の支流が暗渠となって市街に流れ込んでいる。カナワートやノファーラなど、暗渠や泉を意味する言葉が地名にも残っている。古代ローマ時代に整備された暗渠はイスラーム時代にも受け継がれ、都市発展に大きくかかわっている。水を大量に必要とするハンマームやモスク、そして住宅街の水汲み場や噴水を供えた大邸宅などは、給水路に沿って建てられている。

古代に整備された道路網は、方位を明確にした格子状のパターンをもっていた。一区画の規模は、五〇×一二〇メートル、あるいは五〇×一五〇メートルの区割りとなっている。アレッポでも五〇×一二〇メートルとほとんど同じ大きさとなり、古代ローマ時代に繁栄したパルミラ遺跡でも住宅街で約四〇×一二〇メートルとほぼ同様の規模を示しており、古代からの継承性が街路構成にみてとれる。古代の格子状の街路パターンは、現在でも四〇％程度が残っていると考えられる。とくに市街西側のキリスト教徒が住む地区や、中心部のスーク付近では、格子状の街路骨格がよく残っている。

四世紀以降のビザンツ時代になると、キリスト教徒を中心とした街になる。ローマ時代のハダド神殿は聖ヨハネ教会になり、市街には教会が建てられていく。聖ヨハネはイエスを洗礼した聖人で、その頭部が教会に収められたとされ、現在でもウマイヤ・モスクの礼拝室の一部にその廟が設けられている。この時代にはキリスト教徒が多く住み、「使徒行伝」の聖パウロも当初は、キリスト教徒弾圧のためにエルサレムからダマスクスに派遣され、そこで奇跡を体験し、キリスト教に改宗している。

ビザンツ支配に続いて、イスラーム教の時代へと移っていく。六三五年ダマスクスはアラブ軍によって支配され、まずは聖ヨハネ教会の東側半分が、モスクとして接収される。市街での宗教による住み分けも行なわれ、イスラーム教徒は東側の地域に、キリスト教徒、ユダヤ教徒は西側の地域に住むようになった。

一一世紀末以降、街は繁栄期を迎える。旧市街の城壁も改修や補修が行なわれ、現在の楕円形に変わっていった。城壁のすぐ外側や少し離れた地域に、新たな宅地を求めた他地域からの移住者を中心に、新しい市街が形成されていく。南西のミーダーン地区、北西のスーク・サールージァ地区、カシオン山中腹のサーリヒーヤ地区などである。拡張された地区は、聖者廟やモスク、マドラサなどの宗教施設、名士や富裕階層の邸宅を中心に発展しており、新たなダマスクスの発展段階といえる。サーリヒーヤ地区に関してはお茶の水女子大学の三浦徹氏によって詳しく研究報告がなされ、また、スーク・サールージァ地区に関してはフランス・アラブ研究所のアブド・ラザーク・モアーズ氏が報告している。城壁の外側への広がりは、まず街道筋や郊外へのメインストリート沿いにモスクやマドラサなどの宗教施設が建てられ、市街が形成されていった。特に住宅街は川や水路に沿って帯状に形成されており、斜面地では川から施設や住宅に水を引き込むために、水車を設けているところもあり、いかに水を確保することが重要であったかがわかる。

一三〇〇年にモンゴル軍、一四〇〇年にティムールの侵略を受け、一時街は衰退したが、巡礼の宿場町や国際貿易の拠点として、活気を取り戻していく。一六世紀にはオスマン帝国の支配下に入り、現在みられる中庭型の住宅形態、狭く折れ曲がった街路や袋小路がさらに発達していく。もっとも、街路の迷宮化は、イスラーム化する以前の二世紀頃にすでにみられた現象であり、イスラーム支配が迷宮をもたらしたわけではない。むしろ、以前よりあったものを、イスラーム法などで肯定することによって、自分たちに取り込んでいったのである。

近代になるとフランスの委任統治下に入り、旧市街の西側に計画的につくられた西欧的な街並みの広がる新市街が造られる。道は広場を中心として放射状に延び、アール・ヌーボーやアール・デコの様式が交じり合ったようなファサードをもつ、中層の商業ビルやホテルなどが建てられた。新市街の住宅も伝統的な中庭型をとらず、家屋のまわりに庭のある一戸建てや中層の集合住宅スタイルが主流となっている。

イスラーム世界の都市図

中世のイスラーム世界では、地図はほとんど発展しなかった。わずかにアラブ地域を中心に周縁の国々を含めて描いた広域地図がある程度で、正確な地理情報はわかり難い。しかし、面白いことに現代のように北を上にするのではなく、南を上に描いており、描写方法は興味深いものとなっている。

中世の都市地図は全く作成されていないものの、ダマスクスでも一六世紀に西欧人によって描かれた絵図に近いものはある。しかし、実際とは全く異なった姿で描かれている（図7）。その図をみると、建物が隣接しておらず、広場や街路で囲われた建物が一軒一軒独立している。おそらく直接街を見たのでなく、伝聞でイメージして描いたのであろう。

イスラーム教では偶像崇拝を禁じているため、人物画や風景画などの絵画はほとんど描かれてこなかった。それらに代わって、壁や本などに装飾として用いられる幾何学模様やアラベスクと呼ばれる唐草模様、そして文字のデザイン化に発展をみせている。

中東の都市地図は、近代になって西欧人の手によって作られていく。ダマスクスでも二〇世紀初頭の地図が古いものとなり、さらに一九三〇年代にはフランスによって精密な土地・家屋地図（Plan cadastral 以下この仏語表記を用いる）が作られた（図8）。

この地図は、不動産の調査を目的として、五〇〇分の一のスケールで、街路、商業店舗などをはじめ、住宅の境界となる壁とその所有関係、中庭、噴水、外階段、さらに街路上の張り出しと帰属にいたるまで綿密に描かれている。この地図によって、住宅の規模や簡単な平面形態がわかり、さらに街区内での住宅の集合形態や街路のヒエラルキーなどをよむことができる。また、六〇年以上前の姿を復元的にとらえ、過去からの街区や住宅の変容の詳細を明らかにすることができた。ダマスクス市内で三〇〇枚に達し、研究上きわめて重要な資料である。

ダマスクス以外にも、アレッポ、カイロ、チュニス、フェズなど西欧の支配を受けた都市では、詳細な都市図が作成されているが、残念ながら入手するのは容易ではない。

城壁に囲われた旧市街

旧市街は東西一・五キロ、南北一キロの楕円形の城壁に囲われている（図4参照）。城内には必ず城門を経て入る（図9）。城門はビザンツ時代から存在しているものも含め、一五世紀には九つあった。現在は二つが失なわれ、七つが残り、そのうち一つは教会（聖パウロ教会）の一部に転用されている。城壁も所々で新たに道が通されて喪失していたり、一部を住宅に転用している所もみられる。

アラビア語でカルアと呼ばれる城砦は北西の角にあり、かつては総督の宮殿や軍の施設がおかれていた。アラブでは城砦の建設はやや高台で良水がとれるところがよいとされ、ダマスクスでもその条件に当てはまっているといえる。市街の縁にあることによって市民とは一線を画し、反乱から身を守りやすくしている。一方で、外来からの敵の攻撃を受けたときには、市民は城砦に逃げ込み、身の安全を図った。アラブの他都市でも、城砦はつねに市街の縁や離れた高台に配され、中国でみられる宮殿を中心にした城郭都市とは大きく異なっている。イスラーム世界の都市の中心には、スーク（商業空間）と呼ばれる商業に特化した地区が広がり、さらに週に一度の集団礼拝が行なわれる大モスクが存在している。したがって、権力は外側に、内側には市民を中心とした社会構造がつくられ、街の主役は市民が担っているといえる。

中心となる市場

北西にある城砦のすぐ南側には、人でごったがえし、店舗が無数に連なった東西に延びる市場の通り（スーク）がある。旧市街で最も賑わいがあり、今では旅行者がまず初めに市内に入るために通る道で、その迫力に圧倒される。西側の入口から、到達点となるウマイヤ・モスクまで約五〇〇メートルほど続き、通りの上には大アーケードがかか

図7　16世紀に西欧人によって描かれたダマスクス

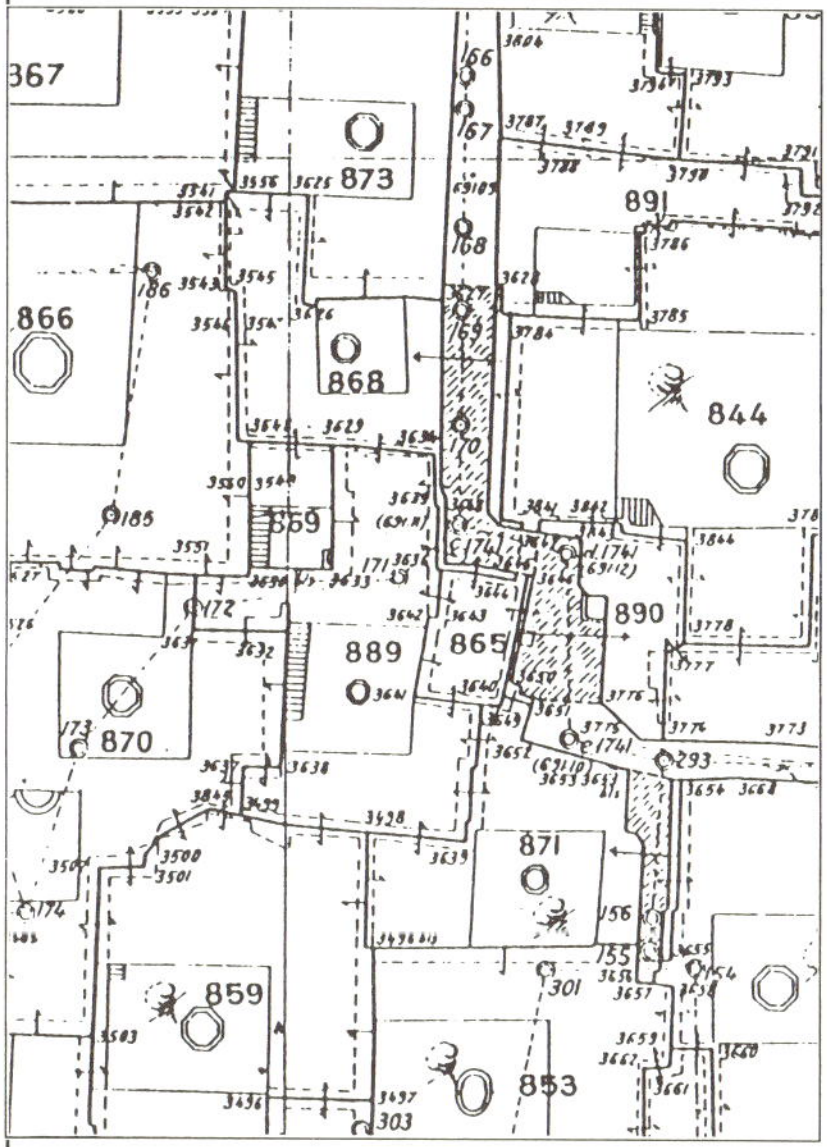

図8　Plan cadastral（オリジナルは1/500）

図11　トンネルになっている住宅街の道路

図10　アーケードの向こうに古代の遺跡やウマイヤ・モスクが姿を現わす

図9　旧市街への入口となるサギール門（12世紀）今でも扉が残っている

っている。通りの両側には、店舗が所狭しと連なり、店先には色とりどりの商品が並び、人と物とにあふれ、飛び交う物売りの声が響き、まさに独特の喧騒の空間を体験することになる。この通りはスーク・ハミディーヤと呼ばれ、現在では観光客目当てのみやげもの屋やカーペット屋が多くを占めている。その中でも、女性用の艶やかなドレスを売る衣類屋や金や銀などのアクセサリー店は、地元の人々にとっても重要なショッピングゾーンともなっている。

アーケードがとぎれ、ウマイヤ・モスクの前に出るところには、古代の神殿の一部であった巨大な柱が姿を現わす。アーケード内の暗さの向こうに切り取られた明るい光景が広がり、古代の名残りをみながら、町のシンボルとなる大モスクが目前に迫ってくる（図10）。

私的空間の住宅街

都市の特徴は、なんといっても公的空間と私的空間がはっきり分かれていることである。国際的に開かれ、喧騒に溢れたスークに対して、住宅地は静寂や安全性、プライバシーの確保が要求される。住宅街はスークのまわりに広がり、意図的に複雑な街路パターンをとり、よそ者には心理的に入りがたく、そこに住む者にとって安全とプライバシーの確保された心地のよい空間となっている。スークの喧騒に満ちた街路とは対照的に、人の往来の少ない狭く閉鎖的な街路が巡り、袋小路も多くなっている。一〇〇メートル以上も続く袋小路もあり、人の姿は少なく、たまに子供たちがサッカーや石蹴りをして遊んでいる姿を見かける。かつて街路や袋小路には、よそ者を明確に遮断する街区門が付けられていた。街区門が設けられていなくても、二階の部屋を街路に張り出し、トンネル状（サーバート）にして、先を見通しづらくすることによって、よそ者が入り難くなるような空間変化が与えられている（図11）。

トンネルや街区門以外にも、都市施設も私的空間と公的空間を隔てるような位置に配されることが多い。ウマイヤ・モスク東側ではハンマーム（公衆浴場）、マクハー（コーヒー店）、泉などが集合したコミュニティゾーンを形成しており、スークの人々や隠居したお年寄りたちが集う場所となっており、公から私へ移る仲介を果たしている。ダマスクス以外にも、チュニジアのチュニスやスファックス、モロッコのマラケシュなどで、同様の都市構造をもつ場所が見られ、それらについても調査している。

狭く無表情の街路から、住宅に一歩入ると、まるで世界が変わる。中庭を中心とした開放的で美しい空間が広がり、そこに噴水、緑を豊富に配し、あたかも地上に楽園を実現させたかのようである。

アラブ世界の都市や建築を考察していると、空間の発想はすべて内側から発している、と考えられる。住宅は中庭から、街区は住宅から、都市は街区から、というように、内から外、小から大へと流れていく。例えば、住宅と街路をみると、住宅の内側に意識が強くなるため、街路側は曲がっていても、装飾性がなくとも問題はないのである。また、モスクも、その中での礼拝、さらに言うと、自分と神、メッカへの意識が重要で、施設自体の価値は二の次なのである。モスクが商業店舗に覆われていても、全く問題はないのである。

喧騒の商業空間

スークの賑わい

ダマスクスをもっとも印象づけるのは、巨大な商業空間（スーク）がウマイヤ・モスクを中心に形成されていることである（図12）。礼拝の場となる聖域と、人や物に溢れる俗域が、明確に区分されながら共存するありさまは、アラブ地域はもちろんのこと、広くトルコやイラン地域でも普遍的にみられる。聖と俗の共存は、イスラーム世界ばかりでなく、日本でも同様にみられ、寺や神社の門前に展開する商店街の関係にもよく似ている。

旧市街の北西部にあるメインの市場通り（スーク・ハミディーヤ）も、日本の門前市によく似ている。ウマイヤ・モスクへ導くように通りは延びていき、その両側に店舗が立ち並ぶさまは、例えば浅草の雷門から浅草寺まで店が続く姿にまさに共通している。

スーク・ハミディーヤの入口には大きなアーチがかかり、巨大なトンネルに入っていくかのようである（図13）。通りには間口の狭い商業店舗がひしめくように立ち並び、その店先には商品が所狭しと置かれ、軒先にもたわわに品々が吊されている。艶やかな衣類、鞄や靴などの革製品、きらびやかな貴金属や装飾品、金物製品、伝統工芸品、はてはカラフルな下着に至るまで、生活に必要なものは何でも揃うほどで、その品揃えには圧倒されてしまう（図14）。数多くの店舗の中から、特にダマスクスで目につくのは、手作りのアイスクリーム屋である。老舗のアイスクリーム屋では、昔ながらに餅つきのように杵でアイスをつき、冷やしながら固めている姿をみることができる。中東地域では女性ばかりでなく、男性も甘い物には目がなく、店の前はいつも人であふれている。

メインの市場通りから外れて脇に入っていくと、さらに狭い通りが網の目状に分岐していく。通りは屋根で覆われて入り組んでいるため、うっかりすると方向感覚を失ってしまう。細分化する通りは、扱う商品で似たような業種の店舗が集まり、例えば衣類のスーク、貴金属のスーク、穀物のスークなどのように、業種ごとによってゾーニングされている。同業種で多くの小売店舗が集まっているため、はたして各店の商いが成り立つのかと思うが、この方が客は集まりやすく、商品の比較や交渉を容易に行なうことができるのである。しかし、現在のダマスクスでは観光化が進み、メインの通りを中心に、みやげもの屋やカーペット屋に変わってしまう店が増加し、ゾーニングがはっきりしない通りもみられる。

市場の通りは、たいていアーケードやドームに覆われている。商品を強烈な陽射しや砂埃から守り、人々にとっても日陰のおかげで長い時間とどまることができるようになっている。所々に開けられた採光や通風のための天窓から、薄暗い中でスポットライトのように光が差し込む光景は、幻想的ですらある。ダマスクスの古いスークのアーケードは石造で所々に明かり取りが設けられているが、近年にアーケードが新たに付け替えられた通りは、トタンが使われている。そのため、腐食して小さな穴がいたる所に開いてしまっているのだが、逆にそこから漏れる光が星のように見え、不思議な効果を作り出している。

図12　旧市街西側の商業エリア

図13　ダマスクスで一番のにぎわいをみせるスーク・ハミディーヤ

図14　軒先にもぎっしりと並べられた品々

スークは商業に特化した空間で、昼間だけの顔をもつ。夜になると店には錠がかけられ、人々は家路につき、人影がなくなってしまう。所々の通りには、入口に門や柵が設けられており、夜間に門が閉じられると、脇道の往来はできなくなってしまう。特に貴重品を扱うスークほど厳重で、警備をかねた門番（バッワーブ）が付くこともある。

旧市街のスークで働いているのは、基本的にすべて男性である。宗教上の理由から、女性が接客業に就くことは好まれていない。女性用の製品を扱う店でも、店員は男性である。これはシリアばかりでなく、中東世界では普遍的にみられる。スークでは、現在は女性客の姿を多く見かけるようになったが、近年まで買物はすべて男性の仕事で、女性が家から出ることは少なかった。しかし、最近では女性の社会進出は活発になり、新市街のモダンな商店街やオフィスで働く女性が多くなってきている。伝統的なスークで働く女性の姿はほとんど見かけないが、新しくできた女性用のブティック、ホテルの受付、室内業などへの女性の進出は珍しくなくなってきている。

旧市街の地図（図12参照）を見ると、北西にある城砦の南側の一画は、近代の計画によってブロック状に道が通されているのがわかる。一九二〇年頃、シリア地域の支配をもくろむフランス軍の攻撃によって大火災が生じ、その後の再開発で、流通の利便性を優先して整備されたためである。今ではこの辺りは火災地区（ハリーカ）と名づけられている。旧市街の中でも、特にこの一画には伝統的な建物は残っておらず、コンクリート造による近代的な中低層のビルが立ち並んでいる。店舗よりも、事務所、問屋、倉庫など、スークへの流通的色彩が強くなっている。古地図や史料によると、火災前には袋小路が巡り、宗教施設や伝統的な住宅が集まり、古くは総督の住居も存在していた。

スークと公共施設

スークは小店舗ばかりで空間を構成しているのではなく、店舗のすぐ裏側には重要な都市施設が数多く組み込まれている。最も重要で大規模なものは、ハーン（隊商宿）である。ハーンはかつて旅人や商人の宿泊機能をもち、また生産や加工、商品取引を行なうための施設であった。ハーンは都市部ではスークに隣接してみられるが、交易路に沿って荒野の中に孤立して建てられているハーンもある。シリアでも荒廃してしまったものも多いが、当時の姿を残しているものもある。都市を出て二〇から三〇キロ毎に設けられており、一日の移動距離となっていた。都市によっては、スーク内には小規模なハーンしかないが、市外の城門脇に大規模なハーンを設け、交易用のラクダやヒツジを収納できるスペースも備え、市内と市外で用途による使い分けをしていることもある。

ダマスクスの旧市街のスークには、一八棟のハーンが現存している。その中で現在一七棟は、小売り店舗が入り込みながらも、加工や縫裁の工場、倉庫などとして活動を続けている。宿泊機能は現在、新市街のホテルに代わっている。それらの建設年代をみると、そのほとんどが一六世紀以降のオスマン朝期に建てられ、二棟がそれ以前に建てられている。それぞれのハーンは取り扱う商品が異なり、たいていハーンの前面や側面に付随する店舗は、ハーンと同じ商品を扱っている。Plan cadastral には各ハーンの名称が記載されており、扱っていた商品名や人名が付けられていることがわかる。ハリーリー・ハーン（シルク・ハーン）はかつてシルクを扱っており、スレイマン・パシャ・ハーン（図15）、アッサード・パシャ・ハーン（図16、17）は、建設者の総督の名が付けられている。

ダマスクスのハーンの建築的特徴をみていくと、石造で二階建ての中庭形式をとり、たいてい中央に噴水がある。入口の通路は店舗の間に埋まるようにあり、街路から数段低くなっている。街路よりも庭が低いのは、水を引き込みやすくするためであったが、長い年月の間に街路はさらに数十センチ高くなり、段差が拡大してしまった。かつては緩いスロープで荷物や家畜の搬入も容易であったと想像できるが、今は荷車に勢いをつけて押し上げ、街路に出している。

入口通路の途中に必ず二階への階段があり、さらに進むと中庭にでる。ダマスクス独特の形態として、中庭にペンデンティブでドームを架け、そのドームの上半分を切り取ったように採光や通風のできる穴を開けている。この形態は他の地域にはなく、形態だけに注目すると、トルコのベデステンに類似をみることができるが機能は異なる。ペンデンティブやドームの形態、白と黒の石による装飾には、オスマン朝の影響がうかがえる。ドームを架ける理由とし

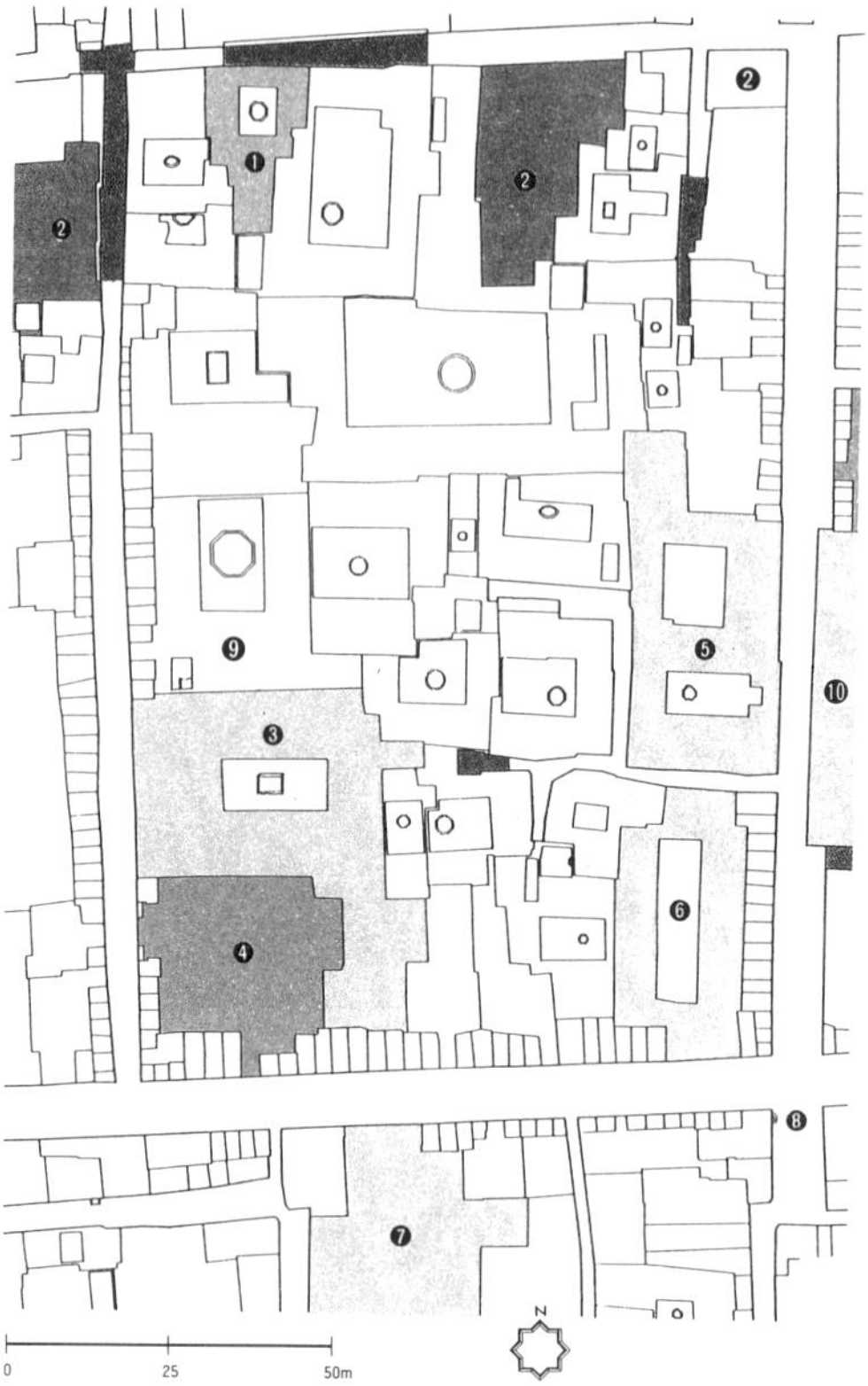

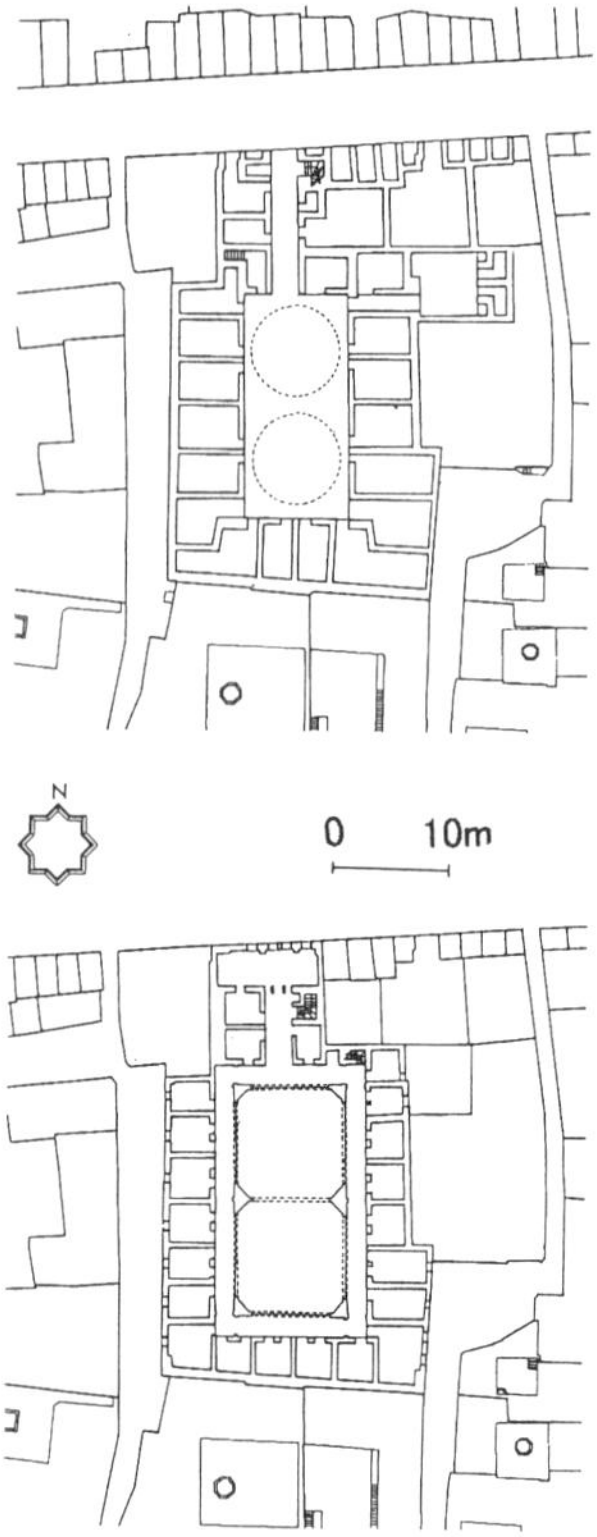

図15　スレイマン・バシャ・ハーン平面図
上：1階，下：2階

図17　アッサード・バシャ・ハーンの大ドームの架かる中庭

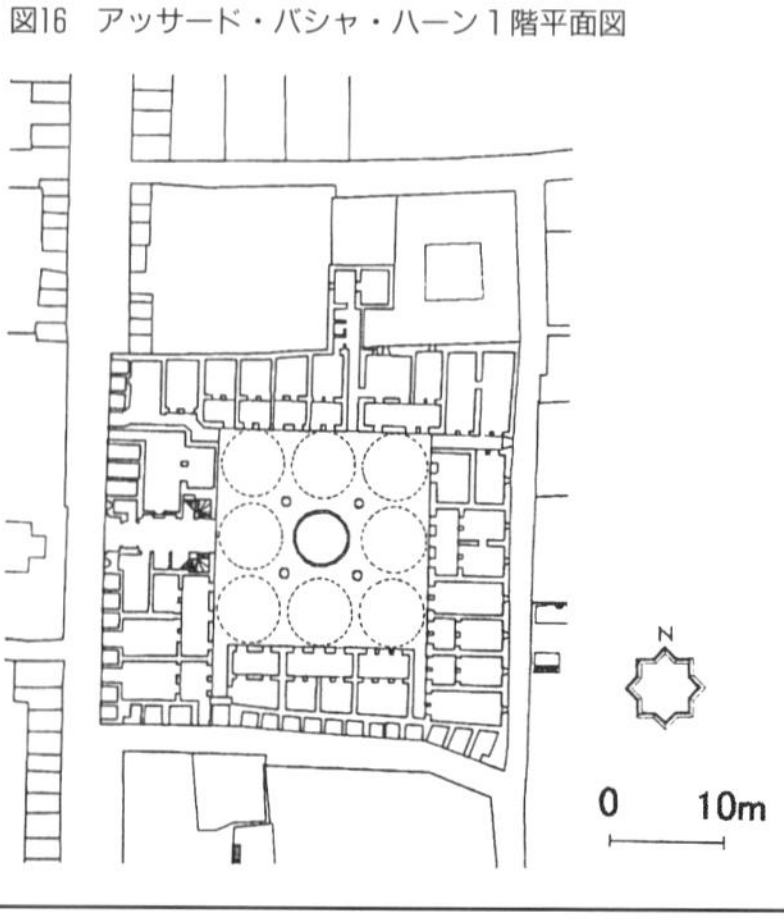

図16　アッサード・バシャ・ハーン1階平面図

図18（右頁）　スークの中の公共施設
街路沿いの公共施設と小店舗，
その裏に展開する住宅
❶元マドラサのおみやげ屋
❷モスク
❸ジャワヒーヤ・ハーン
❹元ハンマームの商店街
❺アームード・ハーン
❻シヌーブル・ハーン
❼スレイマン・バシャ・ハーン
❽泉
❾アッサード・バシャ・マドラサ
❿アッサード・パシャ・ハーン

図19　城壁外にある生鮮食料品市場

て、扱う商品の保護、施設の装飾性や価値を高めるためなどが考えられる。

スークにはハーン以外にも、情報の交換やリフレッシュの場になるハンマーム（公衆浴場）やマクハー（コーヒー店）、そしてモスクやマドラサなどの宗教施設が備わっている（図18）。スークには商品取引をする商人ばかりでなく、巡礼のため立ち寄った旅人や、学問習得のために、あるいは教授としてマドラサを渡り歩く人々も多く、国際的に開かれた空間であった。中東社会では各都市間での人や物の交易が活発であった。コーランによるアラビア語という共通の言語や意識によって、それを可能にした。これらの施設は、店のテナント料やハンマームの使用料などによるワクフ（寄進）制度によって運営されて、施設の維持や管理がなされていた。

ところで、この巨大なスークには、ほとんど生鮮食料品の店舗はみられない。衣類、靴、日用雑貨といった恒常的なものは、搬入を頻繁に必要としないが、それに対し、生鮮市場では搬入が頻繁に必要で、鮮度を要求するため、たいてい城門の脇にある。ここダマスクスでも生鮮食料品の市場は、北西の城壁の外に設けられている（図19）。

スークは日中、喧騒の空間であるが、商業、交易専用の空間であって、夕方になると、錠をかけ商人は帰宅してしまう。静寂を必要とする居住空間とは分けられている。これは、中東の都市の特徴の一つでもある。

そのため、住宅街の中には大規模な商業空間は全くない。住宅街にある商業店舗は、主に雑貨屋と床屋である。雑貨屋は交差路やT字路などの人の目を引くところによく建てられており、住宅街での道しるべともなっている。床屋はいたる所にみられ、若い人も老人も、髪や髭の手入れは生活の一部となっており、頻繁に利用し料金も手軽なものとなっている。女性の美容院も多いが、外から見られないように窓が隠されているため、部外者は見過ごしやすい。

西側に発展したスーク

旧市街でのスークの位置をよくみると、西側の地域に偏って商業施設が集中していることがわかる。その理由として、まずウマイヤ・モスクがやや北西に寄っているためと考えられる。ウマイヤ・モスクは古代の神殿の後を継承しているが、古代の神殿は微地形を読み込んだ上で、一段土地レベルが低くなる手前のやや小高いエッジを立地場所に選んでいたことが、今の地形からもわかる。古代の神殿があった頃に、すでに神殿の周囲に市場が形成されていたのである。

地形もさることながら、他の大きな要因の一つとして、交易路の流れが影響していると思われる。ダマスクスを起点に次の都市への街道は、アレッポやバグダードへは北東に、ベイルートや地中海へは西に、アンマンやカイロへは南西に延びている。アレッポ方面から来たキャラヴァン隊は、旧市街北側の川に沿って、市街に入らずに次の街道に抜けるコースか、東側の城門から旧市街に入って東西に市内を横断する道を通るコースが可能となる。しかし、市内を横断するコースでは、大規模なキャラヴァン隊が往来するにはスークの混雑した中を通らなければならず、不都合であっただろう。大規模な隊は城外に残り、必要なものだけが市内に運ばれたと考えられる。さらに、北側の川に沿うコースで西よりのところには、市内のハーンよりも小規模ながら、数多くのハーンがルート沿いに存在しているのが、地図史料から確認できる。また、この辺りには、金物工房や木材工房など、搬入に手間のかかる店が並んでおり、重い材料の搬入の労力を避け、運搬が容易にできる街道に沿って発展したのであろう。現在は、残念ながら、この辺りは建て替えやクリアランスによってハーンの痕跡はほとんど確認できず、コンクリート造の低層の建物に代わってしまっている。

都市のコミュニティ施設

聖域のウマイヤ・モスク

メインのスークを通り抜けると、古代遺跡の列柱が目の前に現われ、その奥に旧市街の中心ともいえるウマイヤ・モスクが姿を現わす。入口の門をくぐり中庭に入ると、それまで狭く混雑していた市場から、一転して静寂で開放的な聖域になる。その大きさと荘厳さ、そして壁一面に施されたモザイク装飾に驚かされる。礼拝のための聖域ではあるが、中庭では礼拝前の沐浴をする者、雑談する者、くつろぐ者の姿があり、西欧都市の広場のようなリラックスのできる場所としての役割も果たしている。礼拝室の中でも、礼拝者だけでなく、コーランを読んだり、くつろいだり、なかには寝ている者もいるほどである。あたかも市民センターのようである。

ここはもともとは神殿のある古代の聖域にあたり、まわりに市場空間があった。ビザンツ時代になると神殿が、バシリカ式の教会にかわる。教会堂は広場の中心にあり、そのまわりに市場が巡っていた。モスクとしてはアラブ侵攻当初、聖ヨハネ教会の東側半分を使っていた。征服地ではとりあえず礼拝の場所を確保できればよく、モスク自体の建築形態も確立していなかった。また、ダマスクスからメッカはほぼ南になり、東西方向に礼拝軸をもつ教会から、九〇度向きを変えればよかったために、そのままの転用が可能となった。

しかし、七〇五年ワリード一世は残る西側も接収し、ウマイヤ・モスクの建設を始める。モスクの礼拝室は、キブラ（メッカの方位を示す壁）と平行な三列の身廊からなり、バシリカ式の形態を受け継いでいる。これは元教会堂の五列の身廊部を二つに分け、東西に拡張して移築したと考えられている（図20）。

図21　ウマイヤ・モスクの中庭　連続アーチの列柱廊に囲われ，あたかもヴェネツィアのサン・マルコ広場を彷彿させる

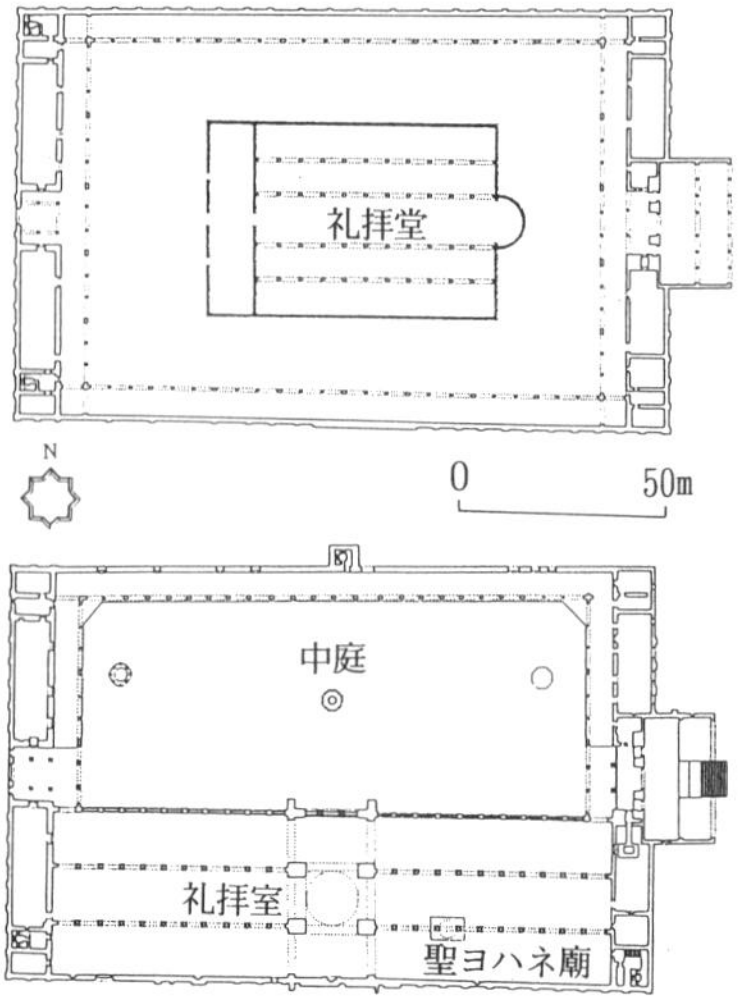

図20　上：聖ヨハネ教会平面図（4世紀末）
下：ウマイヤ・モスク平面図
（H. Stierlin による）

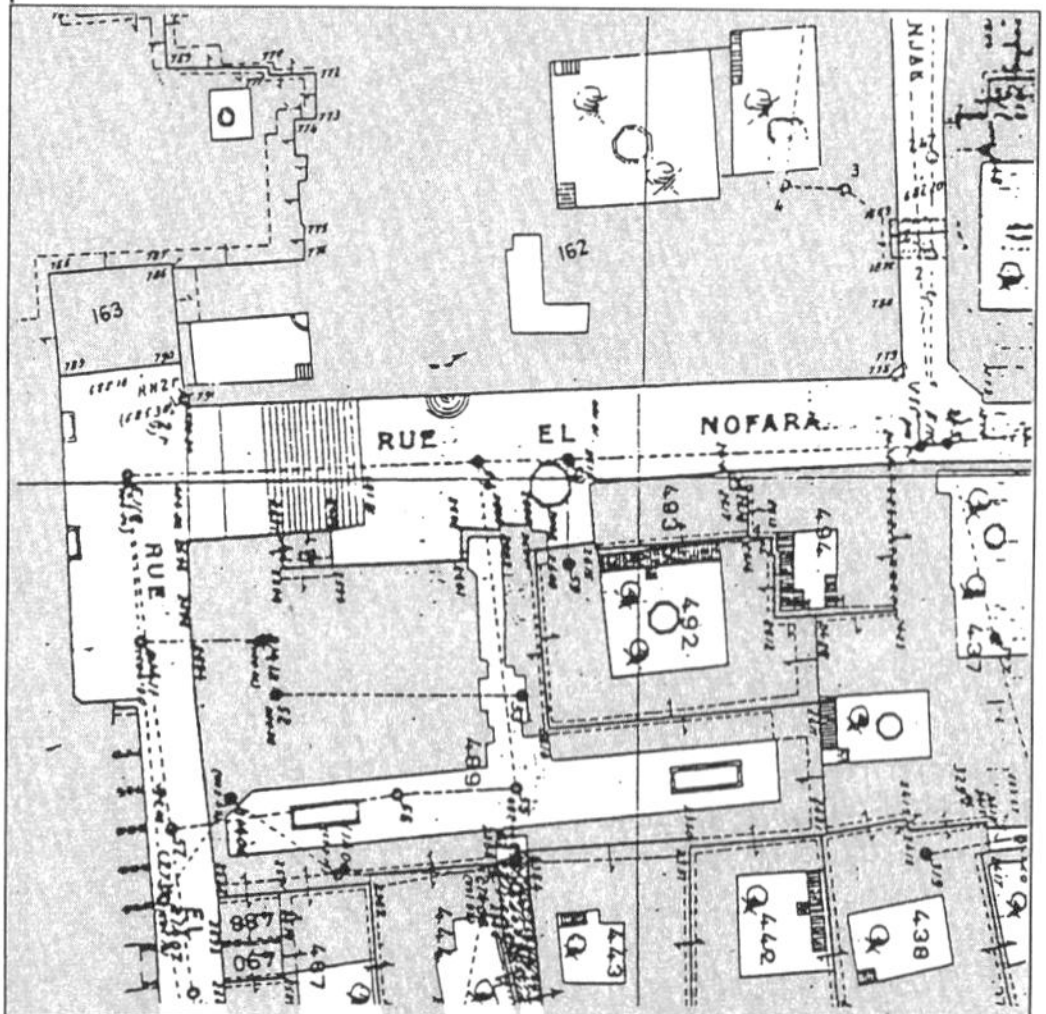

図23　コミュニティ施設群の Plan cadastral

図22　ウマイヤ・モスクの礼拝室　ビザンツ時代の教会堂から受け継いだ列柱が大屋根を支える

三本のミナレット（尖塔）をもち、中庭に向く礼拝室のファサードや回廊の部分には、ビザンツ様式の鮮やかなモザイクが施され、外の壁にも古代の石積みが残されている。東西に長い平面形態で、中庭を回廊で囲い、南側にビザンツの教会の様式を受け継いだ列柱のならぶ礼拝室がおかれる（図21）。この平面形態は、イスラーム教の初期時代のモスクの手本となり、他のイスラーム地域に同じ形態のモスクが多く建てられた。横にならんで礼拝をするイスラーム教では、このほうが都合がいいのである。イスラーム時代初期のモスク建設では、このウマイヤ・モスクの形態が規範とされた。

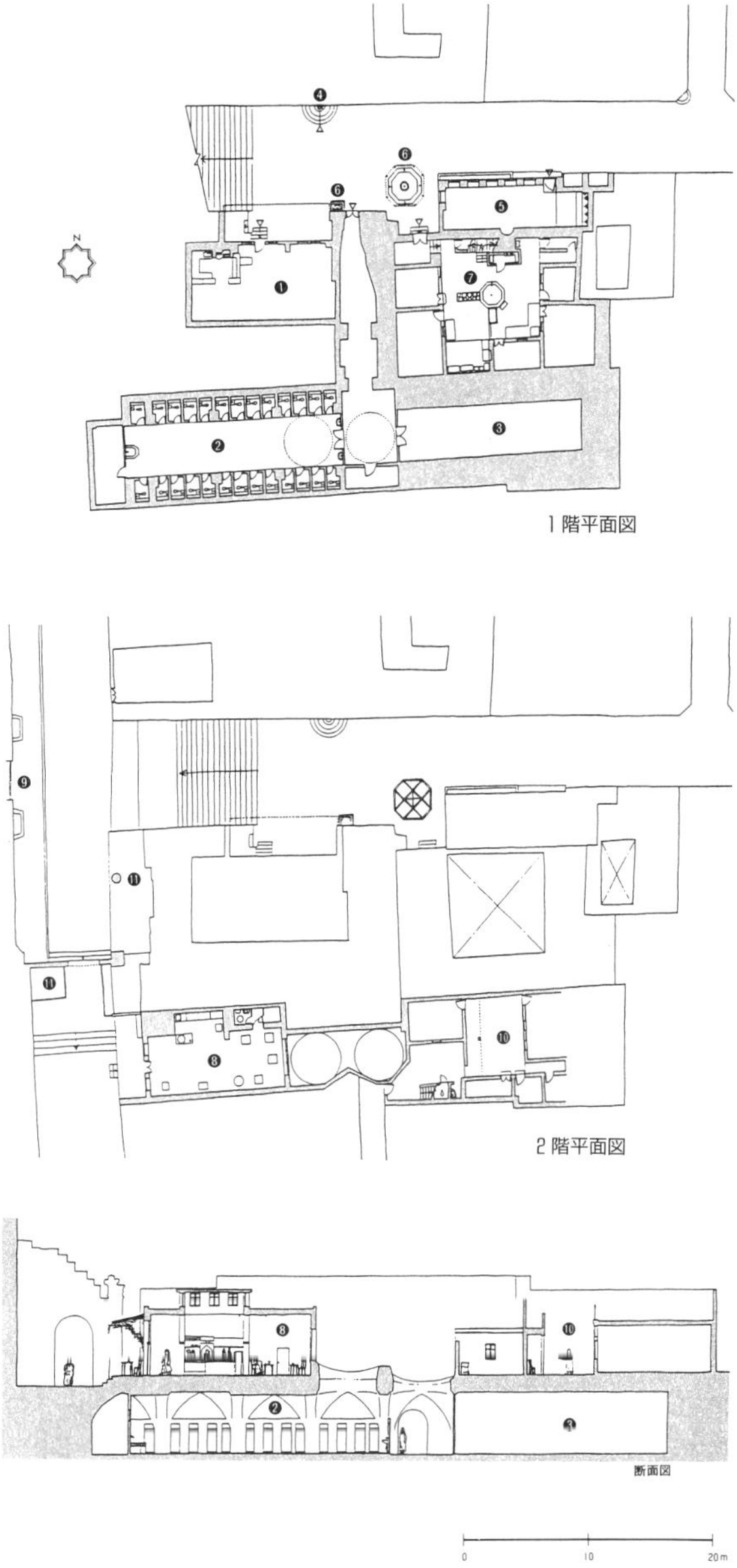

図24　コミュニティ施設群
❶ノファーラ・カフェ　❷公衆トイレ　❸公衆トイレ（現在は未使用）　❹元ノファーラ・ハンマーム　❺ノファーラ・マスジド（簡易礼拝所）　❻泉　❼住宅（旧ミルヘム・バシャ邸）　❽カバキビーヤ・カフェ　❾ウマイヤ・モスク　❿住宅（カフェ裏の住宅）　⓫古代遺跡

礼拝室の身廊を隔てる列柱は下部で大きなアーチとなり、その上部に小アーチが一スパンに対し二スパンで展開している（図22）。上部の梁や屋根は木造で、三列の切妻屋根が架かっている。礼拝室の中央にあるドームは、一九世紀末の大火以前は木造であったが、石造に変わっている。

現在、ウマイヤ・モスクは街の中でひときわ目立って建っているが、かつてモスク外側の壁沿いには店舗が張り巡らされていた。その様子はPlan cadastralにも描かれている（図12参照）。一九八九年頃にそれらの店舗は撤去され、さらにモスク西側と北側では住宅や店舗が大きく取り払われ、広場のような空間をつくっている。モスクを孤立化し、より都市のシンボルとして目立たせ、リニューアルしている。また、その周辺で見られる古代の遺跡でも同様に保存のため、接していた建物を排除し、街の名所として見せている。

大モスクをとりまくコミュニティ施設群

中東の都市では、中心部にスークという商業・交易の機能が集中した、巨大なビジネス空間をつくってきたが、単なる経済の場としてのみ機能したわけではない。人々はそこに長時間、あるいは一日滞在するわけだから、リフレッシュし、楽しく交流する場も求められた。こうして多様なレクリエーション施設、コミュニケーション施設がつくられ、都市文化もそこから生まれた。カフェ（アラビア語でマクハー）やハンマーム（公衆浴場）などがそれである。

やはりダマスクスの旧市街にも、そういった空間がみられる。ウマイヤ・モスクのすぐ東側の小店舗を含む一角に、カフェ、ハンマーム、泉、簡易礼拝所、公衆トイレ、そして床屋などが集まっており、さらにそのすぐ裏側には住宅街が展開する。この一角を調査したときに、カフェがコミュニティの中心となっていることを強く感じた（図23、24）。

ここはスークと住宅街の境界にあたり、これらの施設は喧騒の空間と静寂の空間を隔てると同時につないでいる。この一角は古代の聖域の中で、今はモスクとなっている神殿から東に延びる道には、コリント式の列柱が並び、アゴラに向かっていたとされる。今でも列柱の数本が遺構として残っており、道幅も広い。夏には街路上につたを這わせ、快適な木陰を道路につくり、現在でも往来の多い東西を結ぶ重要な通りである。

男の社交場――カフェ

ウマイヤ・モスクのすぐ外に、カフェ（マクハー）がある。店先では通りに面して椅子を並べて腰掛け、アラブコーヒーやお茶（チャイ）をすすりながら、水タバコを吸っている（図25）。店の中ではカードゲームに興じていたり、テレビのサッカー中継に見入っている。ときには歴史物語の語り部の催しが行なわれ、皆真剣に聞き入って楽しんでいる。カフェは男性専用の社交場で、スークの仕事人や隠居した老人たちが休息に利用している。

このコミュニティ施設群の中心は、二軒のカフェである。東門の左手にあるカバキビーヤ・カフェと、東門正面の石段をさがった所にあるノファーラ・カフェである。

両方とも中庭形式ではないが、通りから建物をセットバックさせ、そこに軒を架け、日陰に椅子とテーブルを並べている。カフェの室内は天井が高く、天窓によって光と風を取り込んでいる。片隅の調理場以外はそこかしこにテーブルと椅子が並べられている。

椅子を通りに面して並べるのは、パリなどでみられるカフェと全く同じである。そもそもカフェ文化はアラビア世界を発祥の地とし、トルコ、そしてヴェネツィアを通じてヨーロッパのキリスト教世界に伝播した。

カフェは基本的に男性のためのコミュニティ施設である。店内には女性の姿は一切ない。イスラーム教の宗教観によって女性は、このような公共の場には出てこない。その代わり、女性は家が社交場となり、互いの家を頻繁に行き交っている。もっぱら住宅の中で井戸端会議のように集まっているのである。

カフェに集う人々の目的は、人と会うことである。ある人は水タバコをくゆらし、ある人はコーヒー片手に歓談し、ある人はカードに興じる。長老の話に耳を傾けるまわりの人々。他人のやっているバックギャモンを覗き込む人、道

図25　ウマイヤ・モスク脇にあるノファーラ・カフェと泉

図26　ハンマームの大ドームが架かるサロン

図27　ノファーラ・カフェ裏の公衆トイレ　下がトイレの個室，その上に別のカフェが建つ

行く人々を眺めるでもなく物想いに耽る人、テレビのサッカー中継をまさに街頭テレビのように夢中になって見る人々。しかし共通しているのは、そのカフェで会う人と人との交流が密接であるということである。商売の合間に油を売る商売人、すっかり隠居生活を楽しむ老人。さまざまな職業、さまざまな年齢の人々が集うカフェには、喧騒に満ちた活気のあるスークとも、ひっそりと静まった住宅街とも違った時間が流れているのである。このカフェの位置は、そんなカフェに流れる空気と同じようにスークに隣接し、住宅街にも隣接しているような場所である。

　つまりこのカフェは商売人たちの憩いの場であるとともに、一般の庶民も利用する場であり、そのためさまざまな職業、年齢の人々が集い交流を深めることができるコミュニティ施設である。それは現代に生きる都市のオアシスなのである。

裸の社交場——ハンマーム

　市場や住宅街を歩き回っていると、しばしばハンマーム（公衆浴場）にでくわす。ハンマームは、彼らにとって健康や清潔、リフレッシュのために欠かすことのできないものである。大きなドームが架かるサロンで服を脱ぎ、奥の部屋に入っていく（図26）。部屋はさらに次の部屋へとつながっており、奥の部屋ほど温度が高い。シリアでは浴槽はないが蒸気が充満し、中にいると汗が吹き出してくる。垢擦りやマッサージもあり、入った後は再びサロンでお茶を飲み、体のほてりを冷ましながらくつろぎ、身も心もリフレッシュさせる。

カフェは男性の独占物であるが、ハンマームは女性もよく利用していた。日本の銭湯のように男女を分けているところもあれば、時間帯によって男女を分けて使っているところもある。

ハンマームはエステティックサロンのような機能もあり、マッサージや脱毛なども蒸風呂の続きの部屋で行なわれるのである。歴史資料によると、ハンマームにはパンや野菜などを持ち込み、風呂で食事しながら長時間過ごすという、ピクニック的な要素も含まれていた。

このコミュニティ施設群の一角にもハンマームが存在していた。ノファーラ・カフェの正面にハンマームがあり、Plan cadastral で存在が確認できる（図24参照）。しかし、近年閉鎖され、最近新たに内装を残したレストランに改修されている。ウマイヤ・モスクの周囲にも七、八軒のハンマームがあったが、現在でも営業しているものはその半数もない。地元の人に聞いても、現在のハンマームの多くは観光色の強いものであり、頻繁には行かないという答えが多かった。特に女性のハンマーム離れは顕著である。

かつては都市の方々にあり、人々の生活に密接に結びついていたハンマームも、近年各家庭に風呂場が普及したため、残念なことに減少している。ハンマームも近代化の波をかぶり、斜陽な存在となりつつある。各家庭に内風呂が設けられていったために衰退してきている日本の銭湯と事情はよく似ている。今でも古くからのコミュニティの在り方を継承しているダマスクスであるが、そこにも徐々に変化は押し寄せている。

カフェを囲むその他の都市的な要素——公衆トイレ・泉・マスジド

モスクの付属施設として欠かせないのが公衆トイレである。ウマイヤ・モスクのまわりにも一カ所あり、ノファーラ・カフェのすぐ脇にもある。しかしこの公衆トイレは、多少風変わりな形状をしている。

全体の形はT字型をしている。天井にはドームが連なって架かっているが、いくつかのドームは上を切り取られたようになっており、青空がそこから望めるのである。現在、T字の片翼は使われておらず閉鎖されている。個室には一つずつ水道が引かれ、いわゆるアラブ式の水洗トイレになっている。今は公衆トイレとして使われているこの建物は、もともとは教会としてつくられ、一一〇〇年前にトイレに転用されたと言い伝えられている。

このトイレ空間の面白さのひとつは、斜面を巧みに利用し、その上にカフェと住宅が乗っていることである(図27)。そのため上にあるカバキビーヤ・カフェの一番奥にある窓から下を覗き込むと、公衆トイレの吹き抜け越しにトイレ番のお爺さんが見えてしまうのである。断面図を見るとよくわかるが、限られた敷地を最大限に有効に利用しようとする、彼らの知恵がうかがえる。

公衆トイレの入口には泉(サビール)が二カ所設けられている。泉の多くは裕福な人々の寄進によってつくられ、誰でも利用できる。ほとんどの泉で、誰がどのような経緯で寄進したかを壁に記している。いたる所でこのような泉を見かけるが、交差点や道の曲がり角などの目をひきつけるところに多く、街を歩いているときのアクセントになり、道しるべの役割も果たしているようである。

カフェに隣接するマスジド(礼拝所)は中庭をもたず、身を清める水場と礼拝空間とミフラーブだけで構成されている。ウマイヤ・モスクの近くではあるが、特に意味をもった使い分けはされていない。強いていうなら、このような小さなマスジドは主に日常の礼拝に使い、ウマイヤ・モスクのような大モスクは金曜日の礼拝の日に行くということである。

地区のモスク

先のコミュニティ施設群の一角にあるマスジド(礼拝所)のように、スーク内には中庭をもたず小規模で簡素なモスクも点在している。また、住宅街の中にも、同様に住民のための小モスクが設けられている。これらはアラビア語でマスジドといい、金曜日の礼拝が行なわれるマスジド・アル・ジャーミー（金曜モスク）とは、集団礼拝が行なわれないなどと用途が多少異なっている。そこで住宅街にあるマスジドの例として、シャーグール街区に古くからある地区の小モスク、ヤグシーヤ・モスクを中心に述べていく（図28）。

イスラーム世界の各地から多くの人が訪れるウマイヤ・モスクとは対照的に、ヤグシーヤ・モスクは住宅地の中にあり、住民の生活に密接に結びついた地区のモスクである。

ヤグシーヤとは、オスマン帝国のパシャ（統治者）の名前に由来している。一六世紀はじめに建てられ、約四〇〇年の歴史を持ち、半径一〇〇メートル程度の範囲にある約三〇軒の家が主に利用しているという。Plan cadastral で比べると、現在はモスクの西側の袋小路が延長され、通り抜けができるようになっている。街区を規定する街路が多少変わってきているため、かつての街区の名称の範囲が今はどこまであてはまるか定かでない。

このモスクは街路の交差した角に建つ。その角にミナレットが象徴的に高くそびえ、アザーンを流すばかりでなく、街のランドマークとしての役割も果たしている。入口は二カ所あるが、いずれも小さく装飾もなく、住宅の入口と見分けがつかないほどである。街路からはそのモスクの規模はまったく把握できず、ミナレットと Plan cadastral によってやっとモスクの存在がわかるくらいである。

広い中庭には樹木が植えられ、中心には水を豊富にたたえた大きな矩形の噴水がある（図29）。中庭の壁はカラフルな色彩の石で縞模様に装飾され、住宅の中庭と同様に楽園のような美しく快適な空間になっている。中庭の西の壁際に礼拝前に身を清めるための泉亭があり、北側にイーワーンがある。礼拝室前には、中庭に面してポーチ状の空間であるリワークが設けられている。リワークの奥の礼拝室にはカーペットが敷き詰められ、天井には大きなドームが架かり、広く感じられる。ミフラーブ（メッカに向いた壁の凹み）はタイルなどで美しく飾られている。ダマスクスでは、キブラ（メッカの方向）はほぼ真南に向けられる。

ところで、このモスクで面白いことがある。街路を挟んだ東向かいの家の二階部分が街路上をまたぎ、モスクの壁

❶中庭
❷イーワーン
❸リワーク
❹礼拝室
❺事務室
❻シャワー室
❼テラス
❽ミナレット
❾泉亭

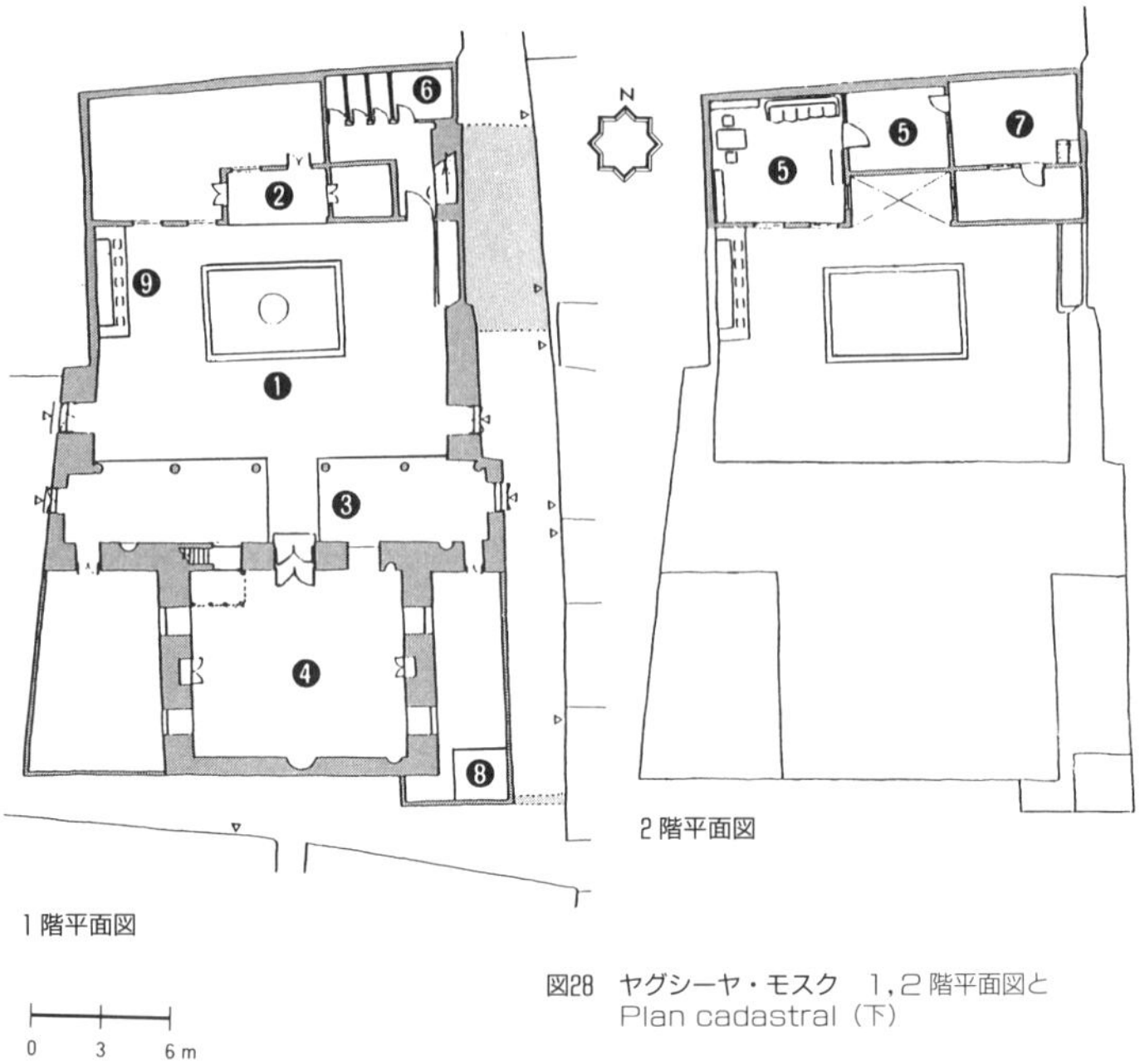

図28 ヤグシーヤ・モスク 1，2階平面図と
Plan cadastral（下）

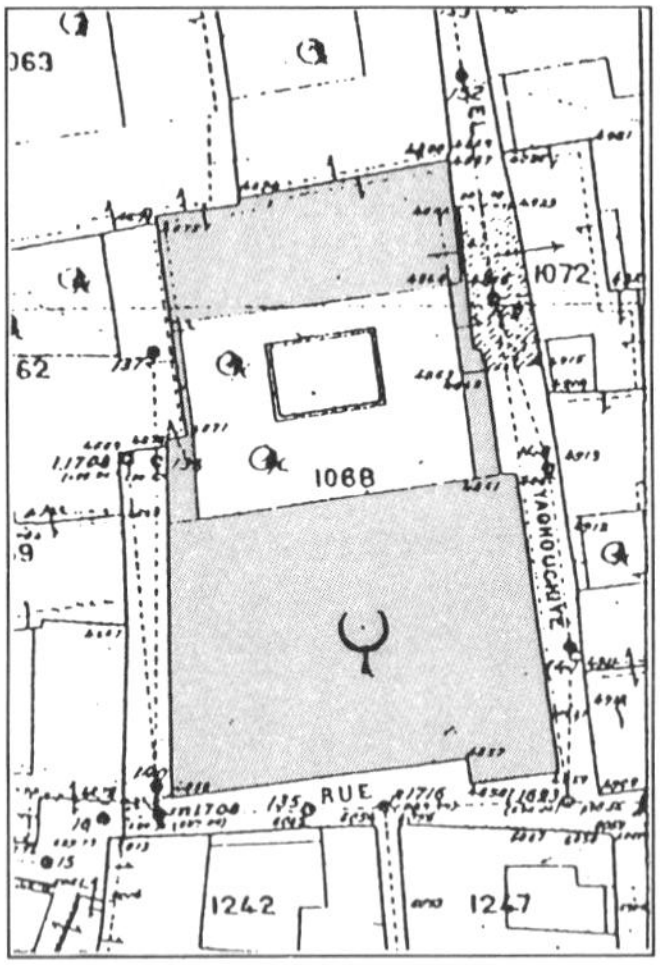

図29 ヤグシーヤ・モスクの中庭

面まで張り出している。張り出し部分からは、街路はもちろんのこと、なんとモスクの中庭が望めるのである。立体的に入り組んだ構造をもつダマスクスの住宅ではあるが、隣の中庭を借景にしている例は珍しい。

このように小規模なモスク（マスジド）では、その近くの住民が主に利用している。日々の礼拝はどのモスクでもよく、礼拝の時間に、近くにあるモスクを利用する。イスラームの教えにも、なるべくいろいろなモスクで礼拝したほうがよいとしている。場所よりも、メッカに向けてアラーに礼拝することが重要なのである。ウマイヤ・モスクと地区のモスクとの使い分けを尋ねると、日常の礼拝は近くのモスクで行ない、ウマイヤ・モスクには、一週間で一番重要な金曜日に家族で行くのが一般的である、という答えが多い。

聖人の墓を伴なうザーウィヤ

シャーグール街区で調べたもう一つの公共施設であるザーウィヤ（宗教的修道場）を見てみよう（図30）。

サギール門（一二世紀）近くにあるサマディーヤ・ザーウィヤは、一六四一年（イスラーム暦一〇五一年）に建立された。そこには、この施設ゆかりの聖人サマディーヤと、その三人の息子の墓があり、聖人サマディーヤの名は南側の街路にもつけられている。このザーウィヤの役割として、一九五〇年頃までは、旅人に宿泊や食事を無料で提供していたという。現在の最も重要な役割は、「富める者は貧しい者に施しなさい」というイスラーム教の五行のひとつである喜捨（ザカート）を行なうことであり、コーランを教えるコーラン学校を兼ねた宗教施設でもある。ここでの喜捨は年収が一〇〇〇ドル以上ある者が、その二・五％をお金、もしくは食物、衣類などの代用品などで寄付する。こうして集まったものを、毎月第一金曜日に貧しい家族（ここでは三〇〇世帯くらい）に分配するという。また、このザーウィヤは毎日夕方の五時半から八時半まで開き、地元の人々が集まってくる。宗教施設ではあるが、同時にくつろいで雑談をするサロンのような役割も果たしている。ザーウィヤの元来の機能は、イスラーム神秘主義の宗教的修道場であるが、現在このザーウィヤでは、その機能はほとんど失われている。

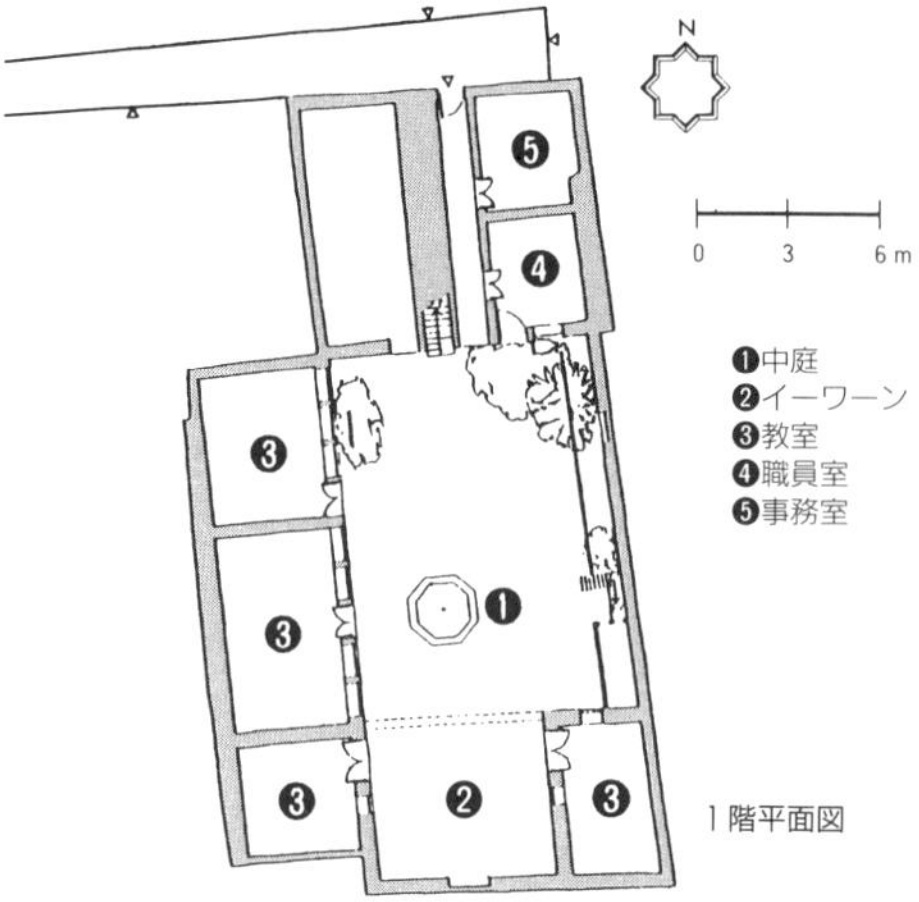

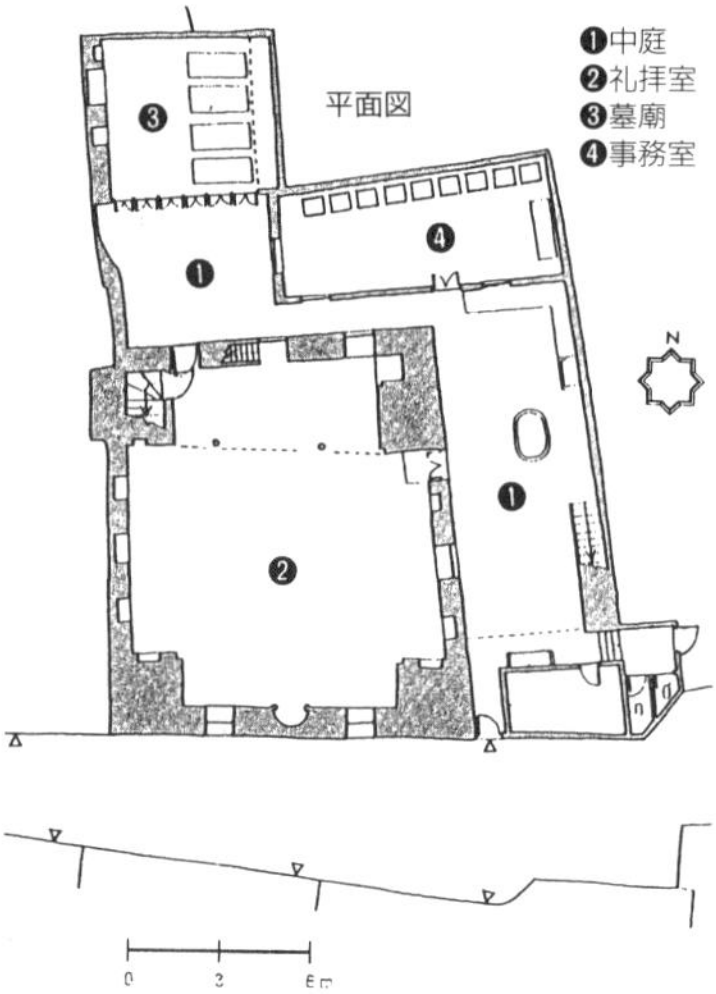

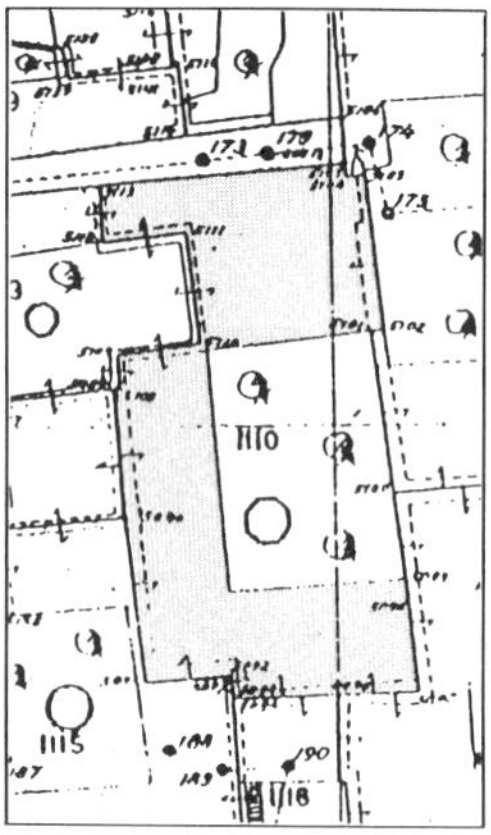

Plan cadastral

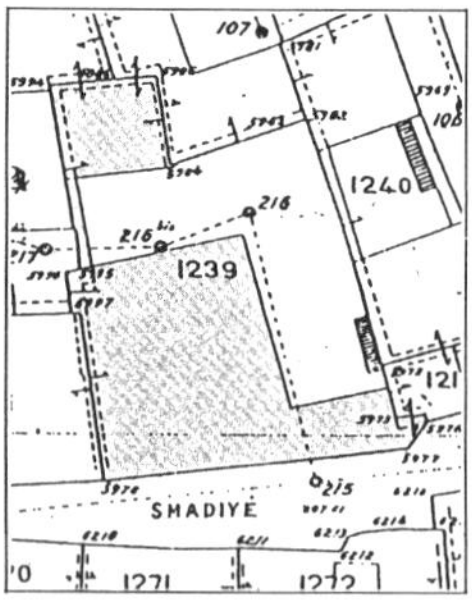

Plan cadastral

上右
図30 サマディーヤ・ザーウィヤ

上左
図31 マドラサ・ジョマナ・アル・ハラリス
(旧ターキ・アル・ディーン邸)

図32 セント・メリー教会の礼拝祭壇とアプス

モスク同様に中庭に噴水、樹木があり、居心地のよい空間になっているが、大きな違いはミナレットがないことである。Plan cadastralではL型の大きな中庭が描かれているが、現在はその一部に事務所が設けられている。北側の部屋には聖人たちの墓廟があり、天井には大きなドームが架かっている。墓廟のある空間にドームを架けることは、シリア、エジプトなどでよくみられる。また、南側の礼拝室では一部がテラス状になっており、そこが女性の礼拝場所になり、男性と分けられている。

われわれが訪れたのは、ちょうど夕方の礼拝時であったが、快く迎えて入れてもらえ、彼らの礼拝後に調査に協力していただくことができた。

子供たちの通うマドラサ

シャーグール街区を調べていると、街路の壁に緑色の矢印がいたる所に描かれていることに気づいた。不思議に思い、矢印を追うと、ある袋小路の奥の建物まで続くのである。驚いたことに、その矢印はマドラサ（ここでは低学年用の学校）への道標であり、小さな子供たちが、似たような迷路状の中を迷わずに学校までたどり着くために描かれたのである。

このマドラサは、二〇〇年前に住宅（旧ターキ・アル・ディーン邸）として建てられたものを、一九七三年に低学年用の学校（Madrasa Jomana al-Halalys）に転用して使っている（図31）。かつてはイマームとしてコーランを教えていたディーン家の元住宅で、それをそのままマドラサに転用し、現在もディーン家が貸しているという。また、袋小路にもその名が冠されている。

長いまっすぐな玄関通路を通ると、広い中庭にでる。今は学校になっているため緑は少なくなっているが、いまも残る立派なイーワーンと泉を埋めた跡がかつての栄華を偲ばせている。現在は一二の教室があり、生徒数は男女合わせて二〇〇人ほどであるという。われわれが行った時は授業中だったため、迷惑をかけないように簡単な図面をとるにとどめた。

もう一つの顔となるキリスト教会

ダマスクスの旧市街にある教会も重要な要素の一つである。ハラーブ街区にあるセント・メリー教会（地元ではマリヤミーヤ教会）は、キリスト教徒エリアにある一四の教会の一つで、ギリシア正教の教会である（図32）。かつてアンチオキア（現在トルコ語名でアンタキヤ）におかれていた大司教座が、現在ここに移されている。「まっすぐの道」にある古代遺跡の記念門近くに建っている。ムスリムとの混在を示すかのようにモスクが隣接し、街路から見ると教会の屋根の十字架とモスクのミナレットが互いにすぐ近くで聳えているのはなんとも不思議な光景である。

この教会の管理人によると、一五世紀に創設され、何回かの再建の後、一八六七年に三つの小さな教会を統合して現在の姿になったという。中庭はなく、バシリカ形式となっている。礼拝堂にはキリストや聖母マリアの像が多く飾られている。アプスのくぼみが、モスクのミフラーブのくぼみとたいへんよく似ているのは興味深いことであった。

また、キリスト教徒が最も多く住むバーブ・トゥーマ街区には、異なった宗派の教会が一〇棟ほど建てられており、新約聖書の「使徒行伝」に伝えられる聖パウロにまつわる教会や建物が今も残っている。

旧市街を区分する街区

生き続ける旧市街

中東において近代以降、商業活動の中心や人の流れが新市街へ移り、急速に旧市街の活動が衰えた都市は少なくない。特にかつて、中東で中心的な役割を果たしていた都市ほどその傾向が強い。カイロやバグダート、イスタンブルなどでは、新市街に多くの経済力が注ぎ込まれ、旧市街が再開発されたり、スラム化していった。伝統的な建築物が、壊されたり、老朽化によって崩壊していった。それは住宅ばかりでなく、かつての重要な公共施設、宗教施設もその例外ではなかった。

そのような中で、ダマスクスは中東の中心的な都市であり続け、中世から続く旧市街が、今も息づいている数少ない都市である。政府機関や大きな経済活動は、新市街に移っているが、庶民の生活や日々の活動は、いまだに旧市街に拠るところが大きい。

街区の意味

ここでの街区とは、欧米的な街路で囲われた一つの区画を意味するのではなく、都市のある地域に住む人々の日常生活やコミュニティの基本的な単位に相当するものである。これは中東の都市を考察する上で、重要な指標の一つとなる。

ダマスクスにおいて、街区はかつて「ハーラ」、あるいは「マハッラ」という語を使っていたが、一九世紀以降は、さらに「ハイイ」という語が使われるようになった。ハイイは、いくつかのハーラを統合するものであったが、その範囲は人口や面積などで等しく区割りされたものではなく、規模にばらつきがみられる。現在の旧市街では、ハーラ、マハッラは街区の単位としてほとんど使われておらず、小路を指すことが多い。住民の意識としても、その単語は知っているが、実際の空間の範囲としてはとらえていない。現在ではそれらに代わり、ハイイが多用されている。日本の「町」に相当し、旧市街ばかりでなく、新市街でも使われている。これは近年になり、行政の便宜上の区分として用いられたものと思われ、街路でのキッチリした区分やかつての小街区を統合して決定されている。現在の旧市街は、九のハイイに分けられている。もっとも街区の区分は歴史を通じて一貫していたわけではない。支配者の変化や時代によって、ハーラやハイイの数は変化している。一六世紀はじめの旧市街では一九のハーラを数え、二〇世紀はじめでは九のハイイがあげられている。

ソヴァジェの街区モデル（図33）

フランスの中東研究家J・ソヴァジェは、著書の中で、ダマスクスの旧市街において一つの街区をハーラの典型例として取り上げている。この街区は、旧市街のウマイヤ・モスク近くに位置し、比較的人通りの多い表通りに囲われている。このモデルは中東研究者の間で、ハーラのモデルとして取り上げられてきた。その位置は確認でき、現在ナッカーシャート街区と呼ばれている。表通りによって矩形をなしているが、通りによって囲われた範囲の中すべてが街区単位ではなく、図33の太線で囲われた内側がハーラの単位であるとしている。すなわち、街区を斜めに貫く街路と、そこから分岐する袋小路に戸口を向けている住宅群で構成され、隣りの街区とは住宅の境界線で分けられている。また、この中には、モスク、ハンマーム、小市場、泉、共同のパン焼き場が備わっていたとされる。表通りから街区内の街路に分岐するところには、街区門を供え、夜間はその門を閉じて、よそ者が入れないようにし、住民のプライバシーや安全の確保がなされていた。それぞれ街区の住民は、出身地、職業、宗派、部族を同じくするもので集まり、税金の徴収も街区単位で行なわれていた。

現在、実際にナッカーシャート街区で確認できるものとして、かつて街区門が存在していたことを示す門の軸受けの穴が残っている。ハンマーム、パン焼き場、小市場、泉は、まったく確認できず、唯一あるモスクもほとんど利用されていない。モスクの中庭の一角に墓廟があり、住人たちの話によると墓の主は、ムアーウィア一世であると言うが定かではない。ところで、一般的にモスクには墓廟が備わることはほとんどなく、ソヴァジェはそこをモスクとしているが、ザーウィアだったのではないか、と考えられる。また、ある住人からは、この街区にはウマイヤ・モスクの壁を飾るモザイクの職人たちが住んでいたという話が聞けた。

この街区には、一九三〇年代の地籍図によると約一〇〇軒の住宅がある。その分布の様子を観察してみると、表通りに沿って比較的規模が大きく、中庭に噴水のある住宅が多い。一方、街区の内側では、敷地割りがこまかくなり、中庭に噴水のない小規模な住宅が多くなる。これは、古代からの住宅地の骨格が影響していると考えられる。また、街区の地理的な条件から考察すると、中央部で緩やかに高くなっており、街区内の各住宅への給排水路の確保が大きく関係していたといえる。

ところで、このソヴァジェの街区は、一つの例としてとらえた方がよいであろう。イスラーム研究が深まる中で、ソヴァジェの街区モデルは、むしろ少数の例であり、時代によって街区の規模やあつかわれ方が変化していると、指摘されてきている。

伝統を残すシャーグール街区（図34）

シャーグール街区（ハイイ）は、旧市街の南西部に位置し、城壁に隣接しているため、南西側では弧を描いている。ここでは街区といっても、街路に囲われた一区画を指すのではなく、行政単位として、範囲が決められている地域をまとめて指している。日本でいえば町のようなものである。

この街区の特徴を見ていこう。南側の東西に延びるまっすぐの道は、商業施設や店舗が立ち並ぶスークになっている。そのスークから街区に通じる街路の入口には、街区門が付けられていたり、街路上に二階部が張り出してトンネル状（サーバート）になっている。これは、ソヴァジェの街区でもみられるように、人の往来が多いパブリックな表通りから、住民の安全やプライバシー、静寂な環境を確保するためである。今では使われていないが、街区門が一つ現存しており、たいへん貴重なものである。また、街区門と同様に、街路でのトンネルも公と私の空間分節として重要な役割を果たしている。視界を遮り、奥が見通せないことによって、よそ者が入りにくくなっている。

道幅は、広いところで四―五メートル、袋小路や狭いところで二メートル以下、平均で三メートルほどとなっている。車はほとんど通ることができず、道に車の侵入を防ぐための杭が打たれているところもある。

地形をみると、南東に行くにつれて緩やかに下り、城壁際で少し高くなっている。街路は、基本的に古代の格子状の構造パターンを示すが、所々で折れ曲がったり、袋小路になっている。南側のスークに接するところには、古代の

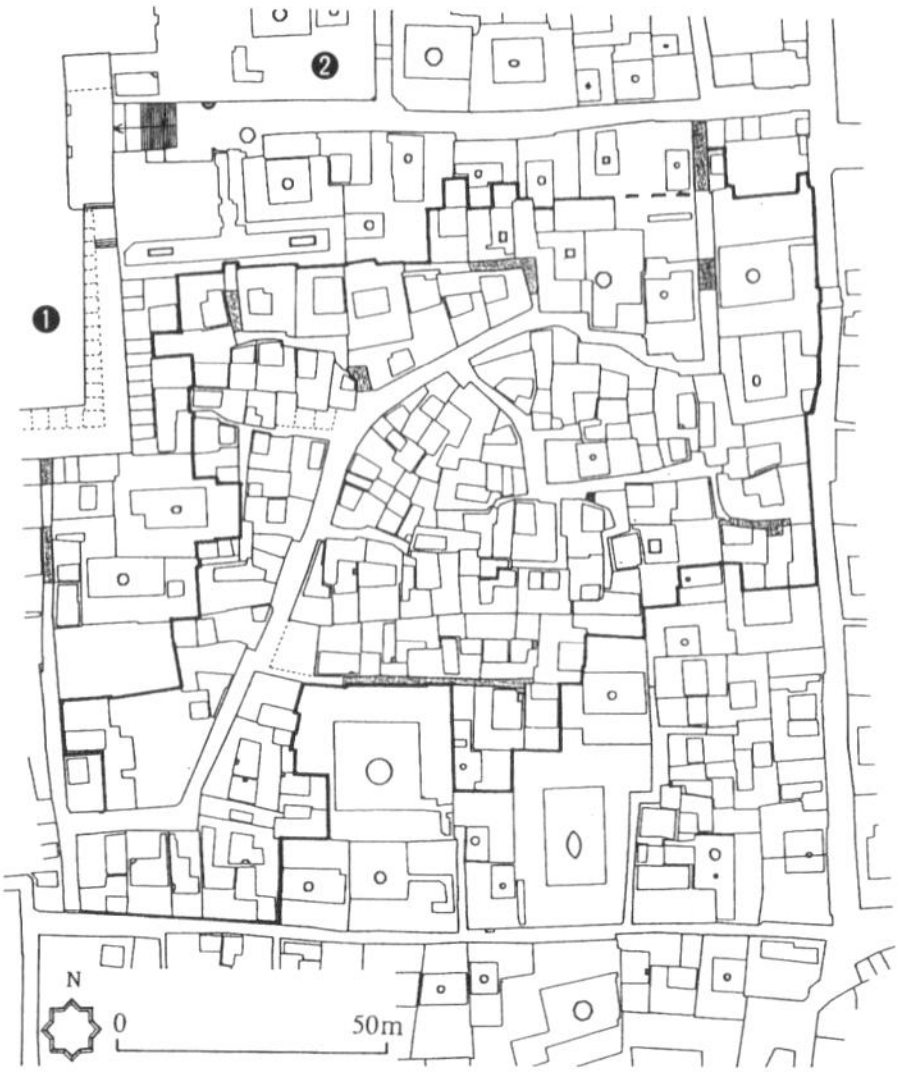

図35　住宅の中庭を，噴水や樹木，大理石やタイルで装飾し，パラダイスを演出する

図33　J. ソヴァジェの街区モデル（ナッカーシャート街区）
❶ウマイヤ・モスク　❷元ハンマーム
図中の太線はソヴァジェの示した街区の境界線

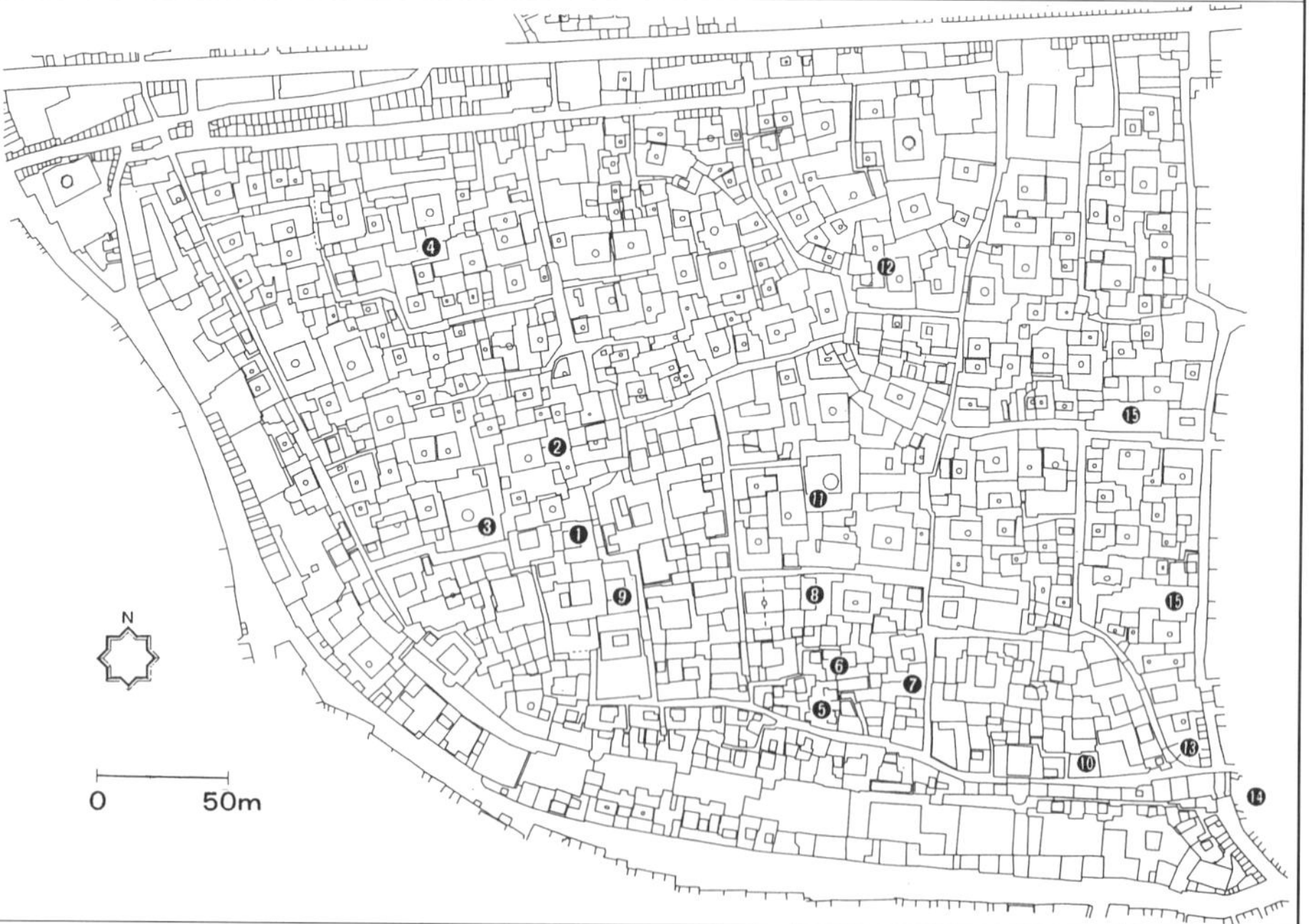

図34　シャーグール街区　❶マハムッド・ハッダーム・スロージェ邸 ❷ヨセフ・スロージェ邸 ❸セカンド・ハウス ❹モハメド・ベラクダール邸 ❺アハマッド・コルディ邸 ❻モハマッド・ファーヘド・サハーディア邸 ❼モハメッド・クセイバティ邸 ❽ラスラン・アブー・デアル邸 ❾ヤグシーヤ・モスク ⓾サマディーヤ・ザーウィア ⓫ジュマーナ・ハラリース・マドラサ ⓬カフェ ⓭シャーグール街区事務所 ⓮サギール門 ⓯元ハンマーム

円形劇場の跡と考えられている半円形をした地域がみられる。
街路の所々には、かつて街区をさらに区切っていた門の跡が残っており、この街区の中でより小さな単位に分かれていたことが確認できる。門の跡は、袋小路の入口ばかりでなく、通り抜けできる道を塞ぐように、道が交差するところにもみられる。

現在、行政上のシャーグール街区の範囲は、北側で少し市場を取り込むように拡大しているが、かなり古い時期から確定していたと考えられる。ここを示す言葉はハイイを使い、ハイイ・シャーグールと呼ばれ、いくつかの街路にハーラが使われている。シャーグールは、かつて城壁のすぐ外側の街区を指していたが、二〇世紀初頭には、市内・市外の両方を指すようになっている。今では単にシャーグールといえば、一般に城壁の内側を指すが、たいてい内側、外側という言葉を付けて呼んでいる。両方の地域にシャーグールが使われるようになったのは、フランス統治下時代に、この地域の住民で有力な反フランスの自衛組織の一つが結集していたためではないかと考えられる。

南東には城門（サギール門）があり、その門から旧市街の中心部のスークに通じる道が南北にのびている。この道は、現在スークへの物資の搬入路として使われ、一九六〇年頃に車やトラックでの搬入のため拡張されている。拡張された道の両側は、今は問屋街になっているが、かつては住宅が立ち並んでいた。

また、この道に隣接して二つのハンマームがあった。一つは一九三五年まで使われ、もう一つは道路が拡張されるのにともなって使われなくなった。今はスークに商品を搬入する問屋の店舗や倉庫になっており、かつての面影はみられない。ハンマームは、大量の水を必要とし、この道沿いに複数のハンマームがあることから、重要な給水路が通っていることがわかる。街のハンマームは、各住宅に浴室が設けられたため、次々と姿を消していった。旧市街でもかつては数十軒あったが、今では六軒しか残っていない。

街区の中で大きな変化があったのは、一九六七年の第三次中東戦争のときである。かつてかなり長い袋小路がいくつか存在していたが、住宅の一部を壊してそれらをつなげ、通り抜けできるようにしている。それは、空襲などによる火災の消火活動、怪我人の救出、避難路の確保などのためであった。二カ所で確認でき、城壁に沿った二本の袋小路がつながれ、さらに南西部の袋小路も通り抜けできるようになった。その当時、旧市街の住宅を道路拡張によって建て替えるとき、伝統的なスタイルにせず、近代的なビルディング・スタイルの三、四階の建物を建てることも少なくなかったが、一九六九年以降は禁止された。また、城壁も二カ所で切り開かれ、外側の道路と直接アクセスできるようになった。同時に防空壕も設けられている。

現在、旧市街は依然として活気に満ちているが、新市街に移り住む人たちも少なくない。特に、裕福な階層や若い人たちほどその傾向は強い。また、スークに隣接する住宅地でも人の流出が激しい。経済力の高まりや人口の都市への集中、観光客の増加で、スークの活動は活発になり、拡大が進んでいる。それに伴い、スークに隣接する住宅が商業ゾーンに組み込まれていき、店舗、倉庫、問屋、作業場などに変わってきている。しかし、建物を大きく改築する必然性はなく、元の住宅の姿を残しながら、その中で使い方を変えている。伝統的な商業施設であるハーン（隊商宿）と住宅とは、中庭を中心とする基本的な形態が同じなのである。住宅一軒そのものが一つの作業場となっているものもあれば、一軒の中で部屋ごとに賃貸契約し、異なる業種のテナントが集まっているものもある。特に、南側のスークに近づくほどその傾向は高く、中に入ると、かつては立派な住宅であったことが確認できることが多い。

住宅の商業施設化は、この街区ばかりでなく、旧市街のいたる所でみられるようになった。観光客が多く集まるところでは、みやげ店やレストランに変わっているところも少なくない。ダマスクスばかりでなく、イスタンブル、チュニス、スファックス、フェズなど多くの都市で、住宅が商業化している建物を見ることができる。

シャーグール街区の住宅

この街区をみると、全体的に規模が大きく中庭に噴水を備えた住宅が多く、城壁沿いの周辺部に小規模な住宅が多くなっている。街区内の住宅件数は、およそ四九〇戸である。さらに、街路網と住宅の関係を詳しく調べていくと、人の通り抜けができる街路に大規模な住宅が立ち並び、袋小路の奥では、小規模な住宅が集合している。街区内で住宅の階層による分布の違いが、緩やかに生じている。先にも述べたように、地理的な条件が大さくかかわり、上下水道の確保が関係していると考えられる。これは、ダマスクスの旧市街全体にもいえることである。

城壁に沿った小規模住宅には、城壁の一部をくりぬいて居室にしたり、石を積み替えて住宅としているものも多くみられる。いわば、不法とも思える住み方をしており、城壁の外側に穴を開け、窓を設けていることもある。

住宅の分布は街区で多少異なるが、形態は基本的に同じである。ここでは、この街区の住宅を例に、伝統的住宅について簡単にのべておく。規模の大小にかかわらず、必ず中庭形式をとり、中庭のまわりを居間や寝室、台所などが囲い、一軒の単位となる。中庭には、ブドウ、オレンジなどの樹木が植えられ、噴水が中央におかれる（図35）。床には、大理石やタイルで装飾が施され、中庭にパラダイスを実現しているかのようである。彼らにとって住宅の規模や室内の装飾の豪華さもさることながら、緑の豊富さが、生活の豊かさを表わすバロメーターの一つになっている。砂漠が近い人々の、緑への強い思い入れが感じられる。一方、中庭に対して街路側は、閉鎖的で薄暗く簡素な外観が続く。扉や外観だけでは、住宅の程度は全く把握できないほどである。

シャーグール街区の公共施設

街区の公共施設としては、モスク、ハンマーム、ザーウィヤ（修道場）、水汲み場、低学年用の学校、そして街区長（ムフタール）の事務所があげられる。モスクは、街区にいくつかあるが、そのほとんどが南側のスークに接している小規模なものである。唯一住宅街にあるヤグシーヤ・モスク（図28参照）は、一六世紀末にダマスクスの統治者によって建設された。先の「地区のモスク」の項で取り上げたが、オスマン帝国時代に建てられたため、トルコ的な建築スタイルがうかがえる。まず、中庭と礼拝室の繋ぎ部に、連続アーチの一段高くなった縁台のようなものが設けられている。結界的な役割があり、ここでも礼拝を行なう。また、礼拝室のドームが大きく、建物の外観がより強調されている。一日五回の礼拝が行なわれ、近所の人たちが主に利用し、街区のコミュニティ装置としても大きな役割を果たしている。互いの情報を交換したり、ときには街区の相談ごとが行なわれる。

このモスクに隣接するサマーディヤ・ザーウィヤ（図30参照）は、日々の礼拝も行なわれるが、特定の人たちが中心になって使っており、モスクとは多少意味が異なる。ザーウィヤは特殊な施設で、ダマスクスでは郊外に多くみられ、旧市街内では三、四軒のみが確認できる。この施設が、街区にあるということは、街区の結束の強さや特異性を表わしていると考えられる。

ハンマームは街区内には残っていないが、城門を出た市外に、今も一つ残っている。先にも述べたように、現在のシャーグールは市内と市外の結びつきが強く、城壁で仕切られているが一つの街区としてとらえることができる。市内の住民も、外のハンマームを利用している。さらに、城門外の脇には肉や野菜などの生鮮市場が広がり、その近辺の人たちが利用している。モスクも城門の脇に二つあり、市内のヤグシーヤ・モスクと合わせて近いほうを利用している。

その他の施設として、水汲み場は各住宅への上水道の普及により、姿を消している。この街区でも、数カ所に痕跡がみられるだけである。

また、街区長の事務所は重要な施設である。事務所では住居登録が行なわれ、この街区の住民台帳が作られている。どの住宅に誰が住んでいるかすぐわかるようになっている。外のシャーグールの住民も、ここで登録を行なうことができる。住民はまずここで登録し、次に市役所で登録を行なう。他の街区も同じであり、街区単位が今もなお重要視されていることがわかる。

その他の典型的な街区

カイマリーヤ街区（図36）　この街区の特徴は、キリスト教徒の住宅がイスラーム教徒の住宅と混在していることに

図36　カイマリーヤ街区　❶キリスト教徒集合住宅　❷ローディ・サルディ邸　❸モハマド・アデル・ダルダリ邸　❹アハマド・ラーティブ・モカラッティ邸　❺ハサン・ザハワ邸　❻ニアーフ・バダウィ邸　❼ラドワーン・カイアット邸　❽バクリー・ハンマーム　❾モスク（2棟）　❿アルメニア正教会　⓫工場

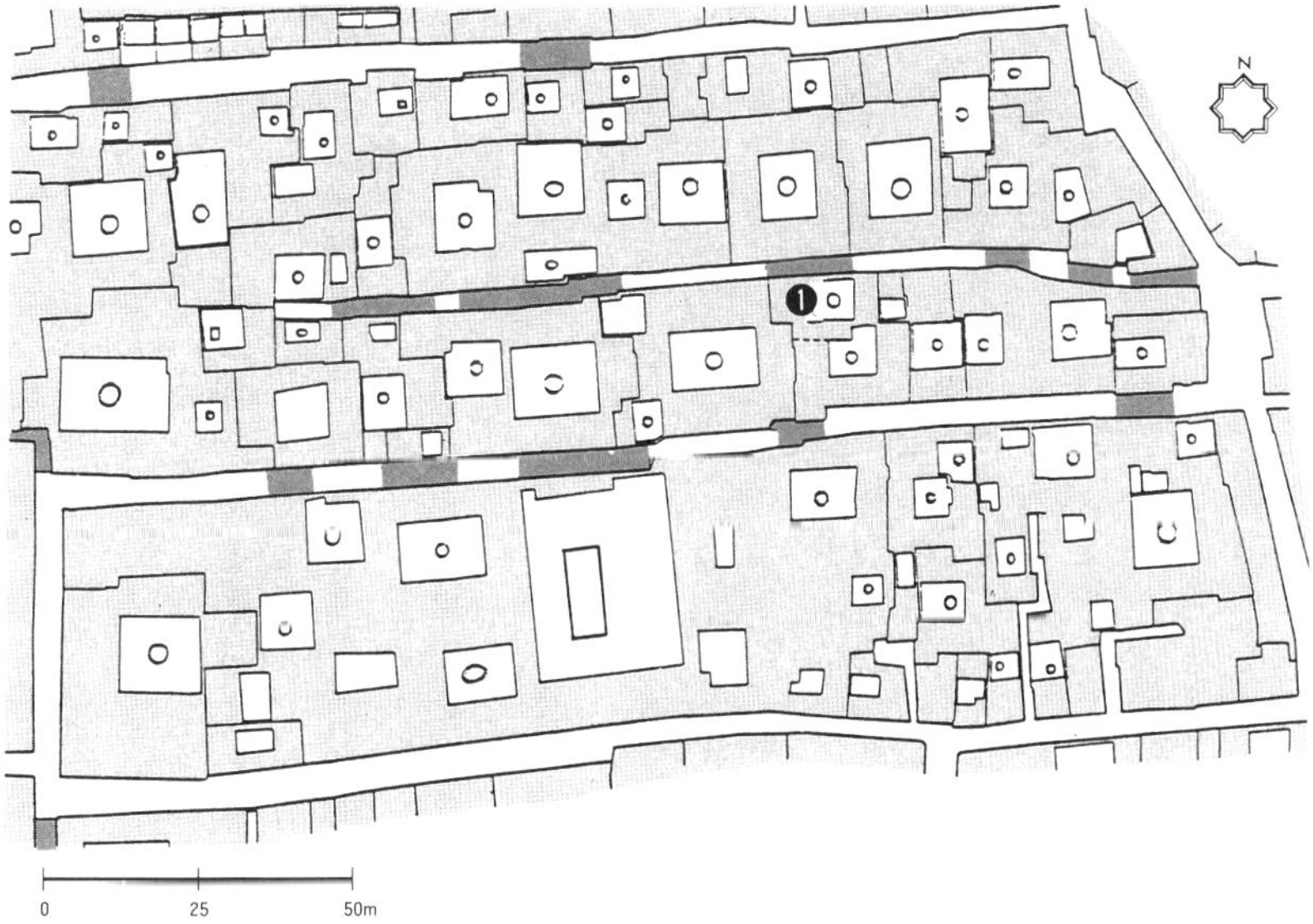

図37　ベイナ・スーレイン街区　❶ナーダー・シャアール邸

ある。街を観察しながら歩いていると、モスクと教会が隣接し、ハンマーム、泉、ハーン、そして小店舗などがまとまっている街区が見つかった。しかもPlan cadastralを見ると、多くの住宅の中庭で南北、あるいは東西の方向性をしっかりとっている。また、中庭に泉のある規模の大きい住宅が多いことがわかり、この街区を詳しく調べることにした。ウマイヤ・モスクと東のトゥーマ門を結ぶ重要な通り沿いに位置するこの辺りは、古代のアゴラの領域であったとされているが、現在はその痕跡は残っていない。

かつて旧市街では、イスラーム教徒、キリスト教徒、そしてユダヤ教徒が宗教ごとによる住み分けを行なっていた。この街区から東側ではキリスト教徒が集中し、教会がいくつも建っている。しかし、現在の住み分けは当時ほどはっきりせず、カイマリーヤ街区では、イスラーム教徒も混在している。なかには隣り合った住宅で、異教徒同士が住んでいるところもある。われわれも初めは驚き、あるキリスト教徒の主人にそのことを尋ねたが、「われわれはこのシリアに住む同じシリア人であって、ここでは宗教がなんであろうと問題ではない」と、答えが返ってきた。宗教も重要であるが、住み手の意識がより重要になるのである。

イスラーム教徒とキリスト教徒の家を比べると、形の上での違いはなく、どちらにもダマスクスの伝統的な形態が見られる。むしろ両者の大きな違いは、住まい方にある。イスラーム教徒では原則的に、血縁関係のあるものが一緒に住み、血のつながりのない他の家族とはほとんど同じ家に住まない。一方、キリスト教徒では、血縁関係によらず信仰を共にする家族が集まり、一軒の家に共同で生活することが可能であり、数家族で集合住宅のように住む家を多く見かける。これは、宗教観の違いであり、女性の在り方がかかわっている。

ベイナ・スーレイン街区（図37）　アブドラ・ハーディ家がかつて所有していたいくつもの中庭をもつ大規模な邸宅を、近年分割していったところである。Plan cadastralを見ると、大規模で中庭に噴水を設けている住宅が多いことがわかる。

この一帯は古代の聖域の縁にあたり、道は直線状で、ヘレニズム期の格子状の道路パターンを基本的に受け継いだものである。袋小路の奥に行くほどトンネルが架かっており、途中には古代の遺跡と思われる石積みのアーチも見られる。袋小路は現在共同で使用する公道となっているが、かつてはその一族の所有する私道であった。袋小路の入口では門の跡が確認でき、一九五〇年頃まで存在していたそうである。この門は、最初の礼拝のために朝四時から開けられ、最後の礼拝後の夜八時に閉められたという。

バーブ・サラーム街区（図38）　北の城壁の近くで、旧市街（メディナ）の周縁部にあたり、庶民的な規模の小さい住宅が密集している街区である。かつて有力家の所有した空地が、近年に開発され、細分化して庶民的な住宅が建ち並んでいったのである。Plan cadastralでは、庭園やザーウィヤが描かれている。

ここは長い袋小路に特徴がある。この街区の有力者アルシェカー・マリアンの名が付けられており、幅は狭くトンネルが架かり、折れ曲がって見通しの効かない私的要素の高い空間になっている。住人の話では、道の途中には五〇年ほど前までハーラを区切る門が設けられ、また宅地化された時に土地のレベルが上がり、かつての庭園から二メートル以上高くなっているという。

かつて袋小路の入口は、アイストップの位置に象徴的に泉がある一カ所しかなかった。しかし、一九七五年頃に交通の便をよくするため、ファラジュ・モスクの脇に道が新設されている。

バーブ・トゥーマ街区（図39）　旧市街の北東部一体を占めている。城壁の北東にあるのが、一三世紀のトゥーマ門（バーブ）で、聖トーマスの名が付けられている。この街区の特徴は、何と言ってもキリスト教徒の居住区ということである。街区内には、シリア正教会、ギリシア・カトリック教会、マロン派教会、アルメニア正教会、ローマ・カトリック教会など宗派ごとの教会が一堂に集まっている。西側には、聖パウロにまつわる地下教会もあり、西欧からの巡礼者も多く訪れている。

街区の構造をみてみると、まず街路の構成が計画的なグリッド状になっており、袋小路も少なく、比較的見通しのよい道が続く。また、女性の立ち居振る舞いに違いがみられ、軽装で出歩く女性の姿をよくみかける。

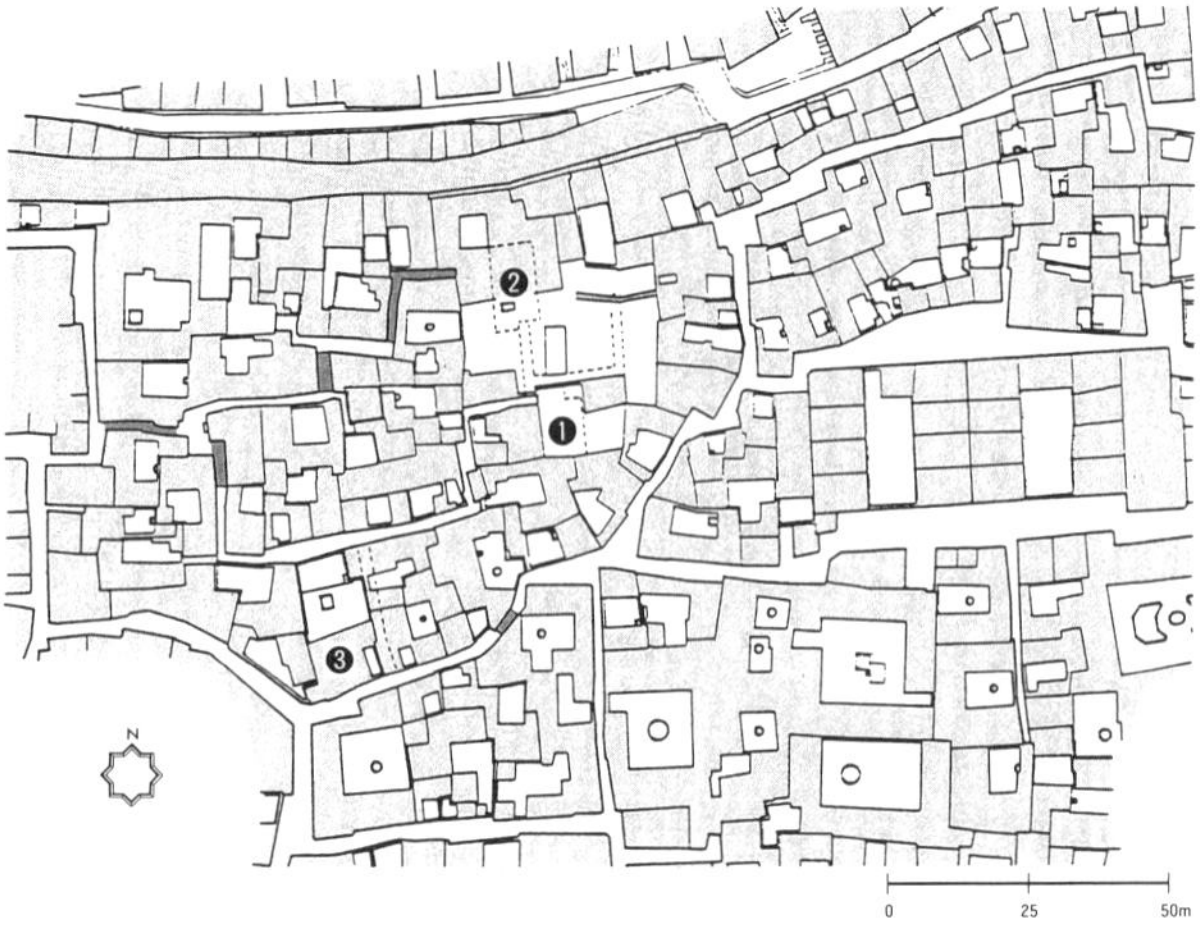

図38　バーブ・サラーム街区
❶サーニー・アブー・スオード邸
❷アブー・ワリード・アルホムシー邸
❸ファラジュ・モスク

図39　バーブ・トゥーマ街区
❶トゥーマ門
❷ハナニア教会
❸まっすぐの道
❹シャルキー門

宗教からみた都市の構造

宗教による住み分け

ダマスクスは、古代ローマ、ビザンツの支配にあったように、イスラーム以前ではキリスト教徒とユダヤ教徒が、住民の多くを占めていた。六三五年、アラブ軍の征服によってイスラーム教の色彩が強くなってくる。ビザンツ時代、ダマスクスの中心的施設であった聖ヨセフ教会は、アラブによる支配当初、敷地の東側をイスラーム教徒が使うことになり、両宗教は隣り合わせで共存していたが、七〇五年にカリフ・ワリード一世によって大モスクへと改修される。次第にイスラーム教徒人口の割合が高まり、旧市街での宗教による住み分けが進んでいく。ウマイヤ・モスクを中心とした西側にイスラーム教徒が住み、東側にキリスト教徒、南東の一角にユダヤ教徒が住むことになった。現在旧市街の中心となっているウマイヤ・モスクも、時代によって用途がかえられていった。古代ローマ時代にはハダド神殿、ビザンツ時代にはキリストを洗礼した聖ヨセフを祀る教会堂であった。今でもモスクの周辺では、当時の姿を偲ばせる壁石や柱などがみられる。

この住み分けは、緩やかに崩れながらも、今なお続いている。西側には教会はなく、イスラーム教徒しか住んでいない。東側ではカトリック、シリア正教、ギリシア正教、ギリシア・カトリックなど、一〇を超える各宗派ごとによって教会が建てられ、キリスト教の地区となっている。ユダヤ人は九〇年前半にシリアからの移住が許され、現在では激減している。国全体の人口でのキリスト教徒の割合は一割程だが、旧市街だけを見ると、三割から四割ほどと高くなっている。これは、教会がモスクとは異なった性質をもち、信者の教会そのものへの帰属性が強いため所属する派の教会の近くに住みたいからとも考えられる。教会は宗派ごとに分かれて信者を有し、教会の長がリーダー的な存在となるが、イスラーム教では決まったモスクに所属することはなく、頻繁に行くモスクはあっても、礼拝を行なうのはどこでもかまわないのである。

ところで、宗教による住み分けはみられるが、職場となるスーク（市場）や現代のオフィスでは、宗教によって分けられてはいない。店舗が密集するスークで、隣り合う店の主人の宗教が異なっていても問題はないのである。公立学校でも、宗教以外の授業は一緒に行なわれている。

異なる祝祭

シリアには、規模の大きな休日が四回ある。その四回とは、イスラーム教のメッカ巡礼後の犠牲祭と断食明けの祭りであり、キリスト教の復活祭とクリスマスである。イスラーム教ではヒジュラ暦（太陰暦を基にするイスラーム世界の暦）を使うため、祭りの日が年に一一日ずつずれていくため、一九九五年では、断食（ラマダーン）明けの祭りとクリスマスの二つの祭りがほぼ連続してしまうということもあった。

イスラーム教とキリスト教の祭りの大きな違いは、宗教施設であるモスクと教会が、祭りにどれだけ関わっているかにみられる。イスラーム教の祭りのときでも、モスクでは礼拝は普段通りに行なわれ、モスクで特別にお祝いの行事があったり、飾り付けが行なわれるわけではない。集団で礼拝し、フトバ（説教）が行なわれるだけである。イスラーム教徒の人々はモスクで何かを求めるのではなく、親戚や知人の家を互いに訪問しあい、羊や牛などを捌いた豪華な食事や菓子などを振る舞って、お祝いが行なわれる。

ところが、キリスト教では、教会で行なわれる儀式に参加することに意義が求められている。クリスマスでは、前日のイブにミサが行なわれ、教会の内部や庭にはきらびやかな飾り付けがなされ、キリスト像や十字架などがミサの演出として使われる。復活祭では、復活の日までの数日にわたり、聖書でのキリストの行動が再現される。教会ではパンが振る舞われたり、各教会に所属する青年・少女による楽団による演奏やパレードが行なわれる（図40）。

さらに、イスラーム教徒とキリスト教徒では、集い方も異なっている。イスラーム教徒は、同じ街区（ハーラ、マハッラ）に住む人々の集団結束が強いが、キリスト教徒では、隣り合って住むことよりも、どの宗派の教会に所属し

図40　教会の庭で行なわれる青年・少女による楽団のパレード

図41　街路に出現する仮設の遊園地

ているかに重点が置かれている。

祝祭時の都市空間

先に述べた祝祭による休日では、公的機関はもちろんのこと、スークの店舗から街の雑貨屋まですべて閉店する。休日に入る前は、営業時間を遅くまで延ばし、新しい衣装や身の回り品を買い求めるお客でごった返している。一転して休日には一気に静寂を迎えるのであるが、その店舗に代わって、スークの通りには仮設の露店商の店が昼夜立つことになる。どこから集まってきたのかと思うほど屋台が並び、路上にも品々が置かれる。日頃、日にしたことがないようなさまざまな動物の剝製屋、太鼓屋、アクセサリー屋、衣類や靴屋などさまざまなものが売られている。さらには食べ物屋まであり、さながら日本の神社や寺での縁日や祭りの様相によく似ている。街によっては、小さなサーカス団まで出現している。地元ばかりでなく、郊外からも多くの人が祭り用に用意した真新しい衣装に身を包み、日頃とは違ったスークを楽しんでいる。

スークばかりでなく、街のちょっとしたオープンスペースや街路の所々に、仮設の遊園地が出現する。遊園地といっても、子供のための大型ブランコやシーソー、小型の観覧車などが多く、大人向きには体力を計るゲームのようなものがだされている（図41）。子供たちも新調した服を着込み、乗り物の順番待ちをし、祭りを楽しんでいる。

露店市は、イスラーム教の祭りの時がより盛大に賑やかに展開する。キリスト教の時では、キリスト教徒地区内では賑わいをみせるが、イスラーム教徒地区では普段の休日の様子とほとんど変わらない。逆に、イスラーム教の祭りの時には、キリスト教地区は静かな休日となっている。それぞれの祭りによって、街が二分されたかのように色合いを変えるのは、たいへん興味深い。

水路から読む都市の空間構成

水路のネットワーク

ダマスクスは、半乾燥地域に位置するオアシス都市である。西側に聳えるレバノン山脈に源を発するバラダー川によって都市は育まれてきた。バラダー川は都市に近づくにつれて、数本の支流に枝別れし、その中の二本が城壁に囲われた旧市街に流れ込んでいる。この市内に流れ込む二本の水路は、古代ローマ時代に市内への給水システムとして整備された。水路は地形を利用し、主要な幹線道路に沿ってさらに枝別れしている（図42）。その後、七世紀以降のアラブ支配の時代にも、そのシステムは受け継がれた。一四世紀にはすでに、水は分水器によって都市施設や住宅に供給されていたことがわかるが、当時の水道建設については明確にされていない。

図42にみられるように、ハンマーム（公衆浴場）は、衛生的にも、宗教的にも重要な施設で、大量の水を必要とするため主要な水路上に配されているものが多い。共同の水汲み場が街路の所々に設けられており、やはり水路上にあるものが多い。また、イスラームの重要な施設である大モスクでも、礼拝前の沐浴のために水が必要であり、水路が確保されている。ただし、小規模なモスクでは礼拝者も少なく、その限りでない。

給水ばかりでなく、排水システムも整備されている。中世にはすでに水洗式のトイレ施設がつくられており、日本

図42　ダマスクスの給水路　○印はハンマーム

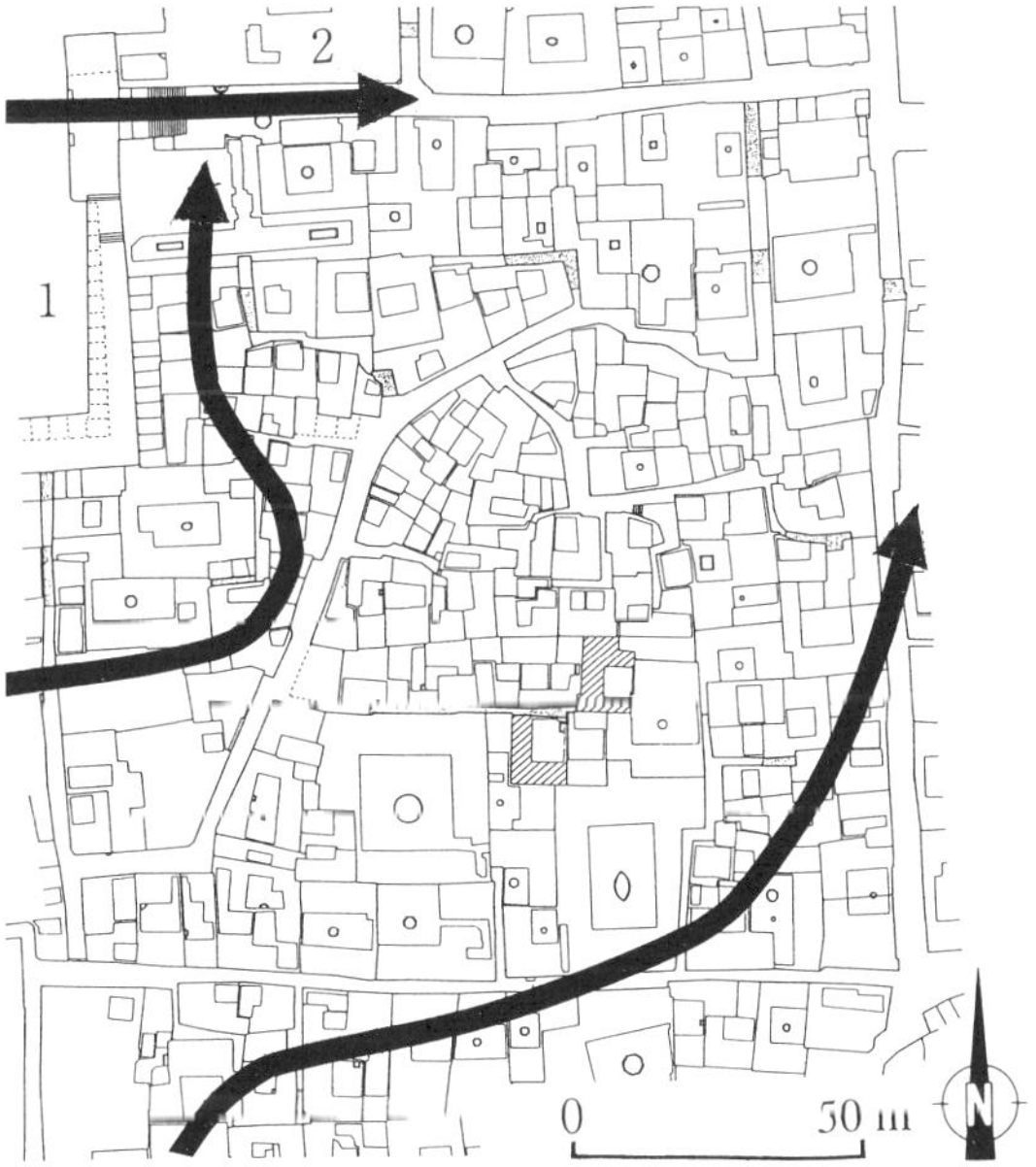

図43　ナッカーシャート街区の給水路
1　ウマイヤ・モスク
2　元ハンマーム

よりはるか以前に排水システムが発展していたのである。ハンマームやモスク、各住宅や公共のトイレなどから出た排水は、いくつかの下水道に集められ、バラダー川の下流の農業地や砂漠に流れつく。その後は砂漠の地中への自然浸透や乾燥にまかされている。現在でも、浄化施設はつくられていない。

給排水システムを現状から考察すると、排水システムは古くから各住宅にも整備されていたと推測できる。各住宅にトイレは不可欠であり、袋小路の奥まった小規模な住宅でさえ、トイレが備わっている。モスクなどに隣接する公衆トイレは中世より水洗式であるが、同様の形式が住宅でもみられるからである。また、各街区や街路に共同の水汲み場が設けられているが、住宅街に独立した公衆トイレを設けていないことからも、古くから下水道が普及していたと考えられる。

現在では、近代的な上水道システムが整備され、すべての住宅に水道管によって行き渡っている。しかし、近代的な下水道の整備は遅れており、配管の詰まりや老朽化のため下水工事を行なっている姿をしばしばみかける。排水は今でも川や砂漠に直接流れ込み、下水処理問題は急務であるといえる。

住宅の規模による分布の相違

ダマスクスの伝統的な住宅は、規模の大小によらず、必ず中庭式である。中庭には緑を配し、噴水や泉を設け、さらに中規模以上の住宅では、特徴的な要素であるイーワーンを設けている。一九三〇年代の Plan cadastral によって住宅の規模がわかり、さらに中庭に噴水が描かれており、この噴水やイーワーンの有無によって住宅の階層の違いが読みとれる。敷地面積八〇〜一〇〇平方メートルを境にして、噴水の有無が住宅で生じていることがわかる。

住宅の規模による立地の仕方をみると、人の往来の多い通りに面して、噴水を備えた格式の高い住宅が多いことがわかる。一方、街区の内側を貫く通り沿いや袋小路では、小規模な住宅が多くなっている。これは、特に給水の確保が重要な条件となっていることが考えられる（図43）。噴水を備えた住宅群に隣接して、上水道が通されており、給水の確保が容易である。しかし、街区の中央部ではやや高くなっており、給水は容易ではない。

他の街区でも同様な傾向がみられ、地形などによる給水システムの整備によって、住宅の規模や階層による分布の相違が生じている。

住宅の平面構成と水路システム

住宅の平面構成において、トイレや台所といった水を使用するサービス空間の配置に着目していきたい。たいてい街路から住宅への給排水路は、玄関通路に沿って設けられている。住宅の改修や改築のときには、まず玄関通路を掘り、街路と住宅の配管の接続を確認し、工事が進められる。部屋の下や他の住宅を通って、配管されていることは少ない。近代の水道システムばかりでなく、かつての水道システムである街路からの水量の調節ができる窪み跡が、今でも玄関通路の壁や入口の脇にみられる。

住宅の規模による平面構成の違いに注目すると、大規模な住宅では、水まわりの空間をメインの玄関口から離して、奥に設ける傾向がある。また、複数の中庭をもつ住宅でも、メインの入口から奥まった中庭をサービス空間としている。これは敷地に余裕があるとき、なるべく人の目に触れないようにするためである。また、このような住宅では、二つ以上の街路に接していることが多く、メインの入口に給排水を依存しなくてもよく、トイレや台所などを裏側の通りや袋小路側に面して設けている。

中規模以下の住宅では、玄関通路に隣接して、トイレや台所を設けている。小規模な住宅ほど、その傾向は高い。しかし、街路に住宅が面している割合が高いときには、トイレと台所を離すことが多い。玄関通路から給排水しなくとも、街路から直接とることができるためである。このとき、トイレは玄関通路に隣接しているが、台所が離れていることが多い。台所は私的要素が高く、人目から遠ざけたいためである。

また、二つの街路に入口をもつ住宅では、往来の少ない街路や袋小路に面したほうに、トイレを設けることが多い。

給水路が主要な幹線道路に沿っているため、給水をより必要とする台所がトイレよりも優先されるためだと考えられる。

同様に水を必要とする浴室をみてみると、大規模な住宅ではプライベートな浴室を奥に設けることができたが、多くの人たちはハンマームに通っていた。浴室は、近代の水道の普及と共に、各住宅に設けられていった。物置やトイレなどの空いている場所を利用してつくられ、平面構成において規則性はみられない。二〇世紀前半以降、浴室の普及により、ハンマームは衰退している。

以上のように、水路のネットワークと住宅の立地の仕方や平面構成は強く関係し、さらに水路と街路のネットワークも繋がりが大きいことがわかる。

伝統的な中庭住宅の特徴

パラダイスとしての住宅

次は住宅街をみていきたい。喧騒の市場から一歩裏通りに入ると、人の姿は少なくなり、狭く折れ曲がった道や袋小路になる（図44）。住宅は互いの壁を接しながら立ち並び、街路に面して窓は少ない。閉鎖的で無表情な壁が続き、所々に二階の部屋が張り出したトンネルがかかっている。先の見通しは利かず、狭く薄暗いため不安になるが、これはその住宅街によそ者を入り難くし、住人の安全とプライバシーを確保するために、彼らの長年の秩序と合理性から築かれてきたものなのである。

薄暗く閉鎖的な街路から玄関通路を通って、住宅の中に入ると、開放的で緑豊かな中庭に出る。中庭にはレモンやオレンジなどの柑橘系の樹木やブドウの木を植え込み、中央には噴水を設け、空から明るく日が差し込む。床や壁にも大理石や漆喰で装飾を施し、まさにパラダイスを地上に再現したかのようである。

この中庭が生活の中心となる。椅子やカーペットを出して、家族の団欒や接客をしたり、料理の仕込みや簡単な仕事も行なう。ときには家族の食事や友人を招いてのパーティーもする。まわりを囲む部屋相互の移動も必ず中庭を通る。トイレも同様で、実際には使わないが雨の日には傘が必要なほどだ。中庭は居間であり、作業場であり、通路でもある。また、自然とふれあう場となっている。

家を訪問すると、たいてい中庭でもてなされ、お茶やコーヒーを飲みながら話をする。男性客が来た場合、親しい人以外は、女性は部屋にこもってほとんど出てこない。したがってあまり長居をしないのがルールである。

伝統的住宅の構成と機能

ダマスクスの住宅は、規模の大小によらず必ず中庭を設け、二、三階建てが多い。構造としては一階を石造とし、二階以上は木の枠組みの間に砕石や土を詰め、その上に漆喰を塗っている。天井はフラットで梁にはポプラや杉など

図44　住宅街の入り組んだ道　二階の部屋がいたる所で張り出している

図45　改築工事によって住宅の構造を知ることができる

図46　住宅の中庭に面した欄間に刻まれた建設年代

の木材が使われている（図45）。

住宅の構成をみると、階層によって半戸外空間のイーワーンや中庭の噴水の有無、イーワーンの規模やその脇の部屋の配置によって、住宅に明快なタイプの違いが生じている。格式の高い住宅では、イーワーンを北向きに象徴的に設け、それと中庭の噴水によって住宅に南北の明快な軸性が与えられている。一方、庶民的なものではイーワーンが存在せず、噴水がなかったり、あるいは壁際に設けられていることが多い。

住宅の使い方をみる上で、特に中庭での家族の行動は興味深い。中庭にシンプルな椅子をだして腰掛け、お茶を飲みながら団欒をする。客のもてなしも庭で行なわれる。夏は強烈な陽射しを避け、涼しい木陰や建物の日陰でくつろいでいる。逆に冬は、日だまりに椅子をだし、日を追いかけて移動する。また、作業場としての役割も重要になる。野菜の仕分けや料理の下ごしらえをしたり、ときには中庭にテーブルを出して食事をする。中庭は快適な環境をつくり、生活の上で重要な役割を果たしている。

都市や街区での住宅の階層による分布をみると、都市の中心部や比較的人の往来の多い道路に面しては、噴水のある規模の大きい住宅が支配的である。一方、城壁沿いや袋小路が多く巡る街区の奥まったところには、庶民的な小規模の住宅が並び、街路上へ二階の部屋が張り出す構成も多く見られる。このような階層による分布の違いは、生活用水の確保と密接に結びついていると考えられる。

ところで、住宅の建設年代を調べるのは難しい問題である。大規模な住宅や名士が住んでいた住宅では、文書や住宅の一部に刻まれた碑文から判明することもある。図46は、中庭に面した扉の上の欄間に刻まれていたもので、イスラーム暦の一二四八年（西暦一八三二年）に建設されたとある。しかし、多くの住宅では判らず、住人への聞き取りに頼ることも少なくない。ただし、壁や天井の装飾によっておおまかな年代は推定が可能である。

中庭型住宅

中庭は住宅の中心であり、外の世界と内の世界とを結ぶ緩衝空間である。つまり中庭は、街路をはじめとするパブリックな所から住宅内部のプライバシーを守るためのセミパブリックな空間である。中庭は住宅だけに見られる形式ではなく、モスクやマドラサなどの宗教的な建築やハーンなどの商業施設でも見られる、ダマスクスではきわめて一般的な建築形態である。

中庭型住宅の利点として、外界と住宅内部（室内）とを完全に断ち切るのではなく、中庭という空間を仲介することによって、互いに交流する場を与えられるということがまずあげられる。中庭でワンクッション置くことによって、住宅内部、特に二階はしっかりとプライバシーを守る仕組みになっているのである。街路から扉を開けて玄関に入っても、部屋に入るにはまず中庭に足を踏み入れなければならない。しかし、考え方によっては外部の人間も中庭までなら入ることができ、外国人であるわれわれでも中庭までなら何の問題もなく入れてもらえるのである。人と人との交流を大切にするアラブ人の生活感情にとってもこの中庭形式は実に都合がよい。このように中庭は普段は家族の団欒の、そして来客があればもてなすための戸外の居心地のよい広間として使われるのである。

中庭に外部の人間が入ってきた場合、多くの住宅で女性や子供が奥の部屋や二階に閉じこもり、接触を避ける傾向にあった。このような場合、相手をするのはもっぱら男性であった。しかし、庶民的な小規模住宅では女性もわれわれの前に姿を見せ、ザックバランに接してくる傾向があり、家族の意思によって女性の外部とのつき合い方を選択していることがうかがえる。また宗教によっても女性の対応は変わってくる。キリスト教徒の住宅では、階層にかかわらず女性も大変積極的に好奇心をもってわれわれに接してきたが、中流以上のイスラーム教徒の家庭では女性の多くは、姿も見られないよう気を配っていたのである。

住宅の内部の使い方を見ると、中庭を中心とした一階はパブリックな性格をもち、そこにはイーワーンや接客のための部屋、さらに家族が共同で使う部屋や施設などが配されている。それに対し、二階は完全にプライベートな空間で、家族のための居室や寝室がとられる。ダマスクスの住宅の場合、ほとんどの居室が中庭に面し、奥の方向にプライバシーを必要とする空間がとれないために、このように上下の方向で〈公－私〉のヒエラルキーが見られるのである。また、二階あるいは三階の居室に、引退した老人のための部屋が設けられることもある。このような部屋にはたいてい立派な内装が施されている。家族を大切にする習慣がいまだに色濃く残っているのである。

都市と住宅

アラブ世界の多くの都市がそうであるように、ダマスクスも迷宮都市としての性格をもつ。ダマスクスの場合、計画的につくられた古代ヘレニズム都市を下敷きに発展してきたため、他のアラブの都市に較べて格子状に東西・南北に沿った道が多く、住宅の構成も南北の軸に規定される傾向があり、迷宮都市特有の複雑さはやや欠ける。しかし近代都市に慣れきったわれわれには十分刺激的である。ところどころに見られるトンネル状の張り出しや出窓、表通りから分岐し、奥へ伸びる細い袋小路。そのどれもが計画都市には見られぬ、独特の風情をかもし出している。

街並みに彩りを添えるものは基本的に扉しかなく、外観からは住宅の全体像を容易にうかがい知ることはできない。扉だけは装飾され、さまざまな色に塗られているが、扉自体からはよほどの大邸宅でないかぎり住宅の大きさも格もうかがい知れない。連続する壁のため、住宅の境界は外からわかりにくい。

袋小路は一般の街路に比べて狭い。一般の街路が人通りも多く、開放的な印象を与えるのに対して、袋小路は人がやっとすれ違える狭さの道だったり、幅がある場合でも部屋が街路の上にトンネル状に架け渡されることが多く、ひっそりと静寂に包まれているのである。

B・S・ハキーム氏は『イスラーム都市』の中で、マグリブの都市チュニスの場合、二階の居室のトンネル状の張り出しは通り抜けのできる街路に多く、袋小路の場合は架けにくいと指摘している。しかしダマスクスでは、逆に袋小路に多く架けられている。その理由として、ダマスクスの袋小路には小規模の住宅が密集して建つことが多いため、残された空間である街路の上に増築せざるをえなかったということが考えられる。また広い街路に部屋を張り出すのは、技術上難しいという面もあるだろう。

密集した市街地の中で壁構造の建物を建てる場合、まず敷地の境界線に沿って壁を立て、中庭を残しながら、そのまわりに部屋をつくる。このように建てていく場合、敷地の形状によって不整形な部屋ができるが、その場合にも中庭そのものは正方形や長方形に整える傾向が強い。われわれの研究室で以前に調査を行なったモロッコの都市では、街路が地形に合わせて不規則につくられ、しかも中庭の方位へのこだわりが薄いために、変形した敷地の影響を受けて、整った部屋が少なかった。それに対し、ダマスクスでは街路が東西・南北に通っているために、整形な部屋が多い。中庭型住宅の場合、街路と住宅は接していながらも、あまりにも雰囲気が違うために相互の関係が薄いような印象があるが、実際には道路の取りつき方とまわりの敷地の形状、そして方角によって住宅の平面形は半分以上決定されてしまうのである。

住宅の特徴

それではダマスクスの中庭型住宅とはどのようなものなのかより具体的に見てみよう（図47）。

住宅の中心は中庭であることはこれまでにも述べてきた。街路から中庭までの間には玄関通路があり、途中でクランクする。街路からの視線が直接中庭に届くのを避けるためである。モロッコなどでは視線を遮断することにさらに気が配られ、街路と中庭の間で二回以上折り曲げている場合も多く、敷地の小さな住宅でもクランクさせている。ダマスクスではそこまで視線を避けることに執着せずに、空間構成上の都合によっては直線的に通路が伸びていることもある。また、中庭を経由せずに通路の脇にある男性用の居室へ直接行ける扉が設けられていることがある。

中庭の床にはカラフルな石が貼られ、中央には噴水が置かれる。壁際にも噴水や井戸などが設けられることがあり、オアシスとしての中庭を印象づける。中庭には緑が欠かせないものであり、植木鉢を並べたものから花壇をしつらえたもの、壁から壁へ紐を架け渡しパーゴラを作るものまで、それぞれの住宅が工夫を凝らしている。緑によってつくられる木陰は見た目にも涼しく、イーワーンと一体になった中庭は、夏の暑い盛りなどは避暑空間として最適である。

イーワーン（図35参照）とは、屋根は架かるが中庭に対してはアーチだけで壁はなく、開放された半戸外の居室であり、ダマスクスの住宅を見るうえで非常に重要な位置を占めている。イーワーンは中庭に象徴的な造形美を与えるが、機能的には主に夏場の暑さを克服するために使われてきた空間である。メソポタミアに起源をもち、その分布はイラン、イラク、シリア、トルコ南部、エジプトのフスタート（遺跡都市）など広範囲に分布している。

イーワーンは中庭の南側にとられ、北側に向かって大きく開放されている。中庭の南側にあることによって太陽に背を向けることになり、日の光が直接入らないのである。通常イーワーンは二層分吹き抜けで天井が高く通風がよいために快適な居住空間となっているが、中庭の冷却機能を高めるために、他にもさまざまな工夫が見られる。住宅の多くでイーワーンと噴水は対で置かれている。イーワーンでくつろぐ人々にとって、正面に置かれた噴水は鑑賞用としての意味合いもあるが、それと同時に噴水によって冷やされた空気を天井の高いイーワーンに呼び込み、涼風とするクーリングシステムとしても活用されているのである。他の居室でも風の通り抜けができる高窓が設けられ、自然を利用して快適な環境を住宅の中に確保していることがうかがえる。

イーワーンには床に四〇センチほどの段差がつけられていることがある。低い土間状の場所をアタブ、高い方をターザルと呼び、これに似た形式はエジプトのカイロの住宅の部屋の中などでも見られる。

イーワーンの両側や奥の部屋は立派に装飾されていることが多く、なかには室内に噴水を設けている格の高い部屋も見られた。これらの部屋は接客室や居間として使われていることが多い。イーワーンの両側の部屋のうち、入口に近い方を男性用の居間、もう一方を女性用の居間として使い分ける傾向がみられる。

中庭を挟み、イーワーンの対面には冬の居間がある。この部屋はイーワーンとは逆に日の光が当たる側に面してつくられ、暖を得るために冬の寒い季節に多く利用されるのである。この部屋も質の高いものが多く、接客空間として使用されているのがわかる。これらの部屋の配置や格の高さから、客人のもてなしを重視するダマスクスの人々の気質がわかる。

一階にはその他に共同で使う台所やトイレ、ハンマームなどのサービス空間をとるが、ここでも公的、私的性格の度合いによって配置に違いが見られる。基本的に家族だけが使う台所は中庭に面していても入口から離れた奥にとられ、逆に来客も利用するトイレは玄関通路の途中や入口近くに配置される傾向が強い。また台所は二カ所以上ある場合でも、複数家族で共同で使用されていることが多い。

二階につくられる居室はきわめてプライベートな性格の強いものであり、ほとんどが家族の居室や寝室に当てられている。大家族制の残るダマスクスでは一つの住宅に血のつながった複数の家族が一緒に生活することが普通であるが、一つの部屋に一つの家族という単位で住んでいることが多い。家族数が多く上の階の部屋だけでは足りない場合、一階にも家族の居室が振り分けられることがあるが、なるべく上の階に私的な居室をもっていく傾向が見られる。

住宅のタイポロジー

ダマスクスの住宅といっても、敷地の立地、広さ、階層などさまざまな要素により一軒一軒の違いができてくるのは当然である。しかしそこには必然的に共通するものもある。ここでは調査した住宅をいくつかのタイプに分類することによって、ダマスクスの住宅の特質を探っていきたいと思う。

まず住宅の基本構成である中庭と部屋の配置関係を考えてみよう。住宅の中で中庭は中心的存在であり、位置的にも中心にあることが多いが、土地の形状や、その他の要因によって多少差異が生じる。しかし居室のほとんどは中庭に面してとられ、部屋同士が内部で直接結ばれることは少ないため、結果的に中庭を囲むようにして居室が並んでいる。中庭と居室（イーワーンを含む）の関係を見ると、O型、U型、L型、I型の四つのパターンに分類される（図48）。

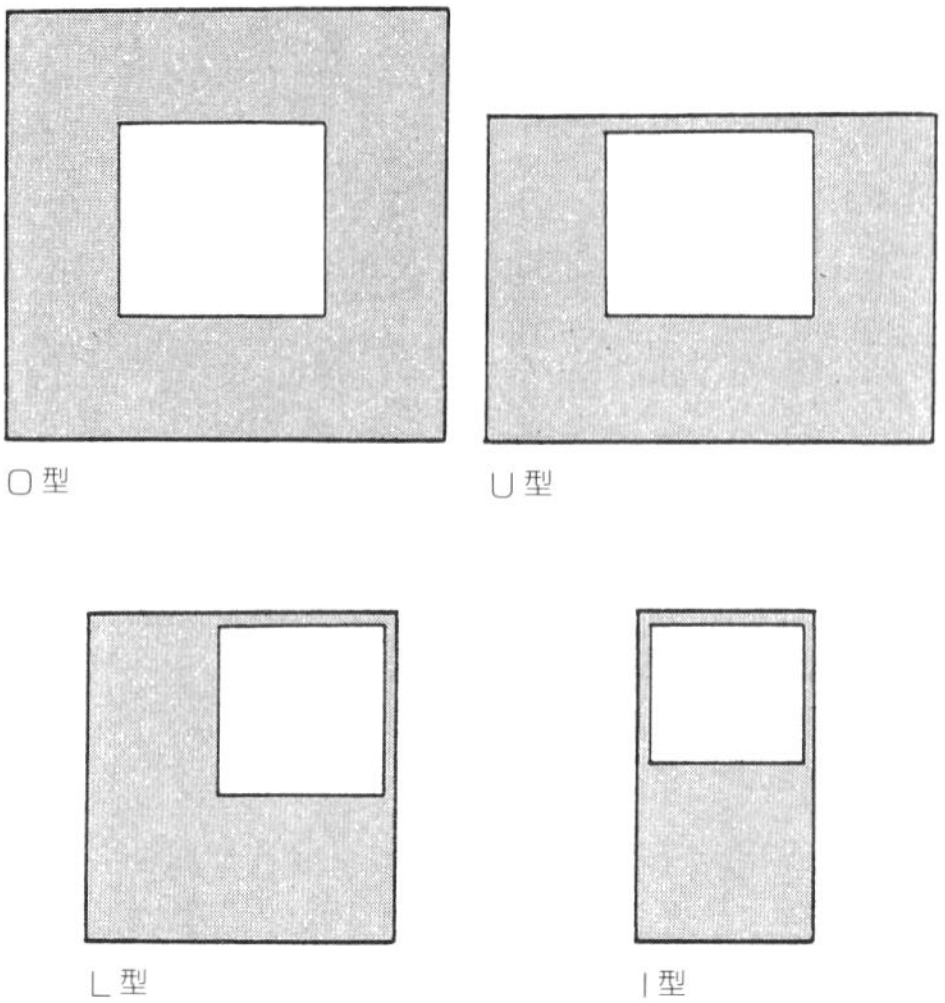

図48　住宅平面における中庭と部屋の配置によるタイプ分類

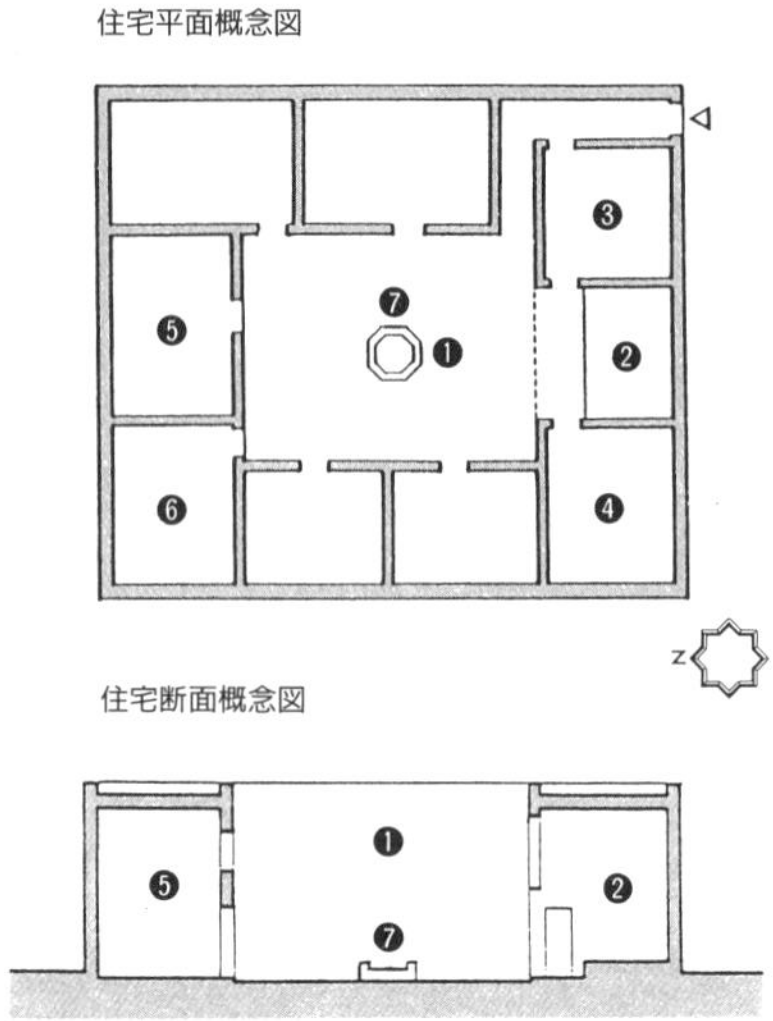

図47　住宅平面概念図と住宅断面概念図
❶中庭　❷イーワーン　❸男性の居室　❹女性の居室
❺冬の居室　❻台所　❼噴水

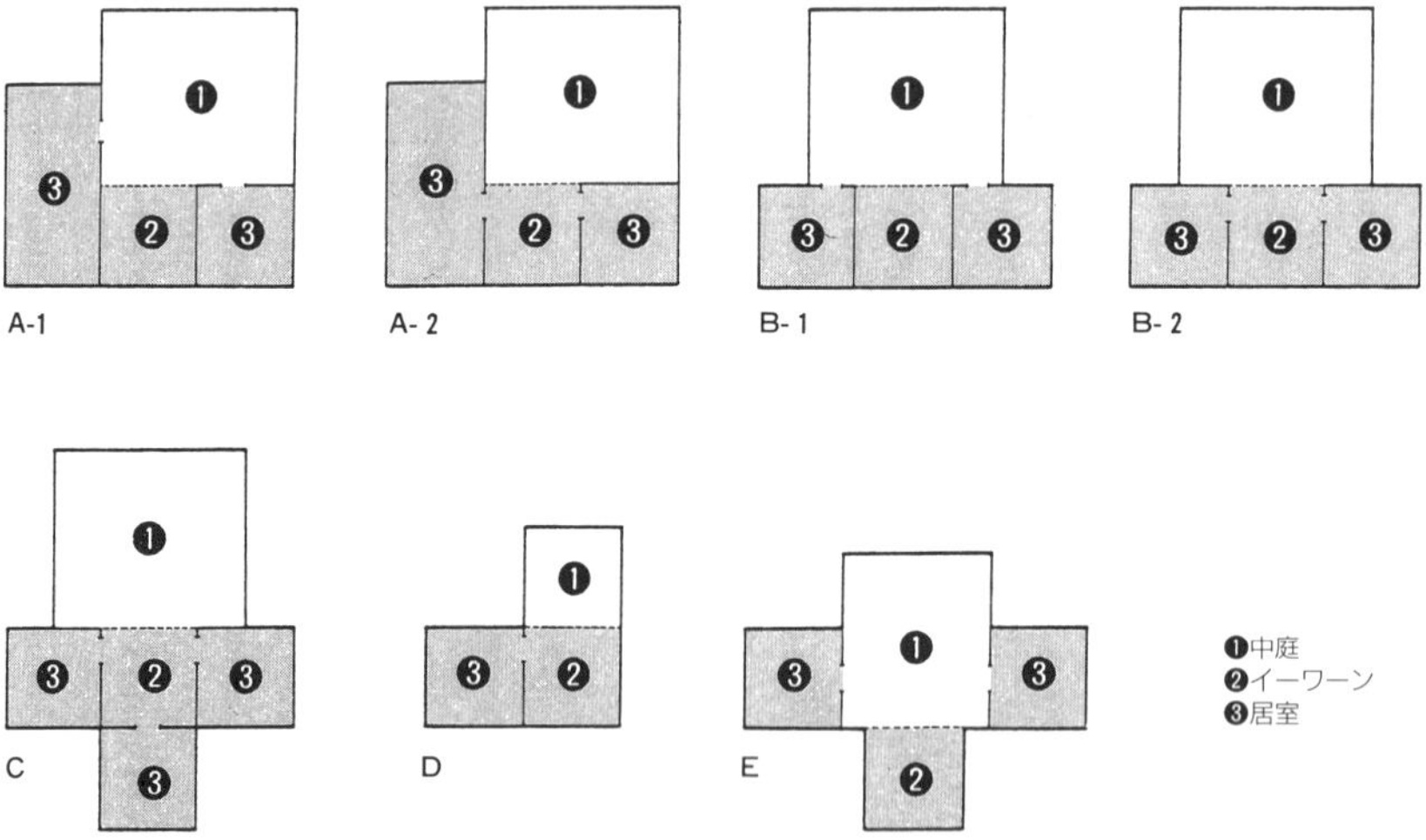

図49　住宅平面における中庭・イーワーン・居室の配置によるタイプ分類

O型とは中庭の四面が居室で囲まれたタイプであり、敷地の大きい住宅によくみられる。中庭型住宅として理想的なタイプである。U型は中庭の三面が居室で囲まれ、残り一面は壁により構成されるタイプで、敷地の大小に関係なく多く見られ、最も一般的なタイプといえよう。L型は中庭の二面が居室で囲まれ、残りは壁により構成されているタイプであり、敷地の小さい住宅に見られる。L型の派生型として、中庭を挟んで、部屋が向かい合うように、両側に配されるタイプもある。最後のI型は中庭と居室が一対の構成をとり、敷地が小さく形状的にも無理がある場合に見られるが、きわめて少数派といえる。

次に、ダマスクスの住宅の特徴として一番に挙げられる中庭とイーワーンの関係について注日してみよう。中庭は住宅の中心であり、住宅内に貫入した外部的空間でもある。そしてイーワーンは、中庭的性格と居室的性格が混ざった半戸外空間であり、避暑空間でもある。中庭とイーワーンには密接な関係があり、両者の位置関係と居室の配置にもいくつかのバリエーションがある。

まずこの分類をする上でイーワーンの存在について述べる必要がある。これまで何度もダマスクスの住宅におけるイーワーンの重要性を指摘してきたが、すべての住宅にあるわけではなく、敷地の小さな住宅などではイーワーンが設けられていないこともある。しかし、このような小規模な住宅でも、よほど小さなものでないかぎり、中庭の一部にイーワーン的空間を設けている点が注目される。例えば中庭の南側に二階や庇を張り出したり、布を日除けのように架けているのである。もしくはそういった設備が何もなくとも、南側の壁に沿って絨毯を敷き、中庭の壁でつくられる日陰を活用しているのである。これらはイーワーンという洗練された建築形態はもたないが、イーワーンへの発展途中の形態を示しているといえよう。

次に、イーワーンと居室、そして中庭との関係に注目して、いくつかのタイプに分類していく（図49）。多くの住宅ではイーワーンの両側に居室が配されている。両側の部屋の配置には、二つのタイプがあり、イーワーンを中心に非対称なものをAタイプ、対称なものをBタイプとする。その中で、居室の入口がイーワーンと無関係にあるものを

1型、イーワーンの中にあるものを2型とする。B‐2タイプでイーワーンの奥にさらにもう一つ居室があるものをCタイプとする。そして、イーワーンの片側にしか居室をもたないものをDタイプとする。また、イーワーンの両側に居室を持たないものをEタイプとする。

A‐1タイプは古い住宅や規模が比較的小さな住宅に多く見られる。このタイプは、イーワーンと居室がシンメトリー（対称）に配置されておらず、通風性の効率もあまりよくない。イーワーンの居室化は一応なされているが、快適な環境づくりに対してはいまだ洗練されていないタイプだと考えられる。

A‐2タイプは、イーワーンの両側の部屋へ入るとき、中庭から直接ではなく、イーワーンを介してワンクッションおいて入るタイプである。そのことによって、両側の部屋に格を与え、空間の奥性を生じさせている。それは同時に、イーワーンがまた一歩居室化していることでもある。したがって、A‐2タイプはA‐1タイプを発展させたタイプといえる。

Bタイプは機能を考えたうえで一番効率がよい方法である。最も効率のよい中央にイーワーンを置き、さらに噴水というクーリングシステムに正対することによって快適な空間をつくっている。さらに、このタイプのメリットはそれだけではなく、イーワーン特有のアーチによる額縁効果によって、象徴性が生まれる。つまりイーワーンから見たときに中庭を一枚の絵として認識させ、視覚的にも快適な空間を演出しているのである。しかも中心にイーワーンを置けば、中庭の眺めも一番得やすくなる。

B‐2タイプはイーワーンと両側の部屋の関連性が高く、最も理にかなった完成されたタイプだといえる。イーワーンの両側の部屋は接客空間であり家族の居間でもある。入口に近い方を主に男性が使い、遠い方を主に女性が使う。これらの部屋は住宅の接客空間の要となっているのである。

Cタイプは B‐2タイプの発展形であり、格の高い住宅にしか見られない。奥の部屋の使い方としては、専用の接客室として使われており、実利的な面よりも象徴性をもった部屋である。

図50　イーワーン断面によるタイプ分類
❶中庭　❷イーワーン　❸噴水

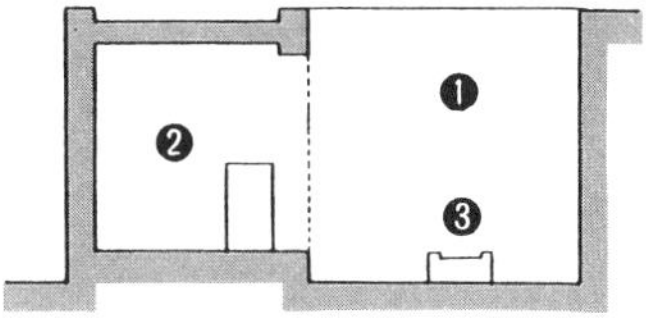

I型：中庭からすぐ段差のあるタイプ

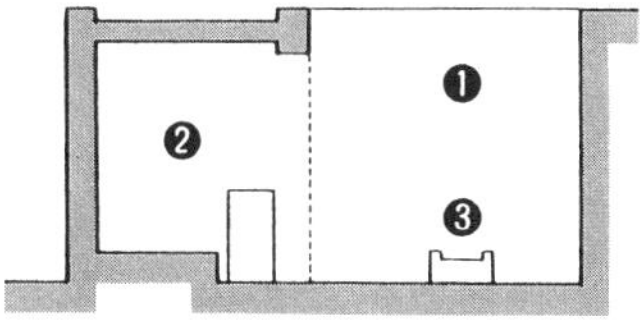

II型：部屋の入口の奥に段差のあるタイプ

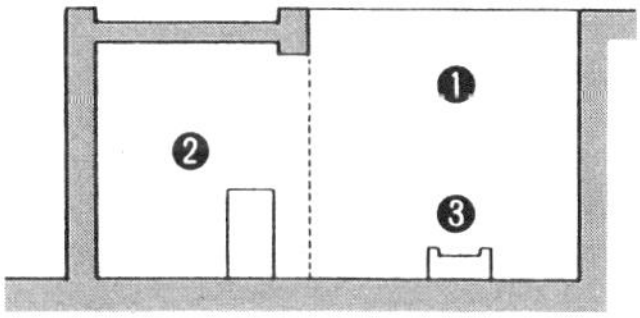

III型：段差のないタイプ

図51　分割のタイプ分類

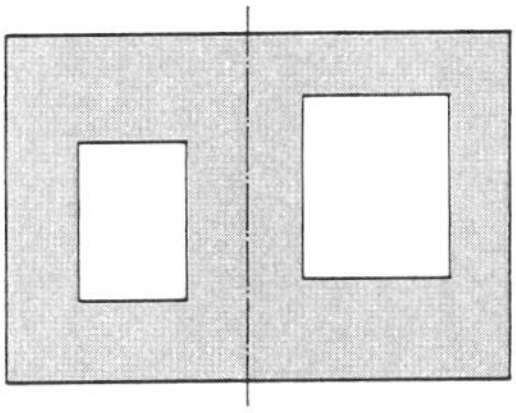

中庭ごとに分割しているタイプ

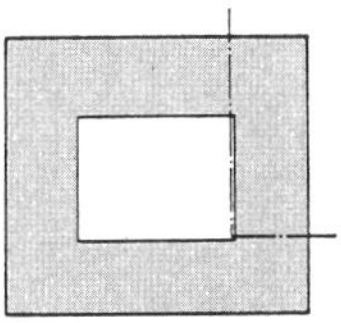

部屋ごとに分割しているタイプ

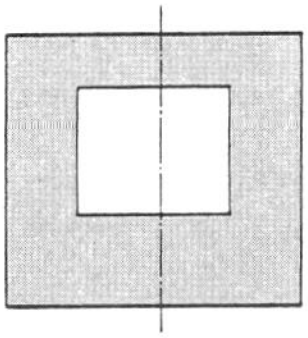

中庭で分割しているタイプ

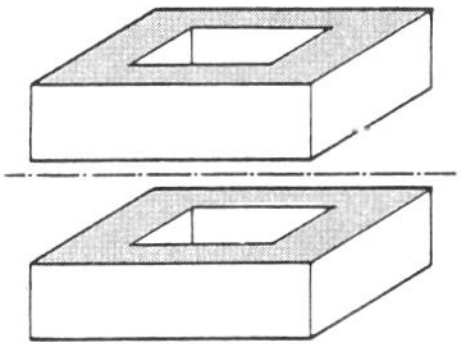

上下で分割しているタイプ

Dタイプは、敷地の関係で両側に部屋を設けられない小規模な住宅に多い。このタイプでは、両側に部屋を配されない分だけ部屋数も少なく、接客室の機能も家族の居間と共用されていることが多い。

Eタイプは、イーワーンは北向きだが、両側に部屋がとれず敷地の形状などの諸条件が原因で、イーワーンが独立しているようになっている。

次に、その他の要素にも注目していく。イーワーンには段差があるが、そこにも三つのタイプがある（図50）。Iタイプでは段差が中庭とイーワーンの境ですぐに上がっている。このタイプでは両側の居室には段差を上がってから入ることになる。数としては少ないものである。IIタイプは段差が奥にとられ、土間状の部分に両側の居室の入口がある。イーワーンがステージ状になって象徴性が増し、格の高い住宅によく見られる。IIIタイプは段差がとられていないものである。小・中規模の住宅に広く見られ、中庭との一体感も強くなっている。格式の整った住宅で、I・II・III型を比べると、段差のあるIとIIの型はより古い形式であり、かつては靴をぬいで上段にあがり、中庭を見て楽しんだという。近代になると、西欧からイスやソファーなどの家具が入り、靴をぬがないスタイルが広まったため、段差の必要性が失われ、III型が多くなったと考えられる。

二階のプライベート空間へ上がる階段には、大きくわけて内階段と外階段の二つのタイプがある。内階段は建物の中に階段が入り込むために、敷地に余裕のある大規模な住宅でよく用いられる。内階段そのものが中庭から目に入らないために、一階と二階の連続性が薄れ、住み分けに適している。一方、外階段には木製や石製のものがあり、比較的庶民の住宅に多く見られる。このタイプの場合、上る姿が中庭から見えるために、一階と二階の連続性が強まり、しかも上った先がテラス状のギャラリーになっていることもよくあり、開放的な雰囲気を演出する。また一つの住宅に外階段、内階段の両方が備えつけられていることもあるため、上った先の部屋同士が離れていて直接行き来ができない場合もある。そのような住宅では、中庭の各壁面によって床のレベルや階建が違っていることが多い。そのため複数の階段が必要となってくるのである。

このようにダマスクスの住宅は、二階建ての中庭型住宅の利点を活用し、住宅の中におけるパブリック空間とプライベート空間の住み分けを行ない、密集した都市型住宅の一つの解答を提示しているのである。

現代に生きる住宅

ダマスクスの旧市街には、伝統的な形態をとる古い住宅がひしめき合うように高密に建っている。一〇〇年以上前に建設されたものが多く、なかには三〇〇年以上前のものもある。そこでは現在でも数多くの人々が生活を営んでいるのである。古い建物は維持するだけでも費用がかさむため、人が住んでいる住宅の中にも維持できず使われていない部屋が多くある。住み手の移り変わりもあり、昔ながらの姿をそのまま留めている住宅よりも、変化を重ねている住宅の方が多い。ここでは現代に生きるダマスクスの旧市街の住宅を見ていきたい。

ダマスクスの旧市街には現在も多くの人が生活し、ウマイヤ・モスクなどの重要な施設も多いが、現代の都市としての中心機能は既に近代的な新市街に移って久しい。近代化に伴い、裕福な人々の多くは郊外に邸宅を構え、旧市街から出ていく。そして都市の中心が移るとともに、一般の人々も新市街や郊外につくられた住宅地に移り住んでいったとはいえ、旧市街に残った人々も多い。スークの中に店を構えていたり、さまざまな事情により残る商人や職人にとっては旧市街に住む方が便利であり、伝統的な住宅に馴染んだ人々にとっては中庭型の住宅は居心地がよく、今でも評価が高い。むしろ、若い人たちの中には結婚の際の新居を土地の限られた旧市街の中にもとめず、外へ出ていかざるをえない傾向もある。

また旧市街で多く見られるのが、住宅の分割である。分割には大きく見て四つのパターンがある（図51）。一つ目は、いくつも中庭をもっていた大邸宅が、中庭を核とする複数の住宅に分割されているタイプ。二つ目は、中庭を半分で区切り、それぞれが小さな中庭をもつ住宅に分割されたタイプ。そして三つ目は、各部屋の機能を無視し、中庭さえ潰し、いくつかの住宅に分割するタイプ。最後の四つ目は、住宅を上下で分けているタイプである。

大邸宅の複数の中庭を切り離した住宅では、互いの住宅の境界が複雑になっているケースが多いが、住宅の質としては悪くないことが多い。このタイプでできた小さな住宅は、セカンドハウスとして使われている例もあり、住宅のバリエーションに色を添えている。

分割のタイプには共通した点がある。それは住宅の分割が家族の分離も意味しているということである。大家族制を色濃く残すダマスクスであるが、近代化の波とともに核家族化が進行している。中庭を囲むひとつの住宅に、血のつながった複数の家族が生活するのが本来のダマスクスの姿であったが、その象徴的な中心である中庭を分割したり、潰したり、もしくは全く使わなくなったりしながら、それぞれの家族ごとにわかれ、独立して住めるようにしている例も少なくない。分割は、核家族化を望む若者が増えたことや、遺産相続や税金が原因となっていることもある。

しかし、そのような流れの中で旧市街以外でも大家族制が今なお継承されていることは注目される。それも近代に登場した集合住宅内であり、けっして古い住宅だけに大家族制が受け継がれているわけではないことがわかる。

ダマスクスの人々にとって中庭とは、まさに心の拠り所であり、家族の中心的存在である。近代化によって少しは弱まった面もあるが、ダマスクスでは家族を中心としたコミュニティがいまだに残っているのである。中庭という形式が継承され続けるかぎり、ダマスクスでは綿密な人と人とのつながりが受け継がれていくことであろう。

住宅の事例集

①住宅のタイプ　②家族構成　③主人、もしくは同居する家族の職業　④いつから住んでいるか、いつ住宅を購入したか　⑤住宅の建設年代（住人への聞き取りが多く、その裏付けを得られたものは少ない）

シャーグール街区（図34参照）

マハムッド・ハッダーム・スロージェ邸　①O型プラン＋イーワーン（B-1タイプ）　②四家族（両親＋四人の息子家族）　③長男はモスクのイマーム（指導者）、祖父もイマームだった。父はシリアの軍人　⑤二〇〇年前

大家族が共同で生活する住宅は、その住み方に特徴がある。この住宅では特にその大家族の住み方と大規模住宅での部屋の装飾性を見ていきたい（図52）。

長男は、家の近くにある四〇〇年前から続く由緒あるヤグシーヤ・モスクのイマームの要職につき、三〇年ほど前にこの家のオーナーとなった。二〇〇年前に建てられ、一五〇年前に今の室内装飾ができたそうだが定かではない。

ダマスクスでは一般的に一階にパブリックな空間、二階にプライベートな空間をとるが、大家族での生活となると、必ずしもその住み方を守るわけではない。両親と三人の息子の家族の四家族が共同に住み、二階に三家族それぞれの居室があり、一階に末弟の家族の居室がある。二階に十分なスペースがない場合、一階にもプライベートな部屋をとるのである。

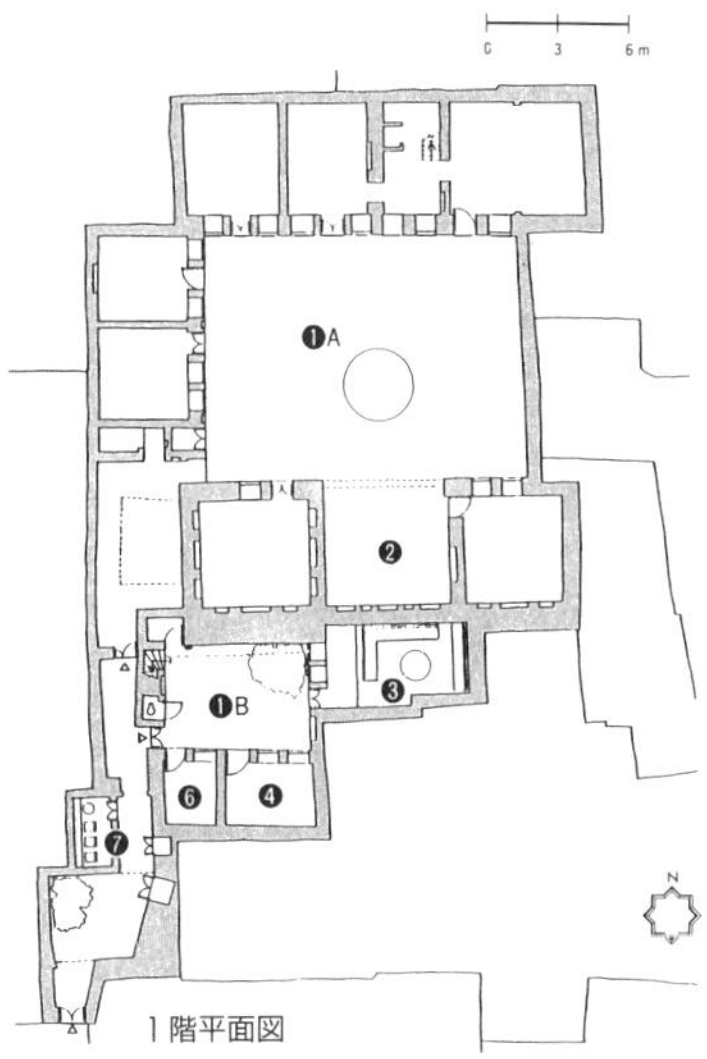

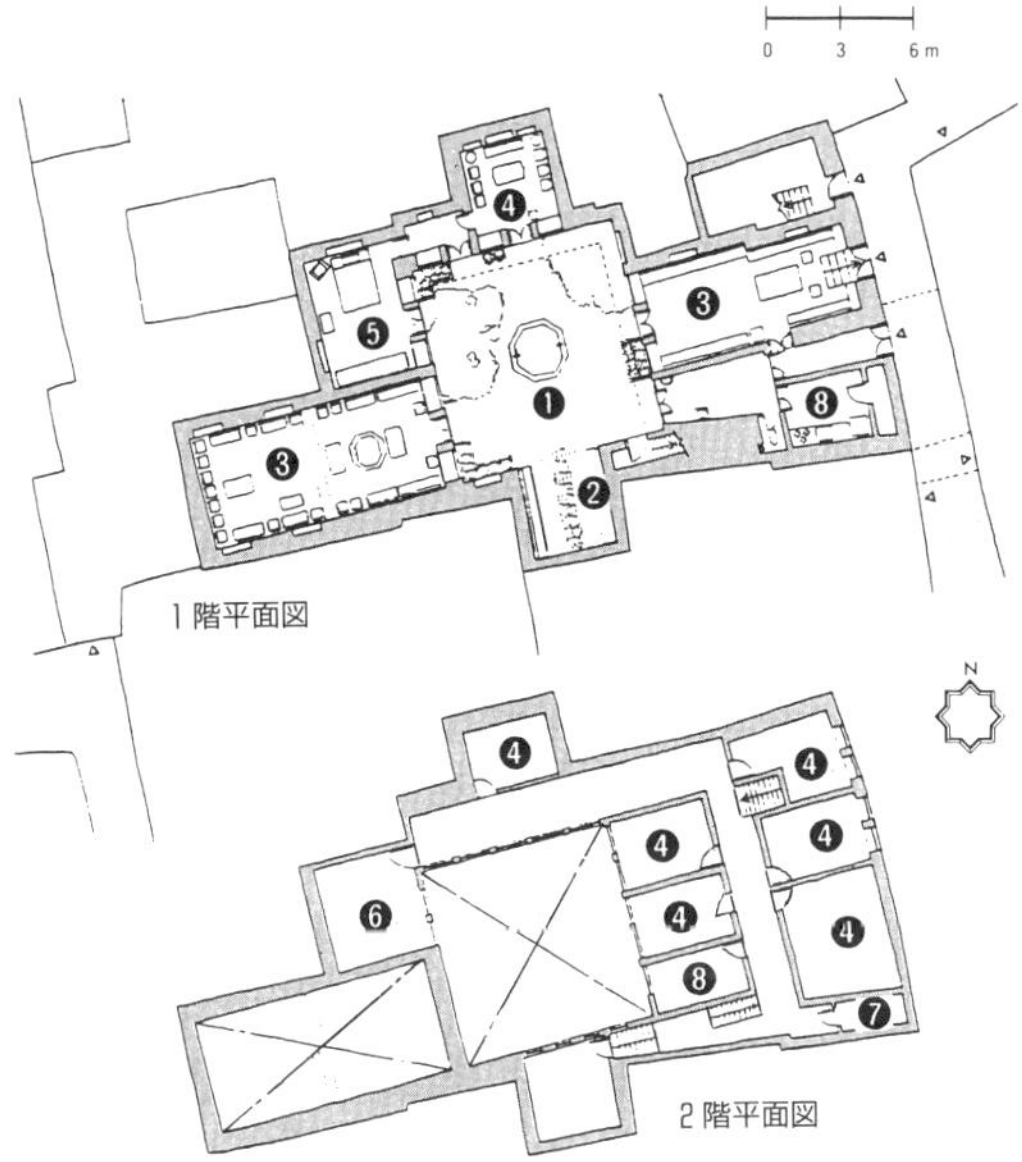

❶中庭
❷イーワーン
❸接客室
❹居室
❺弟家族用居室
❻客用寝室
❼ハンマーム
❽台所

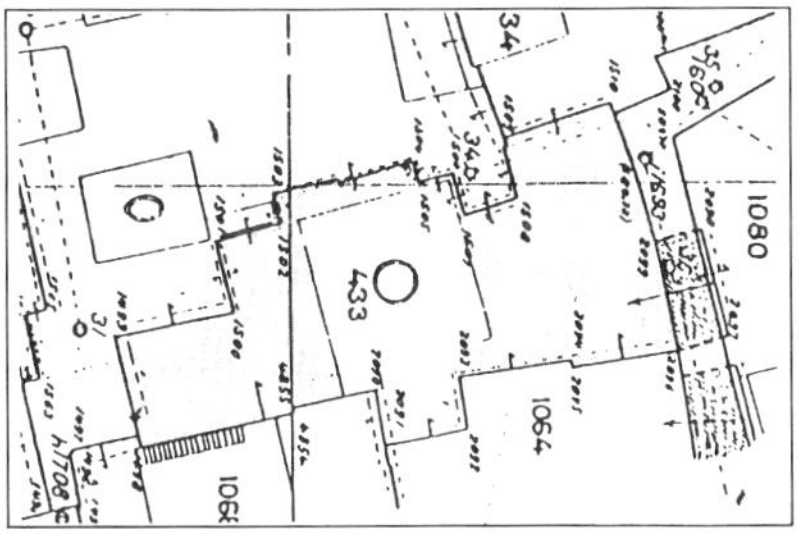

図52　マハムッド・ハッダーム・スロージェ邸

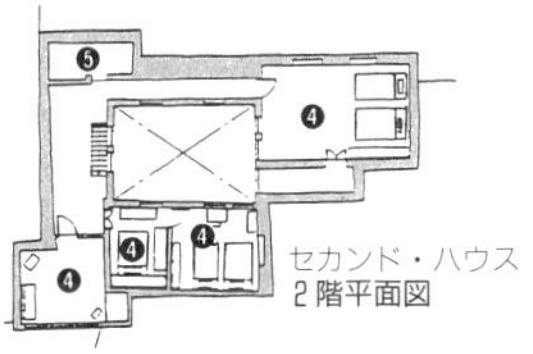

❶中庭
❷イーワーン
❸接客室
❹居室
❺ハンマーム
❻台所
❼美容室

図54　ヨセフ・スロージェ邸（A）とセカンド・ハウス（B）

図53　マハムッド・ハッダーム・スロージェ邸の接客室　壁　面に木彫りやスタッコで装飾が施され，先祖の写真が飾られている

一階は、そこにプライベートな部屋がとられても、全体としてはやはりパブリックな空間としての性格が強い。オアシスを彷彿させる噴水のある緑溢れた中庭、接客室、そして台所やトイレなどのサービス空間をおき、パブリックな性格の強いものとなっている。事実、われわれも調査の合間にイーワーンでチャイ（紅茶）をいただいた。一方、女性部屋や居室がある二階は、閉ざされたプライベートな空間である。主人がイマームという職にあるためか、われわれがいる間、女性は二階に上がってしまい、全く姿を見せず、二階を調べることはできなかった。そのため、この住宅の二階平面図は、主人に簡単な図を描いてもらい、それを参考にしながら、推測して図面におこしたものである。

この住宅の多くの特徴のうち、いくつか重要なポイントを取り上げていく。

まずは居間や接客室の装飾のすばらしさである（図53）。これらの部屋は一階にあり、いずれも美しく見事な装飾が施され、壁際にすばらしいソファーや椅子が巡らされる。床は幾何学模様に美しく色彩豊かに石でペイブされ、壁は木彫りや漆喰（スタッコ）、鏡や美しい飾り棚で装飾されている。さらに天井にも壁と同様に装飾が見られ、豪華なシャンデリアが吊されている。どの部屋も中庭に向け開放的に窓をとり、光と風をふんだんに取り入れている。さらに、西側の部屋では途中に数十センチの段差があり、天井に大アーチが架かっている。一つの空間で床に高低のレベル差をつけることによって性質を分けているのである。低い側には噴水を設け、快適な空間をつくり上げている。

次の特徴は、街路から住宅へ入るための玄関にある。頻繁に利用する主玄関、接客室に直結するゲスト用の玄関、そしてプライベートな部屋のある二階へ直接上がるための玄関と、用途が異なる三つの玄関を設けている。玄関を二カ所以上もつことは、規模の大きな住宅にしばしば見られる。可能なかぎり公と私の動線を分け、プライバシーの確保や女性を他人の目に触れないようにするための工夫であり、玄関通路を折り曲げ、中を直接覗き込まれないようにするのと同じ目的をもっている。

最後は、一階の平面形態である。敷地は東西に長く、かなり入り組んでいる。そのためイーワーンの両側に部屋がなく、独立した形で設けられている。しかし、きっちりと北に向き、ソファーや緑などを置き、居心地のよい空間としている。敷地形状にかかわらず、中庭をきっちり矩形にとり、中庭に南北方向の軸性を与えている。これはダマスクスの住宅で最も重要な特徴である。

ヨセフ・スロージェ邸　①U型プラン＋イーワーン（B－1タイプ）　②一家族一〇人　③役人　④何世代も前から住み続ける　⑤現在修復中

Plan cadastralでは、当時は後述する住宅（セカンドハウス）とで一軒であった（図54）。しかし、現在は二つの中庭ごとに分かれ、二軒の別の住宅として使われている。この住宅はその北側の中庭を中心としたものである。前述のイマームのスロージェ氏の弟家族が住み、その兄の住宅とは隣り合っている。しかし、隣り合っているとはいえ、住宅の入口は全く違う街路からとっている。そのためかなりの距離を歩かなくては行き来できず、感覚的には全く異なったところに建っているかのようである。

かつて玄関通路であったところは、現在街路から続く袋小路のようになっており、後述の住宅と共同に利用されている。その長い通路を通って奥に入ると、広い中庭にでる。しかし、現在修復中のため廃墟のような荒涼とした雰囲気で、当時の面影を見いだすことはできない。緑は全くなく、噴水も跡が確認できるくらいである。プランとしては、北向きにイーワーン、その両側に部屋があり、かつては南北軸上に噴水が置かれる典型的な構成を示していた。二階へは二カ所に階段がある。修復が終わった二階の一部を、家族で使用している。

セカンドハウス　①L型プラン

この住宅は前述の家族とは異なった家族が夏用のセカンド・ハウスとして使用している（図54参照）。一階はパブリックな接客空間として利用され、居室などのプライベートな空間はすべて二階にとられている。主人は玄関通路にある部屋で美容院を経営しており、パーマ機などが置かれている。

モハメド・ベラクダール邸　①U型プラン＋イーワーン（Cタイプ）　②二家族一〇人（父母＋娘四人、息子夫婦＋子供二人）　③ヨルダン、エジプトなどに物資を運ぶトラックドライバー、現在は隠居（七〇歳）　④一九五〇年に購入

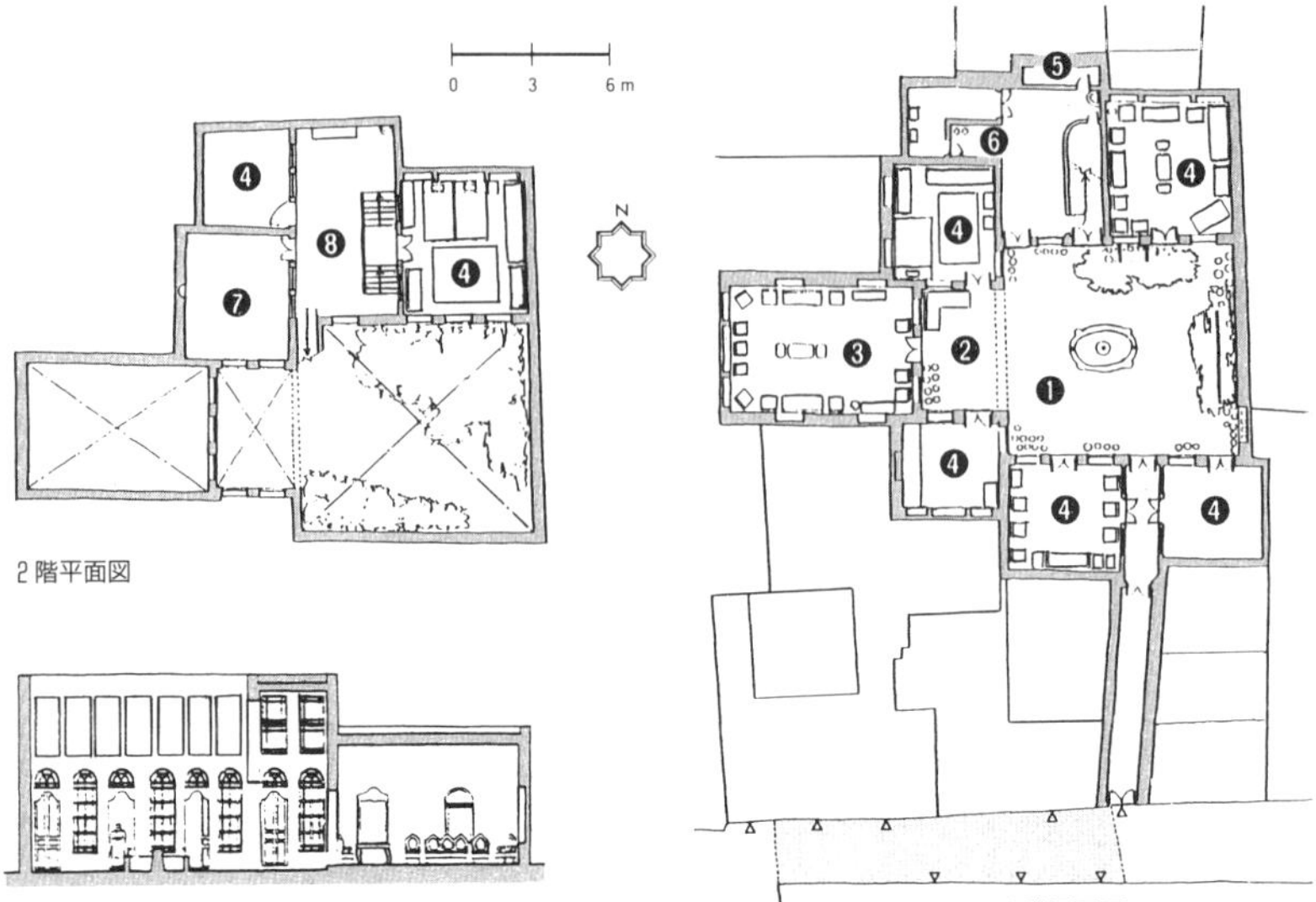

図55　モハメド・ベラクダール邸

❶中庭
❷イーワーン
❸接客室
❹居室
❺ハンマーム
❻台所
❼女性の作業場
❽テラス

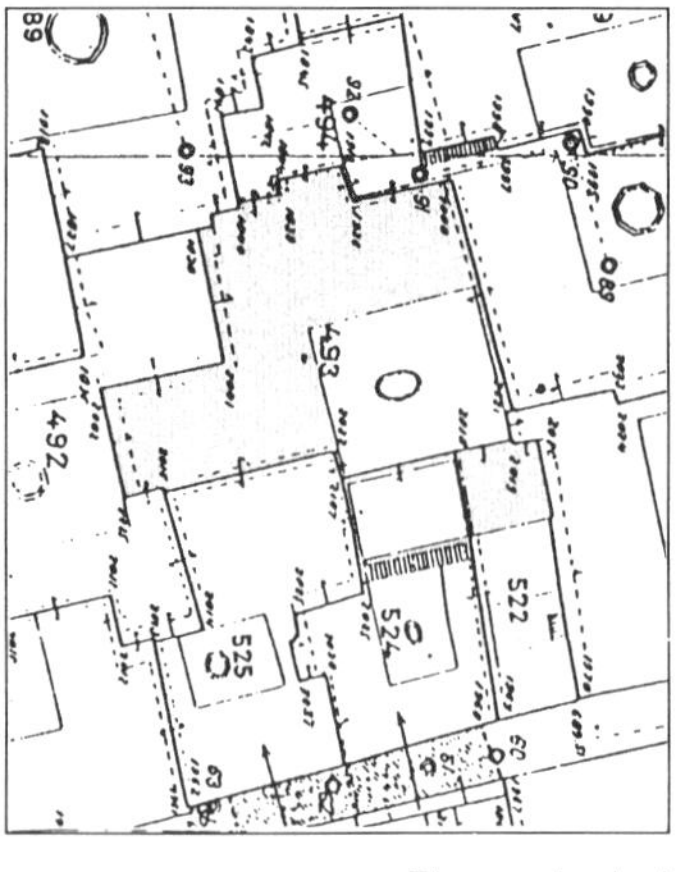

Plan cadastral

図56　イーワーンの2階から中庭を望む

⑤二五〇年前

華やかで美しく、居心地のよい中庭をもつ住宅である（図55）。街路から暗く長い玄関通路を抜けると、明るく開放的な中庭に出る。緑豊かなジャスミン、レモンなどの柑橘系の樹木。中庭の中央には水を豊かにたたえた噴水。そして、木陰と強い陽射しの鮮やかなコントラスト。まさにパラダイスを感じさせる中庭である（図56）。

主人の話によると、この周辺の五軒は二五〇年ほど前に建設されたアミール・アリーの大邸宅で、現在は五つに分割されているという。街路にもその名が残っている。この住宅はアリーの私邸部分にあたり、東側の住宅は接客や使用人のためのものであったという。現在は分割されているが、確かにもともとは同じ家族が使っていたことを示すものがある。それはイーワーンの東脇にある二階の部屋の窓である。その部屋を含んで、この住宅の東側の二階部分は隣の住宅に帰属している。ところが、隣家であるはずのその部屋の窓はイーワーンに面して設けられており、こちら側を覗き込めるようになっているのである。一般的に隣の住宅を直接覗き込むように窓を設けるとは考えられず、分割前にあったものがそのまま残っていると思われる。

ところで、この住宅のイーワーンは東向きである。イーワーンは北向きが理想ではあるが、諸条件により北向きが不可能なときは、東、あるいは西向きにとる。このイーワーンは両側に部屋があり、さらに奥にも部屋が展開するタイプである。イーワーンの役割は居間であり、次に続く部屋にとっての前室でもある。奥の部屋は美しく装飾された接客室で、素晴らしい家具が置かれている。ここから中庭の噴水が象徴的に正面に望める。

二階に上がると、木造のヴォールト天井が架かるテラスに出る。住宅のヴォールト天井はきわめて珍しく、かなりの有力者が住んでいたと思える。

一階はパブリック空間で、接客室、息子家族の居室があり、階段脇に台所、トイレ、納戸などのサービス空間がとられている。二階は両親と娘四人の部屋でプライベートな空間となっている。また、二階のイーワーン脇の部屋は女性たちの仕事場になっており、スポーツウエアーの縫製をしている。ここからイーワーンと中庭が望め、女性たちがわれわれを興味深く見ていたのである。

アハマッド・コルディ邸　①U型プラン　②四家族一五人（両親＋三兄弟の家族）　③主人は隠居　④何世代も前から住み続ける　⑤八〇年ほど前に再建

ここと次で紹介する隣り合う二軒の住宅は、庶民的な小規模住宅の典型的な例である（図57）。イーワーンの規模や中庭の噴水の有無など建築の形式が大規模住宅と異なり、ダマスクスでの空間概念やそのヒエラルキーが読み取れる。二軒は人通りの少ない住宅街の街路から、さらに狭く薄暗い袋小路を入った途中にある（図58）。この袋小路には九軒の住宅があり、奥へ行くほど二階の張り出しによるトンネルが架かり、昼間でも真っ暗で何も見えないほどである。袋小路の入口には、かつて街区を区切っていた扉門の跡が残っている。

まずはコルディ邸から見ていこう。小規模な住宅ではあるが、中庭が有効に用いられ、そのまわりに大家族で住んでいる。一階には一家族が、二階には三つの居室に三家族が生活している。ダマスクスではこのように一軒の家に大家族が共同に生活することが多く、たいてい一部屋に一家族の割合となる。しかし、イスラーム教徒では、血縁関係がない家族が一緒に生活することはなく、親子や兄弟といった血のつながりのあるもので住んでいる。

住宅の入口は、街路から袋小路に入った正面に象徴的にとられ、まっさきに目に飛び込んでくる。玄関から中庭への通路はまっすぐで短い。これは住宅が袋小路の奥にあり、よそ者の侵入がほとんどなく、覗かれる心配がないためである。また、ダマスクスでは、玄関扉を少し開けている住宅が多い。中庭に風を取り込み涼をとるためだが、袋小路や街路に対して私的要素を強くもっている現われでもある。

中庭に入ると狭いながら緑が多く配され、二階へと続く外階段が印象的である。小規模住宅では中庭が狭く、噴水を置くことはほとんどない。イーワーンはかつて使われていたが、現在は中庭との境に壁を設け、倉庫として使用している。小規模な住宅では、大家族の部屋数を確保するため、イーワーンに壁を設け室内化させ、居間や倉庫として利用することが多い。また、大邸宅では接客室をしっかりとるが、小規模住宅では十分なスペースが確保できないた

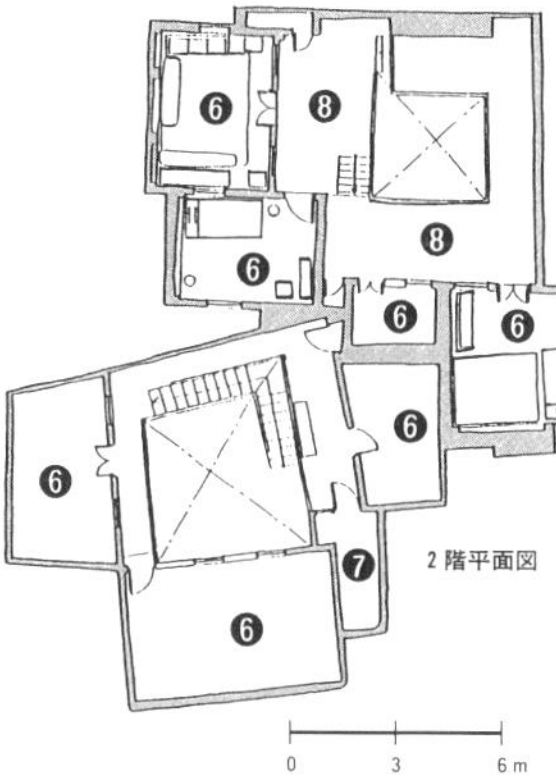

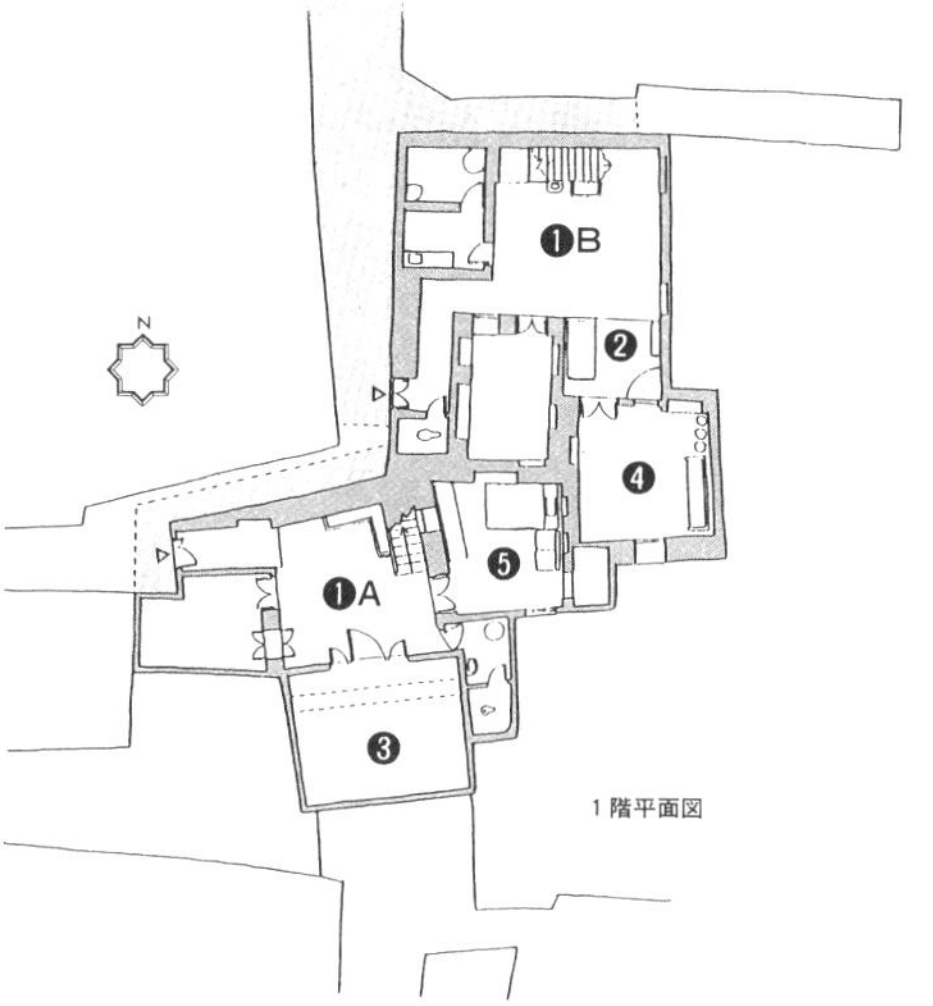

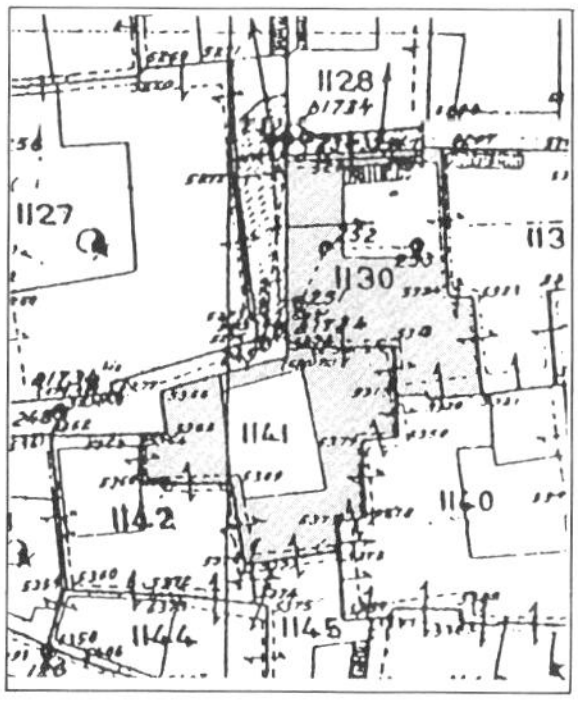

❶中庭
❷イーワーン
❸元イーワーン（物置）
❹接客室
❺接客室兼居室
❻居室
❼台所
❽テラス

Plan cadastral

図57　アハマッド・コルディ邸（A）とモハマッド・ファヘード・サハーディア邸（B）

図59　サハーディア邸　小さなイーワーンの前でのもてなし

図58　袋小路奥のアイストップにあるアハマッド・コルディ邸の入口

め、家族の居室がそれを兼ねている。

住宅の規模の違いは、建築空間はもちろんのこと、人の振る舞いにも違いを生む。大邸宅では女性は二階の居間などに隠れ、われわれの前に決して姿を出さず、調査できない部屋もあった。しかし、庶民的な住宅では女性が気軽に応対し、スムーズに調査がはこぶことも多く、この家でも主人の息子の嫁がわれわれと応対してくれたのである。

モハマッド・ファヘード・サハーディア邸　①L型タイプ　②一家族四人（母＋娘二人＋息子、娘二人は結婚後同居を予定）　③息子は運転手　④一〇〇年前に購入　⑤一五〇年前

次に、隣り合う二軒目であるが、中庭は狭いが、やはり外階段と緑が巧みに配されコンパクトに収まっている。二階は大きく街路の上に張り出し、一階のスペースよりもかなり広くなっており、テラス的空間がとられ開放的である（図57参照）。

この住宅の特徴は、二階の張り出しによってできたイーワーン的空間である。彼らもイーワーンと呼んでいる半戸外空間で、その奥の居間へのアプローチ的性質も含んでいる。しっかりと北を向き、日陰の涼をとり、そこにカーペットや椅子を出している。われわれもここでコーヒーをいただいた（図59）。規模こそ違え、機能や用途に全く違いはないのである。

ここでは四人が暮らしているが、みな二階に寝室を持ち、一階には接客とトイレなどのサービス空間がとられている。このような小規模の住宅においても、可能な限り一階をパブリック空間、二階をプライバシーを確保する空間としてしっかり分けているのである。

モハメッド・クセイバティ邸　①中庭に増築　②一家族三人（夫妻＋子供一人）　③スークに店をもっているカーペット修理業者　④一九五五年に分割　⑤分割前の住宅は三〇〇年前に建設

大家族で一緒に住む形態が崩れ、一軒の家が相続の際に分割された例である（図60）。主人の話によると、祖父の代では比較的大きな住宅であったという。これはPlan cadastralからも確認できる。ふたりの子供（父、叔父）で一

図60 モハメッド・クセイバティ邸

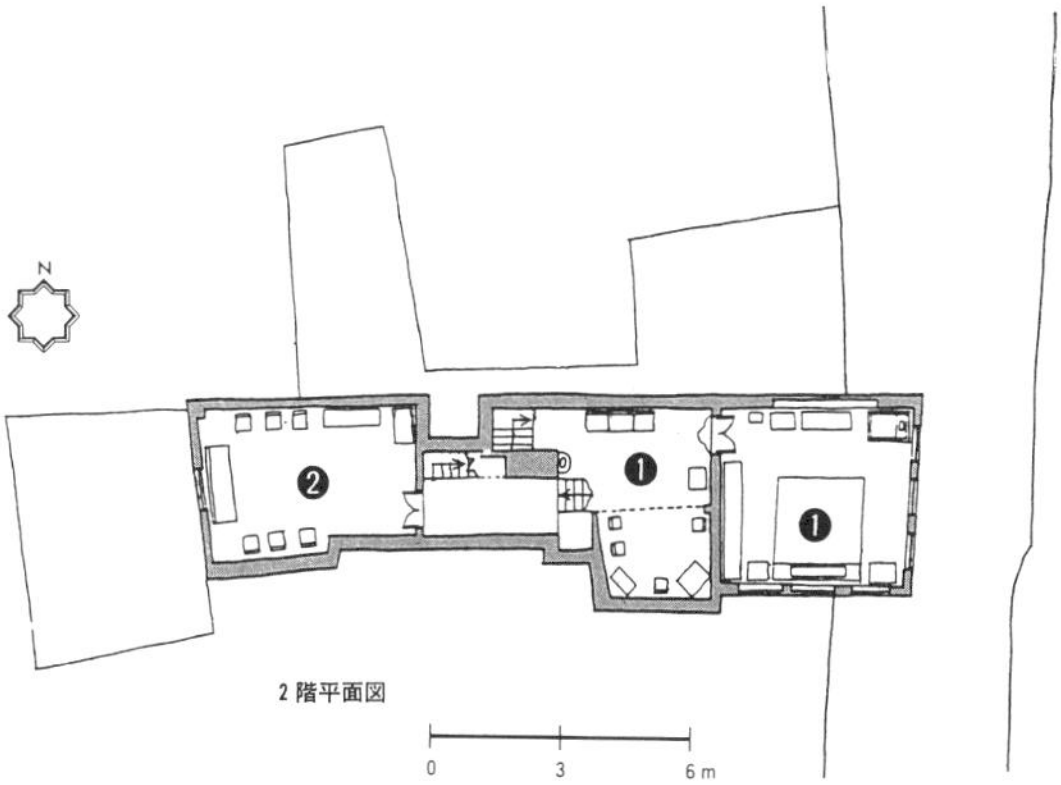

❶居室
❷書斎

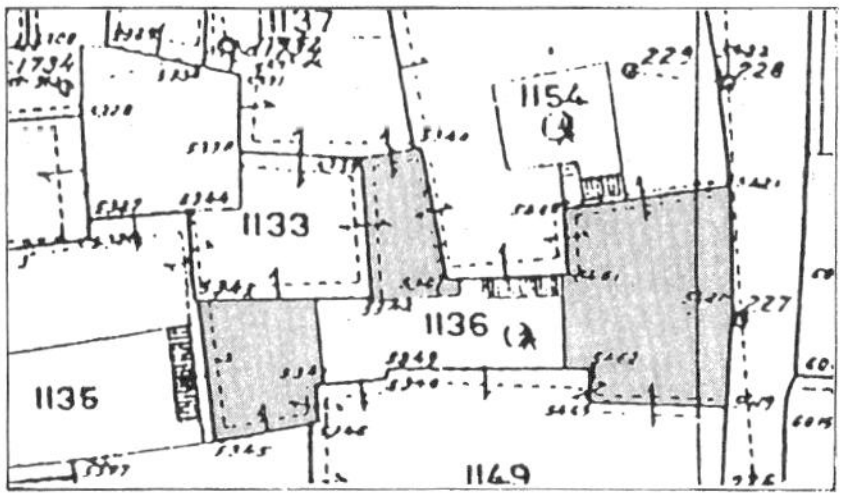

Plan cadastral

図61 ラスラン・アブー・デアル邸

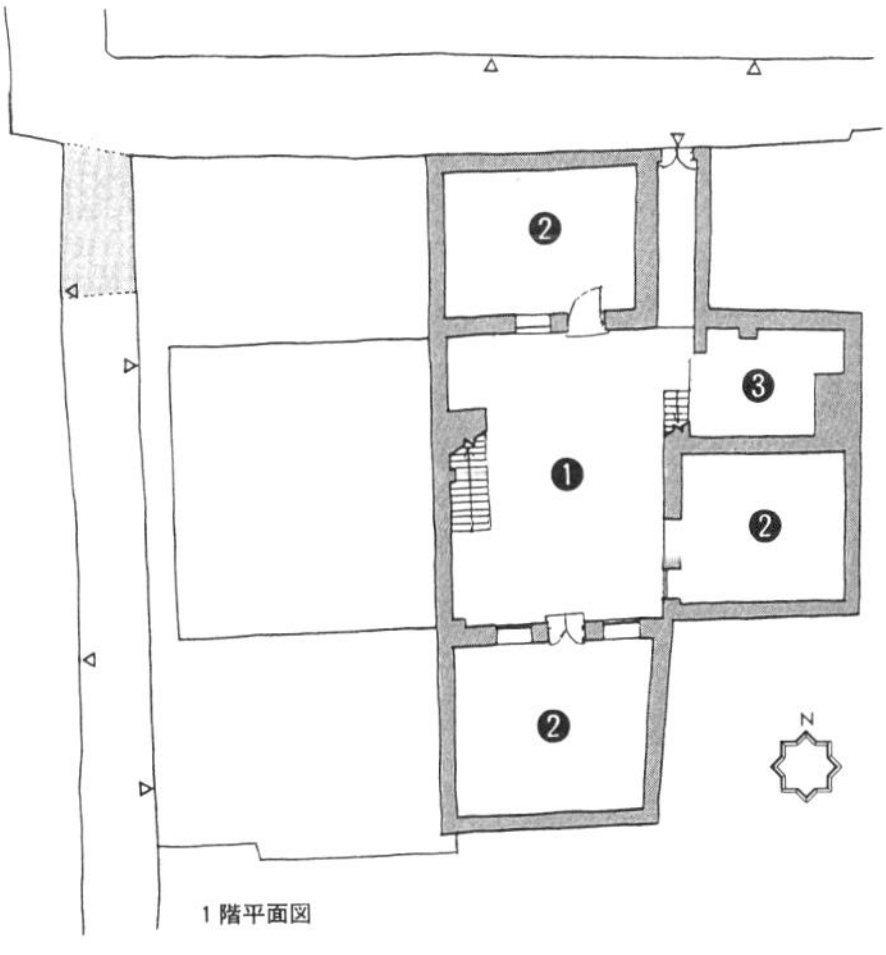

❶中庭
❷居室
❸台所

Plan cadastral

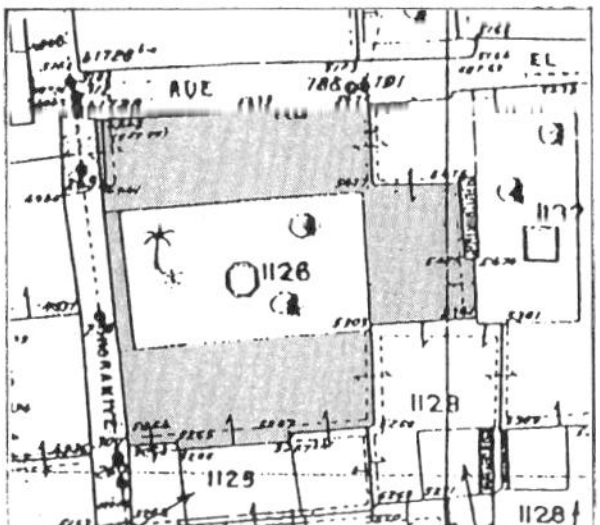

九五五年に分割し、さらに叔父側をふたりの息子で分け、結局は一軒を三つに分割する形になったのである。

分割はいささか複雑に、平面的にも、立体的にも行なわれている。この住宅の北側と西側にそれぞれ従兄弟の家族が住み、クセイバティ氏の住む二階部分は一九八八年に父から譲り受けている。Plan cadastral 当時にあった中庭には、現在では建物が増築され、二階では居間となっている。小住宅でも血のつながりのある大家族で住んでいる例は多いが、従兄弟となると一緒に住まずに出ていってしまうか、または彼らにとって最も重要な中庭までも潰して分割したり、増築することも起こりうるのである。

ここでは一軒の家が分割されたため、かつて街路にあった玄関扉を取り払い、街路から入り込む袋小路のような通路がとられ、そこに三つに分割された住戸のそれぞれの玄関扉がとられている。われわれはこの通路に大いに興味をもって調べた。

クセイバティ邸は玄関を入ると、狭いが台所、トイレ、階段があり、二階へ上がると中庭に増築された居間に出る。居間とその両側の二部屋が、この家族の居住空間になっている。中央と西側の部屋が居間で、東側が寝室となっている。中央の居間には洗面台があり、実際には中庭がなくとも、感覚の上ではここを中庭のように利用しているのである。

ラスラン・アブー・デアル邸　①U型プラン　②三家族一〇人（父母＋娘二人、兄夫婦、弟夫婦＋子供二人）　③弟は機械関係の仕事　④一九六五年頃に分割　⑤一五〇〜二〇〇年前

一軒の住宅が中庭で分割された例である（図61）。Plan cadastral では、東側とで一軒の大きな住宅であり、中庭の中央に噴水も描かれている。話によると、父とその兄弟の家族が一九六五年頃に噴水を取り壊し、中庭の中心に新たに壁をつくって東西の二つに分割したという。やがてその兄弟家族は東側を他人に譲渡し、引っ越してしまったという。現在は中庭に外階段を新たに設け、残った西側を三家族で使っている。

ナッカーシャート街区、アッシャーム街区（図62）

旧トラード・ミルヘム・パシャ邸　①U型プラン＋イーワーン（A-1タイプ）　②四家族二五〜三〇人　④数十年前にフランス人より祖母が購入　⑤四〇〇〜五〇〇年前に建設、元はオスマン帝国の統治者（パシャ）の邸宅

コミュニティ施設群として調べた一角に建つ住宅である（図63）。主人によると、かつてオスマン帝国の統治者であるトラード・ミルヘムが住み、かなり歴史的な由緒ある住宅であることを自慢にしている。マスジドの裏側にあり、ウマイヤ・モスクに続く人通りの多い表通りからアプローチする。表通りに面していても住宅の玄関扉の前には水汲み場があり、目立たず見落としそうなくらいである。われわれは以前から商業空間やこのようなカフェやモスクなどの公共施設が建ち並ぶコンプレックスの裏手に隣接する住宅に大いに興味があり、ぜひともこの住宅を調べたいと考えた。

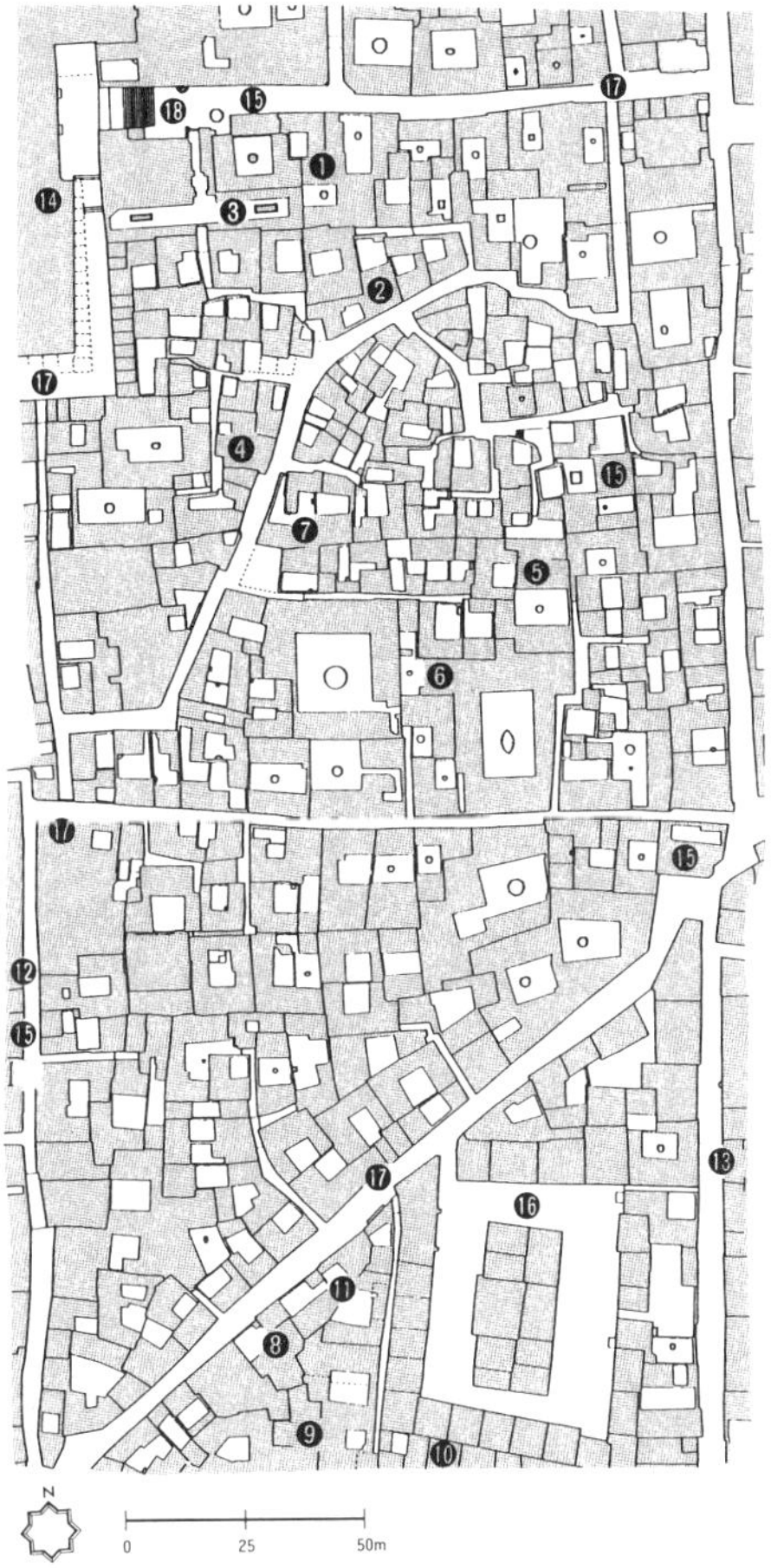

図62　ナッカーシャート街区・アッシャーム街区
❶旧トラード・ミルヘム・パシャ邸
❷モハディー・ジアード邸
❸カフェ裏の住宅
❹モハマド・アブダラ・ナジャック邸
❺ムハマド・アルシャーワ邸
❻アハマッド・アルバダウィ邸
❼モハマッド・ゼン・アルマスリー邸
❽アブド・アルズヘール邸
❾アハマド・アルホハシー邸
❿水パイプ職人の家
⓫ハルドゥーン・リイダ邸
⓬アズム宮殿
⓭マクタブ・アンバル
⓮ウマイヤ・モスク
⓯マスジド
⓰工場
⓱街区門跡
⓲コミュニティ複合施設

この住宅は今回の調査した住宅の中でも特に建設年代の古いものであり、そのため住宅の構成が他の中規模以上の住宅とは少し異なった点が見られる。一般的に中庭の中心にある噴水とイーワーンは南北方向の同一軸上にあるが、この住宅ではイーワーンは軸上からずれており、対称性がくずれている。また、中規模以上の住宅ではたいてい内階段が用いられるが、ここでは庶民的な住宅に多く見られる外階段が使われている。その階段で二階へ上がると、中庭のまわりにらせん状にギャラリーのようなオープンな通路が巡って、各部屋へのアクセスを与えている。とくに西側の部屋へはイーワーンの上を通るようになっている。このギャラリーからは、ウマイヤ・モスクのミナレットが見え隠れし、非常に効果的である。

イーワーンにはほとんど装飾がなく、両脇の部屋へはイーワーンを介さずに、直接中庭から入る。このようにイーワーンは孤立した形になっており、あまり象徴性は高くない。住宅に明快な対称性がなく、象徴的な構成になっていないのは、その建設が古く、まだ住宅の形式が未発達段階であったためではないかと考えられる。

ところで、人の多い通りに面しているが、一歩中庭に入ると世界が変わり、静寂で居心地のよい空間になっている。通りから玄関を入ると、まず前室にでる。かつてそこは簡単な接客室だったと思われる。街路から中庭へは二カ所に段差があり、中庭の方が高くなっている。イーワーンは舞台状に中庭より一段高くなっており、そこにはソファーが置かれ、女性たちがくつろぎ、談笑していた。現在四家族が暮らしているため、家族間のテリトリーを示すかのように中庭を植栽、植木鉢などで簡単に区切っている。中庭の一角には冷蔵庫やソファなどが置かれており、中庭を居室の一部のように利用しているところも見られる。また、二階の西側の部屋の天井には豪華に木彫りや鏡で装飾がなされ、この住宅の見所の一つになっている。

モハディー・ジアード邸　①U型プラン＋イーワーン（A－2タイプ）　②一家族一五人　③父はパン屋、息子はトラックドライバーでベイルートへ行き来する　④一九六〇年頃

この街区では袋小路の奥は比較的小規模住宅が多く、一般にイーワーンも、噴水もない（図64）。しかし、この住

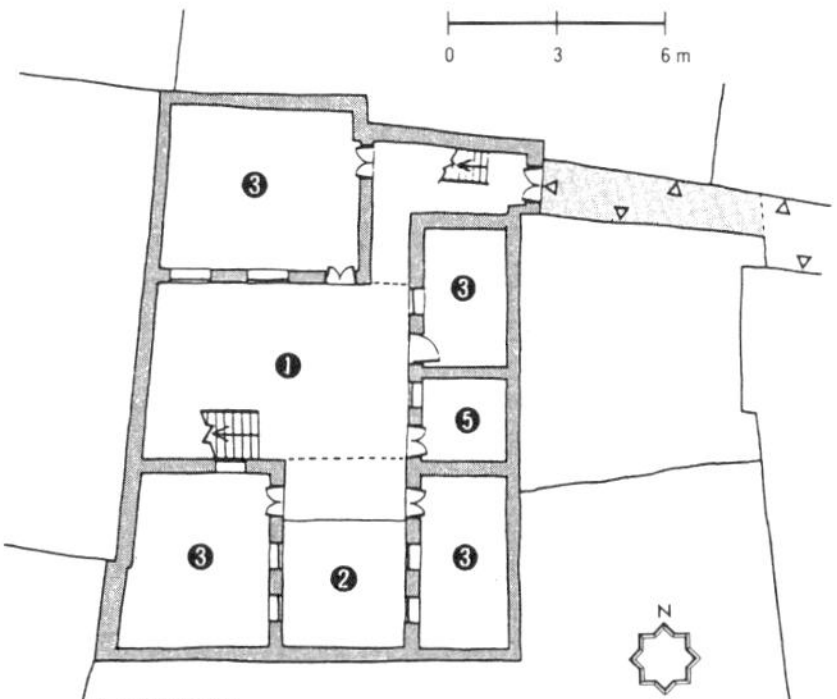

1階平面図

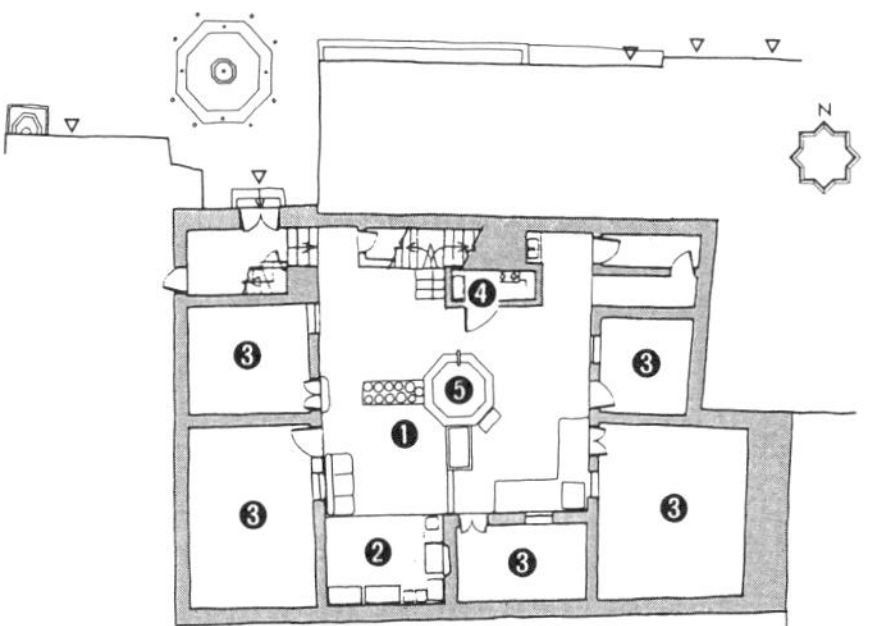

図63
旧トラード・ミルヘム・パシャ邸

1階平面図

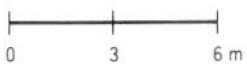

①中庭
②イーワーン
③居室
④台所
⑤噴水

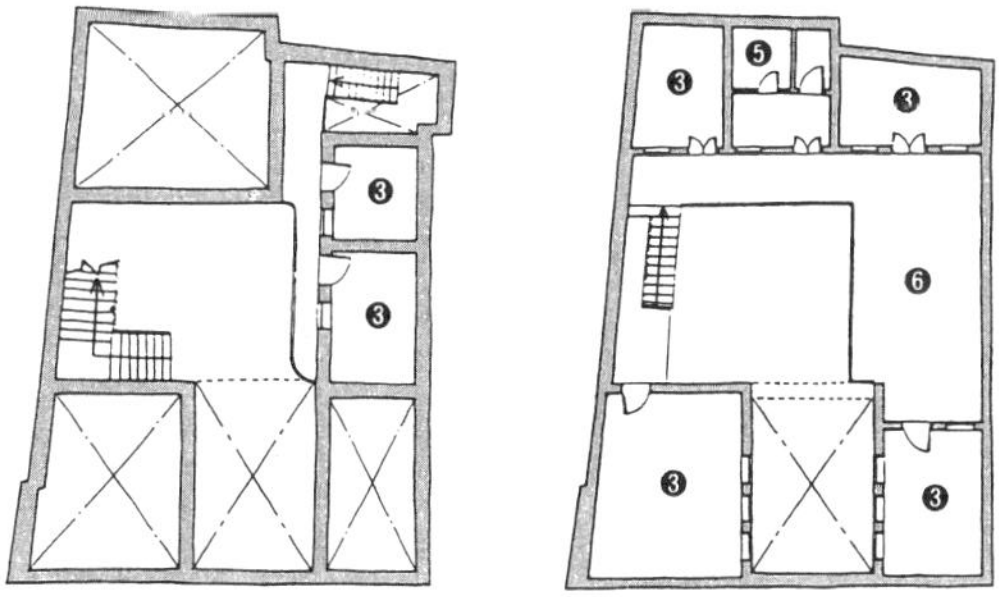

中2階平面図

2階平面図

①中庭
②イーワーン
③居室
④ハンマーム
⑤台所
⑥テラス

図64　モハディー・ジアード邸

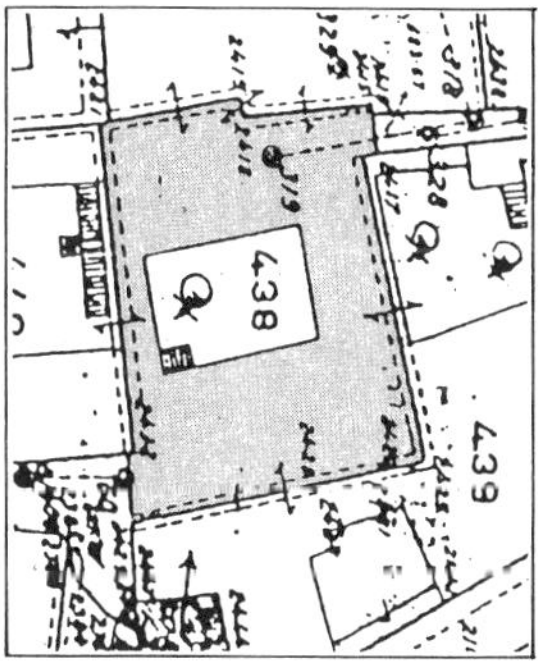

Plan cadastral

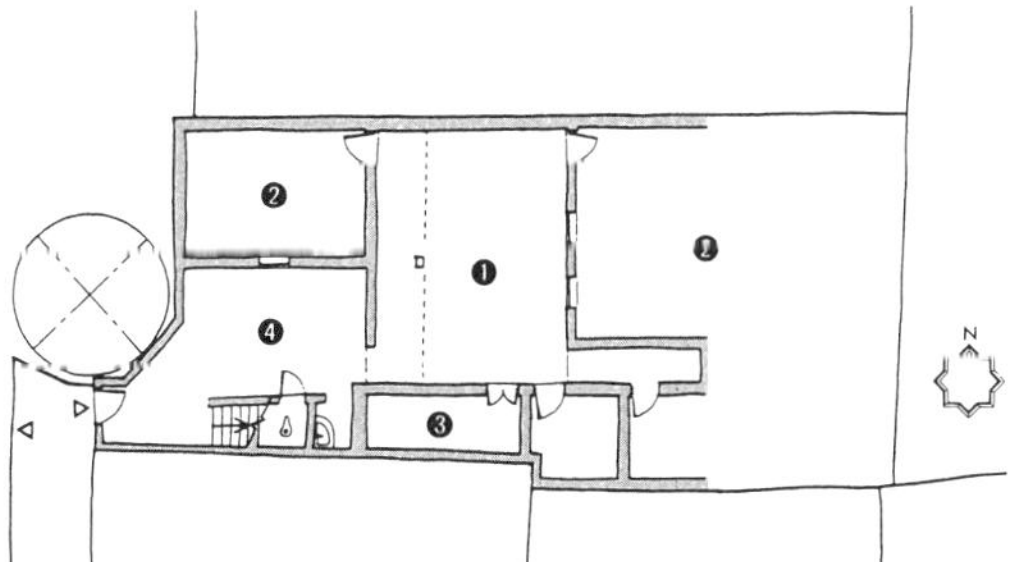

図65　カフェ裏の住宅

1階平面図

①中庭
②居室
③台所
④前庭

宅は袋小路の一番奥にあるにもかかわらず、大きなイーワーンを備えている。それは袋小路の奥にあるが、先に述べたコミュニティ施設群にある公衆トイレのすぐ裏側にあり、表通りに面して比較的規模の大きい住宅が建ち並ぶ区域の中に属しているためと考えられる。確かに平面図を見ると、敷地の形状がきっちり矩形をなし、イーワーンが中庭の中心軸からずれて片側に寄り、また、イーワーンの奥は中庭より一段上がって舞台状になっているなど、この街区の表通りにある「ミルへム・パシャ邸」との類似性が見られる。

袋小路から中庭に入ると目の前に現われるイーワーンの印象は強烈である。イーワーンにはソファー、テーブル、テレビが置かれ、天井からシャンデリアが吊り下がり、家族の居間や接客空間として利用されている。壁は白とグレーで塗られ、シックで落ち着いた趣のある家となっている。中二階以上はプライベートな空間に利用されている。女性はイーワーン東側の二階に入り、われわれの前に姿を出さなかった。現在、家の所有者はパン屋を営む父であるが、取り仕切っているのはその息子、ジアード氏のようである。彼によると、この家には一九六〇年頃に移り住み、建物の南側部分を父がかつて改築したという。夏と冬では寝る場所を移動し、たいていは二階で寝るが夏は中庭にベッドを置くこともあるという。隣家から見た屋上で日没時（マグリブ）の礼拝をするジアード氏の姿と、聞こえてくるアザーンの響きは印象的であった。

カフェ裏の住宅　①U型プラン（二つの中庭）②二家族二〇人　④一九五〇年頃

先に述べたコミュニティ施設群のすぐ裏側に展開する住宅である（図65）。地図上では表通り側の「ミルへム・パシャ邸」と隣り合っているが、この住宅はカフェのある表通りからではなく、住宅街のずっとまわり込んだ袋小路の突きあたりから入る。そのため感覚の上では「ミルへム・パシャ邸」と接しているとは思えず、全く異なった所に位置するかのようであり、まさにアラブ世界の都市の複雑に入り組んだ迷宮性を感じさせる。

また、ここは地形に高低差があるため、建物が複雑に入り組んでいる。この住宅は高台の縁にあたり、コミュニティ施設群に登場した公衆トイレの上に迫り出している。つまり、トイレの天井がこの家の一階の床になっており、前庭からはしごにのぼると、塀越しの真下にトイレがのぞけてしまうのである。Plan cadastral には同じようにトイレ上にあるカバキビーヤ・カフェとこの住宅は記述されておらず、下のトイレのプランが優先されている。理由としては、高低差があって複雑なため Plan cadastral で表現できなかったか、作成された一九三〇年代にはまだどちらも存在しなかったかのいずれかが考えられる。

中庭が二つある住宅で、一方の中庭は前庭的になっており、玄関扉、外階段、トイレがある。もう一方の中庭はプライベートな空間で、二階の張り出しによるイーワーン的空間が東向きにとられ、その下にソファー、テーブルをだして利用している。かつては二階もあったが、現在は朽ちて使用しておらず、テラスで洗濯物を干しているだけである。ここからは、ウマイヤ・モスクが一望でき、ミナレットが印象的に目に飛び込んでくる。

モハマド・アブダラ・ナジャック邸　①L型プラン　②一家族一三人　③二五歳の男性、高校の教師

街路から壁一枚で直接中庭にアプローチする小規模住宅であり、静かな住宅街を貫く道から分岐する、さらに狭く薄暗い袋小路にある（図66）。よそ者から覗き込まれる心配がない袋小路の奥の住宅や玄関通路の確保が難しい小規模住宅では、街路から折れ曲がらず、壁一枚で直接中庭に入ることが多い。必要最小限の機能しかもたない住宅であるが、非常にコンパクトにまとまっている。中庭には外階段が巡り、蔦で快適な木陰をつくっている。一階はパブリック空間として、華やかな家具やテレビが置かれる居間兼接客室とサービス空間をとり、上階をプライベートな居室としている。

このあたりの住人は皆居住歴が長い。そのため近所付き合いはよく、葬式などの際には近隣で手伝い、大家族を形成しているかのようだという。この住宅のある道は近隣一〇軒ほどで所有し、主人の祖父の名ナジャックが付けられている。

ムハマド・アルシャーワ邸　①U型プラン　②二家族八人（両親＋息子三人、そのうち一人が結婚＋子供三人）　③父親はシルク・ウールの布の店を経営、息子は会社員　④一九九〇年　⑤一〇〇年前

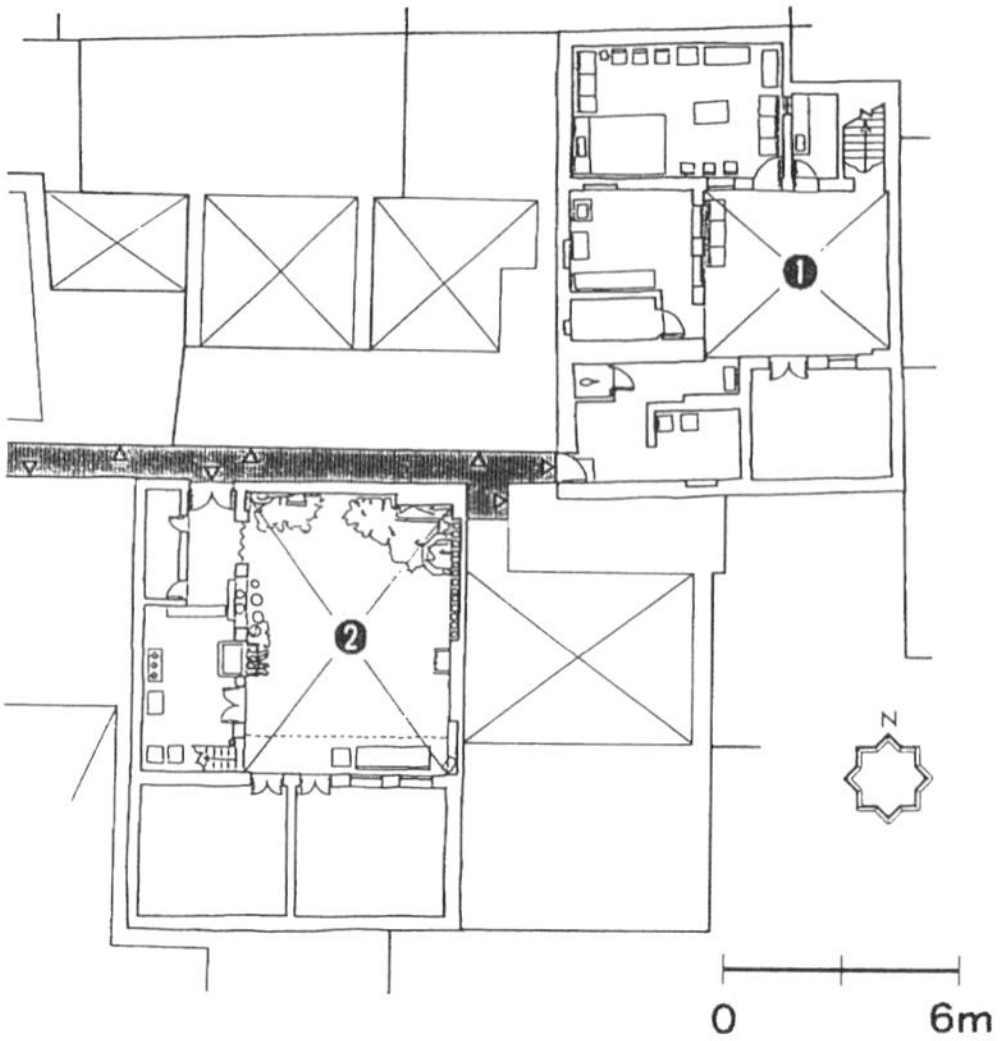

図67　袋小路の奥にある住宅
❶ムハマド・アルシャーワ邸
❷アハマッド・アルバダウィ邸

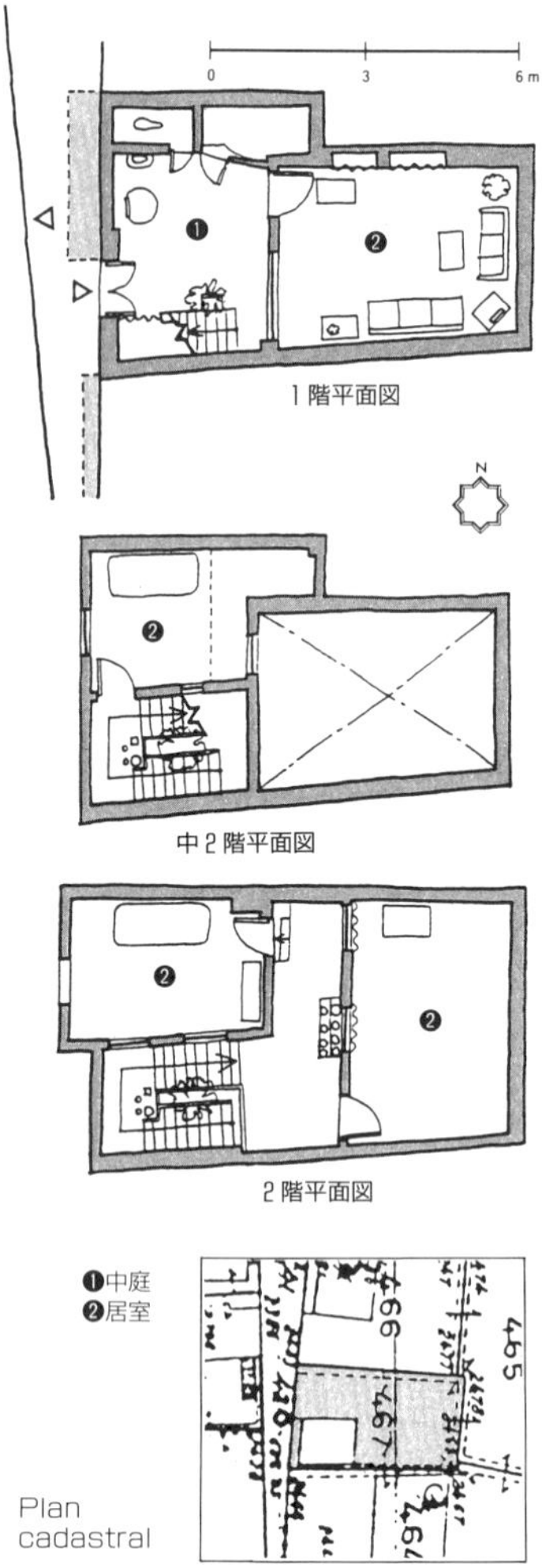

図66　モハマド・アブダラ・ナジャック邸

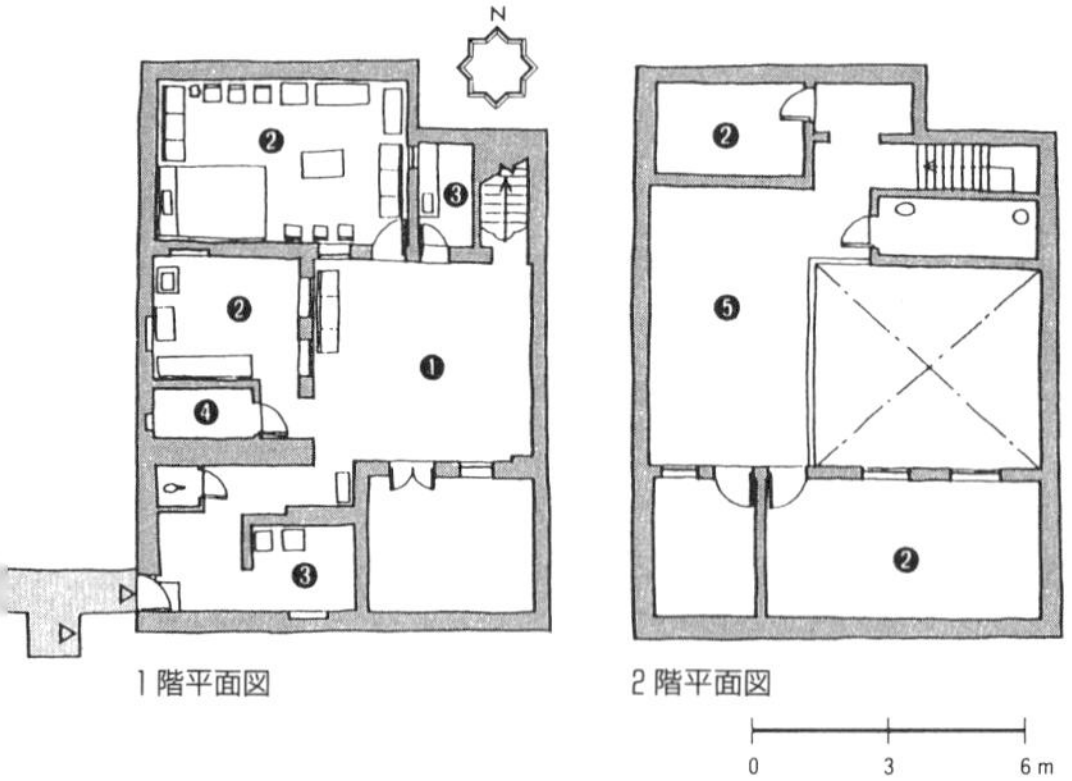

図68　ムハマド・アルシャーワ邸

❶中庭
❷居室
❸台所
❹ハンマーム
❺テラス

ダマスクスでは袋小路の奥にいくほど二階の張り出しが多くなる（図67）。ここはその張り出しがさらに高密になり、袋小路が完全に覆い尽くされ全く光が入らず昼間でも真っ暗で、足を踏み入れるのが恐ろしいくらいの空間となっている。そんな袋小路の一番奥にある。

真っ暗な街路から折れ曲がった玄関通路を通って、緑が効果的な明るい中庭にでる（図68）。その明暗のコントラストは印象的である。二階の西側のテラスの張り出しを利用してイーワーン的空間をつくり、そこにソファーを置いている。二階には内階段で上がり、広いテラスにでる。一階は息子夫婦の家族、二階は両親の家族が主に利用する。トイレは一、二階それぞれに、台所は一階に二カ所あり、家族ごとに使い分けをしている。

アハマッド・アルバダウィ邸　①L型プラン　②三家族一二人（五人兄弟、そのうち二人結婚＋子供五人）　④一九七〇年頃　⑤二〇〇年前

前述の住宅と同じ袋小路からアプローチする住宅である（図69）。中庭にでると、壁際の噴水と柑橘系の実をつけた木が目の前に現われ、まさに楽園のようである。小規模住宅では中庭に十分なスペースがないため、噴水を中庭の中央ではなく、壁際に設けていることが多い。噴水がなくても必ず洗面台などは設けており、彼らの清潔感や中庭の楽園志向がうかがえる。二階の張り出しを利用したイーワーン的空間を北向きに設け、そこにソファーや椅子、さらにテレビまで置き、居間的な空間としている。

この住宅の見所で主人の自慢にもなっているのは、古代遺跡の円柱の一部を住宅の装飾に利用していることである。古代からそこにあったものではないが、ギリシア文字の彫られた円柱を中庭の壁に埋め込んでいる。街中でも遺跡が所々にみられるが、特にこの地区は古代の聖域にあたるため遺跡が多く、掘り出されたものを住人が使ったのであろう。

モハマッド・ゼン・アルマスリー邸　①U型プラン　②三家族一二人（夫婦＋息子三人、そのうち二人結婚＋子供五人）　③靴製造業者　④一九五〇年頃　⑤二〇〇年前

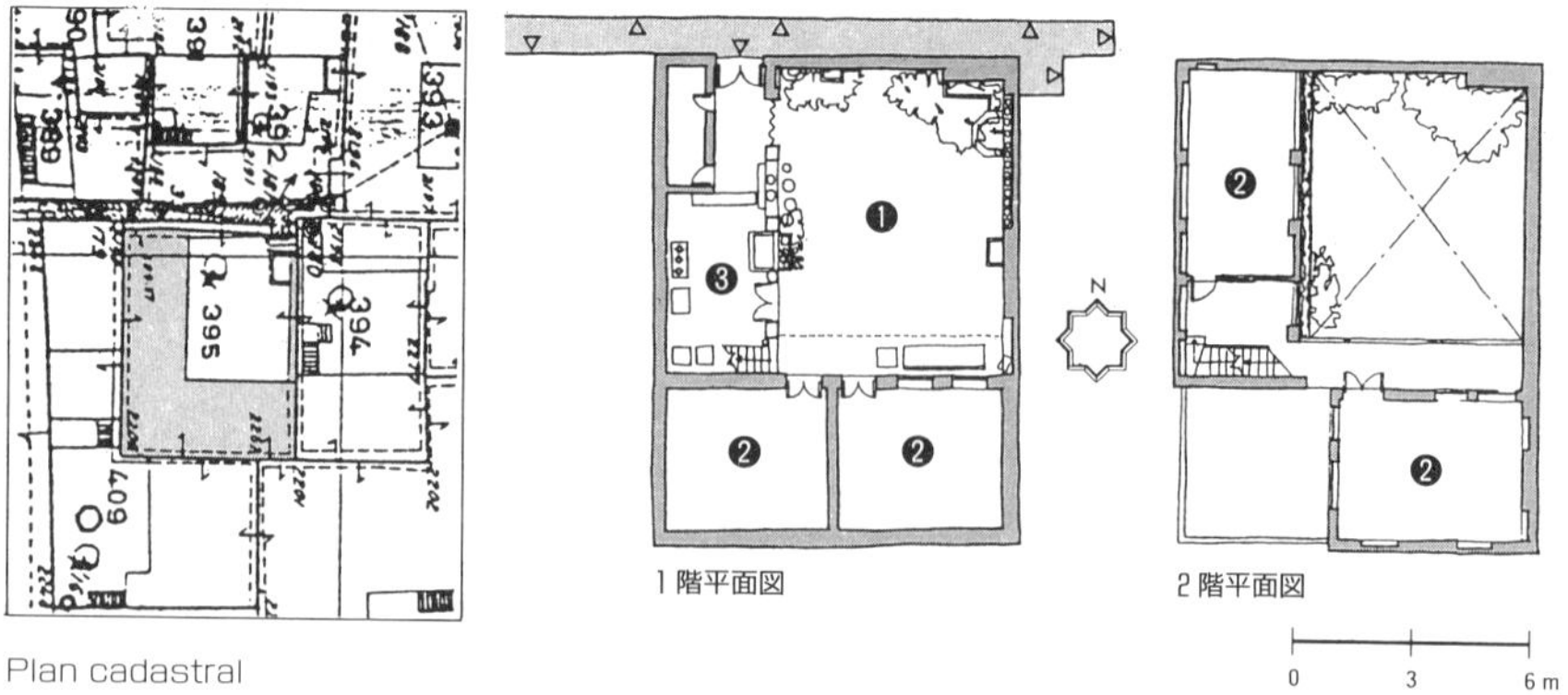

図69　アハマッド・アルバダウィ邸　❶中庭　❷居室　❸台所

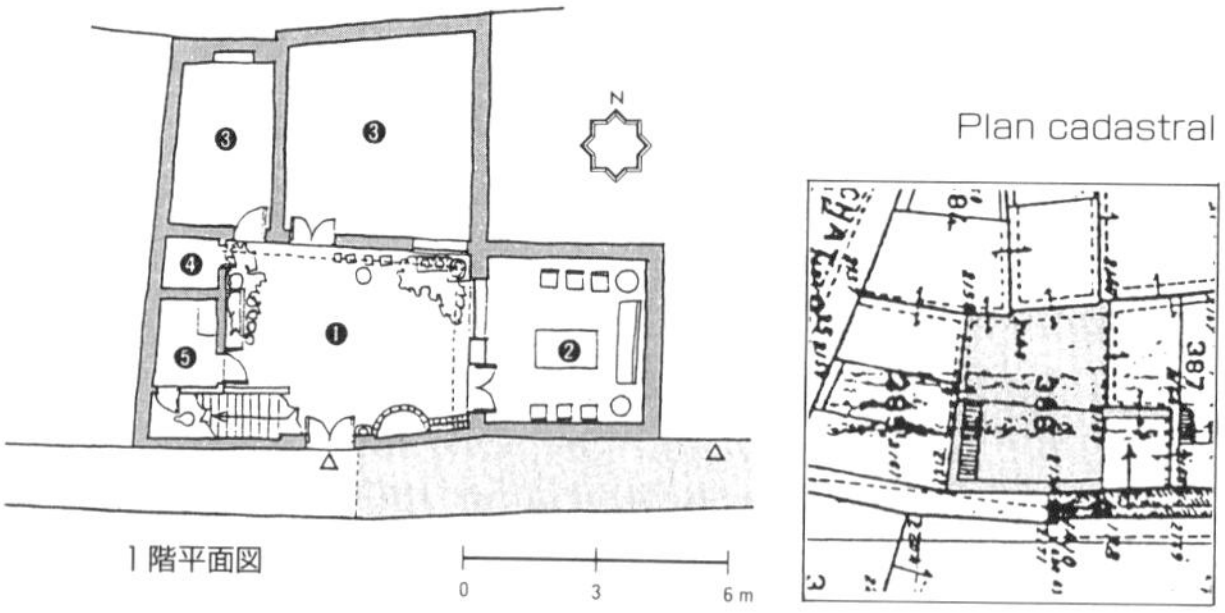

図70　モハマッド・ゼン・アルマスリー邸　❶中庭　❷接客室　❸居室　❹ハンマーム　❺台所

前述の二軒と同じ袋小路にあり、その入口近くにある（図70）。三軒の住所を見ると、地区名、袋小路名が同じで、その後に付けられている住宅番号のみが異なっている。それから察するに、街区の単位や住所にとって、街路からの住宅の入口のとり方が重要な要素となっているようである。

この住宅は「ナジャック邸」と同様に街路から壁一枚で中庭に入る。中庭には小住宅に多くみられる壁際の噴水があり、多くの樹木が植えられている。また、大きな木に鳥かごをいくつもさげ、鳥が飼われていた。われわれが住宅に入ったのは日没近くであったため、中庭に吊るされた電球によって中庭が照らされ、薄暗い空とのコントラストが一段と幻想的であった。中庭の東側の客間には素晴らしい家具が置かれ、われわれもここでもてなされた。

Plan cadastral 当時には西隣りに住宅があったが、現在は取り壊され空地になっている。

アブド・アルズヘール邸　①L型タイプ　②

一家族一〇人　③主人は隠居、息子二人はクウェートに、もう一人はこの家で開業医を営む　⑤一六〇〜二〇〇年前

住宅の分割にはいくつかのタイプがあるが、以前は一軒の家であったものを中庭に壁を設け分割した例である（図71）。主人によると、数十年前に分割したという。確かにPlan cadastralでも中庭の壁は描かれておらず、後から付けられたことがわかる。住宅は壁によって南北に分けられ、北側にあたるこの住宅にはイーワーン、噴水がない。しかし、緑豊かな中庭の隅にカーペット、ソファーを置き、夏はそこが居間の代わりにもなっている。

近年壁を塗り替えたため、あたかも新築のようであり、中庭の床には大理石が敷かれ、室内にはすばらしい家具が置かれている。閉鎖的な路地とは対照的な内部の豊かさに驚かされる。一階の天井は高く、診察室では途中に床を設けて中二階をつくり、そこを息子の寝室にしている。このように天井の高さを利用し新たに中二階をつくり、大家族化に対応している家も少なくない。

この家では息子が町の開業医を営み、住宅の一室に診療室を設けているのが興味深い。大がかりな設備はないが、診察器具や薬の詰まった戸棚が置かれている。そして玄関をでてすぐ前の路地には、開業医を示す看板が掲げられている。このように路地や袋小路の入口に看板を出し、住宅の一部を診療所や床屋などに利用しているところもときどき見かける。

われわれが訪れたとき、ちょうど主人の娘夫妻がきていた。金曜なので家族でウマイヤ・モスクに礼拝に行き、帰りに実家に立ち寄ったという。われわれが調査をしている間、女性たちは家のハンマーム（浴室）に身を隠していなければならず、たいへん申し訳なかった。

アハマド・アルホムシー邸　①L型プラン　②三家族七人

薄暗い袋小路の一番奥にある小規模な住宅である（図72）。狭いが中庭をしっかりとり、そこにイーワーン的空間を設けている。大規模住宅に見られる象徴的に建物に組み込まれたイーワーンとは異なり、中庭にトタンで庇のように出しているだけである。しかし、北向きに開き、天井からは扇風機を吊り下げ涼をとり、普段はそこにソファーや

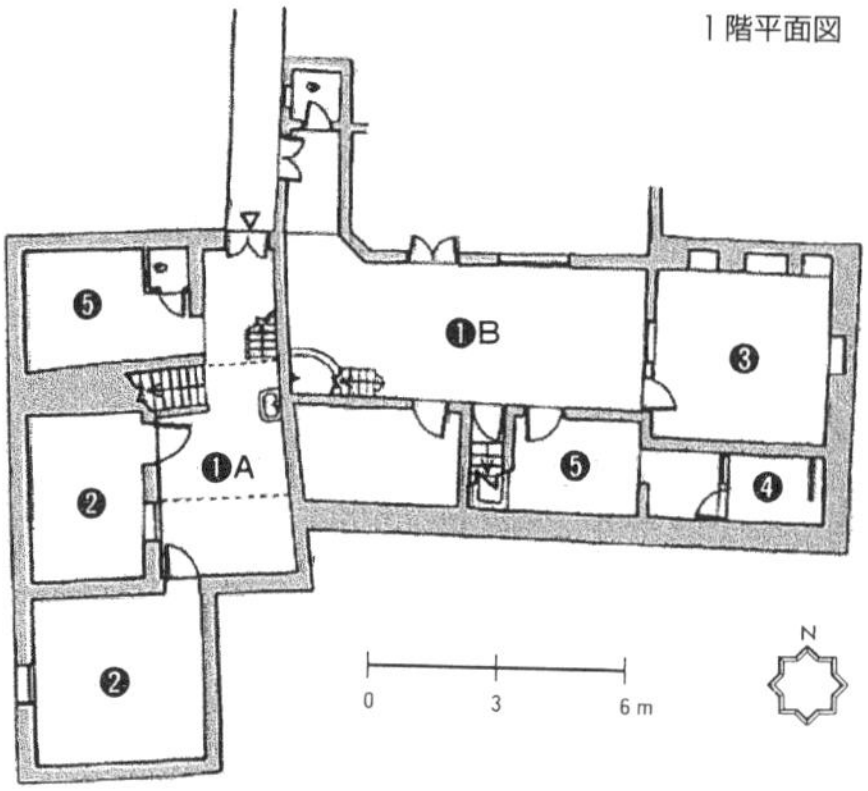

図72　アハマド・アルホムシー邸（A）と水パイプ職人の家（B）

❶中庭
❷居室
❸作業場兼居室
❹ハンマーム
❺台所

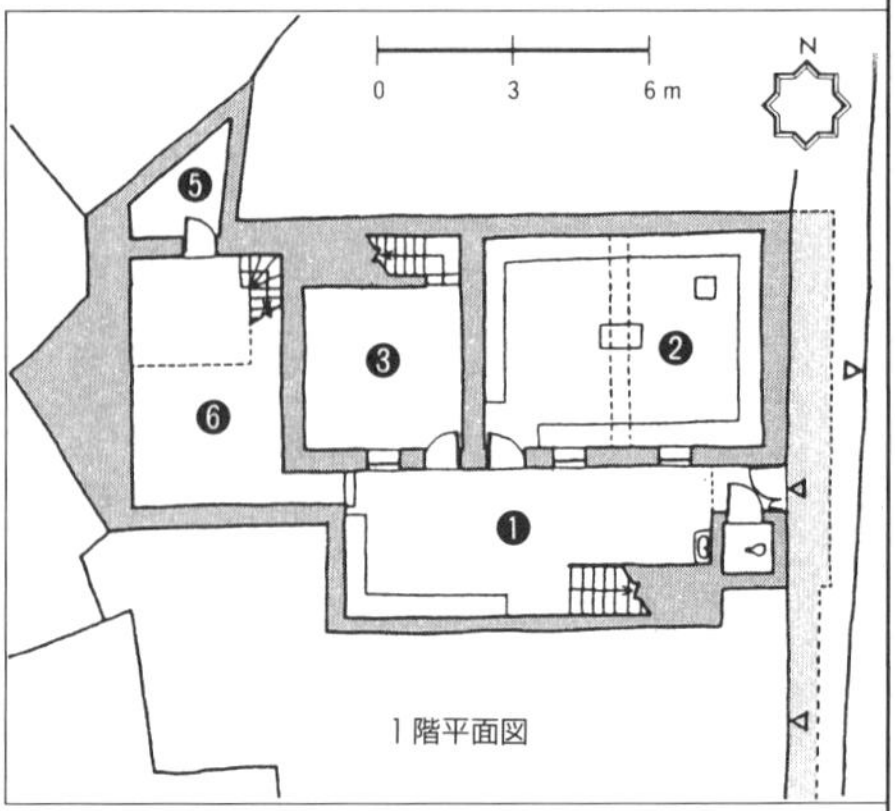

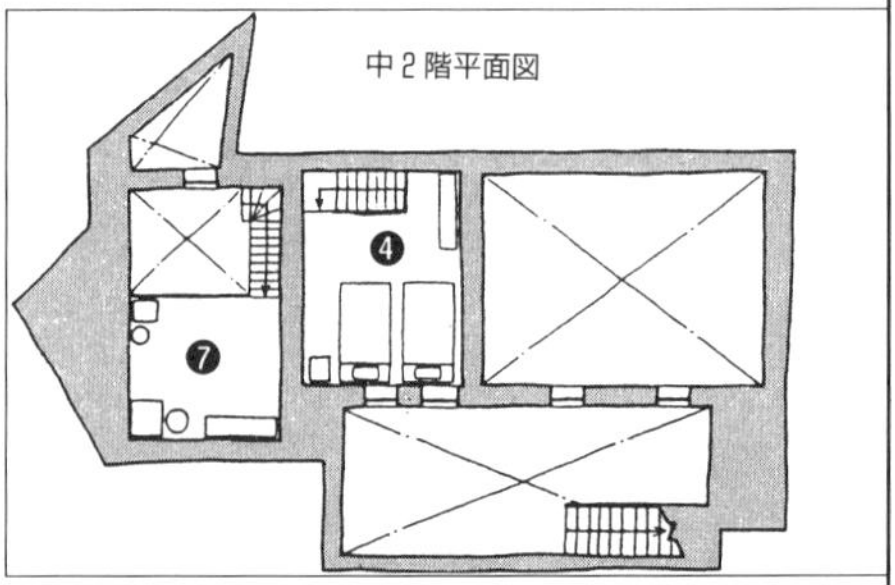

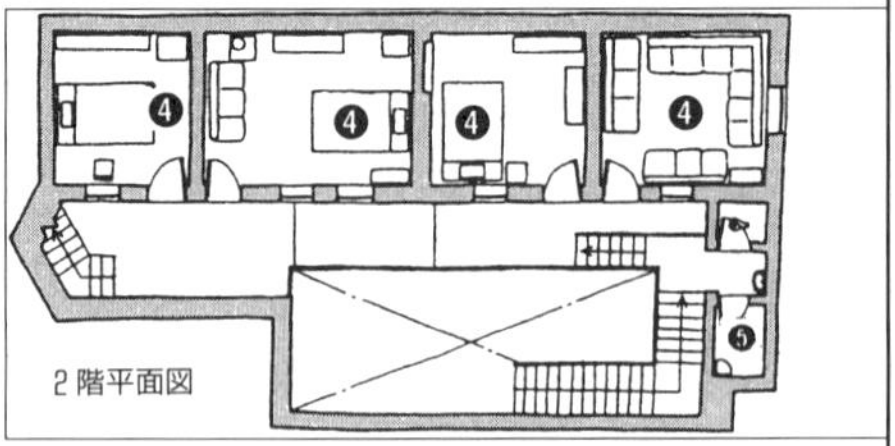

❶居室
❷ダイニング・キッチン

❶中庭
❷接客室
❸診察室
❹居室
❺ハンマーム
❻ダイニング・キッチン
❼物置

図73　ハルドゥーン・リイダ邸

図71　アブド・アルズヘール邸

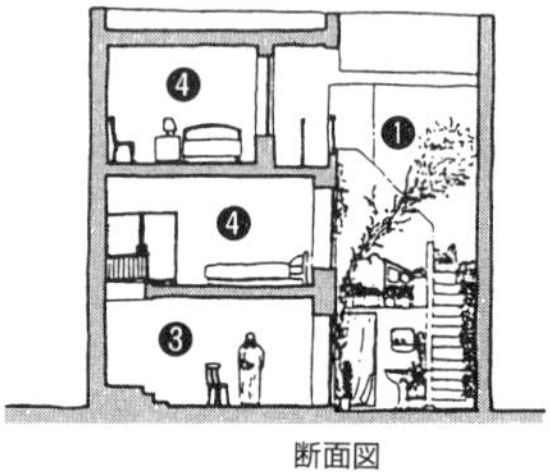

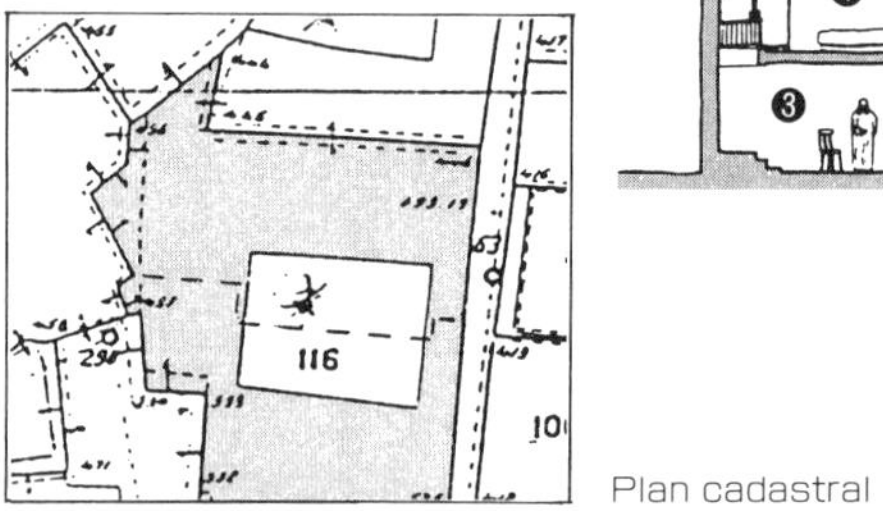

家具を置いている。建築スタイルが異なっても、機能的には全くイーワーンと同じなのが面白い。

水パイプホース職人の家　①L型プラン　②二家族六人

中庭の中央でなく、壁際に噴水を設けている住宅である（図72参照）。中庭に余裕がない場合、こうした壁際の噴水をよく見かける。水パイプのホースを作る主人以外は金曜の礼拝のため大モスクへ出かけていた。作業場を兼ねた居室では壁際にクッションが敷かれ、部屋の中央で主人が作業を行なっていた。

ハルドゥーン・リイダ邸　①二階のみの家　②一家族九人

一つの建物を上下に分割し、階ごとに分けて使っている例である（図73）。この家族は二階のみを使用し、一階には別の家族が暮らしている。多くの住宅においては、二階へ上がるにも、いったん中庭に出てから、外階段でアプローチする。しかし、ここでは街路から二階の居住部へのアプローチが別にとられ、扉をあけると直接二階へと通じる階段がある。しかもこの家族の住まいは、二階の一部にすぎず、中庭に開かれていない。中庭に代わっておおいに利用されているのが屋上である。訪れたときも、屋上でお盆に入ったトマトペーストを天日にかりていた。

ベイナ・スーレイン街区、バーブ・サラーム街区（図37・38参照）

ナーダー・シャアール邸　①U型プラン＋イーワーン（A－1タイプ）　②二家族一〇人（主人夫妻＋子供五人、姉夫妻＋子供一人）　③現在は役人、かつてスークに靴製造の店を出していた　④一九六五年頃　⑤五〇年前

分割にはいくつかパターンがあるが、複数の中庭をもつかつての大邸宅が分割され、別々の家となっているものも多い（図74）。この住宅もその典型であるが、同じように中庭を囲いイーワーンを中心とする住まいの在り方を示している。住宅を建て替えず分割したり、あるいは逆に隣り合う住宅をつなげるといったことは、他のイスラーム地域にもよくある。分割の背景は遺産相続や譲渡などさまざまであるが、互いの壁の接した石造の中庭住宅での分割はそれほど難しいことではないのである。

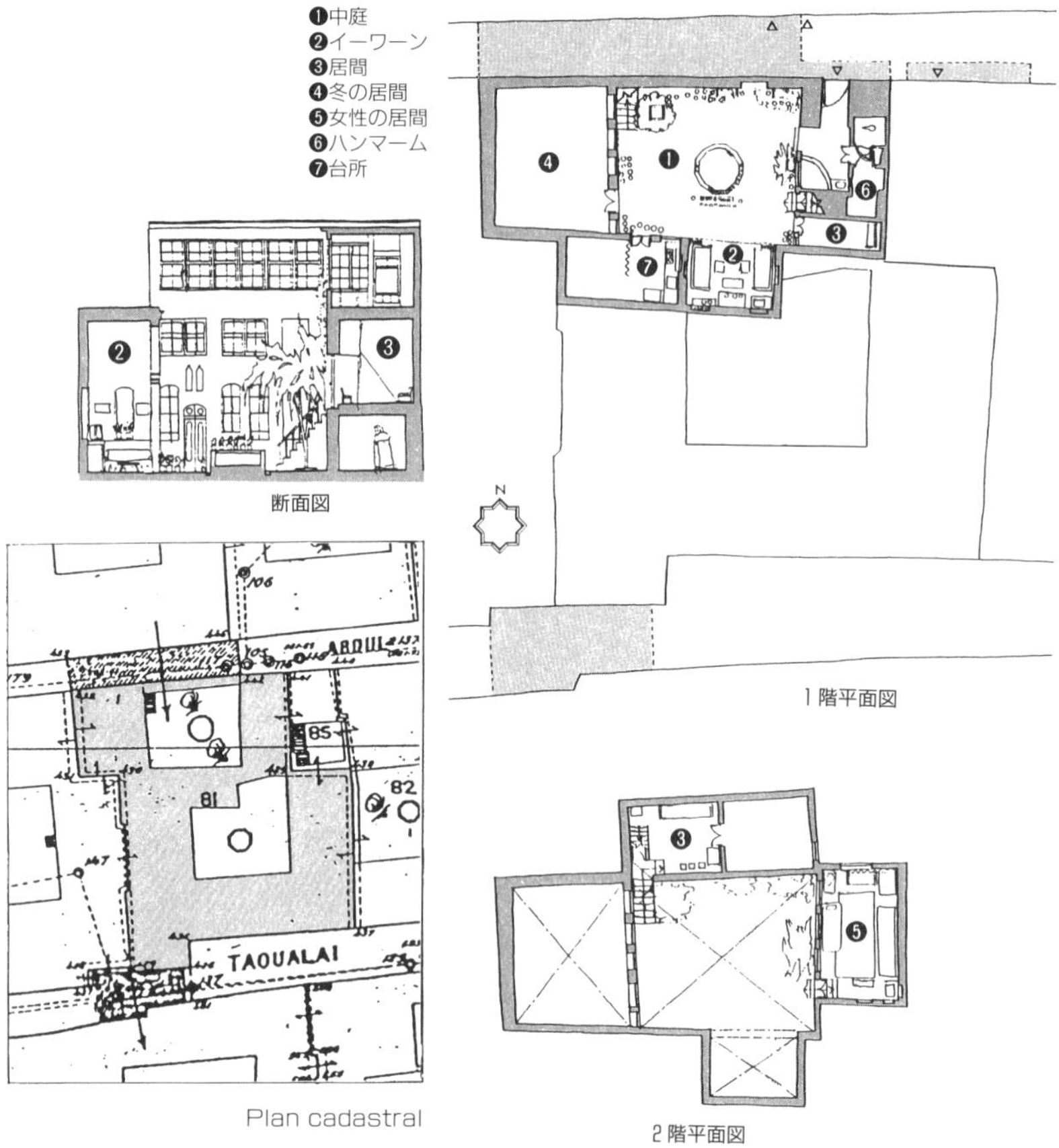

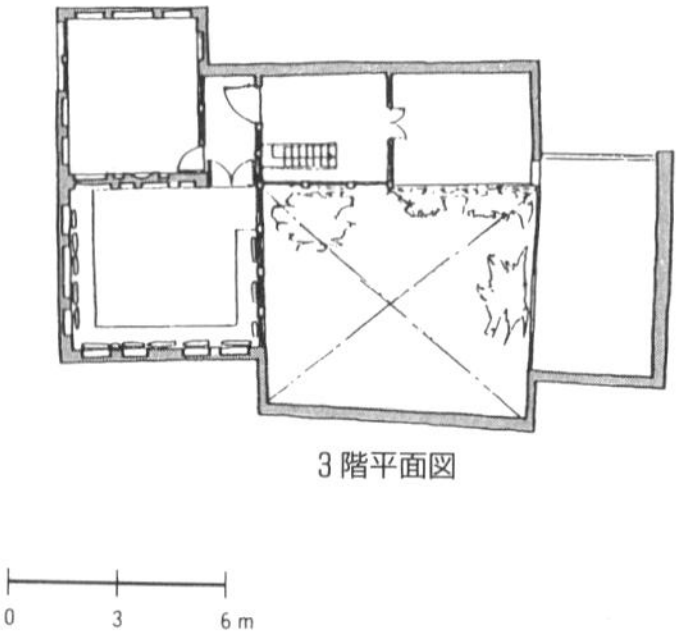

図75　居間でくつろぐ女性達

図74　ナーダー・シャアール邸

大邸宅が分割されてできたやや小規模な住宅ではあるが、イーワーン、冬の居室、女性の部屋（図75）、水をたたえた噴水、緑豊かな中庭などを狭い敷地に巧みにコンパクトにおさめている。主人は、この建物が同じ旧市街にある豪華な宮殿、アズム宮殿の建築を真似て建てられたという。確かに、噴水や床の大理石のペイノ、部屋の装飾など目を見張らせる。しかし、この家には、イーワーンを中心とするシンメトリーな平面構成は見られない。

半戸外空間であるイーワーンを居室として積極的に活用している点にも注目できる。イーワーンにソファー、冷蔵庫などを置き、家族が団欒する居間や接客空間としておおいに利用している。中庭との境にはカーテンを取り付けており、イーワーンを部屋の一つのように意識していることがわかる。イーワーンは四月から一〇月の夏期によく活用され、われわれもここでもてなしを受けた。冬期は西側の居室が接客空間として使われる。

この住宅の特徴の一つは、イーワーンの向かいの北側の部屋を街路の上に張り出し、狭い敷地を有効に使い床面積を確保していることである。ダマスクスの住宅によく見られる手法である。姉夫妻の家族が北側の道路に張り出している部屋に住み、他は主人の家族が使用している。また、最上階にあるインテリアの美しい部屋はこの家の建築的な見所となっている。一九八〇年に亡くなった主人の叔母が使っていたが、現在は使われず荒廃しており、主人もいつかは修復したいと希望していた。

この住宅にアプローチする街路にも特徴がある。主人の話によると、かつてこの袋小路を挟んだ一角を有力家のアブドラ・ハーディ家が所有し、袋小路も私道であった。現在は公道となっているが、その一族の名が袋小路の名前になって今でも残っている。かつて袋小路の入口には扉があり、一日の最初の礼拝のために朝四時ごろに開き、最後の五回目の礼拝後の夜八時ごろに閉じられたという。確かにその扉があったことを示す痕跡が袋小路の入口に残っている。

サーニー・アブー・スオード邸　①U型プラン　②一家族八人（そのうち娘二人は嫁ぐ）　③建設職人、今は引退　④一九七八年からここに住み、二年後に家を購入　⑤一九七〇年頃

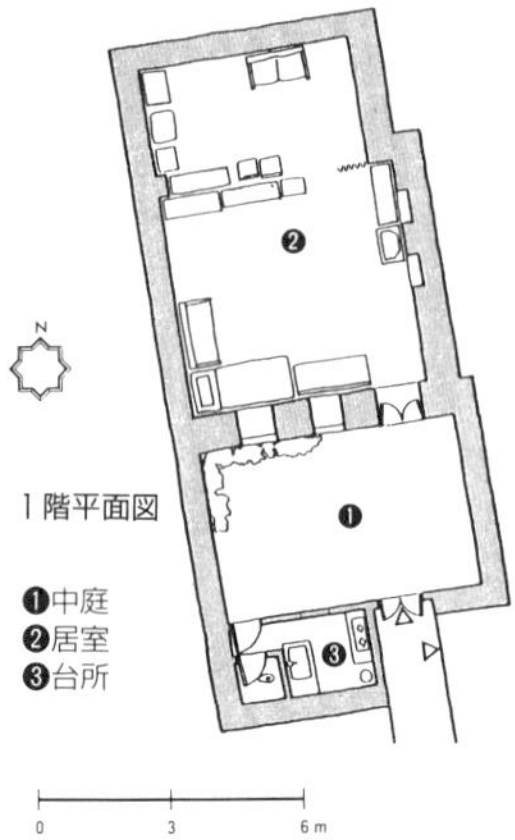

図77　アブー・ワリード・アルホムシー邸

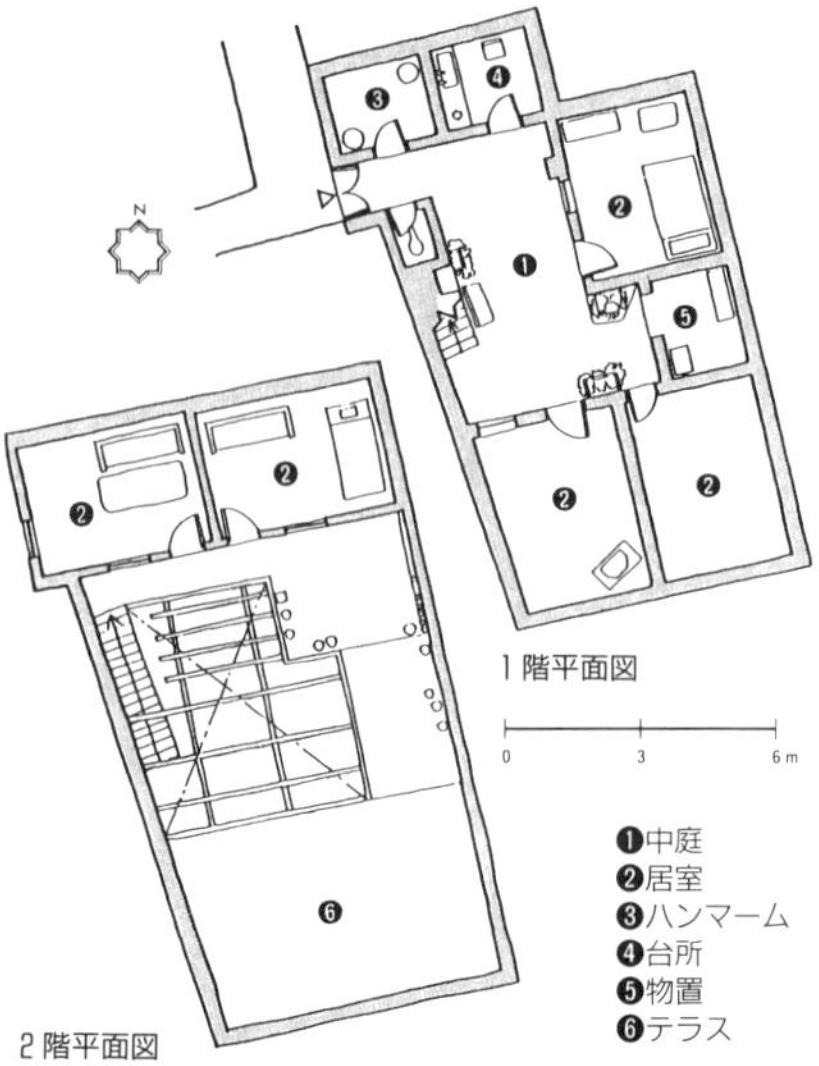

図76　サーニー・アブー・スオード邸

先の見通せない長い袋小路の奥のこまかく入り組んだ敷地に建つ住宅である（図76）。近年、城壁沿いに残されていたオープンスペースが、宅地として開発された例である。Plan cadastral によると、当時の袋小路はこの住宅の手前で終わっており、他の建物の庭がここに広がっていた。

この家の扉が袋小路の視界の開けるアイストップにシンボリックにとられている。小規模のため噴水、イーワーンはないが、中庭の上にパーゴラを架け、そこに蔦をはわせ、緑で覆われた快適な中庭をつくっている。主人がそこにカーペットをだして休んでいるのがとても印象的だった。

アブー・ワリード・アルホムシー邸　①I型プラン　②一家族四人（現在両親と子供二人が同居）　③新市街でパン焼きの仕事、現在は引退　④一九七〇年　⑤一九四〇年頃

新たにつけられた袋小路の奥にあるこの家は、一九四〇年頃までザーウィヤであった建物の一部をそのまま住まいに転用したという興味深い例である（図77）。ザーウィヤはこの辺りを所有していたアルシェカー家によって建てられ、アルシェカー・マリアンの墓を伴っていた。墓はこの住宅の東側にあるという。この地区を巡る袋小路にはその名が冠されている。現在でも有力家がこの近辺の五軒を所

有し、居住者は毎月家賃を払っているという。

転用された住宅のため、一般の小住宅とは異なった要素が見られる。天井の高い平屋で、庭と部屋を隔てる壁がかなり厚く、室内にはモスクなどで見られる大アーチが架かっている。また、居室はザーウィヤの一部であった一部屋しかなく、アーチの架かるところでカーテンとタンスで仕切り、手前と奥に分けて使用している。台所、トイレは中庭を挟んだ離れにある。われわれが訪れたとき、夫人が病気で床に伏しており、見舞いに来た親戚の人がいたが、主人は親切にもてなしてくれ、とても感激した。

カイマリーヤ街区（図36参照）

アハマド・ラーティブ・モカラッティ邸　①L型プラン　②一家族三人（母、弟夫婦）　③洋服店経営（弟）　④一九八九年に購入、半年後に兄と分割　⑤二〇〇〜二五〇年前

ダマスクスの伝統的住宅を購入し、家族が自分たちの手によって改装した例である（図78）。伝統的な形態や装飾に手を加えて、改装や改築している住宅をたまに見かける。特に現代的な生活を追い求める若い世代が住む住宅では、この傾向が強い。この住宅では、イーワーンと中庭の境に壁を設け、半戸外空間であったイーワーンを完全に室内化し、居室としている。また、Plan cadastral にも描かれている中庭の噴水も取り壊したという。台所にはモダンなシステムキッチンを入れ、室内のインテリアも現代的なものをそろえている。しかし、すべてを変えるのではなく、美しい伝統的な壁の装飾は残している。かつてのイーワーンの隣の部屋も、イーワーンから出入りするスタイルを残している。

袋小路の一番奥に位置しているが、玄関の扉は目立つようにカラフルに彩られている。一年前に兄弟で購入し、半年後に中庭の西側部分を分割し、玄関を別に設け、そこを兄がセカンドハウスとして所有している。

ハサン・ザハワ邸　①U型プラン＋イーワーン（B－2タイプ）　②四家族二〇人（母＋四兄弟の家族）　③息子はレ

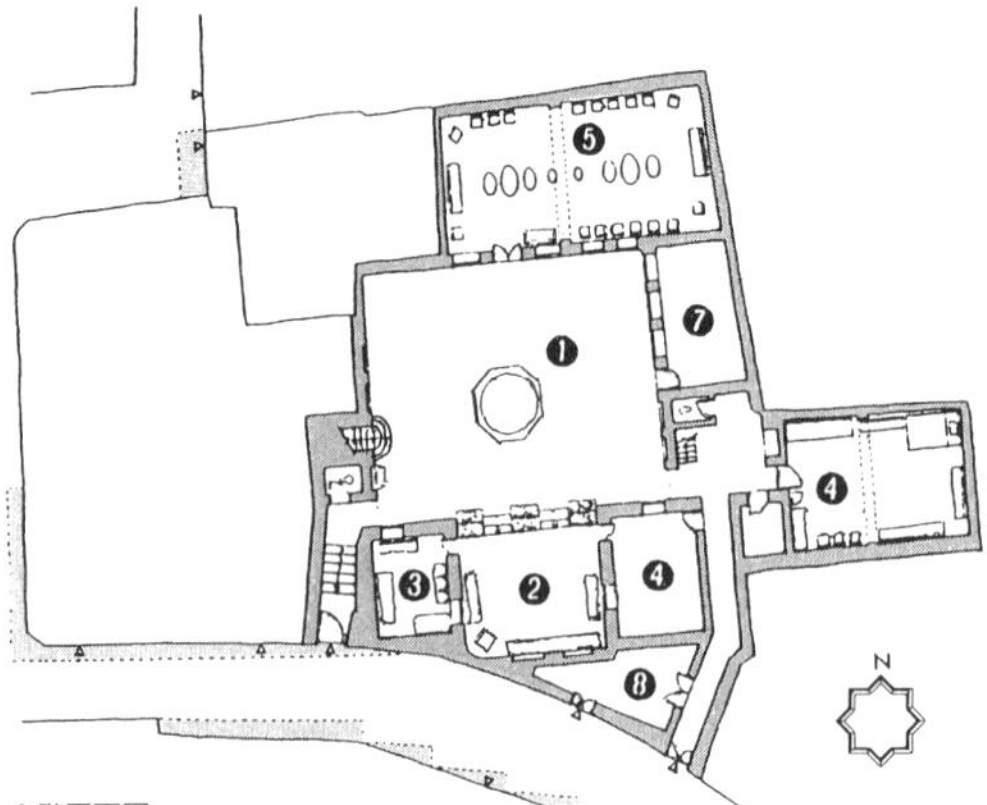

1 階平面図

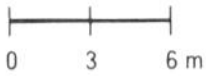

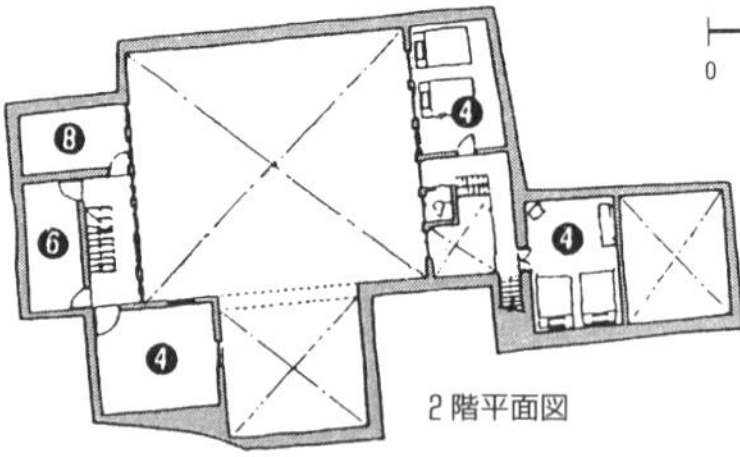

2 階平面図

断面図

❶中庭
❷イーワーン
❸接客室
❹居間
❺冬の居間
❻ハンマーム
❼台所
❽物置

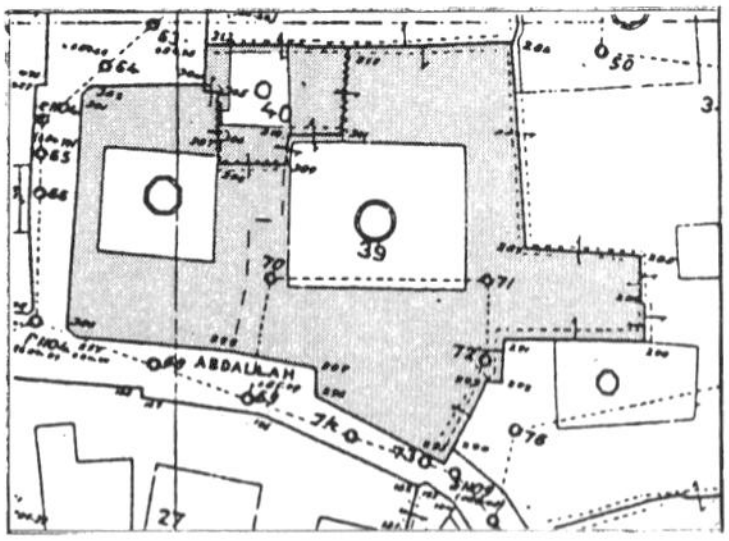

Plan cadastral

図79　ハサン・ザハワ邸

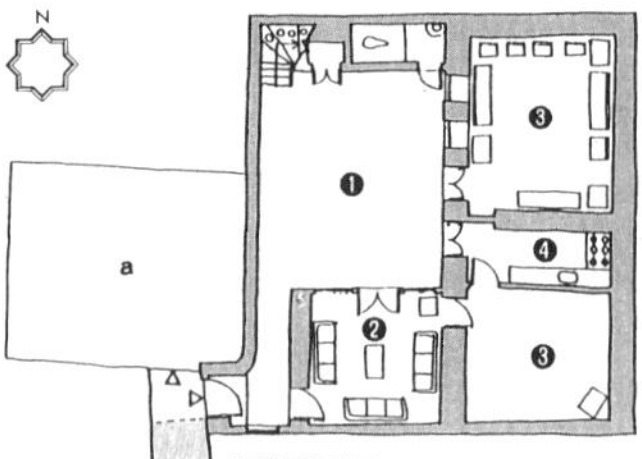

1 階平面図

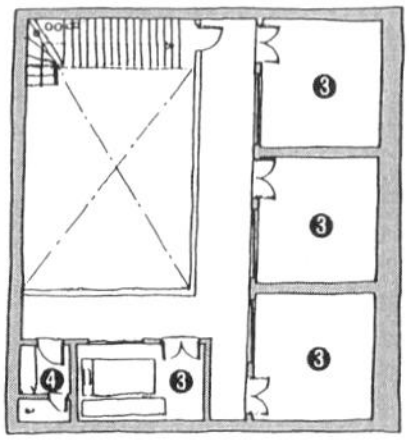

2 階平面図

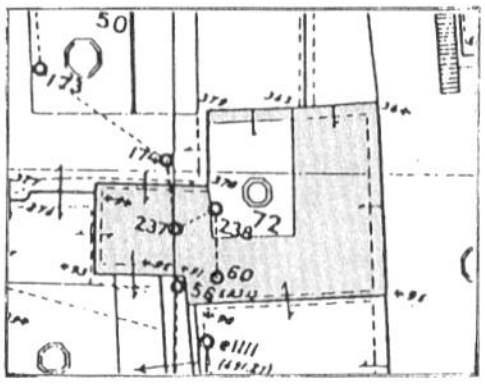

Plan cadastral

図78　アルマド・ラーティブ・モカラッティ邸
❶中庭
❷接客室（元イーワーン）
❸居室
❹台所
a 兄のセカンド・ハウス

ストラン経営　④一九六四年に購入、近年改装　⑤三〇〇年前

前述の「モカラッティ邸」同様に改装されている住宅である（図79）。しかし、この住宅は近年に建築家の手によって計画され、ダマスクスの伝統的な住宅の機能はかえず、装飾や設備を現代的にしているのである。

イーワーンや噴水の機能はそのまま残し、壁の装飾をかえている。イーワーンは水色で塗られ、中庭の壁には煉瓦が使われている。また、イーワーンと中庭の段差を利用して、階段と花壇が設けられている。舞台状に段差のあるイーワーンはしばしば見られるが、そのような階段ではなく、簡単な踏み台が置かれている程度である。装飾などに一風変わった特徴があり、他の住宅とは確かにひと味違った印象を受ける。しかし、イーワーンにソファーを置き居間のように使い、中庭に緑も多く、伝統的な楽園のイメージは崩れていない。

この住宅では、改装したところ以外にも、昔ながらの形態や使い方に特徴がある。まずは、二カ所に設けられた玄関である。どちらも中庭に通じているが、一方はパブリックな性格をもち、もう一方は中庭に出ることなく、イーワーン横の居間や二階へ行くために使われる。動線を分け、家族のプライバシーを確保しているのである。また、南向きの部屋を冬用として使っていることもあげられる。さらに、東側の部屋では中央に大アーチが架かり、天井にはダマスクスの伝統的な装飾が施されている。

ここでは、二階の部屋へは男性の調査メンバーが入れなかったため、簡単なスケッチを元に平面図に起こしたので、必ずしも正確ではないが、参考のために掲載しておく。

ニアーフ・バダウィ邸　①U型プラン　②一家族四人（夫婦＋子供二人）　③家具業者　④一九八五年に購入、八カ月後に増築　⑤一〇〇年前

キリスト教徒の住む住宅で、聖母マリアの絵が部屋に飾られている（図80）。

カイマリーヤ街区の平面図を見てみると、この地区には比較的大きい住宅が多く、それらがお互い絡み合い、隙間なく埋まっていることがわかる。しかしよく見ると、その隙間を埋めるようにして独立した小規模な住宅が存在して

いる。大きな住宅に囲まれながら、たくましく生きているかのようである。これはそのような小住宅の例である。

敷地の狭い小住宅にも必ず中庭がある。中庭を巧みにとり、外階段を設け有効に活用している。中庭は高密に都市に住むためには不可欠な要素なのである。ここでは中庭に噴水がなく、その代わりに洗面台を設けている。また、建築的なイーワーンもない。しかし二階の張り出し部分の下にソファーを置き、イーワーンのようにして使っているのが注目される。その二階の部屋は購入後に増築したものである。狭いがコンパクトにまとまった魅力ある住宅になっている。

キリスト教徒集合住宅 ①複数の中庭のある邸宅(B-2タイプ) ②一三家族五六人 ③モリス・フホール氏は高校の数学の教師 ④モリス氏の父は一九三〇年代に入居

この住宅は旧市街でのキリスト教徒の住み方を見るのにうってつけの例である(図81)。イスラーム教徒とキリスト教徒の住み方の違いを考えることもできるのである。イスラーム教徒の場合には、血縁関係のある人々が大家族を形づくって一緒に住んでいる。それに対し、キリスト教徒の家では血のつながりのない信仰を共にするものが中庭を囲んで一緒に住むことが可能である。われわれがキリスト教徒集合住宅と名づけたのは、血のつながりはないが信仰を共にする数多くの家族が、一軒の大きな住宅に一部屋に一家族の割合で、集合住宅の形式で共同に生活しているからである。住人全員がギリシア正教を信仰している。Plan cadastral で見ると、南と北の二つの道にまたがる大規模な邸宅で、数個の中庭が確認できる。しかし現在、邸宅は南側と北側の二つに分割されている。調べたところは邸宅の南側にあたる。

ムスリムとキリスト教徒が混在して住んでいるカイマリーヤ街区を象徴するかのように、この建物のすぐ北側に隣接してムスリムの礼拝所、マスジドがある。街路のアイストップの位置にあるマスジドのミナレットのすぐ脇にこの住宅の入口がある。このようにイスラーム教の施設とキリスト教徒の住宅が何の不思議もなく隣り合っていることは興味深い。

図79　キリスト教徒集合住宅に住む一家族の台所　キリスト教徒の住宅では，女性が気軽に応対してくれる

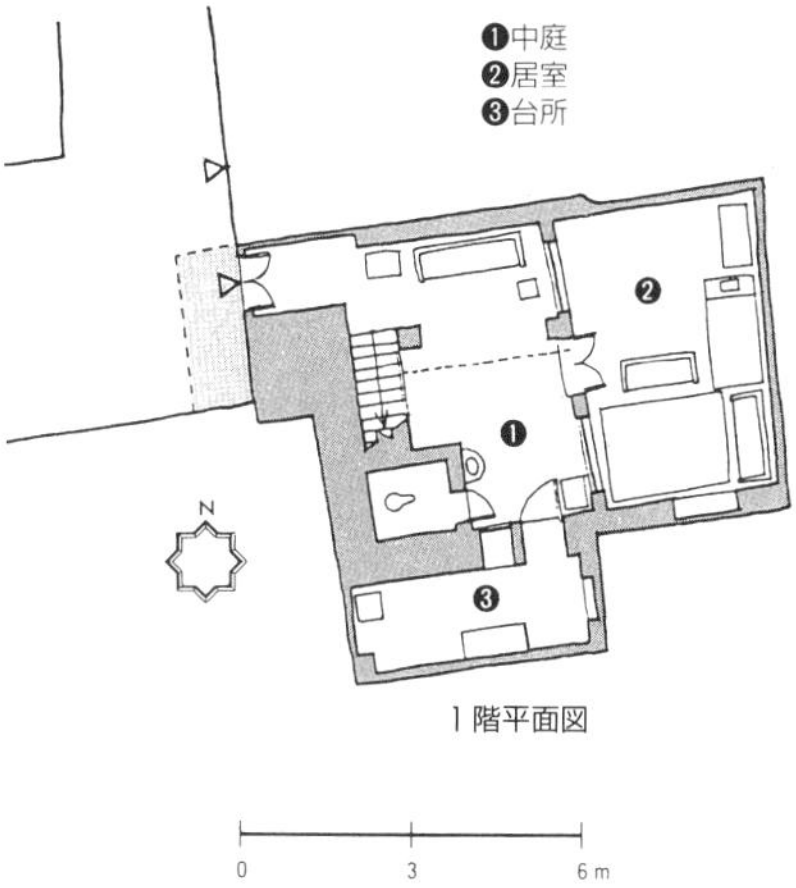

図80　ニァーフ・バタウィ邸

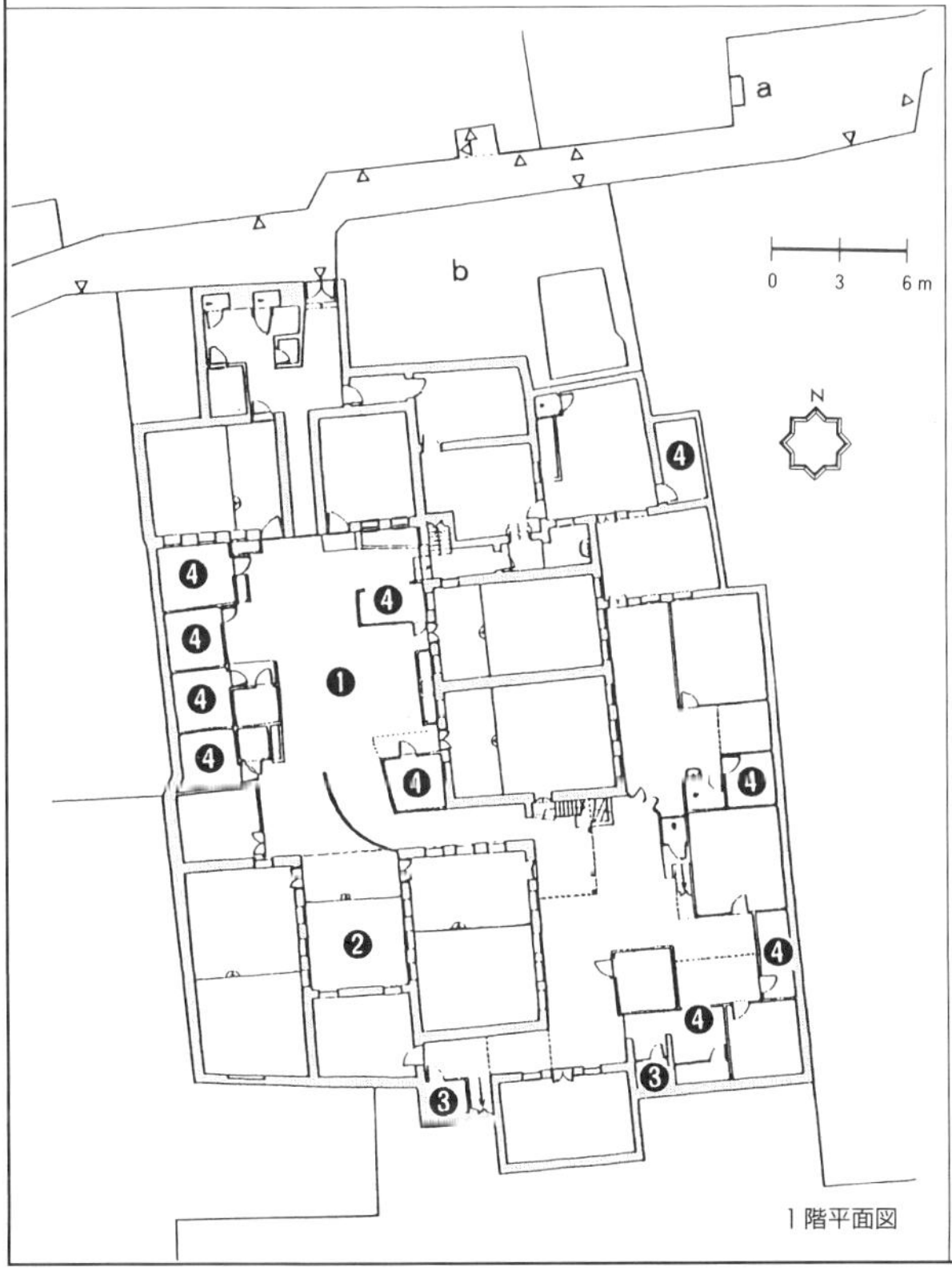

図81　キリスト教徒集合住宅
❶中庭
❷イーワーン
❸ハンマーム
❹台所
a 泉
b マスジド

Plan cadastral

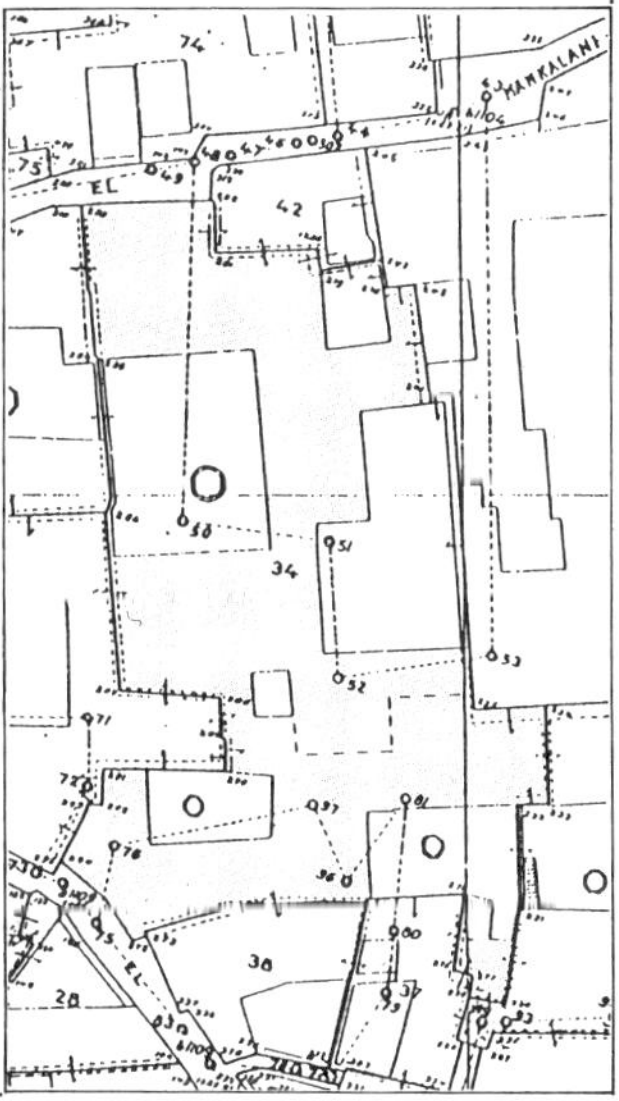

街路からまず前室のような玄関ホールに入る。現在この空間にはトイレが三つあり、共同で住人が使用している。前室は中庭へと通じているが、もう一つ通路が設けられており、中庭を通らずに裏側の別の中庭のある居室ともつながっている。

この建物の中心にあたる一番広い中庭にでると、Plan cadastral 当時の状態と変わっていることがわかる。中庭に小屋がいくつも建てられており、噴水がなくなっているのである。住人の一人であるモリス氏によると、一九七〇年頃に噴水と樹木を取り除き、小屋を建てたという。この小屋は台所や離れとして新設したもので、中庭に面して暮らす六家族がそれぞれ専用の台所を所有している。中庭、トイレは共同に使用するものの、台所は各家庭で異なっているのである。ところが、大家族で住むイスラーム教徒の住宅では、一つか二つの台所を共有で使い、各家族ごとにそれが割りあてられているわけではない。ここにイスラーム教徒とキリスト教徒の住み方の興味深い違いが見られる。イスラーム教徒の家では血縁関係にあるため食事を一緒にすることが多いが、このようなキリスト教徒の集合住宅では各家族が独立して生活しているのである。そのため日々の生活で大切な台所の在り方に違いが生じている。

また女性の立ち居振る舞いで宗教観の違いがよくわかる。イスラーム教徒の女性はわれわれが調査に訪れたとき、たいてい部屋に隠れてしまい、姿を出してもせめてお茶を入れてくれる程度である。ところが、キリスト教徒の女性は奥に引きこもるどころか、好奇心をもってわれわれに交流を求めてくるのである(図82)。

この住宅のもともとの姿を復元的に考えてみよう。われわれが調べたなかで最も大規模な住宅であり、形態や装飾、そして部屋のつくり方から見ても最も格の高い住宅の一つである。大きな中庭のまわりにコの字型に居室が巡り、北向きにイーワーンがとられ、かつては中庭に噴水が設けられていた。イーワーンは奥で中庭より一段高く舞台状になっている。イーワーンの両側と奥に居室があるが、奥の居室はイーワーンから入口を設けず、窓だけを設けている。奥へは裏の中庭側からアプローチしている。

居室にもダマスクスの特徴が見られる。広い中庭を囲うほとんどの部屋には内部に段差があり、天井に大アーチを

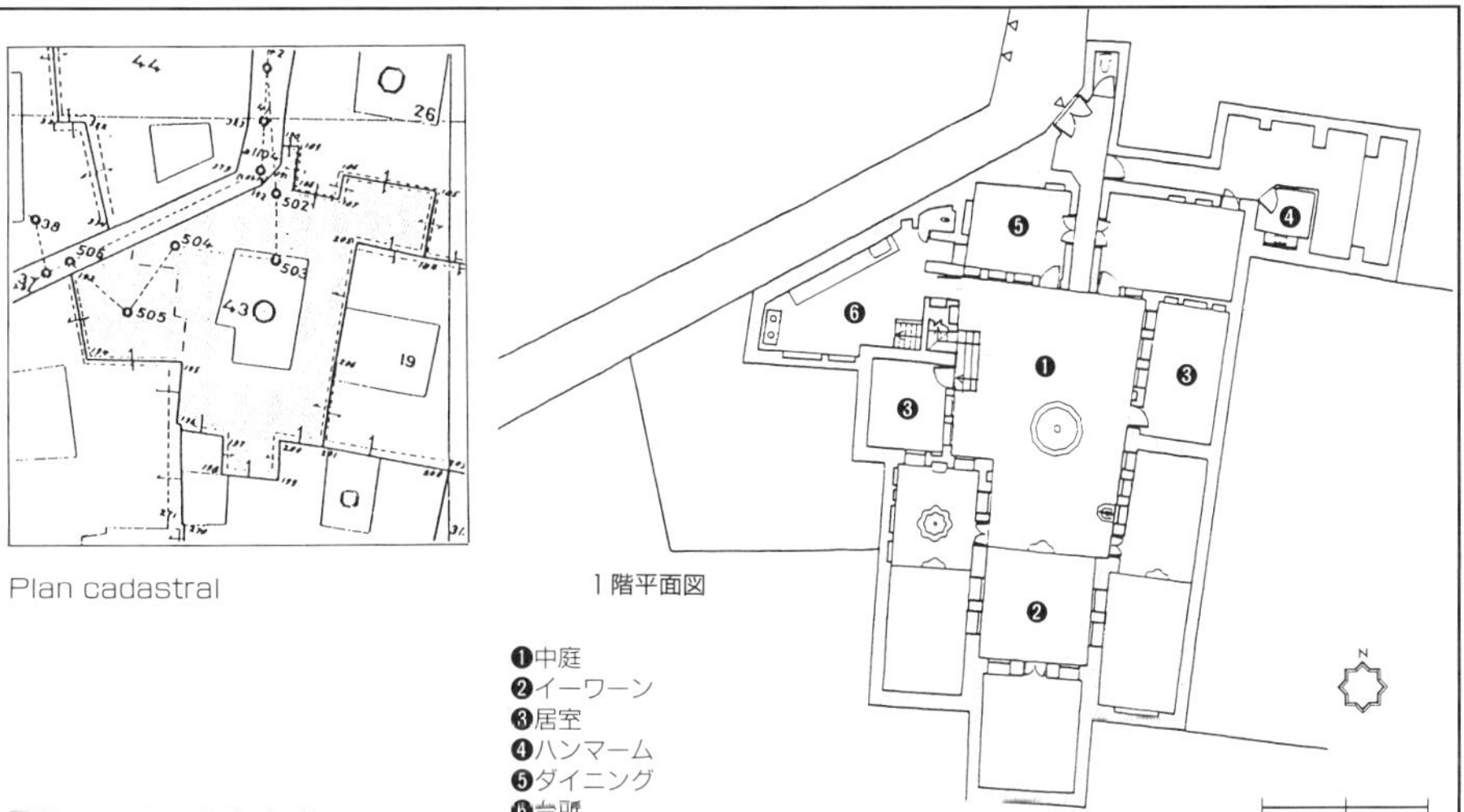

図83　ローディ・サルディ邸

ともなっている。イーワーンの両側の部屋ではその低い方に噴水の痕跡があり、格の高い部屋であったことがわかる。かつて手前の低い方は土間のような性質をもち、奥の高い方には靴をぬいで上がっていた。現在では家族ごとによって部屋の使い方が異なり、段差で居間と寝室に分けている家族もあれば、分けていない家族もある。また、半地下の部屋があるのも特徴である。

メインの中庭から次の中庭へは、建物の間のトンネル状になった狭い通路を通る。ここはさらに増築が激しく、台所ばかりでなく、居室も建てられている。中庭の半分ほどはそういった小屋で埋められている。そこからさらに別の中庭に通じている。

二階へのアプローチとして北側と東側のブロックそれぞれに内階段がある。東側の二階部分は現在使われていないが、北側では数家族が暮らしている。二階ではそれぞれが台所、トイレを設けている。二階の一室の天井にはかつての栄華をしのばせる装飾が残っている。

現在この住宅は使われ方が変わってしまっているが、かつてはいくつもの中庭を狭い通路がつなぎ、中庭ごとにパブリックな空間とプライベートな空間を分けていたのであろう。旧市街にある大邸宅のアズム宮殿の空間のつくり方から想像すると、おそらく大きな中庭を有し、格の高い部屋のある北側の一角がプライベートな家族用で、南側がパブリックな性質をもった空間であったと考えられる。

ローディ・サルディ邸　①O型プラン＋イーワーン（Cタイプ）　②二家族六人（婦人＋息子二人、息子一人は結婚＋子供二人）　③息子はお菓子屋　④先祖代々ここに住む　⑤二〇〇年ほど前

キリスト教徒が暮らす住宅である（図83）。そのため家には、聖母マリアやキリストの像が飾られている。しかし、前述の集合住宅のように大家族が共同に生活しているのではなく、この家では血縁関係のある二家族で住み、個人的に家を所有している。この家の主人はフランス語を話す婦人で、彼女によると、この家は先祖代々引き継がれてきたという。中庭に入ると、樹木が多く植えられ、イーワーンや噴水があり、開放的で居心地のよい快適な空間となっており、ダマスクスの伝統的な構成をもつ住宅である。

道の曲がり角に建っているため、敷地がやや不整形となっているが、それでも中庭は整形にとられ、イーワーンと中庭の噴水によって、南北の軸性がきっちりと与えられている。イーワーンは中庭より一段高くなっており、その両側と奥に部屋が展開するタイプである。現在イーワーンの屋根は朽ちてしまい、中庭との境にある大アーチが残っているだけである。その屋根に代わって、今は簡単なテントのようなもので覆っている。しかし、その下ではソファーが置かれ家族がくつろげるようになっており、イーワーンの機能は全く失われていない。

イーワーンの両側の部屋には、途中に段差があり、低いところには噴水が設けられている。天井にも素晴らしい装飾が施され、かなり格の高い住宅であったことがわかる。現在噴水は、一方の部屋にしかないが、もう一方にも噴水のあった痕跡は残っている。格の高い部屋であるが、残念ながらどちらの部屋も使われておらず、今は物置のようになっている。現在、一階には使われていない部屋が多く、家族のプライベートな居室は二階に設けられている。二階には内階段で上がる。部屋は中庭に面して南向きに開放的に設けられ、美しい家具が置かれている。接客は夏期には中庭で行なうが、冬期にはその二階の部屋で行なうという。

中庭の井戸と半地下室があることも特徴としてあげられる。井戸は上水設備が整うまで、飲料水を汲み上げるために使われていた。半地下室は現在でも食糧庫として使われている。

また、この家では現代的な設備もなされている。台所にはシステムキッチンが、トイレには洋式のものが設けられている。

キリスト教徒の住む家であるが、住宅にはダマスクスの伝統的な形態や間取りはもちろんのこと、使い方にも全く違いは見られない。キリスト教徒とムスリムでは、宗教観などのメンタリティーの違いがあるにすぎないのである。

モハマド・アデル・ダルダリ邸　①U型プラン＋イーワーン（B-2タイプ）②一家族九人（夫妻＋子供七人）③貿易商、現在は隠居　④一〇〇年前　⑤三一〇年前

中規模の典型的な住宅で、同タイプのものがかなり多く見られる（図84）。ダマスクスの住宅の在り方を考えるに、うってつけのものである。

人の往来の激しい街路と、袋小路の交わる角地に位置する。街路に面して玄関扉がめだつように置かれている。街のいたる所で見られる目線の止まるアイストップに置かれる扉は、単調になりがちな壁の続く街路の中のアクセントになっている。

中庭へと続く玄関通路は途中で折れ曲がり、街路から中を直接覗き込まれないようになっている。さらに、この通路の途中に接客室への入口がとられ、来客を中庭へ出さずに接客室に通すことができる。住宅の奥のプライバシーを確保しようとしているのである。これはダマスクスの住宅の特徴の一つであり、彼らの工夫が読みとれる。しかし、現在は接客室への入口を使わなくなっている家が多く、中庭に来客を招き入れている。近代化の波や女性の社会的立場の変化によって、家族や女性のプライバシーを守る必然性が薄れてきたためであろう。

薄暗い通路を抜けると、開放的で緑豊かな中庭にでる。中庭の中央には噴水があり、緑と水に溢れたオアシスを彷彿させ、パラダイスを実現しているかのようである。壁や床は幾何学模様に石やタイルで装飾され、中庭を取り囲むどの部屋も光と風をいっぱいに取り込むように開放的に窓を多くとる。中庭はその家の住人と外部の人間の接点となるセミパブリックな空間でもある。夏期は中庭に椅子やテーブルを出し、接客や家族がくつろぐ最高の空間となって

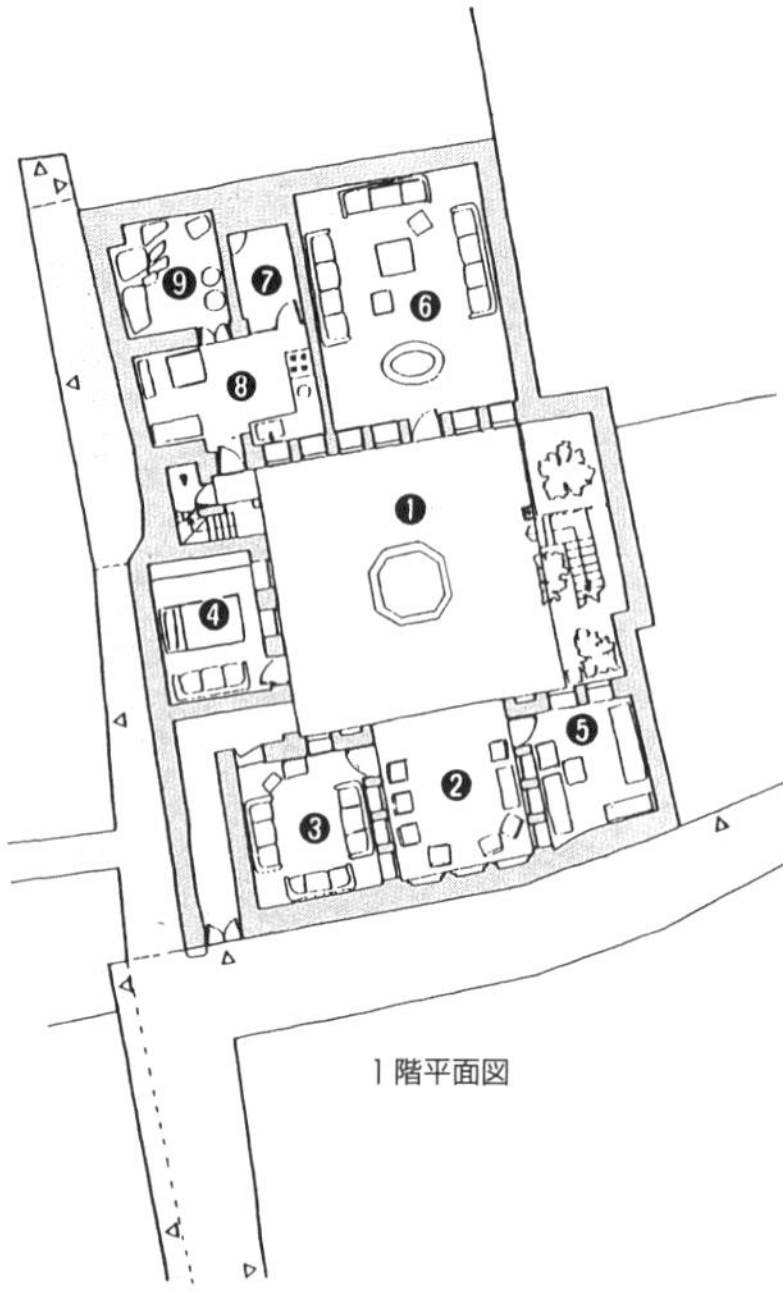

1階平面図

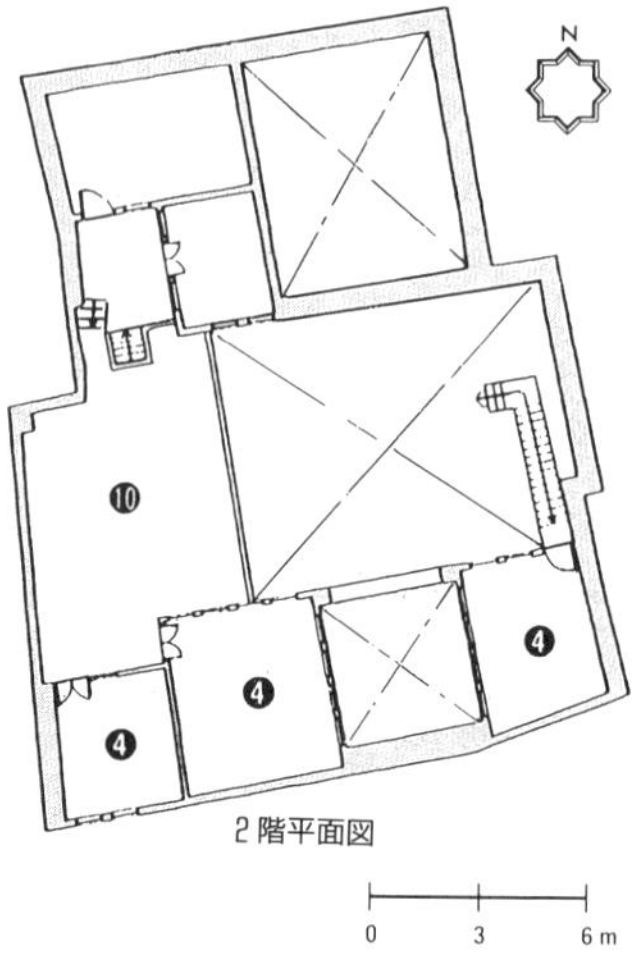

2階平面図

断面図

図84　モハマド・アデル・ダルダリ邸

❶中庭
❷イーワーン
❸接客室
❹居室
❺女性の居室
❻冬の居室
❼ハンマーム
❽台所
❾物置
❿テラス

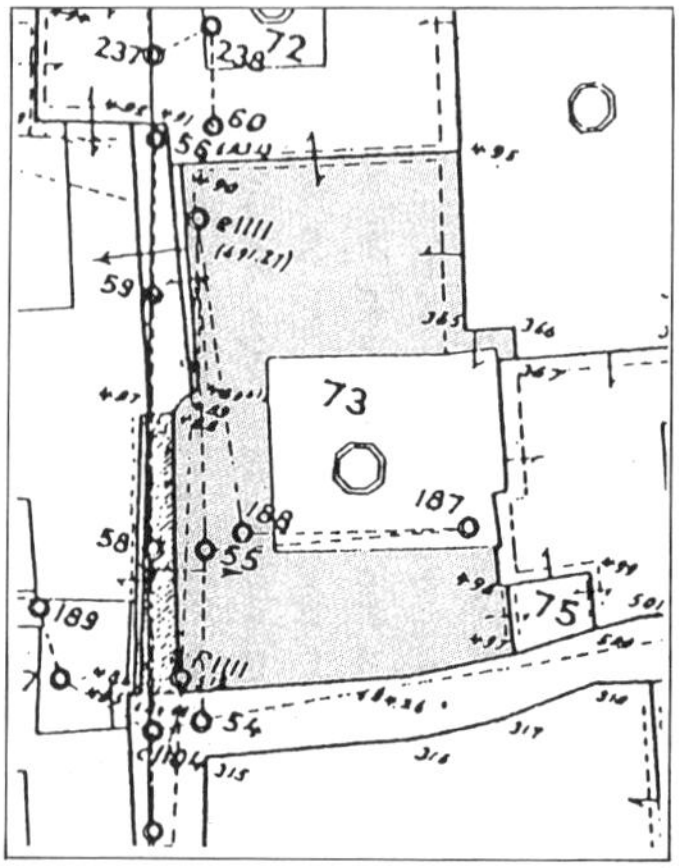

Plan cadastral

いる。われわれもここでもてなされ、木陰でチャイを飲みながら快適なひとときを過ごした。

住宅にはイーワーンと噴水によってはっきりと南北の軸性が生じている。その軸上にイーワーンに向かい合って、主に冬期に利用される居間がある。南に向き、暖かい陽射しを積極的に室内に取り込もうとしている。冬は寒さが厳しいらしく、室内にストーブ用の煙突が見られる。伝統的にイーワーンの両脇の部屋は、一方を接客室、もう一方を女性の部屋とするが、ここでも西側の通路に通じている方を接客室、東側を息子の嫁の部屋とし、嫁入り道具が置かれていた。また、この住宅には階段にも特徴がある。この住宅では内階段と外階段が備わっている。二階の部屋がイーワーンで隔てられ、部屋が一つの通路でつながらず、二カ所に階段を設けている。庶民的な住宅では外階段と中庭を巡るギャラリーで二階の各部屋にアプローチするのに対し、大規模住宅では中庭を囲う各ブロックごとで天井高が異なり、一つの通路でつながっておらず、階段を二カ所以上とることが多い。

ところで、主人によればこの住宅は三一〇年ほど前に建設されたという。建物の一角に建設年代が刻まれているのが何年か前にみつかったことが、その根拠になっている。年代がはっきりしない住宅が多い中で非常に貴重な資料である。遅くとも一七世紀には、シンメトリーな平面形態が確立していたことになる。

現在、子供六人は家を離れ、夫婦と次男（三〇歳）、その嫁としてレバノンから来た夫人の姪の娘（一八歳）が暮らしている。自宅で結婚式を行ない、一〇〇人くらい招待するそうである。四人という小人数のため空き部屋が多く、物置にしている。そのためこの家では今は一、二階の使い分けがはっきりしておらず、一階にも寝室をとっている。家族の都合に合わせて利用法を変えていくのである。空き部屋が朽ちたり、物置としている家は少なくない。大家族で住む富裕な階層や若い世代の人々が旧市街から近代的な新市街に流出したり、経済的に家を維持できなくなったからである。

ラドワーン・カイアット邸　①U型プラン＋イーワーン（Dタイプ）　②四家族二七人（父母＋娘、息子三人の家族）　③長男は裁縫業、次男は公務員　④一九五〇年頃に購入　⑤一五〇年前小規模だが、二七人という大家族で暮らす住宅である（図85）。中庭にいるわれわれを数人の子供たちが二階のギャラリーから興味深く覗いていた。一階を調べ終え、許しを得て二階に上がっていくと、驚いたことに数人どころではなく、十数人の子供たちがいたのである。典型的な大家族の住宅である。

この辺りでは、街路に面した一階が作業場になっていることも多く、この住宅も一階の一部が裁縫の工場となっている。そのため家族のプライベートな部屋はすべて二階にとられている。

住宅の入口は二カ所あり、一方は工場に直結している。もう一方のものは、街路から一メートルほど降りて緑溢れる中庭に入る。中庭に十分な広さがないため、噴水は設けられていない。しかし、東側に中庭の幅いっぱいに天井の高い大きなイーワーンがとられている。現在このイーワーンには物が置かれ、流し場がつけられているが、そこに今も残る装飾は、華やかで美しく、目を奪う。工場となっているイーワーン横の部屋も天井が高く、装飾がされており、かつては接客や居間として使われていたと思われる。

そのイーワーンの上にも部屋が設けられ、中庭に開いたギャラリーをアーチで飾ってある。このような廊下はリワークと呼ばれ、アズム宮殿により装飾的なものが見られる。限られた敷地のため、上にも部屋がとられたのであろう。中二階には台所やトイレがあり、二階には女性が街路を覗けるようにマシュラビーヤ（こまかい装飾のある格子窓）がとられている。また屋上からは、この地区の性格をよく表わす教会とモスクが共存する光景が望める。

大規模な邸宅

アズム宮殿　①複数の中庭のある大邸宅　⑤一七四九―五二年

ダマスクスの住宅建築の中で最も豪華でモニュメンタルなものである（図86）。旧市街の中で広い敷地を占め、いくつもの中庭を有する大邸宅である。このような大邸宅と一般的な住宅を比較し、その類似性、相違性を探ることによって、ダマスクスの建築空間の特徴がさらに明快になる。

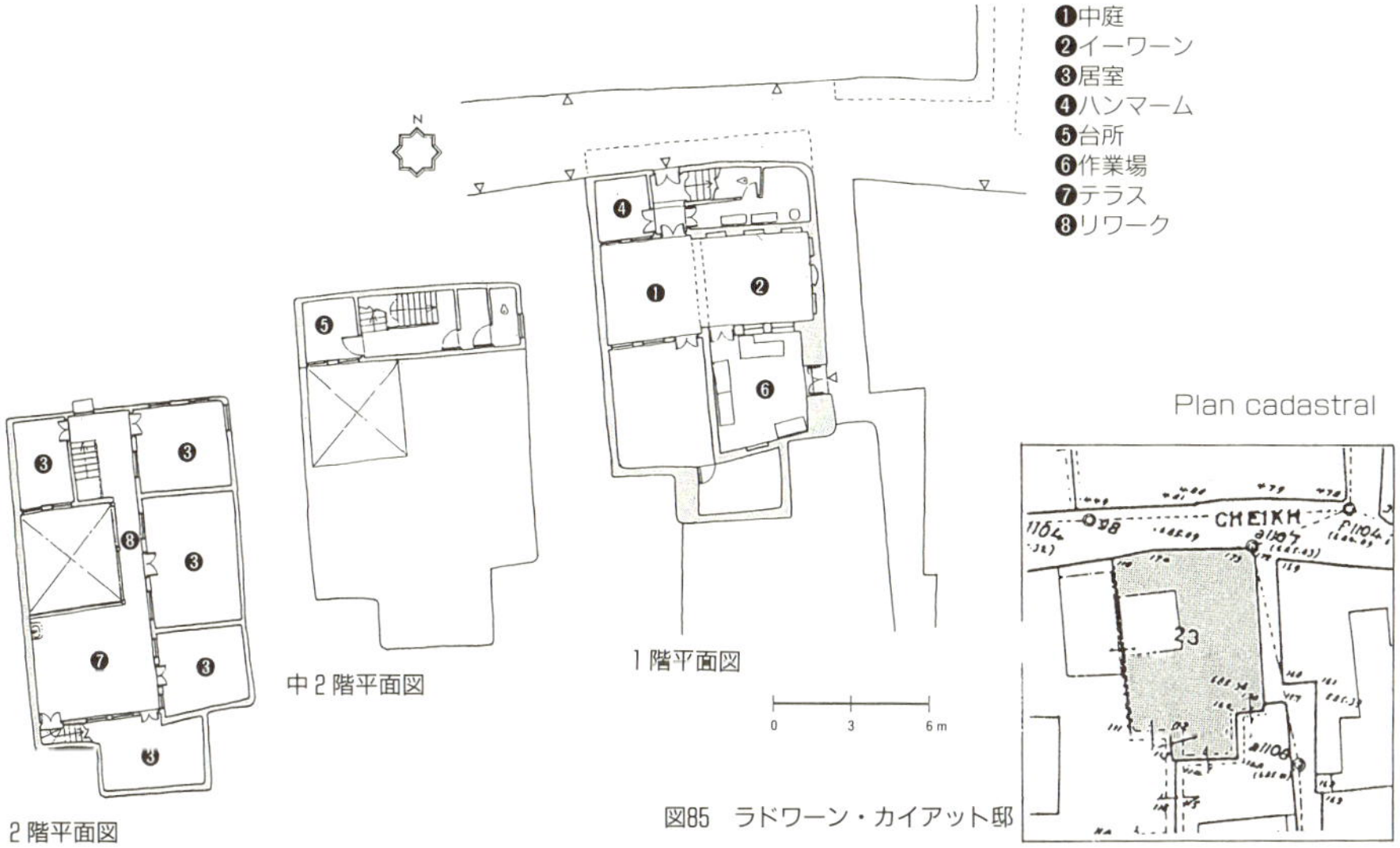

図85　ラドワーン・カイアット邸

図87　アズム宮殿の家族の空間にある大イーワーン

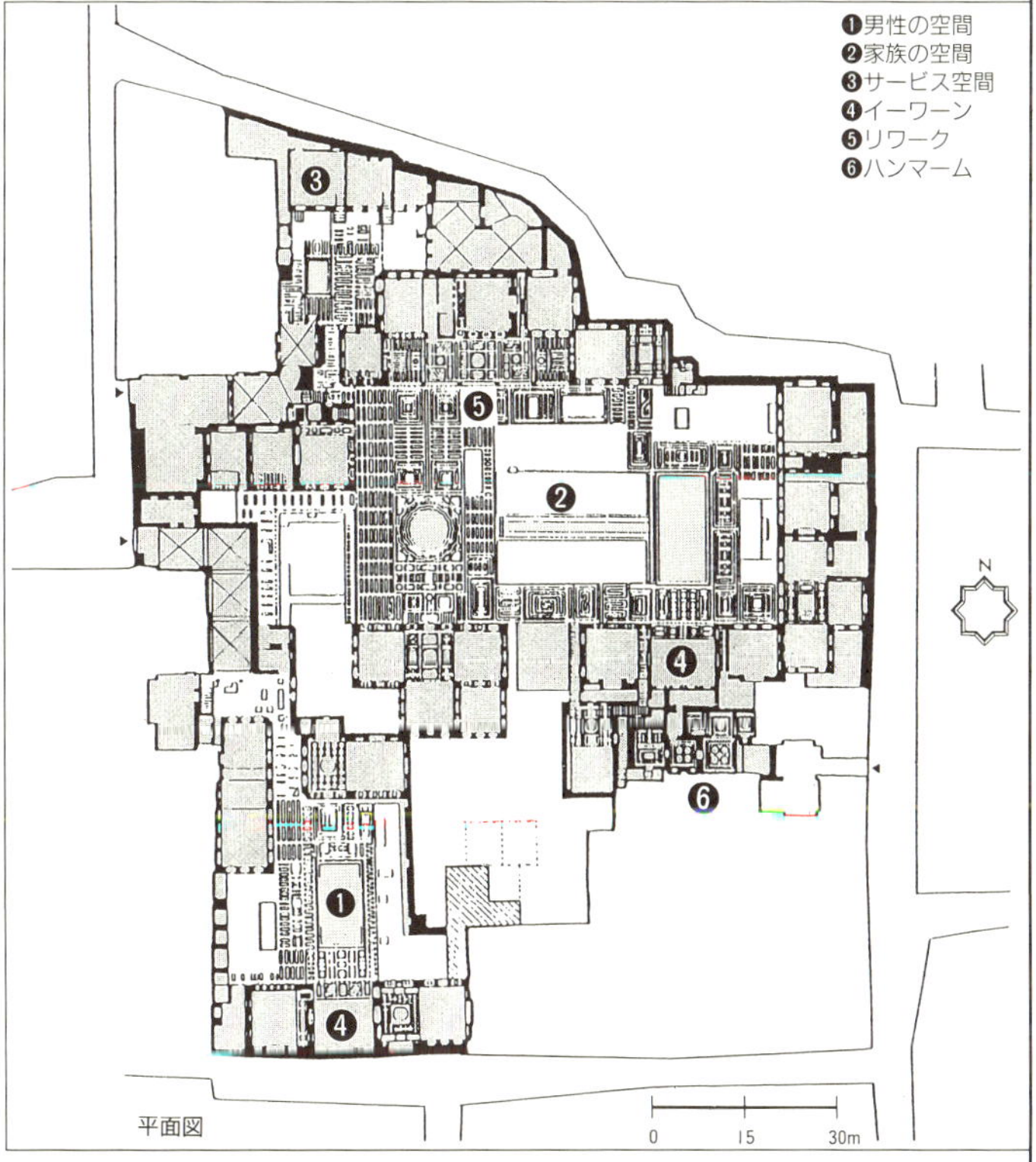

図86　アズム宮殿
(S. Cantacuzinoによる)

アズム宮殿は、オスマン帝国の支配時代の一八世紀中頃に建てられ、ダマスクスの統治者（パシャ）、アッサード・パシャ・アル・アズムの邸宅であった。ウマイヤ・モスクの南側にあり、巨大なスークの裏手に隣接している。宗教と商業、聖と俗の空間の両者を間近に掌握できる位置にある。大邸宅は現在、博物館になっており、当時の生活の様子を再現している。邸宅のオリジナルの姿を観察できるため、ダマスクスの住宅の空間構成を考える上でさまざまなヒントが得られる。また、壁や床、そして天井の梁の木材などいたる所に、石や貝で色鮮やかに美しく幾何学模様で装飾されている。中庭には大きな噴水が設けられ、緑を豊富に配している。快適で居心地のよい空間は、「地上に楽園を実現する」というアラブ人の考え方を表現しているかのようである（図87）。

邸宅には三つの中庭があり、それぞれの役割に分かれている。一つ目は、南側の中庭を中心とする一画で男性の空間（セラムリック）として、来客の接待や公式行事に用いられた。二つ目は、中央の広い中庭で家族のプライベートな空間（ハレムリック）となり、家族用に使われていた。その中庭に面したイーワーンの北側には、ドームの架かるハンマーム（浴場）がそなわっている。豪華な設備が整っており、総督の権威をうかがわせる。そして、三つ目は、北側の中庭でサービス空間（ハダムリック）として、厨房や倉庫が巡っている。現在の博物館の入口は家族用の中庭につながっているが、かつては南側の男性空間の中庭へと導かれていた。

広大な敷地をもつアズム宮殿では、パブリックな空間とプライベートな空間を手前と奥とに平面的に分けている。イスラーム世界の住宅では、女性の姿が男性の来訪者の目にふれないように配慮されている。敷地に余裕があれば中庭ごとに平面的に性格を変えることが理想であるが、一般の住宅は一つの中庭しかないため、立体的に一、二階でパブリックな空間とプライベートな空間に分けているのである。

次に中庭を囲む要素を見てみよう。まず、ダマスクスの住宅によく見られるイーワーンである。北向きに中庭に開き、中庭よりも高く舞台状になっている。その両側に部屋が配され、その両側の部屋と噴水でしっかりした軸性が与えられている。イーワーンはダマスクスの伝統的なものとなって一般の住宅にも広く見られるが、ここでは美しい装

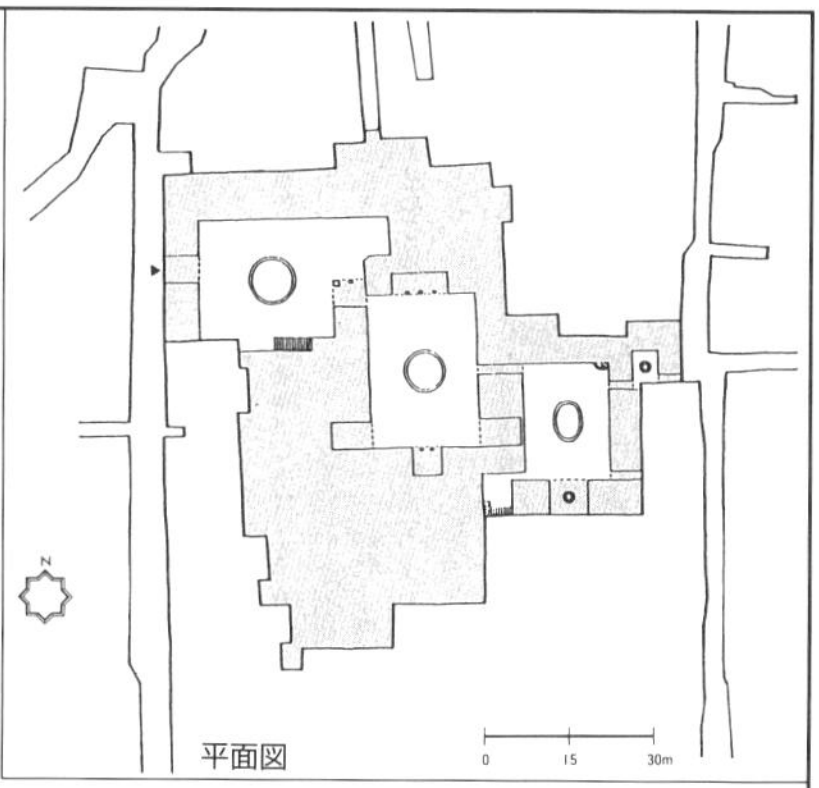

図88　マクタブ・アンバル

図89　マクタブ・アンバルのハレムリックの中庭

飾が施され、高さも強調し、象徴性が一段と増している。

家族用中庭の北面には、軒を張り出して、その下を連続アーチで飾るリワークという空間がある。中央に噴水、その両側の高くなったところに炉がとられ、奥には居室が展開する。一般の住宅では、二階の中庭に面した通路にアーチで飾ったリワークがとられるが、あまり数は多くない。リワークに似た空間は、カイロの旧市街の伝統的住宅でよく見られる。マクァド（露台）と呼ばれるもので、二階にとられた中庭に開く半戸外空間であり、イーワーンの性質とも似ている。すべての居室空間に共通するのは天井が高く、部屋の途中で床に段差がつけられ、数十センチ高くなっていることである。さらに段差の上にはアーチが架かり、一つの部屋を性質の違う二つの空間に分けている。床の低い側（アタブ）は日本の土間に似ており、アプローチ的性質をもち、そこで靴を脱ぎ上の段にあがっていた。また、いくつかの部屋では低い側に大理石の水盤の噴水を設けて、快適な空間をつくりあげている。このように部屋に段差をつけ噴水を設けることは、ダマスクスの大規模住宅によく見られる。噴水をもつ室内空間は、カイロの住宅でもよく見られる。噴水のある空間をカーア（広間）、そのまわりの空間をイーワーンと呼ぶ。アズム宮殿の家族用中庭の北西にあるT字形の居室は、カイロのそれと全く同じである。

オスマン帝国の統治者の住宅であるが、イスタンブルのトプカプ宮殿の様式とは異なり、シリア、ダマスクスの伝統的な文化や住宅の様式が駆使されているのである。

マクタブ・アンバル　①複数の中庭をもつ住宅　⑤一八六七年

前述のアズム宮殿同様に広大な敷地に建つかつての大邸宅である（図88）。広い敷地には大小合わせて四つの中庭があり、それぞれの中庭に噴水が設けられている。アズム宮殿に見られたように、中庭ごとに平面的に、公的な空間と私的な空間に性格を分けていたのである。

この邸宅の見所は何と言っても、その中庭やリワーク、そしてイーワーンの装飾の美しさである（図89）。特に二つ目の中庭には、壁一面にタイルやスタッコで華やかな装飾が施され、かつての栄華がしのばれる。この中庭を中心とする一画が、家族のプライベートな空間として利用されていた。どの中庭でも緑をふんだんに配し、床や壁には色彩鮮やかな石が敷き詰められている。管理人の話では、その石はロシアから運ばれてきたという。この邸宅は、金で財を成し、総合貿易商人であったユースフ・アファンディー・アンバルによって、一八六七年のオスマン帝国時代に建てられたという。一八八七年、住宅からマドラサになり、現在は古都保存局の事務所が置かれ、政府の所有となっている。

ダマスクス郊外の集落

キリスト教徒の集落――マアルーラ

ダマスクスから北へ約五〇キロ、車で約一時間。岩山の谷間に建てられた家々と緑が、忽然と沙漠の中に現われる、これがマアルーラの街である。家々の外壁は白や水色に塗られ、土色の世界に独特の景観を与えている。マアルーラに吹く風は、谷間を町から緑地の方へ通り抜けていく（図90）。

マアルーラはキリスト教徒の集落で、町の裏側の小高い丘の上には、石造の聖サルキス（聖セルギウス）修道院が町を見下ろすかのように建てられ、崖の途中の岩肌には十字架が刻まれている。この教会はビザンツ時代の四世紀に起源をもつといわれ、改修は行なわれてきたが、構造材の一部や入口扉に当時の木材が残されている。地方の集落では、モスクや教会が街の一段高い所に位置し、そのまわりに市街が形成されるというタイプがよくみられる。

教会が建っている山には、紀元前一〇世紀頃に古代の人々が生活していた遺構が残る洞窟が多数あり、古くからこの土地が生活に適していたことがうかがえる。また、マアルーラは、現在でもイエス・キリストの時代に使われていた言葉である「アラム語」をいまだに使用していることでも有名である。

住宅は岩山の斜面に沿って階段状に建てられ、岩山をくりぬいて家の一部として利用している。街の主要な道路は整備され幅は広いが、ひとたび住宅街に入ると起伏が激しくなり、車の入れない幅の狭い道がさまざまな方向に分岐している。斜面のため立体的にも複雑に道が分かれていて、ダマスクス以上に迷宮的な性格がうかがえる（図91）。路上に張り出された部屋や屋根がトンネル状になっていたり、道路の一部が住宅の屋根になっているなど、より複雑さを極めている。

路地の中にはT字型、Y字型の分岐点に小広場的なスペースをとり、人やロバによる荷物搬入時の休憩場所になっている。それはまた、複雑な街路網の中で、街のアクセントにもなっている。

斜面に建つ住宅

岩山の斜面に沿ってひな壇状に建てられた住宅は、自然の岩山を取り込み、地形を生かしながら、一定の法則のもとに建てられている。緩やかな路地から住宅の玄関をとるものばかりでなく、急な階段状の街路の途中にも玄関があり、斜面という地形の中で、巧みに配置された住宅構成をとっている。ダマスクスの旧市街のように中庭を中心に平面的展開をみせる住宅群とは異なり、マアルーラの住宅では斜面に展開されるため、ひな壇状に住宅が建ち並び、見晴らしのよいバルコニーを中心にした、密度の濃い住宅群となっている。

住宅の壁の構造は、石造またはブロック造であり、積み上げた石やブロックの間を土や小石で埋め、その上に漆喰が塗られている。特徴的なのは、さらにその上に白や水色で外壁が着色されていることである。この色は付近の山で取れた岩を粉にして塗っており、それによって街も白や水色の景観となっている。単調な土色で塗られているダマスクスの住居とは、違った趣をみせている。

階高は二、三階建てが多く、南斜面に建っているため住宅同士が日照を遮ることなく、合理的な配置となっている。住宅の構成はダマスクスとは異なり、中庭は狭く薄暗く、通路や玄関ホール程度の役割しかなく、中庭をもたない住宅も少なくない。イーワーンも噴水もなく、中庭に代わって、バルコニーが発達している。谷に向かって大きく開放的に設けられ、天気の良いときは、バルコニーで外の眺望を眺めながら、お茶を飲み、団欒を楽しんでいる。街路に面して、二階にバルコニーが開き、開口部が大きいために、非常に開放的な住宅となっている。

住宅の形態は非常に興味深く、ここではマアルーラにおける典型的な二軒の住宅について紹介しておく。

図90　岩山の斜面に家が建ち並ぶマアルーラの眺望

図91　立体的に入り組んだ街路と住宅

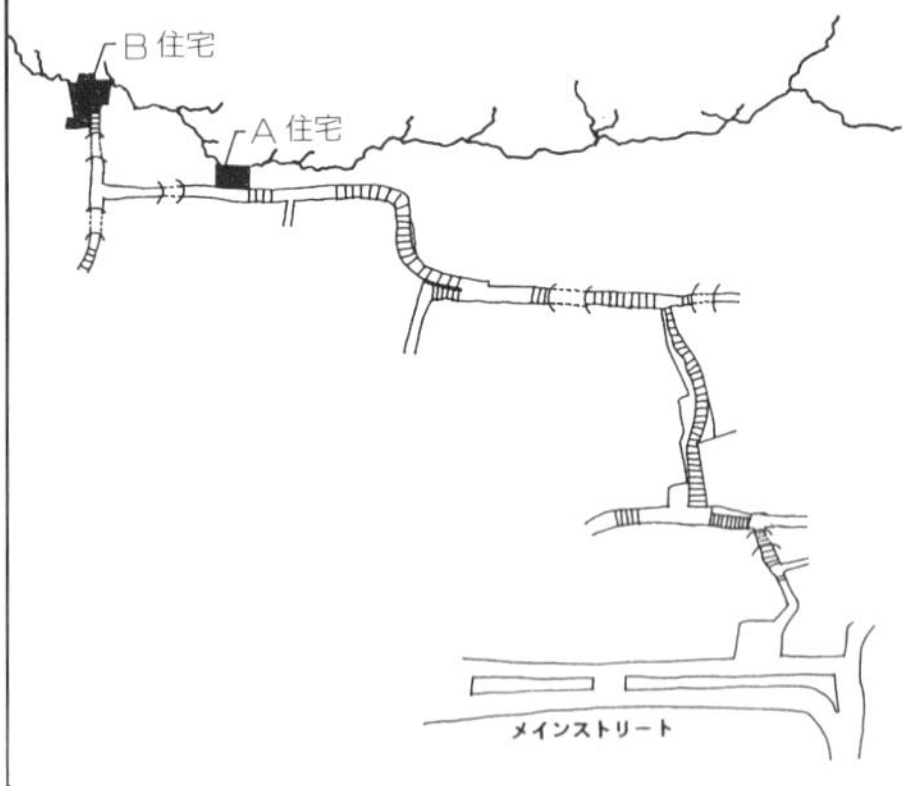

図92　調査した住宅の位置

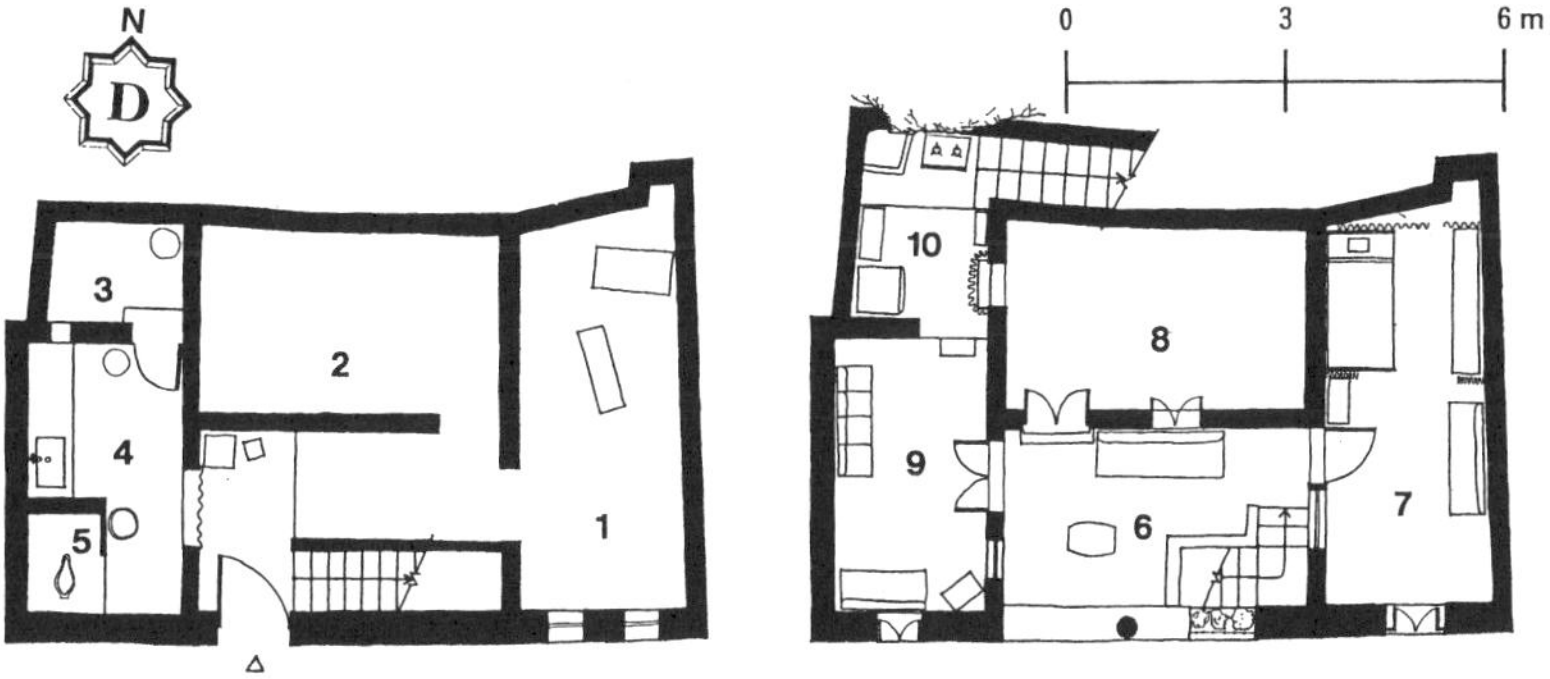

図93　住宅Ａ平面図　左：1階，右：2階
1 作業場　2 倉庫　3 浴室　4 洗面所　5 トイレ
6 バルコニー　7 寝室　8 寝室　9 居間　10 台所

図95　2階のバルコニー（住宅A）

図94　2階にバルコニーをもつ住宅Ａ

図97　岩肌が露出している居間（住宅B）

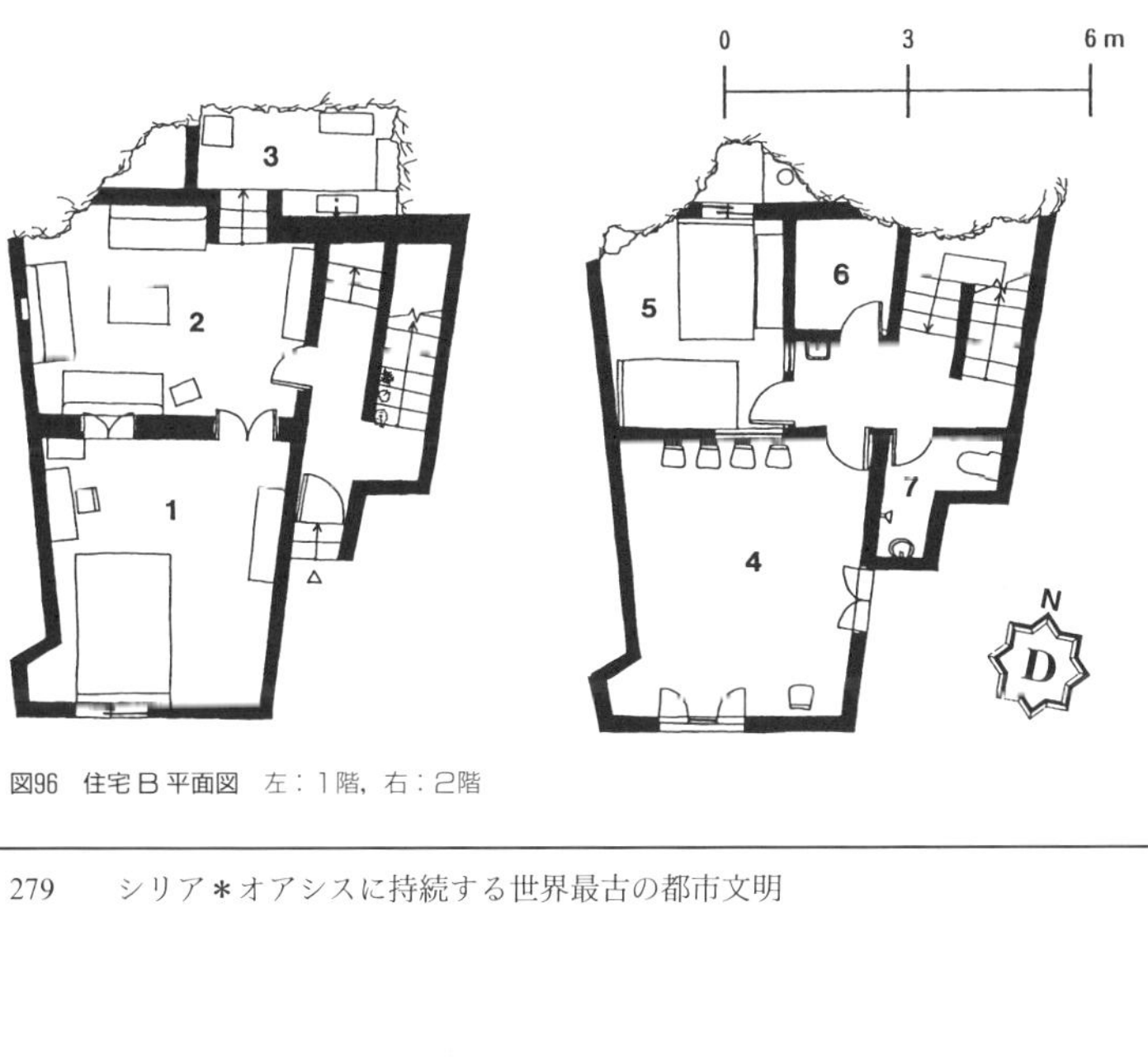

1 寝室
2 居間
3 台所
4 居間
5 寝室
0 倉庫
7 浴室

図96　住宅Ｂ平面図　左：1階，右：2階

マアルーラの住宅実例（図92）

住宅A（水色壁の家）　②一家族五人（夫妻＋子供三人）　③レストラン勤務

この住宅は、メインストリートから岩山へ向かって五分ほど登ったところにあり、岩山に貼り付くように存在している。街路に面した二階のバルコニーから誘われるようにしてこの住宅に入った（図93）。

二階をメインの生活スペースとしており、一階の玄関を入るとすぐに二階のバルコニーへ案内された。バルコニーの空間は家の中心的存在になっており、一年中いつも家族が集まる憩いの場である（図94）。バルコニーには、外部に開いた半戸外空間にもかかわらず、ソファー、机をおき、生活の匂いがする場となっている。われわれもそこに座り、お茶とナッツでもてなされた。この半戸外空間を中心としてまわりに寝室、食堂、台所がある。食堂にはテレビ、ソファーがあり、お祈りをする空間も兼ねている。その食堂を通って台所へ入ると、驚いたことに岩肌がむき出しにでていた。山の岩肌を壁面にそのまま利用するという、マアルーラの住宅の特徴が現われている。

一階には小さな中庭、作業場、トイレ、倉庫、シャワールームがあり、サービス空間として利用している。作業場では、住宅の外壁を装飾するために、近くで採取してきたブルーストーンを砕き、それに水を混ぜた塗料を作っている。カラフルな住宅が並び建つこの街の独特な景観は、こうした作業場でつくられている。

ダマスクスの住宅にある中庭に面した半戸外空間のイーワーンと違い、マアルーラには光を取り入れ、直接外に開いている半戸外空間がある。斜面に建っているという住宅の立地条件を巧みに生かし、眺望を重視したスタイルをとっている。

住宅B（新婚夫婦の家）　②二家族四人（夫妻×二）　③金銀細工の職人

新婚の妻は、先の住宅Aの娘（長女）であり、住宅Aの調査が終わると私の家も見てほしいと案内された（図95）。この住宅はバルコニーがなく、一階も生活空間にしている。玄関を入り左手の居間に案内されると、部屋の一つの角に岩が突き出ているのが目に付いた（図96）。白い壁の中に何も化粧されていない岩肌がそのままむき出しているのだ。よく見ると岩には数枚の写真が貼られ、十字架や小物がぶら下がっており、部屋のアクセントとしてインテリアの一部のように使っている。居間の中にはソファーと小机が置かれ、非常にゆったりとした空間になっている。

居間の南側には寝室、北側には台所がある。台所のほとんどの壁は、岩をむき出しのままにしており、まるで洞窟の中を思わせ、北側に面した岩肌を触るとひんやりとして気持ちがよい。岩をそのままにするのは、夏場の強い陽射しと暑さを防ぐ工夫なのであろう。

階段も特徴的で、踊り場部分に大きく岩が迫り出している。人工的に削った形跡はなく、自然のままの状態で白色に塗られているだけであった。階段部分には観葉植物の鉢を多く置き、緑をなるべく室内に設けようとしている。

二階にはトイレ兼シャワールーム、接客室、寝室がある。寝室の壁にも一階から続く岩が突き出ており、この部屋では岩の一部をくり抜いて物置として利用している。天井は丸太組でできており、一階は漆喰で塗っているが、二階は露出のままの状態である。

この住宅は岩に面しているというよりは、岩を核として一体的に形成され、岩面をうまく利用し生活に取り入れている。これは斜面に建つ住宅としての工夫でもあり、街の裏山に残る古代の洞窟生活の名残りでもある。

参考文献

八木幸二・他『PROCESS: Architecture No.15 風土と建築　西南アジアの集落と住居』プロセス・アーキテクチュア、一九八〇年

内藤正典「ダマスクスにおける民族・宗教別住み分けとその変容」『教養学科紀要』第一七号、東京大学教養学部教養学科編、一九八五年

三浦徹「ダマスクス郊外の都市形成――一二―一六世紀のサーリヒーヤ」『東洋学報』六八―一・二、一九八七年

三浦徹「街区と民衆反乱――十五・十六世紀のダマスクス」『世界史への問い　四　社会的結合』岩波書店、一九八九年

三浦徹「アラブ・イスラム都市における街区――ダマスクス・アレッポの現地調査から」『イスラム都市社会の形成と変容に関する比較研究』科学研究費補助金（国際学術研究）研究成果報告書、一九九〇年

P・K・ヒッティ、小玉新次郎訳『シリア――東西文明の十字路』中央公論社、一九九一年

板垣雄三・後藤明編『事典イスラームの都市性』亜紀書房、一九九二年
陣内研究室編「いまに生きる都市――シリア・ダマスクスを行く」『ａｔ』五月号、デルファイ研究所、一九九二年
三浦徹「ヤクザが生きる町――ダマスクス」『イスラム社会のヤクザ』第三書館、一九九四年
三浦徹『イスラームの都市世界』山川出版社、一九九七年
A・R・モアーズ、赤松正子訳「イスラーム都市の成育発展プロセス」『季刊 iichiko No. 47』日本ベリエールアートセンター、一九九八年

K. Wulzinger & C. Watzinger, *Damaskus*, Berlin, 1924.
R. Tresse, *L'irrigation dans Ghouta de Damas*, Paris, 1929.
J. Sauvaget, *Les monuments historiques de Damas*, Beyrout, 1932.
J. Sauvaget, *Esquisse d'une histoire de la ville de Damas* vol. 8, R. E. I., 1934.
R. Thoumin, *Notes sur l'aménagement et la distribution des eaux*, France, 1934.
J. Sauvaget, *Alep*, Paris, 1941.
K. A. C. Creswell, *A Short Account of Early Muslim Architecture*, London, 1958.
M. Musselmani, *Damascene Homes*, Damascus, 1979.
H. Gaube & E. Wirth, *Aleppo*, Wiesbaden, 1984.
L. Reichert, *Aleppo*, Wiesbaden, 1984.
D. Sack, *Damaskus*, Mainze, 1889.
E. C. Grimes, A *Guide to Damascus*, Damascus, 1989.
A. Terasaka & M. Naito, *Geographical Views in the Middle Eastern Cities II Syria*, Tokyo, 1990.
R. Burns, *Monuments of Syria*, London, 1992.
W. Ball, *Syria: a Historical and Architectural Guide*, Essex, 1994.
F. Sezgin, *Islamic geography, vol. 230 : Studies by J. Sauvaget on the historical geography and topography of Syria*, Frankfurt, 1994.
Y. Roujon & L. Vilan, *Le Midan: actualité d'un faubourg ancien de Damas*, Damascus, 1997.
アラビア語
A. Q. Rihawuy, *Amara Arabiya Islamiya fi Suriya*, 1979.（シリアのイスラーム建築）

M. H. U. Dimashuqy, *Alam miyahu jarya fi medina Dimashuqu*, Damascus, 1984.（ダマスクスの水路）
M. Ekoshar, *Hammamat Dimashuq*, Damascus, 1985.（ダマスクスの公衆浴場、アラビア語翻訳版）
A. Abushanabu, *Dimashq Ayam Zama*, Damascus, 1991.（ダマスクス昔の日々）
A. H. Ulaby, *Hittat Dimashuq*, Damascus, 1994.（ダマスクスの建築記録）

チュニジア＊地中海性と融合した北アフリカのイスラーム地域

法政大学陣内研究室

チュニジアの都市を読む

都市構造

チュニジアは地中海に面した北アフリカの中部に位置する（図1）。七世紀にアラブの侵入を受け、イスラーム支配となった。そしてカイラワーンのような軍事上の戦略拠点となる新たな軍営都市（ミスル）が築かれた。しかし、先住民族のベルベルとの融合、そしてフェニキアおよびそれに続くローマの植民地という先行する歴史の継承によって、他のアラブ世界の都市とは異なるチュニジア独自の都市と建築の在り方を示している。ここではチュニジアの主要な四都市――二重のメディナをもつ大都市「チュニス」（図2）、斜面に立地する「スース」（図3）、初期イスラーム時代に創建された「カイラワーン」（図4）、商業の街である「スファックス」（図5）を対象とし、それぞれの都市の空間的特徴と人々の生活をみていこう。

四都市に共通するのは、もともと堅牢な城壁でまわりを囲い、範囲を明確に限定していることである。この限定された旧市街をメディナというが、その内部に入るにはかつては城壁に設けられたいくつかの城門を必ず通った。チュニス以外の都市では、今日でも城壁が完全な姿ではないが残っている。城壁に付属して築かれる支配者の住居であり、防衛拠点であるカスバは四都市共通して市街の隅に置かれ、メディナ全体を眺めることができる塔を備えている。敵の攻撃から守るように造られているため頑丈にできており、補修しながら現在でもその多くは警察や軍の施設として使われている。

街路パターンの規則性と不規則性

街路パターンはそれぞれの都市によって大きく様相が異なっている。まず、スファックスは地図を見ればすぐわかるように、アラブ地域の都市とは思えないほどのグリッド状の街路構成で、袋小路が非常に少ない。スースにおいてもスファックスほどではないが、比較的グリッド状であるのが読み取れる。これらとは違いカイラワーンでは格子状でなく、枝分かれの多い樹木状の街路網で、袋小路も多く長い。チュニスは地図を一見するとカイラワーンに類似しているようだが、丁寧に観察すると、古代ローマの土地区画割り（条里制）と対応するカルドとデクマヌスなどが見えてくる。つまり、チュニスの道路網もグリッド状の道路から派生したものと推測される。

チュニス、スース、スファックスの三都市は古代に起源をもつとされる。その計画的なグリッド状の構造を下敷きとし、その上に迷宮的な変容を加えてイスラーム時代の都市がつくられたのだろうと推測される。

図1　チュニジア全体図

図2　チュニス旧市街図
1 ザイトゥーナ・モスク　2 カスバ　A 調査街区　斜線はスークを示す

図3　スース旧市街図
1 大モスク
2 リバート
3 カスバ
4 貯水槽
5 生鮮食料品の市場
6 水路の跡
A，B，C は調査対象地
●はフンドゥク，斜線はスークを示す

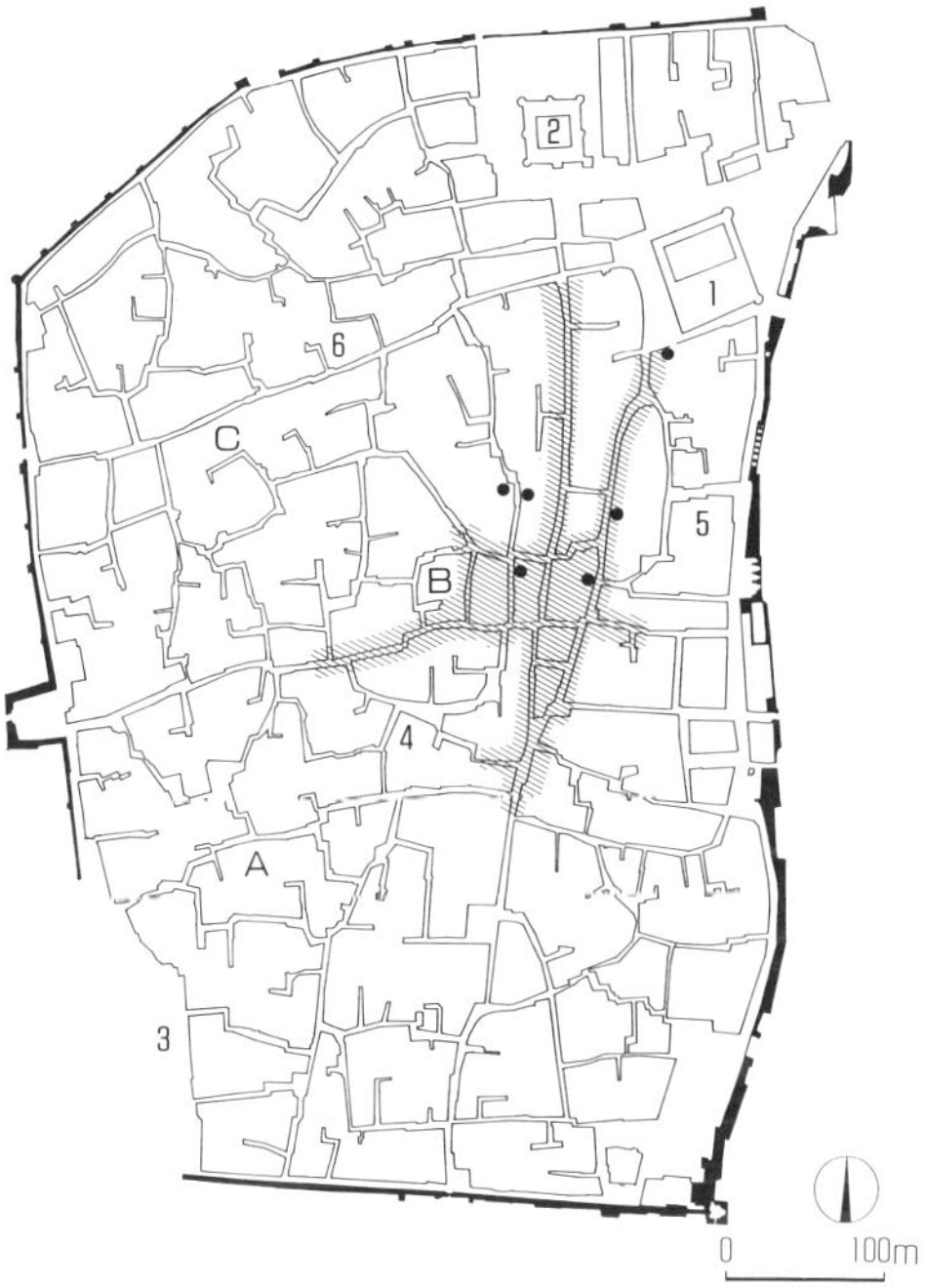

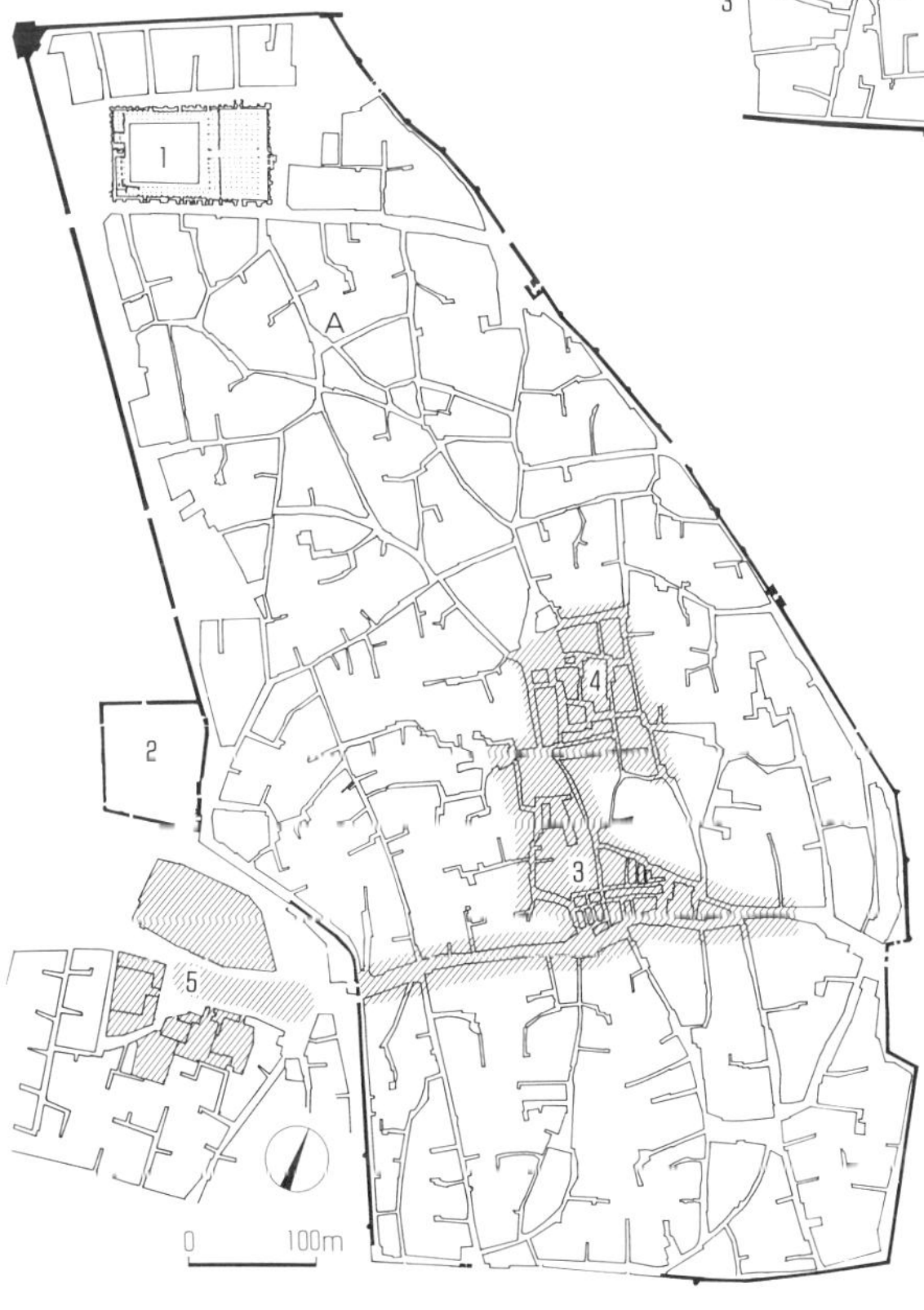

図4　カイラワーン旧市街図
1 大モスク
2 カスバ
3 スークの中心部
4 工房を中心としたスーク
5 城外の市場とフンドゥク群
A 調査住宅
斜線はスークを示す

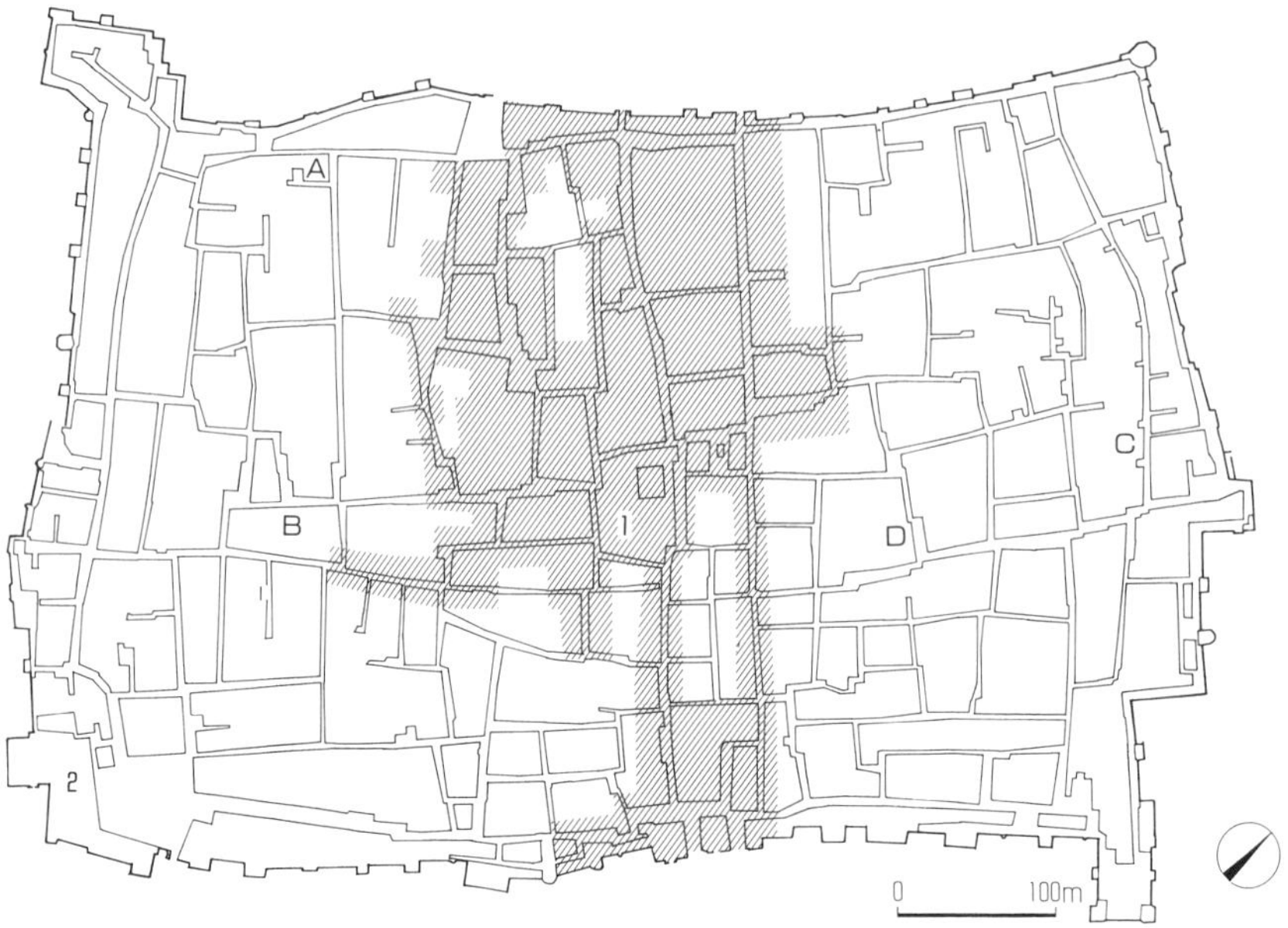

図5　スファックス旧市街図
1 大モスク　A，B，C，D は調査対象地
2 カスバ　斜線はスークを示す

逆に、軍営都市としてアラブ人によって中世に新たに建設されたカイラワーンは、迷宮的街路と袋小路で構成されることになった。

大モスクとスークの関係性

城壁によって囲まれたメディナには、宗教的意味合いはもちろんのこと、政治、社会的にも中心である大モスクが位置する。その位置は都市によって異なり、チュニス、スファックスのようにメディナの中心にあるものと、スース、カイラワーンのように城壁近くの周辺部に位置する二種類がある。中心部にある大モスクでは外壁を共有してスークが囲み、宗教と商業の二重の意味での中心性を形づくっている。一方、大モスクが周辺部にある場合（図6）は、建物のまわりに広場のようなオープンスペースを設け、隣接するスークはなく商業と宗教の核は別々に存在することになる。そのため、前者よりもメディナにおける求心性は弱く、中心は二分されている。チュニジアではこのように大モスクとスークが別れているものもあり、宗教空間と商業空間の関係性は、他のアラブの都市と比べ、全体的にみてもやや薄いといえよう。

メディナを複雑に巡る道路の中でも、城門と城門、あるいは大モスクと城門を結ぶ主要通り沿いに商業空間（スーク）が発達している。人の行き来が多い道路沿いに店が並ぶのは当然で、間口三〜四メートル、奥行き四〜八メートルの小さな店舗が連続してリニア（線的）なスークを形成し、主要道路が交わる交点には大モスクを囲みながら面的なスークをつくっている（大モスクが中心部にある場合）。他の都市にみられるようなスークのゾーニングとヒエラルキーはチュニジアも同様で、同じ業種の店や工房が並び、商品ごとの区分けがなされている。中心部から周辺に向かって店の性格が変化していくのが興味深い。中心部に位置することが求められるのは貴金属、書籍、香料で、対照的に不快な音や臭いをだす工房や工場は城壁近くやメディナの外に置かれる。日々の生活に不可欠な食料品は搬入に便利な城門周辺に、なんら害を生み出さない日常品は自由に配置されている。どのスークも、人々が行き交う喧騒に満ちたアラブ独特の雰囲気をつくっている。

以前は夜間や休日にはスークの単位ごとにその出入口に鍵をかけて人の出入りを禁止していた。スークで働く人々はその場に住まず、仕事が終わるとメディナ内にある自分たちの家にそれぞれ帰る。現在では完全に閉じられるのは貴金属のスークなどの一部分で、稀に店の二階などに住んでいる人もいる。部分的ではあるが、スーク内の往来を止める通路扉やその跡が残っており、どの範囲で閉じられていたかをうかがい知ることができる。

チュニジアの特徴として、発展したスークがあるにもかかわらず、交易の中継拠点となるフンドゥク（隊商宿）が、シリア、モロッコに比べ少ない。フンドゥクがスースでは城門近くに、カイラワーンは城壁の外に、スファックスにおいても北の内陸側の城壁付近だけに展開し、メディナ中心部ではそれほど多くは見られない。チュニスには大モスクを取り巻くスークに付属するフンドゥクが少しは点在しているが、どれも規模が小さい。そのため、スークを形成する店舗の裏手にはフンドゥクではなく、住宅が入り込んでいる場合が多い。したがって、先に述べた通路扉によって閉じられる範囲も比較的狭く、スーク全体を一体的に閉じることがむずかしいように思える。

図6　大モスクのまわりがオープンスペースとなる（スース）

図7　道路にまたがるサーバート

図8　色鮮やかに飾られたハンマームの入口

店舗の裏手にすぐ住宅が接しているとはいえ、快適な住環境がつくられている。それに寄与しているのが次に述べるトンネル（サーバート）の使い方である。

街路空間の演出

中東の都市では道路にトンネル（サーバート）の架かった場所をよく見かける（図7）。これを機能的、意味的に分類すると四種類に分けられる。

まず第一に、スークの通りに雨、陽射し、砂ぼこりを防ぐためのアーケードとして架かっているもの。アーケードは他の都市と同様に、スークに集まる人々と商品を強い陽射しから守り、同時に砂や雨を防ぐ。ほぼ等間隔に通風と明かり取り用の窓穴が設けられているが、昼間でも暗いため、電球がつり下げられ商品を照らし、逆にそれがスーク独特の雰囲気をかもしだしている。この屋根は空間に一体感をつくりだし、スークを一つの大建築のようにしている。

第二に公共施設、特にハンマーム（公衆浴場）

や大モスクの入口の道路で、他の施設と格の違いを表現するかのように象徴的に架かっているもの。入口を庇で覆うようにヴォールト屋根が架けられ、空間にアクセントをもたせヒエラルキーを生みだしている。

第三に居住スペースを広げるために、一階のレベルで道路上に部屋が張り出しているもの。住空間の拡張が第一の目的だが、チュニジアでは公と私の空間を分節するゲートとしての役割をもつサーバートが多く見られる。特に私的性格の強い袋小路の入口にサーバートを架けて、よそ者の侵入を禁止するサインのように機能している。このサーバートによって、袋小路の中心に住むすべての家族のプライバシーが守られるのである。

最後に第四として、住宅の格式の高さを示すように入口の路上に架かっているもの。同じサーバートでも第三のものとは異なり、住宅の格式を高め象徴性をだし、テリトリーの主張のために用いられる。したがって、庶民の家ではこの例は見られない。

チュニジアでは一見無造作につくられているようなサーバートだが、よく観察すると建物の格式を高めたり、プライベート性を強めるために、さまざまな建物と絡めながら都市の中に巧みに組み込まれているのがわかる。

街路空間を演出しているのはサーバートだけではない。迷宮都市ならではの演出として、玄関の扉があげられる。無表情な建物の外観の中にあって扉だけは個性を表現する場となっている。住宅はそれぞれ各家独自の装飾を施し、公衆浴場であるハンマームやマクハー（カフェ）は緑や赤といった派手な色で彩色され、それがまた目印ともなっている（図8）。また、扉は街の中で意図的にアイストップとなる場所に設けており、迷宮の街中の目印となり、同時に通行人の目を楽しませてくれる。アイストップとなるのはこうした扉の他に、地区のモスクのミナレット、住民の日常生活を支える雑貨屋、そして泉（チュニジアでは比較的少ないが）なども都市空間の演出要素としてあげられる。

住宅の構成

住宅の階層の違いを問わず共通しているのは、中庭型の平面構成をとることである。中庭のまわり四面に部屋を配しロ字型プランにするものが一般的だが、庶民の家では敷地の制約により中庭の三面を部屋とし、コ字型プランとするものも見られる。住宅規模が大きくなるほど住宅内部において、プライバシーを高めるべく、入口からの動線を工夫し、空間の分節化、多様化をおしすすめている。ここでは、住宅に共通する要素を取り出し、その形態、機能、意味について個別にみていきながら、チュニジアの住宅を概観したい（住宅の平面図については各節を参照）。

袋小路

半私的空間である袋小路は都市ごとに微妙な違いを見せる。例えば、シリアでは大邸宅は一般に表の道路に面して立地し、袋小路を入った奥に庶民の家が多いのに対し、カイロ、モロッコでは逆に奥に立派な家がある。チュニジアではそのような明快なヒエラルキーはなく、大邸宅も庶民の家も表や奥にあったりするが、袋小路を使ってアプローチするものには中規模の住宅が多い。

また、チュニジアの中でも都市によって違いがある。四都市の袋小路を数えると、チュニスが約一〇〇、スースが約六〇、カイラワーンが約一〇〇、スファックスが約三〇で、カイラワーンの面積がチュニスの約半分ということからもその数の多さが目立ち、逆にスファックスは非常に少ない。純粋にアラブ軍営都市（ミスル）として形成され、大都市に発展したカイラワーンでは、一つ一つの街区が大きく、またふところ深くできており、内部の住宅群へアプローチするのに多くの長い袋小路を必要とする。その対極にあるのがスファックスで、グリッド状の街路は袋小路を必要とせず、あっても短い。だが、同様に中世以降計画的に住宅街がつくられたチュニスの外メディナ（拡張されたメディナ）の街路では、魚の骨のように一本の軸となる道路から、両側に袋小路を伸ばし、各住宅へアプローチする

図9　袋小路で遊ぶ子供たち

図10　アイストップにある扉

図11　つくり付けのベンチがあるスキーファ（玄関ホール）
図12　象徴的で重要な部屋となるクブー

ようになっている。合理的に袋小路を用いた例としてあげられよう。スースは斜面という地形を生かして、袋小路は奥に向かって上がっているのが一般的である。これはシチリア南部の斜面都市シャッカでも見られる現象で、雨の際の水はけがよくなるように考えられている。

　チュニジアでは袋小路が活発に使われている。道の幅が比較的広いためでもあるが、袋小路で子供たちがサッカーや鬼ごっこのような遊びに興じている姿をよく見かける（図9）。本来は子どもは袋小路で遊ばないように親に仕付けられるようだが、子供たちは元気に飛び回っている。人通りも少なく、知らない人が入り込まない半閉鎖的な袋小路は、子供たちにとって快適な自分たちの領域なのである。もちろん大人にとっても近所同士で集まり、のんびり雑談できる半私的な空間である。

アプローチ

　まず、外部から住宅内部へのアプローチとなる扉、ドリーバ、スキーファを取り上げる。街路側に閉鎖的な表情を見せる外壁には、木製の厚く頑丈な扉が住宅への入口として取り付けられている。そこには無表情な外観の中で唯一自己を表現する場であるかのように、装飾的な細工や色彩が施され、各戸の個性を表現している。また、メディナは高密度に建て込んでいるため、街路に面する住居の窓や出入口、開口部は隣家と直接面することがないように設けるなど、事細かな設置上のルールが法で定められている（B・S・ハキーム『イスラーム都市』）。玄関の扉は街路のアイストップの位置に置かれている場合が多く、明らかに視覚的な効果を考えている（図10）。

次に住宅内部に目をやると、一般的に、扉を開けるとドリーバと呼ばれる玄関通路があり、そこを抜けるとスキーファという玄関ホールのような空間に出る。これは、敷地の制約や使い勝手などによって逆になる場合もある。しかし、規模が小さくなる庶民の住宅ではドリーバを設けず、玄関扉から直接スキーファに通じるもの、さらにはスキーファもなくて中庭と街路が扉一枚で直接結ばれているものがある。

プライバシーを重視するチュニジアの住宅では、家族の生活空間、特に主室を外部からできるだけ遠ざけようとするのが一般的である。このドリーバやスキーファ、さらに中庭も外部と主室を遠ざける機能を果たしているのである。ドリーバは通路的な性格が強く、玄関の扉と主室との距離を広げるために設けられる。つまり、ドリーバは家の中の袋小路といえよう。

スキーファは第二の通路あるいはロビーであり、街路と中庭を結ぶ空間である（図11）。天井が高くて窓はなく、通路というよりは簡単な部屋としての意味をもっている。ここでは壁に沿ってつくり付けのベンチ（ドゥッカーナ）が設けられ、家族の生活を乱されることなく、不意の訪問客や物売りに応接することができる。時には、女性が親しい人々と集まり、編み物をし雑談を交わす場となったりもする（S. Santelli, *Medinas*）。公的な外部と私的な内部との間のフィルターにあたるこのスキーファは家の中を守ると同時に、日常の家族の生活に影響を与えることなく、住宅を外部に開く機能をもつ。

スキーファは快適な環境装置としても欠かせない。外部の街路と中庭に生じる気圧の差によって、扉を開けると外から中庭へ向かって微風が通り抜け、夏はとても心地よい。特に庶民の住宅では扉を開けっ放しにして、スキーファにベッドを置いたり、より風を感じる中庭への入口に座っている人々の姿をいたる所で見かけた。一方、小規模な住宅では、ドリーバもスキーファもなく、カーテンで道路からの視線を遮って、通風している例もある。

規模が大きく、格式が高くなると、いくつもの連続した長いドリーバやスキーファをもつ。それらは動線的に直線に並ばず、折り曲げて配置され、内部への視線を遮る。このように、住宅の内部は異なる連続した空間、すなわち袋小路、ドリーバ、スキーファなどによって守られ、快適で安全な生活が保証されている。また、住宅内部を守るのと同時に、ドリーバ、スキーファは中庭に集まって賑やかに騒ぐ女性たちの声を外に漏らさない機能をもつという。

中　庭

アプローチ空間を抜けると、住宅構成の中心となる中庭にでる。中庭から見上げる空は、無限に広がる空間を自らに取り込もうとするかのように切り取られる。

部屋はすべて中庭のまわりに配され、そこからアプローチする。中庭は住居内での動線の要でもある。各部屋にはヒエラルキーが存在し、最も大きく華やかな装飾のある重要な部屋、つまり主室は、中庭への入口からできるだけ遠い位置に置かれる傾向があり、街路に近い場所には水まわりである台所や便所が置かれることが多い。ときには、主室の前にブルタールと呼ばれる柱廊が設けられ、中庭とともに外部と主室の距離を広げる役割を果たす。中庭を軸とした対称性は大邸宅ほどこだわりを見せる傾向があり、庶民的な住宅ではデザイン性よりも機能性を重視している。

イスラーム世界の中庭型住宅と聞くと、中庭に緑が植えられ、噴水があり、砂漠の中のオアシスのような、あるいは地上の楽園のような印象を受けるが、チュニジアの住宅では緑と噴水があるのは稀である。中庭は、半ば居室化し、家具やテレビが置かれたり、イスやソファー、カーペットをだし、くつろぐスペースともなっている。中庭の占める面積も小さく、噴水や緑などの環境装置のためのスペースよりも、日々の生活のためのスペースとして優先されている。都市内での緑のスペースは少なく、大邸宅で裏庭に緑用のスペースを取っている程度である。その理由として考えられるのはチュニジアでは別荘（農園）を持っている人々が多く、特にスファックスでは驚くことに、ほとんどの家族が田園にブルジュという農園兼別荘を持っているため、住宅内部、そして都市に緑を必要としないのである。

中庭に設けられた井戸（ビイル）の水は、掃除や洗濯などに利用し、飲料水としては雨水を地下貯水槽（マージル）に蓄え、それを汲み上げて使用しているのが一般的である。住人からも井戸よりも雨水の方が、味が良いという話が聞けた。雨水を飲料水として利用するのは、ヴェネツィアなど地中海地域に多く見られることである。

中庭は一日のさまざまな時間に行なわれる活動の中心となり、洗濯物を干したり、食事の場としても使用される。夏にはブルタールの下や影となる場所にソファーや絨毯を出して、おしゃべりやお茶を楽しみながら涼み、中庭が部屋のひとつとして機能している。これはチュニジアでの家族の生活空間が二階よりも、一階を中心に置かれていることも関係していよう。

大邸宅になると複数の中庭をもつ。第一の中庭は家族用になり、そして第二の小さな中庭は給仕用で台所や便所を配し、さらに第三の中庭には来客のための部屋が置かれる。道路に最も近い部分に第三の中庭がとられ、家族の生活の中心となる第一の中庭は最も道路から遠く離される。だが、複数の中庭を持っていても、中庭を中心とした住宅の構成は変わらず、庶民の家も大邸宅も空間構成の原理は基本的に同じであるといえる。

部屋

部屋内部は多目的に使える横長の形態とし、その両端にベッドを置き、寝るためのスペースとしている。主室などの重要な部屋は中心軸の奥に、親戚や重要な客をもてなす象徴的な接客空間であるクブーを設け、全体として一部屋がT字形プランを構成している。この点にこそ、チュニジアの住宅の特色がもっともよく表われている。クブーには三面にイスをまわして、中心に菓子やお茶をのせる低いテーブルを置き、奥の壁には金で塗られた魔よけの鏡や置物、コーランの文句、そして先祖や家族の写真を飾り、幻想的で華やかな空間としている（図12）。クブーの入口はアーチで装飾的に縁取られており、敷地の制約できっちりとT字がとれない庶民の住宅でも、壁をわずかに窪ませアーチで縁取り、クブーの省略的な表現としている。中庭を唯一のアクセスとする各部屋は普通二〜四メートルの奥行きと、六〜一〇メートルの幅の横長のプロポーションをなし、部屋の奥行きは木材でつくられた梁の長さに規定されている。部屋同士はつながっておらず、それぞれが独立した空間ユニットとして中庭にのみ開いている。

以前は拡大家族であったため、各部屋に一つの家族が住み、そこで食事をしたり、くつろぎ、団欒をしたり、寝ていたという（S. Santelli, *Medinas*)。こうしてそれぞれの核家族のプライバシーと独立性を保ちながら、血のつながった数家族が中庭を共有して一緒に住む、アラブ的な住み方が可能となった。住宅の規模が大きくなるほど当然、構成も複合的になり、装飾豊かになるが、中庭を中心とした基本構成は庶民の家と変わらない。しかし、リビングルームやベッドルームといった部屋の機能を区別する西欧式の文化が入った現在では、各部屋を多目的に使うという伝統的な利用法が少しずつ崩れている。

チュニス＊重囲都市

内と外のメディナ

チュニジアの首都チュニスは北東部に位置する。フランスの保護領として近代の歩みの中で築かれた新市街は、大規模ホテルやオフィスビルが林立する国際都市として展開している。それに対し、旧市街であるメディナは今日も人々の日常生活の拠点であり、イスラーム特有の賑わいと活気を呈している。

チュニスは七世紀末にアラブ軍のイスラーム支配下に入り、建設整備された内メディナと、一一〜一二世紀に人口増加のため拡張された外メディナからなる。このような二重のメディナをもつ都市はチュニジアでは他にみられない。

現在そのメディナを限定する城壁は残っていないが、近代的西洋風の新市街と伝統的アラブ・イスラームの旧市街が対峙しているかのようにみえる。城壁という防御のために築かれた物質的境界はないが、二つの世界の空間の差異は誰もが肌で感じ取り、精神的な見えない境界があることを認識させられる。

最初の城壁が築かれた内メディナは南北に一・五キロ、東西に〇・七キロの楕円形で、中心に大モスクが位置し、最も高い場所に支配者の城砦としてのカスバが置かれる（図2参照）。そして内メディナを挟むようにさらに外側に市街を拡張するために新たに城壁を築いてできた外メディナが、北西と南西の側に広がっている。地形図（図13）をみると、チュニスは東のバヒーラ湖、西のセジューミー潟に挟まれた狭い丘陵に立地し、カスバの位置がメディナの中で最も高いところにあることがわかる。チュニスの創設にあたって都市の防御のために自然条件が大いに生かされたのである。チュニスの街にも、アラブ地域の都市の定石通り中心に大モスク（ザイトゥーナ・モスク）があるが（図14）、そのキブラ壁の方向が正確なメッカの方向から二九度二三分ずれているのが目を引く。B・S・ハキームによると、大モスクの位置は二本の交差する既存の道、つまり先行するローマ時代のネットワークとしてのカルド（南北の主要道路）とデクマヌス（東西の主要道路）の向きに影響されたために、キブラがずれたという見解をとる。また、チュニスの内メディナの区域（内側の城壁の中のより古い地区）におけるすべてのモスクとマスジドのキブラ壁の方向は、このザイトゥーナ・モスクのそれに強く影響されていると述べている。

ハキームのいうカルドとデクマヌスは、街の外の田園に広がるローマの開発区間（チェントゥリアツィオーネ、条理）に対応するものを指しており、チュニスのメディナ内部にグリッド状の古代都市があったかどうかには触れていない。チュニスの起源はフェニキア時代にさかのぼり、その後のローマ人もこの地に住んだと一般に考えられているが、都市の形態や構造については、ほとんどわかっていない。

そこで、都市平面図（図15）をじっくり眺めながら、いささか大胆な仮説を提示してみよう。

一見いかにもアラブ世界の都市らしい湾曲した道が錯綜する迷路状パターンが見えてくる。そこで定規を当てて厳

図14　ザイトゥーナ・モスクの中庭

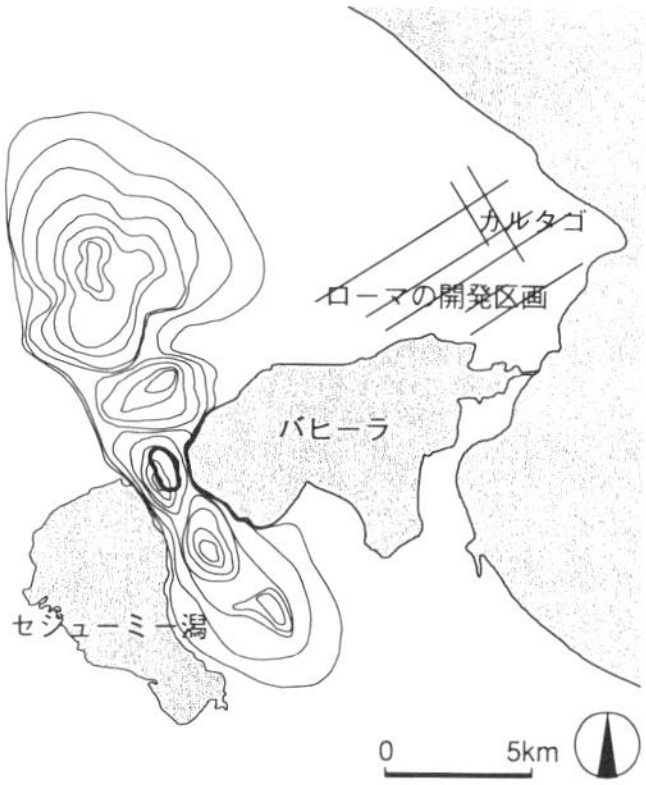

図13　チュニスの地勢

図15　ローマ時代に形成された計画的道路の復元

Avenue
Rue du Voile
EGLISE
Ecole
Rue Bab Carthagène
Rue Bab el Khadra
Rue Malta
Romano
0
100m

図16　外メディナ

密に分析すると、ローマ都市特有の碁盤目状の計画的町割りの形跡が浮き上がってくる。しかも正方形街区の一辺が約一〇五メートルで、ちょうどローマ時代の寸法の 3 actus＝360 piedi にあたっている。これはルッカ、アオスタ、ブレシアといった著名なローマ都市の街区の長さと共通していることから見ても、イスラーム時代以前にすでに古代ローマの本格的な都市が存在していた可能性が高い。こうして形成されたローマ都市が、イスラーム時代に大きな変化を受けたのであろう。

そこで今度は、直交グリッドにのらない道路系に注目してみると、正方形の街区を斜めに貫き主要なポイント間を相互に短距離で結ぶ道が数多くつくられたこと、そしてグリッド内部に小規模な住宅をぎっしりつめ込むために、アプローチとしての袋小路をたくさんとったことが読み取れる。こうしてチュニスは、あたかも中世のイスラーム時代につくられた都市のような表情をもつことになったと想像できるのである。

一方、都市の拡大に伴なって形成された外メディナは複雑な内メディナと異なり、計画的な街路構成を見せる（図16）。もとより、外メディナは人々の住宅に対する要求に答えるために開発された新たな拡張地区である。効率よく住宅を配置するため、主要道路から何本もの袋小路が平行にまっすぐのび、二本の袋小路の間の細長い土地に、二列の小住宅群が背割り線をまっすぐ通しながら、整然と配列されている。内メディナの不整形な街路とは逆に、外メディナの隅から隅までなされた計画的なシステムの反復は、均質のグリッドをつくりだしている。住宅群へのアクセスである袋小路を極端に長くできるのも特徴となっている。

メディナ中心部

ここで、メディナ中心部の連続平面図（図17）を活用して、大モスクを取り囲むスークやフンドゥク（隊商宿）、マドラサ（神学校）やトゥルバ（聖人や権力者などの墓廟）といった宗教施設、娯楽施設であるマクハー（カフェ）やハンマーム（公衆浴場）、そして住宅がどのように密接に結びついているか、詳しくみていきたい。

宗教施設

連続平面図に示される大きな空白の部分、これがチュニスの大モスク、ザイトゥーナ・モスクである。ザイトゥーナはオリーブという意味である。七三二年に創設されたこのモスクはカイラワーンの大モスクをモデルとし、アラブ地域のモスクによく見られる典型的な列柱ホール式で構成されている。東から西に向かって緩やかに下る斜面に立地し、東側には街路に開かれたロッジアをもつ。これは一五世紀半ばに付け加えられたもので、イタリア・ルネサンスの影響が考えられる。チュニジアの大モスクは、その全体が店舗で覆い隠されるということはなく、一部分でも外へ向けて演出的にみせる傾向がある。ロッジアの前のオープンスペースは広場ともいうべき空間で、階段には休んだり、待ち合わせをする人々などがいつも座っている。

大モスクの南側には三つの中庭をもつマドラサ（スレイマニエ）があり、今では博物館となっているが、以前は学生の宿舎として使用され、大モスクに講義を受けに行っていたという。もともと、ザイトゥーナ・モスクは政治、宗教の中心で、ムスリムの知的エリートを集める大学の機能をもっていた。この大モスクとマドラサに隣接して、公衆トイレ（ミーダート）が南側の角地に設けられている。トイレだけでなく、礼拝前に身を清めるための浄水所ももちろんあり、今でも身体を水で清める人々の姿を目にすることができる。

ザイトゥーナ・モスクはカイラワーンの大モスクを手本としたとはいえ、ミナレットの位置には独自の工夫を見せている。カイラワーンではミナレットはキブラの中心軸線上にあるが、チュニスでは敷地の隅に置かれている。そこは道路の交差点でもあり、アイストップとなるよう視覚的に計画されていると思われる。ザイトゥーナ・モスクの北側に位置する小モスクでも同様の現象が見られ、やはり隅に設けられたミナレットはランドマークとしての象徴性をもっている。

このような視覚的効果をねらった街路空間の演出が、チュニスだけでなく他都市でも共通して見いだせる。ローカルなモスクはたいてい道の交わる角地に置かれて、存在感を高めているし、日常生活に身近な雑貨屋がしばしばアイストップの印象的な位置に設けられているのを目にする。住宅の飾られた玄関扉も、道の突き当たりの目立つところに置かれ、街路の景観演出に一役買っている。

図17をみるとすぐには目につかない小さなモスクやマドラサが点在しているのがわかる。それらは大モスクのように象徴的ではなく、スークに囲まれていたり、住宅地にあったりと、その地区に密着したものであり、日常の礼拝はここで行なわれる。このような小さなものには住宅の部屋の一部を礼拝室として使用しているものもある。

商業空間

フンドゥク（隊商宿）は、搬入の便がよい主要道路から引き込むように入口を取り、表からは見えない店舗の裏側に置かれている。さまざまな品物が納められる建物であるため、管理しやすいように入口の扉一枚で全体が閉じられるようになっている。チュニスのスークは大モスクを取り巻きながら主要道路に沿って広域に展開しているが、その割合に対してフンドゥク（隊商宿）の数は少なく、規模も小さい。その理由として、おそらく外メディナや城門外にもフンドゥクを設け、ロバや荷車で城内に搬入していたと考えることができる。実際、カイラワーンでは、そのような例を調査している。

一見、面的に広がっているように見えるチュニスの商業空間だが、大部分はリニア（線的）なスークからなり、広がりをもった計画的な街区としてつくられたのは「トルコ帽のスーク」だけである。それ以外はもともとの住宅の道路沿いの部屋が店舗に変わったり、道幅を狭めてスークをつくったと思われる。それゆえ、多くの店舗が自然発生的で、間口も奥行きも異なる不均一な形態をとるのである。

かつて大モスク周辺の商業ゾーン全体がいくつものスークの扉によって閉められ、夜間や休口には人々の侵入を禁

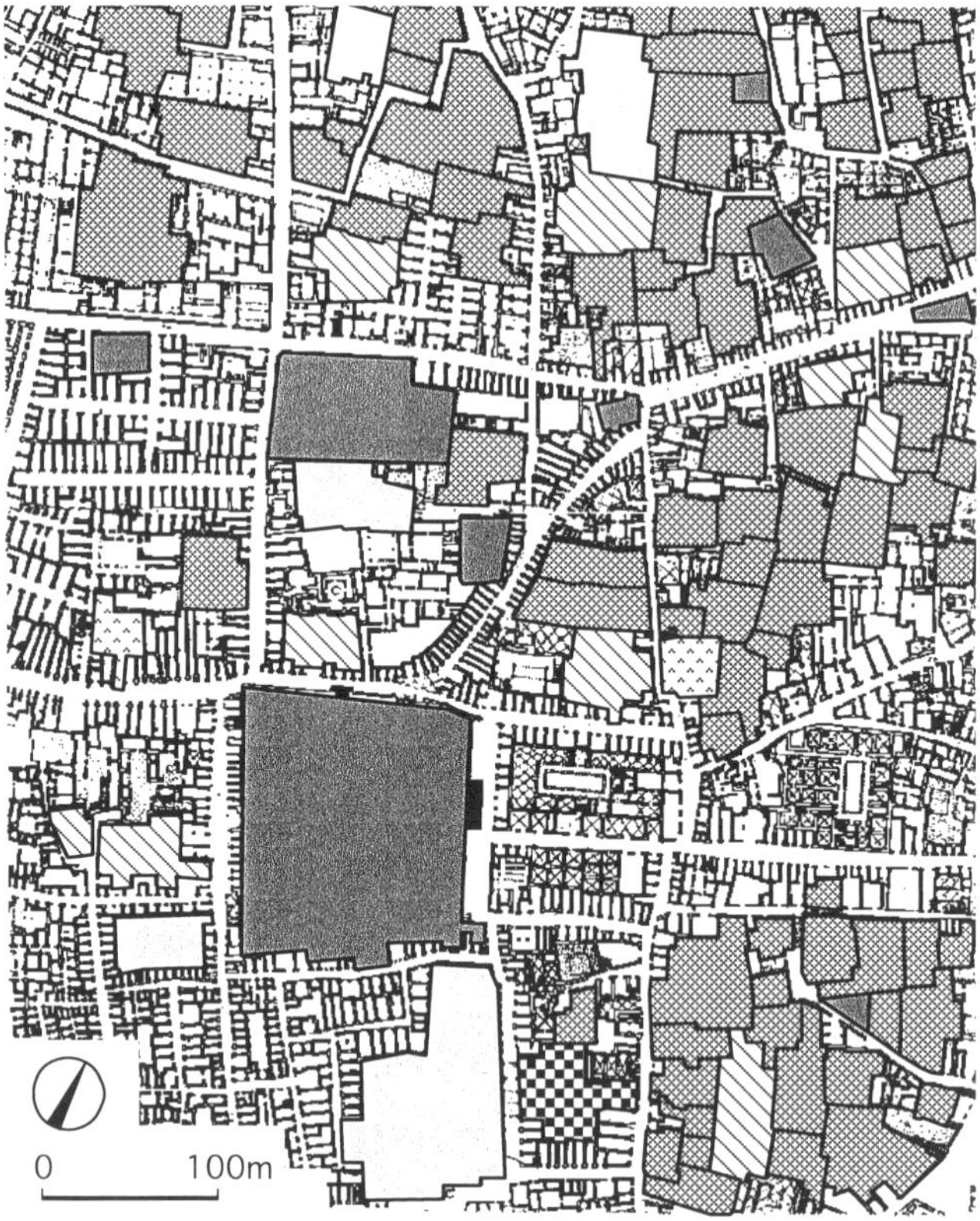

図17　メディナ中心部連続平面図

図19　チュニスの伝統的なマクハー

図18　夜間は通路が閉ざされ，出入り禁止となる貴金属のスーク

止していたようだが、今は部分的にしかその跡がみられず、かつてどの範囲でロックされていたのかはわからない。現在では完全に閉じられる場所は貴金属のスークなど一部に限られている（図18）。技術の発達で、個々の店の扉が頑丈なシャッターに変わったこともその要因かもしれない。

娯楽施設

各住宅にシャワーが普及した今でも、ハンマームはリラックスできる交流の場として人々に愛されている。大モスクのすぐ東南にも大きなハンマームがあるが、ドームや赤、緑などの派手な色使いの扉からそれとすぐ識別できる。チュニジアの「総論」でも触れたが、このハンマームの表の道路には屋根（サーバート）が架かり、特別な意味をもつ空間であることを象徴的に表現している。また、このハンマームには、入口通路の部屋に床屋が組み合わされ、複合的なコミュニティ施設となっている。昼でも男達が来て、脱衣所兼サロンで寝そべりながら会話を楽しんでいた。

ハンマームと並ぶ交流の場として、マクハー（カフェ）がある（図19）。多くのマクハーでは店先にイスとテーブルを出し、もっぱら男達が人通りを眺めながら水タバコをふかしたり、カードなどを楽しんでいる。とはいえ、他のアラブ諸国ではマクハーは一般に男性のみの世界なのであるが、チュニジアでは女性も中に入って気軽にお茶を飲んでいる姿をしばしば見かける。ことに、現代のチュニスなど都市部の女性は、頭髪や顔を隠すためのベールをまとった人はむしろ少なく、特に若い女性はノースリーブなどを着て肌を平然とみせ、開放的で欧米風のスタイルが主流となっている。イスラーム教が主流のチュニジアではあるが、時代と共にライフスタイルは変化している。

大モスク周辺はスークや公共施設がひしめき合っているが、裏側に行くと住宅地に入る。中心部は毎日、買物の人々に加え、多くの観光客が押し寄せ、道路には人が溢れんばかりであるが、はたして家族の生活を守る住宅街はどのように外部の喧騒を避けているのだろうか。そこで役立つのが、袋小路やサーバートなどによる空間の分節である。もちろん場所の条件によるが、スークの裏手に立地する住宅は、人通りの少ない背後の道路から袋小路でアプローチするものが多い。したがって、われわれが中心部のスークや公共施設が並ぶ賑やかな道路を歩くとき、その裏にすぐ住宅があることなど想像もできないのである。

メディナ中心部の連続平面図（図17参照）の情報から一見しただけで、宗教施設、商業施設、住宅施設を見分けるのは容易ではない。しかし、詳しく見ていくと、一つの施設でメッカの方向を示すキブラ壁に、窪んだミフラーブがあれば宗教施設であり、その中でモスクには祈りの部屋が、マドラサには学生たちの小さな部屋群が付随している。スークは小さな店が連なり、フンドゥクは中庭を個室が囲む構成でマドラサと区別しにくいが、ミフラーブの有無で判断できる。ハンマームにはドームがのり、温度の異なる部屋が連なって複合建築となっている。マクハーに関しては共通する形態というものがないので現地で判断するしかない。そしてそれら以外には、公安施設や図書館などの公共施設、倉庫や家畜小屋があるが、マクハーと同様、連続平面図では確認しにくい。そして最後に住宅だが、まず主室T字型プランを示すクブーの存在が手がかりとなり、それがない場合も中庭に面する部屋の横長のプロポーションからある程度判断できる。このように一見複雑でわかりにくい迷宮都市であるが、丁寧にひもとけば地図を眺めていても、その構成の論理が浮かび上がってくるのである。

住宅の配置および都市空間との接合法

まずはチュニスの住宅を論ずるにあたり、都市的文脈に目を向け、階層の異なるいくつかの事例を取り上げて、住宅の立地や配置の特徴について分析したい（図20、21）。

一般にあまり注目されない内メディナの北東部の、典型的な小規模中庭型住宅が多い地区から見ていこう（図21-1）。ムハンマド・ルスラーティー邸（図22）周辺は平屋でブルタールもない住宅が多い。複雑に入り込む袋小路によって高密な住宅地が生まれ、同時によそ者の入りにくい落ち着いた住宅地を形成しているのがよくわかる。

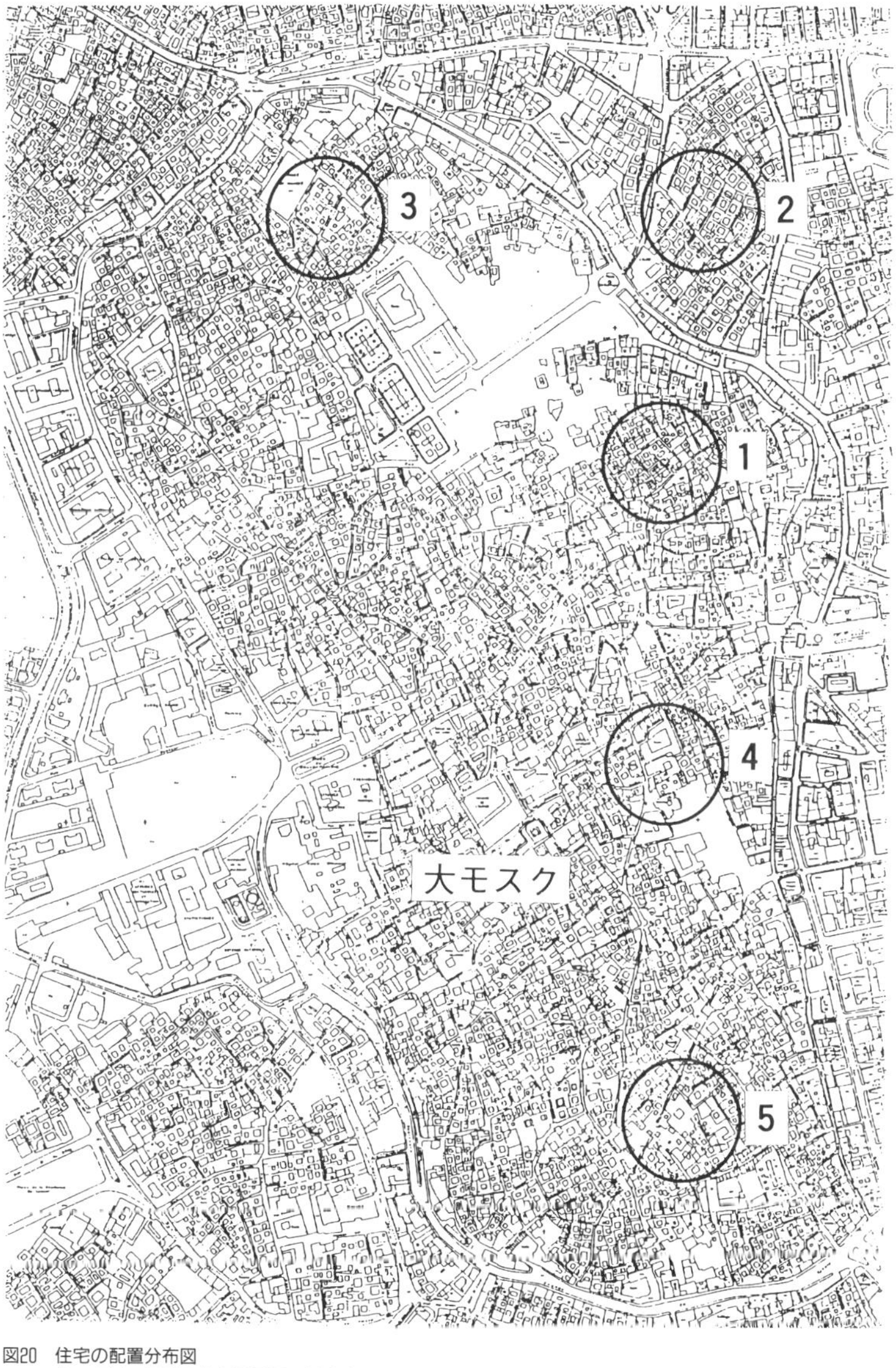

図20　住宅の配置分布図
1～5は，図21の住宅配置図に対応する

ベン・ムーサ邸周辺は一一〜一二世紀の旧市街の拡張によってできた外メディナの一角を示している(図21-2)。内メディナでのそれまでの経験を生かし、袋小路を系統的に配しながら計画的な庶民の住宅地ができている。小規模で単純な平屋や二階建ての中庭型住宅が比較的整然と並んでいる。人通りの多い道路から住宅へのアプローチには、空間を分節するための意図的に用いられたサーバートが袋小路の入口に設けられ、「袋小路」(アラビア語でザンカ、フランス語でキュルドサック)という看板とともに、私的な住空間であることを表わす記号のような印象を受ける。

次に内メディナの格の高い住宅を四つ取り上げよう。そのうち三つはJ・ルヴォーも扱っているが、ここでは都市空間とのつながりに重点を置いて、その特徴を論じてみる。まず、エル・モナストリー邸は、前面の道路にサーバート(トンネル)を架け、その中から住宅への入口をとる例の典型である(現在レストランへ転用するため修復中、図21-3、23)。主要な道路に面しても格の高い住宅が数多く立地する中での、チュニスの都市空間が示す特徴的な建築手法の一つといえる。サーバートは空間に格式を表現するとともに、公的空間としての道路から、私的空間としての住宅へ導くための媒介空間としての役割を果たしていると考えられる。

次のバイラム・トゥルキー邸は、袋小路の奥に入口をとる住宅の典型例である(現在は分割居住、図21-4、24)。プライバシーを高める目的で、アラブ地域での邸宅の立地によく見られる手法であり、チュニスには比較的少ないものの、幾例か存在する。

そしてベン・アブダッラー邸(現在は民族博物館)はこの都市でも有数の豪邸であり、袋小路の手法をより大規模、かつ本格的に用いた例である(図21-5、25、26)。公道からこの邸宅占有の袋小路を引き込んでいる。袋小路の入口にはアーチが、さらに奥にサーバートが架けられ、公道とは空間を仕切り、分節している。その奥に一族の専用のプライベートな小広場が広がり、格式をもち、機能的にも優れたアプローチ空間となっている。住宅に見られるドリーバが、街路化したようなものである。この小広場には、馬や荷物運搬のロバなども繋がれた。こうして豪邸内部に安全で落ち着いた住空間が保証されていたことは言うまでもない。

図22　庶民的な住宅の中庭（ルスラーティー邸）

図23　エル・モナストリー邸の中庭とブルタール

図24　バイラム・トゥルキー邸に続く狭い袋小路

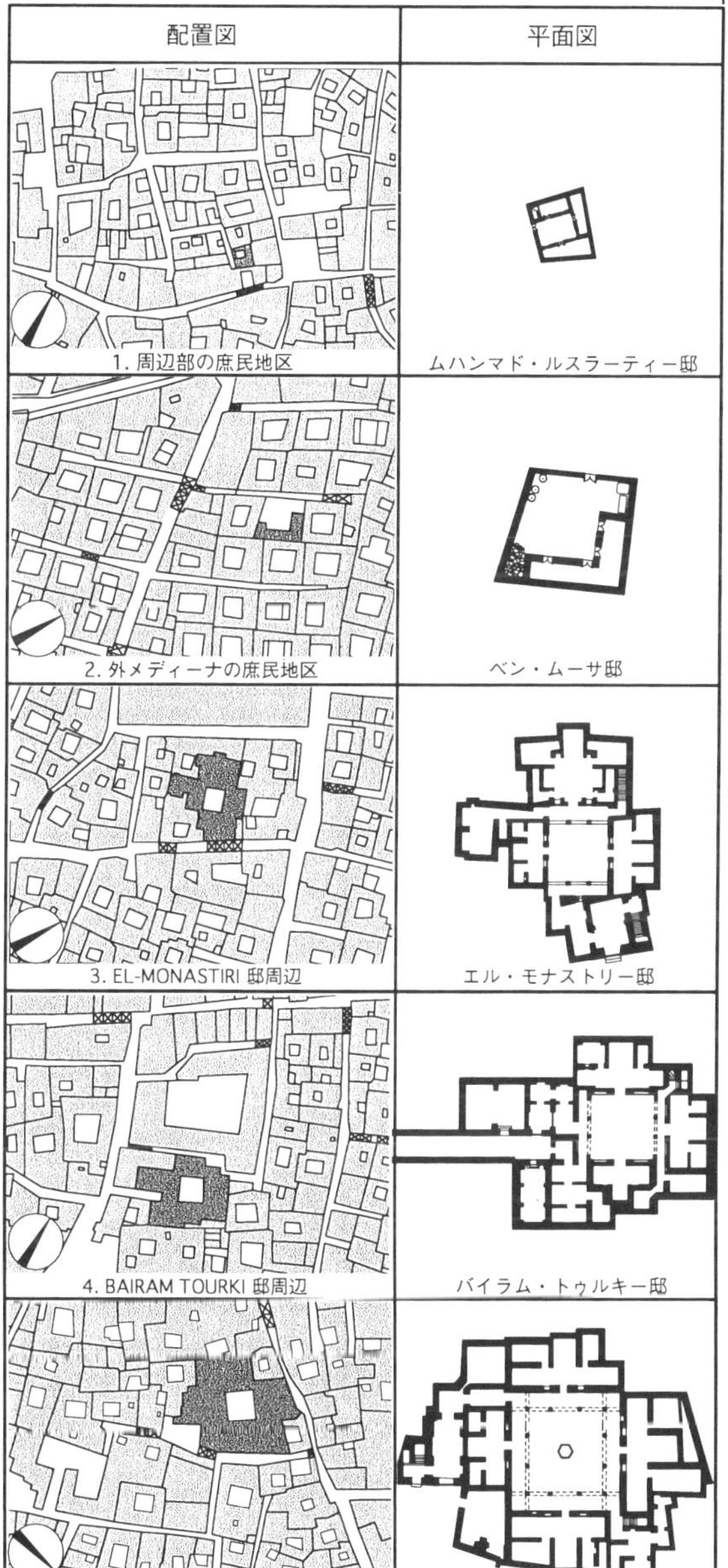

図21　住宅配置図と平面図

図26　ベン・アブダッラー邸の美しい中庭

図25　ベン・アブダッラー邸専用の玄関前広場

図28　ジュルーリー邸の2階に位置する中庭

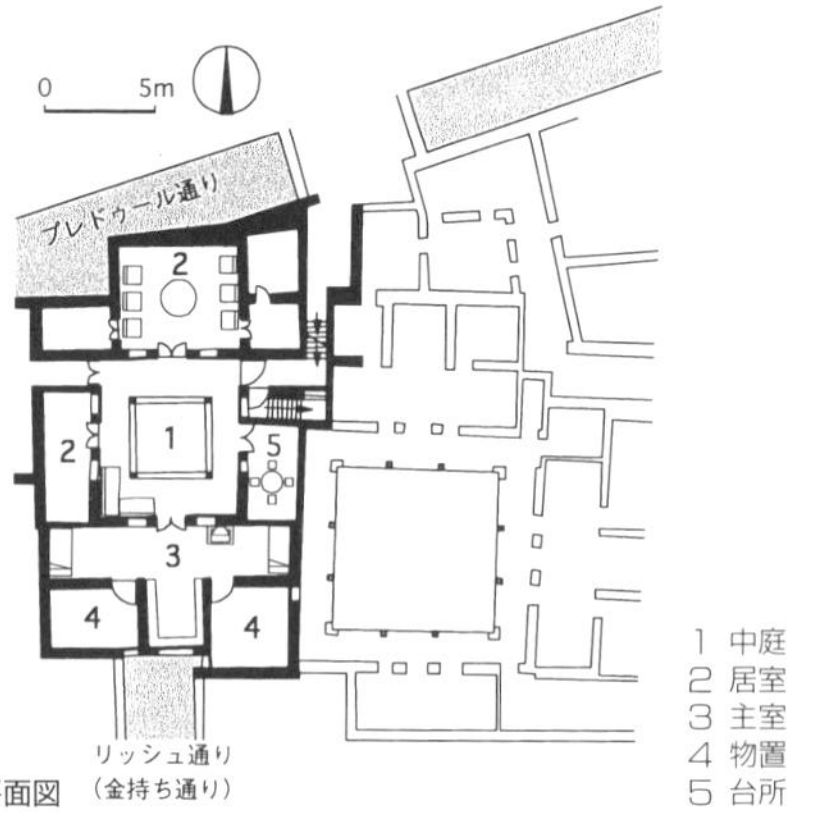

図27　ジュルーリー邸2階平面図

最後のジュルーリー邸は、近くに住む住人が、この家は立派であると教えてくれた家である（図27）。他の住人が住宅の格式を把握していたのは、興味深いことであった。主人はかつてのチュニジア首相の息子であり、部屋には首相であった父親の写真が多く飾られていた。現在は二階部分に住み、一階は他人に貸しているそうである。図面の資料（*L'habitat traditionnel*, vol. 2）をみると敷地は広大で、複数の中庭を持ち、道をまたがって部屋がつながっているのが確かにわかる。現在生活しているクブーがある主室は街路の上に架かり、サーバートをなしている。交差路の角にある玄関の扉を開けると、格式を示す立派なスキーファが現われ、二階への階段もここに設置されている。この住宅は、他の住宅には見られない特殊な構成をとっている。二階部にお

図20　トゥルバ・ベイ通り西側に位置する街区の連続平面図
（J. Abdelkafi, *La Medina de Tunis*, 1989の図に加筆・修正）

1　ラワフ・ムハンマド邸
2　サアーン邸
3　Bey 一族の墓廟
▲は入口扉を示す

いて、中庭型となっているのである。中庭の四面にブルタールが巡っているが、中庭には現在屋根が架けられ、閉ざされている（図28）。中庭のまわりには部屋が巡り、チュニスに見られる中庭住宅を二階レベルに持ち上げたようになっている。先ほど述べたサーバートになっているクブーの部屋には珍しく窓がついていて、下の道路を覗けるようになっている。プライバシーを重んじるクブーに外部と接続する窓が開けられるのは、二階に位置する特権であろう。

このように、チュニスのメディナでは、どの階層の住宅においても、プライバシーを重んじ安定した住環境を生むために、それぞれ配置や都市空間との接合の仕方に工夫を凝らしていることが観察できるのである。

ここで、内メディナの比較的中心部（やや南寄り）に位置する中規模な住宅が集まった典型的な街区（ハーラ）を取り上げ、都市の中で住空間がいかにつくられているかをさらに詳しく見ていこう（図29、J. Abdelkafi, *La Medina de Tunis*)。

トゥルバ・ベイ通りは大モスクと城門を結ぶ第一級の重要な道路で、往来の多い通りである。この街区の東側には通りの名前にもなっている支配者一族（ベイ）の墓廟（トゥルバ）がある。この主要道路に面しては工房やパン屋などの店舗、そして倉庫が連なり、住宅はほとんどみられない。連続平面図をみてもわかるように、トゥルバ・ベイ通りから西側にのびる三つの道路の入口すべてにサーバートが架かり、公的空間から私的空間を分節する役割を果たしている。特に街区の中心部にまで達する袋小路は、比較的広い道幅をもつが、入口に設けられたサーバートによって通り抜けできる道路との差異を示し、住人以外の人々の侵入を拒む心理作用を及ぼしている。

われわれはこの袋小路からアプローチする住宅二軒を訪ねることができた（図30）。一軒目は袋小路が左に折れる右手前のラワフ・ムハンマド邸で、中を覗かれないようにドリーバとスキーファが、定石通りクランクしながら配置されている。中庭の入口から最も遠い位置にT字プランをとる主室が置かれ、その前にブルタールと呼ばれる柱廊が設けられている。太陽の強い陽射しを遮る柱廊の影は、住人の休息場として使われ、主人の帰りを待つ女性や子供たちが絨毯を敷いて雑談をしながらくつろいでいた（図31）。また、この日影は羊毛の陰干しの場としても機能してい

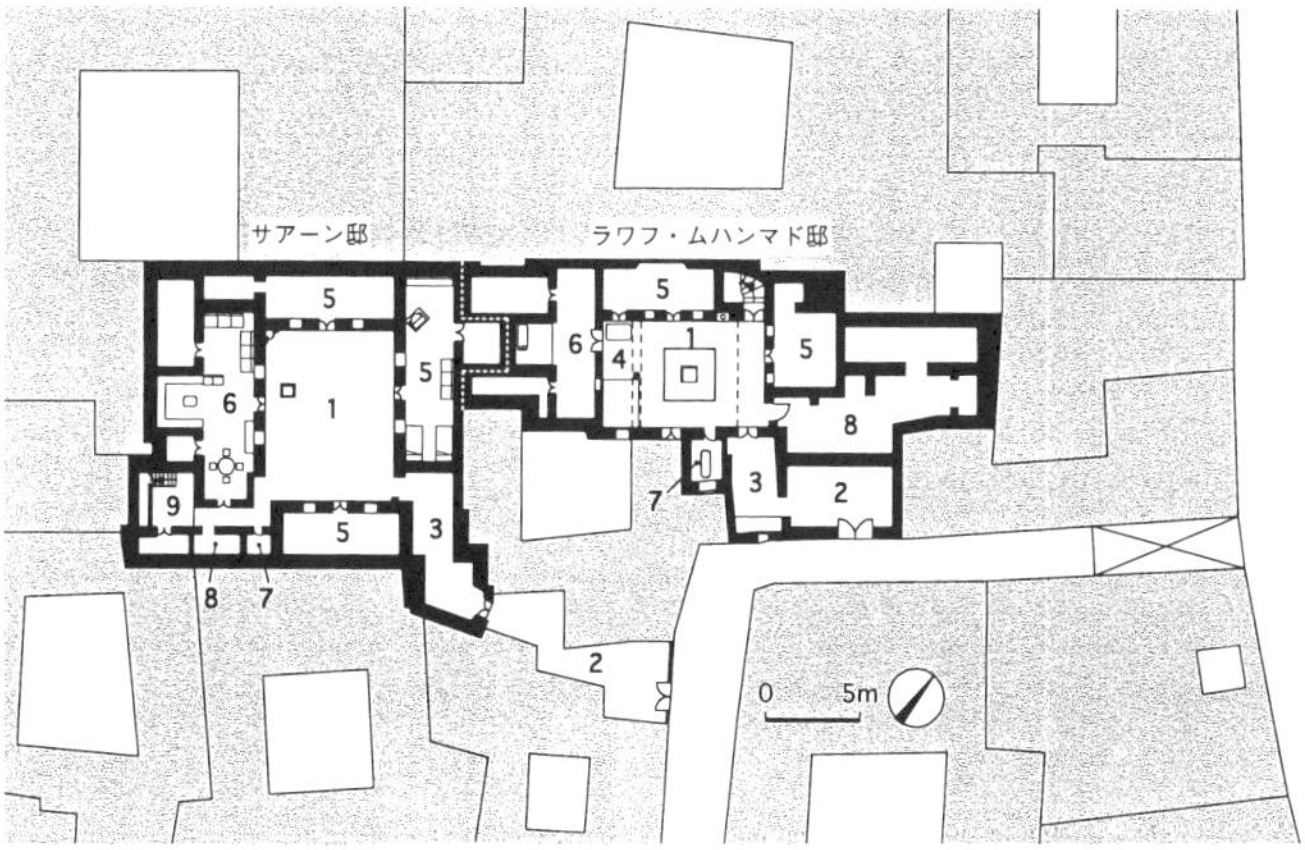

図30　サアーン邸とラワフ・ムハンマド邸１階平面図

1 中庭
2 ドリーバ
3 スキーファ
4 ブルタール
5 居室
6 主室
7 便所
8 台所
9 第二の中庭

図31　ラワフ・ムハンマド邸ブルタールの下でくつろぐ女性達

図32　サアーン邸の外部のドリーバ

図33　サアーン邸の主室

る。袋小路やサーバートが都市空間の中にプライベート性を生んでいるように、住宅内部でもドリーバ、スキーファ、ブルタールによって空間が分節化され、プライベート性が高められているのをこのラワフ・ムハンマド邸で感じ取ることができる。

ラワフ・ムハンマド邸を通り過ぎ、路地を左に曲がってすぐ右手に、外観は壁に扉が付いてるだけの、一見空き地と勘違いしてしまうような住宅がある。これが二軒目のサアーン邸である。この住宅は珍しく屋根のないドリーバをもっている。あるいは、ドリーバというよりもむしろサアーン邸専用の袋小路といった方が適切であろう（図32）。この幾重にもクランクした半戸外の袋小路のため、外からは住宅がないように錯覚させられるが、実は住宅中庭への入口はその奥にある。そして、合計四回のクランクを抜けてやっと中庭に到達する。これほどクランクすれば、外部の視線を完全に絶ち切り、私的性格の強い住空間をつくることができる。

この家では、祖母、両親、娘二人の五人家族が、中庭のまわりに配された四つの部屋をそれぞれに振り分けながら住んでいる。主室は祖母の部屋であると同時に、家族の憩いの場として使用されている。T字型プランで、立派に飾られたクブーをもち、この住宅で最も格式が高いことを表わしている（図33）。

奥にある第二の小さな中庭には、キッチンがとられ、屋上への階段もある。平屋のため、屋上のパラペットの上には泥棒よけに割れたガラス片がつけられ、上部からの泥棒の侵入を防ぐ工夫がみられる。

ブルタールからみた空間構成の類型分析

住宅内部において、ドリーバ、スキーファ、ブルタールなどが空間分節の重要機能を果たしていることをみてきたが、ここではチュニスの住宅の構成にとって重要なブルタールに視点を置いて、住宅の機能や形態、そして空間の分節の仕方についてより深く分析・考察していきたい。

中庭に象徴的に設けられているブルタール（柱廊）は多くの機能をもつ。まず第一に中庭に格式を与え、ブルタール背後の部屋を日光から守り、つくりだされた日陰は休息や作業場として使用される。特に夏はブルタールの下に絨毯を敷いて、お茶を飲み、会話しながら涼んでいる人々（特に女性たち）の姿を目にする。

また、ブルタールも袋小路やサーバートのように空間を分節する。公共空間、つまり住宅の入口から、主室をできるだけ遠ざけようとするチュニジアの住宅では、ドリーバ、スキーファと同様にブルタールもその機能を果たし、道路と主室の距離を広げ、背後の部屋の私的性格をさらに強めるのである。中庭と居室の間に挟まれるブルタールは、半戸外の空間である。

ブルタールの立面構成をみると、チュニスでは一般的に三連アーチとなっている。一七世紀までアーチ形状は馬蹄形で、三連アーチの真中だけをひとまわり大きい形にするものが主流であった。一八世紀以降になると、ヨーロッパ文化からの影響でそれまでの馬蹄形アーチはなくなり、均等な形態をもつルネサンス式のアーチが主流となった。また、比較の視点から見ると、チュニスでは三連アーチが一般的だが、スファックスでは二連アーチが多い。

住宅についてはJ・ルヴォーによって、一般庶民の家、中産階級の家、大邸宅、宮殿という階層に応じた四分類が示されており、有効ではあるがさらに精緻な建築類型の分類が必要だと思われる。そこで、多くの機能を持ち、チュニジアの住宅では重要な構成要素となっているブルタールに着目し、住宅の類型学的な分析を行なってみたい（図34）。方法としては住宅の特徴である中庭を共通項として、それに面するブルタールの数によって住宅を分類する。ブルタールの数と敷地面積はほぼ比例しており、住宅規模の指標ともなる（表1）。

まず、ブルタールの数の違いによって五つに分け、同時に、主室と中庭への入口の位置の違いから分類する（A、B、C、D）。Aは入口と主室が直面するタイプであり、Bは入口からみて主室が斜め横にみられるものである。C、Dはブルタールの数の違いによって現われるさまざまなバリエーションである。

ブルタールがない住宅は主として敷地面積が小さいため、必然的にブルタールを設けることができない。したがっ

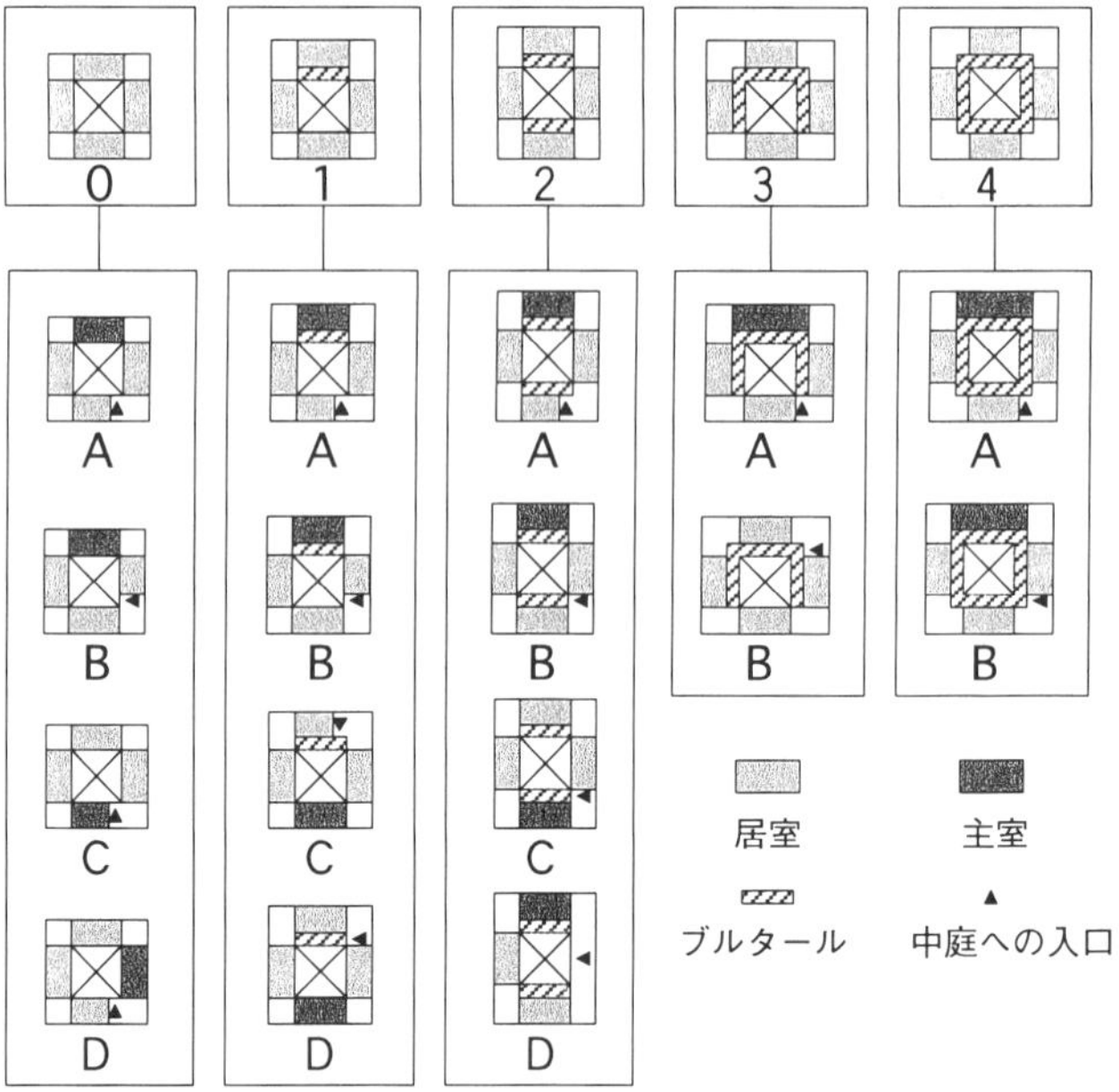

図34　ブルタールによる住宅の類型分析

ブルタールの数	住宅数	中庭面積	敷地面積
0個	10軒	55.2m₂	263.3m₂
1	5	61.2	320.8
2	16	66.8	686.3
3	6	50.3	834.7
4	3	83.6	1,619.3
合計	40	63.4	744.9

表1　ブルタールの数による中庭面積と敷地面積の数位

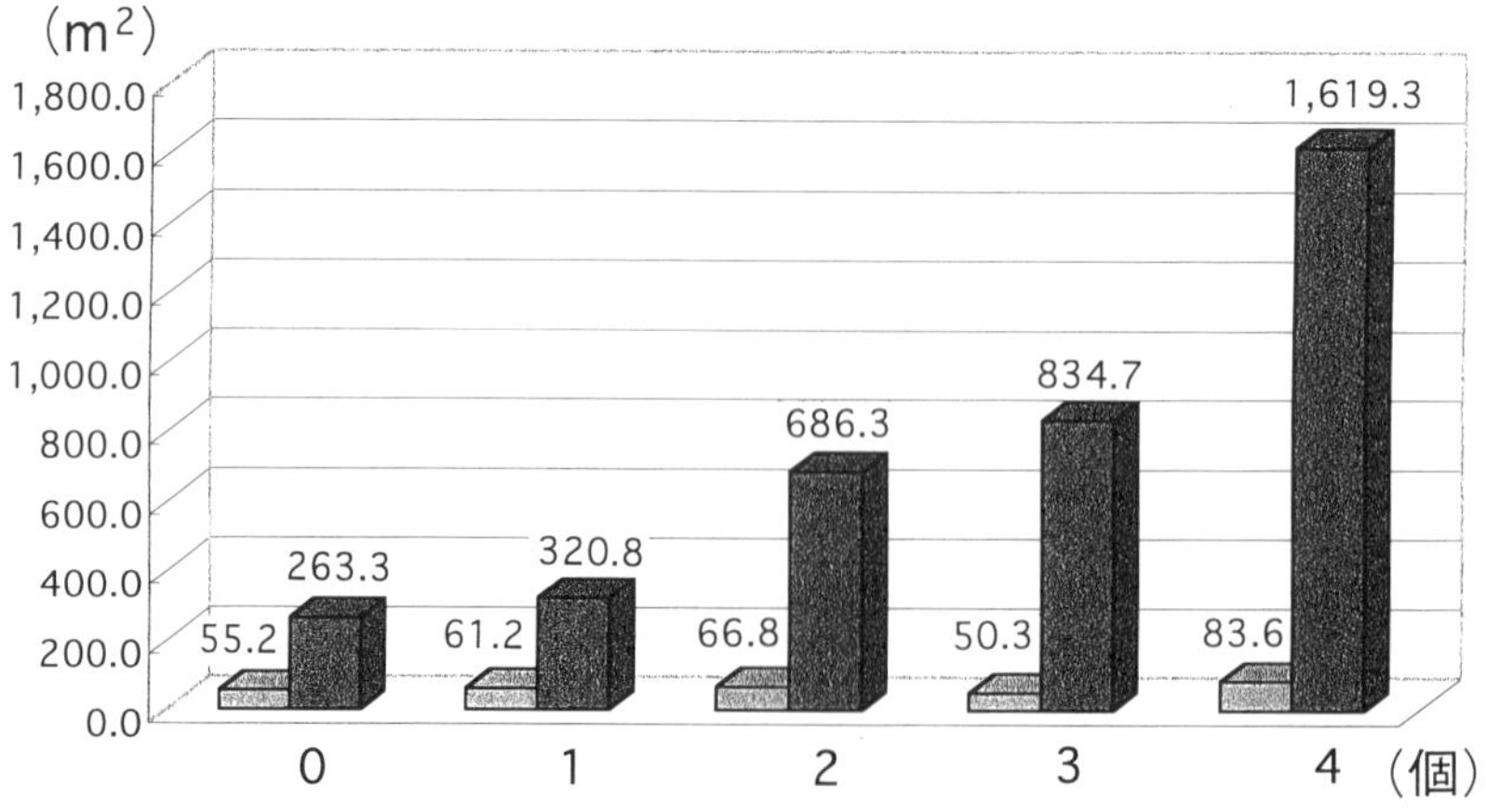

ブルタールによる中庭面積と敷地面積の相関

て、プランの対称性にこだわることより、むしろ機能を重視している。主室が中庭の入口から遠い位置にあるA、Bタイプが多いが、敷地条件により制約を受けたC、Dタイプもみられる。

ブルタールが一つの場合、参考のためにもう一つのチュニジアの都市スファックスと比較すると、顕著な違いが見られる。チュニスではA、Bのように主室の前にブルタールを設けることで主室の象徴性を高めると同時に内部空間の独立性を高めている。一方、スファックスにおいてはCのように入口側に設けることで、中庭と街路の空間分節を重視しているように思われる。

二つになるとブルタールがもつ多くの機能を満たす。中庭を挟んで向かい合うように配置することで、主室の独立性はより強くなる。そしてブルタールの両端に四隅への出入口をとることができるため、部屋の形態を崩さず、対称性が生まれやすい。したがって、ブルタールが二つの場合、理想的なのはBタイプであり、Aタイプは入口側の部屋が削られてしまう。また、二つの場合、ブルタールがL字型になっている例は見られなかった。

三つの場合ほぼAタイプをとる。二つのときより、主室と中庭への入口の距離は短くなるが、主室を挟む左右の部屋の前にブルタールが設けられているため、中庭を囲む部屋全体の象徴性と独立性は二つのとき以上に強い。

ブルタールが四面にまわる回廊になると、敷地面積も大きく装飾も豊富で、非常に格式の高い住宅である。すべての部屋がクブーを持つ住宅もある。

ここで、以上のようなブルタールからみた住宅類型の分析をふまえながら、チュニスの住宅の構成をさらに掘り下げてみていきたい。

まず、先に述べたトゥルバ・ベイ通りの西側の街区に立地する二軒の住宅をもう一度みてみよう（図30参照）。サアーン邸（図35-①）は二つある中庭のどちらにもブルタールはないが、立派な接客空間であるクブーをもつ主室が中庭への入口に対面している。薄暗いドリーバ、スキーファを抜けて、陽光に包まれる中庭へ達したときに最も重要な部屋を象徴的に見せる0-Aタイプに分類される。ラワフ・ムハンマド邸（図35-②）はスキーファから中庭への入

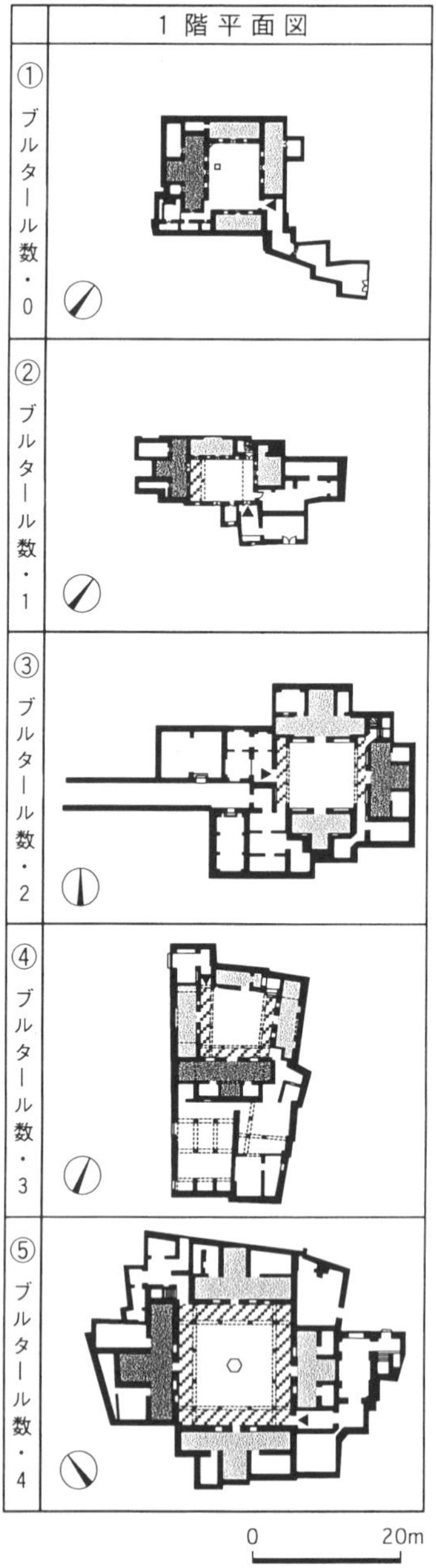

図35　ブルタールにより類型化した住宅平面図

口と二連のブルタール、そしてその奥に控える主室が対角線上に位置するから、分類では1-Bタイプである。

次に前項で述べた住宅にもこの分類をあてはめてみよう。まず、内メディナの北東部周辺にある庶民地区に立地するムハンマド・ルスラーティー邸（図21-1参照）は、敷地面積が小さいため、中庭を囲むように部屋が取れず、コの字型構成をとる。外部から内部への扉を開けるとドリーバもスキーファもなく、直接中庭へ到達する。部屋は三つで、入口に近い場所に台所とトイレがある。入口と直面する外部空間から最も遠い部屋を主室としている。厳密ではないが、0-Aタイプの縮小形といえよう。現在は老人が一人で住んでいるため、週末に娘が子どもを連れて掃除にやって来るという。袋小路の奥というプライベート性の高い場所ではあるが、このような独り暮らしに適する規模の住宅も立地している。

内メディナ北部にあるエル・モナストリー邸（図21-3参照）は現在レストランに転用するために修復中で、実際の暮らしぶりは明確ではなかった。この建物で目を引くのは三つのクブーをもつ主室である。このようなクブーのある部屋が変形される傾向は一八世紀以降の住宅に見られる。中庭には主室の前と入口側にブルタールが設けられ、ブルタールが二つの際の典型的な平面構成である2-Aタイプとなる。

長い袋小路の奥に入口をとるバイラム・トゥルキー邸（図35-③）はエル・モナストリー邸と同じく、2-Aタイプである。ただし、中庭への入口を角ではなく中央にとるという違いがある。ブルタールが二つになると、中庭を囲む部屋以外へのアプローチを、部屋の形態を崩さず対称性を維持しながらとることができる。ブルタールの両端は他の部屋や階段室、またはサービス空間への出入口として機能する。住宅の四隅にこのようなアプローチの空間がとれるのは必然的にブルタールが二つ以上の場合に限定される。大邸宅ほどシンメトリーにこだわる傾向があるが、そこには敷地面積にゆとりがあり、二つ以上のブルタールを設けられるという条件が根底に潜んでいる。この住宅は一六世紀から一七世紀に建設され、貴族が居住していたが、現在異なる家族が階高によって分割して住んでいる。

エル・ヘドリー邸（図35-④）は両親と子ども二人が暮らす住宅で、二つの中庭を持ち、一つには三面にブルタールが巡っている。中庭への入口と主室が対面するので3-Aタイプに属する。ブルタールが三つの時はこの住宅のように、対面しないブルタールの後ろに主室が置かれるのが一般的である。もう一つ奥の中庭があるが、今では使われておらず、壁や天井がほとんど崩れていた。平面図を見ると馬やロバの小屋も併設されているのがわかる。

ベン・アブダッラー邸（図35-⑤）は中庭を囲む四面すべてにクブーをもつ部屋を配し、噴水を取り囲んで四つのブルタール、つまり回廊を巡らすチュニスでも有数の豪邸である。この家のブルタールは一八世紀から一九世紀に建設された住宅に特徴的な、西欧の影響が強い三連の均等アーチをもつ。床から二階まで洗練された美しい幾何学模様のモザイクタイルが全面に貼られ、四つの部屋のクブー上部では金で塗られた食器や魔よけとなる鏡が中庭から注ぎ込む光を拡散し、幻想的な雰囲気をつくりだしている。これは最もプライベート性の高い、そして最も象徴的な4-Aのタイプにあたる。もちろん対称性は完全であり、主室だけでなくどの部屋の独立性も強い。私的性格を重視するアラブ社会において、理想に近い形態と機能をもつ住宅といえよう。

スース＊斜面都市

海に開く都市空間

スースは地中海に面した都市で、海岸にはホテルが立ち並び、西欧からも観光客が来るリゾート地になっている。近代的な街並みの新市街の北側に、厚い城壁で囲まれた旧市街（メディナ）がある（図36）。古代にはハドゥルメトゥムという名称の都市であった。

スースのメディナは西から東にかけて下る斜面地に展開する。他のマグリブ都市と同様に複雑な構造をもつが、斜面地という地形的理由と港町という社会的理由のため、都市形成に独特の論理が働いている。

このような特殊な条件をもつスースのメディナの都市構造をみていこう（図3参照）。

城壁で囲われたメディナの規模は南北七〇〇メートル、東西四五〇メートルで、現在は九つの城門をもつ。重要な街路としては、城門から海岸に近いメディナ内部を貫く等高線に沿う南北の通りと、斜面を登っていく東西の通りがあり、その交差した部分に商業空間としてのスークが広がり、各通りに対し線状に展開する。

メディナ全体の街路はグリッドに近いものとなっている。それは、スースが古代に起源をもつことと関係しているためと思われるが、古代と対応する街路などその詳細は不明である。また、グリッドは斜面地という条件から生まれた構造であると思われる。この斜面都市では、大きな移動には斜面をまっすぐ上り下りする東西の道を使い、そこから南、あるいは北へ分岐する等高線沿いの私的性格の強い道によって、面的に広がった住宅街へアプローチする。

スースにも袋小路は数多く存在する。その構成を見ると、まず東西を結ぶ重要な坂道や階段状の道から等高線に沿って分岐した後、斜面を登るように西へ折れ曲がり、行き止まりとなるものが多い。こうすれば、雨の際の水はけがよくなるし、心理的にも住宅を出て視界が下に広がるのは気持ちが良い。このような斜面地の論理により、スースのメディナの街路はグリッドに近い構成をとるのである。カギ型で奥に登る袋小路は、南イタリアやシチリアの斜面都市でも共通しており、多く見られる。

港町、スースならではの特徴は、港側、つまり斜面の下方に都市の生活で重要な商業機能や公共施設などが配置されることである。イスラーム信仰の要となる大モスク（図37）と、リバートと呼ばれる軍事的な拠点となった施設が斜面下方の城壁近くにあるのも目を引く。リバートは八世紀の半ばに建設され、強固な石造である。中庭型の平面構成をとり、中庭のまわりには回廊が巡る。リバートの入口についている二本の柱の柱頭は古代の神殿からの転用である。柱頭のデザインはギリシア・ローマ時代のものではなく、もっと古いものであると考えられる。屋上には胸壁狭間が巡っている。リバートの塔に登るとメディナを俯瞰することができる。

大モスクの二本のミナレットは平面構成に関係なく海側にシンボリックに置かれ、灯台のように船から見えるランドマークのような役割を兼ねていたと想像される。この大モスクは陸の都市生活ばかりか、海の交易活動にとっても精神的な要として大きな意味をもっていたのであろう。

メディナの斜面上方に目を向けると、高い塔をもった大きな施設があるのが確認できる。カスバと呼ばれるメディナを統括した支配者の城砦は、メディナ全体をいつも監視できるように斜面の一番高い場所に置かれたのである。現在は、警察の施設として使われている。

都市の貯水槽（ハッザーン、またはマージル）がメディナの中心部にあるが、現在ではその上がゴミ捨て場のようになっている。調査中、メディナ南部の坂道の途中で、路上をアーチでまたぐ水道橋の跡をみつけた。以前はメディナの内部にこのような水道網が張り巡らされ、貯水槽と各施設を結ぶネットワークをつくっていたであろう。

また生鮮食料品の市場が海岸側近くにあることも特徴である。生活の要である市場が海側にあることは、陸よりも海からの運搬の方を重要視していることが読み取れる。同じチュニジアのスファックスでは、内陸側に市場があり、まったく逆の構成となっている。この市場は、近年屋内化されて、一つの施設となっており、斜面の一番下の城壁の脇に配置されている。ここには理に適ったゾーニングが見られ、海側から肉─魚─野菜という構成をとる。血などで街路を汚しやすい肉類が最も外側の城門の近く、しかも屋外におかれ、生臭い匂いの出る魚介類がその次に施設の内部に置かれ、衛生問題の少ない野菜類が最も奥に置かれるのである。

もう一つの特徴は、交易の隊商宿であったフンドゥクが、メディナの下側、大モスクのある城門付近に数多いということである。このことからも、スースでは海上輸送による交易が活発であったことがわかる。その一つ、大モスクに面しているフンドゥクは、三階建てで二〇〇年前に建てられたという。現在では改装して立派なホテルとなっているが、今でも宿屋として続いているのは興味深い。中庭には新たに屋根が架けられて屋内化しているが、以前のデザイン装飾を残しており、一階に三連アーチの回廊が巡り、真中のアーチのスパンが大きくなっている。この形式は、伝統的住宅のブルタールと同じである。柱は古代建築からの転用であるのが確認できる。また、このフンドゥクから、より中心のスークに近い所に、現在、みやげもの屋になっている二階建てのフンドゥクがある。ここの中庭にも回廊が巡り、一層目と二層目が同じスパンのアーチとなっている。

このようにスースは、大モスクや市場、またはフンドゥクなどを港の近くに配し、海側から発展していったことがわかる。メディナの人々の生活の重点が港側に置かれていたのである。

人々の消費生活の中心となるスークは斜面の下方に位置し、城門からメディナ中心部へ向かって斜面を登る道と、等高線に沿って走る二つの大通りを中心に展開する(図38)。メディナ全体で見ると斜面の下方に商業地、上方に住宅地が展開し、低商高住の関係となっている。これはスースが港町であったことと深く結びついており、斜面上方に住宅地があるのは眺望を確保するにも都合がよく、理に適っている。

スークは街路沿いに線状に延び、メインストリートを第一の通りとすると、そこから分岐する第二の通りまで店舗が広がっている。しかし第二の通りからさらに分岐する第三の通りにまでスークが広がっている例は一つしかなく、

図37　港側に位置する大モスク

図36　スースの旧市街　奥の高台にカスバ

図39　軒先を大きく張出すスースのスーク

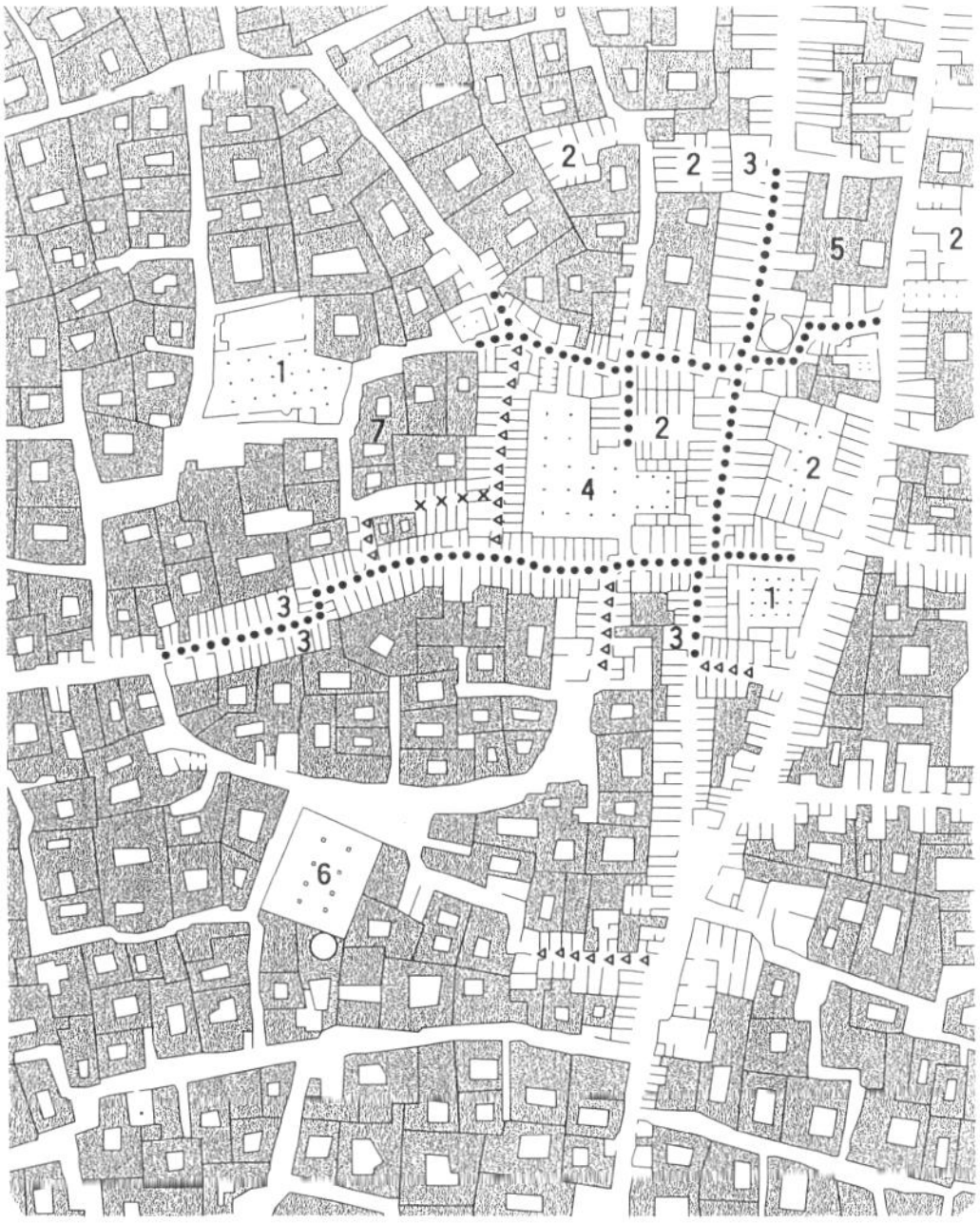

図38　アーケードが架かるスークの空間的ヒエラルキー

●●●●● 第一級アーケード
△△△△△ 第二級アーケード
××××× 第三級アーケード
1 モスク
2 フンドゥク
3 マクハー（カフェ）
4 博物館（元宮殿）
5 元ハンマーム
6 シスターン
7 調査住宅（図44）

図40　スークの入口脇にあるマクハー（カフェ）

スークの分岐軸が少ないといえる。つまり、スースのスークは、面的に拡大したカイラワーンと比べると街路の複合化が弱い。また、店先には軒を大きく張り出し、連続してアーケードのようになっているのが特徴である。この軒は、青に塗られ装飾が豊かに施されて、陽射しを遮る効果ばかりか、視覚的に楽しさを与えている（図39）。

スークの中心部には一体化された常設のアーケードがかかっていて、領域性を高めている。そのアーケードの端部には扉が取り付けられているところもあり、夜間や休日には閉めて、スーク内の商品を守っている。特に顕著な場所は、スークの最も奥深い位置にある貴金属を売る店舗群の一画である。スークの各店舗はほぼ同じ間口と奥行きをもつワンルーム型で、内部はヴォールト天井になっている。ヴォールトの中央部には小さな穴を開け、光を取りこめるようにしているものも多い。もう一つの特徴として、アーケードが切れるところにマクハー（カフェ）が置かれていることが注目される（図40）。中心部のアーケードのあるスークとその外に伸びる、屋根のかかっていないスークとの空間分節の役割を果たしているのである。

メディナの中には数多くの小さなモスクが点在し、それぞれの地区の人々の信仰の中心となっているが、それらの多くが道の交差する角地に位置し、アプローチしやすくなっている。しかも、装飾された扉や周囲よりも高く突き出るミナレットがアイストップの位置にしばしば登場し、歩く人々の意識をモスクに集中させる効果を持ち、視覚的な象徴性を高めている。

空間分節と住宅——公的空間と私的空間

スースの住宅も他の都市と同様、中庭型の構成をとる。スースでは典型的で異なる立地条件をもつ三軒の住宅を実測できた。どれもが、斜面地特有の性格を示している。スースの住宅地の斜面を登る街路は、階段状になっているものが多く、車は入り込めない（図41）。人々の快適な生活空間としてはメリットがあるが、大量の荷物などを運びに

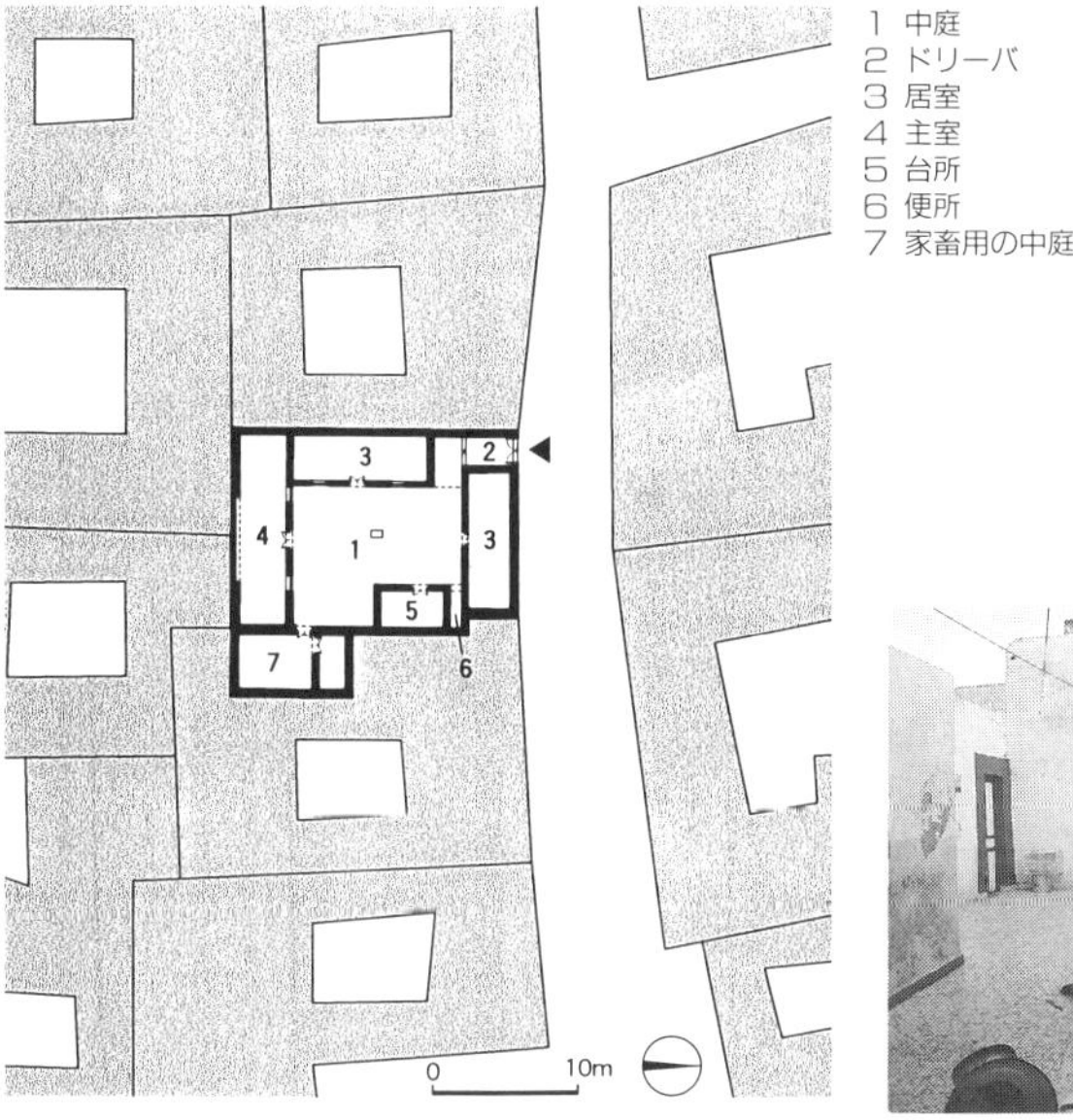

図43 アルマンサフ・アルシード邸平面図

図41 階段になっている住宅地の坂道

図42 中庭が重要な生活空間になる
（アルマンサフ・アルシード邸）

図46 バシィーラ邸の中庭

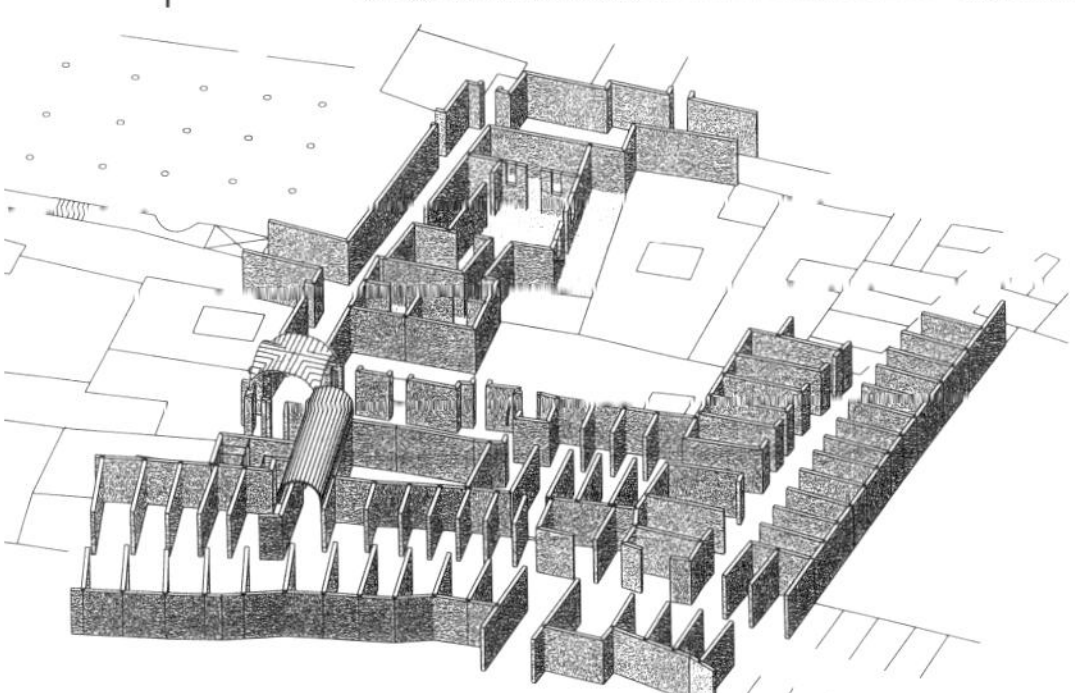

図45 バシィーラ・アーイド・フーイド邸周辺アクソメ図

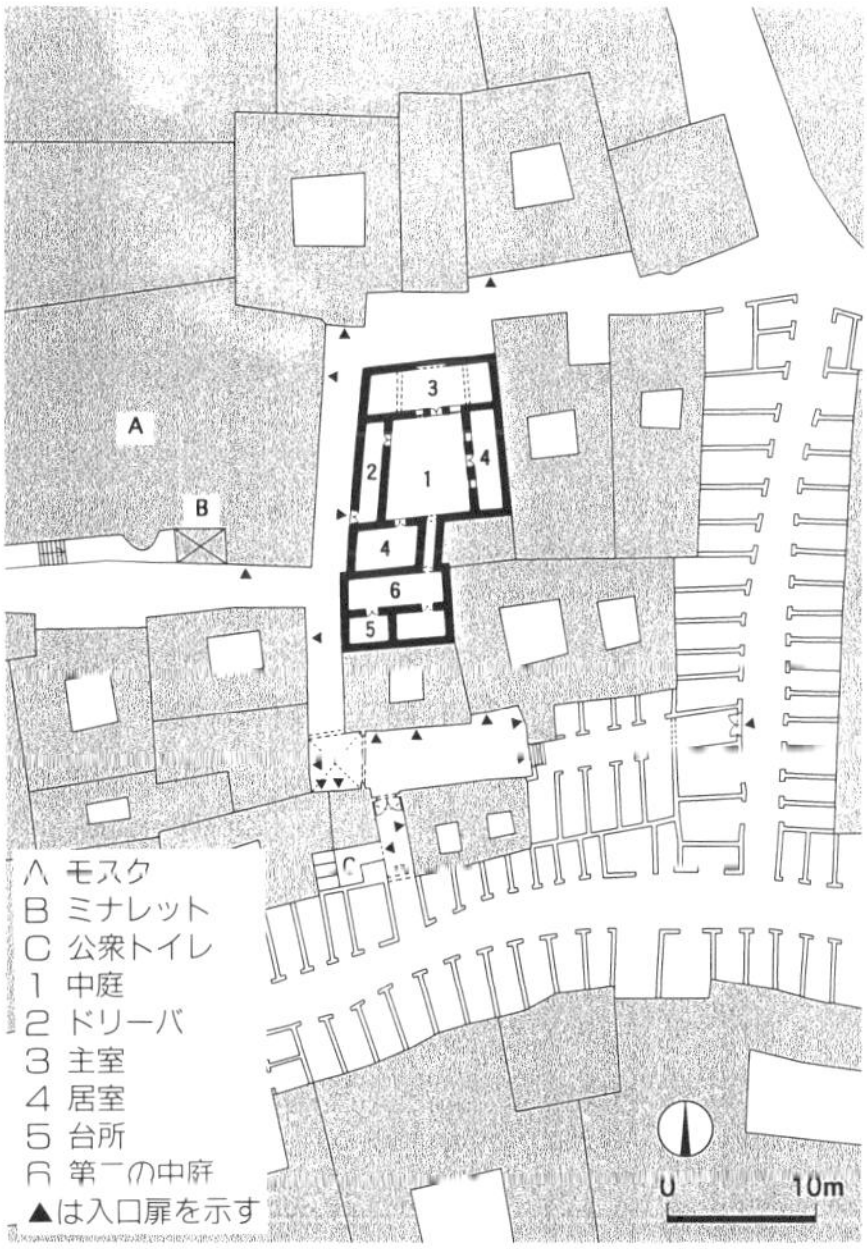

図44 スークの店舗群とバシィーラ・アーイド・フーイド邸平面図

くいなど、現代的な生活環境から見るとデメリットの面もある。

斜面地と住宅

まず、一軒目は高台のカスバから階段状の坂を少し下ったところにある庶民的な住宅、アルマンサフ・アルシード邸である（図42、43）。斜面を下る坂道の途中にある住宅の典型で、平屋である。まず入口からクランクしながらステップを二段降り、中庭に出る。スースの住宅はこのように、入口が斜面の上方にあり、少し降りて中庭に入る形式のものが多い。壁は白く、扉は濃いブルーである。中庭の中央には井戸が掘られている。井戸の水は中庭の掃除や洗濯などに使われ、飲料水は雨水を地下貯水槽（マージル）にためて飲んでいる。さらに保管用の地下倉庫も備えている。中庭では、カーペットを敷いて女性が作業をし、洗濯物が干され、子供達が遊んでおり、機能的にも日常生活の中心となっている。面白いことに、中庭に面した壁の中央にマグロの尾が飾られており、それは魔除けの意味をもつという。この地方の古くからの習慣らしく、やはり人々と海との結びつきが深いことをうかがわせる。中庭の奥の壁には、鳥かごがたくさんかけられて、カナリヤを飼っている。中庭の環境を豊かに演出しているのである。中庭に面した居室の扉は、日中は開けられていて、カーテンでしきられている。通風を良くし、涼を得ようとするためである。奥にとられた第二の小さな庭は、家畜小屋として使われ、ウサギと鶏が飼われている。はしごで屋上に登ると、斜面の下の方に海を見渡すことができ開放的な気分を味わえ、主人の自慢となっている。

住宅地と商業地の関係

次は、スークから住宅地に入ってすぐの位置にあるバシィーラ・アーイド・フーイド邸をみてみよう（図44、45）。このエリアの空間構成にはアラブ地域の都市らしい特徴がある。周辺のスークからこの住宅にアプローチするための経路は二つある。まず、商業地から住宅地に入り込む道の上にヴォールトの屋根が架かり、商と住の空間の分節が行なわれている。そこから道は一度クランクして、サーバートの下をくぐり、住宅地の街路に出る。

もう一つはスークから分岐し、より道幅が狭く天井の低い小さなスークを通ってアプローチする方法である。このスークにはフラットな屋根が架けられ、夜間はその両端で扉を閉め、スークと住宅地の行き来を完全にシャットアウトできるようになっている。さらに住宅地に通じる出口では三、四段のステップを上るようになっており、この段差によってスークと住宅地との間の心理的な境界を形づくっている。このように二通りのルートによって段階的な構成をとり、スークのすぐ裏手に広がる住宅地の領域がはっきりと分節される。これによって、スークに集まる外部の者が住民の生活の場に入り込みにくいように工夫されている。イスラーム世界の都市では、こういったさまざまなこまかい空間的な配慮がなされることにより、迷宮的で高密な市街地をうまく機能させているのである。

その住宅地の一画には地区のモスクが配置され、街路を歩く人のランドマークとなっている。このモスクから先の街路は緩やかに折れ曲がり、奥まで見通せないようになっていて、心理的に他者の進入を遮っている。これもアラブ地域の都市の空間配置に見られる一つの方法である。

モスクから街路を挟んで、向かい合う側にわれわれが実測した住宅がある（図46）。この住宅の大きな特徴として、クランクしたドリーバを通って中庭に入るが、街路側と中庭側とで壁の色が大きく異なっていることである。公共空間である街路側の外壁には、この街の基調色である白と水色を用いているのに対し、中庭の壁は、下一メートルほどを茶色、上の部分を黄色で塗っている。床タイルも黄色と茶色のモザイク模様となっている。プライベート空間である住宅内の色彩は、住民が自由に選べ、われわれを案内してくれたこの家の夫人も、自分の中庭の色彩を自慢気に話してくれたのが印象的であった。

空間構成を見ると、この住宅は平屋で、大小二つの中庭を中心に展開する。まず入口からクランクしてメインの中庭に出ると、そのまわりを居室が囲んでいる。左側の部屋が格が高く、反対の右側の奥にサービス空間としての小さな中庭がある。大きな中庭では女性がくつろいだり、子供が遊んだりと生活の中心となっているが、奥のサービス用の中庭には台所などがあり、作業用の空間となっている。

住宅地の街路と袋小路

三軒目は、住宅地の奥に入り込む袋小路に面するアーディル・マナーイー邸である（図47、48）。このあたりには二階建ての住宅が多い。この袋小路は、住宅地を結ぶ往来の多い道から分岐し、カギ型に折れ曲がり、斜面をゆるやかに登って、行き止まりとなる典型的な構成をとる。しかも、奥の袋小路へ入る分岐点にはサーバートが架けられ、さらにクランクしながら、階段を登っていくという複雑な構成をとる（図49）。こうして空間的な分節を行なうことにより、住宅地からさらにその奥の袋小路を囲う住宅群へという、より私的性格を高くしていく生活環境を生み出すための工夫がなされている。

調査した袋小路内の住宅は、もともとの平屋の建物から上に増築していったもので、中庭は狭く住宅の居室空間のような印象を与える。実際ここにはソファーやテーブルを置いて居間として使い、接客も行ない、洗濯物も干している。増築した階段の下には、トイレやシャワー室が新たに設けられている。中庭から見上げると、階段が螺旋状に上に伸びていく（図50）。その階段を登り屋上に出ると、開放的なパノラマが楽しめ、特に海に開く眺望は圧巻である。まわりの住宅の様子もわかり、さらに近隣の家の中庭がのぞけてしまうが、イスラーム社会ではのぞかないのがマナーである。屋上にはたくさんの洗濯物がはためき、またクスクスの材料が干されている（図51）。スースの住宅はこのように屋上を利用しているものが多く、洗濯物を干したり、大人がくつろいだり、子供が水着を着て遊んでいる光景がみられた。

隣の住宅にもそこに住む老人の案内で入ることができたが、内部の痛みがひどく、廃墟化していた。しかし、住宅の構成は判断でき、入口から折れ曲がって中庭に入り、その奥の海側に格の高い部屋がとられている。現在、このメインの部屋は天井が朽ち、使われていない。

図49　街路を分節するサーバート（トンネル）

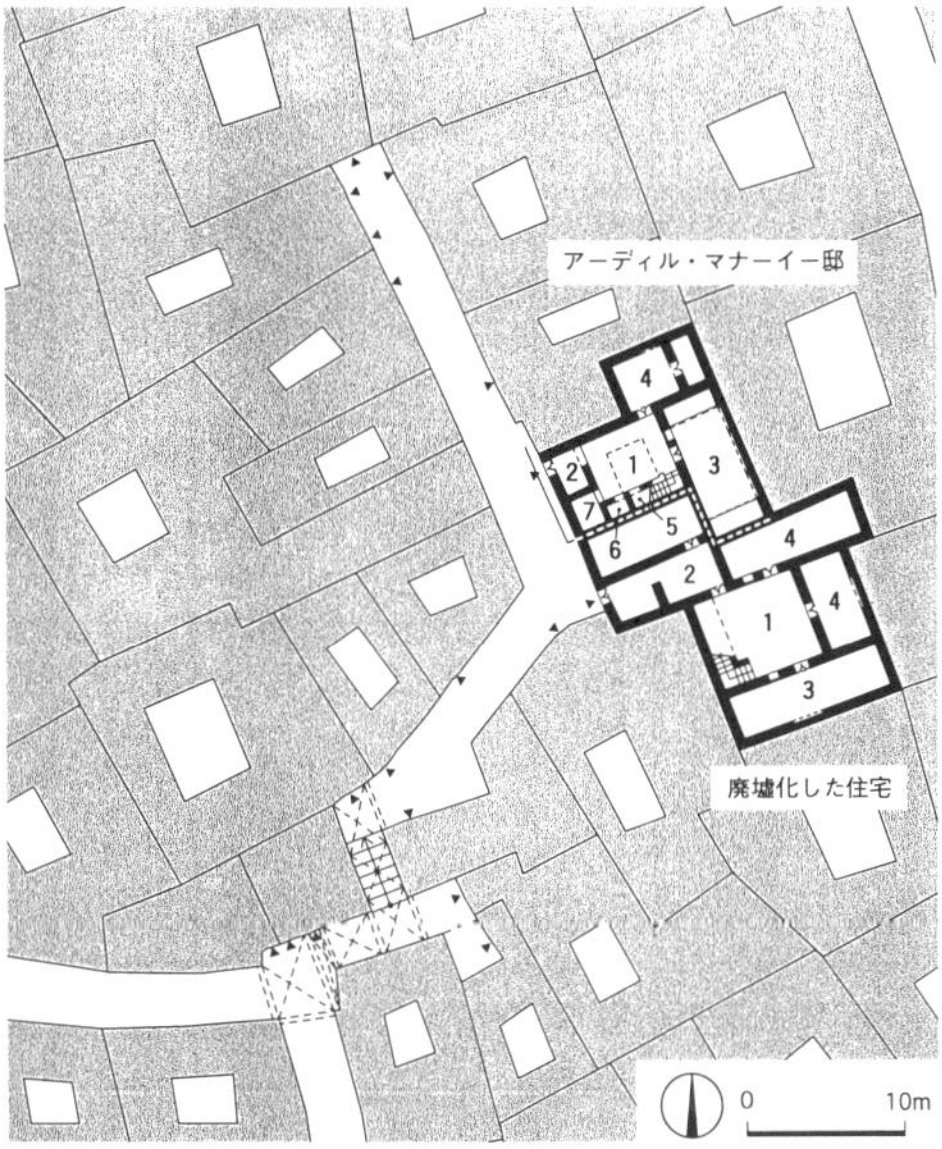

図47　アーディル・マナーイー邸と廃墟化した住宅の平面図
1 中庭　　5 風呂
2 ドリーバ　　6 便所
3 主室　　7 台所
4 居室　　▲は入口扉を示す

図50　中庭を螺旋状に巡る外階段（アーディル邸）

図51　屋上ではクスクスの材料や洗濯物が干される（アーディル邸）

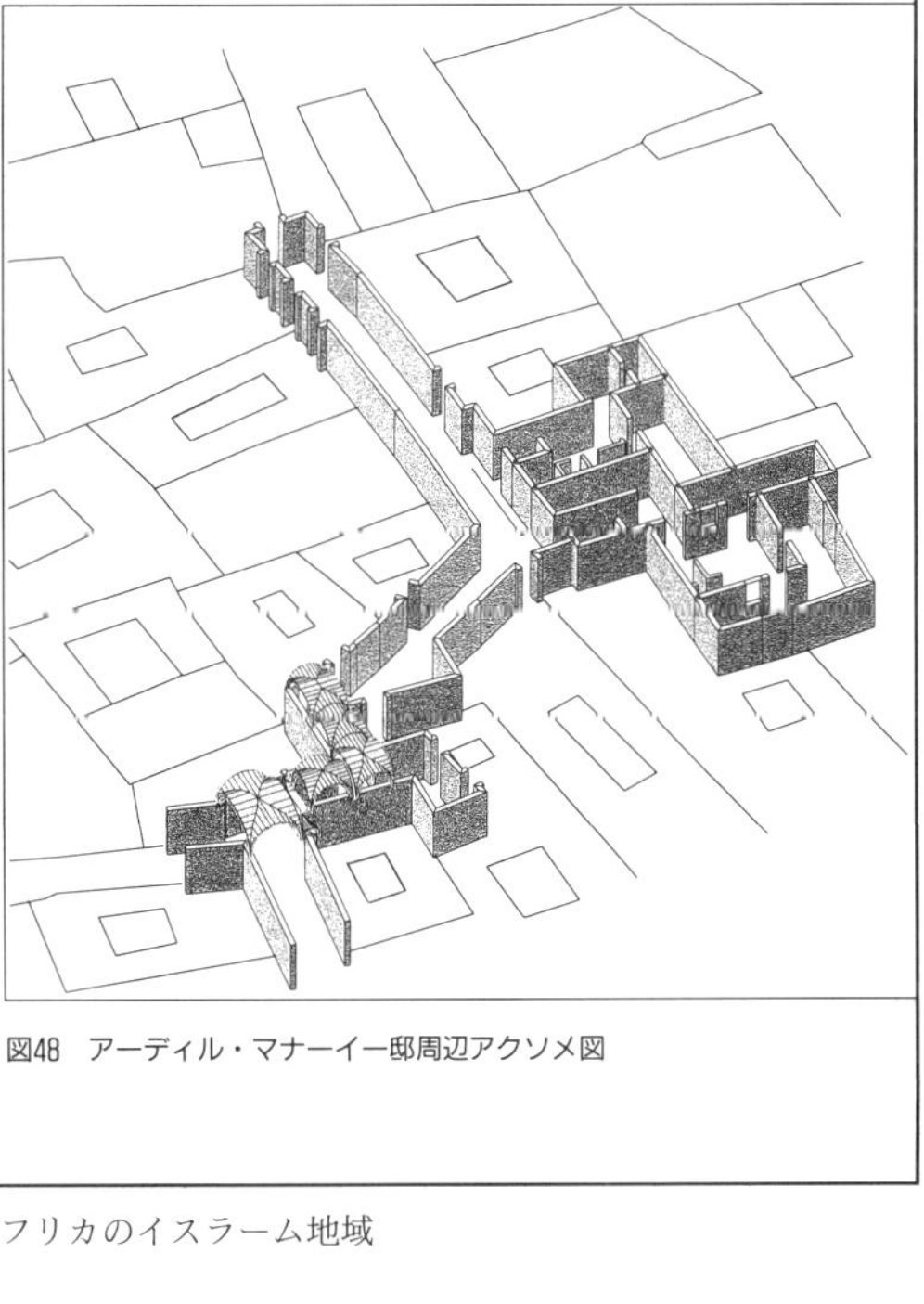

図48　アーディル・マナーイー邸周辺アクソメ図

カイラワーン＊軍営都市

イスラーム拡大への都市拠点

カイラワーンはチュニスの南約五〇キロ、スースの西方約五〇キロに位置し、内陸部の乾燥した地域である。この街の大モスクはマグリブ最古のモスクであるため、「マグリブの聖都」と呼ばれている。

カイラワーンは六七〇年にアフリカ征服をめざすウマイヤ王朝の総督ウクバ・ブン・ナーフィーによって築かれ、軍事的および政治的に最も重要な拠点とされた都市である。その後アグラブ朝（九世紀）、ファーティマ朝（一〇世紀）、ズィール朝（一一世紀）を通じて首都として栄えたが、一〇五七年にベドウィンの侵入を受け、首都はチュニスに移った。チュニス、スース、スファックスの都市の起源がフェニキアや古代ローマにあるのに対して、このカイラワーンは初期イスラーム時代にアラブ人によって新たに建設された都市（ミスル）であり、他の都市と異なる様相を呈する（図4参照）。

その特徴として次の二つがあげられる。まず、カイラワーンではメディナの中心に大モスクがない。九世紀建造の大モスクはメディナ北西の城壁の近くに立地しており、チュニスやスファックスのように大モスクのまわりをスークが取り囲むことはなく、オープンスペースを設け、大モスクの外壁が顔を向けている。現在でも多くの参礼者が訪れる大モスクだが、宗教と商業の二重構造をもっておらず、街から独立した印象を受ける。しかし、チュニス第一大学のムハメド・ケルー氏によると、初期のメディナは現在の数倍の規模をもっていたが、首都の移転により都市が縮小し、城壁が新たに確定され今日の状況に至った、としている。そのため、かつては都市の中心にあった大モスクが、現在は都市の縁にあるように見えるのだという。この説は定かではないが、大モスクの位置の説明として、納得がいくものとなっている。

また、他の都市と比べて、道幅が広く、開放的である。特にシュタバ門とチュニス門を結ぶメディナを貫く東西の道はこのカイラワーンの中で最も重要な道であるにもかかわらず、店舗もそれほどなく密集度が低い（図52）。この主要通りだけでなく、あらゆる道が比較的幅の広い開放的なつくりであるため、道全体のヒエラルキーが感じられない。また、スークが中心部に面的に広がっているが、そこに核としての大モスクがないため、あまり求心力も感じられない。その結果、カイラワーンのメディナ全体からは、均質的で中心が目立たないという印象を受ける。

もう一つの特徴は、直交する道が少なく、不規則に枝分かれする樹木状の道が巡っているという点である。一つの道が二つの道に枝分かれし、それぞれの道がまた枝分かれして、メディナ全体の迷路性を強くする。また、袋小路の数の多さも注目される。他の都市と比べてカイラワーンの道に囲われた一区画が特に大きいため、その内部に位置する住宅にアプローチするのに、数多くのそして長い袋小路が必要となる。しかも、その袋小路がゆったりと広めにできていて、子供達の遊び場としても、女性達の立ち話の場としても有効に使われている（図53）。

ここで、大モスクへと通じる道に立地する住宅をみてみよう。一〇〇～一二〇年前に建てられたムンセフ・ブン・アブド・アフー邸は、広くて気持ちのよい中庭をもつ（図54）。この中庭を囲む一階部分に両親が住み、上の二階にマクハー（カフェ）で働く息子の家族が独立して住む。ただし、二階へは直接内部でつながっておらず、街路から隣り合う別の玄関でアプローチする。二階は新たに分割してつくられ、いわば上下での二世帯住宅となっている。昔は一階の中庭を囲む各部屋にそれぞれ一家族ずつが住み、血のつながった大家族を形づくっていたという。大家族で共に住むという伝統は消えつつあり、モダンに二世帯、三世帯住宅として改築し、生活を分けて住む家族が増えてきている。

この住宅は素晴らしいスキーファを備えている（図55）。クランクしたスキーファには簡易ベッドを置き、入口から入ってくる微風に涼みながら娘が本を読んでいる。外部と中庭の気圧差が心地よい風を生みだしており、それを生

図53　袋小路の奥で遊ぶ子供達と立ち話をする女性達

図52　スークの中央通り

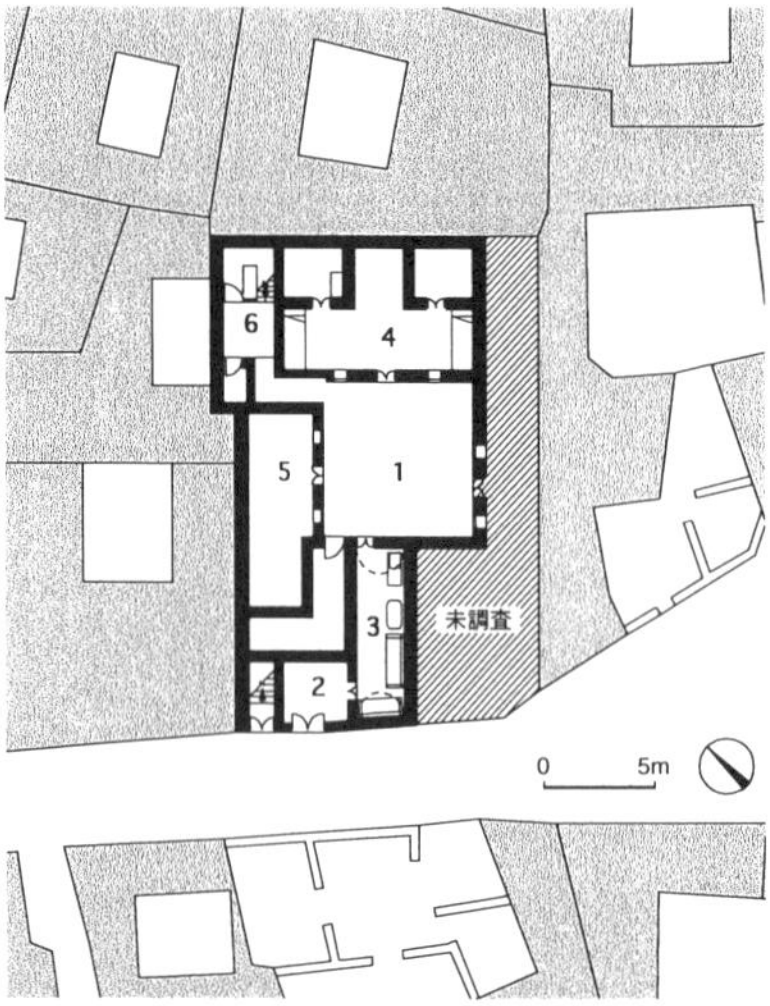

図54　ムンセフ・ブン・アブド・アフー邸平面図
1　中庭
2　ドリーバ
3　スキーファ
4　主室
5　居室
6　第二の中庭

図55　スキーファに置かれたベッド　風が通り快適な空間となる（ムンセン邸）

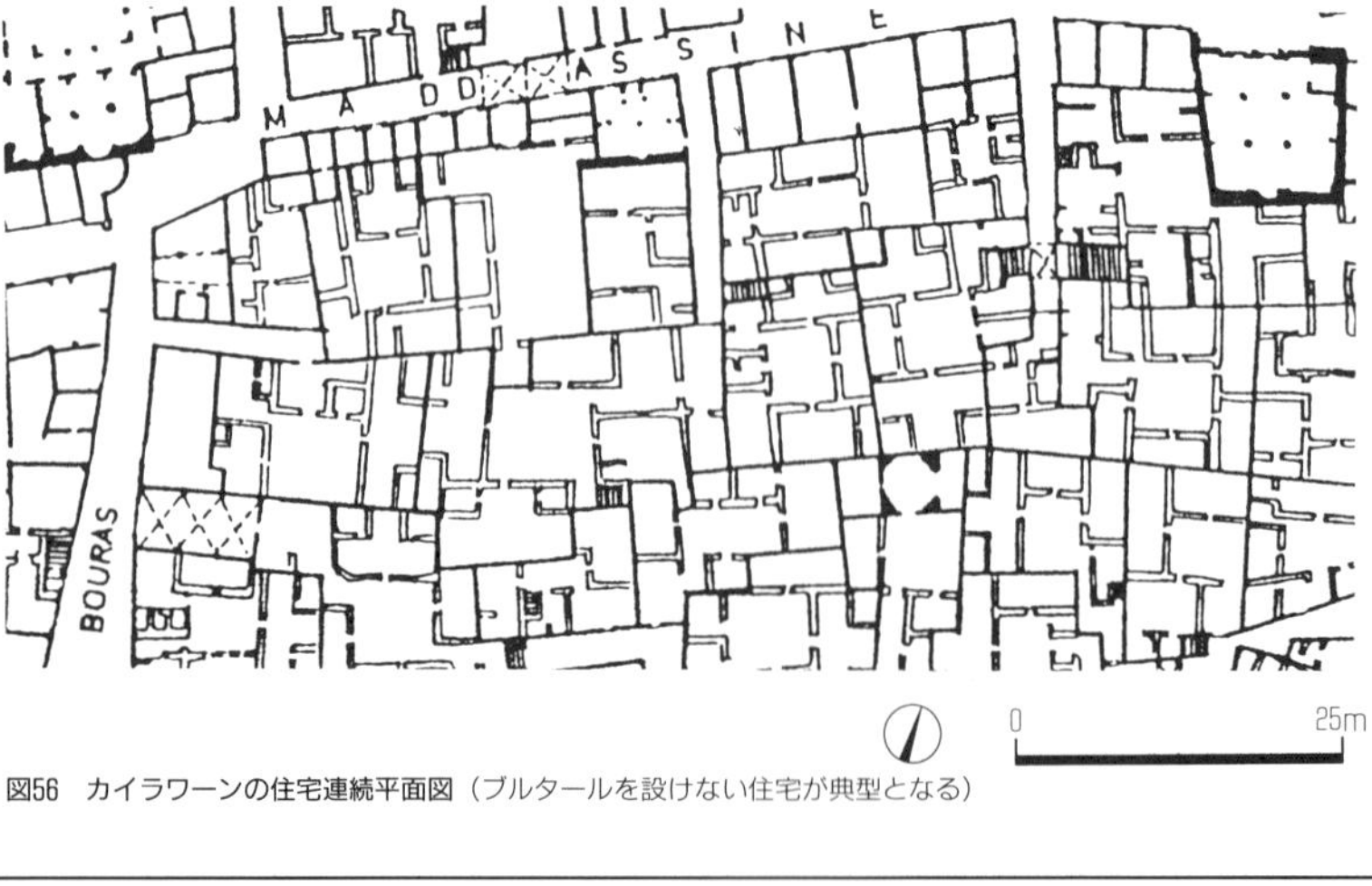

図56　カイラワーンの住宅連続平面図（ブルタールを設けない住宅が典型となる）

かした空間の使い方がなされているのである。まさに生活の知恵といえよう。中庭にはチュニジアの主食であるクスクスの材料が干され、奥にあるもう一つの小さな中庭では鶏を飼っている。現在修復中のため、見ることができない部屋もあったが、主室にあたる部屋はクブーのあるT字プランをとり、他の都市の住宅と同じように、両脇にベッドを置いている。息子の家族の住む二階は五年前に改装しており、以前の姿はまったく見られず、西洋風のインテリアになっている。

軍営都市として純粋にアラブ人によって築かれたカイラワーンであるが、住居形態における大きな違いは見られない。だが、連続平面図を見ると（図56）、ムンセフ・ブン・アブド・アフー邸と同様、どの住宅にもブルタールがないことがわかる。また、建物の外壁の色は他の都市と違って、石灰で白く塗ったものが多く、南イタリアのプーリア地方の都市とも通じる地中海的な開放感を漂わせている。

内陸部の商業空間

スークはシュタバ門とチュニス門を結ぶ東西の道と大モスクから中心部への南北の道の交点周辺に展開している（図57）。カイラワーンの中で唯一格子状に計画されている場所でもある。この計画的なスークから大モスクへのびるヴォールト屋根のかかった線状のスークがある。この道には両脇に高さ約四〇センチの石段が連続して設けられており、店に入るためにはその石段を越えなければならない。店の主人がその石段に座って、時折客の呼び込みをしながら水タバコをふかしている姿は印象的である。

カイラワーンのスークは職種によるゾーニングが明瞭である。つまり、物を売る店舗が主要通りの交差路周辺と大モスクへの道沿いに並ぶ一方、その裏側へ入る道に商品を生産し、加工する工房が集まっている。ヴォールト屋根のかかる通路の両側に均等に間口を割って工房を並べた計画的なスークがいくつも配されている。

そして、最も特徴的なのがメディナの外、チュニス門付近の広場であり、ここは午前中、賑やかなオープンマーケットに変貌する（図58、59）。荷台一杯にのせた色とりどりの野菜と果物が路上に所狭しと並び、メディナやこの近辺に住む人々が必要なものを買いに来る。そして午後になると、またもとの単なる広場に戻る。ここはまさに時間制による臨時スークで、野菜類はメディナ内ではなくもっぱらこの露店市で売られる。そしてこの広場のまわりには立派なフンドゥクが数棟集まっている。そのうち三棟は荒廃し、また物置となっていたが、一棟は現在もホテルとして利用されている。どのフンドゥクも大きな中庭をもち、かつては各地から運ばれてきた商品の保管や商人宿となっており、さらに施設の一画には、運搬用、商売用のラクダ、馬、ロバ、ヒツジなどの家畜を入れておくスペースまで設けられている巨大な施設であった。内陸部に位置するカイラワーンでは、海からの運搬はなく、すべてのものがキャラヴァン隊によって運ばれてくるから、それだけ大きなフンドゥクが必要とされたのではないかと推測される。

カイラワーンにはこのように樹木状の道、膨大な数の袋小路、非中心性、大きなフンドゥクなど、他の都市とは異なる特徴ある要素が数多く見いだせる。アラブ人が建設した初期イスラーム時代の都市であること、そしてまた内陸部という立地条件がこれらの特徴を生み出したといえよう。

建築システム

われわれの現地調査の中で、その建物がマドラサなのか、フンドゥクなのか、それともモスクなのかという疑問がしばしば湧いた。カイラワーンでもフンドゥクだと思っていたら、実はマドラサだったという間違いをおこした。そもそもチュニジアの建築物は限られた空間ユニットの組み合わせで構成されているため、どの建物もよく似ており、共通する要素をもっているのである（S. Santelli, *Medinas*）。

まず、ほとんどの建物に共通するのは中庭である。中庭は宗教施設にも商業施設にもそして住宅にも一貫して使用

図57 旧市街中心部の商業区域
1 モスク
2 フンドゥク
3 マドラサ
4 ハンマーム
5 マクハー
6 トイレ
7 生鮮市場
斜線は工房のスークエリアを示す

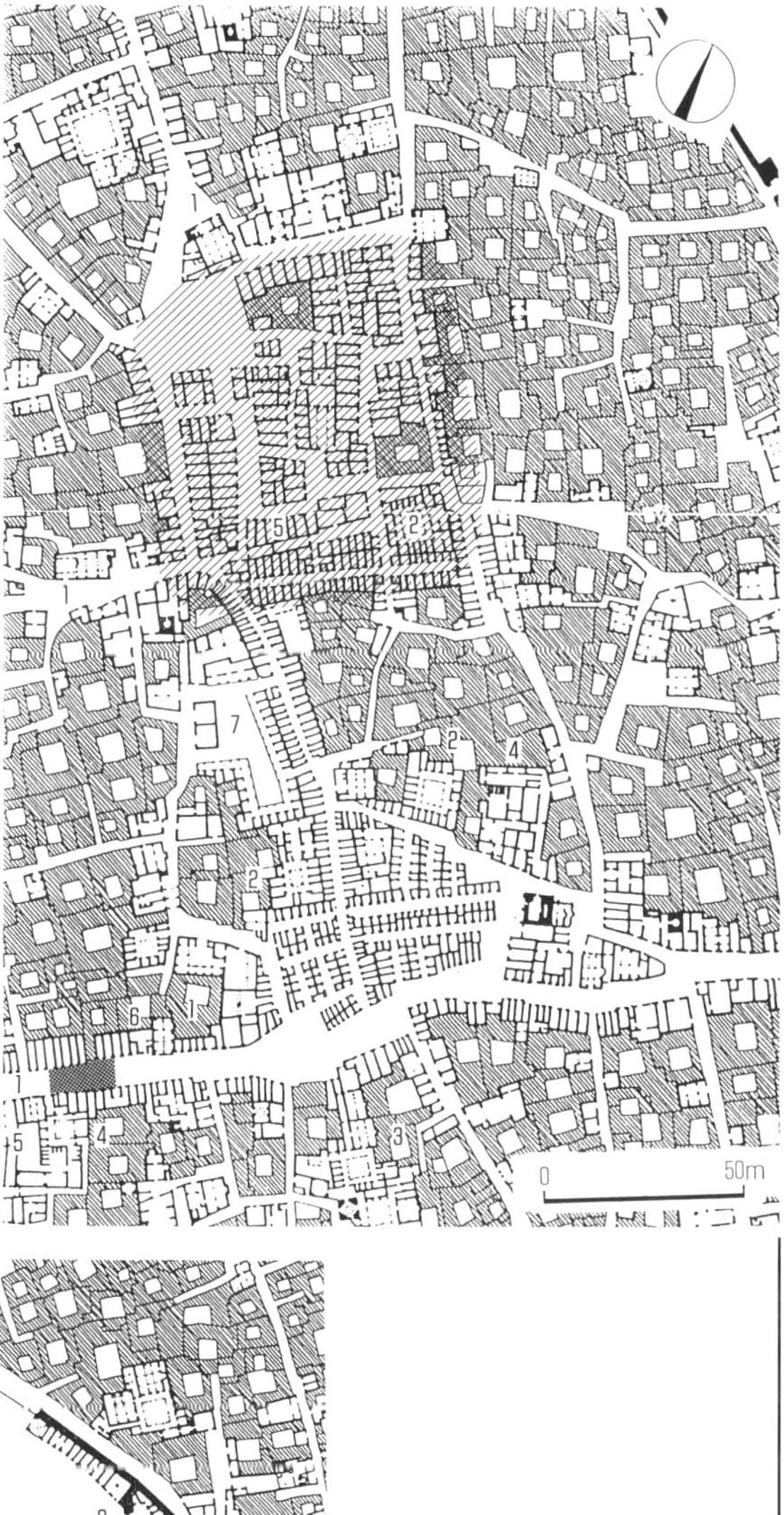

図59 城門外のオープンマーケット

図58 城門外の店舗群とフンドゥク
1 オープンマーケット（生鮮食料品）
2 古い城門
3 新しい城門
F フンドゥク

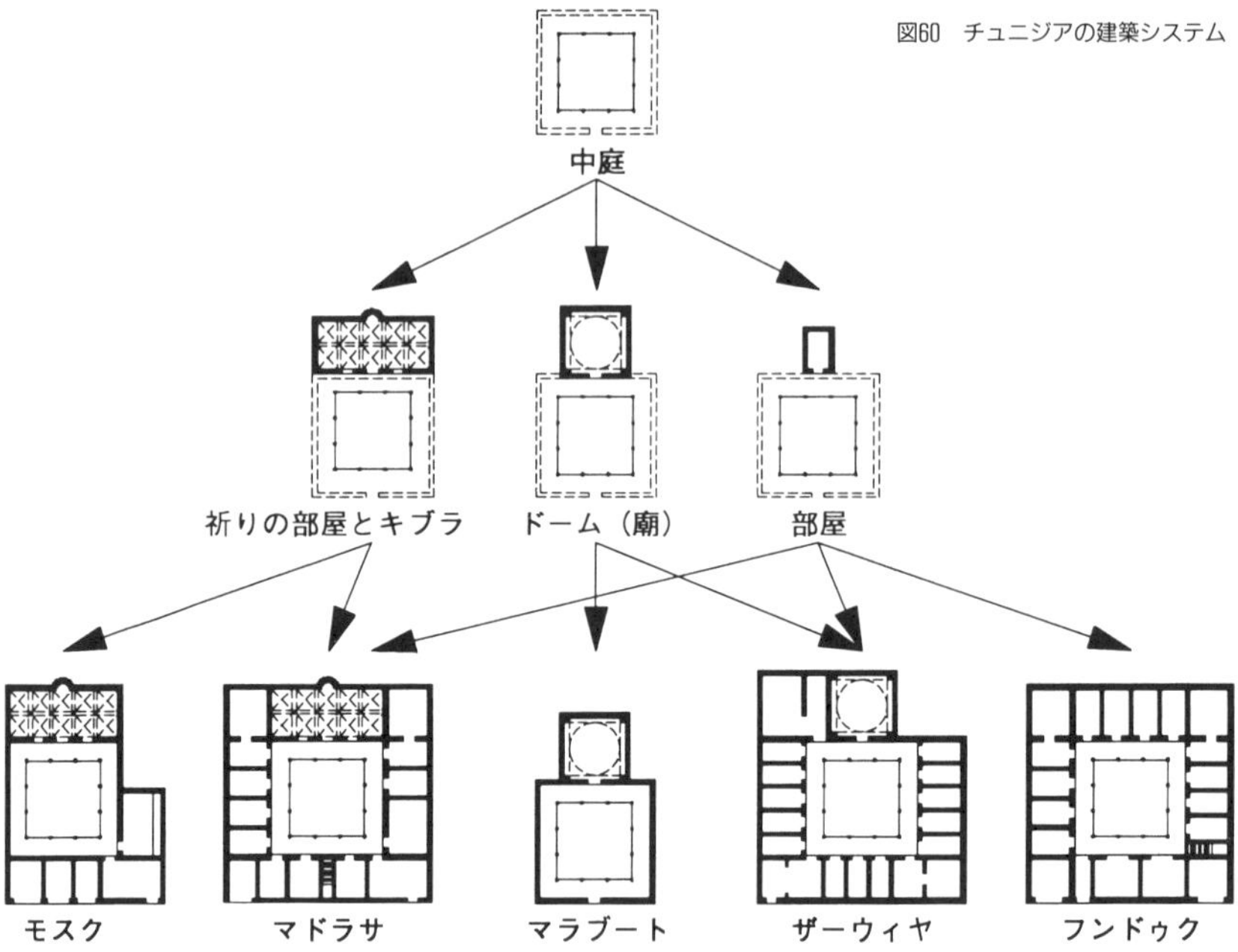

図60　チュニジアの建築システム

されている。そしてどの建物でも、中庭を囲むようにさまざまな空間ユニットの部屋が配されている（図60）。

そのユニットには次のようなものがある。

①祈りの部屋とキブラ。多くの柱が並ぶヒエラルキーのない均質な空間であり、メッカの方角を示す窪んだキブラ壁があるのが特徴的である。

②ドーム。ドームは、モスク、ザーウィヤ、墓廟ばかりか、ハンマームにも用いられる。これはハンマームが単なる浴場でなく、身体を清めるという宗教的意味ももつことを示していよう。

③部屋。フンドゥクやマドラサのまわりに構成される小さな部屋である。スークを形成する店舗も含まれる。間口が狭く、奥行きの深いこの部屋は宿や倉庫として使われ、時にヴォールト天井となる。バイト・トゥリーダ（住宅の部屋）もこれに含まれる。しかし、フンドゥクやマドラサとは逆で、奥行きの狭い、幅の広い部屋で住宅に用いられる。クブーのあるT字プランの部屋もこの種類である。

この三つの空間ユニットの組み合わせでチュニジアの建築は成り立っているといえよう。①祈りの部屋を持つモスクに、③小部屋を結合するとマドラサになり、マドラサから祈りの部屋を取り除くと、フンドゥクになる。そして、フンドゥクに、②ドームのある部屋をつければ、ザーウィヤになるのである。ただし、これらの建築タイプは、空間ユニットを結びつける中庭が存在することをその成立条件としている。このように、チュニジアの建築はいくつかの空間ユニットの結合や反復などによって構成され、建物の統一性や規則性をつくりだしている。

スファックス＊集積都市

商業空間の増殖

チュニジア第二の都市であるスファックスはフェニキア時代に建設され、その後一一四八年、シチリアに占領されたが、一一五九年にアラブのアルモハド朝に返還された。一八八一年には反フランス運動の拠点となった街である。他の都市と同様、旧市街は街特有の賑わいと活気を呈し、ガベス湾に面した港町の顔をもつ新市街は、フランス風の街のつくりを見せている。また、スファックスの人々は自分たちのことをスフィクシャンと呼び、チュニジア人の中で最も商才があるといわれている。チュニスを東京、カイラワーンを京都とすると、スファックスはさしずめ大阪といったところだろう。

旧市街であるメディナは東西に四〇〇メートル、南北に三〇〇メートルの長方形で、周囲は現在もほぼ完全な姿で残る堅牢な城壁によって囲まれ、街全体が要塞のような雰囲気を漂わせている（図5参照）。以前は南の城壁のすぐ近くまで海が迫り、漁師達が南側に多く住んでいた。一方、北の内陸側は、モノや人が出入りする重要な城門となっていた。そのため、商業空間が海のある南側より、陸の北側に発達しているのも当然だろう。以前は海に対して閉じ、

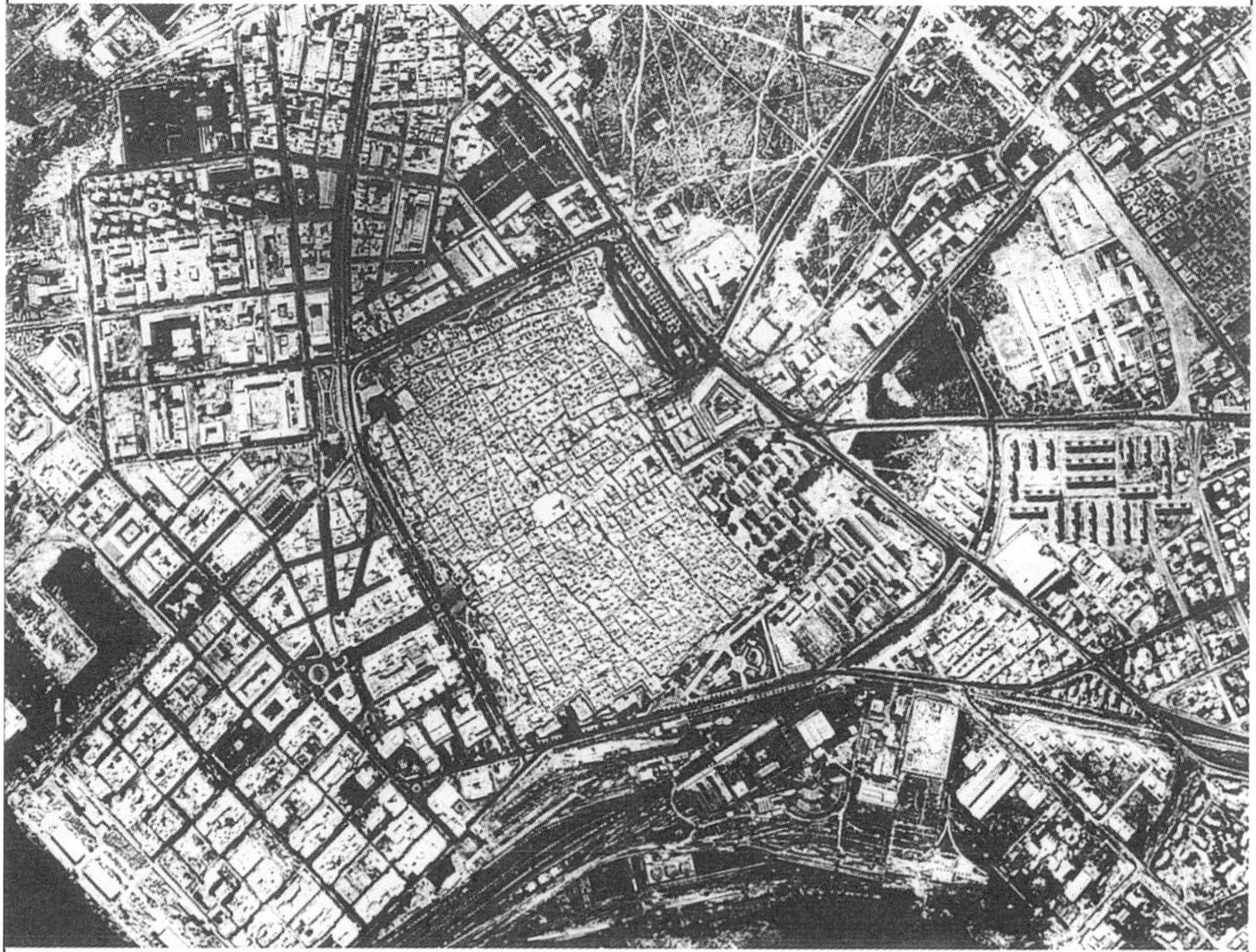

図61　スファックスの航空写真　中央が旧市街，その外側に新市街が広がり，下左が海となる

図62　工場として使用されているフンドゥク

陸に向けて開いていた。また、メディナ近郊に住む農民は必ず北側から入ってくるという話も聞けた（図61）。北側に発達した商業空間は線状なものにとどまらず、面状に広がって巨大なスークとなっている。街の大部分が、商業空間といえるほどである。早くから都市の高密化が進み、タベルナ化（住宅の道路側の居室が店舗に転ずる現象）。都市の変容過程を読むためにイタリアで使われる用語）、インスラ化（集合住宅化する現象）といった現象も多く見られ、濃密な集積都市といった感が強い。スークの中心部においては、店舗の集まった一画やカイサリーヤ（商業施設）で、地下を貯蔵室、一階を店舗として使い、二階に商品を加工、生産するための工房が入るといった高密度な土地利用の仕方が多い。施設群は二階の木造のベランダで結ばれ、工房では数人の男達が黙々と働いている。二階の工房は比較的音の出ないものが扱われており、メディナ中心部のスークの二階に、工房が数多く組み込まれているのはスファックス特有の特徴となっている。イスラームの教義にもあるように、騒音のでるものは中心から遠ざけられるのが常で、スファックスでも、大きな音を出す金属や木の加工などは北側の城門近くにあるフンドゥク（図62）やメディナの外で行なわれている。また、最も中心に置かれる貴金属のスークに隣接する場所に、臭いが出るため一般的には遠ざけられる肉屋の集まったゾーンがあるというのも、中東の他の都市ではあまり考えられない。さらに、ここでは貴金属のスークの二階にも工房が入り、スーク自体を閉じることはない。これらの現象はどれも、商業都市として、高密に発展し、日常の生活よりも商業が優先され、イスラーム社会の原理や規則が薄れてきていることを物語っている。

このような巨大スークの形成には、スファックスの街路の構成も大きく影響を与えていると考えられる。もちろん、商業にたけたスファックス人の気質が大きな要因となり、経済的基礎があってスークが発展したのであるが、都市形態も関わっていたであろう。先に、商業空間はリニア（線状）ではなく面状だと述べたが、もとは他の都市でみられるようなリニアなスークの形態から出発したと推測される。図5をみるとわかるように、スファックスの街路は格子状に近い。フェニキアや古代ローマの都市として発達し、事実今でもメディナでローマ時代の遺跡が発掘されていることからみても、スファックスはローマ時代の街区となる格子状の構造を下敷きにしていると思われる。グリッドであ

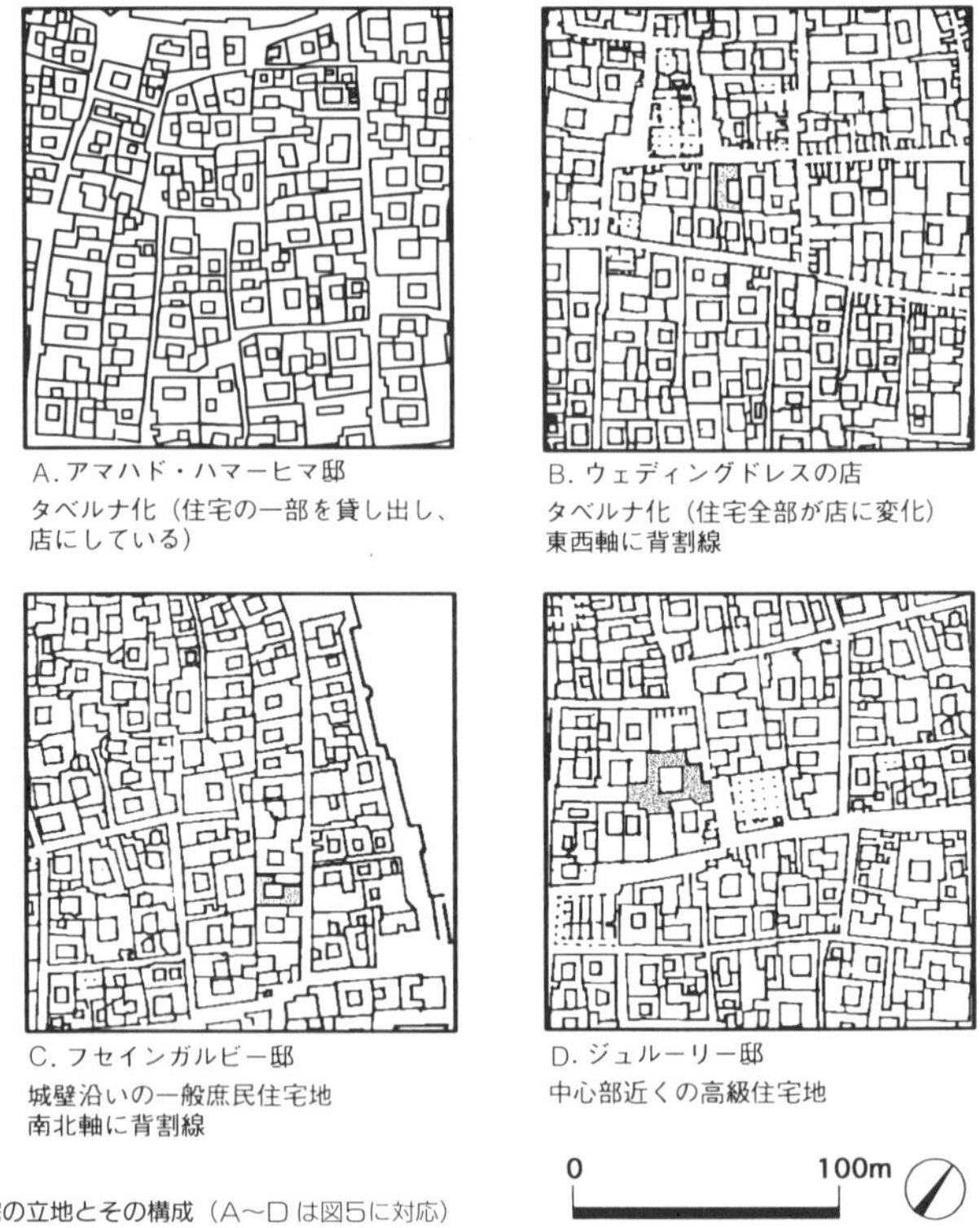

A. アマハド・ハマーヒマ邸
タベルナ化（住宅の一部を貸し出し、店にしている）

B. ウェディングドレスの店
タベルナ化（住宅全部が店に変化）
東西軸に背割線

C. フセインガルビー邸
城壁沿いの一般庶民住宅地
南北軸に背割線

D. ジュルーリー邸
中心部近くの高級住宅地

図63　住宅の立地とその構成（A～D は図5に対応）

るがゆえに、リニアなスークは平行に走る街路の間を店舗やフンドゥク、カイサリーヤなどで埋めていくことができたと考えられる。複雑な迷宮的街路網よりも、比較的容易に転用が可能なため、線から面へと発展したのであろう。

都市と田園の住宅

高密化、二階への発展といった都市化の現象に加え、住宅において道路側の部屋が店舗に変わるタベルナ化がいたる所でみられる。その現象がさらに進み、道路側の部屋が店舗に変わる場合と、住宅そのものが店舗の集まった商業建築に転ずる動きも近代には現われてくる（図63）。道路側が店舗になる例としてはメディナ北西に位置するアハマド・ハマーヒマ邸が典型であろう（図64）。この所有者は、郊外の海岸近くにもう一つ住宅をもっていて、別荘のように使っている。特に夏は、

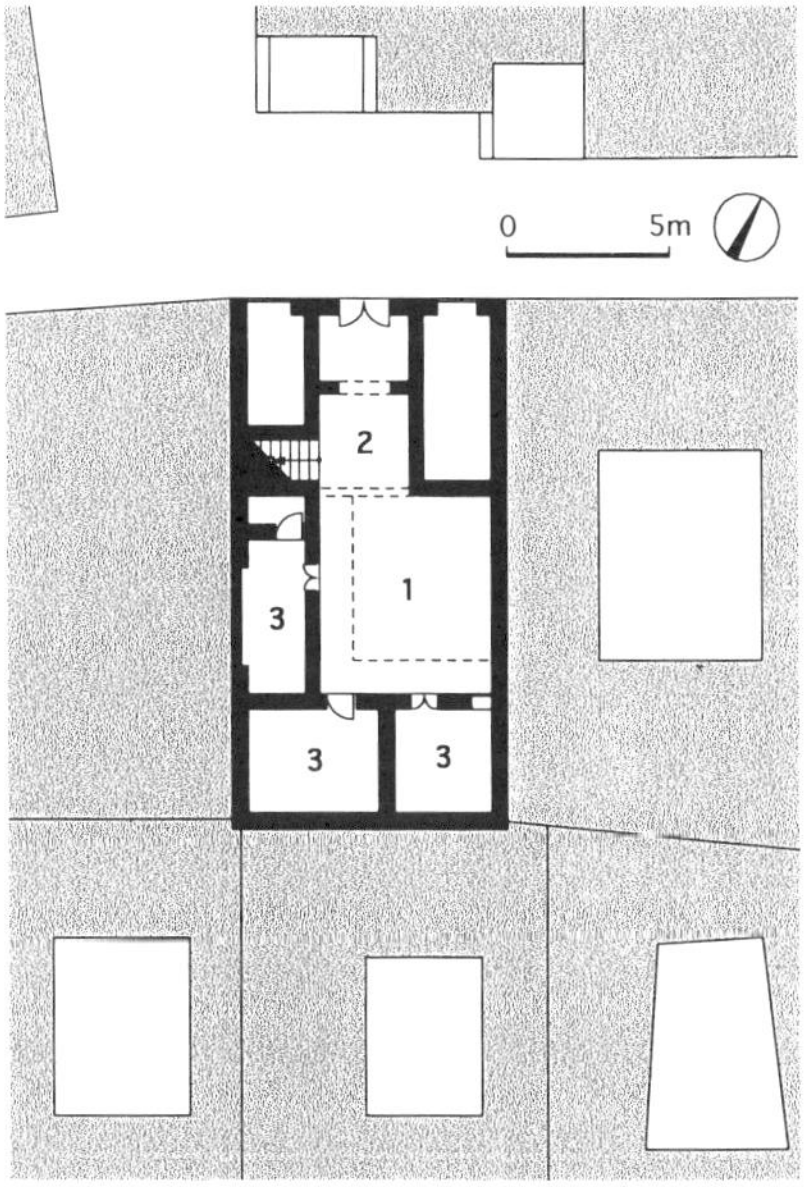

図66　ウェディングドレスの店
1 中庭
2 ブルタール
3 衣装を飾っている部屋

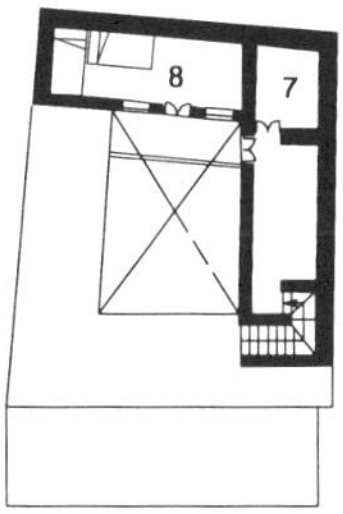

1 中庭
2 ブルタール
3 主室
4 居室
5 便所
6 店および工房
7 物置
8 寝室
9 元入口（現店舗）
10 2階の住宅入口

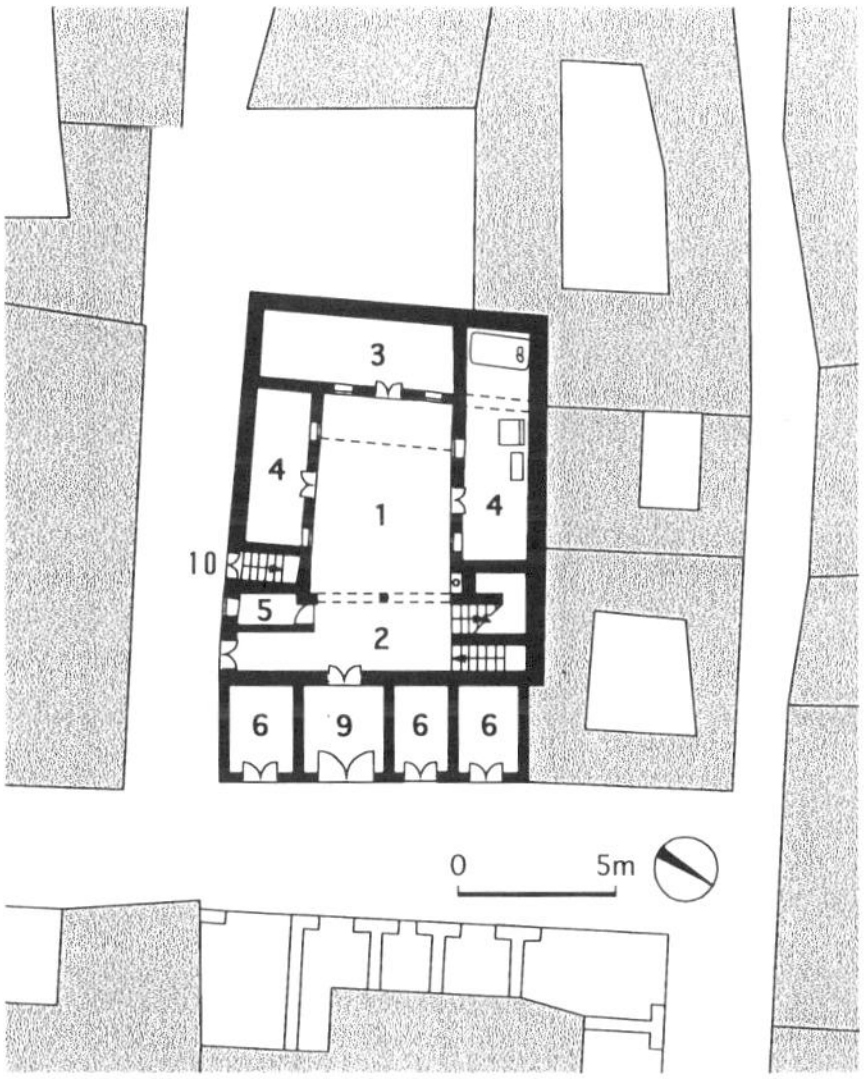

図64　アハマド・ハマーヒマ邸
1・2階平面図

図67　住宅の形態を残し，店舗に変わった建物（ウェディングドレスの店）

図65　ブルタールから中庭を望む（アハマド邸）

家族とそちらで過ごす。この主人がメディナの家に戻ってきたところで偶然出会え、内部を見せてもらった。中庭には脇道にとられた、移し替えた入口からクランクして入る。スファックスの住宅の大きな特徴として、ここでも二連アーチのブルタールが奥の主室の前ではなく、入口側についており、中庭に入ったときにアーチで縁取って見える中庭の姿の印象を強めている（図65）。一階は主室、台所、トイレ、二階は寝室や物置として使われ、地下を貯蔵庫としている。この住宅の道路側に見られる店舗化の現象が興味深い。本来は、この道路側に入口をとり、その両側の部屋はロバ小屋などに使っていた。だが、八〇年ほど前に入口が現在の位置に移され、結局道路沿いの四つ部屋が店舗として賃貸されるようになったという。これらの店舗と住宅内部はつながっておらず、互いのプライバシーは確保されている。

この建物は、こうしたタベルナ化とともに、集合住宅化（インスラ化）をも示している。やはり脇道の側に同じ住宅の別の二階の部屋へ通じる専用の入口が新たにつくられている。その入口から入ると、すぐに階段があり、二階に設けられたもう一つの住戸に導かれる。所有権もこの二階の一画だけ別になっている。この二階に住む家族は中庭も屋上も利用できない。

さらに住宅全部が店舗空間に転じたものとして、ウェディングドレスの店（シワーカー・アッラーイス）がある（図66）。大モスクへ向かう通り沿いにあり、住宅の元の形態をそのまま残し、その中にウェディングドレスを商う店舗が複数入っている（図67）。かつての部屋がそれぞれの店舗となっている。入口のドアは取り去られ、防犯のため鉄格子とし、夜も中が覗けるショーウインドウのようになっている。二階も同様にそれぞれの部屋を貸し出し、事務室としても使っている。この通り沿いの建物にはアハマド・ハマーヒマ邸と同様に、今では通り側を店舗として使用しているのが多く見られる。どの建物も、全面的につくり変えられているわけではなく、かつての住宅の姿を偲ばせている。

スファックスには、袋小路やサーバートが非常に少ない。街路間の幅が短く、街区が小さいため袋小路を必要としていない。大半の住宅が直接普通の街路に面しているのである。しかも多くの街区において背割り線がまっすぐ通っており、計画的に敷地割りがなされたことを物語っている。古代との関係を強く感じさせる。

ここで住宅地の構成原理をさらに詳しく見てみよう。まず、細長い街区内部に背割り線が南北に引かれているものとして、メディナ東側の城壁近くのフセイン・ガルビー邸周辺があげられる（図68）。この住宅に面する道とその西側の道の中間に湾曲しながらも背割り線が入っているのがわかる。そもそも東西の城壁近くに立地する住宅は庶民的性格が強く、フセイン・ガルビー邸もその典型である。一階には、小さな子供のいる若い夫婦が住む。入口から中庭へクランクなしにまっすぐ入るため、カーテンを掛けて、道から内部が覗けないように視線を遮っている（図69）。コンパクトな中庭は、居心地のよさそうな戸外の居間として使われており、子供がそこで遊んでいた。さらに中庭の一角に敷かれたカーペットに腰を下ろして、反対側の壁際に置かれたテレビを家族で見ているという光景は印象的であった。中庭が人々の生活に欠かせない空間であることがよくわかる（図70）。二階には別の家族が住み、こちらは中庭を利用することはない。入口も別にとって、それぞれの動線を完全に分けている。集合住宅化（インスラ化）している興味深い例である。

街区内部に、細長い東西方向に背割り線が引かれているのは先ほどあげたウェディングドレスの店周辺で、街路と街路の間に二列の住宅群が背中合わせの形で整然と並んでいる。主要通り沿いの住宅群ではとりわけタベルナ化が進行しており、住機能が徐々に減っていっている。

一方、ジュルーリー邸（現博物館、図71）周辺の高級住宅地は大モスク東側に集まり、まっすぐな背割り線のない不整形な敷地が多い（図72）。このことは大邸宅が計画的な敷地割りがなされる前から存在したことを想像させる。住宅の立地を全体から眺めると南北を軸として大モスクを通る軸が商業ゾーンであり、それから東西の城壁に向かって、高級住宅地から一般庶民の家へというヒエラルキーがうかがえる。タベルナ化、インスラ化はいたるところで垣間みえ、活気あふれる巨大商業空間が静寂な住宅空間をじわじわと飲み込んでいるような印象を受ける。それほど人

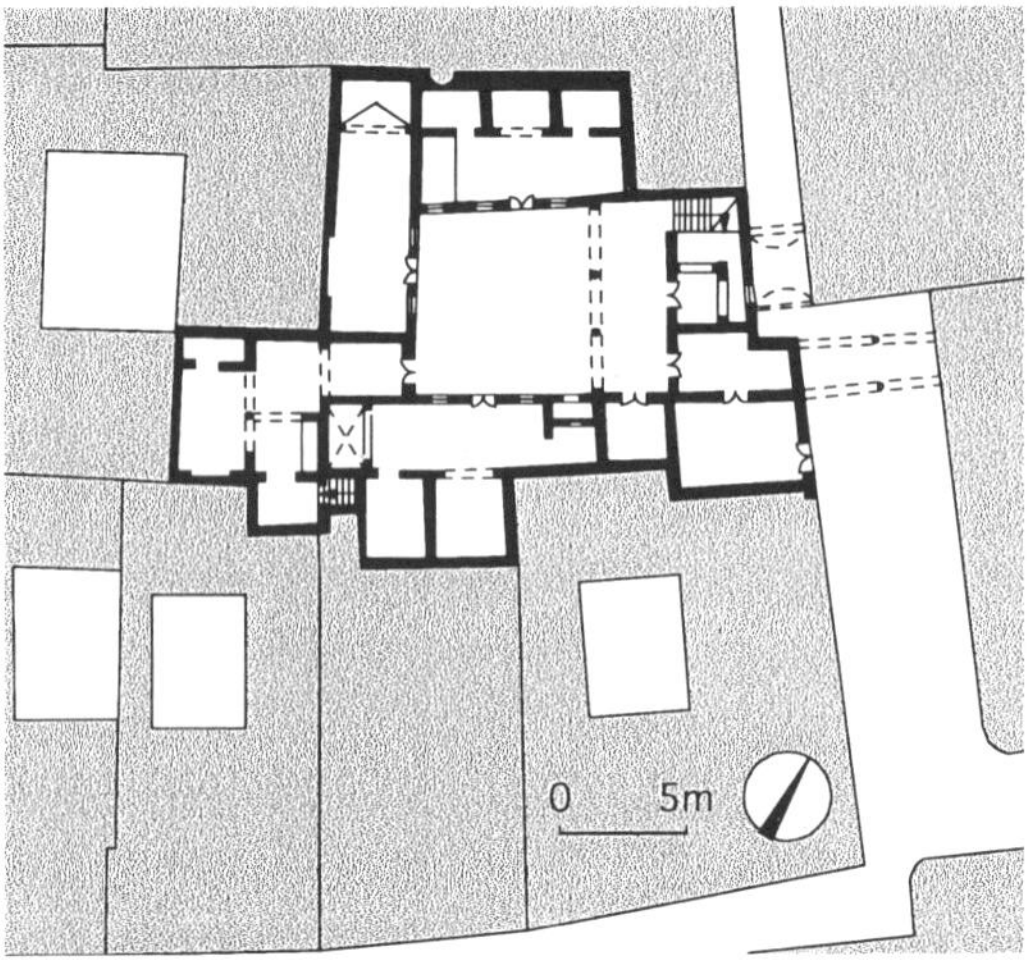

図72　民族博物館平面図
（元ジュルーリー邸）

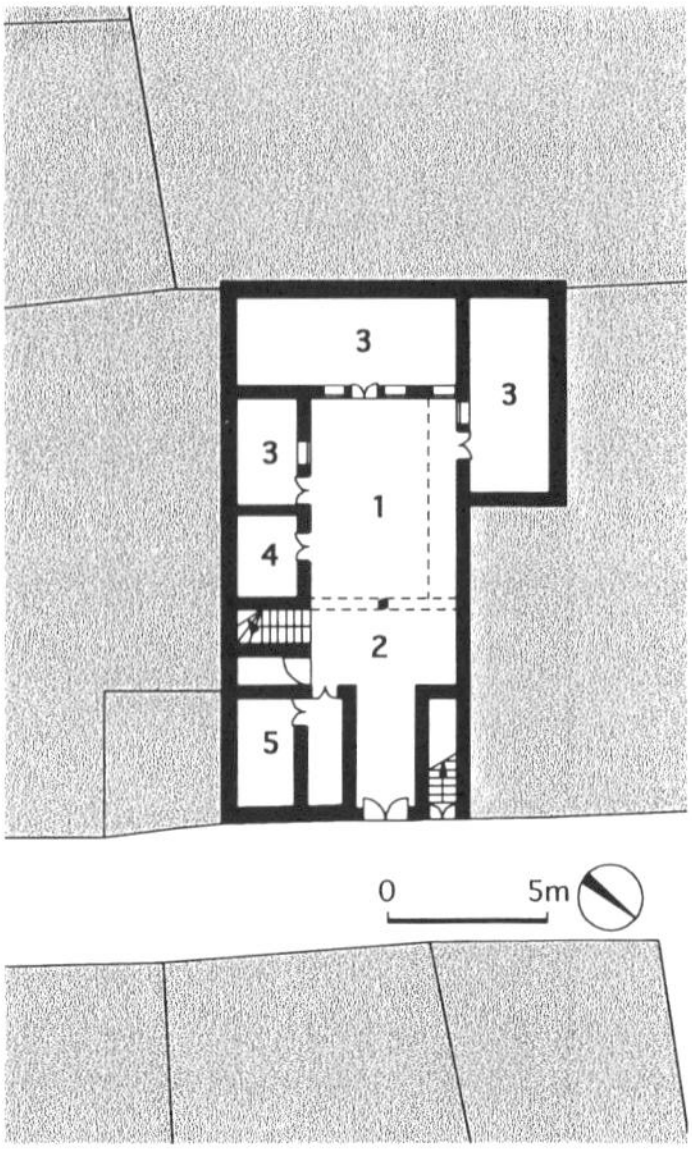

1 中庭
2 ブルタール
3 居室
4 台所
5 便所・シャワー室

図68　フセイン・ガルビー邸

図70　テレビを置き，半室内化している中庭（フセイン邸）

図69　カーテンをかけ，中を覗かれないようにしている（フセイン邸）

図71　3階建ての大邸宅の中庭（元ジュルーリー邸）

図73　郊外に建てられている数多くのブルジュ

ファックスの商業化は激しいといえる。

それではメディナ全体から住宅の細部に目を移していこう。スファックスの住宅の特徴はドリーバやスキーファが少なく、入口から中庭までクランクしない直線的アプローチがとられる点にある。それに関連して、ブルタールが主室の前でなく中庭への入口側にとられる。先にチュニスの節で示した住宅類型でいえば1－Cにあたり、しかも三連アーチでなく二連アーチが用いられ、チュニスにはごく稀にしかないタイプである。したがって、チュニスの住宅よりも、コンパクトに集約された住宅形態となっている。

また、主室によくみられるT字プランがスファックスにはほとんどない。ブルタールが入口側にあり、奥の主室にT字プランがないということは、一般の居室と主室の差をなくすことであり、主室に対する重要性がチュニスとは大きく異なることを意味する。このブルタールが街路に近い手前にくるのは、住宅が都市の外部空間との繋がりを意識していることを示すものであり、スファックスが高層化やタベルナ化の現象を含め都市として発達していると考えることができる。だが同時に、ドリーバ、スキーファの欠如は住宅の私的性格を弱め、前面に位置するブルタールと二連アーチは中庭と主室の象徴性を減少させている。また、T字プランの欠如はチュニジア住宅の得意とする空間の奥性を消している。スファックスの住宅は、中庭型住宅のもつ内に開く性格を、外にも開くことを意識しているものとして位置づける。このような都市に対して開く概念こそがタベルナ化やインスラ化を増殖させているとも考えられる。

スファックスは南のサハラ砂漠に近いため良質な木が入手困難で、住宅の部材として強度の弱いオリーブやヤシが使われた。そのため木材を使った天井の梁の長さは、必然的に部屋の奥行きを決めることになった。部屋の奥行きがどこも同じように小さいのはこの木という建材が原因である。しかし、一九世紀にはイタリアとフランスからスウェーデン産の木が入り、現在でも梁に利用されているという。

スファックスの住宅で見落とせないものとして、ブルジュ（郊外住宅、あるいは農園兼別荘）がある（図73）。一一世紀から一二世紀に発生したブルジュはメディナから三〜五キロ以内の内陸に点在し、サボテンによる塀で敷地境界を定めている。外に対して堅固なつくりで、内側に中庭をもつ構成をとる。以前は庶民まで含め多くの家族がブルジュを所有していた。春・夏をブルジュで、冬をメディナの家で過ごす習慣だった。現地の人々は、都市に緑がないのは田園の中にブルジュがあるためで、それほど都市に緑の必要を感じていない、と説明してくれた。確かに、スファックスだけでなく、チュニジア都市の住宅には楽園をイメージする中東特有の水と緑あふれる中庭はあまり見られないのである。

参考文献

B・S・ハキーム、佐藤次高監訳『イスラーム都市――アラブのまちづくりの原理』第三書館、一九九〇年
森俊偉『アラブの住まいと集落』丸善、一九九二年
J. Revault, *Palais et demeures de Tunis*（*XVIe et XVIIe siècles*）, Paris, 1980.

J. Revault, *Palais et demeures de Tunis* (*XVIIIe et XIXe siècles*), Paris, 1983.
J. Revault, *Palais. demeures et maisons de plaisance à Tunis et ses environs*, France, 1984.
J. Abdelkafi, *La medina de Tunis*, Tunis, 1989.
M. Masmoudi, *Sfax*, Tunis, 1990.
J. S. Woodford , *The City of Tunis*, Engrand, 1990.
Groupe de recherches et d'études sur le proche-orient, *L'Habitat traditionnel* vol. 2, le Caire, 1990
S. Santelli, *Medinas–Traditional Architecture of Tunisia*, Tunis, 1992.

モロッコ＊西端に花開いたイスラームの都市文化

法政大学陣内研究室

フェズ＊立体迷宮都市

フェズの全体像

西方のモロッコは、チェニジア、アルジェリアと共に総称されマグリブと呼ばれる。マグリブとはアラビア語で日の没する地を意味する。

イスラーム世界の西端に位置するモロッコには、中世の姿を今も残しているメディナ（旧市街）が多くある（図1)。モロッコは、オスマン帝国の強大な権力の支配を受けずにすんだために、もともとのベルベル人やアラブ人が築いたイスラーム時代の都市世界をそのまま受け継いでいるともいえる。なかでも圧巻なのはモロッコ北部の内陸部にあるフェズの街だ。かつてここは、中東やスペインのアンダルシア地方、そしてアフリカ各地との貿易の重要な中継地であり、王朝の都でもあった。丘に囲まれた谷間にぎっしりと高密に建物が並び、曲がりくねった道を民族衣装のジュラバに身を包んだ人々や荷物を運ぶロバが行き交い、まさに中世にタイムスリップした気分にさせられる。地理的には辺境のはずのこの地に、むしろ純粋な形でイスラーム世界の伝統的な都市が生きているというのが面白い。

モロッコには幸い、陣内研究室ＯＢの今村文明が、青年海外協力隊の一員として、モロッコ王国文化省文化財管理局で、首都ラバトのメディナの修復、再生計画の仕事に三年間たずさわった。その機会を生かし、一九九〇年三月、今村を中心に研究室のメンバーが、モロッコ都市の現地調査を実施した。その重要な調査地の一つ、フェズの都市と建築について、その成果を報告する。

現在のフェズの街は三つの市街に分けられる。九世紀初頭より始まり、起伏に富み、歴史的建造物の多くあるフェズ・エル・バリ（Fes el-Bali 古い街）、一三世紀後半に西側に街が拡張されてできた、王宮やメラー（Mellah 旧ユダヤ人居住区）のあるフェズ・エル・ジャディード（Fes el-Jdid 新しい街）の二つのメディナ、そしてフランス保護下に建設された近代的な街並みの新市街である。

ここでは特にフェズ・エル・バリのメディナ（図2、3）に注目していくことにする。まわりを小高い丘に囲まれ、街の中心には川が流れ込み谷間になっている。その川を挟んで、東側の「アンダルース地区」、西側の「カラウィーン地区」に大きく分かれる。当時、アンダルース地区にはアンダルシア地方からの移住者、カラウィーン地区にはチュニジアのカイラワーンからの移住者が住んでいたと言われている。古くはそれぞれの地区に大モスクを置き、城壁を巡らしていたが、一一世紀後半に二つの地区は統合され、現在の姿になった。谷を囲うようにして数キロメートルにも及ぶ城壁が巡り、貿易上重要な方向に城門が配置されている。城壁に囲われたこの街は、世界有数の規模を誇る迷宮都市となっている。その中には中庭型住宅や宗教施設、商業施設がびっしりと詰まっており、道は狭く左右に折れ曲がり、袋小路も多い。建物が張り出してトンネル状になっていたり、地区を仕切るゲートやアーチが見られる。

また、街の中心地区を避けるようにして独特のなめし革の染色工場が二カ所ある。そこはまるで中世そのものだ。

図1　モロッコ王国

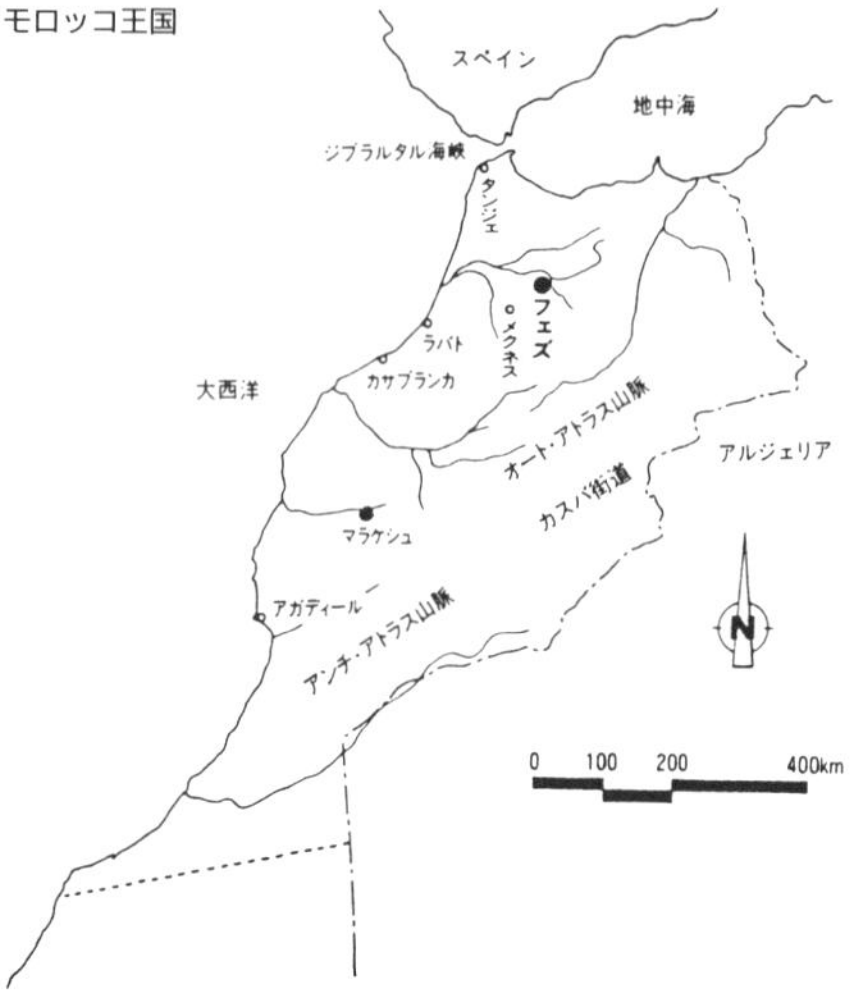

❶ザーウィア・ムーレイ・イドリス
❷カラウィーン・モスク
❸アンダルース・モスク
❹ブー・ジュルード門
❺ギッサ門
❻フトー門
❼なめし革染色工場
❽ジェラブリンの公衆トイレ
❾リチャチャ・ハンマーム
❿フンドゥク・ケッタニーン
⓫廃墟の家
⓬シェフの家
⓭みやげもの屋
⓮ジュラバの男の子の家
⓯張り出しのある家
⓰城壁沿いの大邸宅
⓱ハリウッドの豪邸
⓲ガラクタ市広場
⓳ナジャリン広場
⓴セファリーン広場
㉑住宅地区の広場
㉒タラー・ケビーラ沿いの広場
㉓フンドゥク地区の広場
㉔シディ・ブー通りの広場
㉕フンドゥク・アローズ
㉖メデルサ・ブー・イナニア
■はフンドゥクを示す

図2　フェズのメディナ（フェズ・エル・バリ）

図4　フェズ川

図3　高台からフェズの旧市街を望む　写真中央にカラウィーン・モスク

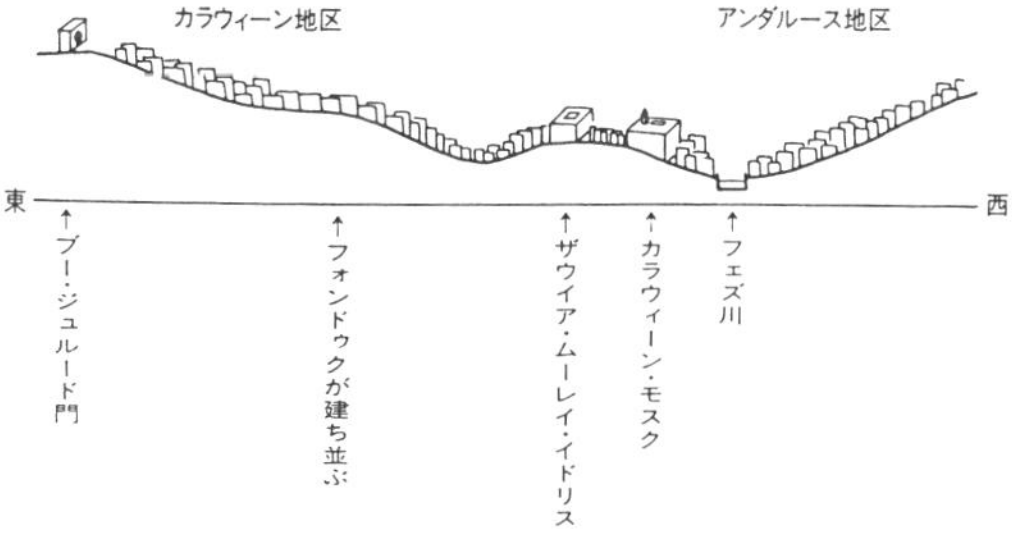

図5　メディナの断面概略図

図7　墓の上で語らう男達

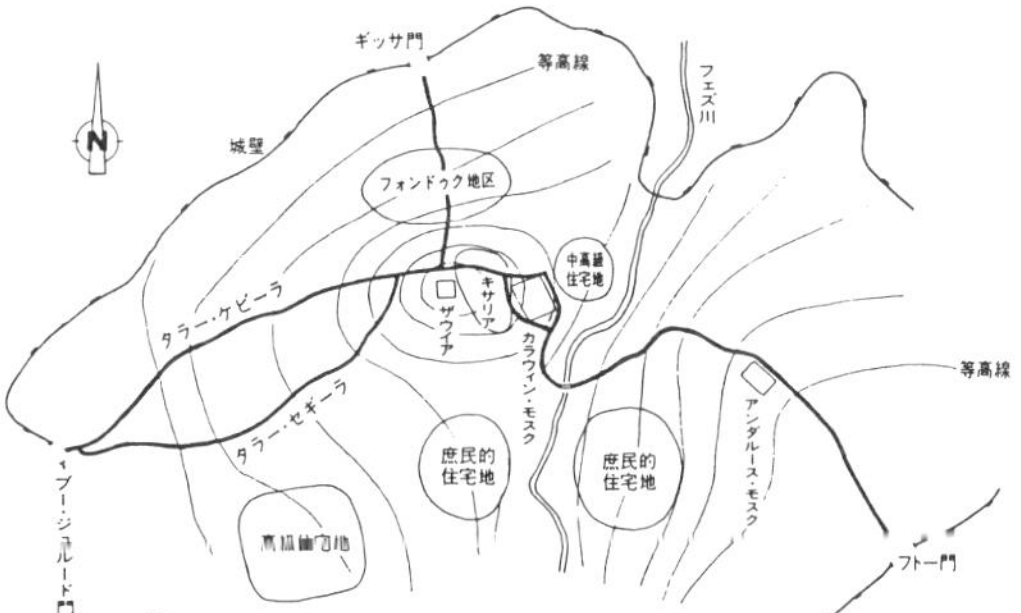

図6　メディナの平面概略図

牛や羊の頭や皮、それらが放つ臭い、足で踏みこむ染め方、石灰を使う漂白など、何百年も変わらぬ都市のはらわたのようなこの光景は、この世のものとは思えない壮絶なものである。

視覚ばかりか、嗅覚でも聴覚でもこの街は刺激的である。ロバなどの動物の臭いがするかと思えば、スーク（市場）の香料屋の匂いが鼻を刺激する。また、人々のざわめきや金物細工の作業の音などが常にわれわれの耳を攻めてる。まさに五感がフル回転してしまう街だ。

地形を生かし、水のネットワークが街に巡らされているのも興味をひく。メディナを南北に貫くフェズ川（図4）は、染色のための水源や排水にも利用される。飲料水は西側高台の王宮の近くにある貯水池から斜面に広がる市街地に供給されている。ロバが行き交い、街の様子は中世さながらだが、近代になると、合理化のためメディナ内を流れるフェズ川の南半分が埋められ、舗装道路となった。そのため、現在ではカラウィーン・モスク近くまで車で行くことができる。

しかし何といっても、このメディナの最大の特徴は地形にある。その高低差はなんと一〇〇メートル以上もあり、複雑に昇り降りする無数の坂や階段が加わり、まさに立体の迷路をつくり出している（図5、6）。確かに他の中東の都市でも迷宮空間に驚かされるが、比較的平坦な場所にあるものが多い。それに対し、ここでは平面的な迷路性に、上下の迷路性が加わっているため、平衡感覚がまったく麻痺してしまう。このメディナに入りこむと、鮮烈なカルチャーショックを受けるのも当然だ。迫力あるイタリアの山岳都市を、さらに迷宮にしたと思えばよい。

こうした谷間の地形が幸いして、背後に控える北と南の高台から、斜面に発達したフェズのメディナを一望のもとに見渡すことができる。カラウィーン地区のフェズ川に近い低い位置に、象徴的中心である北アフリカ最大の規模を持つカラウィーン・モスク（九世紀）の姿が見える。土色の家並みの中にあって、その緑の瓦屋根が印象的だ。また、アンダルース地区の中心の高台にアンダルース・モスクが聳える。フェズには事実上、二つの大モスクがあり、この街の成り立ちをよく物語っている。

城壁沿いの内外の高台に墓地が広がる光景も圧巻だ。雑然と墓群が並びながらも、皆同じ東の方角に向けられており、一見静寂で崇高なネクロポリス（死者の世界）をなしている。しかし、フトー門（Bab Ftouh）脇の城壁内に広がる高台の墓地で、面白い光景に出くわした。無数の墓が並ぶ異界の中で男達がくつろぎ、会話やゲームに興じている（図7）。高台の下の広場には仮設のマーケットが賑やかに繰り広げられ、見世物のまわりにはいくつもの人垣ができている。ここでは、死者の地も以外とあっけらかんとし、高密都市に住む生者による、遊びや息抜きのための格好の舞台となっているのだから驚かされる。

メディナの西隅にはカスバ（城塞）があり、街を防衛する役割を負っていた。しかし、その役目が必要なくなると、住民の流入が起こり、庶民の住宅がぎっしり建ち並び、長い袋小路が迷路状に巡らされている。

われわれを圧倒する立体迷宮都市フェズも、その内部を観察すると、街づくりの長い歴史的な経験をふまえ、理にかなった都市構造を内包していることがわかる。まず、外部との接点である城門は、一〇ヵ所はどある。その中でも、東側の入口にあるフトー門はメディナの誕生と同時にできた古い城門で、東方のアラブ諸国から人、モノ、情報が流れ込む。西側にはブー・ジュルード門（Bab Bou Jeloud）があり、モロッコの西の地域、つまりメクネス、ラバト、あるいは遠くムーア地方とを結ぶ道に至る。さらに、北側のギッサ門（Bab Guissa）はアンダルシア地方などに向かっている。特に、これら三つが、交易上で重要な方角に置かれている。どの門も大きな出入口を持ち、馬蹄型アーチをしている。門の外はたいてい広場になっており、ラクダ、羊、荷物などが集められたり、仮設市が立つための十分なスペースが取られている。

これらの城門をくぐり抜けて、すり鉢状になっているメディナ内に入ると、中心部に導かれるように道が延びている。特に、カラウィーン・モスク周辺の太スークへと集まっていくのが、都市図でもよくわかる。カラウィーン地区では西の城門をくぐると、尾根筋に、二本の通りがある。それを緩やかに下り、中心商業地区にある商業施設のカイサリーヤ（Qaysariya）を通り抜け、谷間の少し高台になったところにあるカラウィーン・モスクを通って、フェズ川へたどり着く。アンダルース地区でも同様に、アンダルース・モスクを通り、坂を下って川へ至る。交易ルートをたどってやってくる旅人も、商人も、人の流れに従って迷わず都心に導かれるようになっているのである。これらの中心部へと延びる道には商業施設が建ち並び、細長いスークを形成している。曲がりくねった狭い道には小さな店がひしめき、賑やかなスークを構成している。人とモノと情報が溢れ、喧騒に満ちた雑踏の中で揉みくちゃにされてしまう。まさに〝都市〟の原点がここにある。また、スーク沿いに、隊商宿でもあり、生産工場でもあるフンドゥク(Funduq)がかなりの数で存在する。フェズがいかに貿易の中継地として重要であったかを物語っている。一見複雑な立体迷宮都市でありながら、城門や街路がこうした明快な原理で構成され、複雑な地形が街に組み込まれているのには驚かされる。ところで、本文中では、用語をなるべく統一させるため、カイサリーヤ、フンドゥクを使用したが、図の中では、調査時に聞いたモロッコ方言の発音で作成したため、キサリヤ、フォンドゥクとなっている箇所もある。

中世以来、高密な都市文化を築いてきたフェズでは、カラウィーン・モスクを筆頭に素晴らしいデザインの数多くの公共的建築がつくられた。モスクはもちろんのこと、それに付随してメデルサ(Medersa 神学校、マドラサのモロッコ方言)やトイレ、ハンマーム(公衆浴場)などである。カラウィーン・モスク周囲でも、メデルサ・アッタリーン(Medersa Attarine、一四世紀)をはじめ、メデルサが数カ所建てられている。また、ブー・ジュルード門近くにあるメデルサ・ブー・イナニア(Medersa Bou Inania、一四世紀)はフェズを代表する建物の一つである。どのメデルサも中庭形式で、タイル、スタッコ(漆喰)、木彫りの装飾が美しく、中央に置かれた噴水の水が建築空間にいっそうの象徴性を与えている。

国際交易都市の性格を強くもつイスラーム世界の都市は、もう一方で、市民の生活の場としても実によく考えられ、個性ある住環境をつくっている。では一体メディナ内の住宅街はどのように構成されているのだろうか。イスラーム社会では、家族の生活の拠点である住宅には、プライバシーが保証された落ち着いた空間が要求される。そのため、商業機能と住宅機能の分離が必要となる。フェズの都市空間を観察すると、住宅は賑やかなスークの中心をさけ、できるだけ脇道を入った奥に取ろうとする。よそ者の往来を防ぐためか、袋小路が多い。賑やかな通りから、脇道に入ると静寂な空間が広がる。わずかに住人の往来と道路で遊ぶ子供の姿が見られるだけである。道幅は狭く、薄暗く、頭上に建物が増築されてトンネル状（サーバート）となっているところもある。

このようにモロッコでは、もともとあったベルベルの土着の文化にアラブの文化が融合し、独特の雰囲気に包まれた都市空間を形成している。特に、フェズの街は、近代都市に慣れ切ったわれわれの眼に強烈なインパクトを与える。谷間の変化に富んだ地形の上に、このフェズの街がどのようにつくられ、どのような秩序をつくり上げているかを探り出していきたいと思う。

メディナの構造を読む

城壁から中心へ

メディナの全体の仕組みを見てきたところで、次に実際にメディナの迷宮空間を歩きながら、その中に見られる街を構成する独特の論理を探っていこう。

まず、ブー・ジュルード門をくぐると小さな門前広場があり、カフェや食堂、商人宿などが並んでいる（図8）。とはいえ、西欧都市の広場とは雰囲気がまったく異なる。人や荷物を積んだロバが絶え間なく行き来し、物売りの声や人々の挨拶、商売のかけひきなど、喧騒に満ちた活気のある空間が繰り広げられている。

この門前広場からタラー・ケビーラ（大きな坂）とタラー・セギーラ（小さな坂）の二本の重要な通りが中心部へ向かって伸びている。モロッコでも、地名が地形や形状に由来していることがよくある。タラー・ケビーラは、大きく急な坂で、階段があり、道幅はロバが荷物をいっぱい積んでも往き交えるほど広い。一方、タラー・セギーラは少し長い分だけ緩やかで、途中に階段もない。狭いところでは、ロバが荷物を満載していると人は壁を這うように避けなければいけないほど狭い。

現在では、フランス植民地時代にフランス人によってつくられたブー・ジュルード門がメインゲートとして使用されているため、タラー・セギーラの方が人通りが多くなっている。しかし本来、この門は現在の位置より少し北にあり、カギ型に折れて、タラー・ケビーラへ通じていた。かつてはこちらがメインの通りだったのだ。おそらく、発生的にはタラー・ケビーラのほうが古く、より通行しやすい道として、あとからタラー・セギーラが整備されたのであろう。

タラー・ケビーラ

まず、このタラー・ケビーラを中心に向かって下りながら、タウン・ウォッチングを試みたい。門をすぎると、穀物、野菜、果物、肉、鶏などの生鮮食料品を扱う店が所狭しと並んでいる。毎日大量に搬入する必要のある物だけに、こうした店が城内のすぐ近くに位置するのは理にかなっている。

この通りの北の裏側には穀物を扱う平屋のアローズ・フンドゥクがある（図9）。カギ型に折れ曲がって入ると、広い中庭に出る。それを囲んで穀物を商う店が並んでいる。スークとその背後に設けられたフンドゥクとの関係を見るには格好の例なので、さっそく実測を試みた。

さらに、スークを挟んだ反対側の店舗の背後には、店や工房がぎっしり詰まっている二階建ての重要な商業施設であるカイサリーヤが設けられている。中庭形式の二階建てで、二層の回廊が巡り、すべてが装飾品やバブーシュ（モロッコの革の靴）などの店舗となっている。中庭の床にはタイルが貼られ、柱と梁のバランスが美しい。スーク側の入口に加え、カフェの並ぶ門前広場の側にも、立派な入口を施している。

さて、実測を終え、再びスークを歩く（図10）。肉屋がこのあたりに集中しているが、ヒレ肉、腿肉などを売る店、骨付きの肉を売る店、内臓を売る店など数種類に分かれていることがわかる。値段も違えば、食べる人の階級も違い、

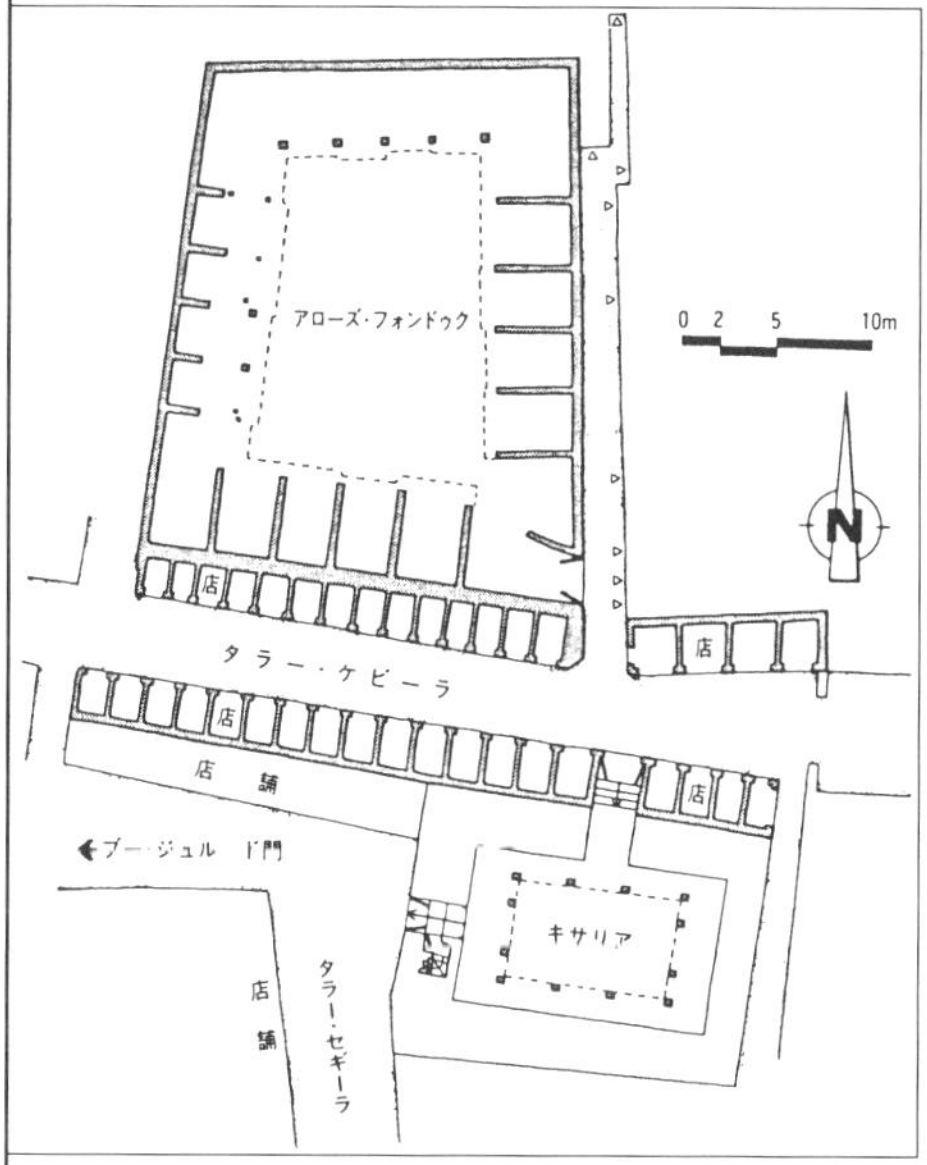

図9　アローズ・フンドゥクとカイサリーヤ

図8　ブー・ジュルード門と門前広場

図10　タラー・ケビーラに建ち並ぶ店舗

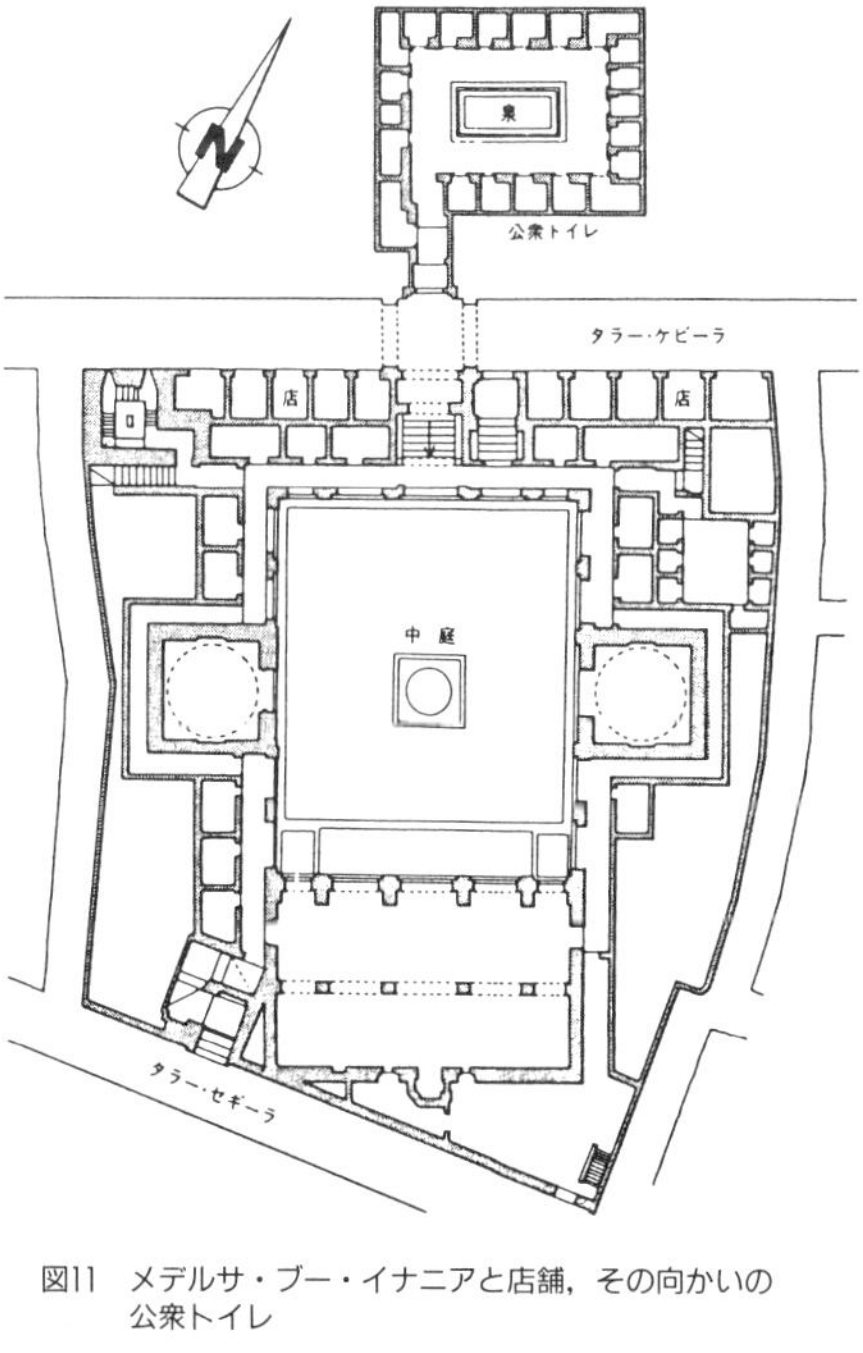

図11　メデルサ・ブー・イナニアと店舗，その向かいの公衆トイレ

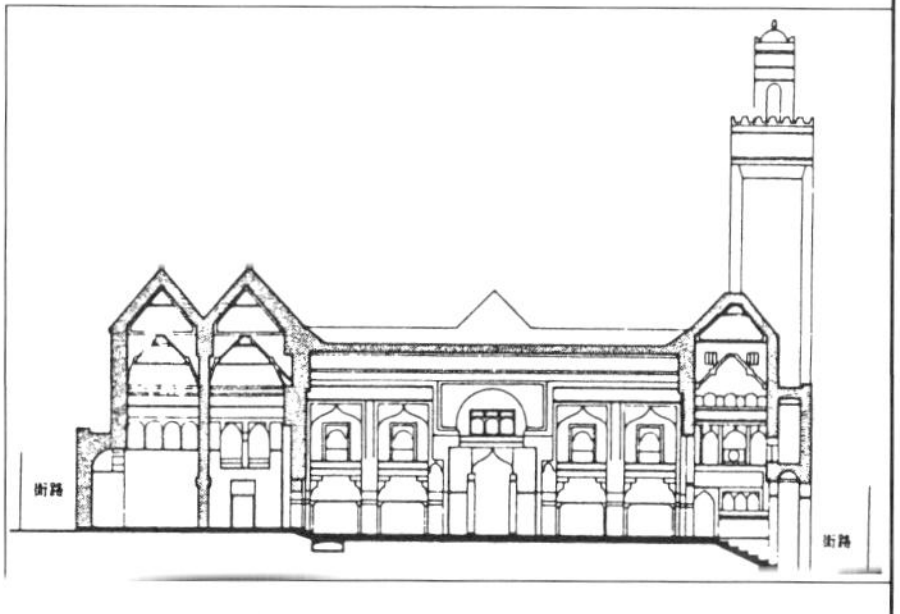

図12　メデルサ・ブー・イナニア　断面図

一種のヒエラルキーがあるようだ。鶏を生きたまま売っているのは、殺してしまうと鮮度が保てないからだ。

肉屋の界隈をすぎるとオリーブや豆などの穀物を売る店が続く。この一角にモスクがあり、そしてメデルサ・ブー・イナニアがある（図11、12）。イスラームの神学校で、聖なる静寂空間をつくり出している。このメデルサの前にある建物は、イスラームの高度な科学技術を物語る水時計であったが、今はその面影はなく、その歴史を伝える史料もない。

このあたりには、他の中東地域の都市に見られるような、さまざまな施設が複合している。メデルサの北にはトイレもある。そして、このメデルサとその前面の通りに面して並ぶ商業店舗群の関係が面白い。聖なる空間が俗なる空間の一皮背後に隠され、見え隠れしているのだ。メデルサ・ブー・イナニアの正面入口に立つと、天井の素晴らしい装飾模様が目を奪う。

このメデルサ・ブー・イナニアをすぎると本、靴、服、布、糸、装飾品などの店舗が点在している。それをすぎるとフンドゥクが多く登場し、モスク、ザーウィヤ（Zawiya）、ハンマーム（公衆浴場）なども多くなってくる。これには地形が大いに関係している。これらの大規模な施設にとって、坂が緩やかになるこのあたりの地形は都合がよかったのだ。

モスクは通りに対して象徴的に建っており、通りから前方を見て目がとまる位置に門やミナレットがある（図13）。配置には視覚的効果を充分に計算したある種の計画性が感じられる。

ハンマームも地形をうまく使ってつくられている（図14）。釜の湯を沸かすために、火を使う場所をなるべく低い所に持っていき、逆に入口は高いところに設けている。そこからなんとなく風呂の匂いがしてくる。入口をカギ型に曲がって中へ入ると、まず脱衣室兼サロンの第一室があり、その奥にぬるま湯のある第二室、熱湯のあるサウナのような第三室へと続いている。清潔好きなイスラーム教徒にとってハンマームは欠かせないものだが、同時に人々の交流や娯楽の場としても重要な意味をもつ。

図13 アイストップにある
ミナレット

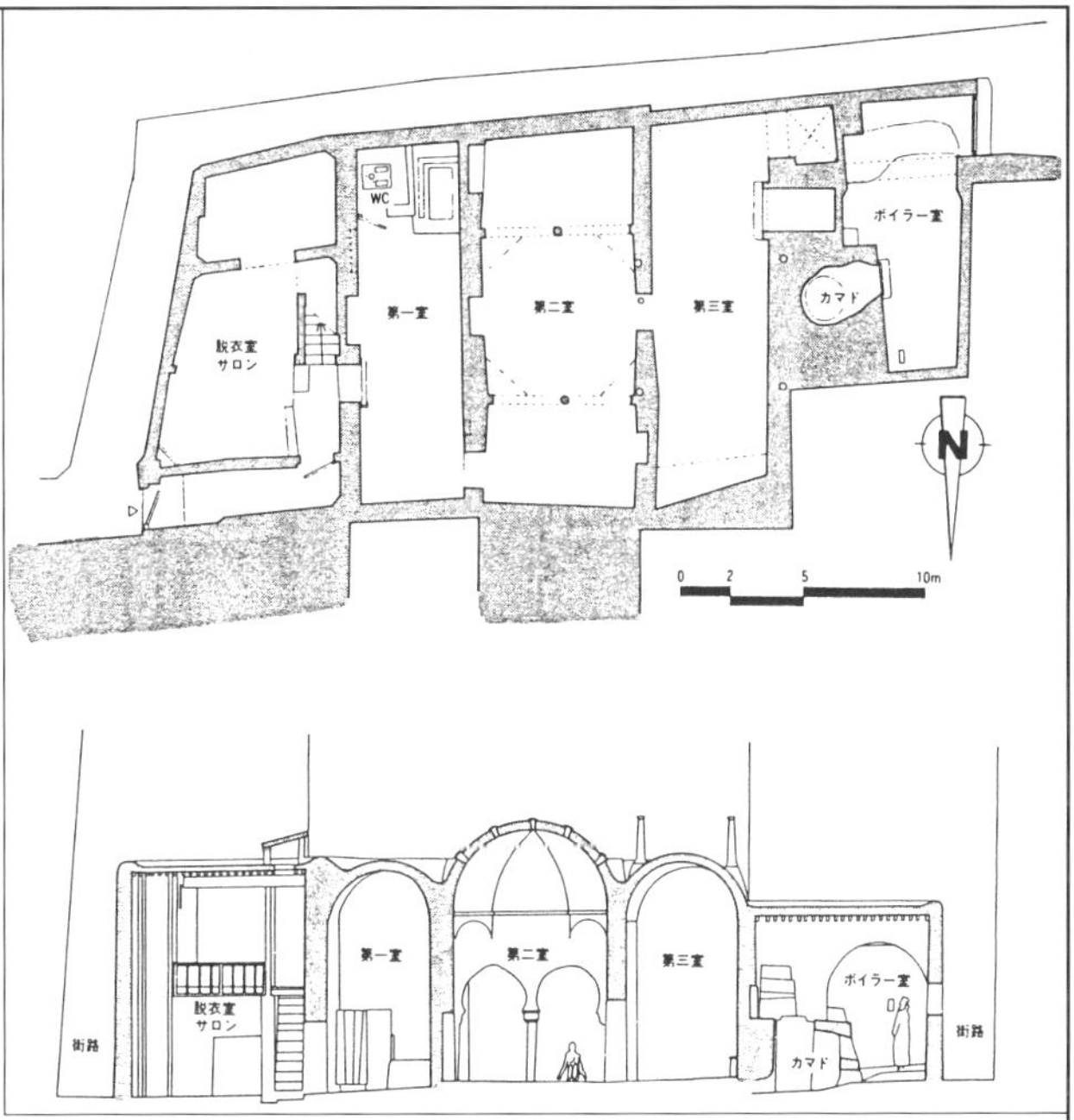

図14 リチャチャ・ハンマーム
平面図と断面図

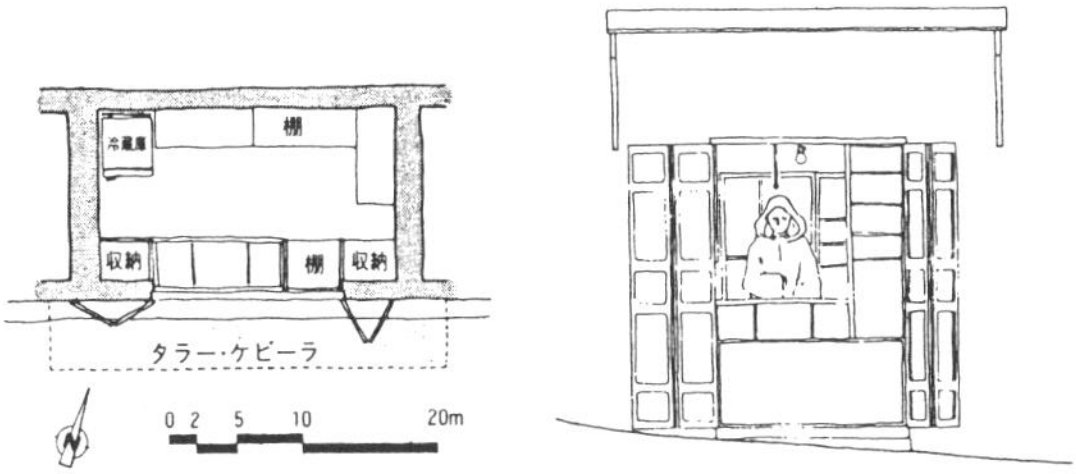

図15 食料雑貨店
平面図と立面図

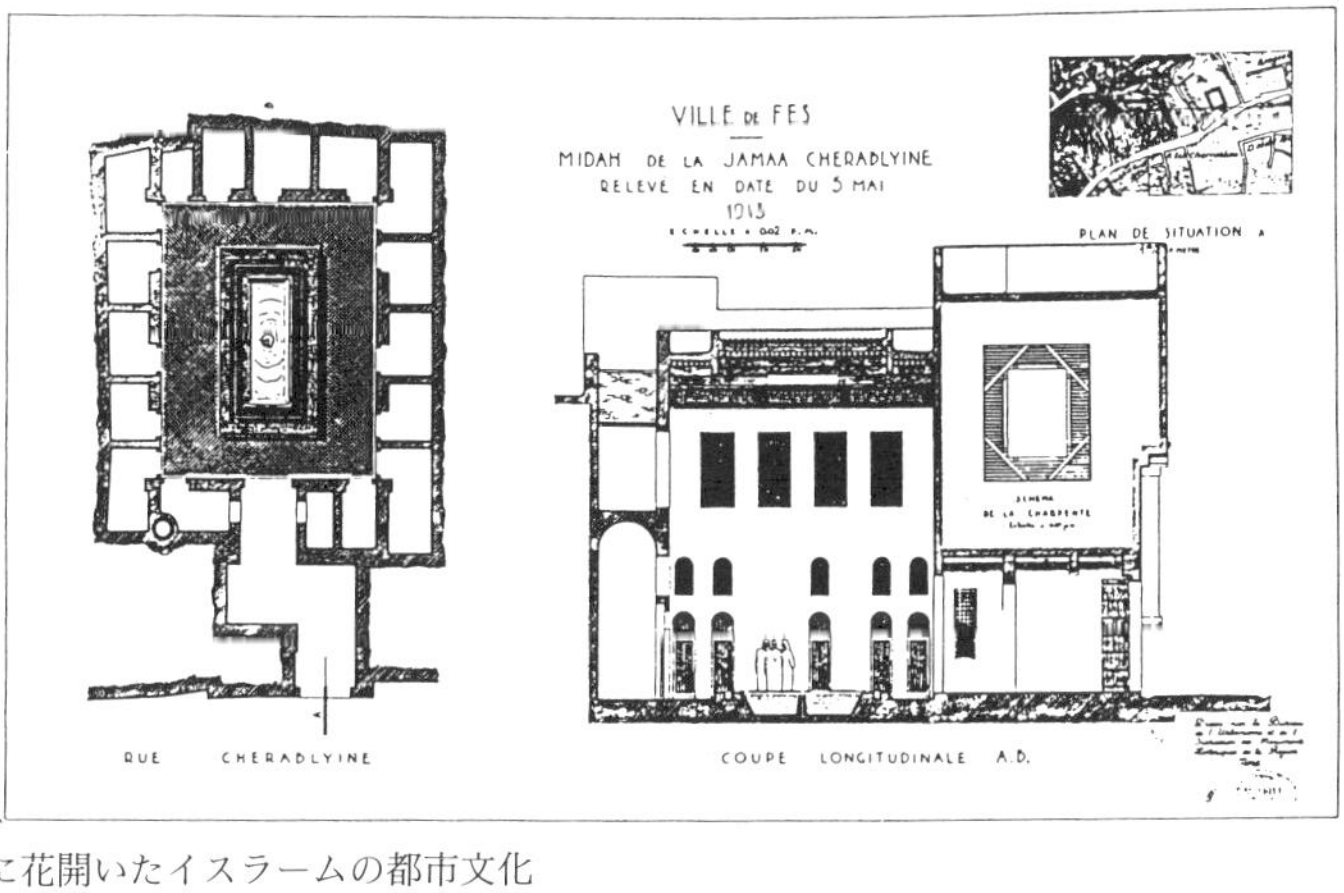

図16
シェラブリンの公衆トイレ
平面図と断面図

ハンマームにはしばしばドームが用いられている。モロッコでは材料の関係でドームを使う建築は少なく、ハンマームの他に、修道所や墓廟くらいに限られる。このハンマームは小規模なため男女の区別はなく、時間によって使い分けられ、午前中は男性、午後からは女性にあてられている。イスラーム圏でも特にモロッコでは、ハンマームが今なお重要なコミュニティ施設として生き続けている。

ここでわれわれは一カ所小さな店舗を実測し、その使われ方を調べてみた。メディナを構成する典型的な食料雑貨の店である（図15）。まず一人が片言のアラビア語で水を買い、店主の気持ちがほぐれた頃に、おもむろに頼み込んで実測を開始した。最小限の方形のスペースに実に多くの品物が整理されて置かれている。この店舗の特徴としては、出入口がなく、店への出入りは窓の上にある紐にぶら下がってショーケースを乗り越えている。他の都市のスークでも、このスタイルはしばしば見られ、まさに究極の店舗スケールである。

フンドゥクが並ぶ界隈をすぎて、少し曲がると坂がきつくなり、店もだんだん小規模になる。斜面のために大きな間口を取れないからであろう。このあたりには服の仕立て屋、靴屋、電気製品の修理屋が点在している。

次に、この地区の中では規模の大きいシェラブリン・モスクが登場する。その入口にある綺麗に装飾された泉は、今でも人々によって利用され、親しまれている。このモスクは中庭形式で、奥のほうに礼拝室がある。イスラーム世界の宗教建築特有の幾何学模様の美しい内装が目を奪う。

モスクの近くには、まるで文化財のように立派な公衆トイレが、独立した建物として設置されている（図16）。入口はやはりカギ型に曲がり、そこで料金を払って中に入る。いかにもモロッコらしく、このトイレまでが中庭形式をとり、中央に泉を置き、まわりに個室を巡らせている。タイルが張られた床は綺麗に清掃されている。木の梁の部分にはアラビア語でコーランの文句が装飾されており、宗教色の強さを見せる。下水道の発達にも感心させられる。中庭には現在では簡単な屋根が掛けられ、室内のような空間となっている。これらのモスク、泉、トイレはいずれも同じシェラブリンの名前をもつ。イスラーム社会に独特のワクフ（財産寄与制度）により設けられた宗教施設なのだ。

ここをすぎると坂は急に下っていく。このあたりの店舗は間口が小さく、西洋靴屋、バブーシュ、革製品などの店が並ぶ。そして、買物客や商人、そして荷物を運ぶロバなどでいつも混雑する十字路を過ぎると、坂は階段状になっていく。その先で再びタラー・セギーラと交わることになる。

タラー・セギーラ

そこで今度は、再び出発点のブー・ジュルード門に戻り、もう一本のカラウィーン・モスクのある中心地区へと導くメインの通り、タラー・セギーラをウォッチングしてみよう。

門前広場をカギ型に曲がると、あとは緩やかに下るのみである。まず街区門を通り、メデルサ・ブー・イナニアの裏手に出る。こちら側の通りに面するメデルサの入口の扉は特別なとき以外はいつも閉められており、この通りが裏通り的な意味合いが強いことを物語っていよう。

ここをすぎると比較的緩やかな坂が続き、しばらくすると、興味深いモスクが見えてくる。街路の上にモスクがまたがっているのだ。上が祈りのための空間であるのに対し、下は人ばかりか、荷物を積んだロバもよく通る喧騒に満ちた空間である。喧騒の俗空間と静寂の聖空間が上下に立体的に交差しているのは、地形に高低差のあるここフェズ独特の現象である。まさに立体迷宮都市を感じさせる。

このモスクをすぎると坂がきつくなり、店舗が密集してくる。そして他のモスクを通り過ぎて、坂をゆっくり下っていくと先のタラー・ケビーラと合流する。

タラー・セギーラをよく観察すると、これに沿って点在するモスクはほとんど小さな規模の建物ばかりで、その地区に住む住民のためのモスクが多い。また、商業施設のフンドゥクもこの通りには数えるほどしか存在しない。これらのことからも、タラー・セギーラはメインの通りではなかったことがわかる。

ところで、この二つの通りには、都市空間の重要な装置である街区門の跡と泉が多く存在する。街区門は人通りの多い道から、住宅地区を遮断し、住民の安全を確保するために設けられていたが、現在ではほとんど使われていない。街区門には本来は扉が付けられていて、空間の仕切りがはっきりしていた。今では、扉の軸受けの跡が残る程度である。泉は通り沿いのモスクに隣接し、誰でもが使用でき、礼拝前には手や顔を洗ったり、飲料用に使われる。また、通りを外れて住宅地区にある泉は、主に住民が使用し洗濯や水汲みに便利なように、蛇口が低い位置についている。

この二本の通りが合流するあたりは革製品の店が多く、地形が緩やかなためか比較的規模が大きい。革製品の後には金物屋が続く。このあたりで坂は終わり、平坦になっていく。

中心地区

ここからいよいよカラウィーン地区の中央エリアに入る（図17）。現在はカラウィーン・モスクを中心に周囲に四つのメデルサ、東にフンドゥクや住宅地、南に庶民的なスークや広場、西にザーウィヤ・ムーレイ・イドリスをはじめ、規模の大きいカイサリーヤなどがある。

まず、中心的存在であるカラウィーン・モスクを見よう（図18）。増築を重ねた末、今日ではマグリブ最大規模のモスクになっている。このモスクも中庭を中心に構成され、ファサードつまり外観がない。ファサードを重視したヨーロッパの宗教建築とは明らかに違う発想である。そのためモスクは簡単にまわりに増築していくことができた。

このモスクは入口が十数カ所あるものの、祈りの時に利用される門は五カ所ほどである。入口には男女の区別はないが、内部では礼拝場所が分かれている。礼拝空間も広く、ミフラーブは当初メッカの方角から少しずれていたが、今は修正されている。モスクの南にはグニーズ・モスクと一九世紀に建てられた図書館も付している。

このモスクの周囲には四つのメデルサがある。北にはメデルサ・アッタリーン（Attarine 香水を扱う人）、メデルサ・メスバアヤ、南にはメデルサ・セファリーン（Seffarine 鍋釜を作り修理する人）、メデルサ・シェラチン（Cher-ratine）が点在している。モスクおよびメデルサの建築的美しさについては後に述べよう。

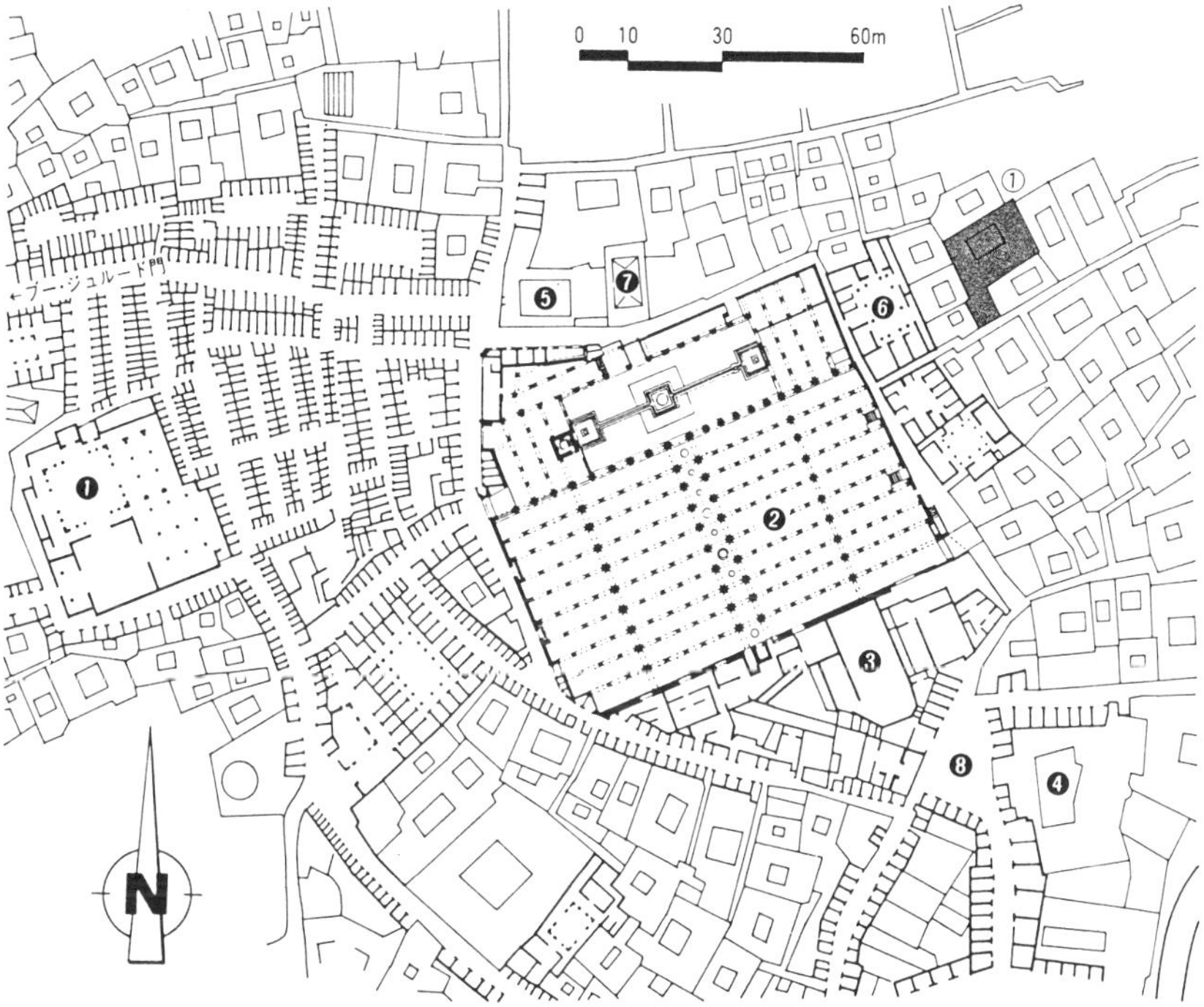

図17　メディナの中心地区
❶ ザーウィヤ・ムーレイ・イドリス
❷ カラウィーン・モスク
❸ 図書館
❹ メデルサ・セファリーン
❺ メデルサ・アッタリーン
❻ フンドゥク・テトゥアニー
❼ 公衆トイレ
❽ セファリーン広場
① 廃墟の家

図19　フンドゥク・テトゥアニーの中庭

図18　カラウィーン・モスクの中庭を望む

カラウィーン・モスクの西側で、このあたりで一段高い場所にフェズの創設者の廟であるザーウィヤ・ムーレイ・イドリスがある。実は、もともとはこの高台にできたザーウィヤが中心となってフェズの街が広がったのだ。その後、東の低い位置にカラウィーン・モスクができ、これら二つの宗教施設に挟まれるようにスークやカイサリーヤができた。このように聖なる宗教空間のまわりに必ず俗なる商業空間が形成されるというのが、大きな特徴である。そして、今日では、ザーウィヤ・ムーレイ・イドリスに代わり、カラウィーン・モスクを中心に都市機能が配されている。スーク中心部には、店舗群のみの施設が連なり住宅はない。夜になると、この一画の入口の扉には鍵がかけられ、完全に閉じられてしまう。しかし、照明による夜の演出は実に幻想的ですばらしい。

スークの店舗はジュラバ（民族衣装）や貴金属などの装飾品、バブーシュなどさまざまな品を扱っている。また、ザーウィヤの正面にはコーラン、祭礼に使うローソク、茶器セット、そして化粧用香料などを扱う文化的な日用品の店が並ぶ。その他、移動式露店として駄菓子屋がザーウィヤのまわりにある。ザーウィヤ・ムーレイ・イドリスは、モロッコ国内から礼拝にやってくる人が後を絶たない。日本の有名神社と同じでまわりに屋台が並んでいる。

スークはさらに南へ広がっている。しかし、このあたりでは、モスクの西側にあるスークと違って、通り沿いの店舗の背後は、住宅地となっている。住宅地への入口は通り沿いにあり、一つの袋小路が二軒ないし五軒の家へのアクセスを与えている。路地の入口はトンネル状になっているところもあり、先が暗くてまったく見えない。しかし、ここの住人は問題なく入っていく。路地はよそ者を寄せつけないような心理的効果を生んでいる。

大モスクの東側にはフンドゥクが集まっている。テトゥアーンの商人専用にできたフンドゥク・テトゥアニー（図19）、羊毛を扱っている二軒、そして現在では絨毯屋になっているものが一軒である。その後ろには住宅街が広がり、大きな邸宅と庶民的な住宅が混在している。このように異なる階層が混じり合い、変化に富んだ複雑なパターンの住宅街を構成するのも、中東の都市における特徴の一つだ。しかも、階層の差は、家の外観にはほとんど現われないから、どこも同じような迷宮的街並みが続くことになる。この中の典型的な大邸宅をわれわれは実測できた。

スークの南には、三角形をした一角がある。そこには、ダーツ（ヤシの実）や豆類の店舗がある。そしてスークには八百屋、果物屋、雑貨、乳製品、菓子屋、茶器セットの問屋、肉屋、鶏屋、オリーブ屋など、ありとあらゆる生活必需品が売られている。ここは、ブー・ジュルード門と同じくらい喧騒に満ちている。

さらにこの辺りは川沿いにあるため、実におもしろい商業空間があることを発見した。それはフェズ版のリアルト橋ともいうべき、川にかけられた橋の両側に店舗が並んでいるのである。ここはヴェネツィアのリアルト橋のように観光化されていないためさほどきれいではないが、人の往来が多く、活気に満ちあふれていることはヴェネツィアと同様である。

フンドゥク

このフェズの街にはフンドゥクが一〇〇棟以上ある。古い地図や文献で確認できるものを含めると一四〇軒にものぼる。フンドゥクは生産、加工、売買、宿泊、家畜置き場などの複合商業施設で、交易の商人にとっては欠かすことのできない建物である。

フンドゥクは基本的に城門から中心に至るメインストリートに沿って分布している。斜面都市フェズでは坂が緩やかになった所に多く分布する。大規模な建物であるため段差をつけないようにつくるには、どうしても坂が緩やかな方がよい。その点、一般の店舗は規模が小さいため坂がきつくても問題ない。つまりこうした商業施設の分布は地形と密接に結びついているのである。

また用途別分布については、カラウィーン地区に絞って、現在一つ一つがどのように使われているかを現地調査した。その結果八十数棟のフンドゥクが見つかったが、その中には廃墟になったもの、個人所有となって人が住み着いているもの、いつ行っても門が閉ざされ、使用されていないものも多かった。

フェズのメディナにおいて、最もフンドゥクの集中しているのは、北のギッサ門からカラウィーン・モスクへ至る

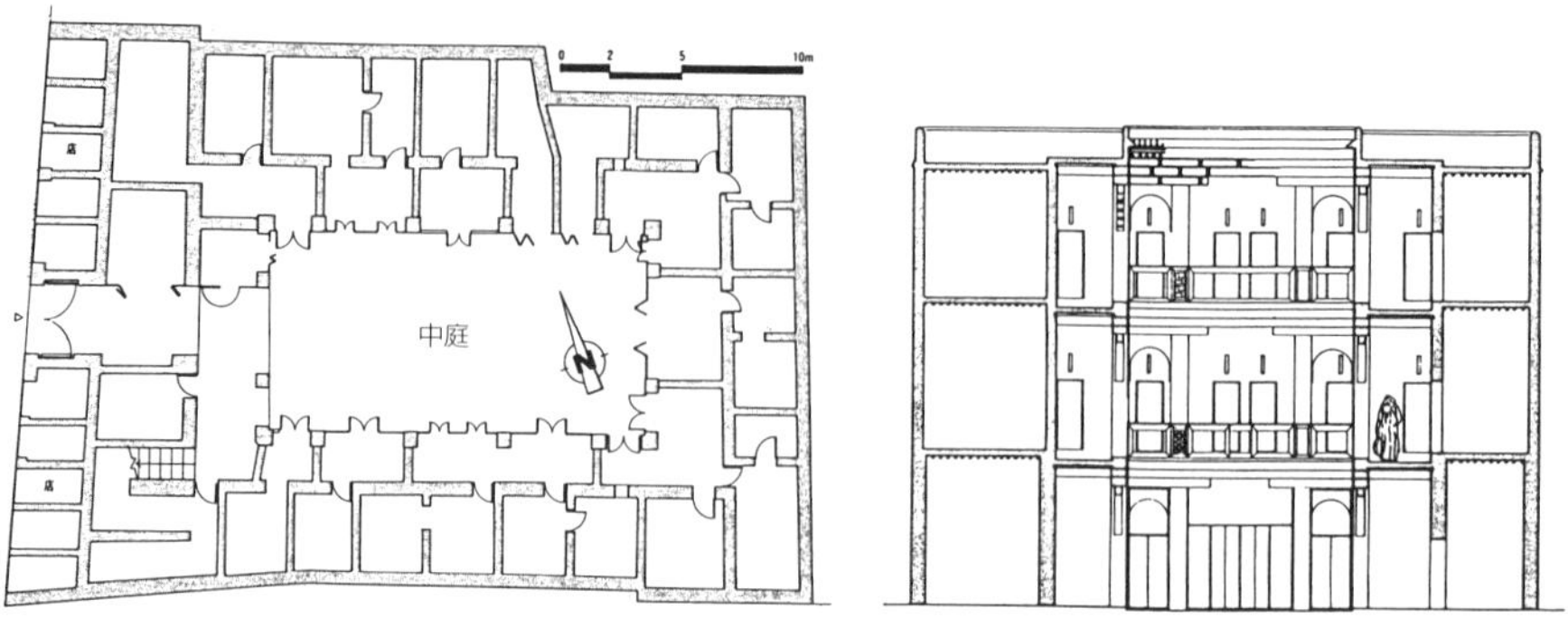

図20　フンドゥク・ケッタニーン　平面図と断面図

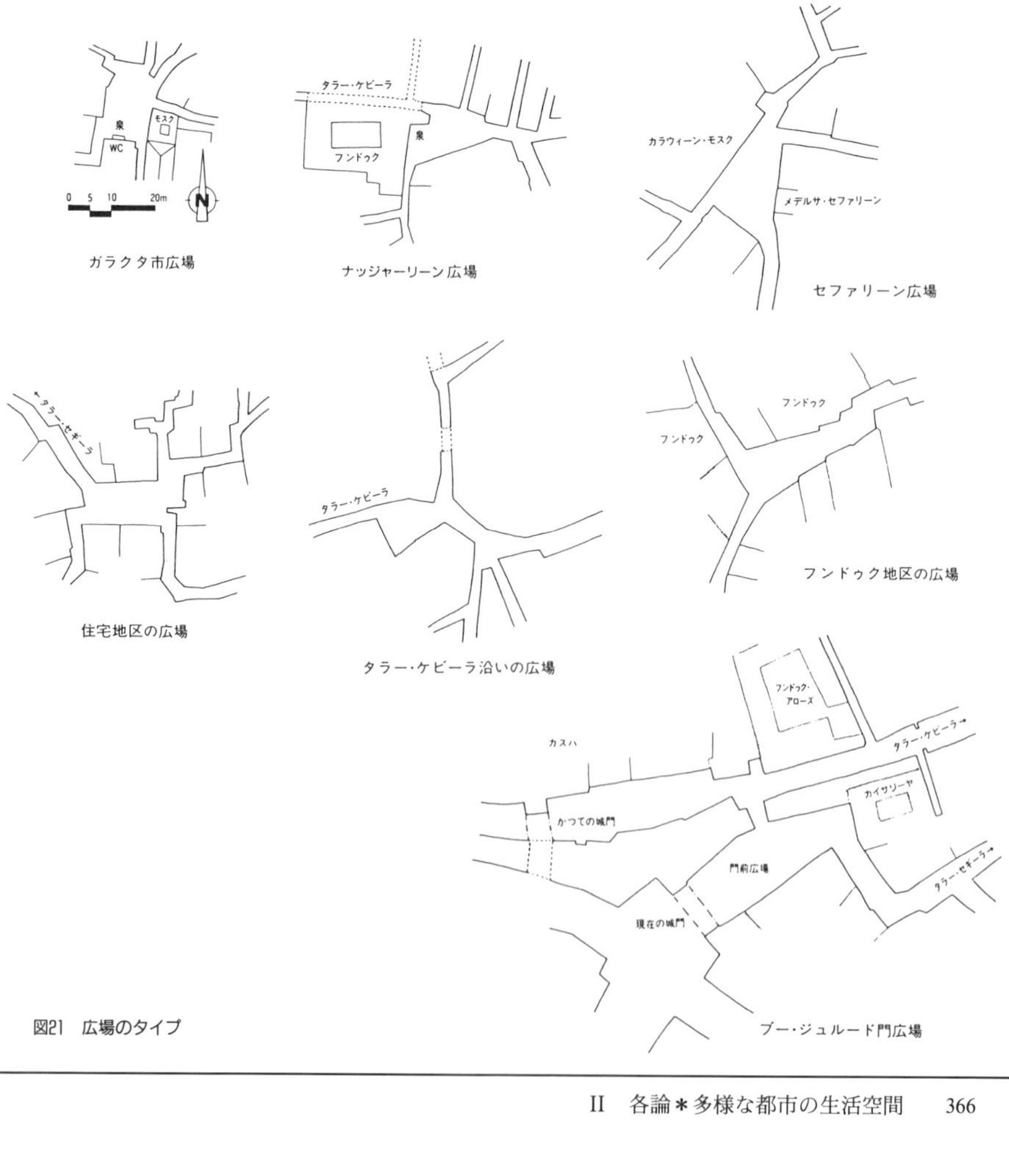

図21　広場のタイプ

道の両側に広がる地区だ。中心に近づくにしたがって業種に面白い変化が見られる。

まず、門を潜ってすぐ、二〇〇メートルまでの高台の緩やかな斜面地区には原材料を一次加工するものが多い。木を製材し、家具製作所へ材料を運んだり、羊毛や皮を加工するフンドゥクが多く見られる。そして路上はしばしば運搬に活躍するロバや馬の待機所となっている。

ここから坂を下りきったあたりから中心部にかけて、またフンドゥクが増えてくる。しかし、このあたりのフンドゥクには近代化の過程でもともとの機能を失い、映画館、銀行、郵便局、問屋、おもちゃ屋、果ては売りに出されているものまで、様変わりしているものが目立つ。その中において、フンドゥク・ケッタニーン（図20）は、本来の機能を今もよく維持しているもので、材料としての羊毛を扱っており、ひっきりなしにロバが出入りしている。中心地区に近づくほど、加工が少なくなり販売が中心となる傾向がある。スークなどの店舗に品物を卸す問屋が集中している。服や布地を扱うところが多いが、民族衣装のジュラバより洋服が普及したためか、洋服の問屋になっているところも少なくない。

現在ではザーウィヤ・ムーレイ・イドリスとカラウィーン・モスクの間に、スークがある。このスークには服、革製品、銀の茶器セットなど比較的高級な商品を売るところが多い。そのためこの近くのフンドゥクは服に関連するものが多い。

フェズの生産施設の中でもう一つ忘れられないのは、フンドゥクに似たなめし革の染色工場である。川の近くと、ザーウィヤ・ムーレイ・イドリスの南西の二カ所にある。外界からは隠されているが、近くには異臭がたち込め、染め物を出し入れするために道路にも染色の跡が残り、その存在が読みとれる。カギ型に曲がり中へ入ると、そこには白色や赤色の液で満たされた槽が無数に並ぶ地獄絵のようなすさまじい光景があらわれる。

染め物には水が不可欠であり、ザーウィヤ・ムーレイ・イドリスの南西の施設の方にも、かつては地下を川が流れていたと思われる。これらの染色工場への搬入・搬出は、異臭と汚れをともなうため、スークのメインストリートをさけ、背後のルートを使って行なうように工夫されている。

広場

中東のアラブ地域では、広場が発達しなかったとしばしば指摘される。確かにヨーロッパの都市のような象徴的に造型された立派な広場は見当たらない。しかし、多様な意味と機能を持った小さな広場が随所に存在しているのも事実である。また、都市中心部にある大モスクの中庭が広場の役目を果たしているともいえる。

ここではフェズのメディナにみられる広場を形態と機能の両面から観察し、次のように分類してみた(図21)。

(a) 集中型広場

いくつかの道が集まる重要な結節点として成立している広場である。アプローチの道には上り下りの変化があっても、広場そのものはほぼ平坦につくられている。溜まり場としてある種の計画性を持ってできた広場と考えられる。そこには必ず象徴的な核として泉、モスクやフンドゥクなどの公共施設がある。左右に折れ曲がるメディナの街路の所々に、このような広場があることによって、ドラマチックな演出効果が生まれている。このタイプの広場には、広場(アラビア語でサーハ)と名づけられているものが多く、住民や働く人にとって、実際に広場として認識されていることがわかる。

ガラクラ市広場　まず、われわれが雰囲気の面白さに引かれて実測した広場である(図22、23)。露店のガラクタ市が立つ広場で、庶民的な住宅地区の一画にある。ガラクタと名付けたのは、電気製品、家具、おもちゃ、雑貨、さらにはそれらの部品に至るまで路上に並べ、はたして本当に使えるのだろうか、と思ってしまうようなものまで売られていたからである。近くには大衆的な食堂、雑貨店が多く並び、人通りも多い。東側のモスクと南側の泉が広場を飾る象徴的な要素となっている。泉の裏には公衆トイレがある。昼間はガラクタ市でごった返しているために、夜になり人が少なくなるのを待って実測した。

ナッジャーリーン広場

　ナッジャーリーンとは指物師の意味で、この広場のまわりで机や椅子などが作られている。その核となったフンドゥク・ナッジャーリーンが西に位置する。また、西側に入った一画に家具の工房が、通りを挟んで整然と並んでいる。広場に突き出て置かれた泉が目を引きつける（図24）。南にはカフェや店舗が並ぶ。この広場より東へ行くとハンマーム、ザーウィヤが隣接している。

セファリーン広場

　セファリーンとは鍋釜を作ったり修理したりする人のことである。昼間は鍋を打つハンマーの音が聞こえる。北側に泉、西側にカラウィーンの図書館、東側にメデルサがあり、道沿いには金物細工の店が多く並ぶ。南側にはハンマームがある。ここは平坦でなく段差があり、運搬用のロバが多いのが特徴である。

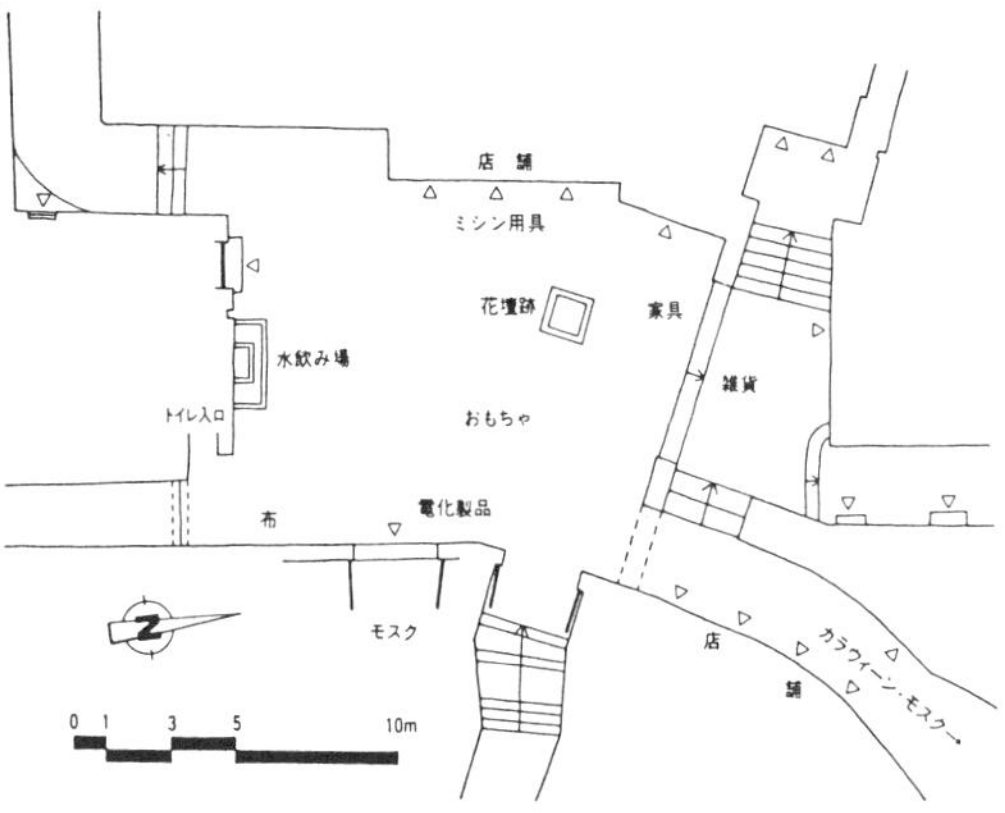

図22　ガラクタ市広場（実測図）

図23　ガラクタ市広場

図24　ナッジャーリーン広場

住宅地区の広場　ここには特別に名前はない。また、広場という単語も使われていないが、やはり泉や小モスクが設けられていることが多く、平坦地にできている。近隣の住民が、このような広場に水を汲みに来たり、立ち話をしている姿をよく見かける。まさに、井戸端である。子供たちには絶好の遊び場となり、サッカーや石蹴りをして遊んでいる。

(b)膨らみ型広場

道の一部が膨らむようにしてできた広場で、泉や重要な施設が核となっていることが多い。このタイプの広場には、サーハの語は使われていない。計画的に造られたというより、必要に応じて生まれたものといえよう。傾斜地の緩やかな坂の途中にあることが多く、比較的狭い。

タラー・ケビーラ沿いの広場　周囲には商店が並び、南西方向にカフェがある。このきつい坂を上るときには実によい休憩所となる。往来する人々、荷物を一杯積んだロバなど、舞台としての通りをゆっくり眺められるのはここだけである。

フンドゥク地区の広場　この広場に面して庶民的な食堂が多く並ぶ。周囲のフンドゥクで働く人々が多く利用するのであろう。かつてはこの広場の北にフンドゥクが面していたが、現在では映画館となっている。

シディ・ブー通りの広場　アンダルース地区にあり、西側に泉、南側にフンドゥクを持つ。フンドゥクからはロバが出入りする姿をよく見かける。

(c)門前広場

ブー・ジュルード門広場をはじめとして、門の内と外側には必ずそれぞれ広場がある。周囲にはカフェや食堂が建ち並び、人通りも多く、喧騒に満ちた空間となっている。古来、交通の要所であった門のすぐ外は、現在バスやタクシーの発着所、あるいは仮設のマーケットとして利用されているものが多い。このタイプのものには、サーハ（広場）が付けられている。

その他の広場としてはアンダルース・モスクの正面に作られた階段状広場が目を引く。

ブー・ジュルード門広場　旧市街の入口にあたり、カスバやメラー（旧ユダヤ人街区）、新市街に通じる。交通の要衝のため、人や荷物、ロバが頻繁に行き交い、広場に面してカフェが並ぶ。物売りやガイドも多く、喧騒に満ちている。われわれはこの広場に面する宿屋を拠点としたが、早朝から活気に満ちており、そのパワーには圧倒された。

イスラーム建築の美

宗教建築

メディナを高台から眺めると、高密に建ち並ぶ建物の中で、緑色の屋根瓦やミナレット（礼拝告知のアザーンを流す塔）が眼に飛び込んでくる。それらは、モスク、メデルサ、ザーウィヤなどの中東の都市を飾る象徴的な宗教建築である。

メディナの中を歩いてみても、こうした宗教建築の存在が目立つ。道の前方にミナレットが聳え街角のランドマークとなっていたり、スークの所々に、美しく装飾された宗教施設のモニュメンタルな扉門が姿を見せる。

メディナの迷宮空間は、そこを歩く人々の目や身体を悦ばせる工夫に満ちている。特に、モザイクタイルで美しく飾られた水汲み場、宗教施設や住宅の扉門が、折れ曲がる街路のアイストップに意識的に置かれ、外観のない単純な壁の続く街中を歩くときの魅力的なアクセントとなっている。こうした街角の装飾要素は、メディナで生活する人々にとっては位置を認識する手がかりにもなり、小さなランドマークの役割も果たしているのである。

イスラーム建築の多くは外観を持たず、中庭に開かれた構成をとる。そのため、スークや街路に面してとられた扉門が人の眼を引きつけるワンポイントの装置となる。建物の中心はあくまで中庭であり、そこには美しく飾られたミクロコスモスが生み出されている。部分からの発想を大切にし、ミクロコスモスを繋ぎ合わせ有機的に都市を形成していく、イスラーム地域独特の都市づくりの発想は注目に値する。

モロッコは、フランスの影響が強く西欧風の明るさをもつ一方で、ことに宗教に関しては厳格であり、メデルサを除いて、モスク、ザーウィヤなどの礼拝施設には、イスラーム教徒以外は入れない。そのため、中庭の様子も、開かれた扉門のわずかな隙間からうかがい知ることしかできない。

その中にあって、メディナの中心部の大スークに隣接し、壁面まで美しく装飾されているカラウィーン・モスク（九世紀中頃）とザーウィヤ・ムーレイ・イドリス（九世紀初頭）、さらにアンダルース・モスク（一三世紀）を加えたこの三つの宗教建築が、フェズの中で特に重要である。

モスク

まず、カラウィーン・モスクの建築的特徴を見ることにしよう。フェズ川のすぐ近くの谷間にあり、スークやメデルサ、図書館、トイレなどの付属の施設がまわりを取り巻いている。モスクの北西側にある小さな入口から中庭を眺めると、店舗の並ぶ喧騒の通りとは対照的な静寂と美しさが伝わってくる。扉門の向こうに見える中庭が、さらにその奥の礼拝室へのエントランスの役割を果たしている。この入口をはじめ、カラウィーン・モスクには街路からアプローチできる入口が十数カ所もある。迷宮都市の中に有機的にモスクが挿入されているのである。

中庭の中央の泉には、蓮の葉をデザインした白一色の大理石で造られた荘厳な水盤がある。礼拝する前に身を清めるためのこの泉は、こんこんと水が湧き出し、神聖な雰囲気をかもしだしている。床から腰壁にかけてカラフルなモザイクタイルを幾何学模様に敷き詰め、腰壁より上は、コーランをデザイン化したスタッコや見事な木彫りで装飾している。また、あざやかな緑色の屋根瓦が、澄んだ青い空を切り取る。空から差し込む強烈な陽射しと影のコントラ

図26　アンダルース・モスク
平面図と断面図

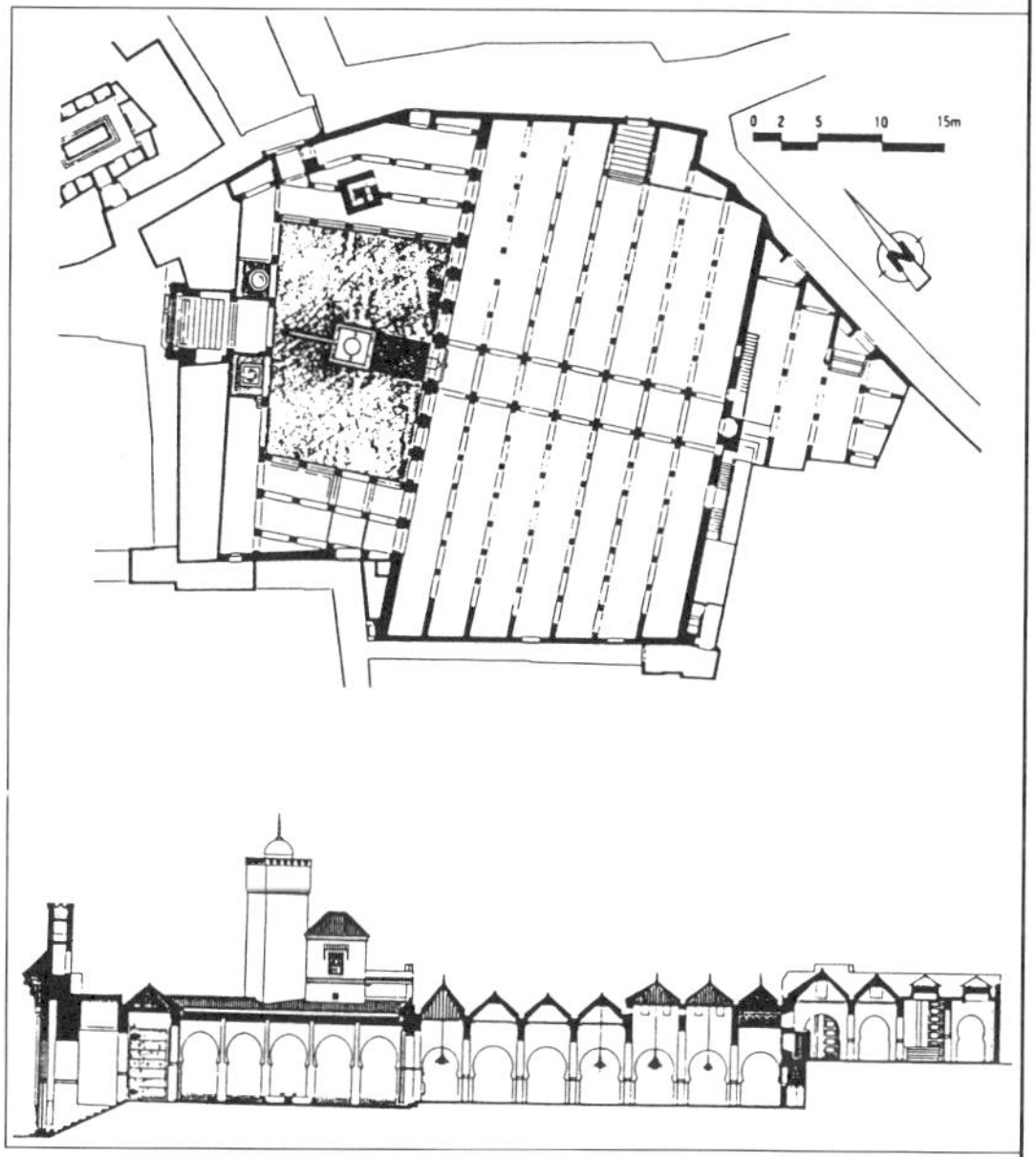

図25　カラウィーン・モスクの特徴的な屋根

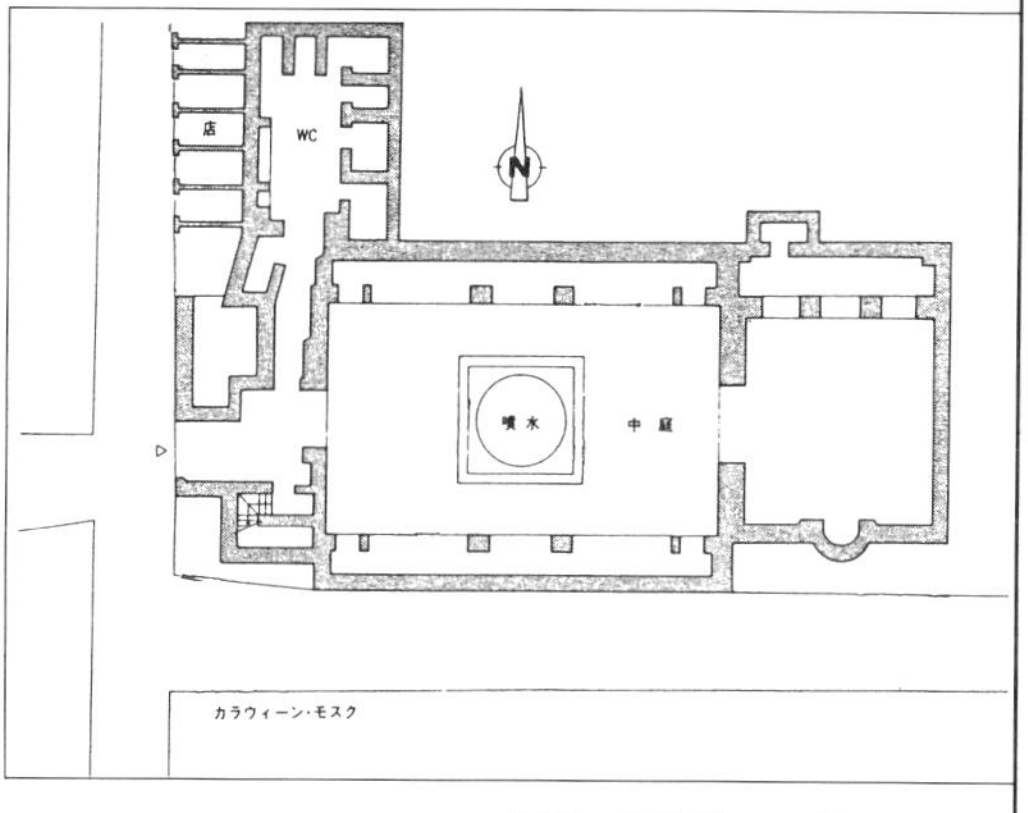

図27　メデルサ・アッタリーン

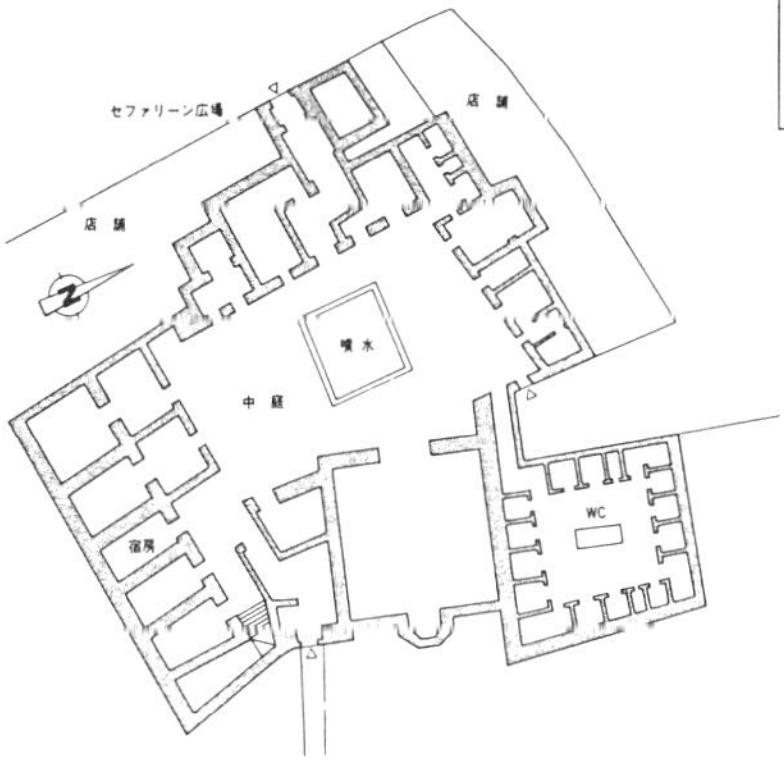

図28　メデルサ・セファリーン

ストが、リズミカルにアーチの連なる中庭の美しさをいっそう際立たせている。

さらに、われわれはモスク脇にある絨毯屋の屋上に通してもらい、上からモスクを見ることができた。ここからの眺めはまさに絶景で、モスク全体の姿はもちろん、そのまわりに広がるフェズのメディナを一望することができる。中庭型の建物がぎっしり連なる都市の姿は、上から眺めると実に面白い。

さて、モスクを見ると、中庭は全体の大きさに比べてかなり狭く、細長いプロポーションに特徴がある。コルドバのメスキータ（元大モスク）とは違い、中庭に緑がまったくなく、人工的なアトリウム空間といった感がある。

このモスクのもう一つの大きな特徴は屋根にある（図25）。モロッコ独特の大きな列柱ホール式の礼拝空間の上に、緑色の長い切妻屋根がいくつも連続してかかっているのである。よく見ると継ぎ目に微妙な違いがあり、増築された痕跡がうかがえる。緑色の屋根瓦は、楽園をイメージする色として、イスラーム世界では好んで使われており、さらにフェズという樹木の少ない高密都市にあって、緑溢れるオアシスの雰囲気を感じさせる工夫なのであろう。

斜面に発達したメディナの中は、どこにいても起伏やレベル差が感じられるが、このカラウィーン・モスクはその限りではない。斜面を人工的に造成し、平らな敷地の上に大規模なモスクが建っている。室内の礼拝空間には、二〇〇本ほどの柱が林立し、そこに尖頭アーチが連なり、あたかもヤシ林を思わせ、オアシスをイメージさせる。そこにはコルドバのメスキータとの共通点が多く見られる。

フェズの二大モスクのもう一つ、アンダルース・モスク（図26）は、フェズ川の東側の高台にある。装飾の施された立派な門は、谷に向けられ、街の一部が望める。また、その前は階段状の広場になっており、門へ至る象徴的なアプローチが見事につくられている。

この二つのモスクを比べると、カラウィーン・モスクは内にのみ開かれているのに対し、アンダルース・モスクは西欧の教会建築のように、外に対しても、その存在を主張している。この違いはチュニスとアンダルシアからの移住者の文化の相違に由来するのではないかと思える。

また、カラウィーン・モスクから西側に大スークを挟んで、フェズの創始者、ムーレイ・イドリス二世を祀った、モロッコ人にとってのメッカともいえるザーウィヤ・ムーレイ・イドリスがある。街路側の壁面にまで美しくスタッコやタイルで装飾を施し、その壮麗さは目を見張らせる。

フェズのミナレットは、東アラブやトルコに比べそれほど高くなく、四角柱でずんぐりした形状となっている。しかし、街路からみてアイストップになっていたり、ちょっとした隙間から見えるように視覚的効果を狙っている。日に五回行なわれるメッカへの礼拝の時間を知らせるアザーンは、現在ではそのほとんどをミナレットに設置されたスピーカーに頼っている。ところがフェズ川のそばのモスクでは、今でもアザーンを肉声で行なっており、モロッコにおける厳格な宗教観が垣間見られる。

メデルサ

モスクに付随する重要な施設としてメデルサがある。今日フェズでは、多くのメデルサが本来の姿であるイスラーム教の神学校という機能を失っている。近代化にともない大学にその機能が移ったためである。そのため、使われずに廃墟になっていたものを近年になって修復し、イスラーム建築の美の伝統を伝えるものとして、観光客に公開しつつある。メディナにメデルサは数多くあるが、その中でもブー・ジュルード門近くのメデルサ・ブー・イナニア（一四世紀）は有名である。またカラウィーン・モスクのまわりにはメデルサ・アッタリーン（図27）やメデルサ・セファリーン（図28）をはじめ、数カ所のメデルサが隣接する。

どのメデルサも中庭形式をとり、中央に噴水が置かれ、平面形態はシンメトリーに構成されている。中庭の床や腰壁には幾何学模様に色とりどりのタイルが貼られ、その上部にはコーランをデザイン化したスタッコや木彫りの彫刻が施されている。どの装飾も繊細にして華麗である。ここでの中庭は、緑を持つ西欧の修道院や、トルコのメデルサなどのゆったりした中庭とは異なり、コンパクトな空間の中に人工的な建築美を表現している。

一階には柱廊が巡り、入口の反対側の奥に礼拝空間が設けられている。モスクと同様、礼拝空間は必ずメッカに向けられている。二階は片廊下式、あるいは中廊下式の配列で学生僧の宿房が並ぶ。部屋の広さは二〜四畳ほどで、そこから中庭を眺められるよう装飾された窓が内側に向いて設けられている。

しかし、プランを比べてみると、それぞれ少しずつ事情が異なっている。メデルサ・アッタリーンでは部屋数が少なかったり、中庭が街路から見えたりする。一方、メデルサ・セファリーンでは中庭がシンメトリーを崩し不整形で、柱廊をもたず、通り抜けもできる。いずれも敷地の条件に合わせて柔軟にプランニングを行なっていることがわかる。

公共施設

以上のような宗教施設の空間のつくり方や装飾などは、モニュメンタルなものだけに限らず、住宅を含めたあらゆる建築にまで見られる。

モスクに隣接した公衆トイレやハンマームもその例外ではない。トイレにも綺麗なタイルを敷き詰め、中央に泉を設け、あたかも聖なる空間のように装飾を施している。ハンマームではモロッコで少ないドームが使われている。ハンマームは、イスラーム教の人々にとって、清潔や健康、美容のためばかりか娯楽や社交にとっても欠かせないコミュニティ施設である。

フェズのこれらの建築様式は、スペインのアンダルシア地方との共通点が多い。レコンキスタ以前にジブラルタル海峡を挟んで、共通した文化圏が成立していたのである。特にグラナダのアルハンブラ宮殿とは、部屋の装飾や中庭をはじめとする空間の構成において共通するところが多い。アラブの文化と先住民族ベルベルの文化、そしてスペインの文化が融合し、つくりあげた見事な建築群がここに見られるのである。

迷宮の中の生活空間

われわれが観光客然としてメディナを歩くとき、街は喧騒の極みといった表情を見せる。しかし、足を一歩脇道にそらしてみると、さっきまでの喧騒とは裏腹に静寂の空間が広がっている。ときたま聞こえてくる子供たちの遊び声以外はひっそりと静まり、われわれよそ者の足は自然と重くなる。フェズのメインストリートの一歩裏側には、静寂に満たされた住宅街があるのである。この静寂の路地の内部にはいったいどのような住宅があり、人々はどのような暮らしを営んでいるか。われわれは現地でサーベイした住宅を紹介しながら迷宮の中の人々の生活を探っていきたいと思う。

中庭住宅の特徴

モロッコの伝統的な住宅はほとんどすべてが中庭形式をとっている。それはもちろんフェズの場合にも当てはまる。住宅の中で中庭はもっとも重要な位置を占め、採光、避暑、換気、部屋間の移動などの機能はもちろんのこと、来客時にはテーブルを出して接客の場になり、さらには結婚式や割礼などの祝い事がある場合は宴の場にもなったりと、多目的空間として使われる。つまり中庭は外部と内部を繋ぎ、さらに内部の部屋と部屋との間に設けられた中間領域であるといえる。中庭は囲まれた場所であるにもかかわらず、空に向かって開かれ、心地よい開放感を感じさせる空間にもなっている。

住宅の平面を見ても、中庭の重要性が浮かび上がってくる。住宅はメディナの迷宮的空間の内部にひしめきあうように連なっている。そのため敷地は周囲との兼ね合いで不整形になりがちであり、街路も曲がりくねった道が多い。このような不整形な敷地の住宅でも、家の中心である中庭は無理をしても正方形、もしくはそれに近い形をとる。そのしわ寄せのため周囲に配置される部屋には台形や三角形などの不整形なものが珍しくない。モロッコの住宅においては、中庭の方が周囲の部屋よりも重要度が高いのである。

部屋の配置を見ると、フェズの住宅の構成は、中庭を中心としてロ字型、コ字型、二字型もしくはL字型の四種類にわけられる。敷地の大きな豪邸はバランスのよいロ字型の平面形態をもつが、普通の住宅では密集したメディナの中で四方に部屋がとれないことの方が多く、その場合にはコ字型、さらに敷地に余裕がない場合に二字型、L字型が採用される。そしてどのタイプの住宅でもシンメトリーな部屋の配置にこだわり、向かい合う部屋どうしはほぼ同じ大きさである場合が多い。

そしてもう一つの分類方法として中庭まわりの空間の構成手法に注目すると、ギャラリー型、テラス型、ウォール型の三種類に分類できる（J. Revault, *Palais et Demeures de Fès* および Y. Yamada, *A Study on Plan and Structure of Traditional Town Houses in Medina of Fes*）。ギャラリー型は中庭を囲んで一階、二階に列柱をもつ回廊が巡るタイプで、フェズで最も多く見られる。テラス型は一階に列柱をもつ回廊があり、二階に通路兼用のテラスが中庭を囲むように置かれるタイプである。ウォール型は回廊もテラスもなく、壁が中庭と部屋を隔てるように、一階から二階まで直接立ち上がっているタイプである。

中庭住宅の空間構成

それではこれから、われわれがフェズのメディナの中で実測した住宅を具体的に紹介しよう。イスラーム世界での都市調査の醍醐味はなんといっても、迷宮の中のパラダイスのような中庭住宅に入って内側から人々の暮らしを観察することにある。

①廃墟の家（ラズラク邸）（図29）　われわれがフェズで最初に訪れた住宅は、カラウィーン・モスクの東にある豪邸であった（図17参照）。周辺には比較的大きな住宅があるが、路地をさまよっているだけでは住宅内の様子はまったくうかがい知ることができない。フェズの住宅には基本的にファサードというものが存在せず、この家のように扉だ

けが街路に面している場合も少なくない。入口の扉は街路にランダムに並んでいるように見えるが、実によく考えられていて、まっすぐ向かい合わないように工夫されている。住宅が密集している場所でも扉の位置を互い違いにすることによって住人がお互いに覗き込まないようにしているのである。

住宅に入るため扉を開けようとしたが、長期間使われていなかったため、扉は錆つきすぐには開かず、さらには道路との段差のために低くなった住宅側の玄関ホールには多量のゴミが積もっていた。ようやく入ると、玄関ホールの脇には作り付けのベンチがあり、昔はここで簡単な接客が行なわれていたという。玄関ホールは二回折れ曲がり、途中に間仕切りの扉がある。玄関からの距離も長く、外からの視線に気を遣った造りである。

暗いホールを抜けて、光に溢れた中庭にでる。高い壁に囲まれているために実際の光量は決して多くないが、暗いホールを通ってきた目には、タイルの装飾とも相まって中庭が眩しく感じられる。そして目が慣れてくると深い井戸の底のような印象を受ける。人気のない空間に音が反響する。入口の正面の壁にあるタイル細工で飾られた泉が中庭の中でひときわ美しい（図30）。

この住宅はロ字型プランをもつが、一つの壁に大きな泉が設置されており、残る三方でコ字型のように部屋が中庭を囲んでいる。壁に泉があるのは、中庭が接客や祝宴など多目的に利用されるためであり、中庭のまん中に車座になる人々の邪魔にならないように工夫されているのである。

この住宅はギャラリー型の典型的なものである。回廊は一二本の立派な柱によって形成されている。柱の装飾と扉の装飾はお互いに引き立てあい、豊富な木材の装飾が多く目につく。各部屋は長方形に近く、豪邸にふさわしい余裕のある敷地の取り方を見せている。泉の裏側には台所がとられている。そこにも明かり取りの吹き抜けがあり、中二階は薪などの倉庫になっている。台所の脇の廊下には扉があり、玄関側の路地とは違った路地へと通り抜けできるようになっている。

現在は誰も住んでおらず廃墟と化しているが、三十数年前までは三世代の家族が住んでいた。入口の右手奥の部屋

図30　廃墟の家の中庭に面した泉

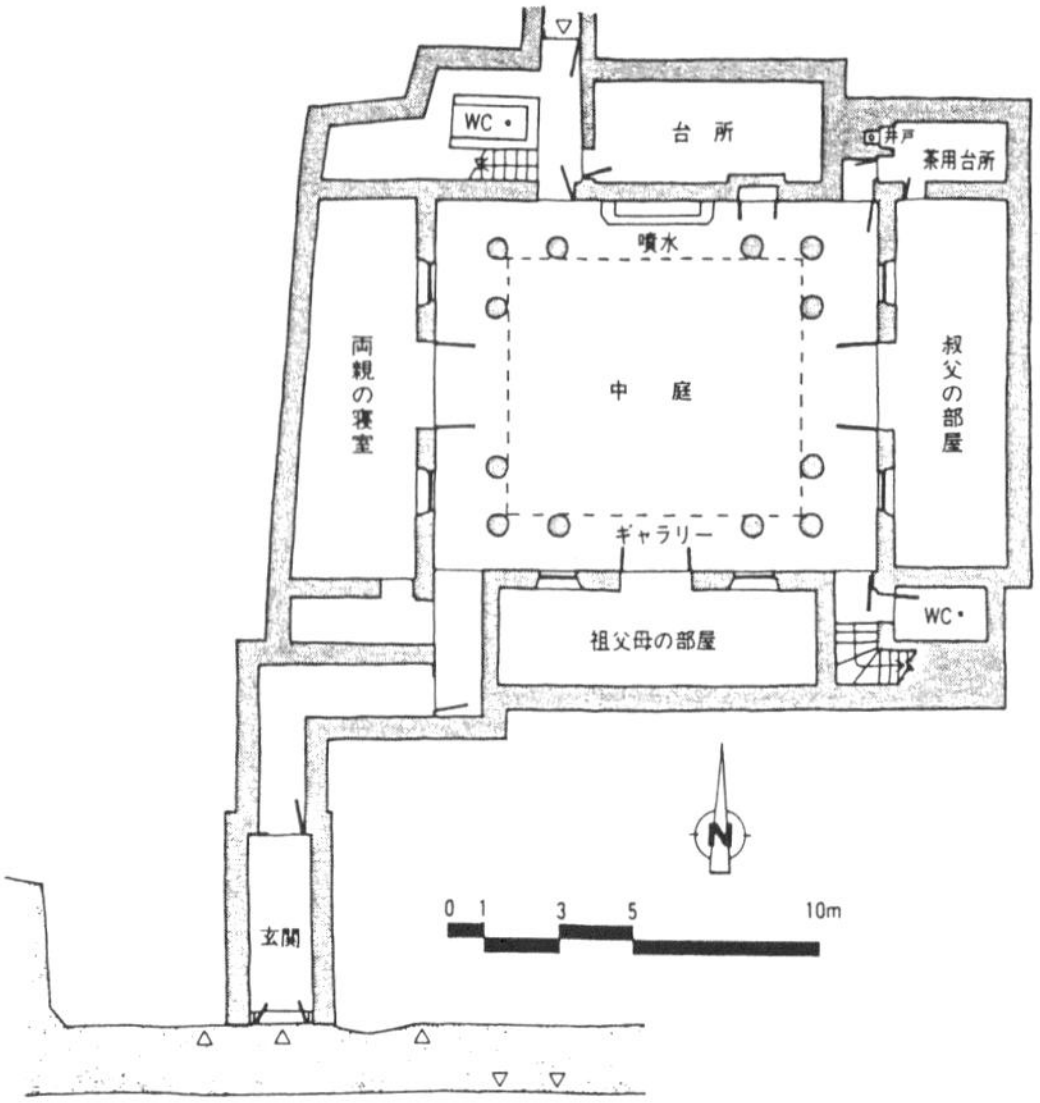

図29　廃墟の家
1階平面図

図32　住宅周辺図 A　❷ シェフの家

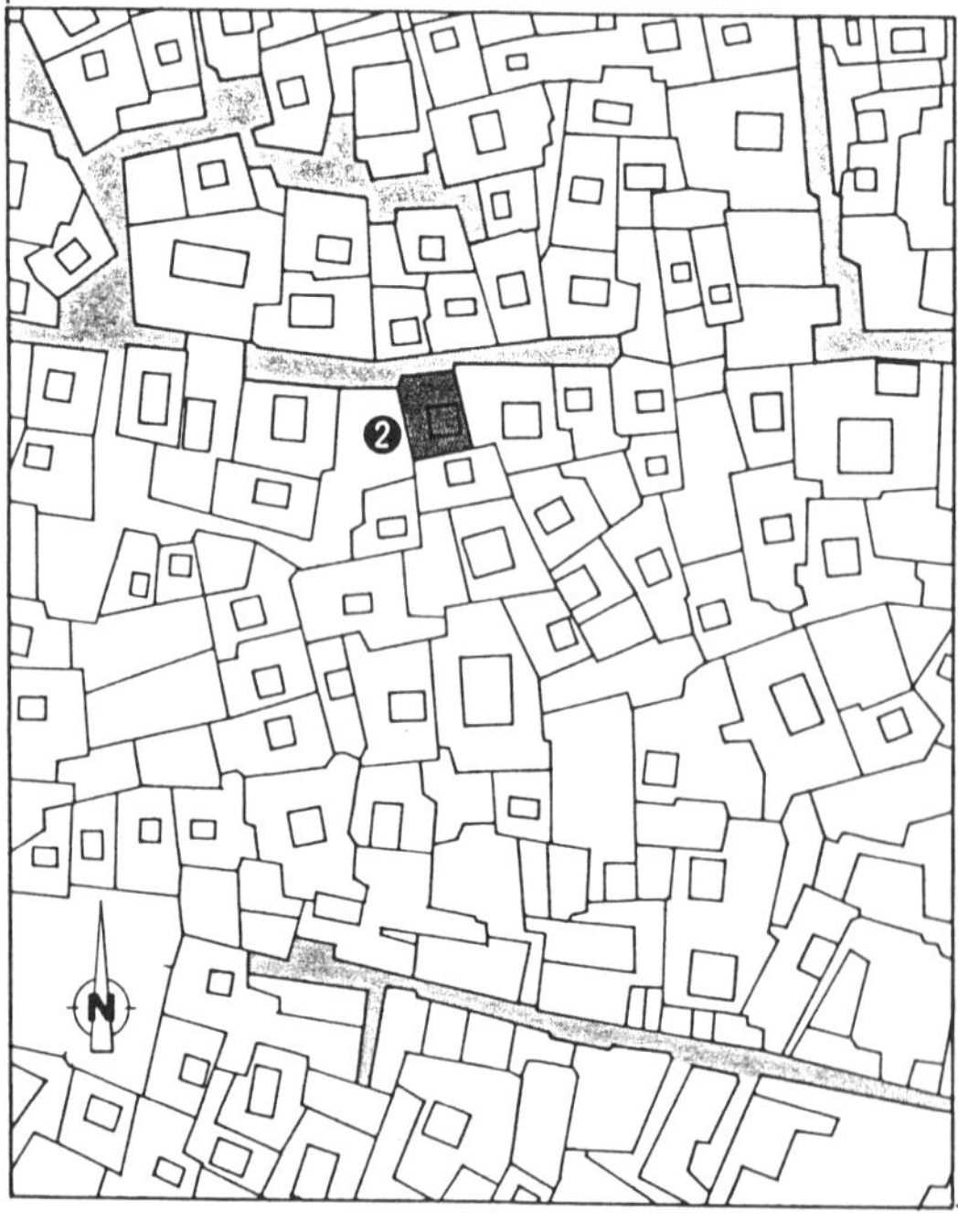

図31　シェフの家
2階平面図（上）と3階平面図（下）

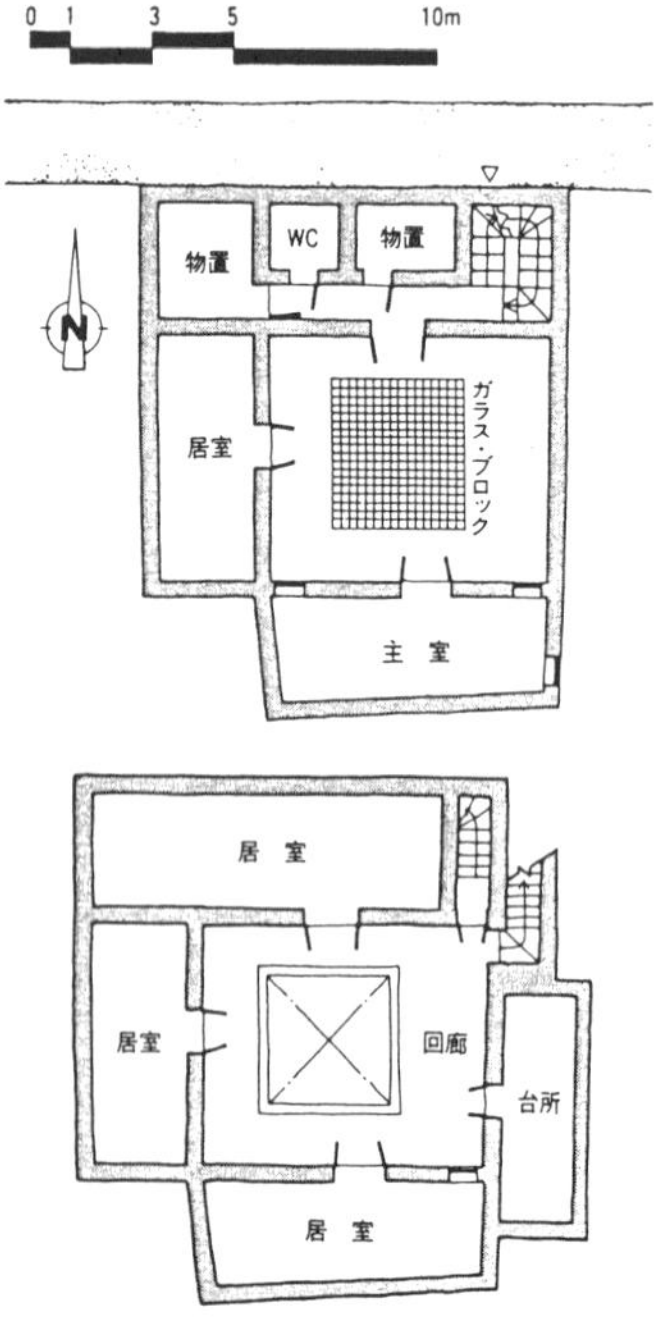

にはお祖父さん夫婦が住み、その正面には若夫婦が住んでいた。近くにカラウィーン・モスクがあるため、毎日中庭の吹き抜けから祈りの時を告げるアザーンが聞こえてきたという。接客は中庭でも行なわれることが多く、テーブルやソファーを並べ、マグリブ独特のミントティーなどでもてなしていた。フェズでは特に、中庭を人工的な空間としてのアトリウムのような感覚でつくっている例が多い。フェズの住宅の中庭は、壁が高く、床をモザイクタイルで敷き詰め、半戸外の多目的ホールのように使っているため、東アラブやイランなどに見られる緑と水のオアシス的な中庭とはまた違った雰囲気をもっている。

②シェフの家（図31）　この住宅はタラー・ケビーラの一本北側にあるスークに面している（図32）。煙草売りや野菜売りの露店の間になにげなくとられた木の扉を開けると、そこからすぐ階段が上に伸びている。一階にある倉庫の上の二階、三階に居室部分がとられている。普通の中庭住宅では水平方向にカギ型に折れ曲がるアプローチが、ここでは垂直方向にクランクしている。人通りが激しい道に沿っているため、立体的にすることによってプライバシーを守り、喧騒から住宅を隔離して、快適な住空間を確保している。二階に上がった途端に喧騒は遠のき、黒猫がのんびり昼寝しているほど、ゆったりとした空気が満ちているのだから不思議である。

プランは、狭い敷地のためにコ字型から一部屋とれてL字型になっている。一階からの中庭の吹き抜けをガラスブロックで埋めて床をつくり、下の倉庫への採光を失わずに二階が広く有効に利用できるように工夫されている。吹き抜けの上に屋根が架けられているのも大きな特徴である。これはモロッコの中でも、南のマラケシュなどではあまり見かけず、比較的雨の多い北部のフェズやその近郊のメクネスなどで多く見られる傾向である。中庭に屋根を架けることによって、内部化した大広間のような使いやすい空間が生まれる。

この住宅はモロッコの文化省文化財管理局メクネス支局長（シェフ）のお宅であるが、七人家族のうち息子夫婦は仕事の関係でメクネスに家をもっている。スークに面しながらも上階を利用することによって快適な住環境を形成している。この住宅はやや特殊ではあるが、都市的な住み方のセンスをもった住宅の好例といえよう。

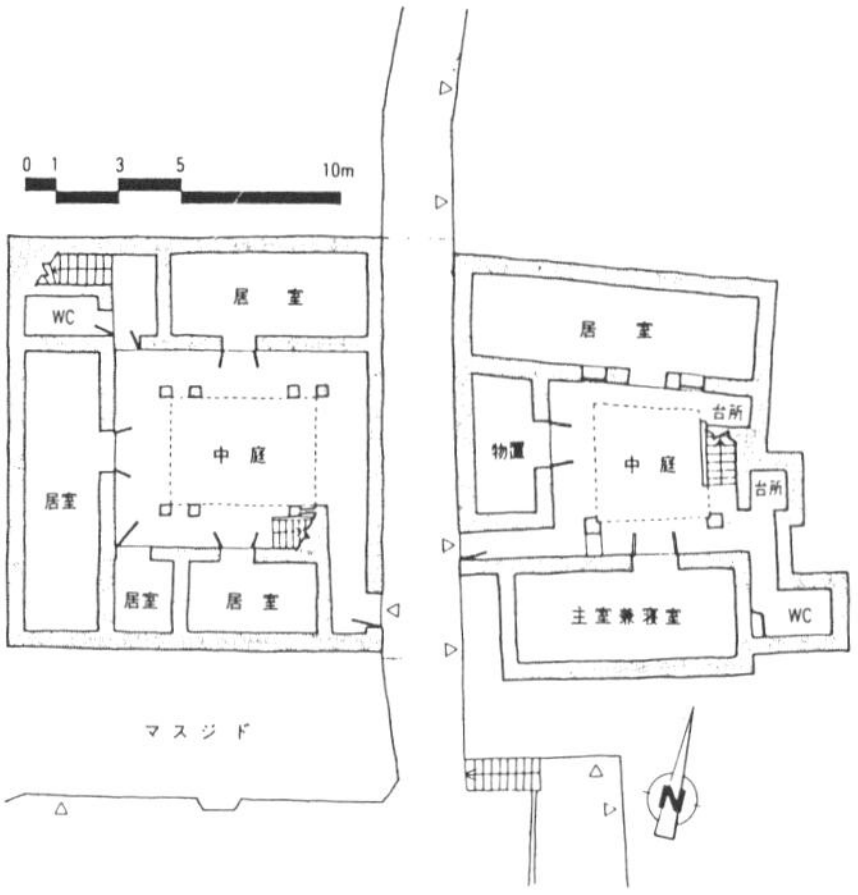

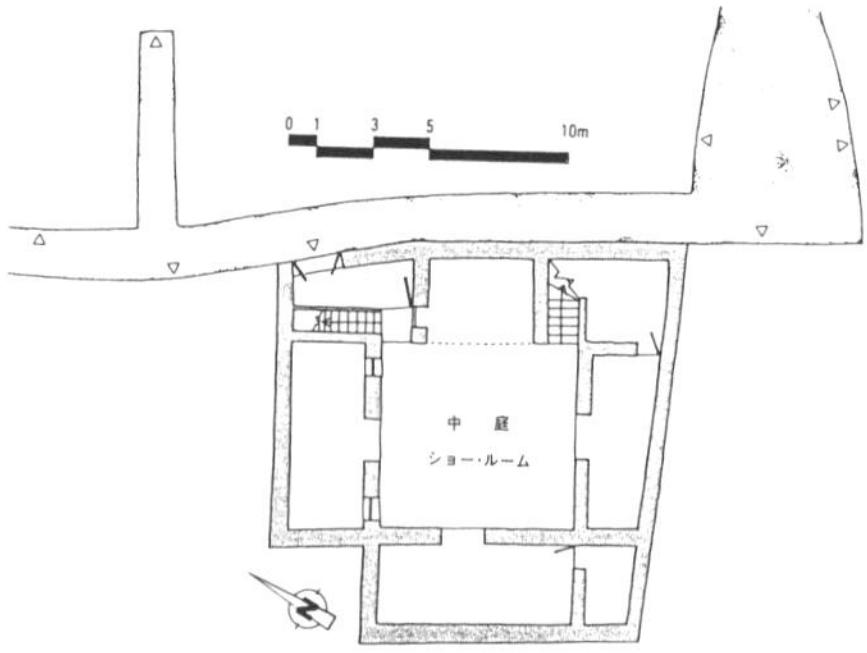

図33 ムハメッド氏のみやげもの屋 1階平面図

図34 ジュラバの男の子の家（右：1,2階平面図）と張り出しのある家（左：1階平面図）

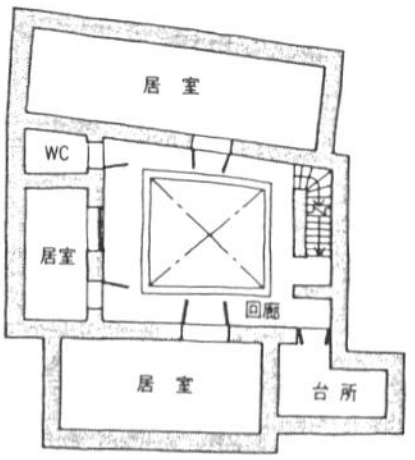

図36 ジュラバの男の子の家
2階の回廊と中庭を見る

図35 住宅周辺図 B

③ムハメッド氏のみやげもの屋（図33）　本来ごく普通の住宅だったものをみやげもの屋に改造した建物であり、商業施設にもかかわらず奥まった路地に面している（図35参照）。われわれも客引きにのせられてここを訪れた。周囲はすべて住宅であるために、近くにはハンマームやマスジドなど、人々の日常生活に欠かせない施設がそろっている。入口は二回クランクしているが、それほど長くない。プランはロ字型であるが、改造の際に東側の部屋の壁は取り払われ、中庭と一体化したショールームとして使用されている。

鏡やランプなどの真鍮細工を商うこの店の主人ムハメッド氏に調査を頼むと、簡単に承諾してくれるどころか、関心を示し非常に協力的だった。普段は商魂逞しい商人も、素顔は人懐っこく好奇心旺盛なモロッコ人であった。

④ジュラバの男の子の家（ベンナン邸）（図34）　この住宅はタラー・ケビーラから袋小路を二〇メートルほど入った所にあり（図35参照）、路地で遊ぶ子供たちに頼んで調査させてもらった。子供と親しくなるのは、調査のテクニックの一つである。路地からタラー・ケビーラに出たあたりには、フンドゥクが建ち並び、ハンマームやマスジドがある便利な場所である。この家のまわりは比較的中規模の住宅が多いのに対して、路地のもっと奥の方には大規模な住宅が集まっている。

玄関ホールはクランクせずに道からまっすぐ中庭に入る。この家の中庭はオレンジ色と黄色の色鮮やかな床のタイル装飾によって印象づけられる。中庭が多少歪んでいたり、向かい合う部屋の形が違っていたり、敷地の狭さがところどころにしわ寄せとなっているのがかえって面白い。中庭のまわりの空間構成からすると、テラス型に属するが、柱を少なくして中庭を広く使っている。階段は普通目立たない場所に設けられるが、この家では中庭に直接面しており、それが空へ向かって大きく吹き抜けるテラス型の開放感をさらに印象づけている（図36）。

この住宅には三家族一四人が住み、一階、中二階、二階をそれぞれの家族で使っている。この家では、三歳くらいの可愛らしい男の子が鮮やかな緑色のジュラバ（民族衣装）を着て、われわれに愛嬌をふりまいていたのが印象深かった。

⑤張り出しのある家（図35参照）

④の住宅（ベンナン邸）の屋上にのぼって向いにあたるこの家の中庭を覗き込んでいたところ、幸いにも調査の承諾が得られた。住民のあいだには親密な近所づきあいがあるようで、隣を調べるのなら、自分たちの家も見てくれという感じであった。

玄関ホールから一回曲がるとすぐに中庭の回廊に出てしまう。中庭が壁一枚で街路に接しており敷地に余裕がなく、入口と逆側に主室を作った結果である。この住宅も対面の家と同じく中庭に階段が面している上、回廊の柱が直接屋根を支持する珍しい形をとっている（図37）。

またこの住宅は路地の上に張り出して二階の部屋を設けており、トンネル状の空間を生み出している。このような路地に部屋が張り出したトンネルはメディナの中で随所に見られるが、視線が抜けるのをさまたげ、迷宮性がいっそう増して、心理的によそ者が入りにくい効果を生んでいる。同時に、光と影のコントラストによって街路を劇的に見せる演出装置にもなっている。

⑥城壁沿いの大邸宅（ユーセフ邸）

④のベンナン邸の主人に案内してもらった大邸宅である（図38）。タラー・ケビーラの北側の城壁のすぐ内側にあたり、袋小路の一番奥に位置する（図34参照）。この周辺には同じように豪華な住宅が多く、スークの喧騒からも遠いため、一種の山の手地区を形成している。フェズでも高台に山の手的空間がつくられる傾向がある。

ほぼ正方形に近く堂々たる中庭に入ると、その装飾の美しさに圧倒される。床にはこまかい細工が施される一方、ウォール型の中庭の壁は肩ぐらいの高さまでやはりモザイクタイルで装飾されている。二階の壁には中庭に向かって窓がとられ、その一つから赤いセーターの女の子が興味深げにわれわれを眺めている（図39）。中庭の壁の一部が凹状にひっこみ、そこに沿ってソファーを置いている。花瓶がテーブルの上に置かれ、中庭はまわりの部屋とほとんど同じように室内的な使い方をされている。それどころか、空間が広い分だけまわりの部屋よりも快適にみえる。

この家には一家族一一人が生活しているが、大家族にとっては、まわりの部屋よりも光に満ちた中庭の方が家族揃

図39　二階の部屋から中庭を眺める少女

図38　城壁沿いの大邸宅　室内化された中庭

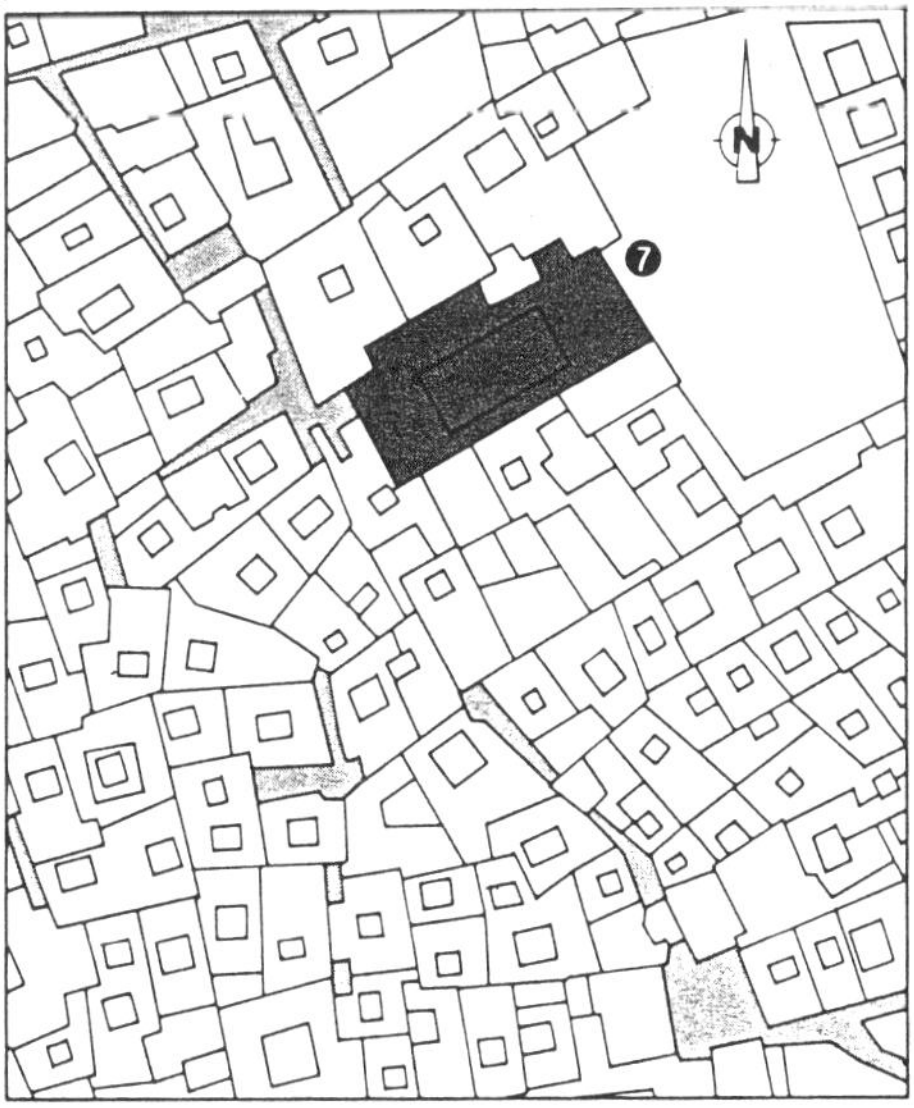

図37　張り出しのある家の中庭を望む

図41　住宅周辺図 C
❼ ハリウッドの豪邸

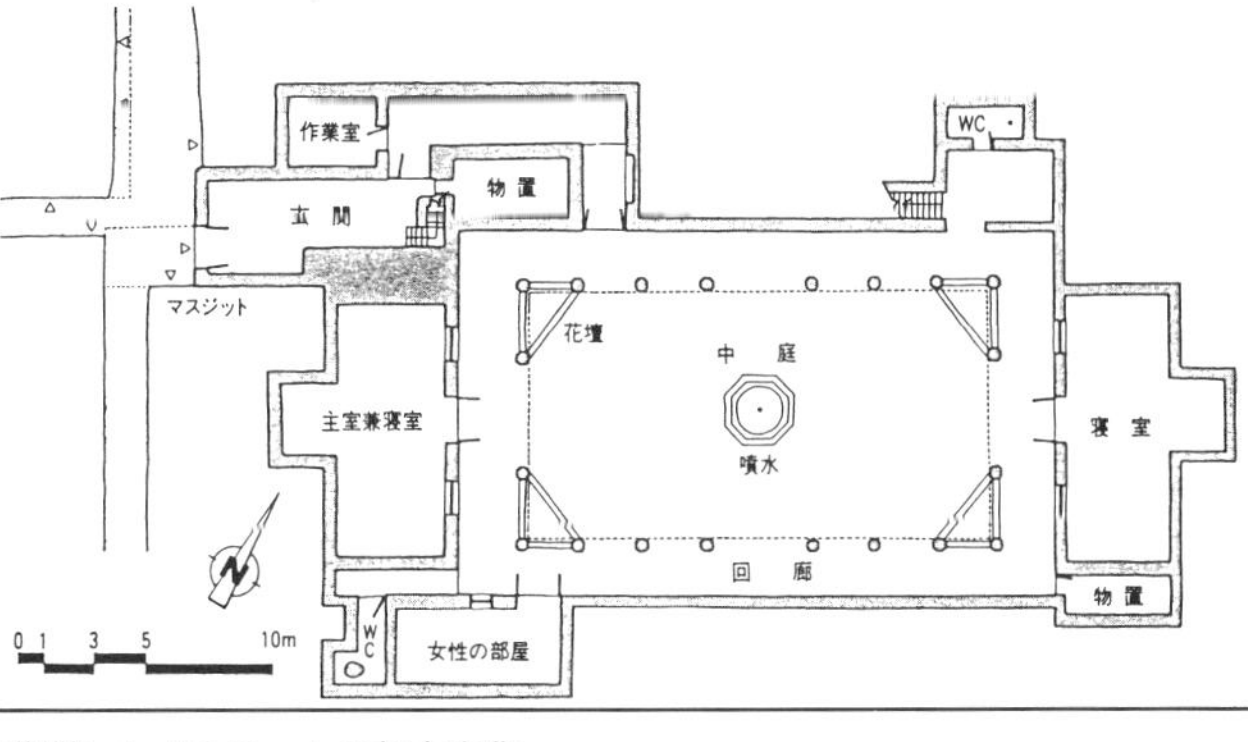

図40　ハリウッドの豪邸
1階平面図

ってくつろげる空間となっている。

⑦ハリウッドの豪邸（図40）　われわれがフェズで最後に調べた住宅は、例外的に大きい豪邸であった（図41）。市松模様にタイルが敷かれた玄関ホールは三回も折れ曲がり、作り付けのベンチも大きい。中庭の形は、他の住宅が正方形に近いのに対して極端に縦長であり、四隅には花壇が設けられていた。その中庭に面して二つの居室があり、植栽と噴水を挟んで向き合っている。

ここでは中庭の植栽が多く、他には見られないほどオアシスのイメージが濃い。百年ほど前に大臣が住んでいたと伝えられ、他の住宅とは比較にならないほど敷地も大きい。モロッコの住宅というよりも、アルハンブラ宮殿の中庭などと似たプロポーションをもっている。中庭の広さと見事な植物が中庭に爽やかな風を呼び込んでいる。

この大邸宅の一部は賃貸住宅になっており、数家族がそこで暮らしている。その屋上には鶏が飼われており、大邸宅の一部に庶民の生活感が溢れているのが面白い。

現在の持ち主はコンピューター関係の仕事をしており、オーナーがモダンなため、ここのトイレはわれわれにお馴染みの洋式便器が使われていた。彼はアメリカ人がこの邸宅のレプリカをハリウッドにつくったことを大変自慢していたため、われわれはこの家を「ハリウッドの豪邸」という愛称で呼ぶことにした。

他都市の住宅と比較

それでは七軒の住宅をみてきたところで、フェズの住宅を考察してみよう。そもそもモロッコの住宅はシリアや、イラン、イラクなどの東寄りの地域の住宅に比べると、中庭が室内的空間として使われている。中庭の大きさに対し、それを囲う壁面が高く、ポンペイをはじめとする古代ローマのドムス（個人住宅）にみられるアトリウムに近いものがある。植栽もけっして多いとはいえず、緑と水のオアシスのイメージが強い東アラブやイラン地域の中庭とはかけ離れたものがある。特にフェズの場合は中庭の上に簡単な屋根を架けることによってより室内化が進んでいるといってよい。室内化の度合いが高まるにつれて、室内の装飾性も高まる傾向にある。床を色鮮やかなタイルで敷きつめることはもちろん、腰壁の部分にこまかいモザイクタイルや模様の入った漆喰を張り詰めることも珍しくない。

さらに、フェズの中庭を室内空間として住民が強く意識していると思えることは、部屋と中庭とを仕切る大扉である。フェズでは、大扉は中庭に向かって開くのである。他のアラブやイランの都市の住宅は、必ず部屋の内に向かって開く。中東の都市の城門が必ず城内に向かって開くように、開く側こそが内側だと意識されているからである。人々は住宅が建ち並ぶフェズのメディナの中で、中庭を住宅の中心に据えることによって青空の開放感を室内に取り込み、中庭を積極的に使うことによって室内の居住性を戸外に拡大している。高密の都市フェズの住宅は「都市」に関するさまざまな問題に対する一つの解答である。

マラケシュ ＊都市の喧騒と静寂

オアシス都市の成り立ち

モロッコの映画で有名な都市カサブランカから南に二百数十キロ、なだらかな丘とわずかに草木が茂る土漠の中を行くと、土の色が赤く染まっていく。そして、突然ナツメヤシやオリーブの緑の中に包み込まれる。オアシスの中に来たのだと実感できる。ここはもう、マラケシュである（図42）。

広大なサハラ砂漠外縁に位置するこのマラケシュは、アトラス山脈からの水を引き緑豊かなオアシスに花ひらいた街である。土も建物も赤い色をしており、空の青とは対照的だ。照りつける陽射しも強烈である。標高四五〇メートル以上のところに位置し、都市内部には高低差がほとんどない。南には雪を抱くアトラス山脈が聳え、その雪の白色、街の赤茶色、植物の緑色のコントラストが魅力的だ。現在でも、人や荷物をロバや馬に乗せて走る昔ながらの光景を

図42　マラケシュ航空写真（図43の破線枠参照）

多く見かける。

モロッコ第二の都市マラケシュの歴史は古い。一〇六二年、ベルベル人によるムラービト朝の王ユーセフ・ベン・タシュフィーンによって建設され、一時衰退したものの再び一五世紀に発展し、現在もモロッコの最も重要な都市の一つとなっている。当時から街の大きさは南北に七キロ、東西に三キロにおよび、現在でも、数百年も前の姿をそのまま見ることができる。一一三二年にできた約二〇キロにも及ぶ城壁、九つの城門をはじめ、街のシンボル的なミナレットをもつクトゥビア・モスク（一二世紀）、独特の素晴らしい装飾のメデルサ・ベン・ユーセフ（神学校、一六世紀）、廟とは思えないほど圧倒される美しさをもつサード朝（一六—一七世紀）の墓廟、豊富な水量を誇る貯水池をもつメナラ離宮など、挙げればきりがないほど重要な歴史的建造物、遺構が数多く残っている。

イスラーム的なものと近代ヨーロッパ的なものの両者が存在するマラケシュは、城壁に囲まれたメディナ（旧市街）、王宮のあるカスバ（城塞）、アグダル（農園）、そしてメディナの西に広がる近代的な新市街によって構成されている。新市街はフランス保護下で建設され、放射状にのびる道路パターンの都市形態をもっている。それに対し、城壁で囲まれたメディナを巡る道路網は複雑に入り組み、迷路そのものである。折れ曲がった道、張り出した壁、街路側にほとんど窓のない住宅、道にかかるアーチやトンネルなどが迷宮性をいっそう高めている。

その中で、人間の存在が際立つ。赤茶色の街の中を徘徊する青、黄、緑、白などの鮮やかなジュラバ（民族衣装）に身を包んだ女性や男性の姿が強烈に目に映る。見ず知らずの人がしつこいくらいに声を掛けるし、誰もが大きな身振り手振りでよくしゃべる。人も街も、すべてのものが息づいている。

マラケシュの近くを小さな川が流れているが、夏場の乾燥状態が激しいため水量は限られており、大規模なメディナの飲み水をすべてまかなえるほどではない。メディナの人々の生活を支えるには、相当な量の水を確保する必要がある。そこで一二世紀に、メナラ離宮とアグダルに二つの貯水池が造られ、メディナ内のモスク、メデルサ、そして無数にある水汲み場など、いたる所に十分な水を供給することができた。夏にはほとんど雨が降らないが、幸い近くに四〇〇〇メートルを越すアトラス山脈が聳え、雪解け水を水路で貯水池に引き込むことができた。このようにマラケシュは、中世から水の供給を考え、オアシスの街として栄えてきたのである。

喧騒と静寂のメディナ

交易都市のネットワーク

マラケシュは、交易の重要な拠点であった。北はカサブランカ、ラバト、スペイン、北東はフェズ、アラブ諸国、東はカスバ街道、サハラ砂漠、西は大西洋沿岸の都市群、アフリカ各地へとネットワークを伸ばしていた。このオアシス都市には、キャラバン隊や旅人とともに、大量のモノや情報が集まり、華やかな文化が開花した。メディナは一見、迷宮空間と目に映るが、ある合理的な秩序を内包している。まずは、フナ広場とスークを中心に放射状の道路パターンである。それぞれの都市から交易・商売にやってきた人々は、城門をくぐり、メディナに入る。そこからメインストリートが、巨大なスークへと向かって伸びる。この道をたどれば、街の中心のスークへ迷わず辿り着けるのである（図43）。

各城門からスークに至る道沿いに、点々とフンドゥク（交易商人の宿泊所、品物の取引き売買所、製品の加工生産所、家畜の宿泊所などを総称したものでペルシア語のキャラヴァンサライにあたる）が数多く存在する。モロッコの他の都市でも、城門からスークへの通り沿いにフンドゥクが多く見られる。フンドゥクは扱う品物や交易する地域などで使い分けられている。マラケシュでは、搬入しやすい城門の近くでは生鮮食料品や穀物などの食料品を扱い、中心のスーク近くではジュラバや貴金属などの高級な装飾品を扱っている所が多い。

マラケシュのフンドゥクは中庭形式の二階建てのものがほとんどである（図44）。中庭はフェズをはじめとする他都市のフンドゥクに比べて広くとられ、回廊を巡らして直射日光を避け、暑さを凌げるようになっている所もある。このような商業施設はメディナの住人にとっても、ものの生産や取引きの仕事場としてばかりか、情報交換の場としても重要な役割をもっている。

メディナの中には、スーク、フンドゥクという商業施設以外に、モスク、メデルサの宗教・教育施設、さらにはハンマーム、水汲み場などの日常生活に欠かせない公共施設がある。そして街区（ハーラ）の間を仕切り、分節するゲート（門）がいくつもある。モロッコの都市は、これらのさまざまなボキャブラリーを駆使して巧みに組み立てられており、混沌とした迷宮空間という印象とは逆に、ある意味で明快な構成原理をもっているといえる。

まず、スークのゾーニングが面白い。生鮮食料品のゾーンは、他のアラブ地域の都市にみられるように、搬入の便を考え、必ず城門の近くにある。そして中心のスークには、保存のきく穀物（ピーナッツ、ダーツ、豆類）の店、そし

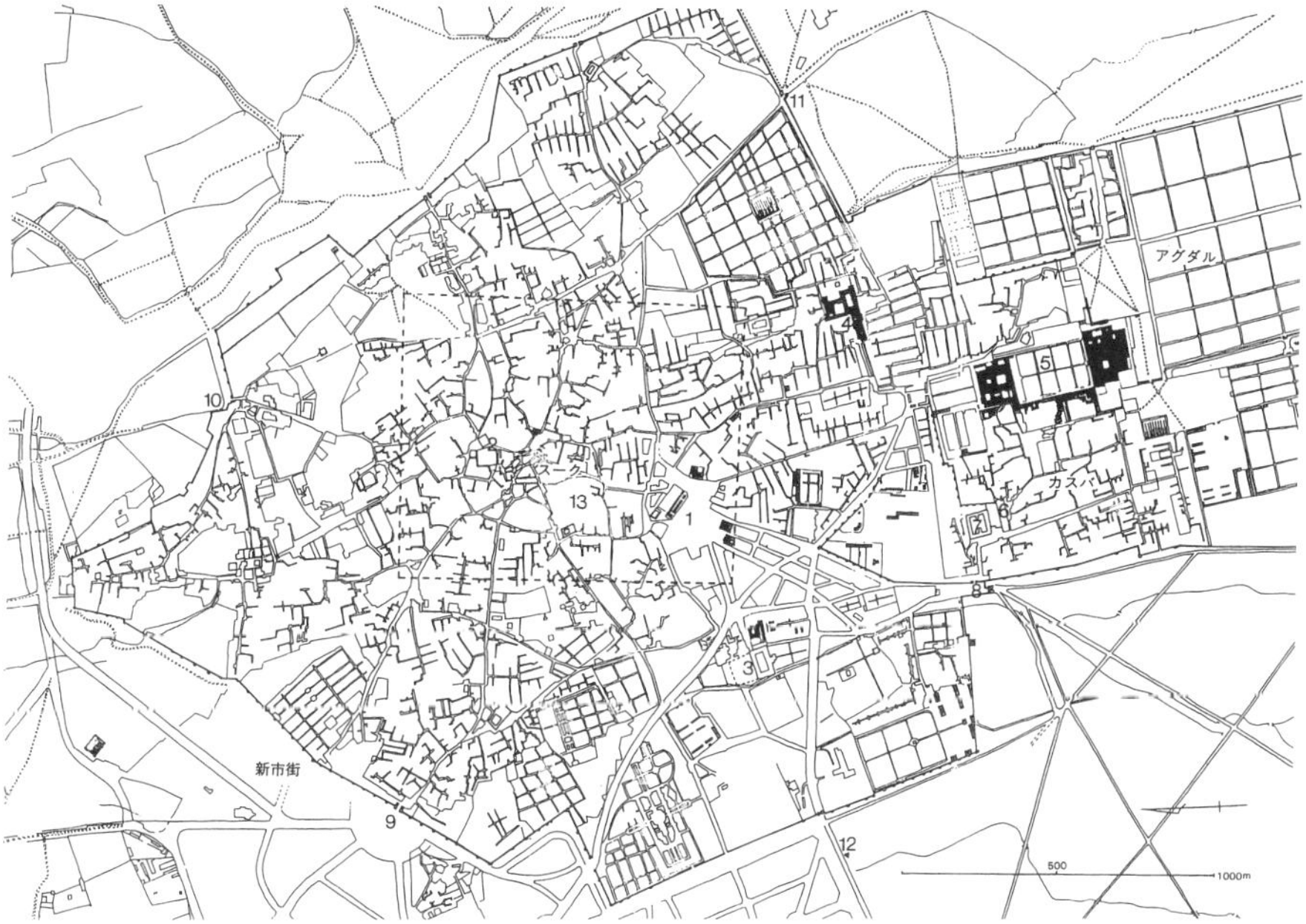

図43　マラケシュのメディナ
（破線は図42の範囲を示す）
1　ジャマ・エル・フナ広場
2　メデルサ・ベン・ユーセフ
3　クトゥビア・モスク
4　バヒア宮殿
5　王宮
6　サアディーン朝の墓廟
7　モスク・エル・マンスール
8　アグノー門
9　ドゥッカラ門
10　エル・ケミス門
11　レマート門
12　メナラ離宮
13　調査地区

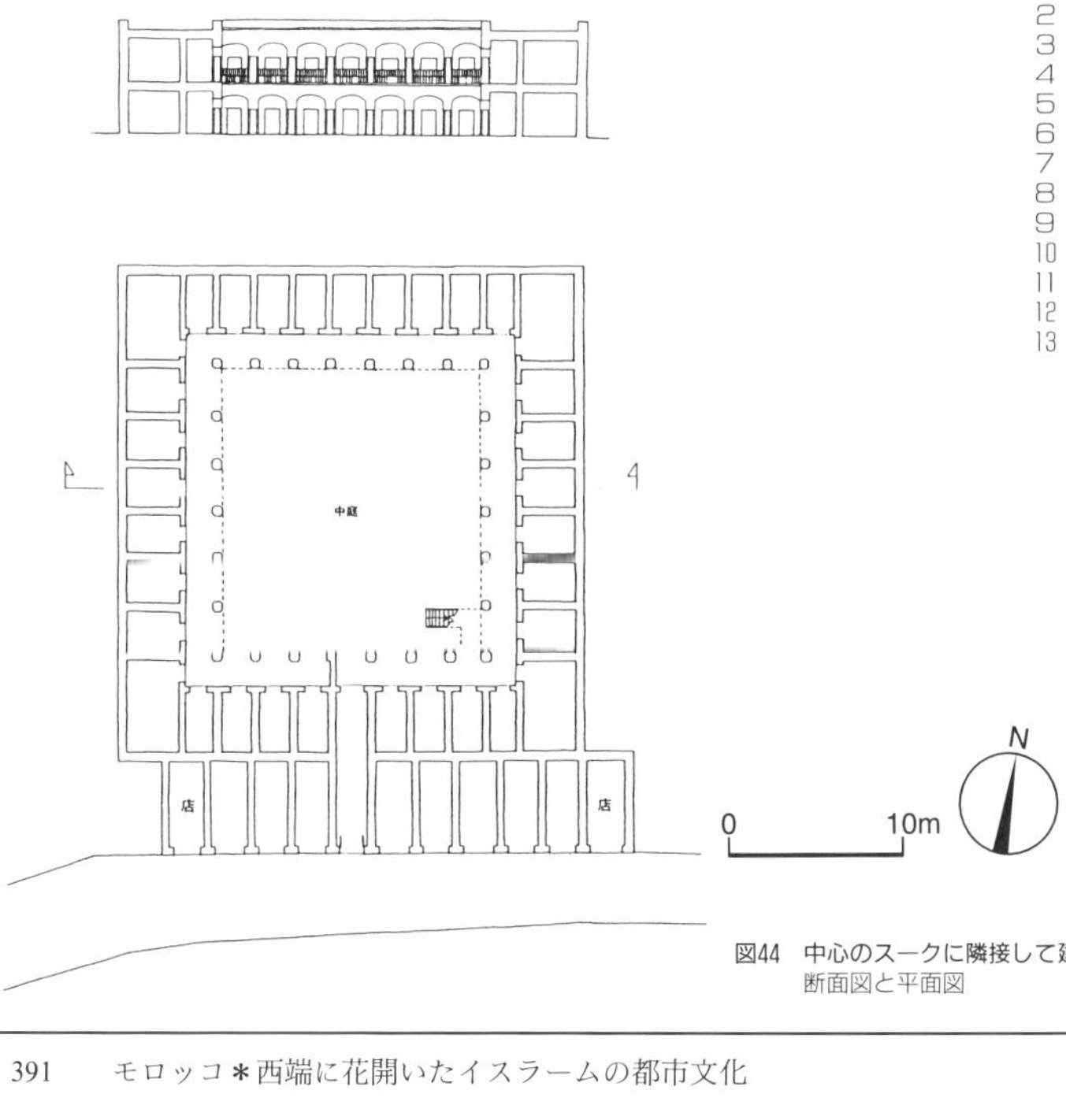

図44　中心のスークに隣接して建つフンドゥク
断面図と平面図

て軽くて高級な商品を扱う服屋、服地屋、貴金属店が並ぶ。これらは袋小路には絶対に存在しない。街区を仕切る門にも形がいろいろある。大きな馬蹄形アーチ型の門は主に幹線道路にあり、袋小路にはない。それを知っているだけでも、モロッコの長い長い袋小路に入り込む心配はないであろう。逆に、袋小路が多いのは住宅地区の証しで、人通りも少ない。

また、宗教施設のモスクはアクセスの便を考え、必ず人通りの多い道に沿って置かれる。しかし、ザーウィヤは住宅地に入り込んでいて、袋小路に設けられることもある。

スーク——開かれた喧騒の迷宮空間

ジャマ・エル・フナ広場の北側に、マラケシュのスークが広がる（図45）。銅器、木製品、革製品、絨毯、衣料、靴、貴金属品、香辛料といったように、業種別に店がまとまってスークを形成している。

狭い間口の店舗の前や内部には、職人技術の粋を集めた多種多様の品々が所狭しと陳列され、これらを見ているだけでも圧倒されるが、さらに、店員からも攻撃される。「コニチワ」、「サヨナラ」、「アリガト」、「カラテ・ブルース・リー」、「シノア、ジャポン」等々、片言の日本語で商魂たくましく呼び掛け、店に招き入れようとする。そのしつこさは呆れるほどだが、みな愛嬌があり、陽気で快活である。

この巨大なスークは迷路のように複雑になっている。道はいたる所で分岐し、右へ左へ折れ曲がり、その上は葦やトタンなどで覆われてアーケードをなしている。人があふれ、珍しい店があり、食堂からのいい匂いも混ざって、五感をフルに刺激する空間となっている。メディナ内では、車が入れないため、現在でもロバが運搬作業を担う主役となっている。

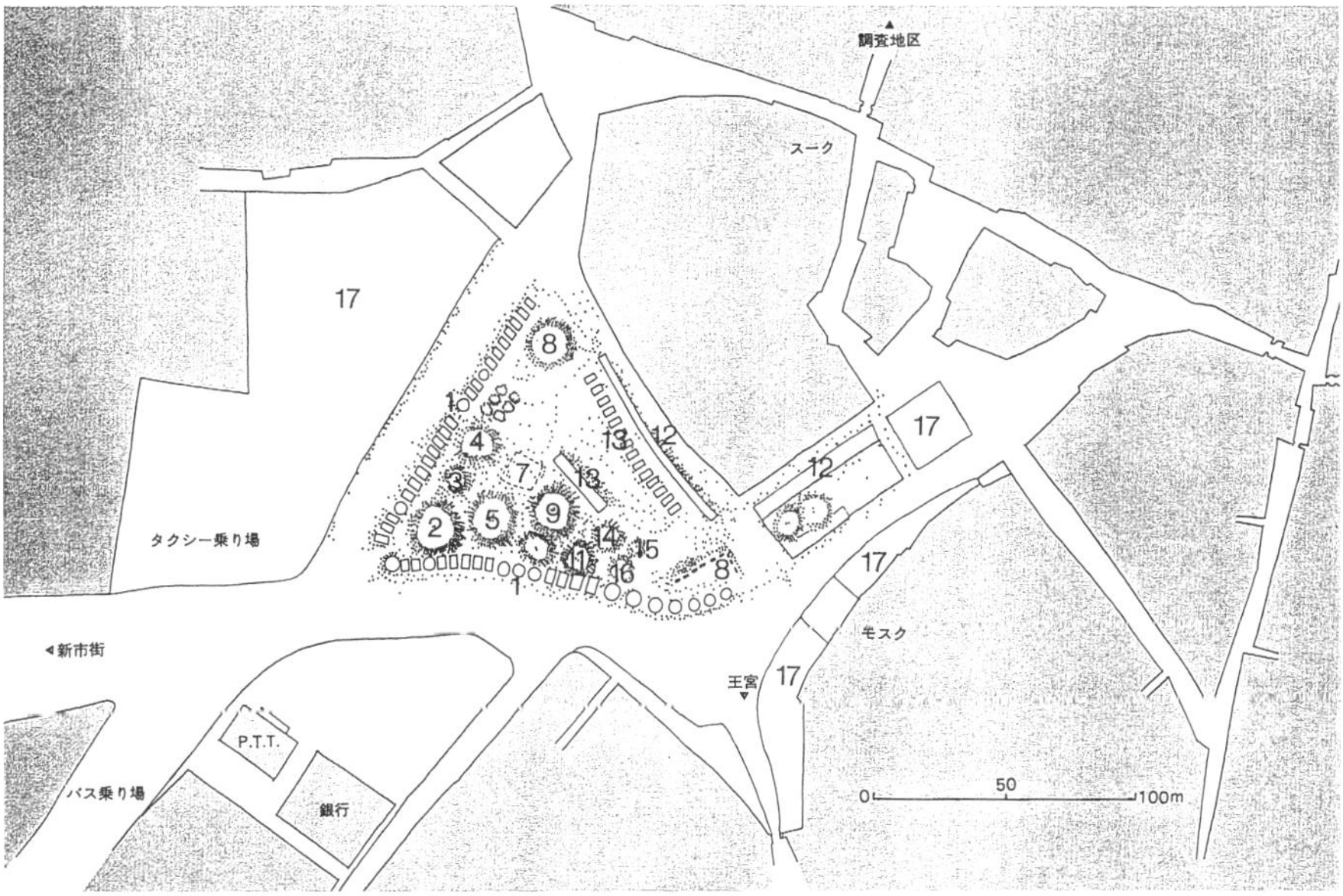

図46　ジェマ・エル・フナ広場
1 屋台
2 民族ダンス
3 薬売り
4 漫才
5 アクロバット
6 カードゲーム
7 代筆業
8 日用品売り（服，靴など）
9 ボクシング
10 コーラビン釣り
11 猿回し
12 小物売り
13 夕食屋台
14 食用カタツムリ
15 知恵の輪
16 蛇つかい
17 駐車場・駐輪場

上：図45　色とりどりの商品が並ぶスーク

下：図47　フナ広場の露店に集う女性たち

見世物広場の興奮——ジャマ・エル・フナ広場

このマラケシュ、いやモロッコを代表するものがある。それは、ジャマ・エル・フナ広場である（図46）。これほどまでにエキサイティングな広場が他に存在しうるだろうか。さまざまなパフォーマンスを繰り広げる大道芸人たち、ひしめく屋台、喜々とした顔の観客たち……。

広場は、時間によってその姿を変えていく。昼間はまわりの屋台や雑貨商などの露店しかない。陽が傾きかける頃から次第に活気を帯びてくる。見世物が始まり、観客が次々と集まってくる。さらに、ＰＴＴ（郵便局）の裏から移動式の屋台がだされ食堂の準備が始まる。陽が落ちるとより活気が増し、パフォーマンスも時間によって変わっていく。野外の簡易食堂からいい匂いが漂い、あちらこちらから音楽や歓声が聞こえ、興奮の高まりとともに夜が更ける（図47）。

都市が人を引き付けるのは、産業があり、雇用の機会が多いというだけではない。刺激に溢れた見世物が繰り広げられ、人々の気分を解放するところに、都市の魔性をはらんだ魅力がある。その意味で、マラケシュの見世物広場は、まさに都市の原点ともいえよう。

イスラーム建築の美——清澄な支配者の空間

マラケシュには、見世物広場やスークの喧騒とは正反対に、静寂に包まれた美しい空間も数多く見いだせる。まず、支配者のためにつくられた空間がそれにあたる。

旧市街南側に、王宮とカスバ（城塞）がある。カスバに入るメインゲートとしてのアグノー門（一二世紀、図48）を潜り、個性的なミナレットをもつエル・マンスール・モスク（一二世紀）の脇を入ると、サード王朝時代の墓廟（一六—一七世紀）がある。フランス人によって一九一六年に偶然発見されたというこの墓廟の建築美は、目を奪う。細く美しい大理石の柱、精巧なスタラクタイト（鐘乳石飾り）、赤、青、黄といったカラフルなタイルによる幾何学模様

図49 バヒア宮殿

図48 アグノー門

図50 メデルサ・ベン・ユーセフの小さな中庭と宿坊

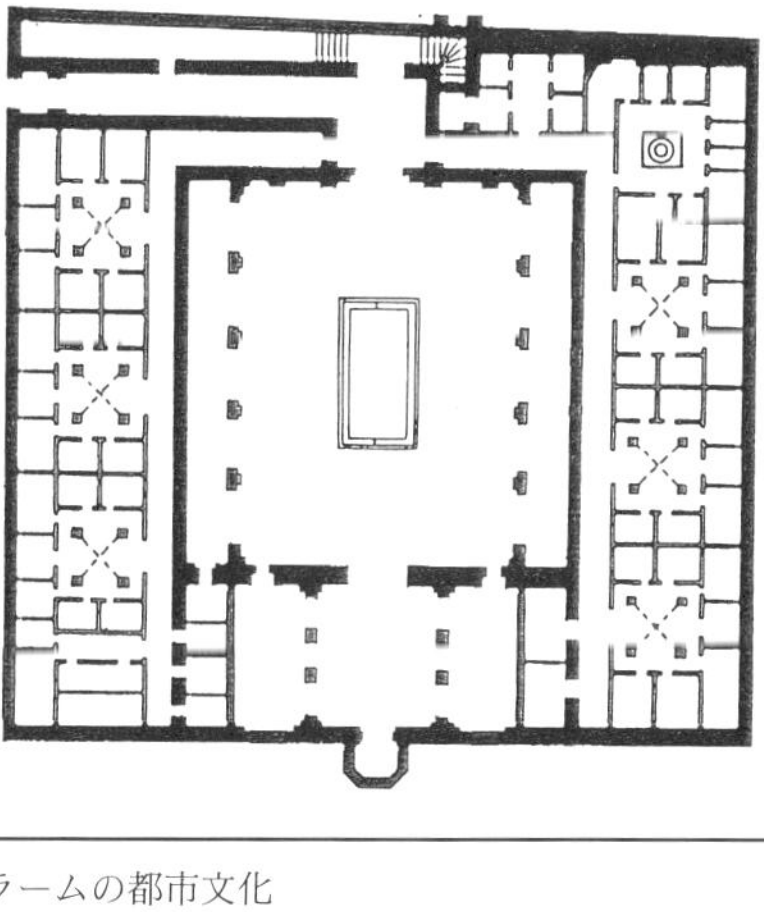

図51 メデルサ・ベン・ユーセフ平面図

……。これらの装飾要素が見事に調和した世界を生み出している。床には大理石の棺が置かれ、当時の王朝の栄華がうかがえる。

また、カスバ近くのバヒア宮殿（一九世紀、図49）は、緑や噴水のある美しい中庭と華麗に飾られた多くの部屋からなる、イスラーム建築ならではの見事な複合空間を形づくっている。

スークに隣接するメデルサ・ベン・ユーセフ（一六世紀、図50、51）も、シンメトリーの美しい中庭を中心に、静寂に包まれた空間を見せる。中庭を囲う壁面では、コーランをデザイン化した独特のスタッコ飾りや木彫りと、カラフルなタイルによる幾何学模様が見事に調和している。二階は学生の寄宿舎となっており、所々に小さな中庭を置き、そのまわりに数多くの個室を並べるプランニングの手法には感心させられる。

一階の中庭空間は、まさにアルハンブラ宮殿に通ずるものである。アンダルシア地方のスペイン文化とマグリブ地方の先住民族ベルベル人の文化が混血している。中世イスラーム建築が到達した最高の〝美〟がここに見られる。

住宅地――閉じた静寂の迷宮空間

静寂は、支配者だけの特権ではない。庶民の住宅地もまた、落ち着きをもっている。人の往来が激しい〝喧騒〟に満ちた商業空間の裏側に、〝静寂〟な住宅地が広がっているのである。

マラケシュの住宅は一般に二階建てで、必ず中庭をもつ。中庭型の住宅が壁を共有しながら連続して並び、有機体のような独特の市街地を構成している。

住宅地の中を歩いても、やはり迷宮そのものである。道は狭く、左右へ折れ曲がり、混沌として、意外性に富んでいる。行き止まりかと思うと通り抜けできたり、自信をもって進むと袋小路であったりする。その閉鎖的な道の空間から、一歩住宅の中に入ると魅惑的な別世界が広がる。樹木と噴水をもち、タイルで床や壁を美しく飾られた中庭の安らぎに満ちた空間は、まさに地上の楽園といったイメージである。われわれがイスラーム地域の都市を訪れると、たいてい喧騒の空間に印象づけられ、その奥にこのような静寂の空間があることを見落としてしまう。実はこのコントラストこそがイスラーム世界の都市において最大の面白さといえよう。

都市の中のミクロコスモス——迷宮空間の実測調査

調査地区のもつ意味

ジャマ・エル・フナ広場の喧騒に包まれた広い空間から、聖なる空間ベン・ユーセフ・モスクにかけて、迷路状の高密な街の中にスークが広がる。民族衣装、貴金属、絨毯、華やかに刺繍が施された靴、金物、皮製品、木工製品などさまざまな種類のものが所狭しと並べられ、売られる製品の種類によってゾーニングされている。われわれは、このスークによって囲われた迷宮状の一角を詳しく調べてみることにした。フナ広場にかなり近い、一辺が約一五〇メートルほどの四角形をした地区である（図52）。

この一角を選んだのには、はっきりした理由がある。これまでの経験で、イスラーム地域の都市はどこも、賑わいに満ちたスークの商業空間と落ち着きのある住宅地との組み合わせが面白いことがわかっていた。今回の調査前に手に入れたマラケシュの地図を丹念に見ていると、商業施設が並ぶスークのすぐ裏手に、長い袋小路が複雑に巡る迷宮状の住宅地が広がっている一角を、やはり見つけることができた。イスラーム世界の都市の本質を解く一つ格好の対象として、われわれは即座にこの地区に目をつけたのである。

地図の上であたりをつけたわれわれの勘は実に適切だった。実際にその地区を歩いてみると、表側のスークからその裏手の住空間へと移行する途中に、都市の構成要素ともいうべき、モスク、ハンマーム、水汲み場、マスジド、ザーウィヤ、トイレなどがすべて揃っている。しかも、住宅地は期待以上に複雑に入り組んだスリリングな迷宮空間となっていた。まさにこの小さい地区に、イスラーム世界の都市の縮図を見ることができるのである。

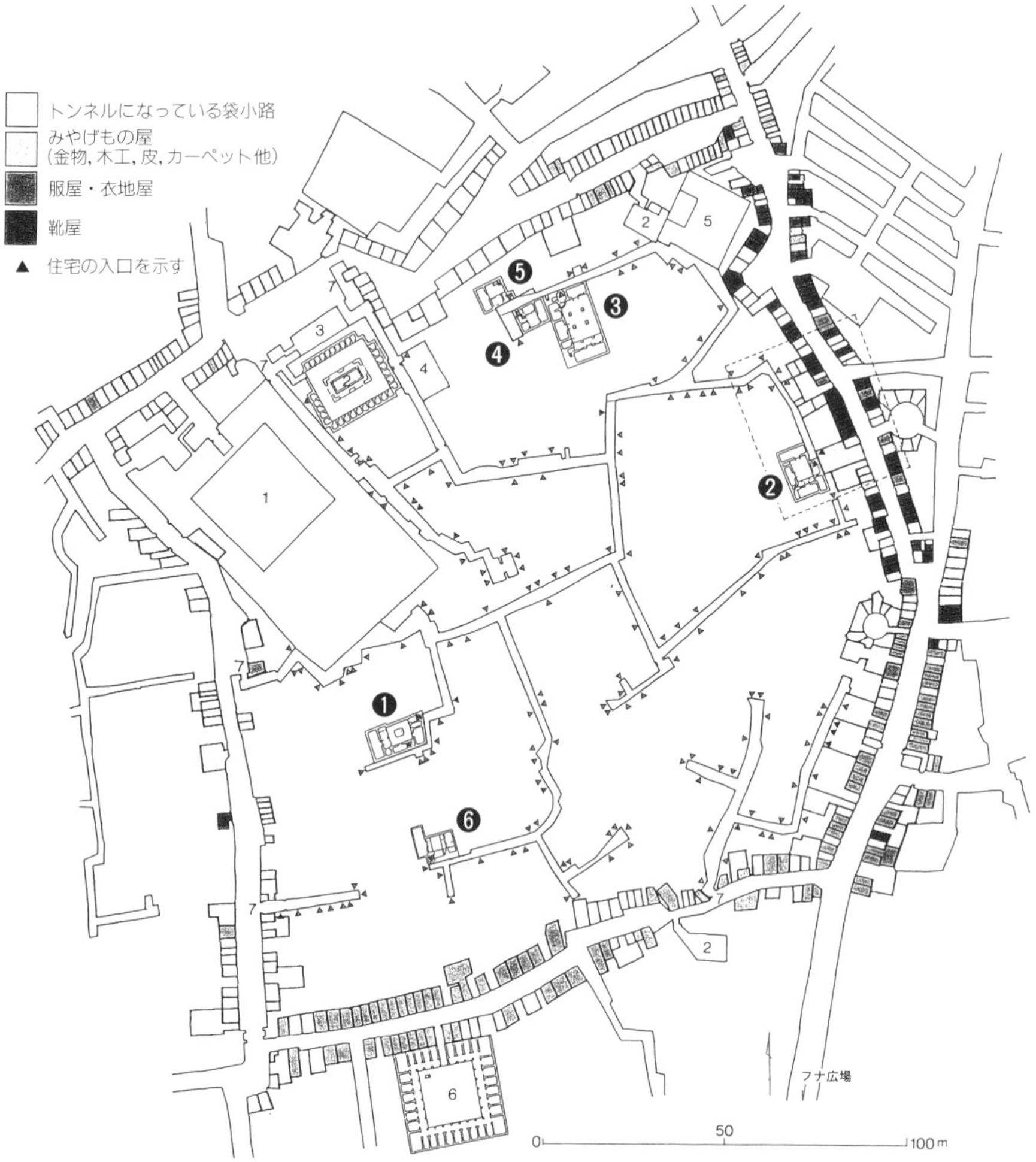

図52　調査地区図

❶ アメリカ人の家
❷ 修復中の家
❸ 英語を話す女性の家
❹ 小さな中庭の家
❺ 外階段のある小さな家
❻ 女の子の家

1 エル・ムワッシィン・モスク
2 公衆トイレ
3 エル・ムワッシィンの泉
4 ハンマーム
5 マスジド（簡易礼拝所）
6 フンドゥク
7 袋小路への出入り口

この地区を実際歩いて、まず感じることとは、スークの〝喧騒〟に対して、住宅地のなんとも〝静寂〟なことだ。広場やスークでの客引きはしつこく、また、金物製品、木工品を加工する音や取引きの声はまるで日本の祭りや市のように騒々しい。一方、スークのすぐ裏側に広がる迷路状の住宅地に入ると、今まで聞こえた音がどこかへ消え、一転して静寂な空間となる。このように、〝喧騒〟と〝静寂〟とをうまく分け、活気のある商業空間と落ち着いた住空間とを近接して巧みにつくり上げている。近代都市よりもずっと合理的で機能的な地区の構成といえるのではないだろうか。

ところで、この一画はエル・ムワッシィン街区（ハーラ）と呼ばれており、メディナにいくつもあるハーラの内の一つである。ここにあるモスクや泉にも同じくエル・ムワッシィンという名が付けられている。イスラーム地域では、一般にモスク、メデルサ、ハンマーム、泉などのコミュニティ施設は、ワクフ制度によって造られているため、寄進者名、または、その人が名づけた名称をもつものが多いのである。このエル・ムワッシィン街区の袋小路にも、エル・ハンマーム袋小路（Derb El Hammam）、エル・グナイズ袋小路（Derb El Gnaiz）といった名前がついている。マラケシュすべてに共通していることであり、必ずといっていいほど袋小路に名前がつけられている。ときには袋小路の入口のゲートの上にその名前が表示されている。

また、各住宅には西欧のようにナンバーが打たれている。これがいつからなのかはっきりわからないが、おそらくフランス保護下からであろう。たとえば後述のアメリカ人が住む住宅は、「エル・ムワッシィン街区、エル・グナイズ袋小路の一九番」となっている。われわれには迷宮の中の似たような袋小路や住宅の扉だけでは区別が付きにくいが、この決まりに従えば、意外と家捜しや郵便配達も簡単にできるのかもしれない。

街区を囲む道筋の空間ヒエラルキー

この街区を取り囲む通りには、その機能や役割から見て、三つの段階構成が存在する。第一はスークを形づくる公的な通り、第二はモスク、ハンマーム、水汲み場などの公共施設、あるいはフンドゥクがある半公的な通り、そして第三が迷宮状の住宅地への入口のゲートや扉のある私的な通りである。

まず、東側のスークを形づくる通りを見よう。フナ広場から調査対象地区に通じる通りは「布の道」(Rue Souq Semarine) と呼ばれる。実際、この通りには布地屋や服屋が広がっている。中庭のまわりに店舗を並べたカイサリーヤ (Qaysariya) と呼ばれるモロッコ独特の商業施設がこの道路沿いに多く見られる。

布屋の並びが終わるあたりから、革の靴や服に付ける装飾品の店が続く。そして通りが分岐するあたりから、靴屋や箱を作る店が並ぶ。この一画は、何十年か前に火災にあい、現在ではコンクリート造のアーケード街となっている。ここにある円形のカイサリーヤはナッジャーリーン (Najjarine 指物大工) と呼ばれ、現在では服屋街だが、かつてここに指物大工の工房があったことがうかがえる。

人、モノ、情報がひしめくスークの道は、葦や木で組んだ日除けが架かったアーケードとなっている。そこは商業に特化した空間で、裏側の住宅街に通じるための道はとられていない。

次のランクに当たるのは、モスク、ハンマームなどのある北側の通りとフンドゥクのある南側の通りである。特に北の通りは、城門からスークへと旅人や商人を導く役割をもつ重要な道で、道幅もゆったりしている。しかし、この通りはスークとは門で区切られており、スークの通りとは明らかに性質が違うことがわかる。みやげもの屋などが並ぶが、店舗の密度はそれほど高くない。南側の道では、フンドゥクのまわりに服の問屋が何軒か並ぶ。これらの通りには、所々に住宅に通じる入口も見られる。

第三のランクは、それらを繋ぐ西側の通りで、住宅地への袋小路の入口や住宅の扉が所々に見られる。この通りは本来、住宅地へのアプローチの役割をもち、ほとんど店舗はなかったと考えられる。マラケシュが観光地化し、旅行者の数が増えるにつれ、みやげもの屋ができたのに違いない。

このように街区を取り囲むそれぞれの通りには、役割の分担があり、〈公的な空間〉から〈私的な空間〉へと段階

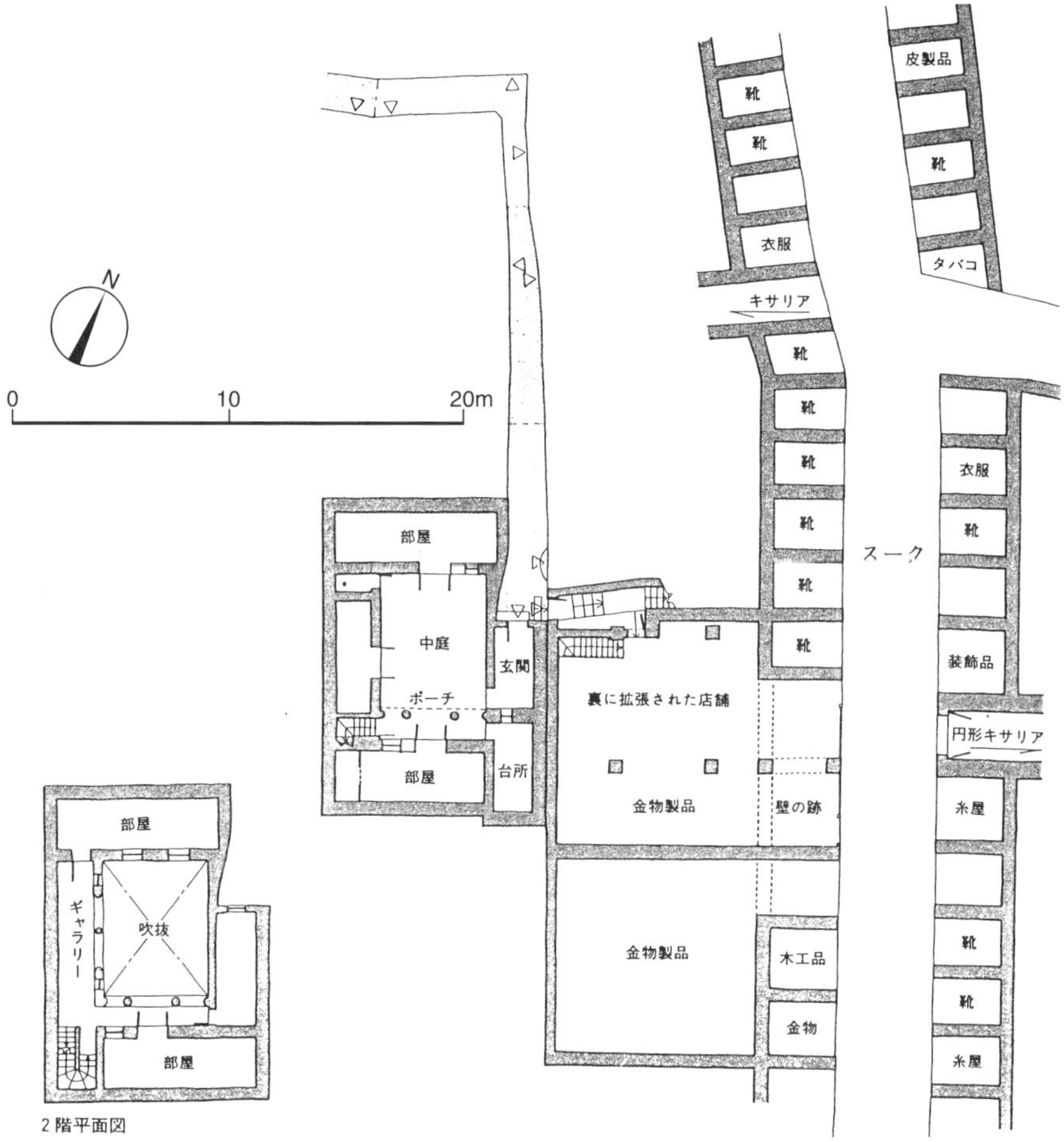

図53　スークの店舗群と袋小路奥の修復中の家（1，2階平面図）

的に移行していく。モスク、ハンマーム、水汲み場などの公共空間はその中間的な位置にあり、公と私を巧みに分けているのである。

ところで、この街区において、スークとその背後にある住宅地はどのように接しているのだろうか。幸い、その疑問を解き明かすのに格好の場所があった。スークの店群とその裏の住宅を統合し、大きな店舗につくりかえたみやげもの屋が見つかったのだ（図53）。スークには普通間口、奥行き約二メートルの店舗がひしめいて並んでいるのに、このみやげもの屋の店舗は奥行きが約一〇メートルもある。奥行き二メートルほどのところに、以前の店の壁があったことも確認できた。このみやげもの屋は今では、スーク側の通りと裏の住宅街の側の両方に入口をもっているが、本来はスークはその奥の壁で完全に住宅地とは隔てられていたのである。

夜になると、スークの店舗には鍵がかけられ、商人たちは家路に着く。さらにスークの通り自体にも門が閉められ、人の出入りがまったくできなくなるところもある。したがって、住宅地への入口は、スーク側にあっては不便なのである。このように〈静寂の住居スペース〉と〈喧騒の商業スペース〉とを区別し、共存させるということが、イスラーム世界の示す一つの知恵なのである。

生活を支えるコミュニティ施設

モスク、メデルサ――聖なる空間

イスラーム社会で最も重要なのは、いうまでもなく祈りの場であるモスクである。この街区にも北西の一角に、エル・ムワッシィン・モスクがある。

モロッコは宗教的には厳格で、イスラーム教徒以外はモスクに入れない。しかし開かれた門から、中の様子をわずかにうかがうことができる。モスクには中庭があり、その中心に大理石でできた丸い泉亭が置かれ、人々は礼拝の前に手、足、顔を清める。中庭は床から目の高さにかけて幾何学模様のタイルで飾られ、壁一面にコーランの文字をデザイン化したスタッコや木彫りの装飾を施し、聖域であることを物語っている。泉亭で身を清めた後、礼拝堂に入り、メッカに向かって祈る。

ミナレット（礼拝の時を知らせるアザーンを流す塔）は、都市の風景を引き締める上で重要な要素だが、国や地域によって個性があって面白い。モロッコのミナレットは石造りでそれほど高くなく、四角形をしており、内部はすべて螺旋階段になっている。壁面は緑、青、黄などのタイルや石を彫り込んだ装飾がされて、実にカラフルである。

この街区にはまた、モスクを小規模にした簡易礼拝所が配されている。一般にモスクは中庭形式であるが、簡易礼拝所には中庭がないものもしばしば見かける。ともかく祈る空間があればよい。この簡易礼拝所とモスクにはヒエラルキーはなく、誰でもすぐに礼拝ができるようになっている。しかし、金曜日の集団礼拝はモスクで行なうことになっている。

ハンマーム――娯楽、衛生、健康　イスラーム地域の都市に不可欠なのがハンマーム（公衆浴場）である。どの地区にも必ず見られ、スークの中にもよく見かける。ハンマームは体を清潔にすることはもちろんのこと、美容と健康に役立ち、今風にいえばエステティック・サロンの役割も果たす。また人々は会話などを楽しみながら、ここで長時間くつろぐ。ハンマームは娯楽とコミュニティにとっての交流の場でもある。

イスラーム圏の中でも、モロッコでは特に、ハンマームが今なお人気がある。気持ち良さそうな顔をしてハンマームから出てくる女性たちの顔が印象的である。この街区のハンマームは水汲み場（泉）の近くにある。カギ型の通路を入ると受付ホールがある。このホールが脱衣所とサロンを兼ねる。奥の浴室に入ると、ぬるま湯のある第一室、熱湯のある第二室へと通じている。室内の天井はドームとなっており、壁が見えないくらいに熱い水蒸気が立ち込めている。この街区のハンマームは比較的小さいから、男女の部屋の区別はなく、午前中が女性、午後が男性用と、時間による入れ替え制をとっている。燃料はおがくずと木であり、搬入にはロバを使用している。搬入口は、客用の表の出入口とは区別され、裏の住宅地側の一本の道からとられている。

フンドゥク　その一般的な機能と用途はすでに説明した通りである。この調査エリアにも南側の道に沿って、典型的なフンドゥクがある（図44参照）。通りから、馬蹄形アーチの門をくぐって中に入ると、四角い大きな中庭に出る。二階建てで、上の階には回廊が巡る。部屋の広さは三〜六畳ほどで、天井高は約四メートルである。今日フンドゥクの使用形態はさまざまだが、マラケシュでは、一階は物の売買や家畜置き場に使われ、二階で物の生産をしている所が多い。

水汲み場・泉　モスクの東側のトイレの脇に、有名なエル・ムワッシィンの泉（一五七〇年）がある（図55）。往年の名画『カサブランカ』にも登場し、人に引かれたラクダが水を飲むシーンがここで撮影された。

この周辺に住む人々は、今でも時々、この泉を利用している。水道設備の普及で不要となり、美しいモザイク・タイルの装飾だけを残す泉をしばしば見かけるが、今なお生活用水のために現役で使われている泉も数多くある。一般的にモスクに隣接する泉は大規模で、スペイン・ムーア様式によるタイル装飾をもつが、住宅地の中にある泉は小さくて実用的なものが多い。そして今でも街区の人々のコミュニケーションの場としても利用されている。

公衆トイレ　モロッコの都市では、大きなモスクの近くに必ず公衆トイレが設けられている。トイレに困ったら、まずモスクを探せばたいていすぐ見つかる。なかにはモザイクタイルで見事な装飾が施され、中庭の中央に泉を備えたトイレもあり、思わず見とれてしまう。

この街区内にも二つのトイレがある。どちらもやはり中庭形式の施設であり、特にモスクに隣接しているトイレは立派なものである（図56）。現在、トイレとしてだけでなく駐輪場としても使われている。

入口には受付が置かれ、料金（一〇円程度）を払う。カギ型に折れたアプローチを通り、中庭に出る。中央に長方形で豊富な水量のある泉が設けられ、その上には天井に装飾のある木造の寄棟屋根が架かっている。周囲には個室が整然と並べられている。めいめい泉からバケツに水を汲み、周囲の個室に向かう。個室の広さは日本のものと同じぐらいである。床には小さな長方形の穴が開いており、入口の方を向いてしゃがんで用を足す。ただし、ここには扉がない。しかし、立派な古典的水洗トイレであり、古くから下水道が整備されていたのには驚かされる。

図55　エル・ムワッシィンの泉

図54　ハンマームのサロン

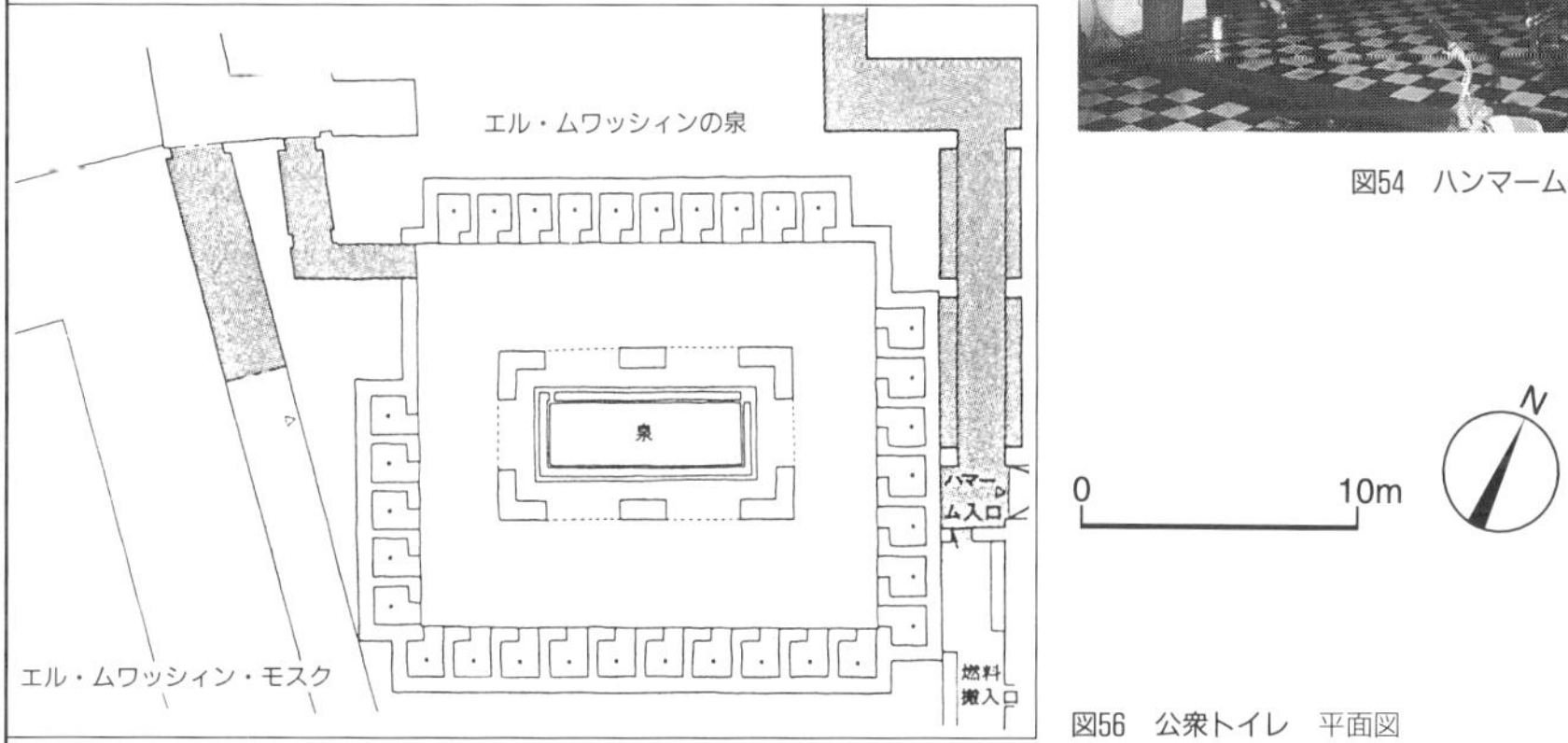

図56　公衆トイレ　平面図

図59　袋小路の奥で遊ぶ女の子たち

図58　狭い路地を行き交う人たち

図57　賑わう通りからエル・ムワッシィン街区に入るトンネル

公衆トイレがこのように発達した理由としては、古代からの地中海都市の伝統も考えられるが、同時に、小規模な住宅では経済的理由でトイレのないところも多く、また、スークの狭い店舗は個々にはトイレをもたない、という事情がある。公共施設の充実が求められたのである。

袋小路のネットワークと装置

いよいよ住宅地に入っていくことにしよう。この街区の東にある喧騒のスークを西に折れて少し進むと、かつてスークとこの住宅地区を隔てていた立派な門がある。その内側には、ちょっとした広場のようなスペースがとられ、周囲の建物もデザイン的に統一されている。荷物を積み替えてスークに運んだり、ちょっとした作業をするためのスペースだったのだろう。

その広場に面して、先に説明したエル・ムワッシィンの泉やモスクがある。また、水汲み場の裏に公衆トイレやハンマームがあり、この広場を中心とした一角に、公的な空間と私的な空間の間をつなぐ公共施設がうまく配されていることがわかる。

このあたりから、街区内部への入口が所々にとられている。往来の激しい表通りを避け、比較的人通りの少ない裏通りから出入りする傾向がある。袋小路への出入口の幅は二メートルもなく、トンネル状になり、目立たないものも多い。しかし注意して見ると、この地区では通路にアーチ型の門がつけられ、ときにはマグリブやアンダルシアで見られる馬蹄形アーチも使われている。それらを頼りに入口を見つけることができる。かつてはそこに扉が付けられており、まったくよそ者を受け入れないようにしていた。

この調査対象の街区には、五カ所に袋小路の出入口が設けられている。一つはハンマーム用、二つは住宅地用の短い袋小路となっている。そして、残る二つの出入口はやはり住宅地用であるが、踏み入るのが怖いくらい長い袋小路に通じていて、入口の扉から袋小路の奥の住宅まで、実に二〇〇メートル以上もの距離があるところさえある。まさに、〈究極の袋小路〉と呼びたくなる。

かつてこのような各住宅に通じる路地は、入口の扉から街区に住む人達の共同所有となっていた。長い袋小路の場合、分岐しているところに扉を設け、いくつかに分節して共同所有していた。それは現在でも、頭上にかかるアーチ門や外壁に残る扉を支えた跡によって確認できる。現在では管理は市や県が責任をもち、実際の整備などは住人たちの出資で行なわれているところもある。

エル・ムワッシィン・モスクの西側の一角に、人々が出入りしているアーチ型の門がある（図57）。これが、内部の住宅地への主要な入口の一つである。われわれもその門を潜ってみた。通りからは十数センチ下がっている。頭上には建物がトンネル状に覆い、狭くて薄暗い。クランク状に左に折れ曲がると、一五メートルほど先が明るくなっている。その明かりを頼りに折れ曲がりながら、ゆっくりと歩いていく。先が見通せないため、日本のお化け屋敷に入っていくようなスリルと興奮がある。

その暗いトンネルを抜けると、上から光が差し込み、マラケシュ独特の赤茶色の壁にはさまれた狭い路地が奥へ続いている。その中を鮮やかな色彩の伝統衣装に身を包んだ女性が次々に通るから、絵になることこの上ない。道の幅は一〜二メートルと狭く、両側の壁は一〇メートルほどの高さである。道がクネクネと折れ曲がり、またトンネルで暗くなっているため、視界は一〇メートルにも届かない（図58）。また、両側に並ぶ住宅の外壁にはほとんど窓がなく、道路空間はきわめて閉鎖的である。見通しがきかず、方向感覚を完全に失うこの迷宮空間は、よそ者にとっては、不安で入りにくい。逆に、すべてを体で知り尽くした住人にとっては、居心地のよい自分たちだけのテリトリーとなっている。スークの喧騒に満ちた空間とは対照的な、静かで落ち着いた空間をつくり上げている。

こんなに狭い空しか見えない路上でも、子供達がサッカーやゴム飛び、石蹴りに興じている（図59）。この一辺が一五〇メートルほどの街区の中に、驚くことに、一五〇軒以上もの住宅が互いに壁を接しながら、所狭しと建っている。

特に目立つのは、住宅の二階部が張り出し、道路を覆うトンネルである。狭い敷地を有効に使うための手段だが、視覚的な変化によって迷宮性を一段と高めている。トンネルは丸太の梁で支えられ、その道幅は二〜二・四メートルである。

道の両側の壁には、各住宅への入口がとられるだけで、窓はほとんどない。住宅はどれも中庭をもち、内側にだけ開いているのである。しかし、路上を覆いトンネルをつくっている部屋には、必ずと言っていいほど正面に窓が設けられている。イスラームの教えで外になかなか出られない女性も、この窓を通して家の中から路上を見ることができるのである。また同時に、窓がアイストップの位置にあることで、路上を歩く人々にとって心地のよい視覚的なアクセントとなっている。

この街区では、道路に対してのトンネルのカバー率は約四八％にもなる。奥へ進むほど、トンネルの部分が多くなり、道幅もやや狭くなる。道の私的な性格が強まるからだろう。暗さに目が慣れないうちは、手探り状態で足元を確認しながら歩かないと、段差や張り出した壁で危険なほどである。

しかし、強烈に差し込む陽射しとトンネルや折れ曲がった壁がつくり出す〝光〟と〝影〟の見事なコントラストは、袋小路にさらなる劇的な効果を生み出している。イスラーム世界の都市が見せる迷宮空間の醍醐味がここにある。

住宅の空間構成

①アメリカ人の家（ゴリエール邸）（図60）　驚いたことに、このような袋小路の一番奥に、開発協力の仕事として英語を教えているアメリカ人の家族が住んでいた。さっそく、家を見せてもらう。暗くていささかうっとうしい路地から、扉を開けて驚かされた。軽快なアーチやバルコニーで美しく飾られ、タイルで明るく彩られた中庭には、まん中に噴水があり、植木が植えてある（図61）。まさに地上の楽園のようなイメージである。住み心地も最高だという。

われわれの今回の調査では、この迷宮的な街区の中にある六軒の住宅を調べることができた。そのうちでも最も典型的な中流住宅と考えられるこの住宅から、まず説明していこう。夫婦とハイティーンの息子の家族で、年配の現地の女性が通いでメイドとして働いている。袋小路の奥に入り込んでいるこの家は、人目を気にする必要がないと見え、玄関ホールはカギ型ではない。

中庭に入るとまん中に植栽と小さな噴水がある。部屋は中庭をコ字型に囲んで配置される。玄関ホールから見てちょうどアイストップになる中庭の反対正面に、前面にポーチをもつメインの部屋がとられている。今は変則的な寝室となっているが、本来は、ソファーを壁沿いに回す典型的な主室であったと思える。その南側はシャワールームと階段、玄関のある東側に台所と便所がある。

二階にはL字型にギャラリーが巡り、西側の主室の上にある立派なベランダをもつ部屋は寝室として、東側の部屋は作業室として使われている。屋上へは、ギャラリーからはしごで上がれる。

②修復中の家（図53参照）　この調査地の中でも、最も長い袋小路のどん詰まりに位置する。通りの入口からは、ここへ至るまでに一八〇メートル以上も歩くことになる。先に見た、スークと住宅地の関係を示してくれる改造されたみやげもの屋の隣にあたっている。

この家は修復工事中で、内部の装飾はまだできていなかった。玄関からカギ型に折れて中庭に出る。やはりコ字型のプランで、中庭の三方に部屋を配する。玄関から入った時にまず目に入るのが、前面にポーチのある主室である。二階にはL字型にギャラリーがまわり、部屋が北と南、玄関ホールの上と三つある。工事中のため幸い、構造がよくわかった。現在では、柱と梁部分はRC造で、壁部分には煉瓦（ブロック状のもの）が補強材として使われ、その上にモルタルを塗っている。スラブ部分はやはりRC造となっており、その上にモロッコ独特のタイルが貼られる。修復は構造面ではかなり現代的になってきているが、伝統的な形態や装飾は残している。三人の職人が手作業でゆっくりと時間をかけて仕事をしていた。

③英語を話す女性の家（ガルナオヴィ邸）（図62）　もう一本の長い袋小路においても、幸い三軒の家を実測できた。

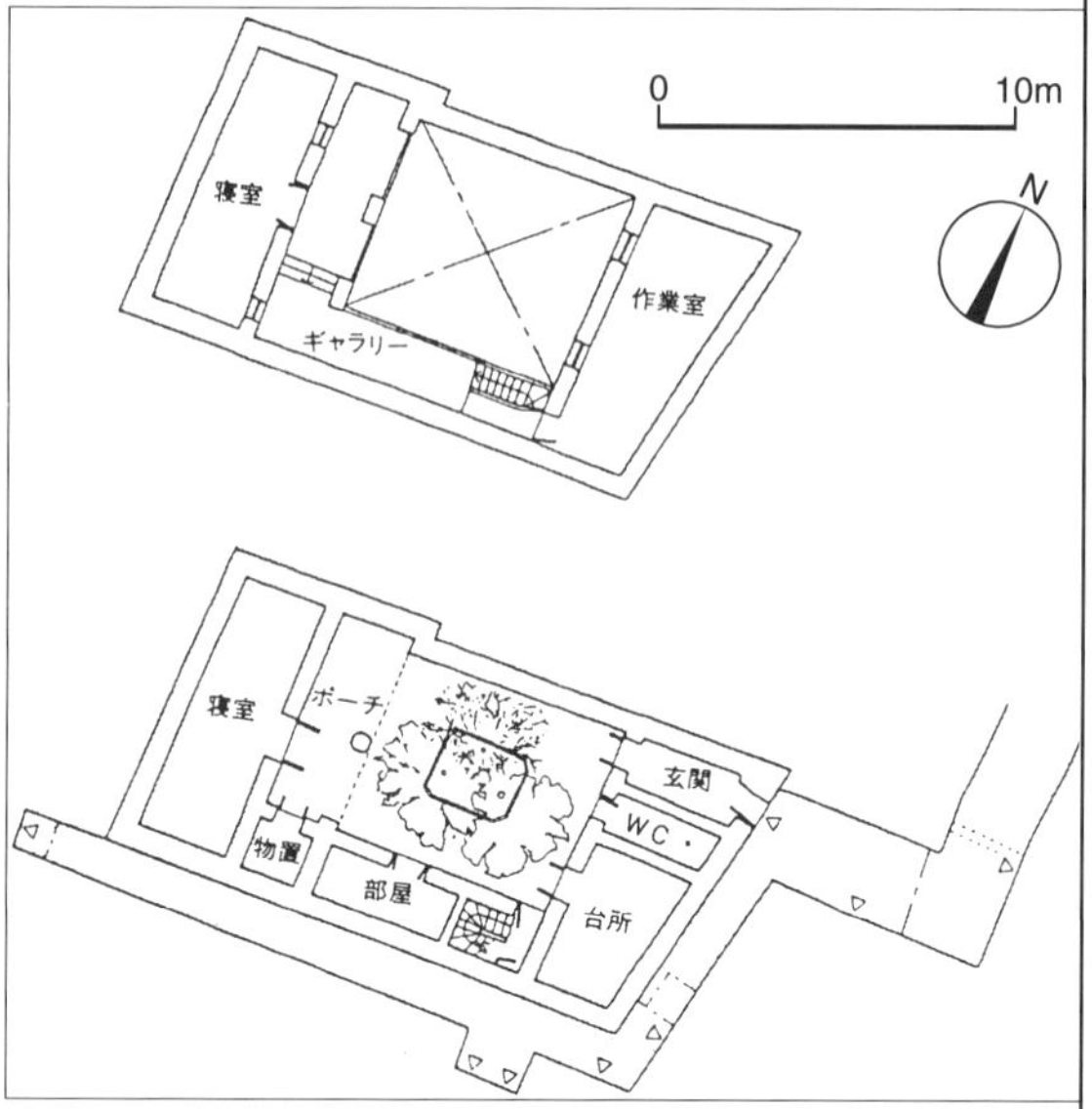

図60　ゴリエール邸　1，2階平面図

図61　アメリカ人の家の中庭

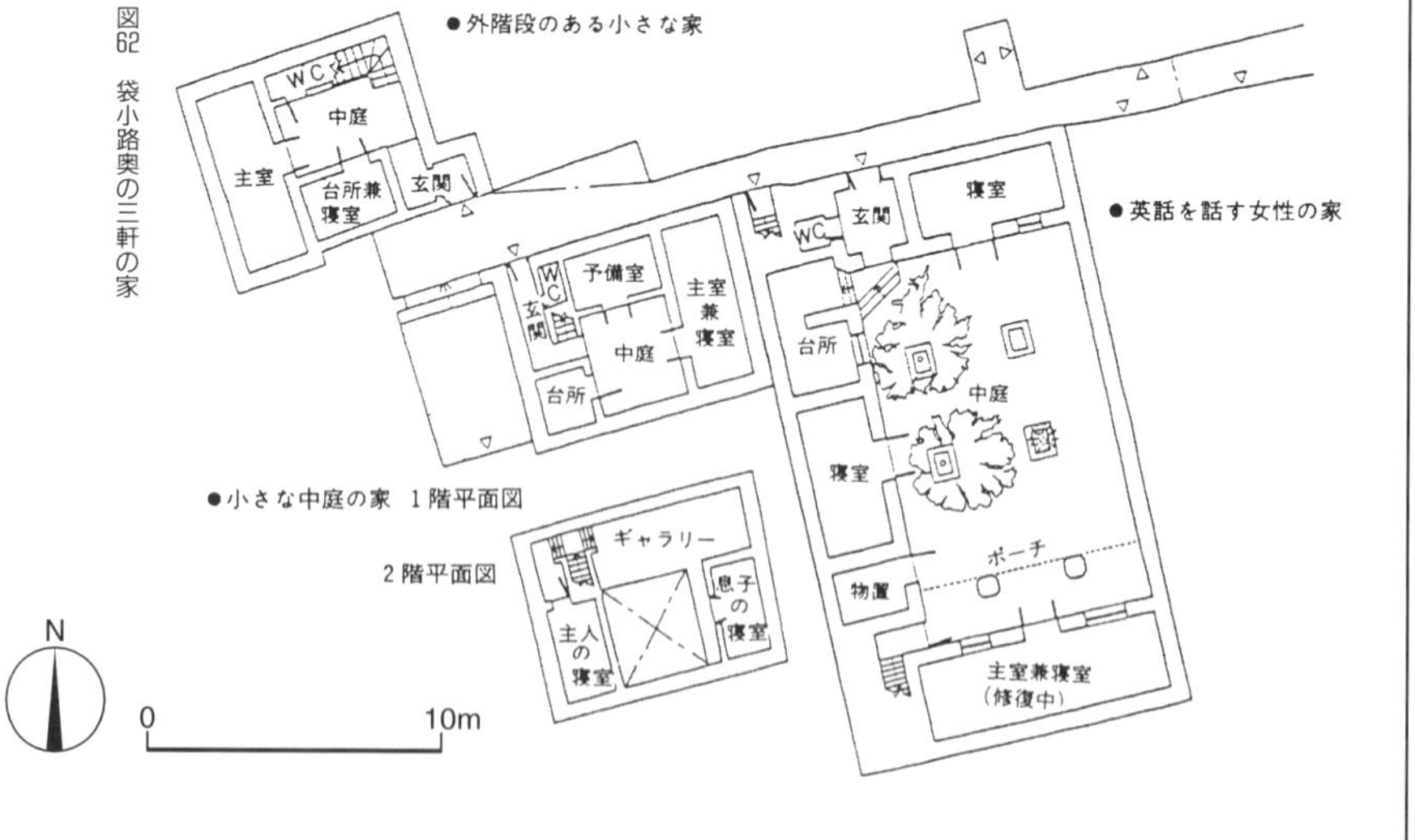

図62　袋小路奥の三軒の家

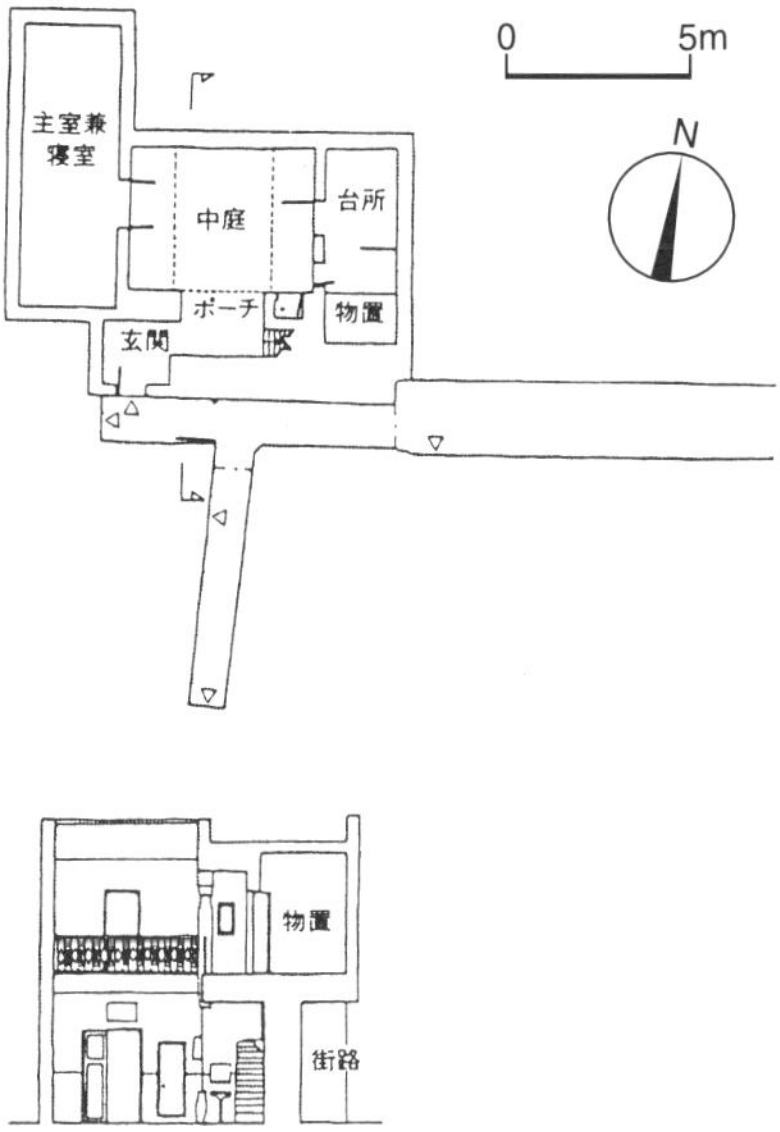

図63　女の子の家　1階平面図と断面図

図64　部屋一面に貼られたポスター（女の子の家）

図66　メクネスの住宅　室内化した中庭

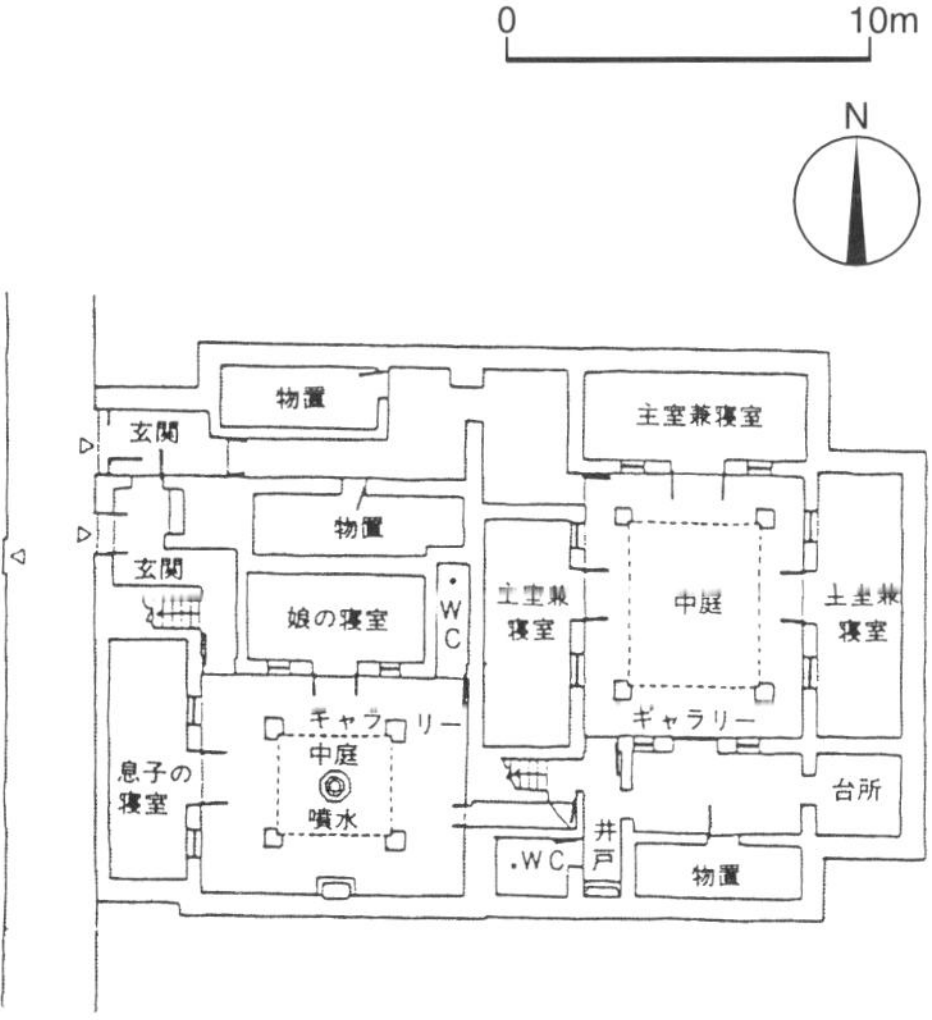

図65　メクネスの二つの中庭をもつ住宅　1階平面図

その一つがこれで、ここでも玄関ホールをカギ型にせず、ストレートに中庭に入るようになっている。中庭は街路よりも数十センチ低く、縦長のプロポーションでかなり広くとられ、四つの花壇に樹木を植えている。中庭をコの字型に囲って部屋が配される。玄関を入ると、中庭の正面に印象的なポーチが置かれ、その奥が主室兼寝室（修復中）として利用されている。玄関の西隅は台所で、それ以外は寝室として利用している。夫婦、大勢の子供たち（その中に英語を上手に話す娘がいた）に加え、年老いた祖母がいて、その部屋が西側の一階にとられている。

二階には二部屋しかなく、ギャラリーも一面にしかない。台所の上の部屋は隣の居住スペースとなっており、街路から直接その二階に上がれるようになっている。屋上にははしごで案内してもらったが、ふだんはそれほど利用していないようである。

④小さな中庭の家（図62参照）　同じ袋小路をさらに進んだ所にある住宅である。玄関を入るとカギ型に曲がり中庭へ出る。コ字型のプランでアイストップの位置には居間・客間として使う主室兼寝室がある（東）。その手前に予備室（北）がある。二階は二字型に部屋が並ぶ。

⑤外階段のある小さな家（図62参照）　この袋小路の一番奥にある。玄関を入るとクランク型に曲がり中庭へ出る。小規模な家で、L字型のプランをもつ。どんな小さな庶民の家でも中庭型にこだわっているのが面白い。アイストップは主室（西）になっている。その手前が台所と寝室が共用の部屋（南）になっている。そして中庭から立ち上がる外階段を昇ると、二階には大きなテラスがある。他の家から比べると開放的である。

⑥女の子の家（ニッダメット邸）（図63）　もう一つ別の袋小路で実測していると、その奥にある住宅の入口から顔を出した女の子が、自分の家の中に招き入れてくれた。両親と子供三人の家族が住む中規模の小綺麗な住宅である。この袋小路には玄関扉のほかに、もう一つの扉があり、袋小路の一部を隣家と共有しているようである。

カギ型の玄関ホールから、あまり広くないがタイルで装飾された美しい中庭に出る。部屋の配置は変形のコ字型である。この家は家具も立派で一通りの電化製品を揃えており、かなり裕福に見える。一階には西側にソファーやテレビのある主室兼寝室、東側に台所、トイレがある。二階にはコ字型にギャラリーが回り、寝室と倉庫が二部屋ずつある。その一つは一五歳の女の子とその妹の寝室だが、その中に入ると、驚いたことに壁一面に西欧の歌手たちのポスターが張られていた（図64）。どの国でもスターに憧れる若い女の子たちの気持ちは同じなのである。

どの家でも、皆親切で、われわれを心から歓迎してくれた。ミントティーや甘いお菓子などを御馳走になりながら、実測し、写真をとり、また、話をうかがうこともできた。

マラケシュの住宅の特徴

六軒の住宅を概観したところで、これらを比較分析し、マラケシュの住宅の一般的な特徴を説明してみたい。フェズやメクネスといったモロッコの他の都市で調査した住宅とも比較する。

閉鎖的な道路空間にあって、住宅の外観を飾るのは扉だけと言ってよい。その住宅の扉には、金具で補強された木製のものが多いが、新しいものは鉄製となっている。どの扉も厳重で重厚な感じである。しかし、壁の赤茶色に対し、緑、青などに鮮やかに塗られているものもある。扉にはしばしば、「ファーティマ（ムハンマドの娘）の手」と呼ばれる手の形のノッカー、あるいは目の形をしたものがついている。家を悪魔から守る意味があるという。

住宅の多くは、玄関ホールや中庭が外の道路面よりも、数十センチほど低くなっている。長い年月の間に道路面が整備や舗装によって高くなってしまったのだろう。

扉をくぐると、玄関ホールに入る。このホールは、ほとんどの家でカギ型あるいはクランク状に折れ曲がっている。なかには、数回折れ曲がっている家もある。外から直接中を覗き込まれないための工夫である。しかし、袋小路の奥の住宅では、人の往来が少なく、覗かれる心配がないため、玄関ホールを曲げていないこともある。

このような中庭内部のプライバシーを重んずるプランニングは、家族を他人の視線から守るというイスラームの考え方からきている。しかし逆に、外に出られない女性が住宅の二階の窓から路地を覗いているのをよくみかける。

折れ曲がった玄関ホールの薄暗さから一転して、楽園のような中庭が目の前に広がる。中庭の床面には、赤、青、緑、黄、白などのカラフルな色彩のタイルが、美しい幾何学模様で華やかに敷きつめられている。それが腰壁にまで施されている住宅も少なくない。富裕な家族の住宅では、モザイクタイルはもちろんのこと、モスクやメデルサと同様に、スタッコ（漆喰）や木のこまかい彫刻が壁や床や天井に施されており、その装飾の美しさに驚かされる。中庭に、ブドウやオレンジの木を植え、緑を演出する住宅もある。さらに噴水や井戸で水を中庭に引き込み、暑い日でも涼しくなるよう工夫している。そしてすべての部屋は、この快適で美しい中庭に面し、大きな扉や窓をとって、内に対して開放的になっている。道路側には窓をあけず外に対して閉鎖的になっていることとはまったく対照的である。これもモロッコに限らず中東、北アフリカの都市住宅の特徴といえよう。

マラケシュのメディナの住宅は二階建てがほとんどであり、一階をメインフロアーとして利用している。中庭が非常に重要で、接客や宴会にもここが大広間のように使われるから、それと結びつく一階の部屋が大切になるのは当然である。どの住宅でも比較的天井が高い。

フェズ、メクネスでの実測例も含めモロッコの住宅を対象に、一階プランのタイプ分けをしてみると、中庭まわりの部屋の配し方によって、ロ字型、コ字型、二字型、そしてL字型の四つに大きく分けられる。大きな敷地をもつ豪華な住宅はロ字型の理想的なプランをとるが、限られたスペースに密集して住宅が建ち並ぶため、四面に部屋を取るのは一般的にむずかしく、その一辺を省いたコ字型のタイプのものがかなり多い。中流住宅の多くは、この形態をとる。二字型、L字型はさらに一辺を失ったもので、小規模な住宅に多くみられる。

どの住宅でも、できる限りシンメトリーにプランを構成しようとしている。ロ字型はもちろんであるが、コ字型の向き合う部屋も、シンメトリーにこだわっている。また、中庭を囲う部屋自体も入口を中心に、左右対称につくられている。しかし、迷宮都市だけに、不整形な敷地の住宅が多い。その場合、最も重要な要素である中庭をまずスクエアに取ろうとする。そのため、まわりに配される部屋は不整形となり、台形や三角形のような形をした部屋をよく見かけるのである。

ここで問題なのは中庭型住宅における、コーナーの処理の仕方だ。玄関ホール、台所、トイレ、二階への階段をとったり、部屋をのばしたり、それぞれ無駄なスペースができないようにいろいろと工夫されている。

モロッコの住宅では、東アラブやイラン地域によく見られる半戸外のイーワーン（中庭に開いたテラスのような空間）をもたない。逆にモロッコの特徴として、部屋の前面に柱廊（ブルタール）を設ける手法がよく見られる。この柱廊により、その壁面をデザイン的に強調し、また強烈な陽射しを避け涼を取ることもできる。一般的に、柱廊を前面にもつ部屋がメインルームとして使われ、居間や客間の役割を果たす。中庭に面する一階の部屋の扉にも特徴がある。大きな扉の中に小さい扉があり、ふだんは大扉をあけて開放的にするが、夜間や冬には閉めてしまい、小扉によって出入りする。

中庭に面する二階に関しては、ギャラリーが巡る形式がよく見られる。そのタイプもやはり、ロ字型、コ字型、二字型、L字型に分類できる。よく見かけるのはL字型である。

住宅の使い方として、部屋は居間、接客、寝室をかねていることが多い。階層を問わず、どの部屋もほとんど同じような横長のプロポーションの長方形で、奥行きは小さい。天井を支える梁には、このあたりで取れる小さい丸太を利用するため、奥行きで長いスパンを取れないこともその理由としてあげられる。部屋の中では、壁に沿ってテーブルを囲むように長いソファーを置く。ソファーといっても木製の台の上にマットを置いただけのもので、背凭れがないものもある。そのソファーは人が寝るようにもできていて、毛布さえあれば彼らはその上に寝る。接客空間として使う場合は、まん中に丸いテーブルを置いてそれを囲むように座る。ソファーとテーブルの間にはほとんど隙間はなく、人が通り抜けるのがやっとの感じである。こうして親密な雰囲気が生まれる。奥から順番に主人、客と並ぶが、昔は客が男だと女性は同席せずに他の部屋にいるのが習わしだった。今は女性がいることも多く、あっけらかんとしている。庶民の家では、ソファーの後ろに大きなマットが置いてあることもあり、そこを日常の寝床に使っている。

一つの部屋がいろんな用途に使われるのである。

マラケシュのわれわれが調べた街区にはなかったが、フェズ、メクネスでは豪邸をいくつか調査できた（図65、66）。いずれもロ字型のプランの住宅である。このタイプの住宅は、よりプライバシーにこだわるため、玄関ホールはクランク状に何回も折れ曲がる。中庭はほぼ正方形に取られ、回廊がロ字型に巡るものが多い。中庭の床面や腰壁はもちろんのこと部屋の内部や天井まで一面にタイル、スタッコ、木の彫刻で飾られている。また、中庭の中央よりむしろ、四面の壁のうち一面に噴水が設けられていることが多い。昔は中庭に植栽が義務づけられていたが、現在は、それを奨励しているだけで、多くの住宅で植栽は、植木鉢によっている。むしろ最初から緑を置かず、中庭全体をモザイクタイルの素晴らしい床にする例もよく見かける。中庭のスペースを多目的のホールのように使うのに、実はこの方が都合がよい。結婚式や子供の誕生、あるいは割礼式を祝う時などに、楽団や近所の人を呼び、宴会場や社交場として使用するのである。また客が来ると、部屋に通すのではなく、中庭にテーブルやソファーを並べ、ミントティーやお菓子を出して、ここでもてなすことも多い。

ところで、メクネス、フェズの住宅では、近代になると、中庭を庭というよりもむしろ、大ホールや部屋の一つとみなし、さらに有効なスペースとして利用する傾向が一層強まっている。中庭に簡単な屋根を架け、完全に内部空間化している例も少なくない。こうして、日が直接差し込まず、雨も入らない広間に転ずる。実際、メクネスやフェズでは、雨が比較的よく降る。中庭に冷蔵庫やタンスなどを置いている住宅さえある。

このように中庭はインテリア化されてきているが、モロッコの、特にメクネスやフェズの住宅は、こうした性格を古くからもっていたといえよう。中庭の自然を取り込んだオアシスとしてのイメージより、むしろ、人工的な空間であるアトリウムとして考えられ、住機能上での利用価値を高めている。実際、東方のシリアやイラク、イランなどの住宅に比べ、モロッコの住宅では、中庭の大きさに対し、それを囲う壁面が高くなっており、ポンペイをはじめとする古代ローマのドムス（住宅）に見られるアトリウムとも雰囲気がよく似ている。

とはいえ、マラケシュの場合には、雨が少ないためか、フェズ、メクネスの住宅に比べ、中庭にはとんど屋根を架けていない。また、屋上の利用もそれほど積極的ではない。常設の階段がほとんどなく、はしごを利用して上がる。屋上のパラペットは低く、容易に隣家の上にも行けてしまうし、隣の中庭が上から覗けてしまう。ということは、あまり頻繁には上がらないということを意味していよう。住宅の壁の構造は、土と握り拳ほどの砕石に、石灰を混ぜて積み上げていき、仕上げに白い漆喰を塗っている。天井は細い丸太を梁として使い、奥行きの短い方に渡している。その上に細い竹を組み、土を乗せてスラブとしている。ときには丸太を綺麗に並べた住宅もある。

マラケシュでわれわれが調査した街区は、スークのすぐ裏手の中産階級のための住宅地であった。高級住宅地はもっと周辺のより閑静な地区にあるものとみられる。したがって、調査対象の家の多くは、コ字型のプランが多い。だが全体の格式は落ちても、象徴的な演出は忘れていない。玄関ホールを抜け中庭に出ると、正面奥のちょうどアイストップの位置に置かれた装飾的なポーチがまず目に飛び込むのである。その柱廊を前面にもつ部屋が、主室にあてられている。

庶民階級の家では、前述のような中庭をアトリウムとして演出する傾向は比較的弱く、花壇や井戸を設けた庭といった色彩が強い。

都市の空間秩序

マラケシュは、中東世界の個性を今なお強烈に発する刺激的な都市だが、同時にその背後にはさまざまな文化が複合し、独特の存在となっている。

まず、古くからの土着の文化の層がある。モロッコの都市には、古くから交易の拠点として自然発生的に市が立ち、それが定地化し、都市として発展したものが多い。さらには部族の集団を核として商業が始まり、周辺に人が集まって都市的な空間を形成した。これが恒常化したものが、ある種のメディナである。一方、北アフリカの歴史は古く、紀元前のフェニキア人の影響に始まり、カルタゴの勢力とローマ人の勢力がここにそれぞれの文化をもたらした。その影響はかなり大きく、イスラーム文化がもたらされる以前はほとんどの知識・情報がこれらに頼っていた。その足跡はモロッコ国内に数カ所、遺跡となって残っており、そのプランから当時の都市の文化が推測できる。

そしてまた七世紀に入り、アラブ人によりイスラーム文化が伝わって、すべての部族をイスラーム化してしまうほど大きな影響を与えた。

したがって、モロッコの都市は、これら三つの文化が混ざった形で発達してきたと考えられる。そのことは今でも、あらゆる点に見え隠れしている。

たとえば、マラケシュやフェズで見られるフンドゥクなどの中庭形式の建物は、モロッコの集落のスーク（市場）にはほとんど見られないが、ローマの遺跡都市には明確に見られる。特にボリビリス（ローマの遺跡）の都市は、中世以降つくられてきたモロッコの都市とも、かなり共通点がある。モロッコのフンドゥクは、中東のイスラーム圏におけるハーン、キャラヴァンサライ以上に、古代ローマの中庭型建築との共通性をもつように思えるのである。モロッコの住宅にしても、古代ローマのアトリウムと似たイメージをもつのは、説明した通りである。

また、宗教施設としてモスクの入口、ミナレット（尖塔）は、通りに対して人目につくようなところに配置され、象徴性を高めている。これはヨーロッパの都市の街路や広場におけるモニュメントや凱旋門などの配置方法とも、ある意味でよく似ている。それはローマ的なるものともいえるかもしれない。

その一方、メディナはくねくねと曲がり〈迷路性〉にとみ、自然発生的な都市で、遊牧民が集団で商業を行なったところに起源があると考えられよう。それでいて、実用的に店舗がゾーニングされている点は実に見事である。迷路や袋小路は、確かにイスラーム地域の都市に共通した特徴である。しかし、フェズやマラケシュのように極端に入りくんだ迷宮、あるいはどこまでも続く袋小路というのは、他の国には見当たらない。古代都市に起源をもつ東アラブ地域の都市とはまたちょっと違った体質というものを、ここでは感じるのである。だが、いずれにしても、マラケシュがイスラーム世界の都市の在り方で、一つの極致を示しているのは確かである。

最後に、このマラケシュの分析から明らかになる、都市の空間秩序の組み立て方の本質について考えてみたい。

イスラーム地域の都市は刺激的で面白いが、計画性のない自然発生的なものだ、として長らく片付けられていた。ところが近年、急速に研究が進み、そのとらえ方が大きく変わってきた。混沌としてゴチャゴチャしているように見えて、実は逆に、細部から全体に至るまで、秩序をもちながら見事に組織化された都市であることが明らかになってきたのである。欧米の、あるいは近代の都市とは異なる組織原理がここにはある。それもまた、一つの計画概念だということもできるはずである。

イスラーム地域の都市においてはまず、部分が実にしっかりしている。中庭型を基本とする閉じて完結し安定した空間の単位を、有機的につないでいく。部分からの発想にもとづく、秩序の形成であるところに大きな魅力がある。都市の至るところに、豊かなミクロコスモスが存在する。それが同時に、人間の心理や身体感覚と密接に結びついた刺激的な環境を生み出すのは当然だろう。

全体から発想した秩序によって、統一的な形態や造型美を追求するパリに代表される西欧近代の考え方とは対極にあるといえる。イスラーム地域の都市が西欧の都市と決定的に違うのは、権力を感じさせないという点であろう。それでいて、理にかなった全体の秩序がある。その中で、異なる多くの要素を複合化させ、お互いに矛盾なく見事に機能させる巧みな知恵がある。都市が緻密なネットワークを構成しているのも大きな特徴である。まさに現代の都市の問題を考える上でしばしば話題になるキーワードが、ここにいくつも見いだせるのである。

参考文献
鈴木成文・他「特集＝モロッコ、スペイン、ポルトガル〈いえ〉と〈まち〉調査紀行」『ＳＤ』六月号、鹿島出版会、一九八五年

米山俊直『モロッコの迷宮都市・フェス』平凡社、一九九六年

今村文明『迷宮都市　モロッコを歩く』NTT出版、一九九八年

松原康介「モロッコ・フェスにおける植民都市と旧市街の複合過程――イスラーム都市と近代計画都市との共存関係に関する考察」『日本都市計画学会学術研究論文集』第三五号、日本都市計画学会、二〇〇〇年

J. Revault, *Palais et demeures de Fès I*, Paris, 1985.

J. Revault, *Palais et demeures de Fès II*, Paris, 1989.

J. Revault, *Palais et demeures de Fès III*, Paris, 1992.

Y. Yamada, *A Study on Plan and Structure of Traditional Town Houses in Medina of Fes*, Tokyo, 1990.

トルコ＊民族性と多様な都市空間

谷水　潤・林　佳世子・法政大学陣内研究室

トルコの建築と都市の特質――空間人類学の視点から

多様性の背景

都市や集落の風景を語るのに、トルコほど豊かな材料を提供してくれる国も少ないだろう。古い歴史を誇り、地形や気候が変化に富み、民族的にも多様なこの国土には、いろいろな生活の様相が見られる（図1）。

現在のトルコ共和国、すなわちアナトリアとトラキアの一部には、古代以来、多くの民族がみずからの国を建て、興亡を繰り返してきた。ヒッタイト、フリギア、ギリシア、ローマ、ビザンツ、セルジューク、オスマンなど、この地に登場した数多くの国や民族の歴史は、荒れ果てた遺跡や街々にそびえるミナレット（尖塔）やドームに偲ぶことができる。しかし、現在に生きる都市や建築には、イスラーム化したトルコ系の人々がアナトリアに移動した中世以降の伝統が最も色濃く残っている。

こうしたトルコ建築の伝統のうち、まず気候風土と密接に結びつく民家や街並みを見ると、地中海の周辺地域としては珍しく、木造文化が発達している。ブルサやサフランボルに代表されるような、緑の多い斜面に木造民家が並ぶ絵画的な風景は、トルコならではのものだ（図2）。とはいえ、一階には石の厚い壁を用い上階を木造とするなど、石と木を組み合わせた住宅が多い。そして、シリアに近い東南トルコの乾燥地域では、石造の中庭型住宅が支配的となるし、日干煉瓦の民家が並ぶ集落も少なくない（図3）。また、イズミール周辺の西部の海沿いでは、いかにも地中海らしいカラフルに漆喰を塗った石造の住宅群が目を引くだろう。人の顔も言葉も、地方によって違いが大きい。このようなトルコを旅していると、風景の変化を見ているだけでも興味は尽きない。

そもそもトルコは、中東のイスラーム世界に属する。建国の父、アタチュルクによって社会の近代化がいちはやく進められたとはいえ、今なおイスラーム教への人々の信仰心は強い。トルコの都市では、モスクのドームやミナレットの存在が常に目を引くし、一日五回の礼拝を呼び掛けるアザーンの調べに印象づけられるのだ。

したがって、トルコの都市には、イスラーム社会を構成する上で欠かせないモスク（トルコ語でジャーミ）やメドレッセ（神学校、アラビア語でマドラサ）などの宗教施設、バザール（トルコ語でチャルシュ、アラビア語でスーク）やハン（アラビア語のハーンやフンドゥク、ペルシア語のキャラヴァンサライにあたり、隊商宿を意味する）などの商業施設、さらにハマム（公衆浴場、アラビア語でハンマーム）などの社会・文化施設の在り方において、アラブやイランの都市と共通する点が多い。あるいは迷路状の都市構造にも、イスラーム世界の都市としての共通性が見てとれる。だが、ヴァナキュラーな民家ばかりか、このような石でできたモニュメンタルな建築にも、他の国々と違ったトルコならではの特徴が数多く見いだせる。民族性や気候風土、そしてイスラーム以前からこの地に根づいていた建築文化からの影響が投影されているに違いない。同時に、トルコの国内における地方ごとの個性もまた豊かに存在する。周辺に広がるさまざまな民族の高度な文化からの影響が、トルコ各地の建築や都市を豊かに彩ったのだ。

複雑に形成されたトルコの都市と建築の系譜を整理するのは困難だが、あえて図式化すると次のようになろう。最もトルコ的な地域として、中央アナトリアがある。そこでは、ヒッタイト以来、変わらないある種の土着的ベースが存在し、主に農村住宅に影響を与えていると思われる。そのうえに、古代末から中世にかけて、ビザンツの都市文化

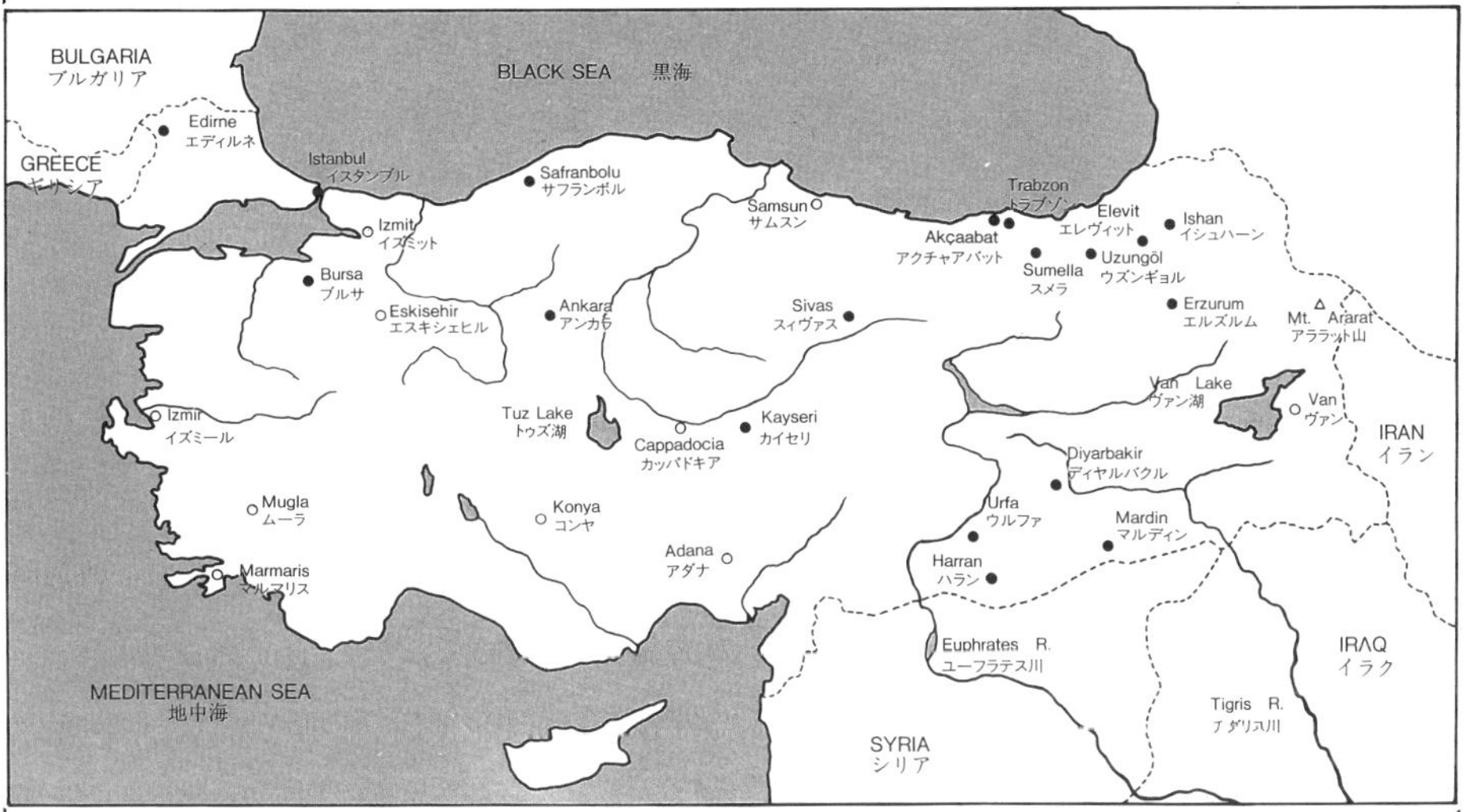

図1　トルコ全体図

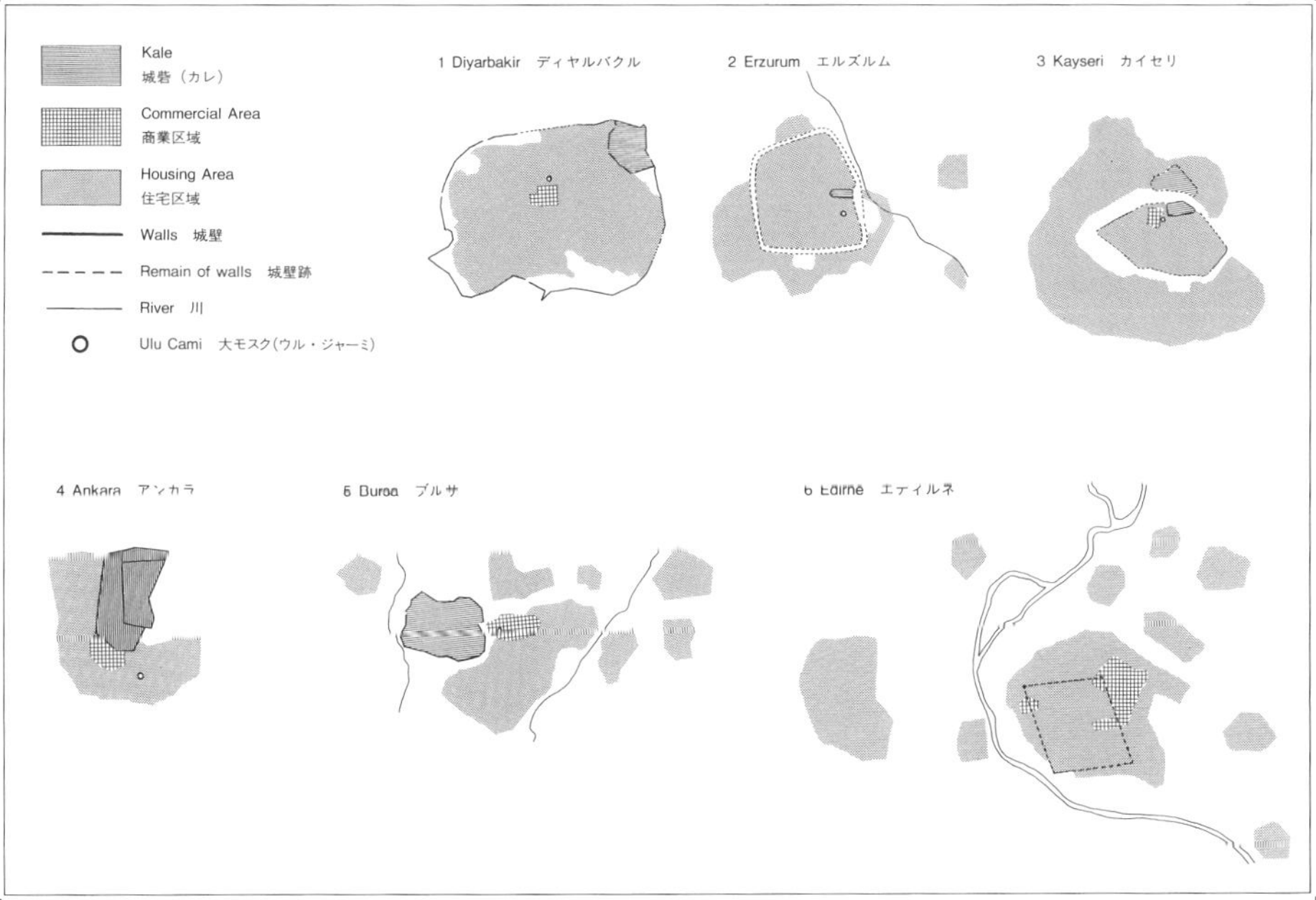

図4　都市のタイプ

図2　木造の絵画的風景
（サフランボル）

図3　日干し煉瓦の集落
（南東トルコ）

図5　チャイハネ

が栄え、都市型の住宅や都市構造の基礎を築いた。その後、中央アジアの遊牧民起源でイスラーム教に改宗していたトルコ民族が一一世紀末にアナトリアに移住し、ルーム・セルジューク朝（一一―一四世紀）、さらにはオスマン朝（一三―二〇世紀）の国家を築いて、彼ら独自の文化を形成したのだ。遊牧民のテントによる居住の形態が、住宅のプランにも、あるいは住宅の集合の仕方にも大きく影響したといわれる。そしてオスマン朝の首都となったブルサ、ハドリアノポリス（現在のエディルネ）、イスタンブルなどのあるマルマラ地方がトルコ文化のアイデンティティを形づくる上で重要な役割を果たしたが、同時に、東ではイランからの、南ではアラブ圏からの、北ではコーカサスからの影響が強く、異文化が混合するトルコならではの多様性が生まれることになった。

本章では、このようにさまざまな顔をもつトルコ全体の都市と建築について紹介する。ただし現在、営みを続ける都市や集落を対象としており、古代の遺跡には触れない。また、有名なカッパドキアについては、わが国でもこれまでにしばしば紹介されているし、やや特殊な存在でもあるので、ここでは扱わない。住宅の成立背景と構成上の特徴については、『PROCESS : Architecture No. 93 トルコ都市巡礼』のジェンギズ教授の論文の中で詳しく論じられているので、ここではまず都市構造の特徴を見ていこう。

トルコ都市のタイプ分類

トルコの都市を解き明かすには、イスラーム社会以前にまでさかのぼらなければならない。小アジアに移動したトルコ人は、ビザンツの城郭都市を占領し、便宜的にそれを使い、つごうよく変形させながら自分たちの都市を発展させてきた。ビザンツ都市から受け継がれた物的な器としては、「城壁」とその戦略的に重要な一角につくられた『カレ』と呼ばれる城砦が重要である。イスラーム時代のカレには、支配者の館がつくられ宮廷の役割を果たした。一方、イスラーム時代の都市に不可欠な新たな要素としては、ウル・ジャーミ（大モスク）が中心につくられ、そのまわりにバザールが形成された。宗教と商業が一体化したイスラーム世界の都市独特の象徴性の高い都心の空間が生まれた。こうしてビザンツ都市を継承しながらのイスラーム時代の都市化がおし進められたのである。

このような基本的要素、特に城壁と近代以前に形成された市街地との関係に注目しながら、トルコ都市の構造を類型的にとらえてみよう。

まず、城壁の役割、意味がよく受け継がれ、市街地の大半がその内側におさまっていた都市のタイプがあげられる。古くから都市文明を発達させてきたシリアやイランに近い南東部や東部に多く見られる。なかでも、ディヤルバクルは城壁の規定力が最も強かった都市で、カレもその形態をよく残す（図4-1）。ビザンツの都市形態を最もよく継承する都市といえよう。中心にウル・ジャーミとバザールがあるが、ビザンツの計画的都市から受け継がれた東西、南北の主要道路が交わる場所にあたっている。エルズルム（図4-2）やスィヴァスもこのタイプといえる。

次に、城壁で囲われた初期の市街地部分を核にしながらも、その外側へ大きく発展、拡大した都市のタイプがあげられる。カイセリはその典型であり、城壁の外に帯状にまわる空地を残しながら、その外に市街地を大きく拡大した（図4-3）。現在のトルコの首都で近代的な容貌を見せるアンカラもまた、歴史的な発展段階を見ると、このタイプに分類することができる（図4-4）。トルコで最も重要な都市、イスタンブルも実はこのタイプに入る。ビザンツ帝国の首都、コンスタンチノープルを陥落させ（一四五三年）、オスマン帝国の首都となったこの都市は、ビザンツの城壁やインフラストラクチュアを受け継いだが、同時に、早い段階から城壁の外側へも都市機能を拡大し、金角湾やボスフォラス海峡を取り込んだ水の都へと発展していく傾向が見られた。

最後に、城壁にほとんど規定されないタイプ、あるいは城壁をもたないタイプの都市をあげることができる。ブルサはその典型で、イスラーム時代には、ヒサールと呼ばれるビザンツ時代の城砦（前出のカレと同意）の外に、キュリイェ（複合都市施設）を核にしながら市街地を形成していった。しかも起伏にとんだ地形がいかされ、いくつもの高台の上に飛び地状に開発が進められたのである（図4-5）。ここではもはやビザンツの要素はきわめて小さく、都市の大半の部分は城壁をもっていない。むしろ、緑や清流を取り込んだ豊かな自然と融合した都市でさえある。中央アジアからもたらされた、都市にこだわらないトルコ人本来の感覚があらわれているように見える。戦いで負ければ逃げればよいという発想なのであろう。エディルネも城壁にこだわらず、飛び地状にいくつもの住宅地を外に形成する現象が見られた（図4-6）。サフランボルもやはり、まったく城壁とは縁のない、緑に包まれた傾斜地に発展した美しい都市である。このような城壁をもたない都市は、中東や地中海世界においては、むしろ例外的な存在であり、中央アジアの遊牧民にルーツをもつトルコ民族の固有な性格を示しているといえる。イスタンブルをはじめ、城壁をもち続けても、それに必ずしも拘束されず、外側へ都市を大きく展開していく傾向が見られたのも、こうしたトルコ人の民族性と関係していよう。

トルコ都市としての特徴

ここで、トルコの都市としての特徴を、さらに詳しく見ていきたい。イスラーム世界の中心にあるアラブ地域の都市と比較しながら考えてみよう。そもそも「イスラーム世界の都市とは何か?」というのは、本書の冒頭の「なぜ今、イスラーム世界の都市か」でも述べた通り、なかなか定義しにくい興味ある問題なのである。

すでに見たように、トルコの都市の多くは、ビザンツの都市を受け継いだこともあって、城壁の一角にそびえるカレをもっている。地形に高低差があれば、もちろん高台にこれをつくる。宮廷が置かれた城砦であるカレの在り方は、アラブの都市とも共通している。だが、カイロ、アレッポ、ダマスクスなどのアラブの都市では、カレの位置や規模に大きな違いが見られるのに対し、トルコの都市ではカレの形態がより定型化しているといえよう。

だが、われわれが「イスラーム世界の都市」と聞いてまず思い浮かべるのは、ドームやミナレットをもつモスクの清澄な空間であり、また、そのまわりに広がる人とモノと情報にあふれた活気あるバザールの喧騒である。このように大モスクとバザールが組み合わされ、聖俗が交じりあい独特の「祝祭性」に満ちた空間を都市の心臓部に生み出している点では、アラブの都市もトルコの都市も共通している。

バザールは商業に特化した空間で、実は、人はここには住まずに通ってくる。商業やビジネスに力を入れ、職住分離を早くから進めたのが、中東地域の都市の大きな特徴といえる。その点が、一階に店、上階にアパートがあるヨーロッパの都心の建築との根本的な違いだ。東アラブの都市やマグリブの都市では、都心の商業空間全体がいくつもの単位(スーク)に分割され、ゲートで仕切られている。重要な道筋であるほどヴォールトやドームで覆い、強い陽射しから守って、人工空間化している。夜は個々の単位ごとに鍵を掛けるシステムになっている場合も多い。トルコではそうした傾向は少ないが、イスタンブルのグランド・バザールは夜間、いくつかの入口で鍵を掛けるようになっている。

トルコのバザールで特徴的な商業施設として、ドームがいくつも架かったベデステンと呼ばれる重厚な建築がある。

旧ユーゴスラビアのスコピエのように、トルコの支配下でできた木造のバザールにおいても、ベデステンのみが石造でしっかりとつくられているのが興味を引く。ベデステンには一般に、貴金属などの高級商品を扱う店が入っている。となれば、トルコのバザールはもともと木造であったために、高級品を火から守る目的で、ベデステンだけを耐火建築にしたのではないかと想像してみたくなる。

バザールは、物であふれ、人でごった返し、独特の臭いで感覚を刺激されるため、まさに迷路の中を彷徨う感じがするが、実際には、しっかりとした空間的骨格をもってつくられている。業種ごとの明確なゾーニングも見られる。しかも、街道を通り城門をくぐって都市に入った商人や旅人は、主要道路によって都心のバザールへ比較的容易にアプローチすることができる。複雑に見える都市の迷宮空間にも、それなりの秩序を形づくる論理が存在するのだ。

バザールは商業、取引き、そして生産をも含むビジネスの空間だが、そこで働く男たちがくつろぎ、あるいは人々と交流するための施設もおおいに発達した。中東地域に特有のハンマーム（公衆浴場）は健康・衛生のためのみか、憩いや交流の場でもある。またトルコの都市にはチャイハネ（茶屋）が多いし、バザールでの商売に欠かせないチャイ（茶）の配達サービスが著しく発達している（図5）。取引き、宿泊、動物小屋、倉庫、あるいは生産活動など多目的に使われるハンの中庭も、交流のための小空間として使われる。信仰生活の中心であるモスクの内部も、気楽にくつろぐ場としてよく活用されている。こうして高密な都市空間であっても、男たちは息抜きができる。

モニュメントの系譜

バザールを中心とする商業施設を見たので、次にイスラームの社会に欠かせない宗教建築に注目してみたい。モスク、メドレッセなどがその対象となるが、それはまさに、多様に展開したトルコにおけるイスラーム建築史の系譜を概観することでもある。

まず、トルコで独自の展開を示した複合都市施設キュリイェについて触れておく必要があろう。これはモスクを中心に、テュルベ（墓廟）、メドレッセ、イマーレット（慈善食堂）、ハン（隊商館）、ハマム、バザールなどを一括して設計、建設したもので、強大な権力をもったオスマン朝のトルコで飛躍的に発展した。最大の規模を誇るイスタンブルのスレイマニエ・キュリイェでは大小一〇近くの施設を数える。オスマン朝のキュリイェでは、モスクが圧倒的位置を占め、他の諸施設はあくまで控え目に配置され、みずからの存在を主張することはなく、むしろモスクの壮麗さを引き立てているといえよう。このようなキュリイェの運営システムとして重要なものが、ワクフ制度である。それはモスク、メドレッセなどの非営利施設を、ハマム、ハン、賃貸店舗、農園などの営利施設があげる利潤で運営するシステムである。こうして生まれた都市ヤンターとしてのキュリイェは、同時に都市風景の中での象徴であり、また市街地の形成を進める重要な核の役割をも果たした。

トルコの都市にとって最も重要な要素はモスクである。一一世紀に始まるイスラーム化とともに、アナトリアにおいてもモスクが建設されるようになった。中世のモスクには、大別して二つのタイプが存在する。第一のタイプは、東部のエルズルムに発するもので、中庭や前庭をもたない多柱ホールを礼拝室とする。エルズルムおよびスィヴァスのウル・ジャーミ、カイセリのフナト・ハトゥーンのモスク、さらにブルサのウル・ジャーミ、エディルネのエスキ・ジャーミなど、中世を通じて、南東部を除くアナトリアのほぼ全土にわたって建てられた。このタイプのモスクの多くは、中心軸上のミフラーブ（メッカに向いた礼拝用凹所）前のベイとその手前にドームを架け、他の部分を半円筒ヴォールトで覆っている。中世末期、すなわち初期オスマンの時代の北西部のモスクは、各ベイにそれぞれドームをのせる、いわゆるウル・ジャーミのタイプに発展した。

第二のタイプは、南東部のディヤルバクルに発するもので、アラブ圏、特にシリアの影響を強く受けている。初期イスラーム時代のモスク建設のひな形となったダマスクスのウマイヤ・モスクの形態同様に礼拝室は横長になり、キブラ壁（メッカに向いた壁）に平行に廊を並べる一方、中心軸上にドームを立ちあげたり天井を高くすることによって、その軸線を強調している。また、礼拝室の前には中庭あるいは前庭があり、そこに泉亭を設ける。このタイプは南東部の諸都市に中世を通じて建てられたほか、中世後期から末期には西部にも伝わり、エディルネのウュチ・シェレフェリ・ジャーミに結実し、盛期オスマンのモスクの基礎となった。

もう一つ、中世末期、すなわち初期オスマンの北西部の地方様式として見落とせないのが、「逆T字タイプ」と呼ばれるものである。平面はドームをもつ広間を中心として、正面奥に一段高い主礼拝空間、左右に小室を配し、これら四室により逆T字形を構成している。

近世に入り、強大になったオスマン帝国が東地中海に君臨すると、首都イスタンブルの様式が帝国全土で用いられるようになった。このオスマン朝のモスクはビザンツ教会堂、特にハギア・ソフィア（トルコ語ではアヤ・ソフィア）の影響を強く受けており、大ドームを中心とする一連のドーム・コンプレックスによって礼拝空間が覆われている点に大きな特徴がある。また、大規模なものは前庭をもち、中央に泉亭を設けている。高くそびえる細身のミナレットは、スルタンのモスクでは複数に増やされ、ドームとミナレットのダイナミックな調和がオスマン朝のモスクの最大の見所となっている。

モスクと並ぶ重要なモニュメントはメドレッセである。イスラームの征服王朝にとって、メドレッセは単に神学校としての機能だけでなく、異郷の地におけるイスラームの優位を誇示するシンボルとして大きな意味をもった。中世のアナトリアもその例外ではなく、華麗な建築作品を多く残している。中世のメドレッセには、中庭タイプとドーム・タイプの二つがある。

中庭タイプは中世を通じ、アナトリア全土に登場したが、特に東部のエルズルムやスィヴァスに壮大なものが建てられた。これらは一三世紀後半に、イル・ハン朝のモンゴル系の君主たちによって建設されたもので、イランの影響が強く見られる。すなわち中庭を中心に、四つの壁面のそれぞれの中央にイーワーンを設け、その左右に学生の居室となる小室を並べている。外観上は、左右対称に対のミナレットを配し、豊かに装飾されたモニュメンタルな正面入口が際立っている。

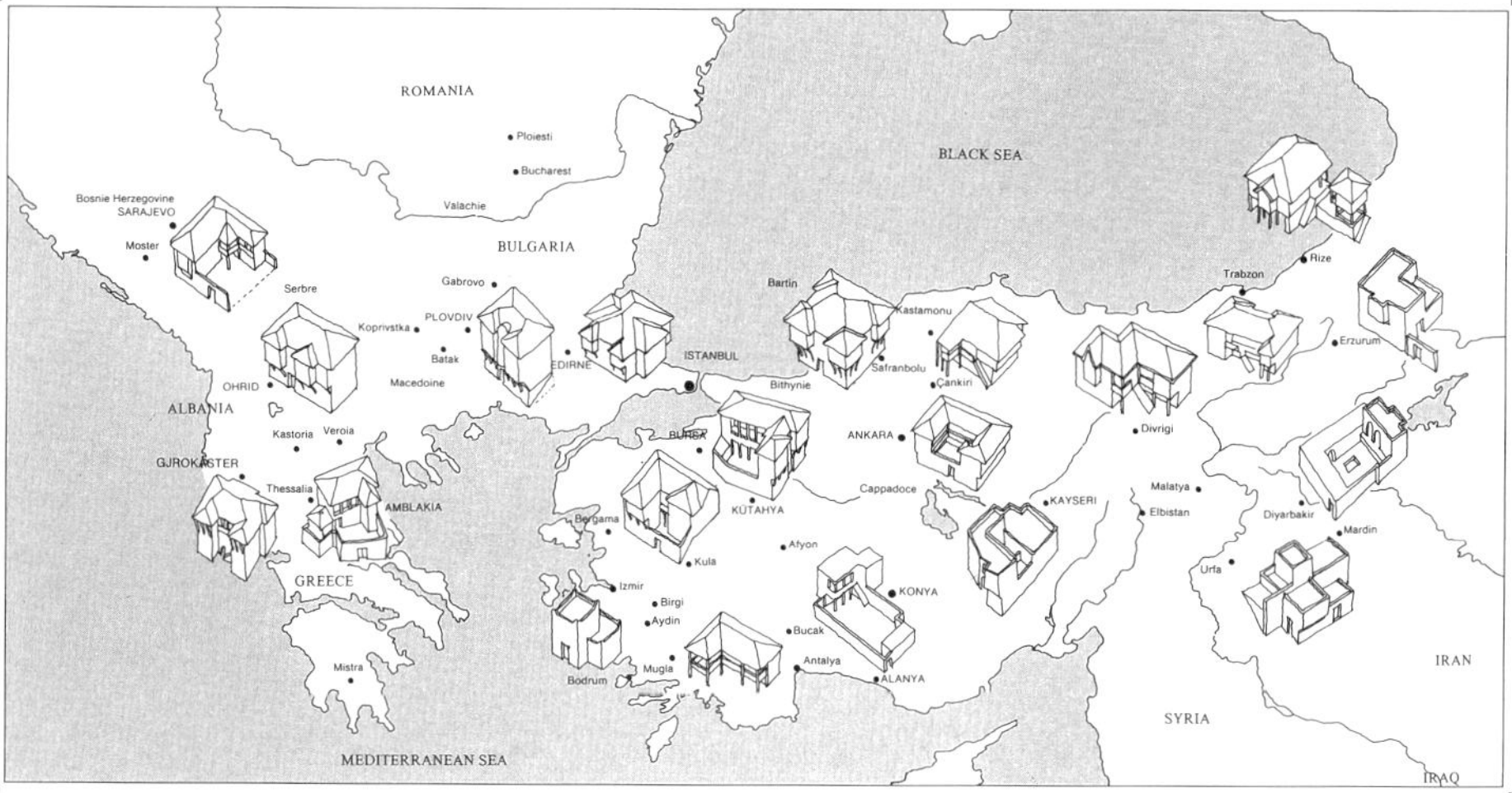

図6　トルコ住宅の類型地図（C. Eruzunによる）

一方、ドーム・タイプは、中部を中心にセルジュク朝系の君主や高官によって建てられた。中庭タイプの中庭にあたる部分に大ドームをのせて広間とし、その周囲に小室を並べている。特に、コンヤのインジェ・ミナーレ・メドレッセやビュユック・カラタイ・メドレッセは傑作として名高い。

近世に入ると、中世のような象徴性は薄らぎ、むしろ機能に徹した実用建築として単純な構成が用いられた。中庭の回廊のまわりにドームをもつ小室を並べ、一角にやや大きな講義室を置くというものだ。オスマン建築においては、モスク以外の諸施設はいずれも実用建築としての面が重視されたため、バリエーションが限定され、様式的発展が見られなくなったのも事実である。

快適な生活空間

異文化が混じり合うトルコだけに、モニュメンタルな建築についてもこうして地域ごとの明確な特徴を指摘できるが、気候や風土と密接に結びついた住宅や街並みとなれば、さらに大きな地域ごとの違いが見いだせる（図6）。

たとえば、シリアとの国境に近い南東部のディヤルバクルやウルファでは、アラブ的色彩の強い都市風景が見られる。その特徴が最もよく表われているのは、迷路状につくられた住宅地である。袋小路（クルドサック）も多く、また道路の上に建物がまたがりトンネルとなっている箇所も随所に見られ、視覚的に迷路性をいっそう増している。このような複雑な都市空間は、ある意味で意図的につくられたといえる。よそ者は入り込みにくいから、安全でプライバシーのある生活環境を生み出すのに都合がよいのだ。

これらの都市では、住宅はすべて中庭型でできており、閉鎖的なつくりの道路側からは内部の様子はまったくうかがい知れない。ところが、カギ型に折れ曲がった入口を入ると、そこには中庭を中心とする開放的で快適な生活空間がある。まん中に噴水があり、木が植えられて、地上のパラダイスを実現しているかのようだ。家族のプライバシーを重んじるイスラーム社会にふさわしい建築の構成といえる。

しかし、南東部の地方を除き、一般のトルコ都市では、住宅は中庭型をとらない。逆に、敷地のまわりや裏手に庭や菜園をとり、部屋からの視線は外部に開く。しかも丘陵地につくられた都市や集落が多いから、斜面にセットバックしながら並ぶどの住宅からも、「眺望」を楽しむことができる。それは同時に、斜面に形成された住宅地が外からも眺められることを意味する。起伏を最大限いかしてつくられるトルコの都市では、こうしてランドスケープへの意識が高められた。

このように内部からの「眺望」と外部からの「景観」の両方を強く意識する考え方は、トルコでは住宅地以外でもさまざまな局面で見られる。たとえば、イスタンブルでは、高台のエッジにつくられたトプカプ宮殿やスレイマニエのモスクを中心とする複合建築群がその代表だ。緑に包まれた丘陵地に発達したブルサの街も、ランドスケープの観点から見ると面白い。イェシル・ジャーミ（緑のモスク）などの重要な建築を必ず丘陵の突端に置き、都市風景を見事に演出している。断崖絶壁の岩場を背景につくられたスメラ修道院にも、こうした考えを見て取れよう。ヨーロッパの修道院は普通、中庭型でつくられ、外界とは意識的にも、視覚的にも関係を絶つことを志向する。ところが、ここではどの修道士の部屋からも素晴らしい眺望が楽しめるように工夫されている。渓谷の清流の音や鳥のさえずりも聞こえてくる、外の自然に開かれた空間なのだ。

都市の中における「樹木」の存在も、トルコの都市風景にとって重要な要素となっている。ブルサでは、モスクの前庭に大きな木が植えられ、また路上の巨木の下にしばしば泉が設けられている。モスクのまわりに大きな墓地が広がり、都市の内部にも死者の空間がつくられている点も、アラブ地域の都市とはいささか異なる。都市の内部にも「異界」が入り込んでいる面白さがある。都市の樹木や緑は木陰をつくり、「快適空間」を生み出す上でも大いに役立っている。トルコ人の樹木に対する信仰心にも近い特別な思いが感じられる。

近代化の問題

トルコの都市は、アラブ地域の都市と比べると、近代化を比較的スムーズに成し遂げてきたように見える。アラブ世界では、メディナと呼ばれる旧市街は古いままで、その外側に西欧近代的な新市街が広がっているという風景によく出会う。もちろんトルコでも、こうした新旧の対比は基本的には共通している。しかし、旧市街の中でも、イスタンブル、ブルサ、エディルネなど、多くの都市で再開発を進め、広場や公園を導入し、古い地区の中に新しい機能を持ち込んでいる。それを可能にさせたトルコの都市に固有の背景として、城壁へのこだわりが小さかったこと、市街地がもともと空地や緑を取り込んで比較的ゆったりつくられていたこと、木造の伝統的な住宅は建て替えが容易で近代化へ適応しやすかったこと、などを指摘できよう。ある意味で、東京をはじめとする日本の都市が近代化をおし進めやすかったのと似ているように思える。

しかし、イスタンブルのような活力にあふれた大都市ばかりか、ブルサのような古都でさえ、木造の伝統的民家が急速に失われつつある。そして古い街の中に登場する現代の集合住宅や郊外に生まれる団地が没個性的なのは、世界中どこも共通している。経済成長をめざす近代化の中で、トルコ建築がもっていた高いクォリティが明らかに失われている。一方、サフランボルのように世界遺産に登録され、魅力ある街全体の景観の保存に取り組んでいる所もある。長い歴史の中で育まれたトルコの建築の伝統を、今後のアイデンティティをもった都市づくりのなかにどのようにいかすことができるのか、真剣に考えるべき時期にきていると思う。

イスタンブル——東西の融合

海と丘の風景

三方を海に囲まれ、なだらかないくつかの丘をもつ小さな半島。わずか一二平方キロの半島であるが、そこに位置するコンスタンティノポリス＝イスタンブルの街は、ローマ時代以来、千数百年にわたって地中海地域のひとつの中心であり続けた。特に、その主であったビザンツ皇帝、そしてオスマン朝のスルタンの盛時には、地中海地域第一の都市の名声をほしいままにした。今日もなお、その海と丘の織りなす景観は街を訪れる人の心をひきつけてやまない。アジアとヨーロッパ、東と西の接点という特異な土地に展開した二つの大帝国の首都の偉容。金角湾とマルマラ海、そしてボスフォラス海峡に囲まれた限られた土地ながら、時代時代の建造物が谷を埋め、丘を這いそこから街を見おろしてきた。街のそこここに、かつて花開いた多様な文化の痕跡が今もなお息づいている（図7）。

イスタンブルを訪れるものをまず圧倒するのは、そびえ立つ大モスクと林立するミナレットの印象である。一四五三年のオスマン朝によるコンスタンティノープル征服以来、かつてのビザンツの都はイスラーム世界の盟主オスマン朝スルタンの下で大きく変容した。歴代のスルタンは、モスクを中心とする壮大な宗教・慈善施設群を建設し、イスラームの保護者たることを内外に誇示した。現在のイスタンブルの景観の大半は、こうしたオスマン時代に形づくられたものである（図8、9）。

しかしオスマン朝の時代、イスタンブルの住民の四〇％以上はイスラーム教徒以外の人々であった。ビザンツ帝国の末裔たるギリシア正教徒だけでなく、アルメニア教徒、ユダヤ教徒、カトリックのイタリア人などが、この街で多数派のイスラーム教徒と共存していた。東西の物品が行き交い、世界の各地から商人があつまった国際都市イスタン

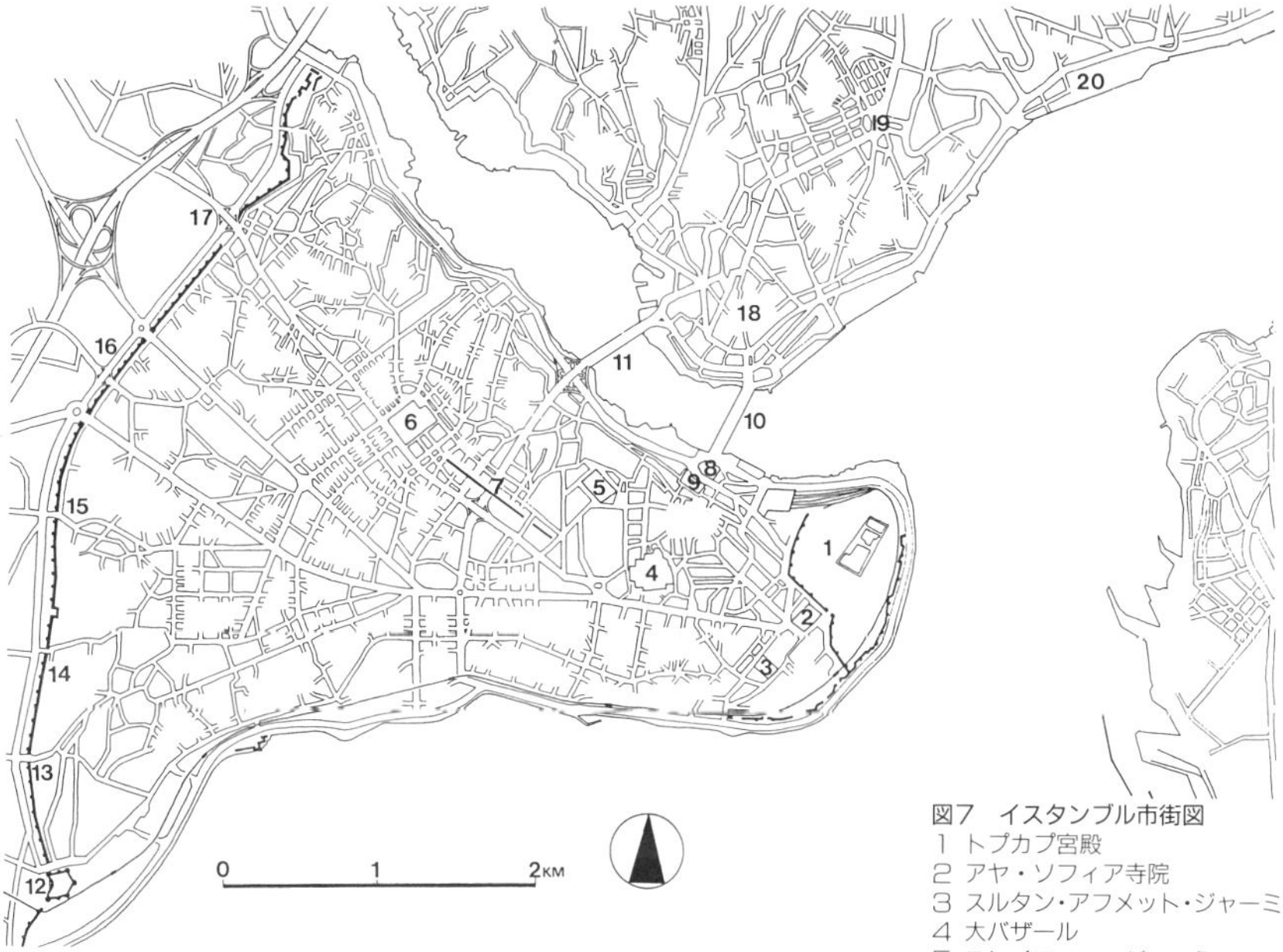

図7　イスタンブル市街図
1 トプカプ宮殿
2 アヤ・ソフィア寺院
3 スルタン・アフメット・ジャーミ
4 大バザール
5 スレイマニエ・ジャーミ
6 ファーティフ・ジャーミ
7 ヴァレンスの水道橋
8 イェニ・ジャーミ
9 エジプト・バザール
10 ガラタ橋
11 アタテュルク橋
12 セブンタワーズ（砦）
13 ベオグラード門
14 シリヴリ門
15 メヴラナ門
16 トプカプ門
17 エディルネ門
18 ガラタ橋
19 タクシム広場
20 ドルマバフチェ宮殿

図8　金角湾をはさんで旧市街を望む

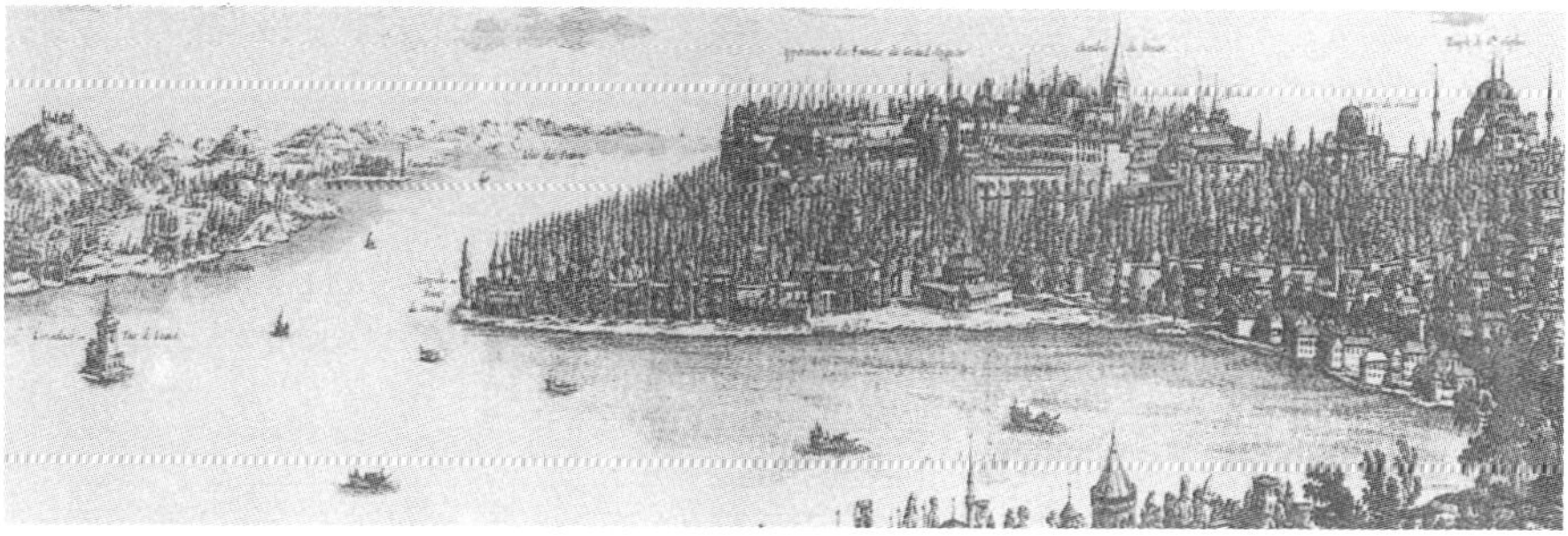

図9　銅版画に描かれたトプカプ宮殿

ブルの自信がそれを可能にしたといえるだろうが、大モスクの偉容の下で彼らの営んできた生活もまた、イスタンブルのひとつの側面だった。

街も景観もそれを反映し、イスラーム的な外見の下にさまざまな要素が混じり合う。かつてのハギア・ソフィア聖堂が、モスクに姿をかえ生き続けてきたように、一部は複合し変容しつつ今に続いている。多様性と柔軟性、東西の旅人をひきつけるイスタンブルの魅力は、こうしたところに根ざしているといえるかもしれない。

ビザンツの遺産

今日イスタンブルと呼ばれる街の歴史は、紀元前七世紀に、ヨーロッパ側から突き出した半島の先端に、ギリシアの植民都市が建設されたことに始まる。それ以前からあった集落の名はリゴスと伝えられる。漁業と交易を生業とする街は、創建者ビュザスの名をとってビザンティオンと呼ばれるようになった。現在トプカプ宮殿のある第一の丘の上にアクロポリスがあり、市壁はこの丘を取り囲むごく小さいものであった。黒海と地中海を結ぶ交通の要所に位置した街は、ペルシア、アテナイ、スパルタなどの支配を受けながらも、交易都市としてその重要度を増していく。

そして三三〇年、ローマ皇帝コンスタンティヌス帝により、街はローマ帝国の首都と定められた。彼は市域を四倍にひろげる新たな城壁を造り、ヒッポドロームを完成させ、宮殿を建設した。「第二のローマ」、「新ローマ」などと呼ばれた街には、いくつかの特徴的な広場をともなう道路網が整備された。

帝国の首都としての街の発展にともなう市域の拡大にあわせ、五世紀前半テオドシウス二世によって、「テオドシウスの城壁」が建設される。第四次十字軍の占領期を除くと、一四五三年のオスマン軍による征服まで、この堅固な城壁は一千年にわたって、街をさまざまな外敵から守ることになるのである。街の人口は、六世紀には五〇万人に達したと推定される。しかし、城壁内はすべて民家で埋まっていたわけではなく、コンスタンティヌス城壁とテオドシウス城壁の間には、農地、果樹園が広がる農村的な光景もあった。ビザンツ建築の最高傑作ハギア・ソフィア聖堂が建立されるのもこの頃である。

現在、ビザンツの教会はイスタンブル市内各所に二五ほど残るといわれている。その多くはオスマン時代にモスクに転用され、エルサレムにかわりメッカの方向にむけて礼拝され、祈りの場として生き続けてきた。今世紀に入り、博物館とされたアヤ・ソフィア（図10）やカーリエ・モスクの壁の下から、教会堂として使われていた時の多数のモザイクやフレスコ画が発見され、世界中を驚かせた。その美しさは、ビザンツ芸術の質の高さを伝えるだけでなく、それを破壊することなく塗り込めた人々の心情へとわれわれの思いを向かわせる、そんな神秘性を秘めている。

スルタンの栄華

アナトリアの一角に、始祖オスマンに率いられたオスマン朝が勃興したのは、一三世紀末のことである。それから一五〇年後、アジアとヨーロッパにまたがるイスラームを旗印とした大帝国が出現し、ビザンツを滅亡に追いやった。その首都イスタンブルは、地中海世界の政治的、経済的、文化的中心という役割を担い、一六世紀を頂点にその繁栄を誇った。

このオスマン朝の栄華を今日に伝えるもののひとつに、スルタン（皇帝）の宮廷が置かれたトプカプ宮殿がある。イスタンブルの突端の高台、サライブルヌと呼ばれる土地に宮殿が建設されたのは一四五九年（一四七八年に完成）のことである。現在の建物は、その後の増築や一部消失後の再建を経たものであるが、基本的なプランは一五世紀のものを伝えているといわれている（図11）。トプカプ宮殿はオスマン朝の政府組織の中心であると同時にスルタンの居城であった。後宮（ハレム）には陰謀、計略が渦巻き、王子殺しなど陰惨な事件の舞台ともなったが、一方では、オスマン朝の優雅な宮廷文化の花開いた場でもあった。

建築家スィナンをはじめ、多くの詩人、画家、建築家が宮廷で教育をうけ、また、カラギョズ（影絵芝居）、オルタオユン（即興劇）などの民衆芸能も、宮廷での余興として楽しまれ、発展した。

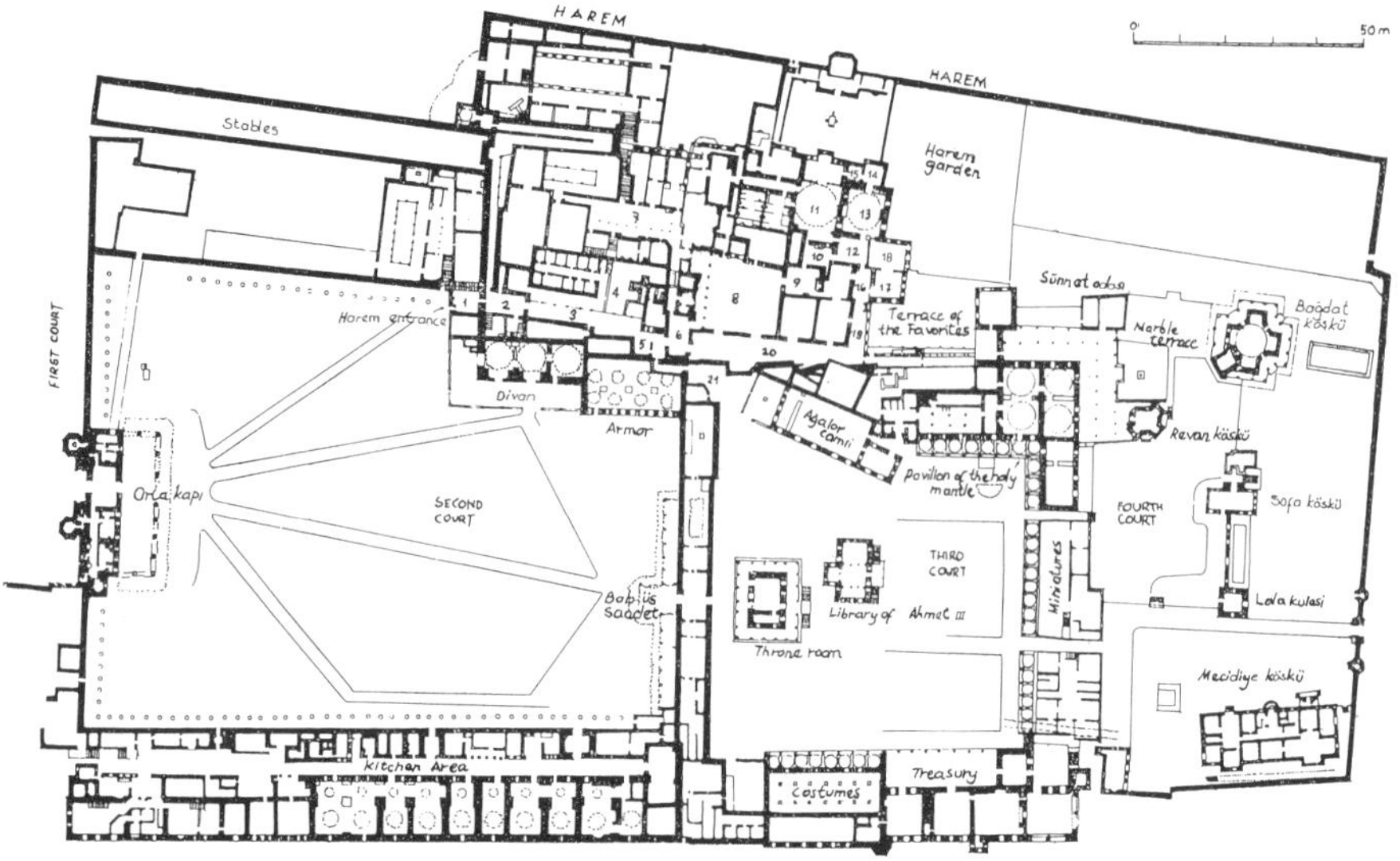

1. Room with Cuptcards
2. Guard Room
3. Courtyard of the Black Eunuchs
4. Quarters of the Black Eunuchs
5. Cümle Kapısı
6. Guard Room
7. Courtyard of Women Slaves
8. Courtyard of the Valide Sultan
9. Room with the Fireplace
10. Room with the Fountain
11. Hall of the Emperor
12. Antechamber
13. Salon of Murat III
14. Library of Ahmet I
15. Fruit-Room of Ahmet III
16. Passage
17.-18. Double Pavillion
19. Consultation Place of the Jinns
20. Golden Road
21. Birdcage Gate (Harem Exit)

図11 トプカプ宮殿 平面図

図10 アヤ・ソフィア

図12 ミニアチュールに描かれた祝祭（18世紀）

こうした華やかな側面は、スルタンの娘の結婚式や王子の割礼の際の盛大な祝祭の形で、宮廷の外でも展開された。祝祭の主な舞台となったのは、ビザンツ時代のヒッポドロームの遺構が残る、トプカプ宮殿近くの「馬の広場」と呼ばれる広場である。そこでは、何日間にもわたって、軽業、曲芸、弓道競技、馬術競技などが繰り広げられ、夜には花火が上げられた（一五八二年のムラト三世の王子の割礼祭の場合、六五日に及んだといわれる）。イスタンブル中のギルドの代表がそれぞれの職業を象徴する山車をくり出し、寸劇を演じながらスルタンや政府高官、外国使節たちの目の前を行進した。街中の人々が集まり、宮殿の後宮の女性たちも、格子がはまった窓のある特別な席から見物したといわれる。ときには金角湾の水上でも花火が上げられ、その一大ペイジェントは多くのミニアチュール画に描かれた（図12）。

トプカプ宮殿の周辺には政府の高官たちの館が並び、「馬の広場」に面したイブラヒム・パシャの邸宅は宮廷の祝祭にも重要な役割を演じた。この一六世紀の大宰相イブラヒム・パシャがスレイマン大帝の寵愛をうけた皇妃ロクソランの奸計によって殺されたように、トプカプ宮殿の周辺には常に権力と陰謀の影があったが、ミニアチュールが伝える明るい色彩は、また違ったイメージを与えてくれる。

オスマンの構築美

オスマン朝のモスクは、イスラーム建築の中で特異な位置を占める。他地域の建築は都市の中に埋没し、本来、建築の内側である中庭に正面を見せるのに対して、オスマン朝のモスクは都市の小高い丘にそびえたち、周囲を威圧する外観を誇る。さらにキュリイェ（複合都市施設）として周囲の諸施設を率いる姿は壮観であり、まさにオスマン建築の真骨頂なのである。

その最も大規模な例がスレイマニエ（一五五〇―五七年）である。そのモスクに見られるドーム・コンプレックスと構造体の調和こそが、古典期を通じてオスマン朝モスクの意匠・技術上、主要なテーマであった。モスクの壮麗さに対し、周辺諸施設はきわめて単純、控え目であり、機能に徹し、モスクと競い合わず、むしろそれを引き立てるように配慮されている（図13）。

キュリイェ全体の配置はきわめて幾何学的であり、周囲の街区とは異質な空間をつくり出している（図14）。このことが、都市内の宗教・文化・社会的核としてのキュリイェにふさわしい整然とした秩序をもたらしている。しかし、このような秩序が、都市計画全体にまで発展することはなかった。

都市内のモスクには、広場としての機能、都市生活の核としての機能もある。例えばファーティフでは、モスクの周囲に広大なズィヤーダ（外庭）が広がる。そこには木がたくさん植えられ、その木陰は人々にとって憩いの場となる。特にラマダーン（断食月）の間、夕刻になると人々は食事を持って集まり、日没のアザーン（イスラーム教の礼拝時告知）とともに夕食をはじめ、何時間も食事と会話を楽しむ。また、通常の月でも日曜日には社交の場となり、多くの物売りも繰り出す。

市内各所では毎週、曜日を決めて露天市が立つが、この場合もモスクがその中心となることがある。ファーティフの場合は毎週木曜日に立つが、これはイスタンブル市内最大のものであり、単に近隣の地区のためのものにとどまらず、全市的規模のものである。生鮮食料品を中心として、雑貨、日用品、衣料品の店が並び、市内各地から客が集まり、街路は混雑をきわめる。モスクの周囲のみならず、境内にも物売りが店を開き、この日ばかりは場違いな活気にあふれる（図15、16）。

欧化の舞台

金角湾をはさんで、イスタンブル旧市街の対岸に位置する「新市街」は今日ベイオウルと呼ばれ、海岸からガラタ塔までのガラタ地区と、その北側からタクシム広場までのかつてペラと呼ばれた地区からなる（図17）。

何代にもわたってイスタンブルに住んできた、「古き良き時代」を知るイスタンブルっ子にとって、この「ベイオ

図13　スレイマニエ・ジャーミ

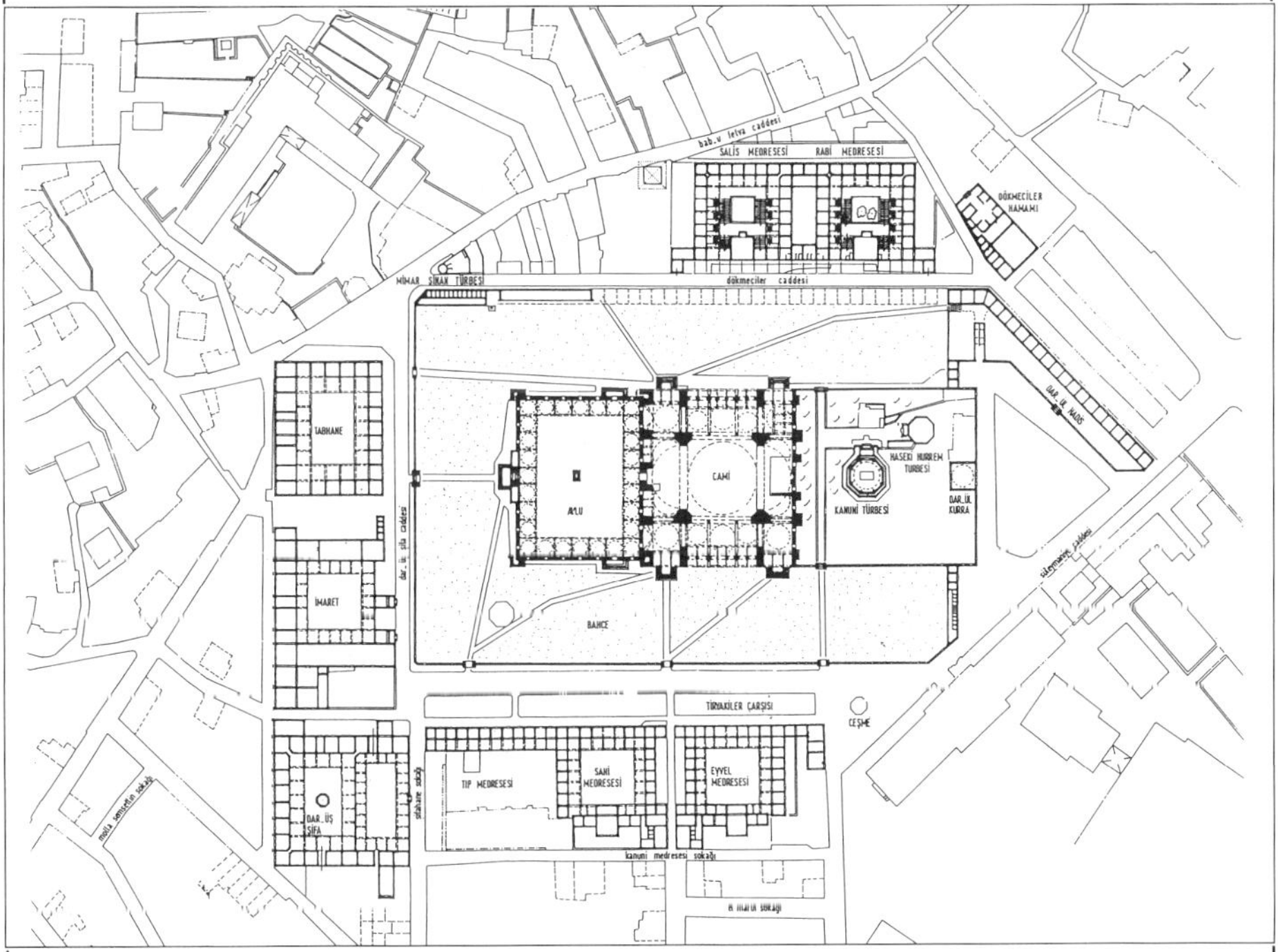

図14　スレイマニエのキュリイェ

図16　毎週木曜日に開かれるイスタンブル最大の露店市

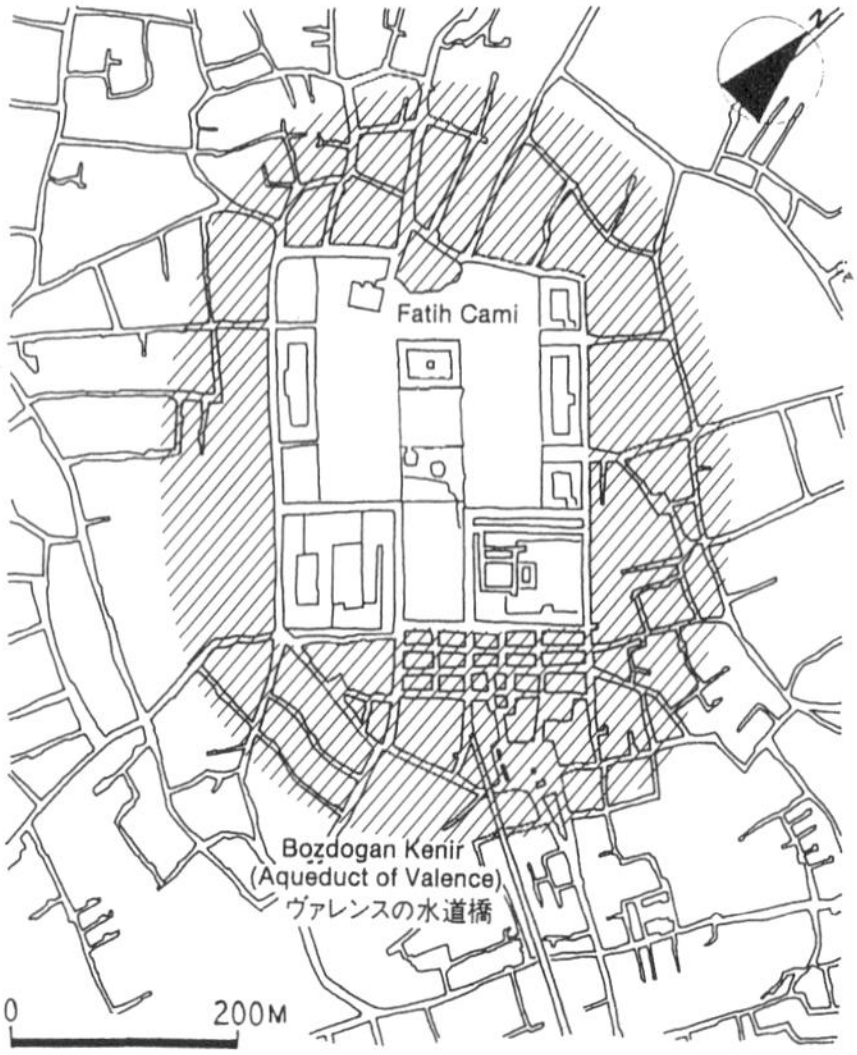

図15　ファーティフ・ジャーミ（1767〜71年再建）とその周辺　斜線部は露天市

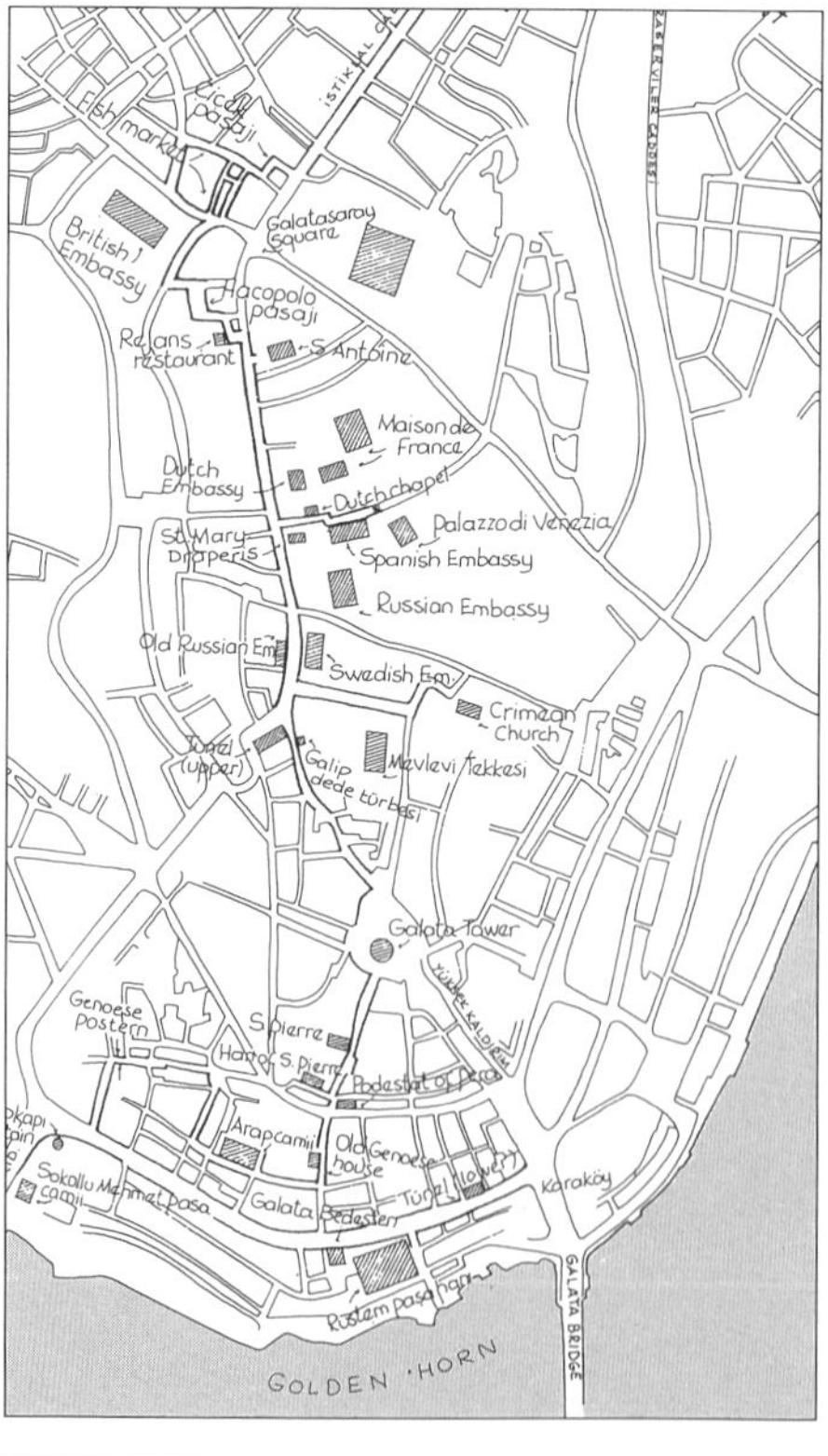

図17　ガラタ地区

図18　ヨーロッパの香りのするイスティクラール通り

ウル」という言葉は、どこか特別な響きをもつ。着飾ってでかけた青春時代の思い出、華やかな街のにぎわい、ヨーロッパの香りのする演劇やオペラ、そしてカフェ。日本人にとってのかつての「銀座」にも似た、ノスタルジアがそこにはある。

ベイオウルはかつて外国人の多く住む地区として発展し、十九世紀以来、西欧風建築が美しい街並をつくってきた。ギリシア正教徒、アルメニア教徒、ユダヤ教徒の住民も多かった。ベイオウルの中心である「イスティクラール（独立）通り」のにぎわいは今日でも変わらない（図18）。しかし、その「特別な」意味はすでに失われてしまったといわれて久しい。大通りから一歩入れば、建物の多くはスラム化し、近年の道路の拡大によってその一部は取り壊しの対象にすらなった。

しかし今日でも、ギリシア語、アルメニア語の新聞が細々と発行され、多様な宗教宗派の教会が前世紀末風の街並みに埋もれながら活動を続けている。一時期、オスマン帝国の中の「ヨーロッパ」として華やかな時代をつくり、歴史を通じてさまざまなマイノリティグループ、外国人居住者が活躍した舞台であるベイオウルは、かすかにその色彩を今日に残している。

一九〇八年の青年トルコ革命、一九二三年のトルコ共和国の成立と、歴史は動いてきた。トルコ民族主義の勝利により、イスラーム教徒以外の住民の多くはこの地を離れ、かわってアナトリア農村部からの移住者が街を埋めた。首都もアンカラに移り、ベイオウルがかつての「特権」を失ったことは明らかである。

しかし、イスタンブルの人々の間で、ベイオウルのかつての記憶は語り継がれ、特別な意味をもち続けてきた。今日ベイオウルはだれにでも手の届く普通の街になってしまったが、遠い、まぶしいところにあった時代への人々の郷愁がそこにはあるのかもしれない。

喧騒と迷宮――バザール

イスタンブルの中心部に広がるグランド・バザール（トルコ語ではカパル・チャルシュ）は、市内でもっともにぎわう場所であり、同時にもっとも「東洋的」魅力にあふれた場所である（図19）。今日イスタンブルを訪れる人々はトルコ人、外国人を問わず、その雰囲気、喧騒、色彩、そして何よりショッピングを楽しみに、必ずここへやって来る。一四六一年、ファーティフ・スルタン・メフメットの命により、ビザンツ時代の市場跡に建てられたこのバザールは、それ自体がひとつの都市であるともいえる巨大なものである。一八八〇年の調査によればバザールは、店舗四三九九、工房二一九五、屋台四九七、倉庫一二、泉水一八、小礼拝堂一二、モスク一、小学校一、墓廟一の施設からなっていたという。今日でもほぼ同様の構成であるが、さらにレストラン六、銀行二、多数のチャイハネが加わっている。バザールには大小一三カ所の出入口が設けられ、夜間、休日には閉じられ、内部を警備員が巡回する。バザールは元来、同業の店舗が通りを構成し、異業種が混在することはほとんどなかったが、現在では観光化にともなってかなりその秩序は崩れている。

バザールの内部は一見迷路のような印象を与える。初めて訪れた者は容易には自分のいる位置を認識できないかもしれない。しかし、平面図（図20）を見れば、このバザールの街路は基本的にはグリッド・パターンによって構成され、きわめて整然としていることがわかる。場所の認識の混乱は、むしろすべてが華やかであるがために、かえって単調になってしまう景観によって引き起こされているといえる。このような自然発生的というよりも計画的ともいえるバザールは、オスマン朝下の大都市に多く見られるものである。

大規模なバザールには通常、ベデステンと呼ばれる施設がある。これは貴金属など高価な商品を火災、盗難から守るもので、多数の小ドームを架けた長方形の大広間であり、夜間は厳重に戸締まりされる。グランド・バザールには二つのベデステンがあり、創建は一五世紀半ばと一六世紀初頭である。

バザールの周辺には多数のハンが並ぶが（図21）、これらは中庭を中心に小室が並ぶものであり、通常二～三階建

図19 グランド・バザール俯瞰

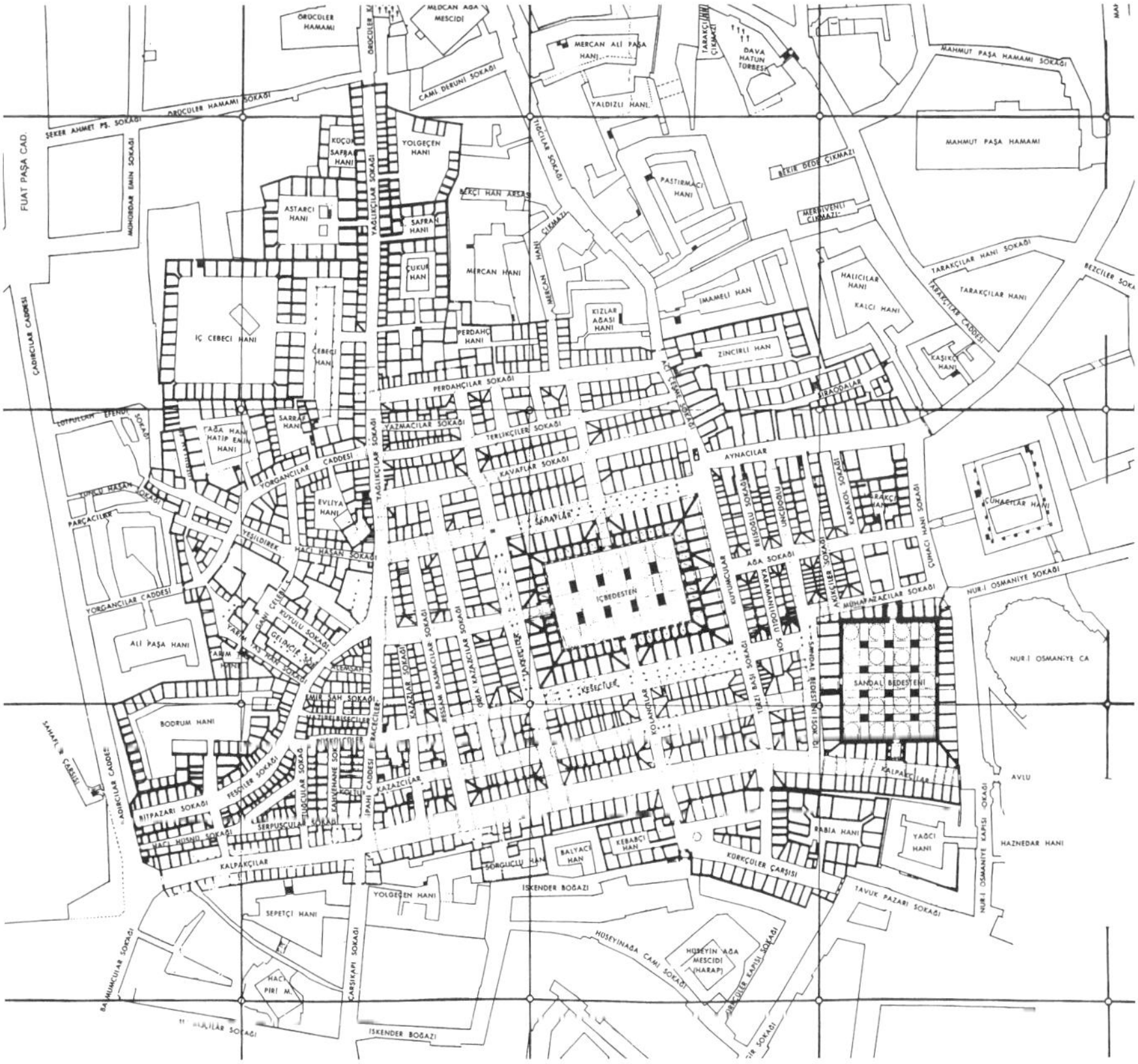

図20 グランド・バザール 平面図

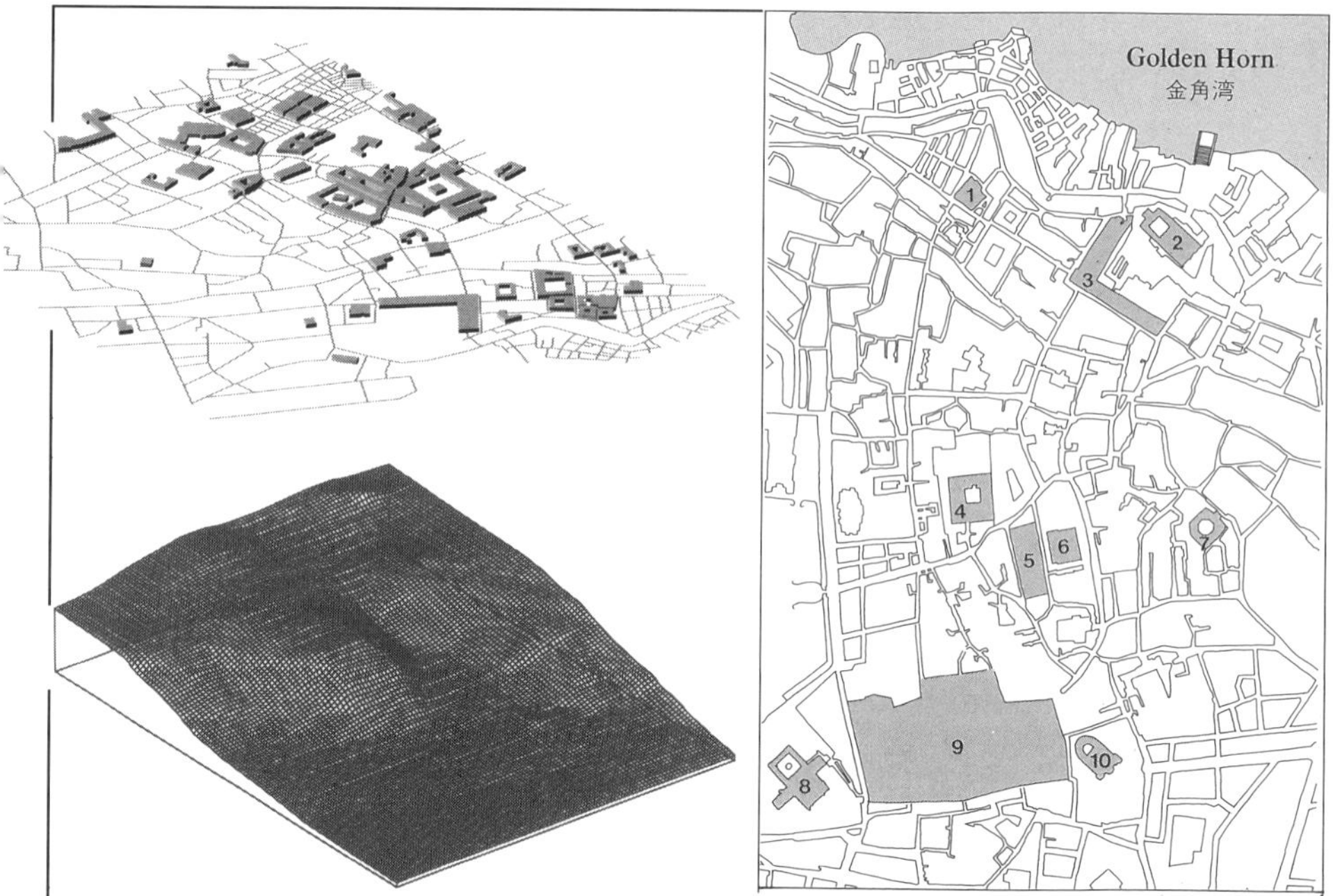

図21　グランド・バザールからエミノニュにかけての傾斜地に展開する商業地域
平面図と立体図（左上：施設群と街路網．奥がグランド・バザールで，手前がエジプト・バザール．左下：地形図）

1 リュステム・パシャ・ジャーミ
2 イェニ・ジャーミ
3 エジプト・バザール
4 ヴァリデ・ハン
5 ビュユック・ハン
6 キュルクチュ・ハン
7 リュステム・パシャ・メドレッセ
8 バヤズィット・ジャーミ
9 大バザール
10 ヌル・オスマニエ・モスク
11 ディヴァン通り

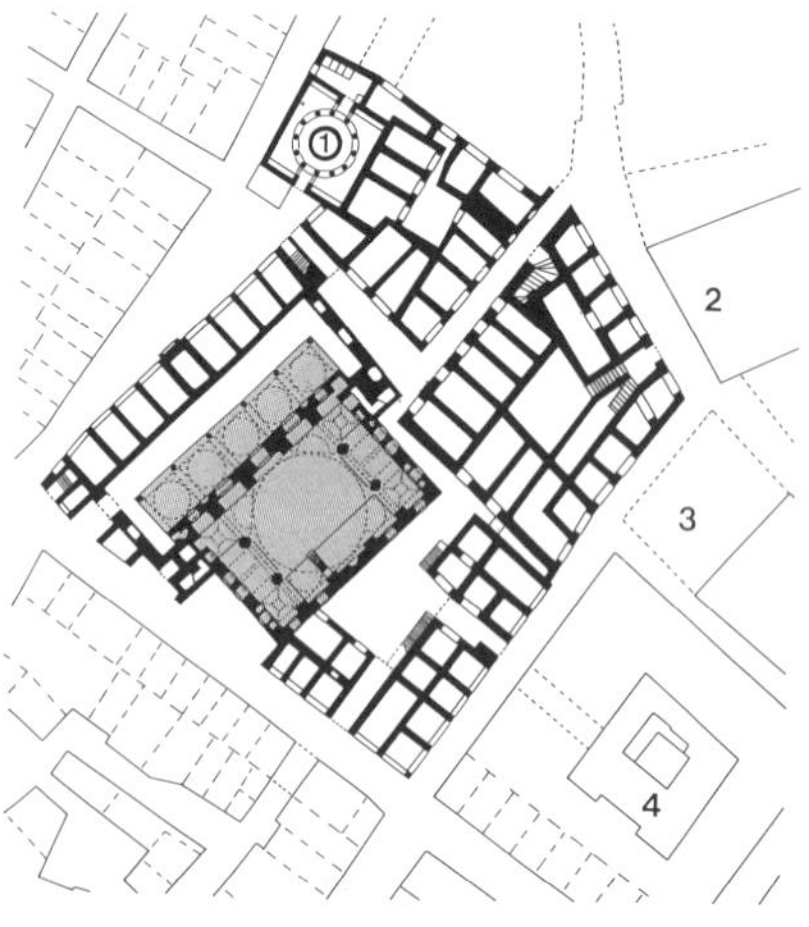

図23　リュステム・パシャ・ジャーミ（2階平面図）とその周辺
1 泉亭
2 キラズ・ハン
3 チュクル・ハン
4 パパゾール・ハン

図22　ハンの中庭

図24　ボスフォラス海峡沿いの住宅
きわめて高い親水性

図25　イスタンブルの子供たち

図26　イスタンブルの伝統的な住宅
特徴的な2，3階の張り出し

てである。小室は商人宿、事務所、倉庫、工房など多目的に用いられた（図22、23）。

海にひらく街

ボスフォラス海峡沿いにはイスタンブル市街とは違って、積極的に親水性がみられ、独特の景観を創り出している（図24）。海峡に面した住宅の多くには地階に艇庫があり、さらに家の前の海をまるで自宅のプールのように使っている。艇庫の上は居住部分であり、開口部、ベランダは海に面している。これに対して陸側は、単にアクセス、サービスヤードとして使われる場合が多い。イスタンブル市民にとって、海峡の家は一種のステイタスシンボルであり、事実、富裕な市民の家が多い。

歴史的には、このような水辺の利用が始まったのは一七、一八世紀頃と思われるが、現在のような景観が形成されたのは、一九世紀以降、特に一八五三年、トプカプ宮殿からドルマバフチェ宮殿へ宮廷が移動し、高官たちの主導による開発が本格化して後のことであろう。

この時代に活躍したアルメニア系建築家一族がバルヤン家であった。一族七人の建築家はヨーロッパ、特にパリで建築を学び、帰国後宮廷建築家として働き、いわゆるオスマン・アンピール様式を確立した。彼らの作品は多数にのぼるが、傑作とされるのは、やはり海峡沿いの宮殿、離宮、モスク、そして海峡をのぞむ小高い丘の上の園亭である。この時代は、まさに海峡の時代だったのである。

伝統の再評価

イスタンブルにおいても都市再開発は進み、古いイスタンブルを偲ばせる地区は急速に減りつつある。しかし、スレイマニエ地区、ゼイレッキ地区などでは今も木造住宅の街並みがみられる（図25、26）。これらの地区でみられる民家の多くは木造三階建てで、二階部分が張り出している。ほかの都市の住宅では一階を台所、倉庫などのユーティリティに用いることが多いが、イスタンブルでは敷地の狭さ、生活様式の違いから、居室としている例も多い。また、ここでは一般的に、通りに面する側は建物のみが並び、庭は裏につくられる。このことが街路景観を密度の高いものとしている。

現在、イスタンブル市役所はユネスコをはじめ、さまざまな機関の支援・協力を受け、前記二地区の保存事業を展開しつつある。また、民家保存のみならず、城壁、教会堂、海峡沿いのオスマン朝宮殿などの多くの保存・修復事業も進められている。

黒海地方――海から谷へ

トラブゾン

トラブゾンは、古くから貿易で栄えてきた黒海沿岸の都市である。北側に黒海をのぞみ、背後に山をひかえる傾斜地にある。夏は暑く、冬は温暖で湿潤である。この都市には、一部壊されてしまっているがビザンツ時代の城壁、そして城門が現在も残っている。城壁内は二つの地区で構成されている（図27）。一番下の海岸に近い低地には住宅地が広がり、中央のカレ（城砦）部分にはファーティフ・ジャーミなどの都市の中枢機能が置かれ、現在でも政治、経済の中心地である。さらにその上の一番高いところは市街を見下ろして守護する砦であった（図28）。

現在、活気のある市街は城壁外の東側へと広がっている。その中心にタクシム広場がある。この近代的な広場にはテーブルと椅子が置かれ、屋外レストランのようになっている。大きな木が何本も植えられており、夏の暑い昼間は、木陰で大勢の人々がチャイを飲んだり、お喋りに興じたりしている。夜になると食事をしたり、広場にテント・シーツを張り、その仮設のスクリーンに映される映画を楽しむ。また、この街でのロカンタ（食堂）は、建物の最上階や屋上のテラスに設けられているものが多く、港や街の夜景を楽しみながら食事ができる。このように、暑い夏も快適な空間を利用し、おおいに楽しめるように工夫されている。

城壁外の東側で、比較的海岸に近い一帯にトラブゾンのバザール（トルコ語でチャルシュ）が広がっている（図29）。緩やかな傾斜地にあり、坂道に互いに接しながら店舗が並んでいる。港からの物資の搬入を考えて、海岸に近いこの位置に発達した。ここに広がるバザールは、家具屋、洋品店、貴金属商、革製品店、雑貨屋などの業種ごとに、はっきりとゾーニングされている。この地区には、現在は再利用されている昔のベデステン、ハン、そしてハマムが隣接している。

このバザールの中心にチャルシュ・ジャーミがあり、六本の柱でドームを支える形式をとっている。傾斜地にあるため、正面の出入口は二階の高さにあり、階段を使って出入りする。礼拝空間の奥に行くにつれて、その床面は外の地面より低くなる。また、正面の出入口の下には商業機能が取り込まれ、傾斜地を巧みに使ったバザールにうってつけのモスクとなっている（図30）。

このバザールの中心にある、モスクを核とする広場には、イタリアの中世都市の広場とどこか共通するおもしろい雰囲気がある。アラブの都市とは異なり、ここではモスクに中庭がなく、そのかわり周囲にオープンスペースがとられ広場となっている。その中ほどには、礼拝前に身を清めるための泉亭が置かれている（図31）。この広場には、いくつかのコーナーから道が流れ込み、特に東から入る道はトンネル状になり、劇的効果を生んでいる。広場はバザールの商店によって囲まれ、商売のための共同作業場として有効に使われる。ヨーロッパの宗教的広場に比べると、より実用的な色彩が強いが、賑わいに満ちた魅力的な空間である。

バザールには、間口の狭い小規模な商店が連続して並ぶだけで、住宅機能は含まれていない。二階建てで、一階は商品を陳列するためのスペース、二階は倉庫スペースとなっている。商店の人たちは、夕方になると店の鍵をかけて帰宅する。

ハマムは、日本の銭湯とサウナを合わせたようなものであり、人々の憩いの場、団欒の場となっている。入口から入るとまず中央に噴水や泉のある脱衣室がある。スチームで温められた次の部屋に入っていくと、壁側に流し場がある。注文に応じて、マッサージや垢落としをしてくれる。構造は、天井がドームになっているところが多く、そこにトップライトをとって広々とした空間をつくりだしている。脱衣室に戻ってくると、新しいタオルで体をくるみ、ほてりを冷ます。そこでチャイを飲みながら、世間話や政治の話をして時を過ごすのである。

トラブゾンは、黒海沿岸の温暖湿潤な気候のため森林が非常に多く、昔から住宅の材料には、木材が盛んに使われてきた（図32）。住宅のほとんどは斜面に建っており、なかには城壁の一部をそのまま住宅の壁に使ったり、城壁を取り壊してそこに建てているところもある。城壁周辺では、二〜三階建ての住宅がほとんどで、壁を隣と共有して連

1 カレ
2 ファーティフ・ジャーミ
3 市庁舎
4 バザール
5 アヤ・ソフィア
6 タクシム広場
7 新港
8 イェニ・ジュマ・ジャーミ
9 空港

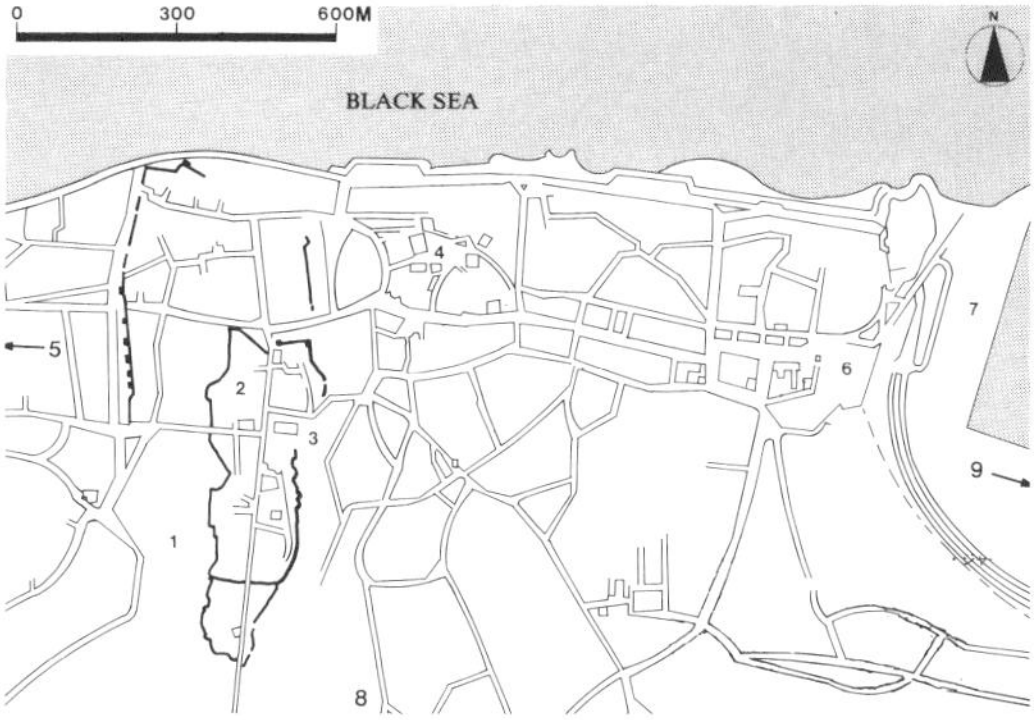

図27 トラブゾン市街図

図28 カレより市街をのぞむ

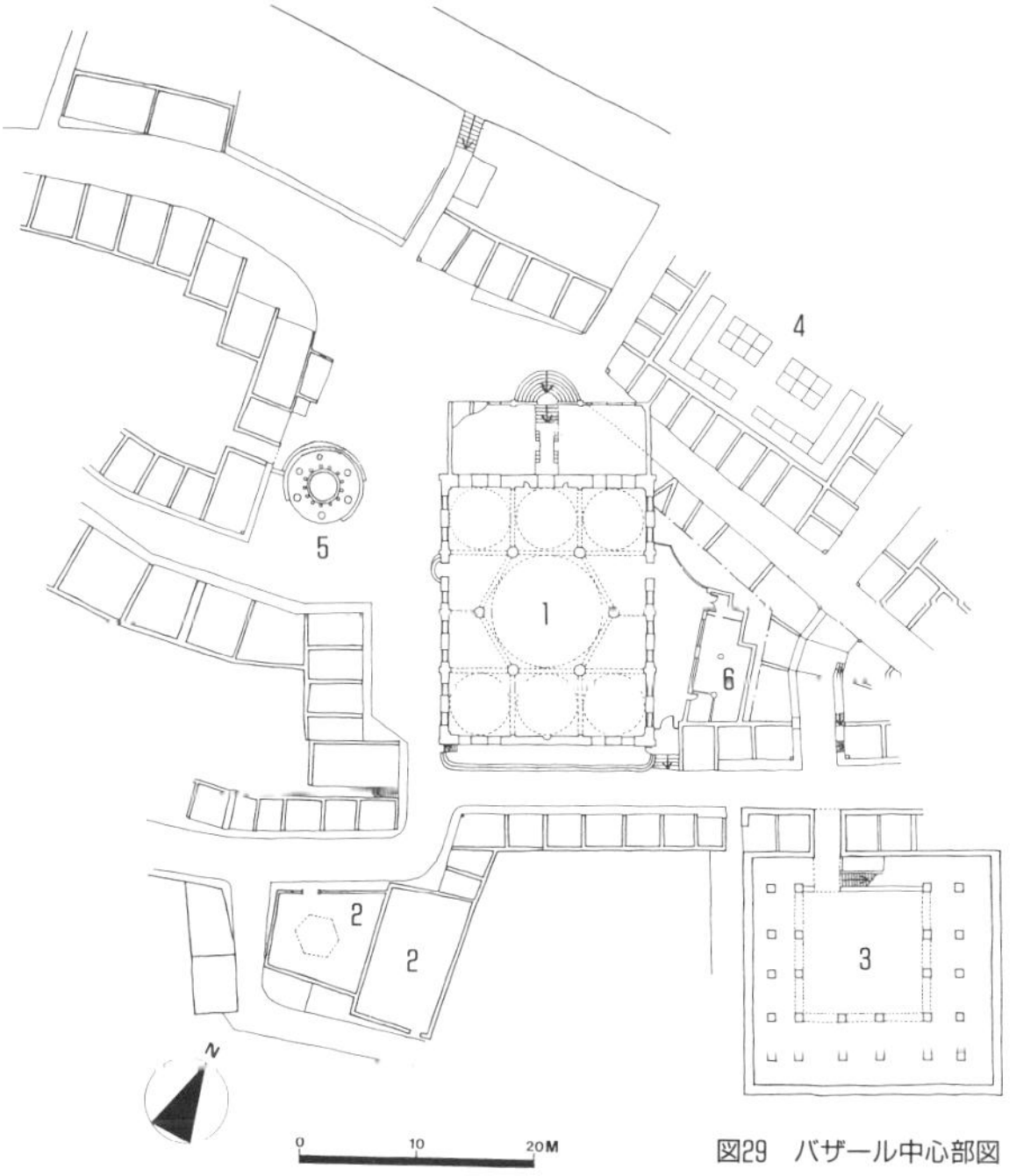

図29 バザール中心部図

1 チャルシュ・ジャーミ
2 イスケンデル・パシャ・ハマム
3 タシュハン
4 ベデステン
5 泉亭
6 メドレッセ

図30 メインストリートからモスクへ続くトンネル

図31　ジャーミ前広場
中央に泉亭が見える

図32　旧市街の城壁近くに建つ伝統的な住宅
道路上に緑の日よけ棚が付いている

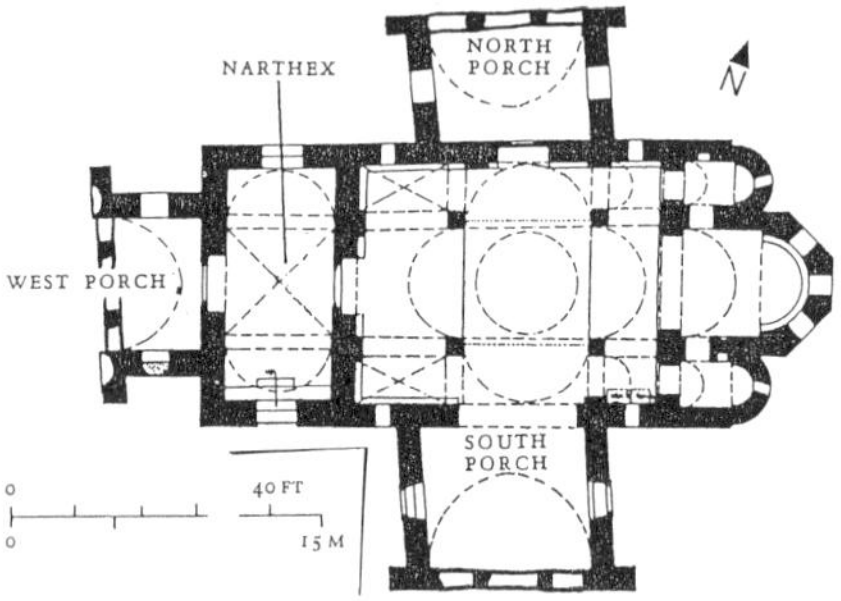

図33　アヤ・ソフィア　平面図

図34　アヤ・ソフィア　海岸からの遠景

続した住宅となっている。現在では一軒の家を分割して、数家族で使用しているものも多くみられる。比較的新しい市街では、数階建ての鉄筋コンクリート造りのものが多くみられる。特に港に近い地区の建物は正面が海に向き、赤、黄、青、水色など色とりどりに塗られた外壁によって、華やかな景観が生まれている。住宅のプランは、街路に面した二階以上の中央部分に出窓があるのが特徴である。

また、ここにはトレビゾンド王国時代（一二〇四―一四六一年）に建てられたキリスト教の教会堂がいくつか現存するが、もっとも保存状態が良く、かつ典型的なものが、市郊外に建つアヤ・ソフィア（一二三八―一二六三年）である（図33、34）。オスマン時代にイスラーム教のモスクに転用されたものの、内部のフレスコ装飾の多くは残され、現在は博物館として公開されている。平面的には他の後期ビザンツ教会と同様であるが、全体として受ける印象はかなり異なり、完結性が強く、幾何学的に整然としている。南・北・西と三つのポーチがあり、南が最も精緻に装飾されている。現在は開放的になっているが、モスクとして利用されていた時代には、南側のポーチを壁でふさぎ、ミヒラーブを設けていた。教会は海岸の高台のテラス上にあり、展望はすばらしく、また、海から眺めたときの重要なランドマークとなっている。

アクチャアバット

アクチャアバットは、トラブゾンから西に十数キロ離れたところにある黒海沿岸の小さな街である。海岸の近くには近代的な建物が並ぶのに対し、古い住宅地は海岸から少し離れた丘陵地の尾根づたいに形成されている（図35）。住宅は、どれも正面が黒海に向き、すばらしい眺望が得られるように工夫している。もともとは農村的色彩が強く、どの家にも一定の農地がある。アクチャアバットは、いくつかのマハッレ（地区）の単位に分かれ、一つのマハッレには約四〇〇世帯ぐらいが住んでいる。

幹線道路が海岸から山へと延び、そこから、各住宅に入っていく細い道が分岐している。この道を挟んで、山側、

図36　街路をはさんで斜面地に建つ伝統的住宅2軒

1　居間
2　寝室
3　台所兼食堂
4　物置
5　トイレ
6　玄関ホール
7　前庭

図35　丘陵に広がる住宅地と黒海をのぞむ

下段右から
図37　道路側の外観
(図36の左側の家)
図38　2階居間から見る黒海

海側にそれぞれ家が点在する。

調査した二軒の住宅を例に見ていくと（図36）、道の下に建つ海側の家（図36の右側）には、道から脇の階段で降りて、まわり込むようにしてアプローチする。家の正面に玄関があり、海に向いているからである。一階は主に倉庫、家畜小屋、台所として使われ、二階にはリビングルーム、寝室などの居住空間がある。プランでは出窓のあるホール（リビングルーム）が中央に置かれ、その両脇に寝室がある。

一方、山側の家（図36の左側）では、道路から門をくぐると階段があり、二階レベルにある前庭へ出られる。門を入ってすぐ右側にある一階部分は、石の壁で囲われて、家畜小屋になっている。その上の木造の二階部分が、日常の生活空間である。

アクチャアバットの住宅の基本的構成を見ると、一階が納屋、家畜小屋、台所などに使われ、二階にリビングルーム、寝室、接客スペースのあるところが多い。二階の中央が出窓となって強調されたリビングルーム、その両側に寝室がある。もともとは、中央部分が多目的のホール、両側が居室となる「内ホール形式」の住宅としてつくられたものである。この二階からの眺望はすばらしく、遠く黒海がのぞめる（図38）。斜面にゆったりと住宅が並ぶため互いに視界を妨げず、どの家からもすばらしい眺望が楽しめるのである。

スメラ

トラブゾンから東黒海山脈に五〇キロほど入った峡谷の断崖、三〇〇メートルの高みにへばりつくように建つのが、聖母マリアに献じられたスメラ修道院である（図39）。ユスティニアヌス帝の時代に創設されたといわれるが、現存する建築の大半は一三世紀のものである。

修道院は東向きの崖壁のテラスに建つ。唯一の入口は南側にあり、内部には中庭をはさみ西に洞窟礼拝堂を中心に不規則に集合した施設群と、東の谷側に比較的新しく整然とつくられた僧房が建つ（図40）。僧房は一階建てで七一

図39　険しい断崖の中腹に建つ修道院の全景

図40　**修道院の中庭**　周囲には不規則に施設が集合している

図41　ウズンギョルの集落遠望

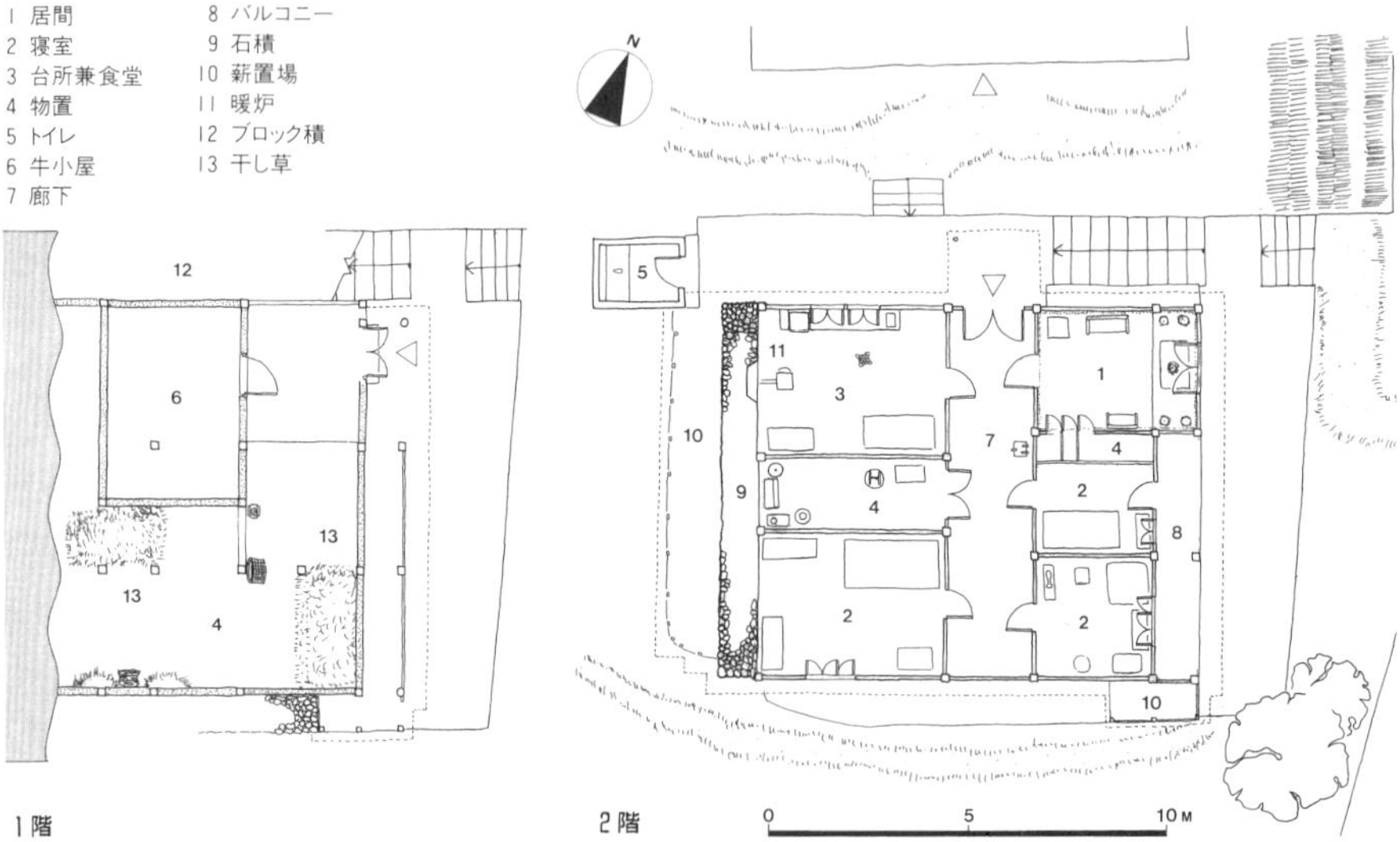

図42　**調査家屋**　1階は家畜小屋兼倉庫，2階が生活の場となる

室ある。この修道院は一九二三年まで使われていたが、この年のポントス王国独立の失敗により放棄された。

崖の高みに修道院をつくることは東方正教会に多く見られ、ギリシアのアトス山、メテオラ、トルコのカッパドキアなどが例としてあげられる。元来は世俗との隔絶を意図したものであるが、それのみならず、瞑想のために下界を見下ろし、俗界から超越することが求められたのであろう。

ウズンギョル

ウズンギョルの集落は、扇状地のほぼ東向きの斜面に、農家がセットバックしながら集合してできている（図41）。モスクを中心に、約七〇戸からなる一つのマハッレを形成している。

ウズンギョルでは、アクチャアバットと同じように、それぞれの家の前に畑があり、多くの家族は、集落のまわりに広大な畑を所有している。

ここの住宅は、緩やかな勾配の大きな切妻屋根をもち、妻側を谷に向ける。入口は北側の側面にとられ、全体として明快な構成を示す（図42）。一階部分は石を積んだ壁構造で、納屋や家畜小屋として使われる。斜面に建っていてもこの一階部分で調整されて、生活空間である木造の上階が水平になっている。木造の二階部分には、リビングルーム（図43）や寝室、そして台所がある。ここでは、黒海沿岸の都市によく見られるような中央リビングルームに寝室がある三列構成の「内ホール形式」とは違って、中廊下をはさんで分割され、谷側にリビングルーム、山側に寝室、台所、物置などの部屋がある。また、谷側の二階のリビングルームには物干し場にもなっている大きなベランダがあり、すばらしい眺望が楽しめる（図44）。

トイレは家の中にはなく、外の山側にある。また、中廊下の床に三〇センチ四方の小さな穴があり、そこから一階にいる牛などの家畜に直接餌を与えられるようになっている。

斜面の途中にセットバックしながら住宅が並んでいるため、内部からの眺望が得られると同時に、外から眺めたと

図43　台所兼居間でくつろぐ主人夫妻

図44　玄関前で景色を見ながら雑談する女性たち

図45　木造のトラス橋

図47　イシュハンの教会堂跡（1006年）

図46　ヤイラの全景

きの個性的な集落風景が生まれている。さらに、どの家でも日照、通風が充分とれる。車を使わない、人間と馬やロバの住む街だからこそ、こうした集落が斜面にできるのである。

エレヴィット・ヤイラ

エレヴィット・ヤイラへの途中、チャムル・ヘムシンという谷間の集落があった。急勾配の斜面の中腹や山頂にへばりつくように民家群が点在している。このヘムシンでは、息子に分家を許さないため、家を増築し、部屋数を増やさねばならず、その結果、大規模な邸宅がつくられた。家のまわりに畑をつくり、牧畜をして自給自足の生活をしている。

さらに砂利道の急な坂を川沿いに登っていくと、さまざまな形の橋を目にする。どの橋も、素朴でかつ大胆な美しいものであり、まるで橋の屋外博物館のようである（図45）。

黒海沿岸から南へ、山道を四時間ほど車で行ったところにエレヴィット・ヤイラがある（図46）。トルコには、夏と冬とで居住地を移動する民族がいる。その夏の居住地をヤイラという。ヤイラとはトルコ語で、夏営地を意味する。標高二〇〇〇メートル以上もある山奥の谷間に、民族、種族ごとにグループをつくり、夏の数カ月間をそのグループで生活する。このようなヤイラは谷間ごとにいくつかみられる。

さて、このエレヴィット・ヤイラだが、約八〇戸からなり、一〇〇〇人以上が住んでいる。冬は、黒海沿岸の街であるフンドゥックルの家で過ごす。ここは、ヤイラの中でも夏にフェスティバルがあることで比較的有名であり、訪れる人数は年間一五〇〇人ほどになるという。その大部分が、八月末から九月初めの草刈りを終えたころに開かれるフェスティバルに来る人々である。

この村の住宅の多くは、周囲を木の柵や塀で囲い、庭のある一戸建てである。柵や塀は、境界を表わすだけでなく、牛や羊などの家畜を放しておくためにも必要である。建物は、木造二階建てで切妻屋根である。谷の方に妻側が向き、山と谷を結ぶ方向に棟が延びている。入口は側面のほぼ中央にあり、主階にあたる二階にリビングルーム、台所、寝室などの生活空間がある。一階は石積みの壁で囲われ、木造の二階部分を支えている。トイレは家の裏手の屋外にあることが多い。

イシュハン

黒海からチョルフ川に沿ってアルトヴィン、ユスフェリ、さらにエルズルムにつづく街道筋はトルコ系王朝の支配が及ぶ一一世紀まで、キリスト教王朝、グルジア王国の地として繁栄し、多くの教会堂が建てられた。これらは現在遺跡あるいはモスクとして残され、その大胆かつ精緻な建築感覚を目の当たりにすることができる。

これらの教会の中でも、最も大規模で完成された形を残しているのが、ユスフェリ近郊のイシュハン教会堂である(図47)。この地には元来アルメニア教会主教座がおかれていたが、後にグルジア教会主教座に変わった。現存する教会堂は一一世紀に建設されたもので、交差部に高いドームがある。これを支持する四本の柱には束柱の装飾が施され、垂直上昇性を高めている。また、アプスにはアンビュラトリーがある。この二点はグルジア、アルメニア建築の一部にみられる要素であり、特に垂直指向の意匠については、西欧ゴシック建築との関連性を指摘する説も多い。ほかの意匠的な特徴としては、交差部ドームを覆うロケット型屋根と、その装飾、壁面のアーティキュレーションがある。これらはいずれも後の中世アナトリア建築との関連があり、その意匠の起源を探る上で重要である。

グルジア建築は、アルメニア建築に比べ戦乱の破壊から免れたものが多く、保存状態の良い貴重な事例となっている。

東部地方——高原の中世文化

エルズルム

アラブ人によりアルド・アッルーム（ビザンツ人の土地）と呼ばれたエルズルムは、イラン、コーカサス、黒海、中部アナトリア、地中海からの街道の結節点として、古くから交通の要衝として栄えていた。トルコ人によりこの都市が領有されるのは一一世紀末からであるが、飛躍的に発展したのはイルハン朝支配に入る一三世紀半ば以降であったと考えられる。

城壁は二重で、一辺が約六〇〇メートルの不整四辺形をなし、城門が各辺に一つずつ設けられ、これらを結び十字形に大通りが走っていたと考えられる。現在でも東西の大通りと、これに交わる南へのものはその名残りをとどめている（図48）。

建築史的にもエルズルムは重要であり、ここで中世建築の二つの大きな様式の典型例が見られる。

一つはウル・ジャーミ（一一七九年）に見られるモスクの様式である（図49）。方形の礼拝室に方眼状にピアを立ち上げ、これらをアーチで結び陸屋根で覆うが、ミフラーブ・ベイとその二つ手前のベイにはヴォールトないしドームを架ける（図50）。中庭は使わない。この様式は多少の差異はあれ、中世を通じアナトリア全土に広く見られ、アナトリア高原の厳しい冬に応じたものと考えられる。

もう一つはチフテ・ミナーレ・メドレッセ（一三世紀後半）に代表される様式で、いわゆる中庭メドレッセ形式のものである（図51、52）。内部では、中庭を囲んで小室が並び、四辺の中央に四つのイーワーンがある。外部では、細密な浮き彫りで装飾された背の高いパネルによって正面玄関を強調している。大規模なものの中には玄関の左右に一対のミナレットがある。この様式はエルズルム以西、カイセリ周辺にまで見られる。

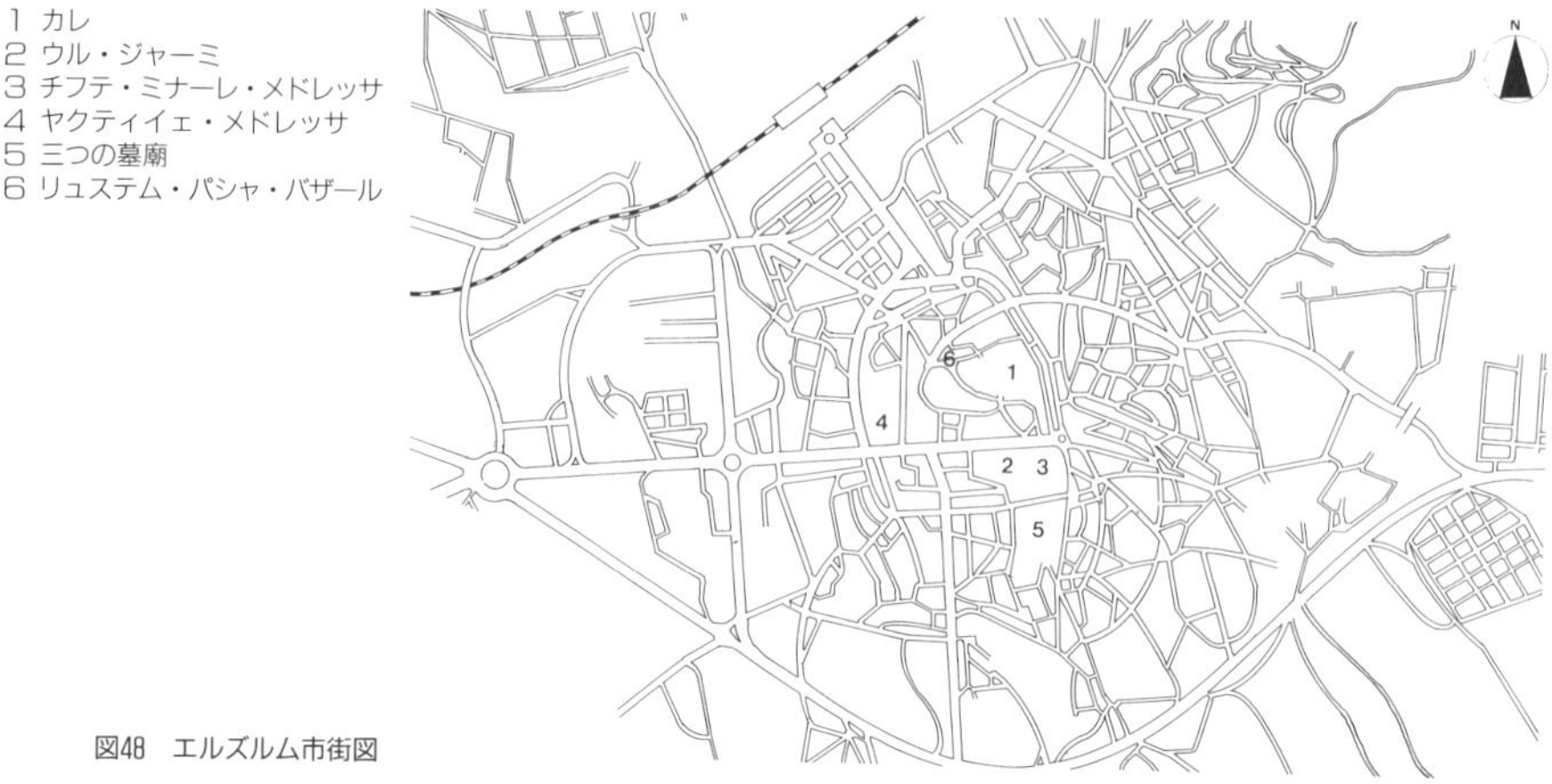

図48　エルズルム市街図

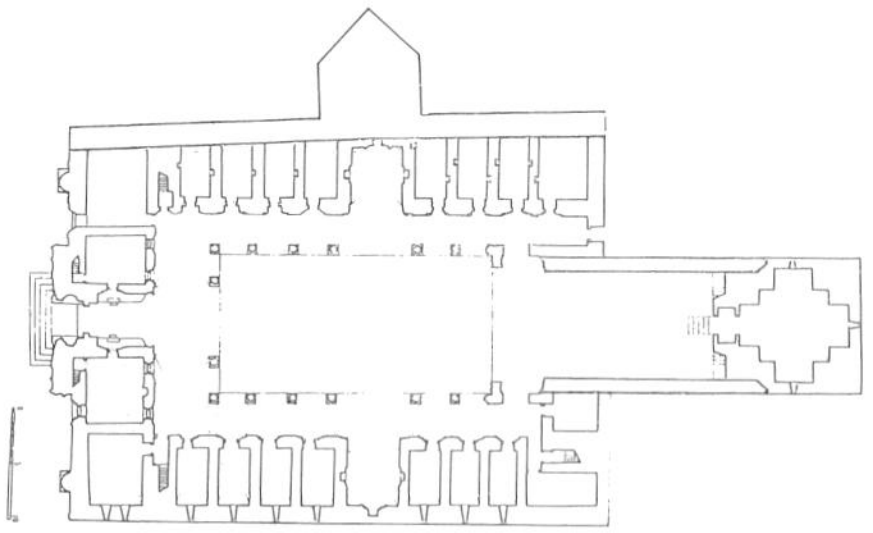

図51　チフテ・ミナーレ・メドレッセ（1253年）　平面図

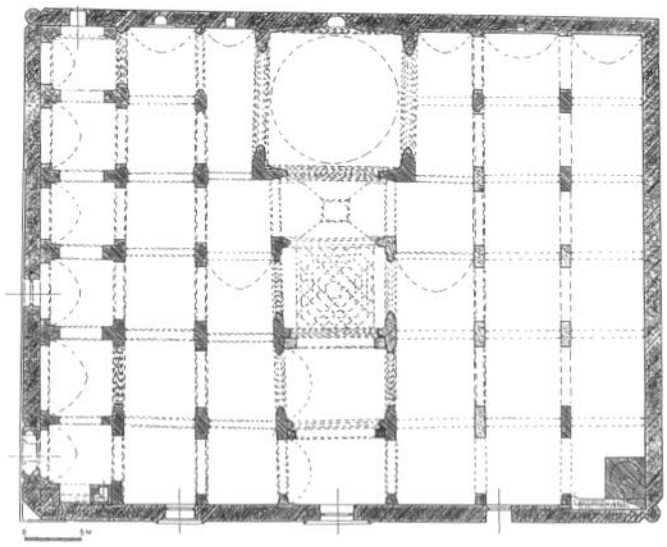

図49　ウル・ジャーミ（1179年）　平面図

図52　チフテ・ミナーレ・メドレッセ

図50　ウル・ジャーミ　中心軸上ベイのスタラクタイト

スィヴァス

スィヴァスは、交通の要衝としてエルズルムとほぼ同時代に栄えた。多数の建築遺構が現存し、建築史の上で重要な意味をもつが、都市的スケールで見るとかつての情況、雰囲気を伝えるものは少ない。古図、復元図によれば市域は直径約一キロの円形の城壁に囲われていた。スィヴァスの特徴はカレが二つあることである。一つは通常の軍事的なものだが、もう一つは、パシャ・カレと呼ばれ、市中心部のバザール近くに位置する長方形のもので、モスク一棟、メドレッセ二棟、ダーリッシュファ（病院）一棟を収容し、市の文化・福祉センターとしての性格をもつ。このようなカレは他に類を見ないが、中世以降飛躍的に発展していくキュリイェの原初的形態とも考えられる。

建築の様式はエルズルムに共通するが、注目されるのはウル・ジャーミ（一一九七年）である（図53、54）。礼拝室の屋根架構法、そして前面に中庭をとる形式は、どちらも南東部を除くアナトリアには見られないもので、アラブ圏のモスクに多く用いられている。このモスクはダニシュメント朝によって建てられたが、モスクに限らず、この時期の建築にはきわめて特異なものが見られる。

住まいのルーツ

トルコ国内では、定住化政策により減少したとはいえ、現在もまだかなりの遊牧民を見ることができる。彼らは主に羊、山羊などの牧畜に従事し、決められた冬営地と夏営地の間を、毎年同じ季節に同じコースを通って移動する。この意味で、通常私たちが「遊牧」として考える形態と若干異なる。

今回調査した集団は、エルズルム南西約六〇キロにあり、テント六張、六家族、約五〇人で構成され、羊約三六〇〇頭を所有している。これは西部のものに比べ大規模なものであり、テントも大きい（図55）。

テントは十数本の柱を張りめぐらした紐で支え、その上を黒褐色の脱脂していない毛織物で覆う。内部は二分割し、入口側を土間のまま台所、作業場として、その奥は絨緞を敷きクッションを置いて居間として用いている。当然、家

図54　ウル・ジャーミ　平面図

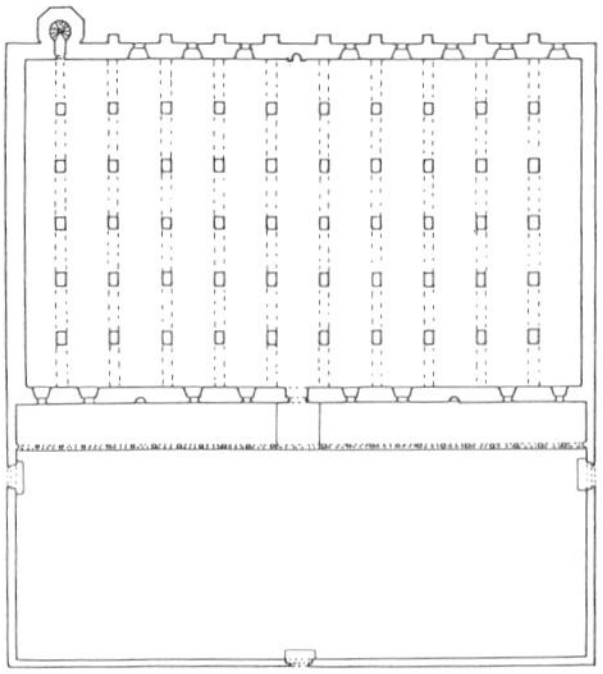

図53　ウル・ジャーミ　内部

図55　テント群全景

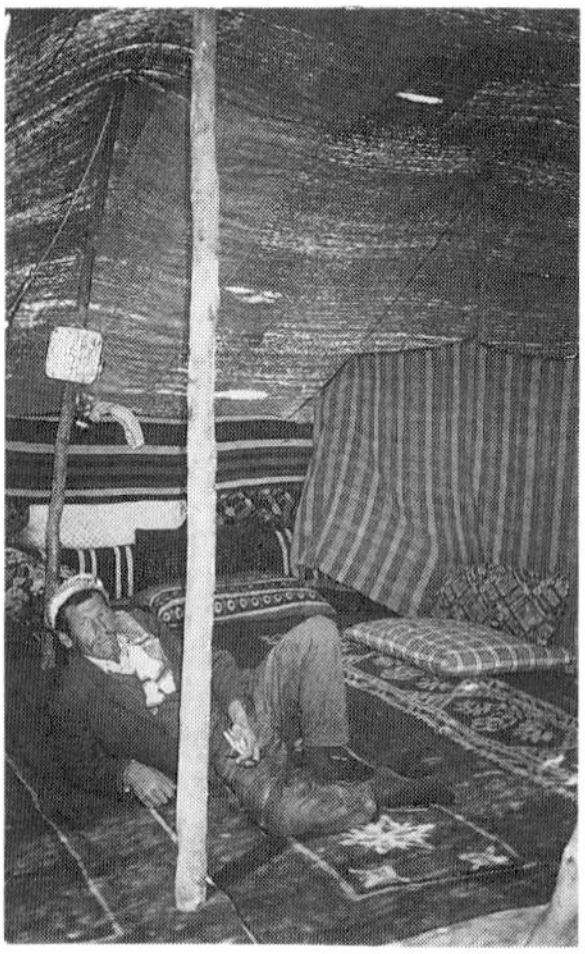

図56　居間兼寝室

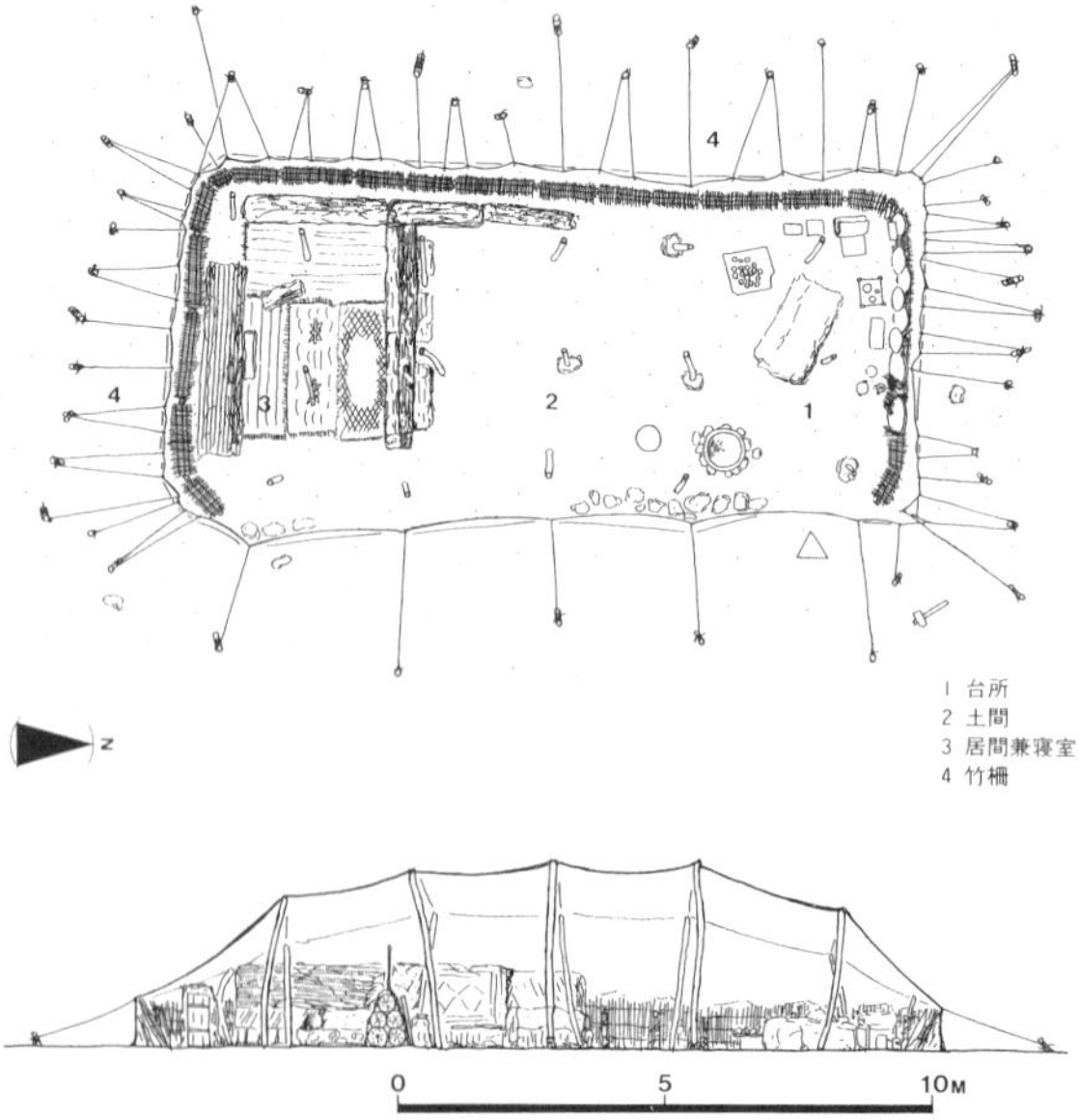

図57　テント　平面図と断面図

財はきわめて少ない（図56、57）。
この集団は冬季を南西約五〇〇キロのアダナ近郊で過ごすが、家財の移動には近年、トラックを使うことが多いという。

南東部地方――シリアから吹く風

ディヤルバクル

ディヤルバクルはチグリス川の上流にあり、シルクロードの中継都市として古くから栄え、ローマ時代には、アミダと呼ばれていた。夏の日中の気温は四〇度を超え、数カ月雨が降らないこともある。また、内陸部であるため冬の寒さは厳しく、氷点下になることもある。

ディヤルバクルでは、城壁や多くの建築物の材料として、黒い玄武岩が非常に多く使われている。そのため都市風景に独特の統一感があり、強い印象を与えている。

都市風景で特に際立っているのは、街を取り囲む城壁である。四～五世紀のビザンツ時代に築かれたこの城壁は、その後たびたび手を加えられたが、現在もほとんど当初の姿を残し、長さ五・五キロにもおよぶ。城壁には四つの門がある。それぞれの方角にある隣の重要な都市の名称がつけられた。ハルプット門、ウルファ門、マルディン門、イェニ門である（図58）。

一見複雑に見えるディヤルバクルであるが、その都市機能はたいへん明快にできている。街を南北に貫くメインストリートとウルファ門から東西に走るメインストリートによってT字型の都市の骨格をつくりだし、そのメインストリートにはいくつかのハンがある。また、都市の中心ともいえるT字路の一角に大バザール、それに隣接してウル・ジャーミがある。この都市にやってきた商人や旅行者たちが、迷うことなく中心部へ導かれるように考えられている。

ディヤルバクルは、ビザンツ時代からの都市骨格を受け継ぎ、イスラーム時代以降に複雑に変容し、シリアのアレッポ、ダマスクスと多くの共通点を見いだせる。重要な共通点として、これらの都市ではメインストリートとなる、かつてのカルド、デクマヌスは、今でも明快な直線道路となっている。

中心の市場や大モスクは、古代のアゴラ（フォロ）や神殿のあったところを受け継いでいる。

住宅街に目を向けると、メインストリートを結ぶ比較的人通りの多い街路は、直線状の姿を残し、住宅街の奥に行くほど、狭く折れ曲がり、袋小路が多くなる。街路には二階の張り出しやトンネルが多く架かり、パブリックな明快な道とプライバシーの確保を必要とする閉鎖的な道がはっきり分かれている。

ディヤルバクルのウル・ジャーミは、ビザンツ教会堂があったところに、一〇九二年に創建され、アナトリアに現存する最古のモスクである。その後、増改築を受けて現存の姿となった。泉亭のある広い中庭を回廊が囲み、その中庭へは三カ所の入口からアプローチする（図59、60）。ダマスクスのウマイヤ・モスクと形態的に非常に似ており、シリア地方との交渉の深さがうかがえる。

ウル・ジャーミの中庭には、一種の広場の役割がある。礼拝者はもちろんのこと、階段に腰掛けたり、壁にもたれて雑談に興じる人々の姿も多く見られる。一方、入口の外にはチャイハネがあり、大勢の人々が木陰で椅子に腰掛け、チャイを飲みながら雑談している。このようにウル・ジャーミが市民のコミュニケーションの中心的な空間なのである。

商業交易の名残りとして今でもいくつかのハンが残っているが、特に目を引くハンが二棟ある。一つはマルディン門近くにあるデリルレル・ハン（図61、62）で、現在は修復され近代的なホテルとして再利用されている。もう一つはウル・ジャーミ近くにあるハサン・パシャ・ハンであり、絨緞販売店として利用されている。

ハンは一般に、長方形の中庭の四方を二～三階建ての建物が取り囲み、一階の中庭や倉庫には、ロバ・ラクダ・羊などの動物、シルクや香料などの貿易品、旅の荷物などが置かれ、二階以上が寝室やオフィスとなっていた。

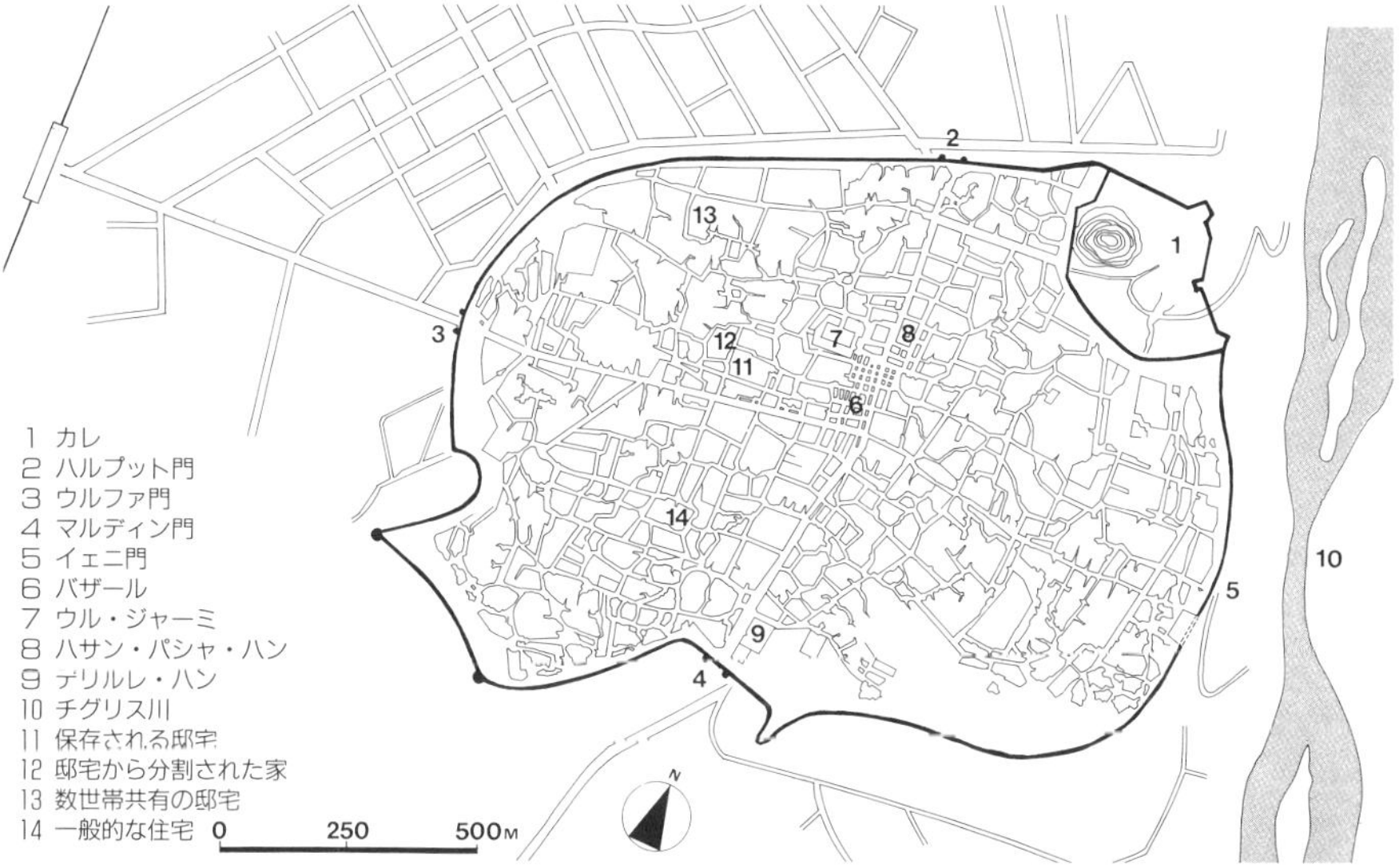

図58　ディヤルバクル市街図

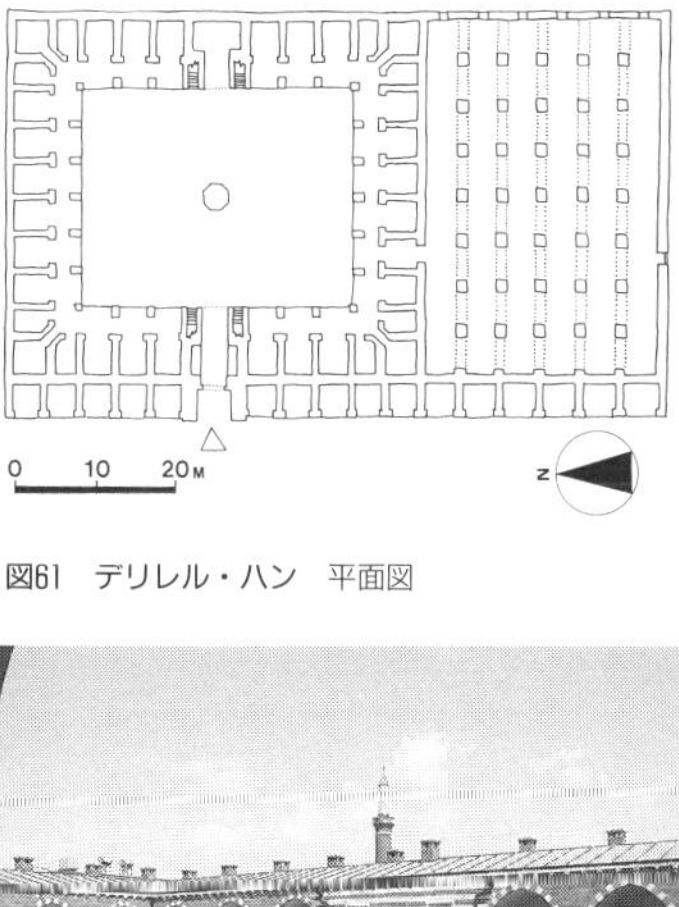

図61　デリレル・ハン　平面図

図59　ウル・ジャーミとその周辺平面図

1 ウル・ジャーミ
2 中庭
3 シャフィーレル・ジャーミ
4 メスディイエ・メドレッセ
5 ハサン・パシャ・ハン
6 ズィンジリエ・メドレッセ
7 バザール
8 トイレ

図62　デリレル・ハン中庭

図60　ウル・ジャーミの中庭側ファサード

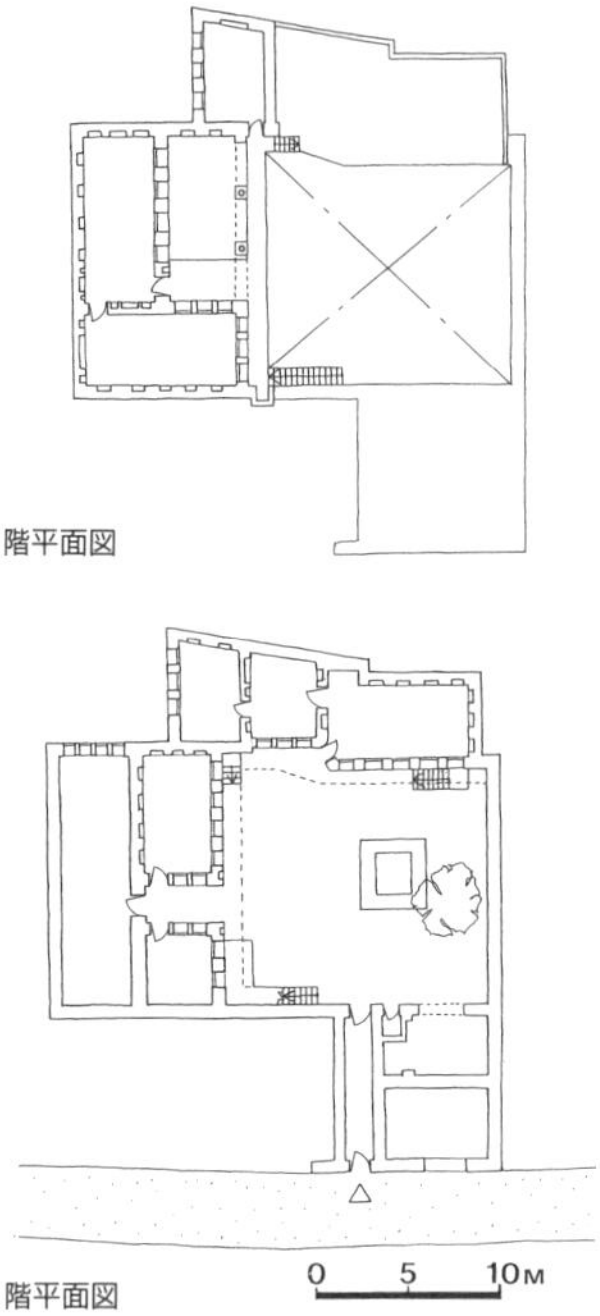

図65　数世帯共有の邸宅

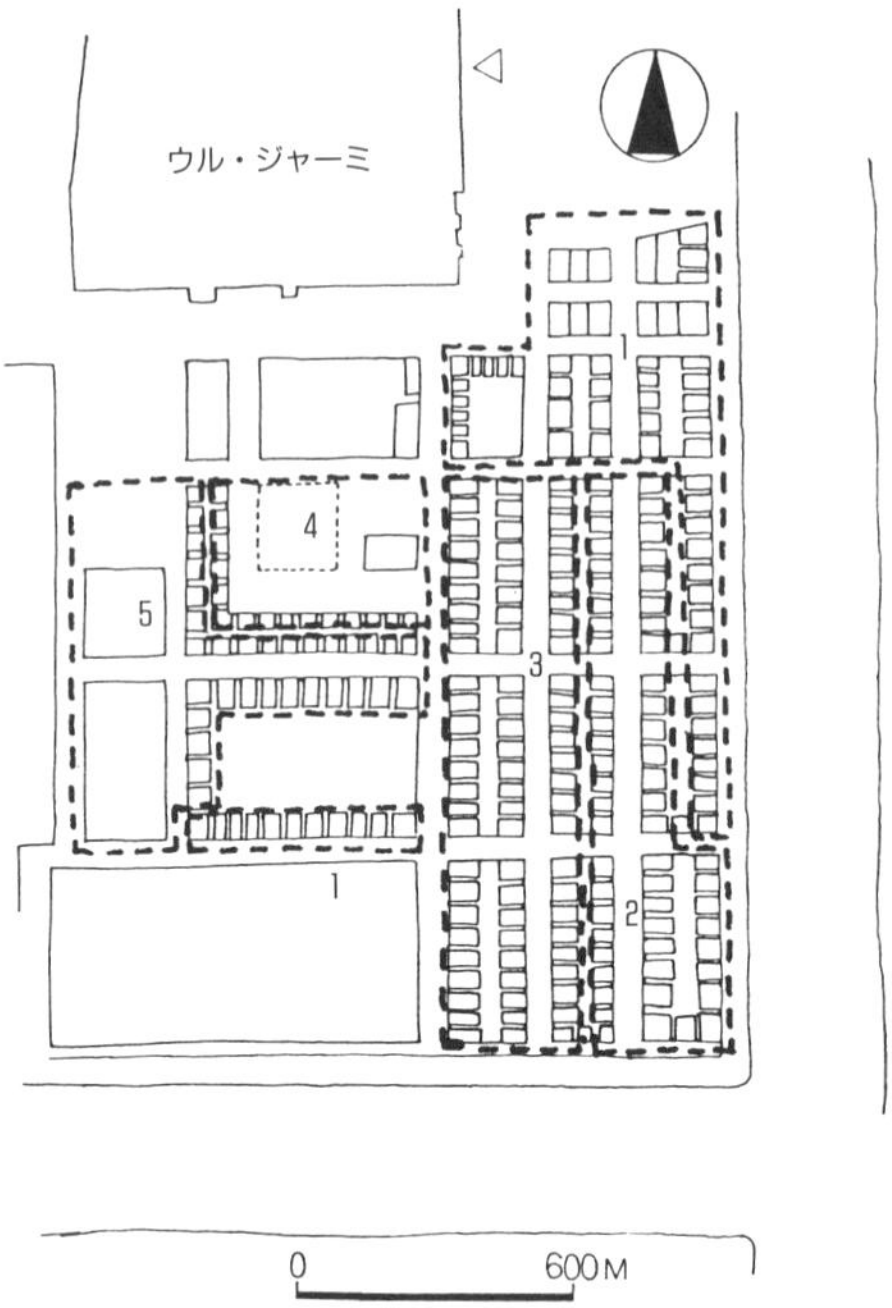

図63　バザール中心部の概念図

1 雑貨屋ほか
2 靴屋
3 服屋，服地屋
4 家具屋
5 金物屋

図66　数世帯共有の邸宅の2階にある
イーワーンからモスクを望む

図64　出窓のある街路

T字路の一角にあるバザール（図63）には、服屋、服地屋、靴屋、雑貨屋、家具屋などがあり、業種によってきれいにゾーニングされ、仮設ではなく恒久的な店舗でできている。また、バザールでは主に日常生活用品が売られているのに対して、マルディン門近くの広場では、生鮮食料品が売られている。そこには、屋台や台車が並べられ、仮設のバザールが開かれる。

ウルファ門からハルプット門にかけての城壁外では、計画的な街路がまっすぐに延び、近代的な建物が並んでいる。一方、城内のメインストリートの両側には近代的な街並みが見られるが、一歩その裏に入ると、アラブ地域の都市によく見られるように、道が迷路状に巡っている。道はクランク状に何度も折れ曲がり、非常に複雑である。また路上を建物がまたいでトンネル状となり、視界をさえぎるようになっている。さらに、無数の袋小路が一層複雑さを増している。中心部がよそからの商人や旅行者をスムースに受け入れるのとは対照的に、プライバシーの要求される住宅地にはよそ者が簡単には入れないように巧妙に工夫されている。

ディヤルバクルの住宅は、半地下のある石造の二階建てがほとんどである。なかには一階が石造で、二階は木造のものもある。多くの住宅は、二階に出窓があり、街路に大きく迫り出した出窓から街の雰囲気を感じたり、行き交う人々の様子を見ることもできる（図64）。また、アラブの都市と同様に、中庭を中心に構成される。外に対しては閉鎖的であり、内に対してのみ開放的なのである。家族のプライバシーを尊重するため、入口をクランク状にし、街路から直接中庭を覗かれないように工夫してある。中庭の中央には噴水があり、ブドウなどを植えて木陰をつくりだし、快適な空間を演出している。中庭型の住宅の特徴は、イーワーンがあることである。中庭に面して開いた半戸外の空間は、多くの場合北を向き、直接日が差し込まないようになっている（図65、66）。

旧市街は今も賑わいを見せているが、伝統的住宅は老朽化も進んでいる。かつての邸宅を保存していく活動も行なわれている。図67は、保存される住宅の例である。ウル・ジャーミのすぐ西側にある上流階級の住宅で、二階建ての石造建築である。現在、博物館として一般に公開するため修復中である。外に対して閉鎖的であるため、街路からで

図68　保存される邸宅の中庭

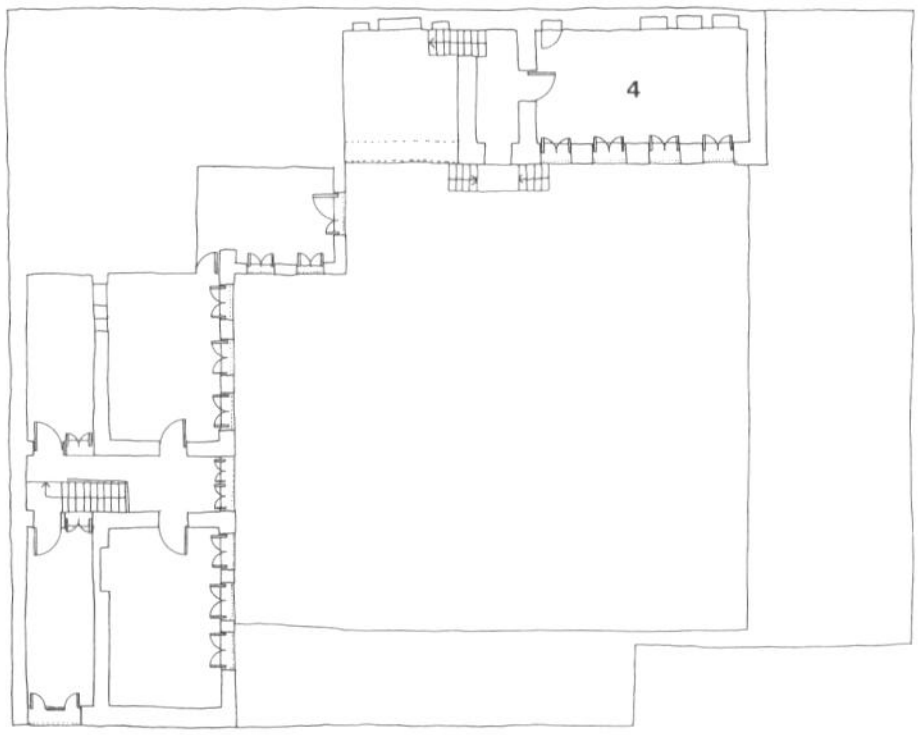

2 階平面図

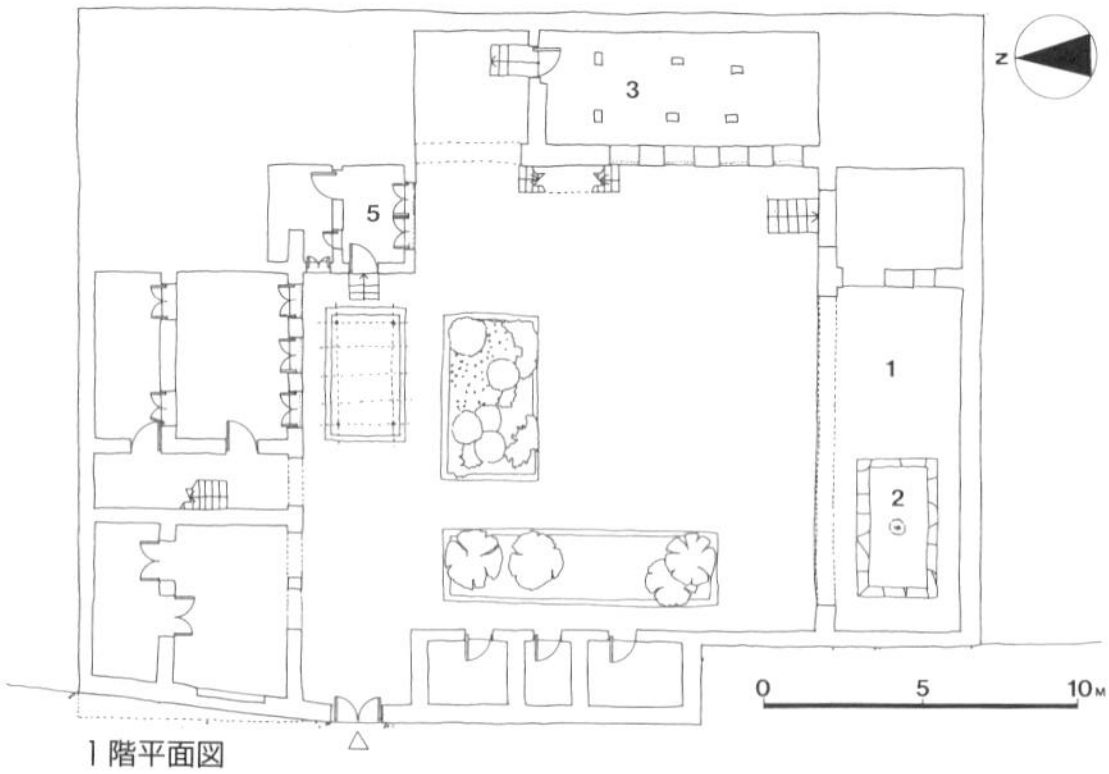

1 階平面図

図67　保存される邸宅

1　イーワーン
2　噴水
3　半地下室
4　礼拝室
5　事務室

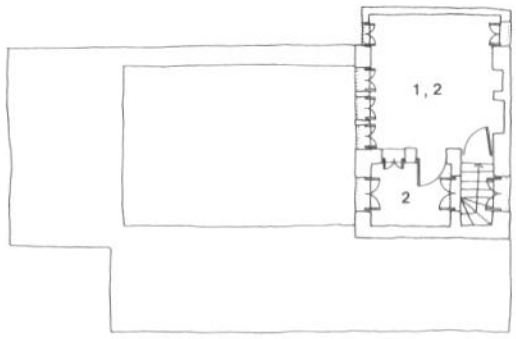

2 階平面図

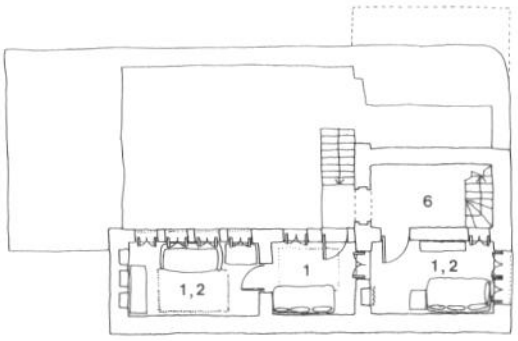

中 2 階平面図

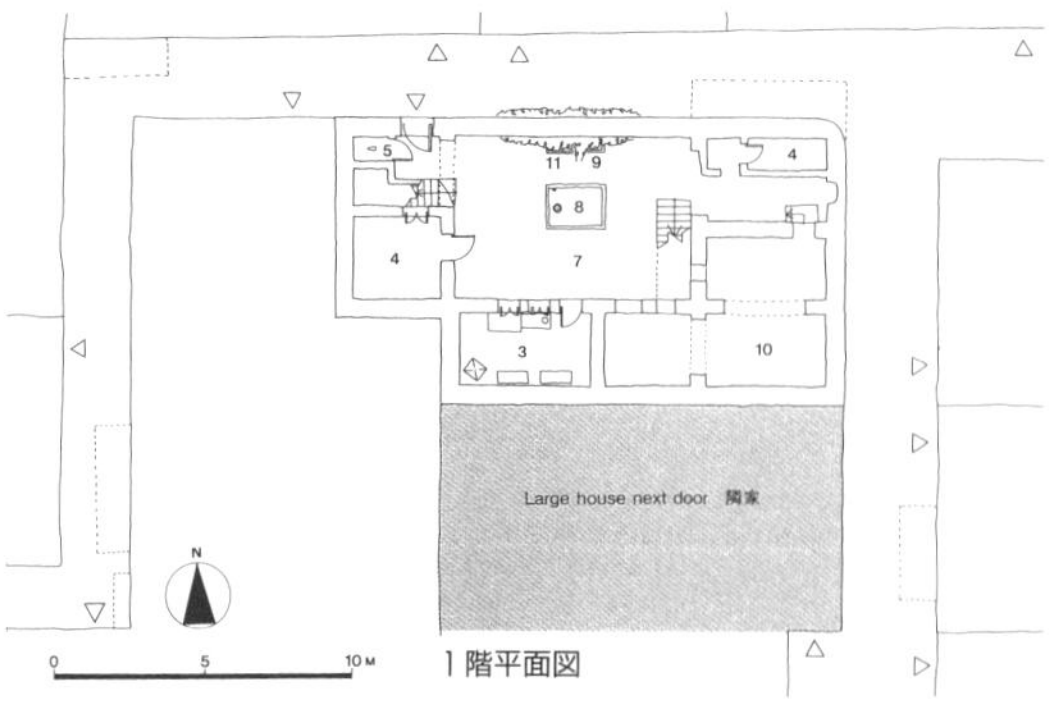

1 階平面図

図69　邸宅から分割された家の平面図

1　居間
2　寝室
3　台所兼食堂
4　物置
5　トイレ
6　イーワーン
7　中庭
8　噴水
9　花壇
10　半地下室
11　ブドウの木

図70　邸宅から分割された家の中庭
木陰でくつろぐ家族

は中の様子はまったく想像できないが、入口を入ると広い中庭のある大邸宅が現われる（図68）。この住宅のイーワーンには噴水が設けられており、また、住宅内に私設の礼拝堂がある。

次は広大な邸宅が小規模の住宅へと分割された例であり、もともと南隣りの住宅と一体であったが、現在は切り離されて独立した住宅となっている（図69、70）。入口はクランク状になっている。中庭には噴水があり、花壇にはブドウが植えられている。建物は、中庭レベルよりも低い半地下階、その上の一階および二階の三層からなっている。半地下階は倉庫、一階は台所、トイレ、物置として、二階は寝室、リビングルームとして利用されている。屋根は陸屋根であるため容易に上がることができ、夏はベッドを置いて星空のもとで寝ることもあるという。

マルディン

マルディンは、ディヤルバクルから南に一〇〇キロほどのところにあり、シリア国境に近い都市である。標高一三〇〇メートルほどの岩山の南側に、へばりつくように市街が形成されている（図71、72）。白い石灰岩によって建物が造られ、明るい感じの街並みとなっている。一六世紀初頭には、都市はすでにその骨格を完成していた。斜面に発達した都市であるため、街のいたる所からパノラマが開け、広大なシリア平原が見渡せる（図73、74）。夏は非常に暑く、日中の気温は四〇度以上にもなり、降水量もほとんどない。冬は内陸部であるため極端に寒く、雪が降ることもしばしばある。

マルディンの建築には、その地理的位置からシリアの影響が色濃く見られ、他のアナトリア高原の建築とは異なる性格を示している。

マルディンのバザールは、街の中心を等高線に沿って東西に貫くメインストリートと、その少し下った平行に通る道までとの間に展開している。幅は狭いが、等高線に沿って二〇〇〜三〇〇メートルの長さがある。

バザールは、業種ごとにゾーニングされ、生鮮食料業、材木加工業、雑貨業、貴金属業、穀物業など、生活に必要

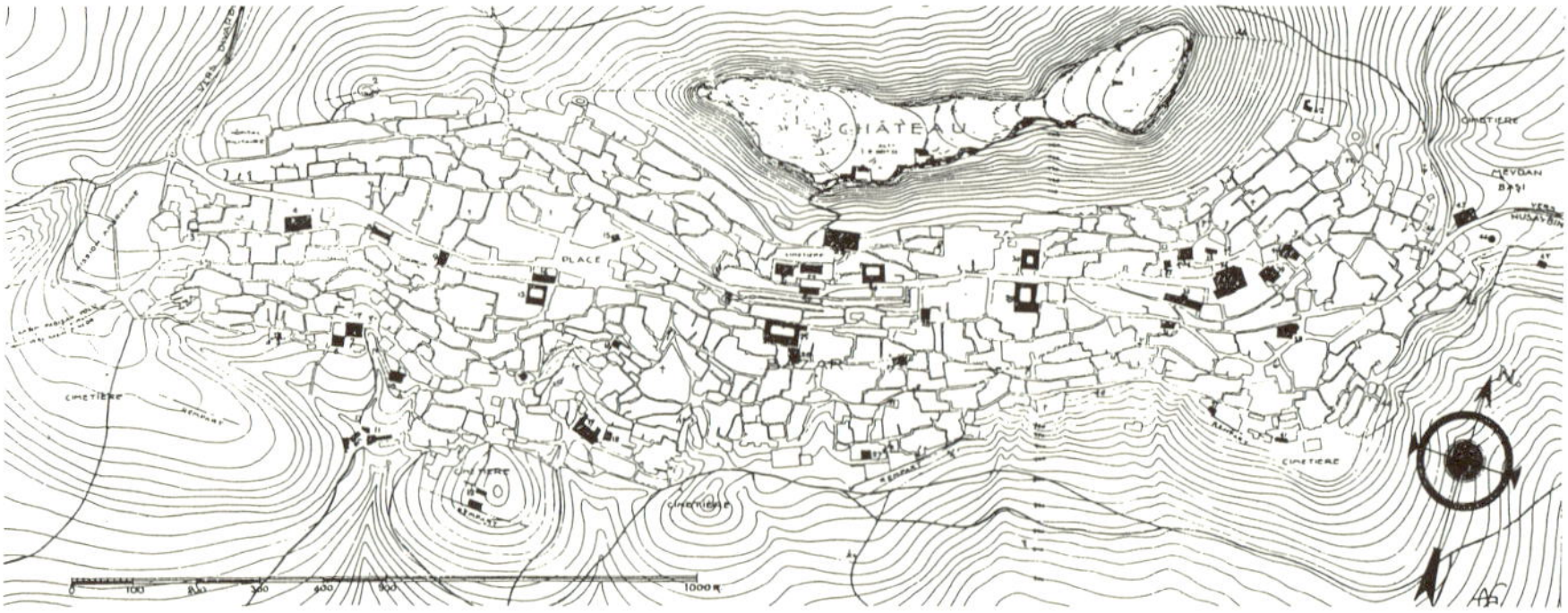

図71　マルディン市街図

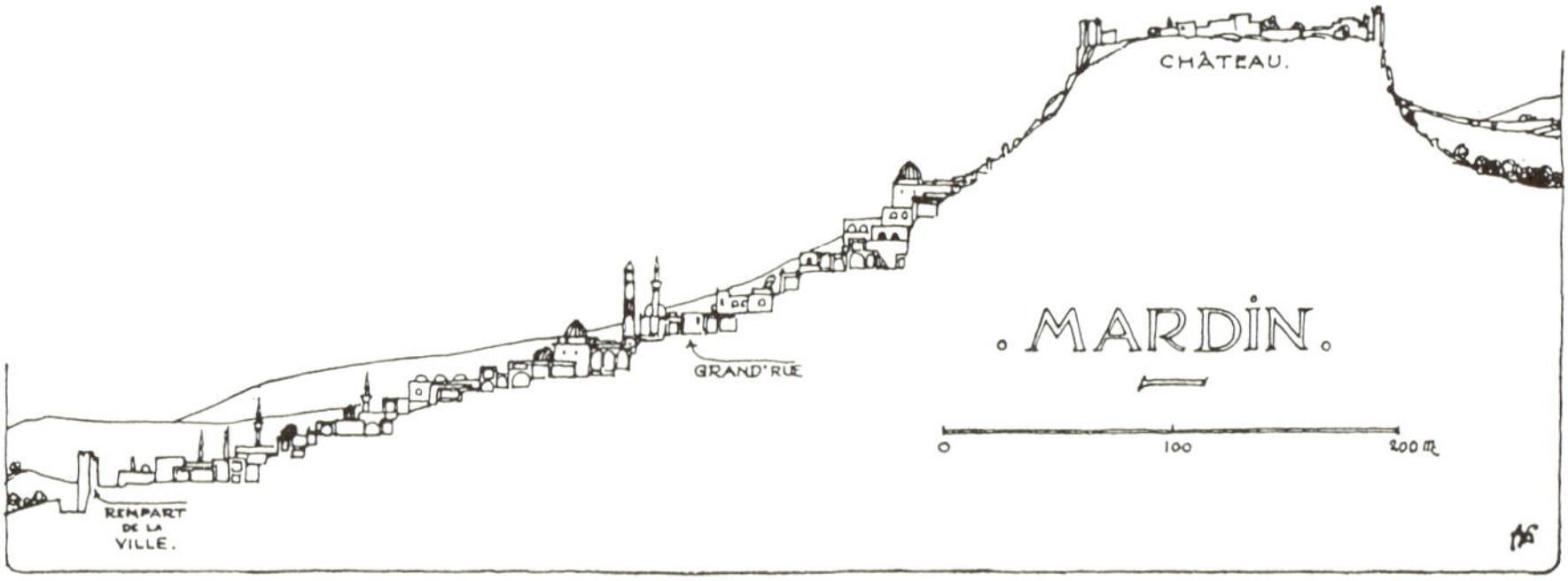

図72　マルディン断面図

図73　マルディン市街遠景

図74　マルディン市街俯瞰とシリア平原

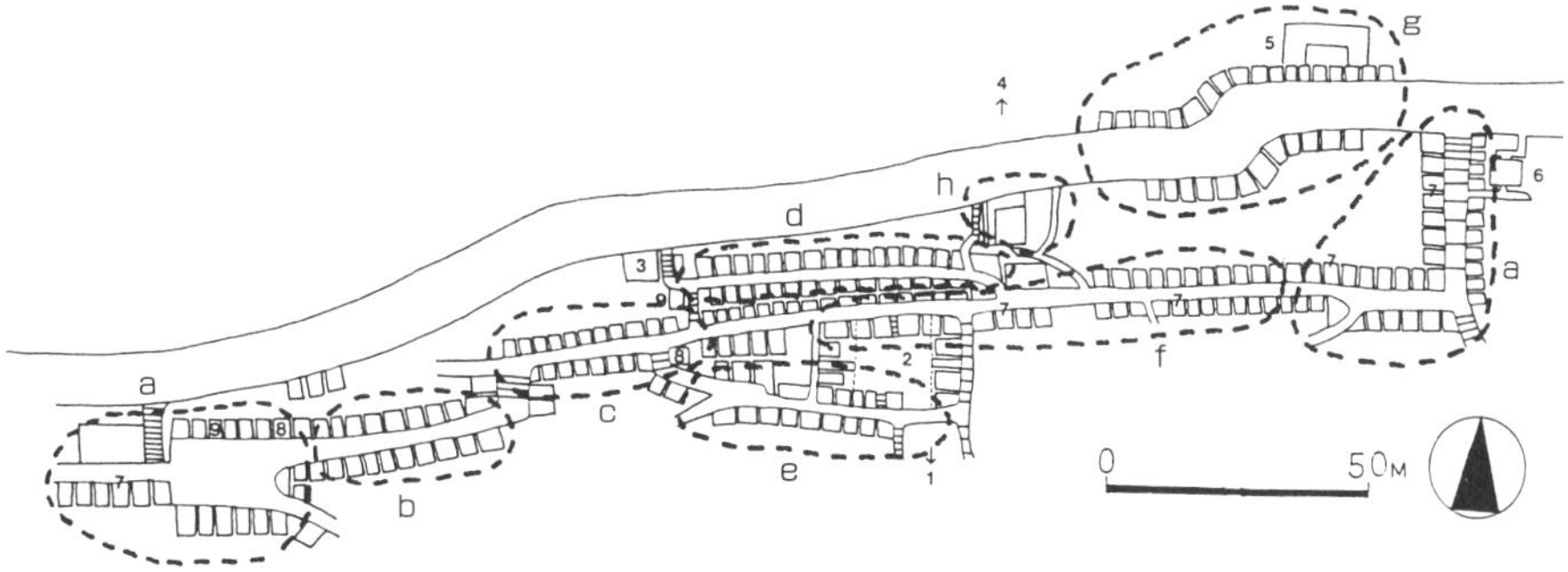

図75　マルディン中心部のバザール概念図

1 ウル・ジャーミ
2 ベデステン
3 カスム・トゥ　マネル・ジャーミ
4 スルタン・イーサ・メドレッセ
5 ヴァクフ・ハン
6 ハマム
7 チャイハネ
8 ベーカリー
9 床屋
a 青物市場
b 鍛冶屋，馬具屋
c 雑貨屋
d 金物屋
e 服屋，服地屋
f 木材加工
g 貴金属商
h 肉屋

図77　斜面に広がる住宅地

図76　バザール内の青物横丁

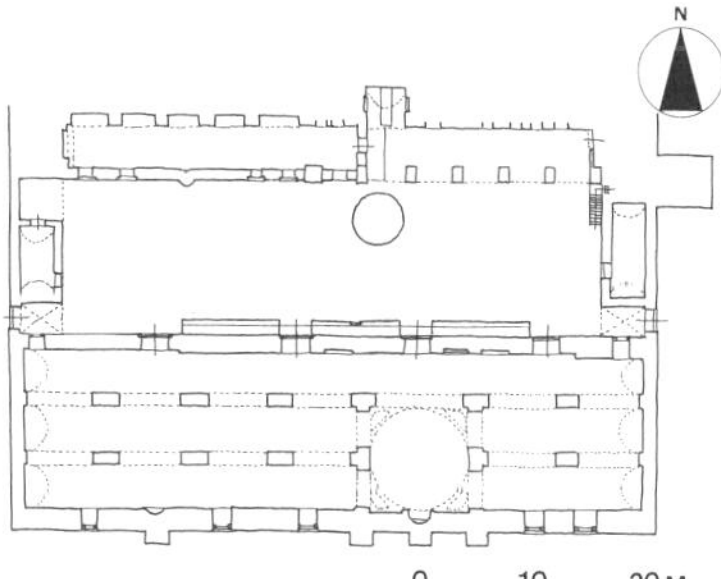

図78　ウル・ジャーミ平面図

図79　ウル・ジャーミ中庭

な業種が中心となっている(図75、76)。このように明快にゾーニングされたバザールの中でも点在している店舗がいくつかある。チャイハネ(茶屋)、床屋、そしてパン屋である。これらは集まってもメリットはなく、むしろ分散していた方が人々にとっても便利なのである。このような現象は、マルディンばかりでなく、トルコの他の都市、さらにはアラブ地域にも普遍的に見られる。

岩山の中腹にあるマルディンでは、道は急な坂や階段が多く、幅も狭く、荷物の運搬を台車ではなくロバやラバに頼っている(図77)。間口の狭い店舗や職人の工房が連なるバザールをロバが行き交う光景は、まるで中世さながらの都市の姿となっている。バザールは日の出とともに開き、活動し始める。夕方になると、そこで働く人々は店を閉めて家路につく。

一二世紀末頃に建設されたウル・ジャーミは、街の中心地に位置する(図78、79)。横長三廊形式の礼拝室と、ほぼ同形同大の中庭からなる構成をとっている。このモスクの中庭への入口は二つで、外に対して閉鎖的である。泉亭のある横長の中庭と、それを挟んだ南北に二つの礼拝堂がある。北側の礼拝堂は、一四〜一五世紀に新たに拡張されたもので、泉水と水盤のあるイーワーンによって構成されている。中庭の西端に、側面に美しい装飾を施したミナレットがそびえている。このような装飾には、イランからの影響が強く見られる。ミナレットの頂部もまるでレモン絞りをのせたような形で面白い。

斜面をだいぶ登った眺望の得られる高い場所に、一三八五年に創設されたスルタン・イーサ・メドレッセがある(図80)。二つの中庭のある建物で、スタラクタイトを模したみごとなデザインの入口や、レモン絞りの形をしたドームの架かった礼拝室がある。現在もイマーム(イスラーム教の指導者)養成学校寮として使われている。

マルディンは、アナトリアにおけるシリア・カトリックの中心地で、市内外に多くの教会が点在する。これらのうち、特に重要なものが、市の東方八キロに位置するデイル・ザファランである(図81)。四世紀に砂漠の中の岩山に創設されたこの修道院は、現在なお大司教座としての権威を保ち、いくつかの礼拝堂に加え、巡礼者宿舎、孤児院を

図80　スルタン・イーサ・メドレッセの鳥瞰パース

図81　デイル・ザファラン

図82　住宅のアクソメ
スキップフロア状の構成

数字はレベルを表わす

図83　玄関部分

併設している。建物の外観は、さながら砦のようであるが、中庭を中心とした内側の空間は居心地がよい。中庭の四方を囲う建物は二階建てであるが、二階部分の中庭よりのところをセットバックさせテラスをつくっている。このような屋外テラスの利用は、マルディンの住宅建築にごく一般的に多く見られる。

市街地に建つ教会も、敷地境界沿いに、教会堂、礼拝堂、僧房、付属住宅などをならべ、中央に中庭をとる構成を示している。しかし、この修道院ほど厳格な閉鎖的構成をとるものはない。

マルディンの住宅は、斜面を巧みに利用して二層構成になっている。敷地の前面の道路から入ると、一階には玄関ホールや倉庫などのサービス空間があり、その上の二階のレベルに生活のための空間が取られている。住宅の横が坂道になっている場合は、その途中から二階に直接入れるようにもう一つの入口が設けられている住宅も少なくない。人々の生活の場である二階には、南に開いた中庭状のテラスをL字またはU字形に囲んで部屋が配される。視界の開ける前方には、眼下に広がる家並みの彼方にシリア平原が望める。まさに斜面都市ならではのじつに開放感のある住宅となっている。

また、中庭状のテラスが一階から吹抜けになっており、いくつかの部屋がスキップフロア状に配されるダイナミックな構成となっている住宅も多い（図82、83）。外に対して閉鎖的であり、内に対して開放的になっている。入口は、クランク状に折り曲げたり、奥行きを深く取り、プライバシーが守られている。

ウルファ

シリアとの国境に近い乾燥地帯にあるウルファは、現在もトルコの南東開発の拠点として重要な都市である（図84、85）。交通の要衝にあり、しかも背後の山から水が湧くため、古くから聖地として発展した。アブラハムに関する逸話が多く伝えられ、イスラーム教徒にとっても信仰の中心となっている。アブラハムの聖地には、長方形のプールを囲んで、山側にモスク、聖者の廟、反対側にメドレッセがあり、美しい水辺空間を構成している。まさにこの都市に

図84　カレから見た街の俯瞰

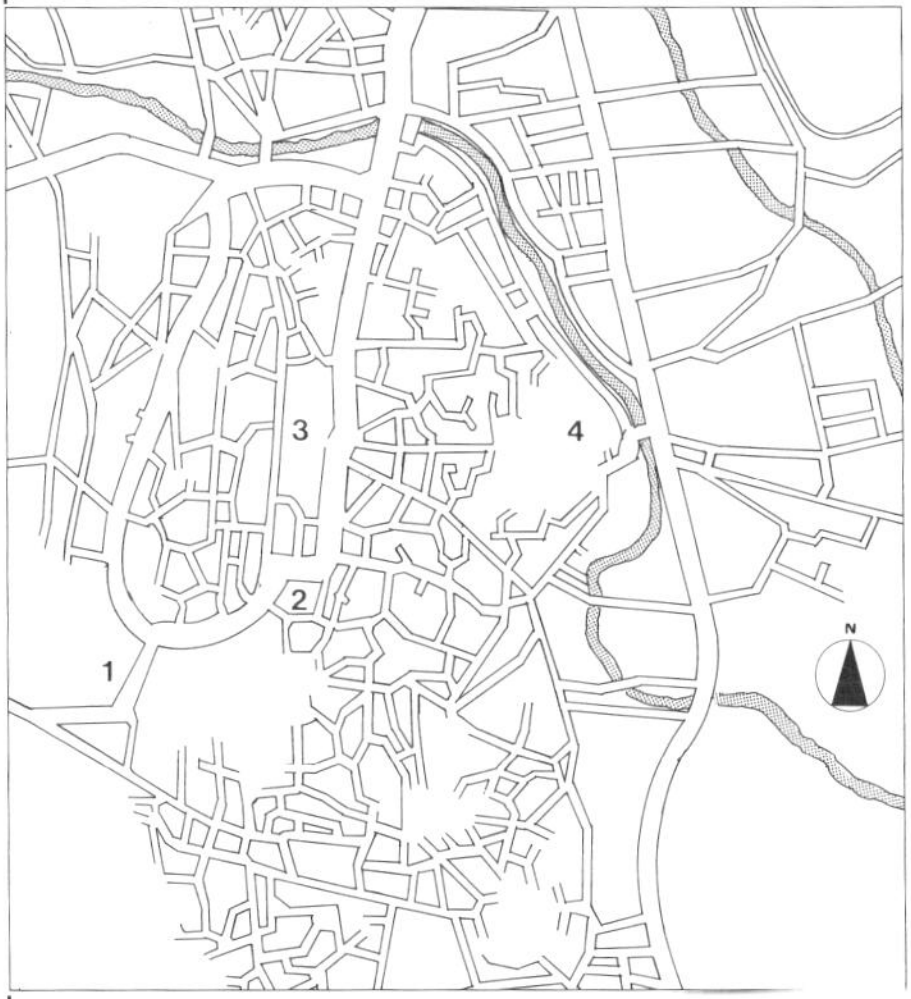

図85　ウルファ市街図
1 カレ
2 バザール
3 ウル・ジャーミ
4 城門

図86　ドームが架かるカフェ

図87　トンネルと出窓のある街並み

は「山」と「水」によって独特のトポスが生み出されている。

イスラーム以前から大都市として栄えたウルファは、城壁で囲われ、高台にはカレ（城砦）があった。それがイスラーム時代にも受け継がれた。ウル・ジャーミは都市の中心にあるが、バザールとは離れている。ディヤルバクル、マルディンの大モスクと同様、中庭をもつ横長のプランをとり、アラブ的性格を示している。

バザールは何本もの道によって面的に広がり、石のドームやヴォールトで屋根がかかっている空間も多い。業種ごとのゾーニングは他の都市と同様に明快である。バザールの中にはいくつかの立派なハンがあり、現在その中庭が野外のチャイハネとして人々の娯楽と交流の空間として使われているものもある。バザールの一角にはドームをもつ堂々たるカフェの建築が見られ、今もエレガントな社交場となっている（図86）。

ウルファの住宅地はアラブ的な様相を示し、不規則で変化に富む迷路状の都市空間を形づくっている。アラブ特有の袋小路（クルドサック）の道も多い。石の厚い壁で囲われた住宅はどれも街路には閉鎖的で、中庭を中心とする内部の生活空間の様子は、外からはうかがい知りにくい（図87）。しかし出窓があり、また道路の上を跨いで部屋をつくる手法も随所に見られ、都市の景観に面白い変化が生まれている。

住宅の入口はクランク状につくられ、中庭の内部が直接覗かれることを避けている。夏には涼しい半地下の部屋を使い、上を主階にする構成が多い（図88、89）。やはり夏の暑さを考え、イーワーンは北向きの場合が多い。中庭の中央には噴水が必ず置かれ、涼しげな雰囲気を生む。

ハラン

シリア国境まで一五キロと迫ったところにあるハランは、聖書によれば、カルデアのウルからカナンの地に行くアブラハムの一家が滞在した都市であった。紀元前二〇〇〇年に始まるその歴史は、支配者を変えながら発展したが、一二世紀には軍事的重要性を失い、最終的に一二六〇年、モンゴル軍により破壊され、その命脈を断たれた。

図90　円錐形ドームの民家

図91　西側から東側を見る

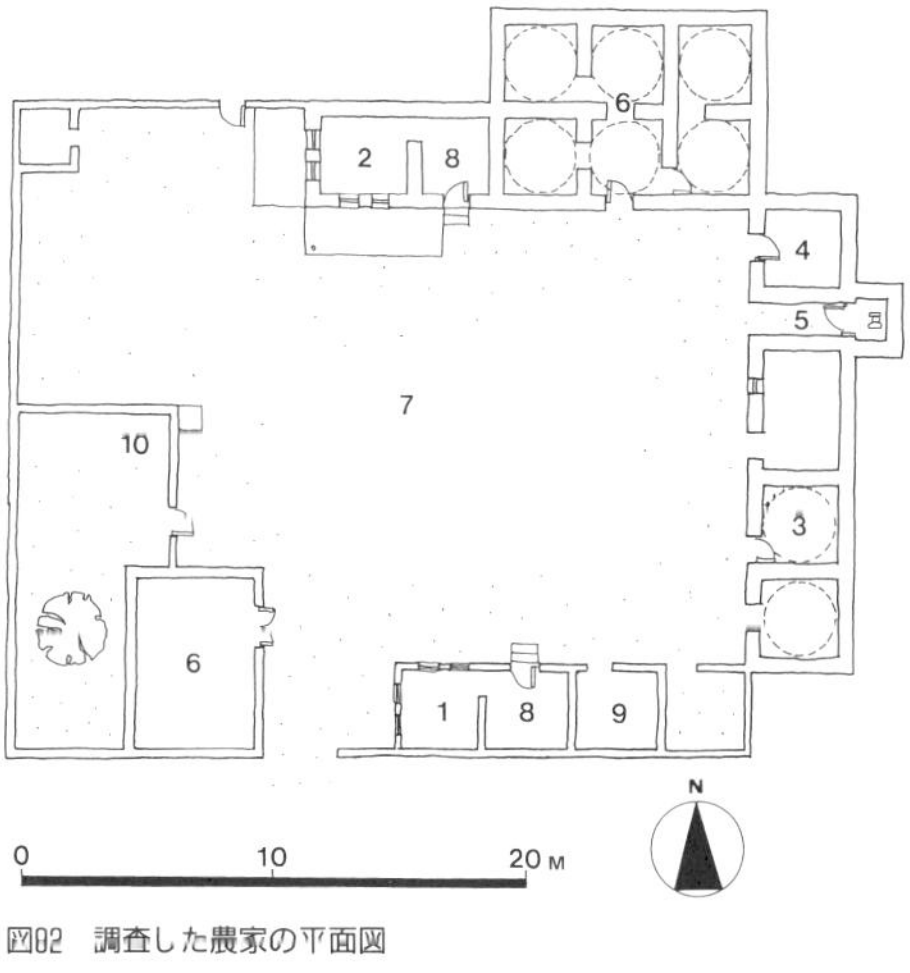

図82　調査した農家の平面図

1 居間
2 寝室
3 台所
4 物置
5 トイレ
6 家畜小屋
7 中庭
8 玄関ホール
9 花嫁の部屋
10 柵

図88　中庭正面の階段とイーワーン

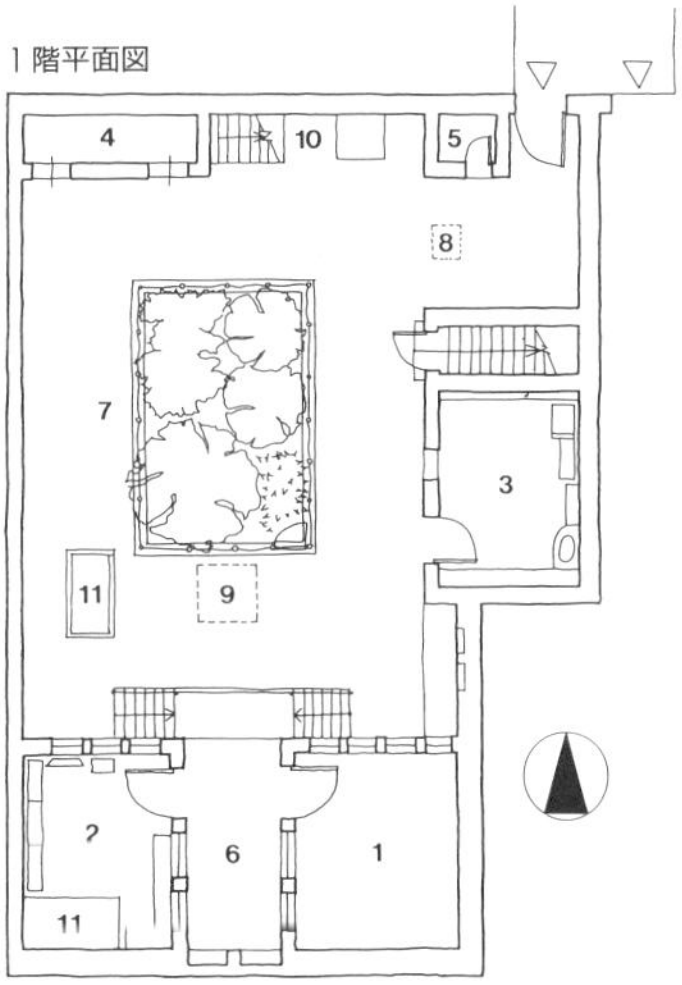

図89　調査した中庭式住宅

1 居間
2 寝室
3 台所兼食堂
4 物置
5 トイレ
6 イーワーン
7 中庭
8 井戸跡
9 噴水跡
10 薪置場
11 ベッド

市は七つの門をもつ城壁に囲われ、その南東部に城砦の跡がある。これは古代神殿遺跡の上に一一世紀、ファーティマ朝によって建てられた。市の北西にあるウル・ジャーミはウマイヤ朝カリフ、マルワーン二世により八世紀半ばに創建され、アッバース朝カリフ、マームーンにより八三〇年に拡張され、神学校を併設した。

現在、城壁内には、農村集落があるが、その農家の特徴となっているのは薄い石材によって築かれた円錐状のドームである（図90）。方形の小室にドームを架し、このユニットを自在に連続させ、組み合わせる手法は、北シリアに多く見られる。その無限反復の可能性、非完結性において、きわめてアラブ的な発想に基づくものといえる。現在では円錐形ドームの建物は納屋としてのみ利用され、居住空間としては利用されていない。居住部分は陸屋根の新しい家屋に移動している。われわれが調査した農家では、広い中庭を囲んで、二棟の居住部に三世帯が同居している（図91、92）。

中部地方――アナトリアの心臓

アンカラ

首都アンカラは、近代性のみが強調されるきらいがあるが、その歴史は長く古い。市内に残る主な遺跡・遺構はローマ時代からオスマン時代のものまでと幅広い。現在の市中心部は南北約一〇キロの大通りを軸に東西約六キロに広がるが、基本的骨格は一九三二年に決定されたドイツ人、ヘルマン・ヤンセンの計画によっている。また中心部はその性格上、四つの地区に分けられる。歴史地区、旧市街、新市街、官庁街である（図93）。

歴史地区は一番北に位置し、ローマ風呂、記念柱、神殿跡が残っている。この地区の中心をなすのは七世紀にビザンツの支配者によって築かれた二重城壁のカレで、東の急峻な丘の上に立っている（図94）。中世にはカレを中心に、その南部と西部にのみ市街地が展開していた。南門の前にはモスク、ハンなどの公共施設、バザールが集中していた。

図94　カレからアンカラ市街を望む

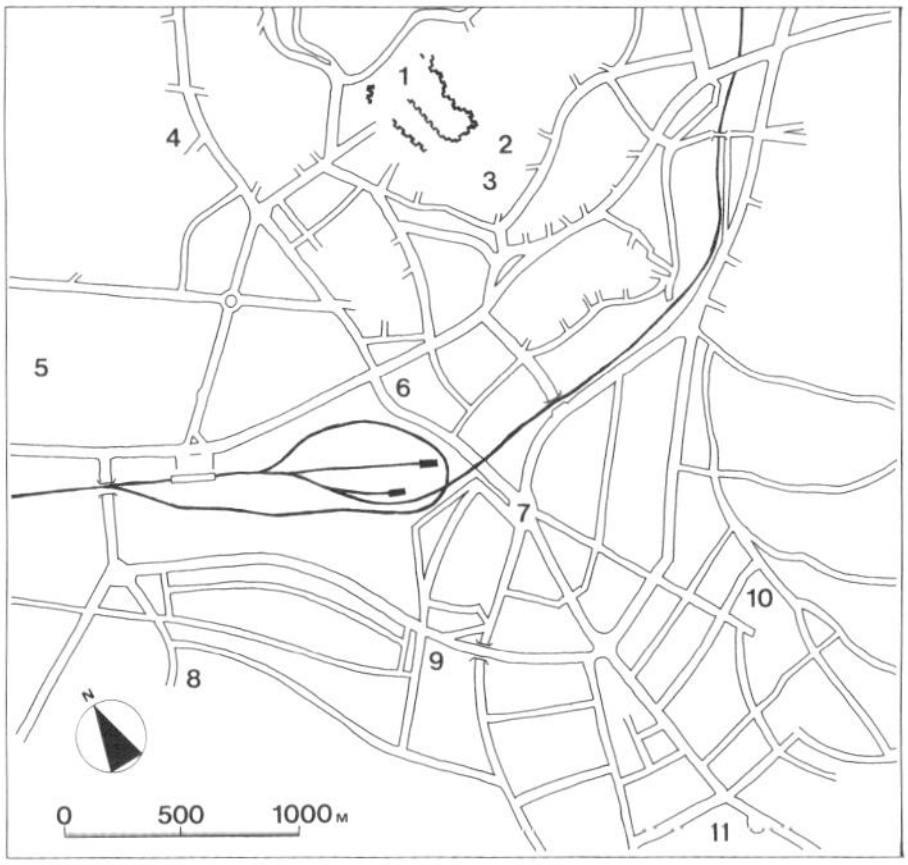

図93　アンカラ市街図
1　カレ
2　アスランハーネ・ジャーミ
3　アヒー・エルヴァン・ジャーミ
4　ローマ浴場跡
5　競技場
6　民族博物館
7　スフィエ
8　アタチュルク廟
9　マルテペ・ジャーミ
10　コジャテペ・ジャーミ
11　国会議事堂

図95　新市街のにぎわい

図97　カレから見たカイセリのバザール中心部（キュリイェ）

1　カレ
2　バザール
3　ウル・ジャーミ
4　ベデスデン
5　クルシュンル・ジャーミ
6　サヒビエ・メドレッセ
7　ハジュ・クルチ・ジャーミ
8　ホジャ・ハサン・メドレッセ

図96　カイセリ市街図

現在もこの付近には手工業者の小店舗が並び、伝統的な雰囲気を保っている。

旧市街は歴史地区の南につづく。ウルス広場周辺は共和国初期の中心地区であり、旧国会議事堂、各銀行の旧本店、中央郵便局など、様式的にきわめて興味深い建築が並ぶ。さらに、美しい人工湖をもつ大規模な公園があり、西欧型の福祉、環境を重視した都市計画をめざしたことがうかがえる。この公園は今日も市民の憩いの場である。

新市街はクズライ地区を中心とする現代ビジネス・商業地区である。目抜き通りにはセンスの良い店が並び、夕方ともなると、ウィンドー・ショッピングを楽しむ人々であふれる緑の多い散歩道となる（図95）。

さらに南には国会議事堂をはじめ、各省庁、大使館が集中する官庁街が続く。広い並木道に沿って、意匠をこらした重厚な建物が並ぶ。

トルコの現代建築の代表作を一つ挙げるとすれば、それはアタテュルク廟であろう。一九三八年に没したアタテュルクの廟は一九四二年から一二年の歳月をかけ、一九五三年に完成した。力強く、素直、禁欲的なまでに質素なこの建築は、一面において、古代以来のトルコ建築思想の現代的表現である。

カイセリ

カイセリは古代以来、中部アナトリアの中心都市であり、現在もなおその重要性を保っている。特に中世、ルーム・セルジューク朝下では首都コンヤと並ぶ通商・文化の中心として大いに栄えた。往時を偲ばせる遺構が今も数多く残っている。

都市の中心をなすのはカレと城壁に囲われた部分であり、その中心にあるウル・ジャーミ、ハン、バザールが都市の核を形成している（図96）。ビザンツ時代には市域はこの城壁内のみであったが、中世にはその外にも市域が拡張され、城壁内の約四倍の面積であったと考えられている。ここでは拡張市域を囲う都市の「タガ」としての城壁は存在せず、きわめて開放的な都市となっており、アナトリア都市（南東部都市を除く）の一典型を示している。このような都市の開放性はオスマン帝国にも引き継がれることとなる。

カイセリ市内の代表的な建築遺構を一つ挙げるとすれば、それはフナト・ハトゥーンのキュリイェ（一二三七年）であろう（図97）。キュリイェとは複合都市施設とも呼べるもので、モスクを中心に、いくつかの公共施設を全体計画のもとに、一体として建設した形態である。ここではモスク、メドレッセ、キュンベット（墓塔）、ハマムからなる。このように数種の建築をまとめて建設するという発想自体は新奇なものではないが、全体としての一体性がここにおいて明確に意識され始め、以降のトルコ建築における重要な建築理念となる。

ここで目を都市外に転じ、街道沿いに建つハンを見てみよう。カイセリ、スィヴァス間に建つスルタン・ハンはその代表作である。平面的には中庭部と有蓋部により構成され、前者は家畜と使用人の部分で、後者は商人と高価な商品の部分である。外観はハンの保安のため、さながら砦のようなものとなっている。

北西部地方——緑の斜面都市

ブルサ

古都ブルサは、スキーや登山で人気のあるウルダー山の麓の北向きの斜面に位置する。糸杉などの樹木に包まれた丘陵都市には、山すそから流れ出す、いく筋かの清流が緑の濃い小さな谷を刻んでいる。また、いたるところで崖の途中から湧水が出ており、まさに「水」と「緑」の美しい都市である（図98）。

ビザンツ帝国の時代にも、西郊外に温泉がわき保養地として知られていたが、その頃のブルサの都市は、高台の城壁で囲われたごく一角に限られていた。現在そこはヒサール（城砦、カレと同じ）と呼ばれ、伝統的な家並みを囲んで古い城壁の石積みが残っている。ヒサール内部は平地であり、斜面状の住宅地が取り上げられるトルコの都市であるが、平地に展開する住宅街を考察する上でよい例を表わしている。

一三二六年、ブルサはオスマン帝国の最初の首都として発展を開始し、このヒサールから東に下った緩やかな斜面に、城壁を設けずに大きく広がることになった。帝国全体の軍事戦略のため、一三六九年には、西のハドリアノポリス（現在のエディルネ）に首都が移ったが、その後もブルサは精神的にも、文化的にも、重要な古都であり続けた。ブルサには、高台のヒサールを別として、都市を囲む城壁というものがない。しかも、都市は中心から周辺に連続的に形成されたわけではない。丘あり谷ありの起伏に富んだ地形をうまく使い、モスクを中心としたキュリイェと呼ばれる複合都市施設を小高い所に飛び地状に建設し、都市開発の核とした（図99）。モスクのまわりに、メドレッセ、ハマム、イマーレット（慈善食堂）などがつくられたのである。そして、このような核と核の間の斜面の空間を埋めて、徐々に住宅地が形成されていった。こうしてブルサは、丘の高台にモニュメントがそびえ、地形、植生、そして建築が一体となった象徴的な都市空間を構成した。とりわけその中でも、イェシル・ジャーミ（緑のモスク）は、この都市の風景の中で最大のランドマークとなっている。

そして、城砦（ヒサール）の東側の緩い斜面地にバザールが展開している。ヒサールの外側で、建物が密集していないところに自由な広がりを妨げられることなく計画されたため、オスマン帝国のバザールの計画性を示唆する例となっている。この立地は、城壁の近接により安全性の確保に優れ、都市の拡大をも想定している。都市の中で最も活気の集中するこの部分は、時間の流れの中で、都市の中心として機能するようになる。

商業地区（図100）の変遷をたどると、バザールの中央を東西に貫く通りは、オスマン帝国支配以前からのキャラバンルートであり、現在はカパル・チャルシュ（屋根の架かった通り）と呼ばれる通りと、その南側にいくつかの施設が展開する、線状のバザールであったことがわかる。現在の面的な広がりをもつバザールとは、いささか異なった姿をしていた。エミル・ハンが、現在のベデステンの役割を果たし、その付近が最も栄えていたようである。その後は、新たに建設されていったベデステンを中心にほぼ同心円状に広がり、面的な広がりを見せるバザールへと発展する。しかし、一五〜一六世紀を境にバザールの拡張は停止する。これは、ビザンツ帝国征服によって、新首都となったイ

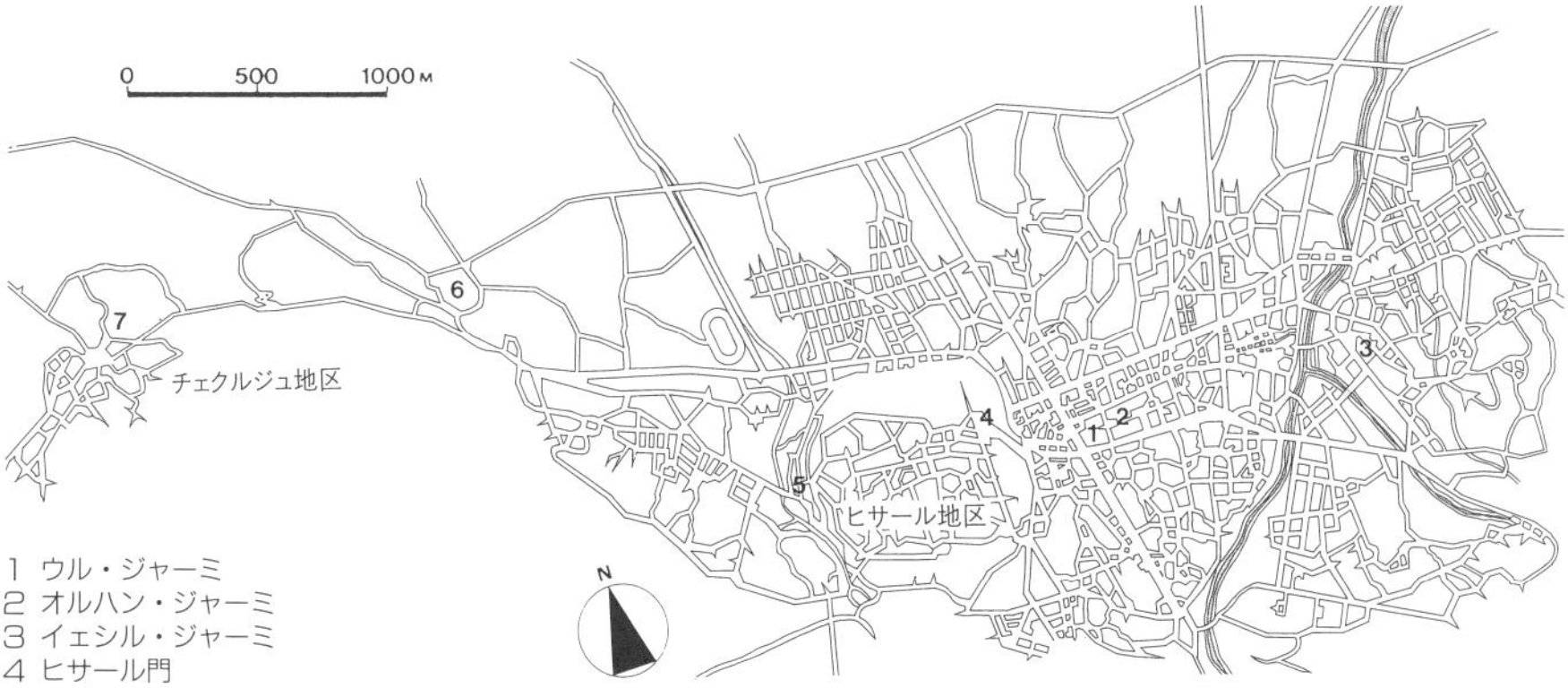

1 ウル・ジャーミ
2 オルハン・ジャーミ
3 イェシル・ジャーミ
4 ヒサール門
5 カプルジャ門
6 イェニ温泉
7 ヒサール温泉

図98　ブルサ市街図

図99　エミール・スルタン・ジャーミを中心とする丘の上のキュリイェ

1 ウル・ジャーミ
2 タヴック・パザン・ハマム
3 ユルデュルム・バヤズィット・ベデステン
4 ピリンチ・ハン
5 シェン・ギュル・ハマム
6 エミル・ハン
7 オルハン・ガーズィ・ハマム
8 ゲイヴェ・ハン
9 フィダン・ハン
10 コザ・ハン
11 オルハン・ジャーミ

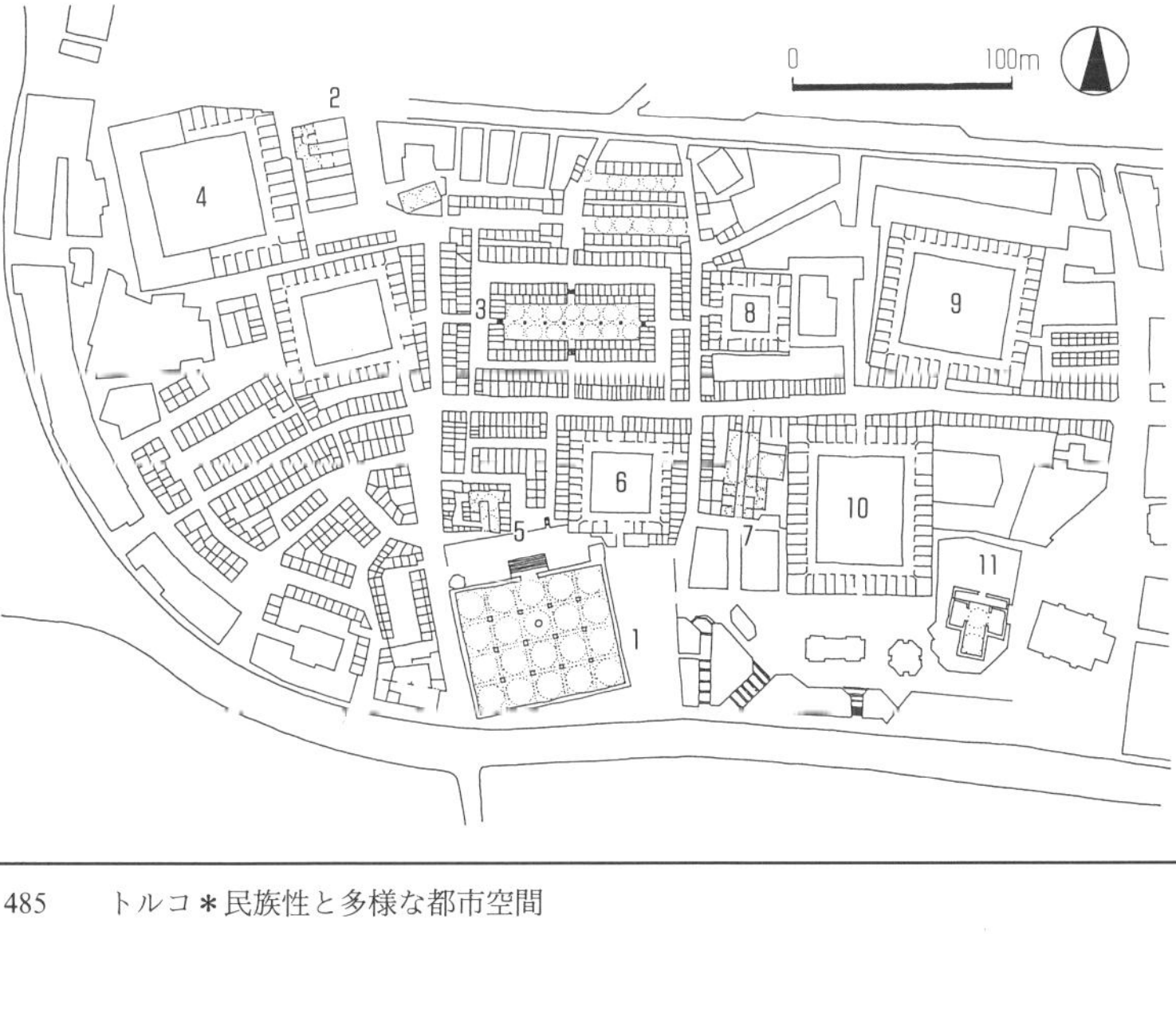

図100　バザール中心部の平面図

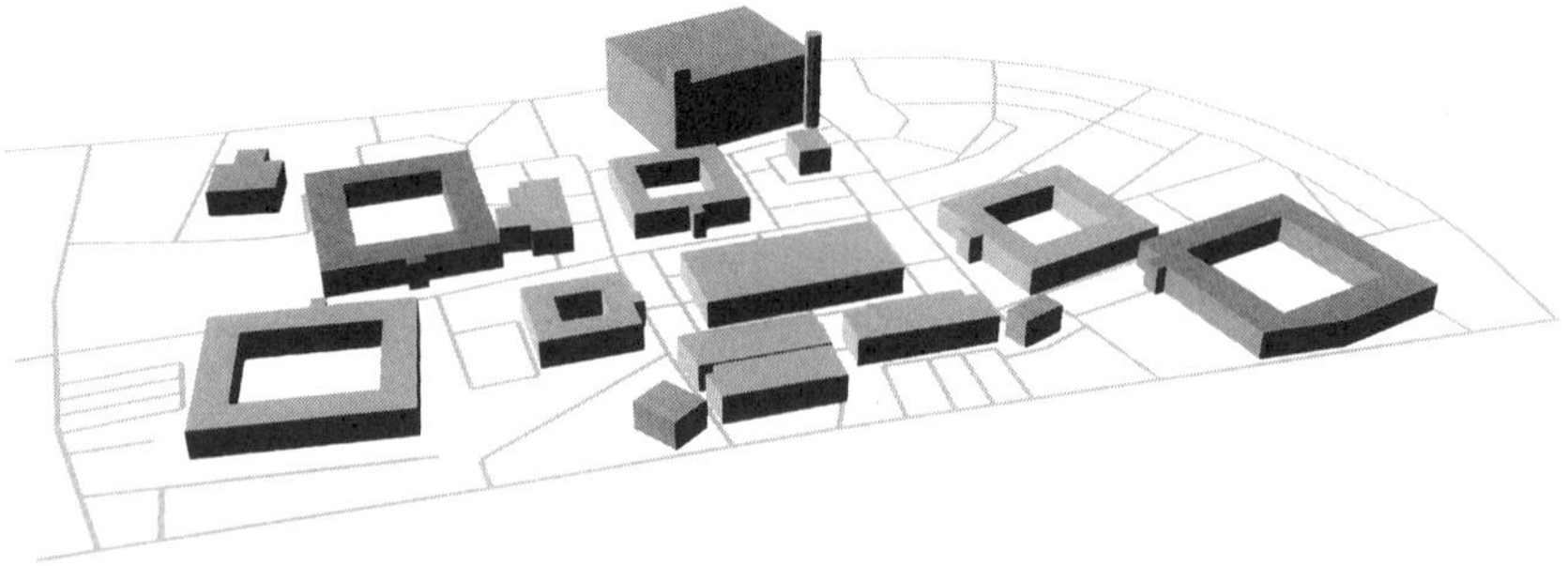

図101　バザールの公共施設　中心に屋根の架かるベデステン，そのまわりにハマムや中庭式のハンが建つ．奥はウル・ジャーミ

図102　立体的なバザール

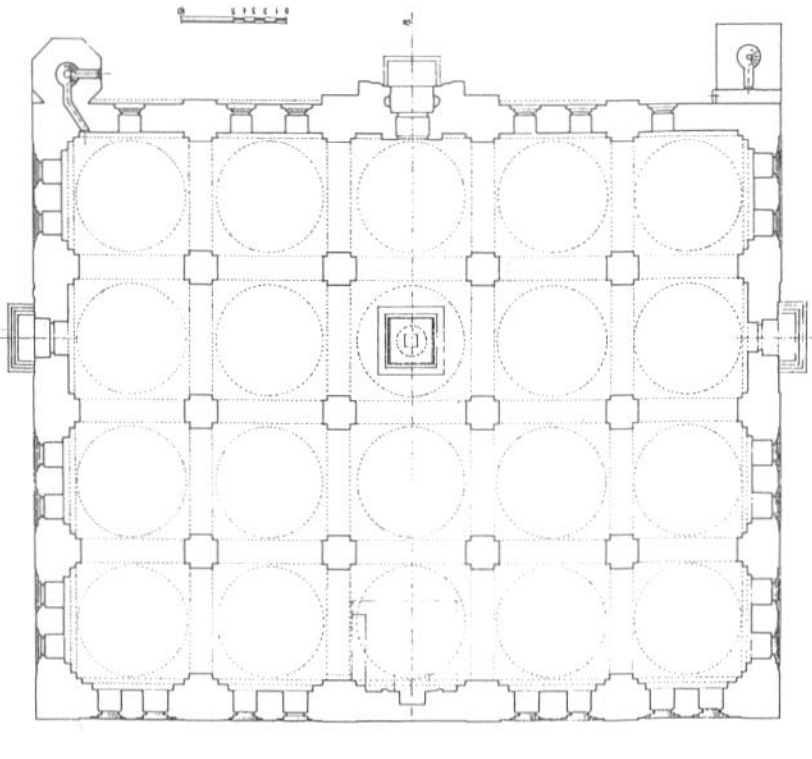

図103　ウル・ジャーミ（1379〜1421年）　平面図

図105　ブルサの住宅街　2階を街路に張り出す

図104　ウル・ジャーミの礼拝堂内部にある泉

スタンブルの発展に力が注がれたことが原因であると思われる。無秩序に見えるバザールは、スルタンら権力者によって実はしっかりと計画性をもって、建設されていった（図101）。その際、経済的に重要なシステムとなったのは、ワクフ制度であり、施設の維持、運営がそれによってまかなわれた。

このバザールの特徴は、南北に約一六メートルの高低差をもつ斜面に立地しているために生じる立体的な空間構成にある（図102）。大まかなロケーションを地形に注目しながらみてみると、バザールの最も高い場所にウル・ジャーミ（大モスク、図103、104）がある。バザールの中心軸となっているカパル・チャルシュは、そこから数メートル低い場所にある。そのカパル・チャルシュの真下にも店舗の並ぶ通り（アルトカパル・チャルシュ）があり、二階建てのバザールの通りが形成されているかのようになっている。下の通りはあたかも地下街のようであるが、斜面地にあるために、実際は低い側に建つベデステンと同じレベルにある。このようにウル・ジャーミと戸締まりがなされ屋根の架かる商業占有空間との間のレベル差によって、通りが複雑に交錯し、平面的ばかりでなく、立体的にも迷宮性を増し、さらに空間にアクセントが与えられている。

ここでのモスクは、アラブ地域のような中庭も、イスタンブルのような前庭もなく、代わりに周囲に樹木を配し、泉亭を設けた境内のような広場を巡らすという、中世オスマン帝国のモスク建設スタイルが見られる、モスクがバザールという俗の空間に接する、または属する場合、この手法はたいへん有効であろう。メインストリートであるカパル・チャルシュ沿いの南側の高い場所に位置するハンでは、一階レベルに出入口となるチャルシュ側にメインの門を向け、その反対側に当たる斜面の高いレベルで、二階に直接入る小さな門をもつものがみられる。二階の門から中へ入るとまるで中庭が掘られて造られているかのような錯覚が生まれる。このような繋がりが、バザールに迷宮感をより増しているといえる。

各施設を見てみると、ハンは規模が大きく、保存状態も大変よい。シンメトリーで矩形に近い形をとり、その中心軸上に門を置き、門を入ったすぐの通路のその両側に階段を配している。ハンの中では階段室前の狭いスペースを巧みに活用し、チャイハネ（茶屋）が設けられていることが多く、空間に無駄がなく有効に利用されている。現在は、宿屋としての機能は失われ、店舗、工場、問屋として使われている。ハンの中庭には泉が置かれ、店舗が高密に集まった中で、開放感のあるヨーロッパの広場的役割を果たしているといえる。

ハマムは建物は残っているが、それ自体の機能は失い、現在はみやげもの屋などの店舗として使われている。ギョベクタシュ（浴室中央に配置されている大理石の台。高さは数十センチ、広さは人が何人か横たわれる）やトップライトのちりばめられたドームの残る空間は、豊かに演出され、当時の繁栄ぶりを感じさせる。

アラブやイランのバザールの特徴となる、ドームやヴォールトの天井、要所に配された大小の門による商業地区と他の地区との分離は、ブルサでも同様に見られる。門によって閉じられた場所は、夜間、休日には通行禁止となる。この二つの要素をともなう商業占有空間となる街路には、通りの名前にチャルシュ（バザール）が冠されていることが多い。

取り扱う商品による店舗のゾーニングは、通りの名前に取り扱う商品を表わしている街路と、通りの名前と扱う商品が異なる街路がある。今の名前と異なっていても建設当時には、通りの名前の商品を扱っていたであろうことは予想がつく。メインストリート沿いには、かつてトルコ帽の店が主流であったが、現在はトルコ帽通りの名だけが残り、金属店がとって代わっている。

緑の多い山や丘陵に囲われたこの地域の住宅は、木造を主体とする。斜面に発達した坂の多いブルサは、ハーフティンバーの、あるいは表面をカラフルな漆喰で塗った木造の民家が絵画的な美しい町並みを構成している（図105）。

サフランボル

街は谷をはさんで展開している（図106）。谷筋を通る主要道に沿ってモスク、バザール、ハマムなどの公共施設がある中心地区（チャルシュ）を形成する（図107）。住宅地はこの中心地区から斜面を上がるように広がる。住宅地内の

図108　谷にファサードを向け建ち並ぶ住宅

図106　サフランボル市街中心部

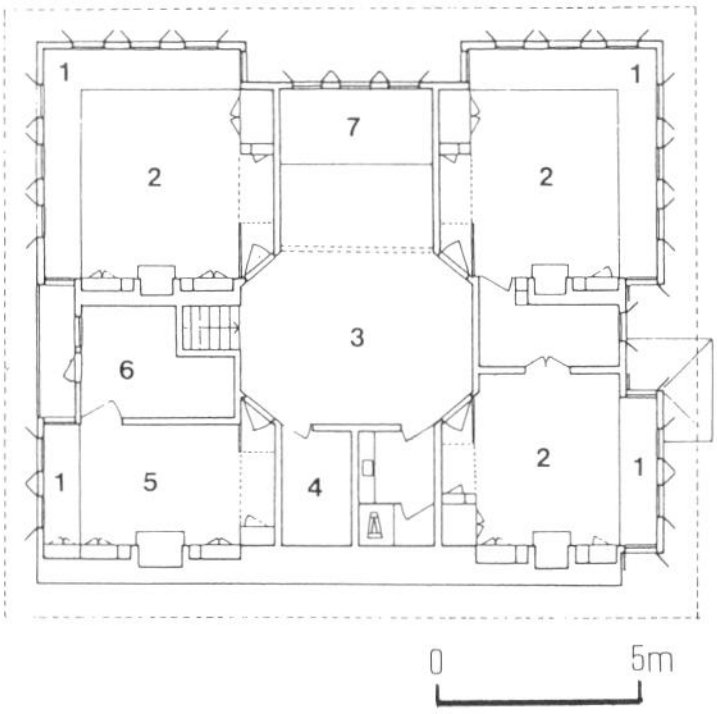

図109　カイマカム邸（現博物館）
3階平面図

1 セディル
2 部屋
3 ホール
4 洗面所
5 食堂
6 倉庫
7 夏の間

図107　サフランボル市街中心地区
（チャルシュ）

1 キョプルル・ジャーミ
2 ジンジ・ハマム
3 ジンジ・ハン
4 カイマカムラル邸
5 カレ

図110　窓側にセディル（ソファー）
のある部屋（カイマカム邸）

街路パターンはいわばクモの巣状になっている。谷の中心地区へ向かって斜面を直接降りる一次街路と、等高線に沿って近隣を結ぶ二次街路によって、このパターンが形成されている。

市民の日常生活の中心となるバザールは、大都市の面的に広がるものとは異なり、むしろ商店街に近いといえる。主要道の一定区間、両側に商店あるいは工房が連続する。このような形態のバザールはアナトリア西部の小さな地方都市に多く見られる。また、広場に公設の市場を設け、週一回ないし数回、市を開くという形態も広く見られる。

住宅地は斜面に展開し、どの家もその主な開口部を谷に向けている（図108）。そのため、少なくとも最上階においては、すべての住宅は視野の広い眺望を確保している。このような斜面に広がるトルコの都市では、住宅の正面は必ず谷に向いている。住宅のオリエンテーションはこうして地形によって決定され、方位は関係ない場合が多い。

一般的に住宅は敷地の隅に、街路側一杯に建てられる。敷地が不整形の場合、一階を不整形のまま建ち上げ、これに外接する形で重箱を重ねるように整形の部屋を配置する。この際は二、三階の部分が張り出すこととなる。

断面構成は一般的には三階建てである。一階は石造であり、納屋、作業場として利用されることが多い。二、三階は木芯構造で焼成煉瓦、もしくは石を充塡材として壁を構成する。おおまかにではあるが、三階は夏向き、二階は冬向きに利用されることが多い。

住宅上階の平面は繋ぎの間としてのホールとこれに繋がる部屋によって構成される（図109、110）。この際、特徴的なのは部屋の機能が未分化、つまり必要に応じて多機能に用いられることである。この点に関しては後述する。平面構成は、標準的にはホールの四隅に、四つの部屋を配置する。これを基本として縮小した形で一、二、三部屋と、各々の敷地、経済状況、家族構成によりバリエーションを造りだすというきわめて単純で融通のきく構成法である。サフランボルは谷を挟んだ斜面に位置するが、家の正面は谷を見下ろす側に向く。これは住宅にとって、眺望、通風、採光が最重要な要素であるからだ。正面はセラムリック（男性、来客向きの空間）、背面はハレムリック（女性、家族向きの空間）として利用される。庭には果樹、野菜等が植えられ、家庭菜園として利用されるが、観賞用の造園はまれである。

住宅にとって窓は重要な要素である。これは住宅が夏向きを旨としているからである。各部屋は可能なかぎり大きな窓を取り、採光と通風、そして眺望を確保している。窓の大部分は二重になっており、内側を内開きのガラス窓とし、外側を外開きの木製板戸として中間に木製、もしくは金属製の格子をはめる。窓は縦長で、セディル（作り付けソファー）の上端からセルゲン（日本住宅の長押の位置）まで立ち上がり、二ないし三つがひとつの壁面に並列する。窓は庭、もしくは街路や広場に開き、そこからの眺望や景観は生活に潤いと活気をもたらす。特に外にでる機会の少ない女性達にとって、街の雰囲気を知る重要な情報源である。女性は暇な時間、セディルに座りお茶をのみ、近所の噂話をしつつ、編み物、刺繍などの手作業を進める。また、整った例では寒さの厳しい冬、窓の板戸を閉めたままでも採光できるように、窓の上に嵌め殺しのステンドグラス窓を設ける住宅もある。

住宅の内部空間を特徴づけているのは家具を置かないということである。部屋には机、椅子、タンスなどは置かない。その代わりセディルと呼ばれる作り付けの低いソファー、押入れを用い、あとは持ち運びできる道具類を随時利用する部屋に持ち込んで使うこととなる。座るのはセディルのみならず、絨毯、敷物の敷かれた床に直接座ることも多い。最上階のホールに設《しつら》えられたひときわ大きなソファーはヤズルックと呼ばれ、夏の涼み場として利用される。

客間は特に指定されないが、庭、街路に面した最も眺望の良い部屋が当てられることが多い。

台所は部屋の機能が分化されていないことから、大規模な家以外では特に設けられず、ハレムリックの一室（多くは二階）に調理道具を持ち込んですます。ここは女性、子供達が一日の多くを過ごす部屋となる。これとは別に、庭、もしくは一階に据え付けのかまどを持ち、手のかかる揚げ物、焼き物、煮物を行なうことも多い。

食べる場所は特に決まっておらず、座れる場所であればどこでもかまわないが（ときには庭ででも）、家族だけであればハレムリックの一室、来客があれば客のいる部屋、多人数の客であればホールでと場所を変える。これは食卓というものがなく、台の上に大きな盆をのせて床の上で食べるという習慣のためで、都合に応じて簡単に移動できるからである。

家具をあまり使わず、持ち運びのできる道具類を多用するため、収納は大きな問題であるが、部屋の壁面は一面作り付けの棚、押入れとなっている。このため平常は部屋は広々とし、日本住宅の空間に印象は似ている。

他の機能同様、特定の寝室はない。その家の規模、家族構成によって寝室を割り振る。夜になれば、寝具を押入れから取り出し、床に敷いて眠り、朝に元通り押入れにしまう。

水は街の公共水栓から主に採られる。この街では一九世紀には一〇〇以上の泉（サビール）があり、大小一八の水源から水が引かれていた。自分の井戸を持つ家はきわめて少ない。

各戸の家に通常の風呂と呼べるものはない。日常の身洗い、礼拝前の沐浴は部屋の戸棚の一部に設けられた小部屋で、水浴びをする程度である。これは公衆浴場（ハマム）が多く設けられているからで、きちんとした入浴はこちらで行なわれる。洗面用の流し、便所は家の二、三階、一番奥の壁沿いに設けられる。市外中心部には雨水、汚水排水用の溝が掘られていて、生活雑排水は数戸の排水を集め川に放流していた。汚物は一カ所にまとめ、地面に水分を浸透させたうえで回収された。

冬、冷え込むことの多いこの地方でも暖房用の設備は重要ではあるが、特に目を引くものはない。主要な部屋には暖炉を設け、薪を焚き、さらに必要とあれば、真鍮製の火鉢を置く。手の込んだ例では、暖炉のフードを円錐型に立ち上げ、装飾を凝らし、部屋のデザイン的な焦点とする。

サフランボルは一九九四年、世界遺産に指定され、民家保存と観光を結びつけ地域振興をはかる政策がとられている。保存のための基金も設立された。このような先駆的な保存活動の今後の展開が期待される。

エディルネ

トラキア平原のブルガリア国境近くに位置するエディルネは、一三六二年以降、ブルサに次いでオスマン帝国二番目の都となった。オスマン時代のエディルネはブルサ同様かなり散漫な都市であり、平行四辺形の城壁に囲われた旧ハドリアノポリスを中心に、約一〇地区が周辺に飛び地的に配され、全市を囲う城壁は存在しなかった。中心地区は古代以来の格子状道路パターンがよく残り、トルコにおいては稀な例となっている。ここに建つ住宅もトルコの他地域のものとは若干異なり、強調したファサードと、入念な装飾とカラフルな色彩をもつ。直線街路とこのようなファサードの連続によって、街路景観はむしろヨーロッパ的なものとなっている。

旧城壁（現存せず）の外の北東部に市の核となる施設群がある。ここにはモスク（旧ウル・ジャーミ）、ベデステン、アラスタ（直線状バザール）、ハン、ハマムなどの公共施設が集中しているが、ブルサの中心核と異なり自由な配置である。さらにブルサでは諸施設がバザールと一体化しているのに対し、ここでは広場的な空間により結びつけられており、開放的なものとなっている。この中心核から若干距離を隔てて、小高い丘の上に立つのがセリミイェ・ジャー

図111　高台に建つセリミイェ・ジャーミ（1569〜74年）とその前の広場

ミ（図11）である。建築家スィナンがみずから傑作と呼んだこのモスクは、オスマン朝モスク最大のドームを持ち、その四隅にミナレットを立ち上げ、緊張感を高めている。

さらに中心地区の北東、トゥンジャ川を隔てて建つバヤズィット・キュリイェ（一四八四―八八年）は、方形広間にドームを架したユニットの反復により平面を構成し、オスマン建築の合理的な設計手法をよく示している。

参考文献

S・ランシマン『PROCESS：Architecture No. 27 空間と伝統 トルコの建築』プロセス・アーキテクチュア、一九八一年
三宅理一・他「特集＝イスタンブールの都市と建築――ビザンチンからバロックまで」『SD』五月号、鹿島出版会、一九八二年
谷水潤「中世イラン・トルコ・アルメニアの建築」『SD』七月号、鹿島出版会、一九八九年
E・ジェンギズ「トルコの民家」『PROCESS：Architecture No. 93 トルコ都市巡礼』プロセス・アーキテクチュア、一九九〇年
日高健一郎・谷水潤『建築巡礼 一七 イスタンブール』丸善、一九九〇年
山本達也『建築探訪 八 トルコの民家』丸善、一九九一年
寺阪昭信編『イスラム都市の変容――アンカラの都市発達と地域構造』古今書院、一九九四年
陣内研究室＋鶴田佳子「トルコのキャラバン都市・ギョイヌック」『SD』四月号、鹿島出版会、二〇〇〇年
G. Goodwin, *A History of Ottoman Architedcture*, London, 1971.
C. Mango, *Byzantine Architecture*, New York, 1978.
M. Cezar, *Typical Commercial Buildings of the Ottoman Classical Period and the Ottoman Construction System*, Istanbul, 1983.
U. Ayyildiz, *Istanbul*, Istanbul, 1986.
M. Sozen, *The Evolution of Turkish Art and Architecture*, Istanbul, 1987.
B. Yazgan, *Baedeker's : Istanbul*, Norwich, 1987.
M. Sozen, *Sinan*, Istanbul, 1988.
E. Yucel, *Trabzon and Sumela*, Istanbul, 1988.
A. Petruccioli, *Environmental Design ; Mimar Sinan the Urban Vision*, Roma, 1988.
D. Kuban, *The Turkish Hayat House*, Istanbul, 1995.

R. Gunay, *Tradition of the Turkish House and Safranbolu Hoeses*, Istanbul, 1998.

トルコ語

M. Sozen, *Diyarbakir'da Turk Mimar*, Istanbul, 1971.

O. Kucukerman, *Turk Evi*, Istanbul, 1978.

S. H. Eldem, *Turk Evi Osmanli Donemi I-III*, Istanbul, 1987.

K. A. Aru, *Turk Kenti*, Istanbul, 1998.

D. Hasol, *Ansiklopedik Mimarlik Sozlugu*, Istanbul, 1998.

イラン＊東西交渉の結節点

深見　奈緒子

イスファハーン＊熟成された王都

はじめに

地中海世界と中国世界のあいだに位置するひろい意味でのイラン世界は、ふるくからシルクロードのプロモーターとして覇権をにぎった。東西交通の要衝としてさかえ、いくたの民族がいきかった。イランの古都イスファハーンの歴史は、ムスリム侵入以前のサーサーン朝期までさかのぼり、そのはじまりはユダヤ人の街、ヤフーディヤへと到達するという。イランのイスラーム化は、古代末期にサーサーン朝帝国がアラブに屈した七世紀中葉にはじまった。その後、イスラームを旗印とするトルコ系、モンゴル系の遊牧民によるいくつかの王朝の支配下におかれた。ムスリム征服からかぞえると一二〇〇有余年の歳月をへたイスファハーンには、イスラーム教徒たちが都市で共生していくために必要な、いくつかの伝統的な装置が歴史的に蓄積された。ここでは、現在のイスファハーンにのこる歴史的な建築を観察することによって、イランにおけるムスリムの伝統的都市居住の一端をかいまみることにしたい。

その順番として、まず、モスク、マドラサ、廟といったイスラームの宗教施設にふれ、次に街の公共の世俗施設に言及し、最後に伝統的中庭住居をおとずれよう。各項目では代表的な事例をとりあげてから、一般的な性質をまとめることとした。これらの大筋は、一九九〇年代に行なった筆者らの現地調査にもとづく報告である。なお、歴史的考察においては、一九二四年発行のレザー・ハーンの都市図、一九五六年撮影の航空写真、羽田正氏の一七世紀末のイスファハーンおよびシャルダンの旅行記の研究、坂本勉氏のカージャール朝時代のイスファハーンの商業活動の研究、ガウベによるバーザールの調査研究などを参照した。

一九二四年発行の地図（図1）には、㈠街路網と水路網。㈡施設の所在。市門、モスク、マドラサ、イマーム・ザーデ（シーア派聖者廟）、タキエ（シーア派殉教劇を演ずる場）、遺体洗浄所、ハンマーム、氷室、水車、キャラヴァン・サライ、窪地、商店。㈢土地利用状況。住宅地、墓地、庭園、畑地、荒地、砂丘――が刻明にかきこまれている。一九五六年の航空写真および現状の地図（図2）をこの古地図と比較すると、あたかも毛細血管のようにはりめぐらされた伝統的街路網は、この地図がえがかれてから現代までの八〇年間にはほぼ変化がないことがわかった。航空写真と現状地図を下じきに、古地図の変歪を修正する目的で地図をかきなおした（図3）。このようにして作成した地図は、これから述べるムスリムの宗教施設や世俗施設の前近代における分布状況をわたくしたちに如実につたえてくれる。

個別の説明にうつる前に、イスファハーンの街の歴史を地図上でたどってみよう（図4）。イスファハーンの歴史はサーサーン朝期におけるふたつの街、西のユダヤ人の町ヤフーディヤ（現在のマスジディ・ジャーミの近傍、図4-2）と東の囲郭都市ジェイ（図4の範囲外、ザーヤンデ・ルードの北岸）へとさかのぼる。アラブ侵入の後、まずジェイに第一の金曜モスクが建立され、一〇〇年ほどの後にヤフーディヤとジェイの間に位置するクーシーナーンという地に二番目の金曜モスク（現在のマスジディ・シャヤー、図4-3）が建立される。クーシーナーンとヤフーディヤはバ

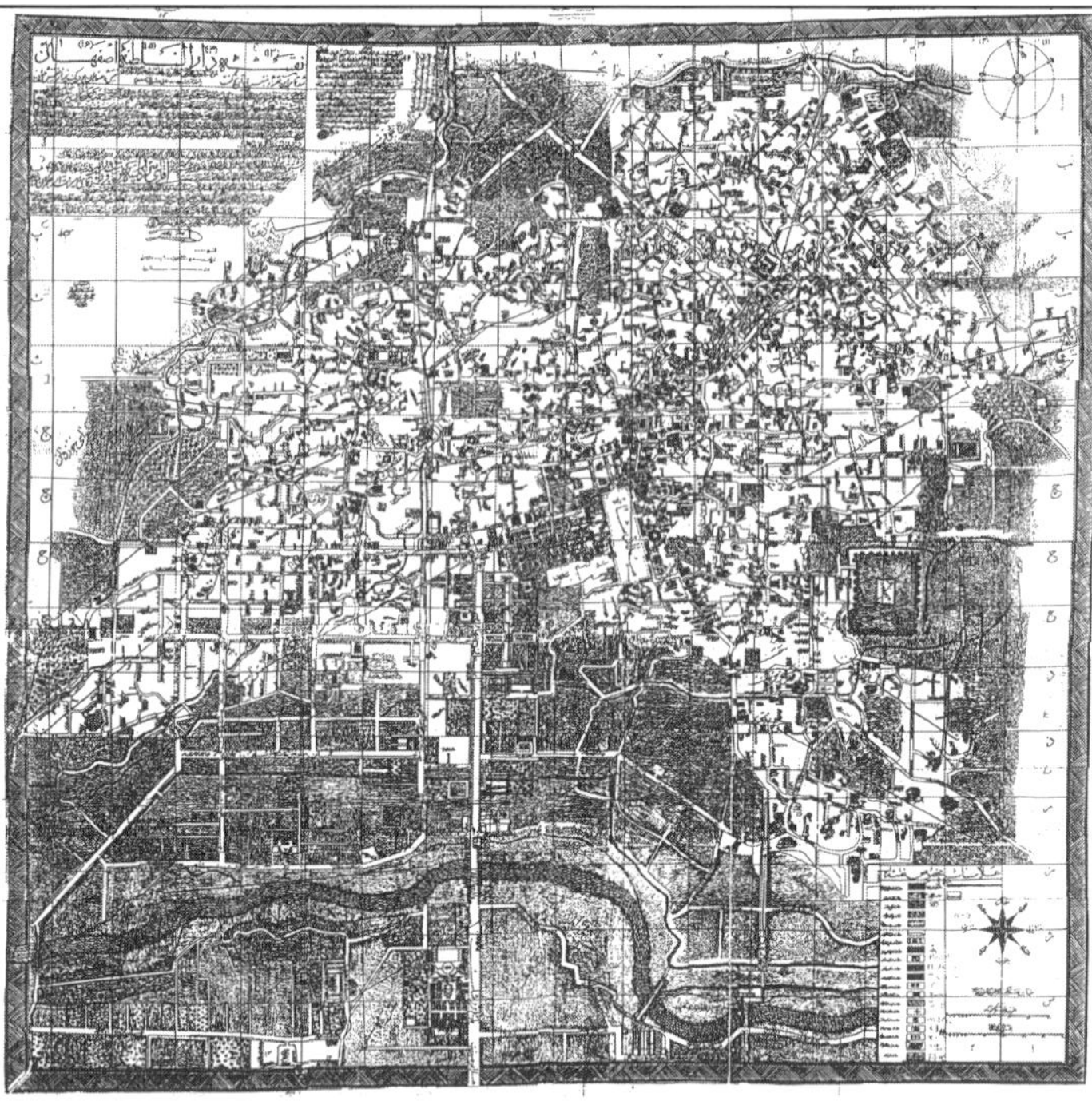

図1　1924年発行のレザー・ハーンの都市図

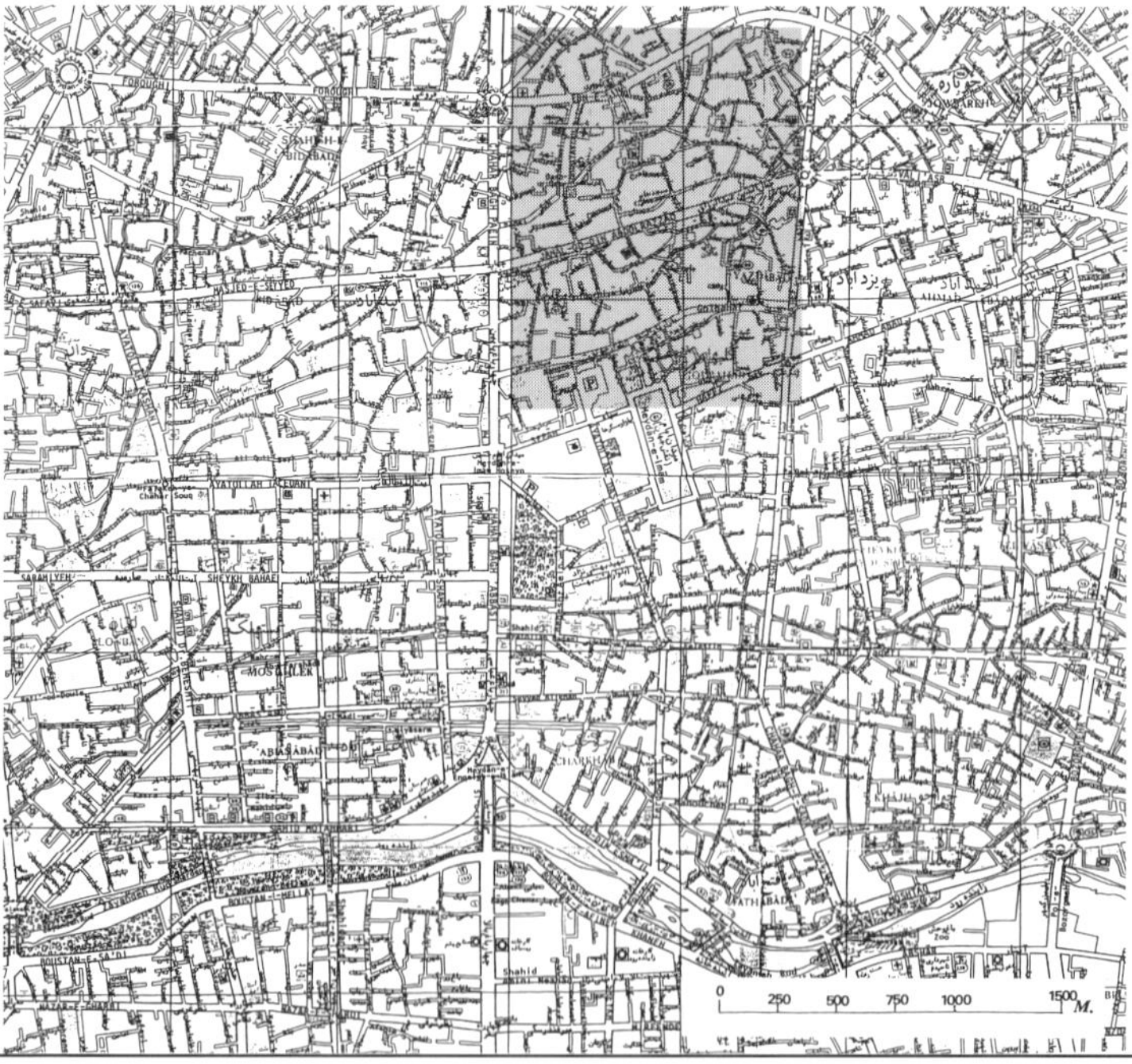

図2　現代の地図（ギタ・シェナーシー）
網掛け部分は図7の範囲

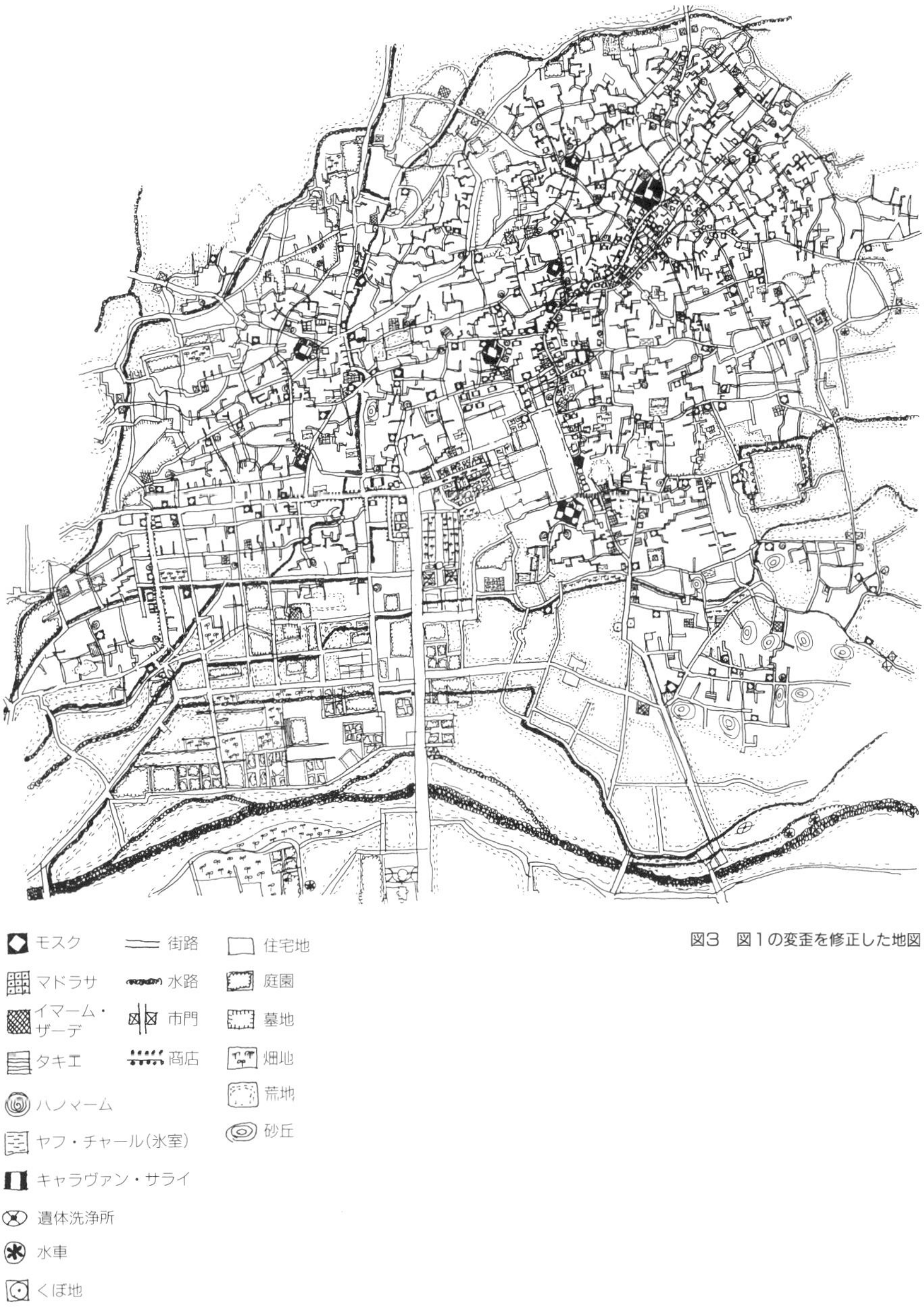

図3　図1の変歪を修正した地図

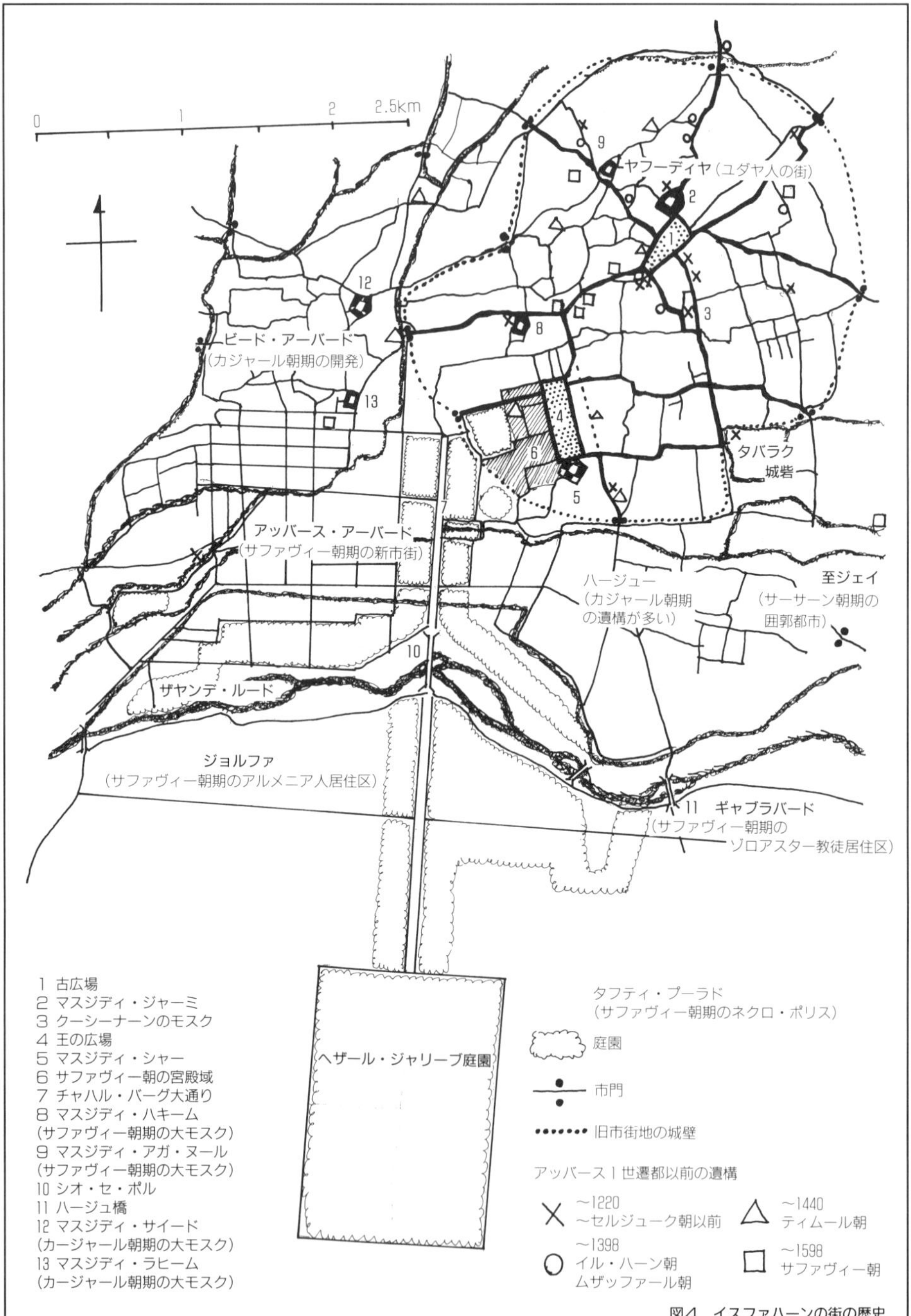
0 1 2 2.5km
ヤフーディヤ(ユダヤ人の街)
ビード・アーバード
(カジャール朝期の開発)
タバラク
城砦
アッバース・アーバード
(サファヴィー朝期の新市街)
ハージュー
(カジャール朝期
の遺構が多い)
至ジェイ
(サーサーン朝期の
囲郭都市)
ザヤンデ・ルード
ジョルファ
(サファヴィー朝期のアルメニア人居住区)
11 ギャブラバード
(サファヴィー朝期の
ゾロアスター教徒居住区)
ヘザール・ジャリーブ庭園
1 古広場
2 マスジディ・ジャーミ
3 クーシーナーンのモスク
4 王の広場
5 マスジディ・シャー
6 サファヴィー朝の宮殿域
7 チャハル・バーグ大通り
8 マスジディ・ハキーム
(サファヴィー朝期の大モスク)
9 マスジディ・アガ・ヌール
(サファヴィー朝期の大モスク)
10 シオ・セ・ポル
11 ハージュ橋
12 マスジディ・サイード
(カージャール朝期の大モスク)
13 マスジディ・ラヒーム
(カージャール朝期の大モスク)
タフティ・プーラド
(サファヴィー朝期のネクロ・ポリス)
庭園
市門
旧市街地の城壁
アッバース1世遷都以前の遺構
~1220
~セルジューク朝以前
~1440
ティムール朝
~1398
イル・ハーン朝
ムザッファール朝
~1598
サファヴィー朝

図4 イスファハーンの街の歴史

ーザールで連結され、八世紀末にはヤフーディヤに今日までつづく三番目の金曜モスク（マスジディ・ジャーミ、図4-2）が建立されるにいたった。

このマスジディ・ジャーミおよびその南に隣接するサーサーン朝時代からの広場（古広場、図4-1）が核となり、半径約一キロの市壁が一一世紀までには築かれた（図4の点線）。この市壁建設は、イスファハーンの都市史を方向づける第一の転機となる。市壁の東南に残るタバラク城砦はこの時代の遺構である。市壁の内側には市街地が繁栄したのであろう。盛衰はあったものの一六世紀末まではこの状態が続いたようである。サファヴィー朝期の首都となる前、すなわち一五九八年までに建立された現存建築を地図上にプロットしてみれば（図4-×、○、△、□）、建築物はほぼ市壁内におさまりいくつかの墓廟建築が郊外に建てられた姿がみえてくる。この時代までに建てられた現存建築が面している街路は、一六世紀以前にさかのぼることが可能である。それゆえ、この時代にすでに今日までつながる街路網がある程度構築されたことが推察される。イスファハーンの街路網は一日にして変化・生成されたものではなく、長い年月をかけて醸成されたことに留意せねばならない。

第二の転機は、一六世紀末にサファヴィー朝の首都となった時に訪れる。市街の南西に城壁をまたぐ形で王の広場（図4-6）が直交座標を基本に計画され、都市のもう一つの核となった。二つの核たる二大広場（図4-4）および宮殿区域（図4-6）は、都市の経済を掌握する大バーザールで連結された。さらに、南北軸にのるチャハル・バーグ大通り（図4-7）が作られ、庭園と新住宅地の開発によって市街地はザヤンデ・ルード（川）の南まで広がり、一七世紀の最盛期の人口は五〇万人にのぼったという。シャルダンは、一六七〇年代には市壁の外側にも民家がつらなり、すでに市壁や市門は形骸化してしまった様子を記述している。

一八世紀のアフガンの侵入、一九世紀の飢饉や暴動により荒廃し、一八七〇年代には人口は五万から七万人までおちこんだ。しかし一九世紀後半から二〇世紀初頭にかけて旧市街の西外側に二つの大規模なモスク（図4-12、13）が建設され、この時代の宗教建築もおおく、次第に都市が復興していく。古地図のえがかれた一九二四年には、ザヤンデ・ルード（川）の北岸、南北三キロ、東西四キロの区域がほぼ建て詰まった状況となったらしい（図1、3の白抜き部分）。

パフレヴィー王朝のもとで、伝統的な市街地を分断する都市計画道路がひかれ、旧市街地に自動車交通網がおおいかぶさった（図2の幅員の広い道路網）。一九五六年以後に郊外へと街はスプロールし、現代へといたっている（図2）。第三の転機は二〇世紀半ば過ぎにあるといえよう。

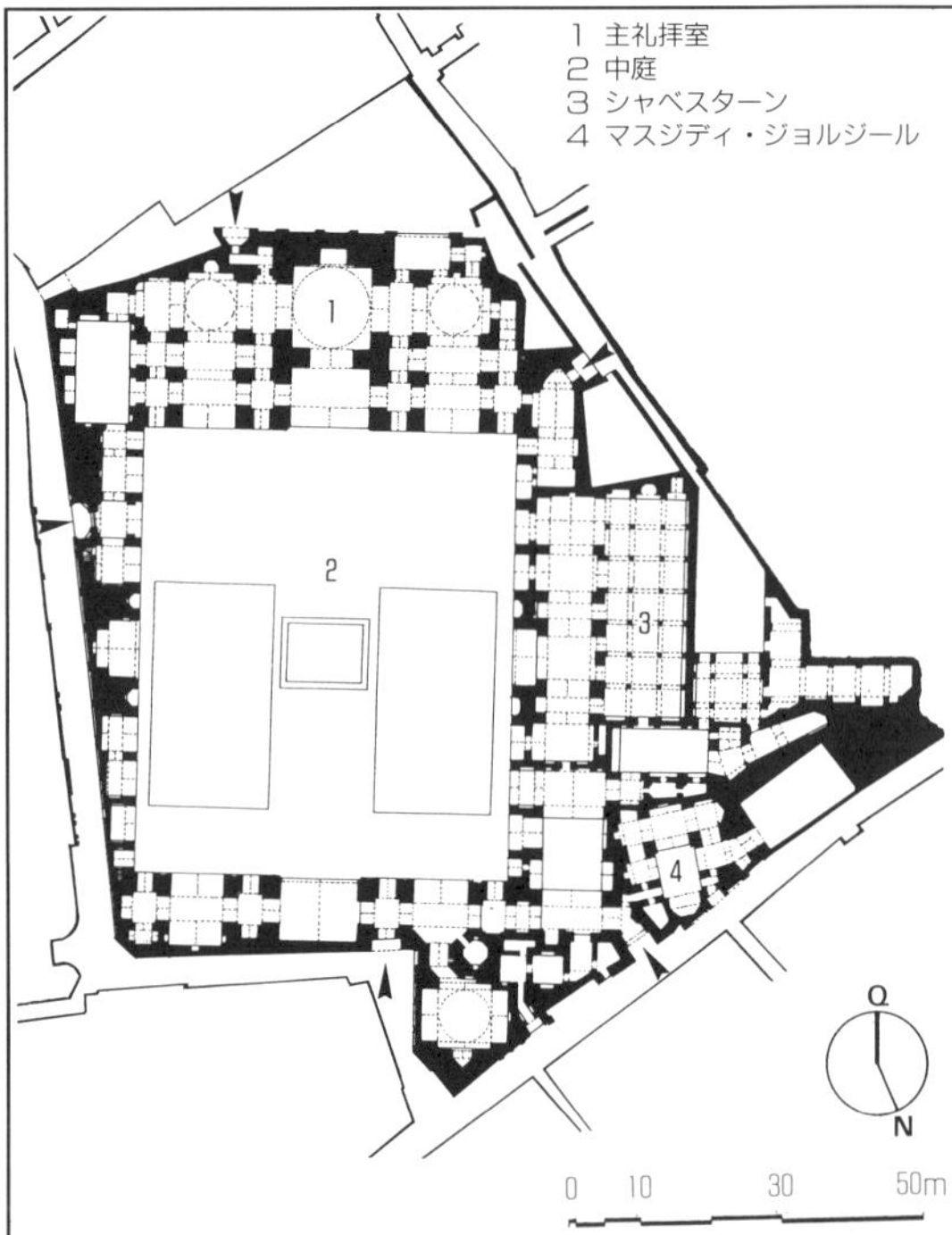

図5　マスジディ・ハキーム　平面図

図6　マスジディ・ハキーム
主礼拝室より反キブラ側のイーワーンをのぞむ

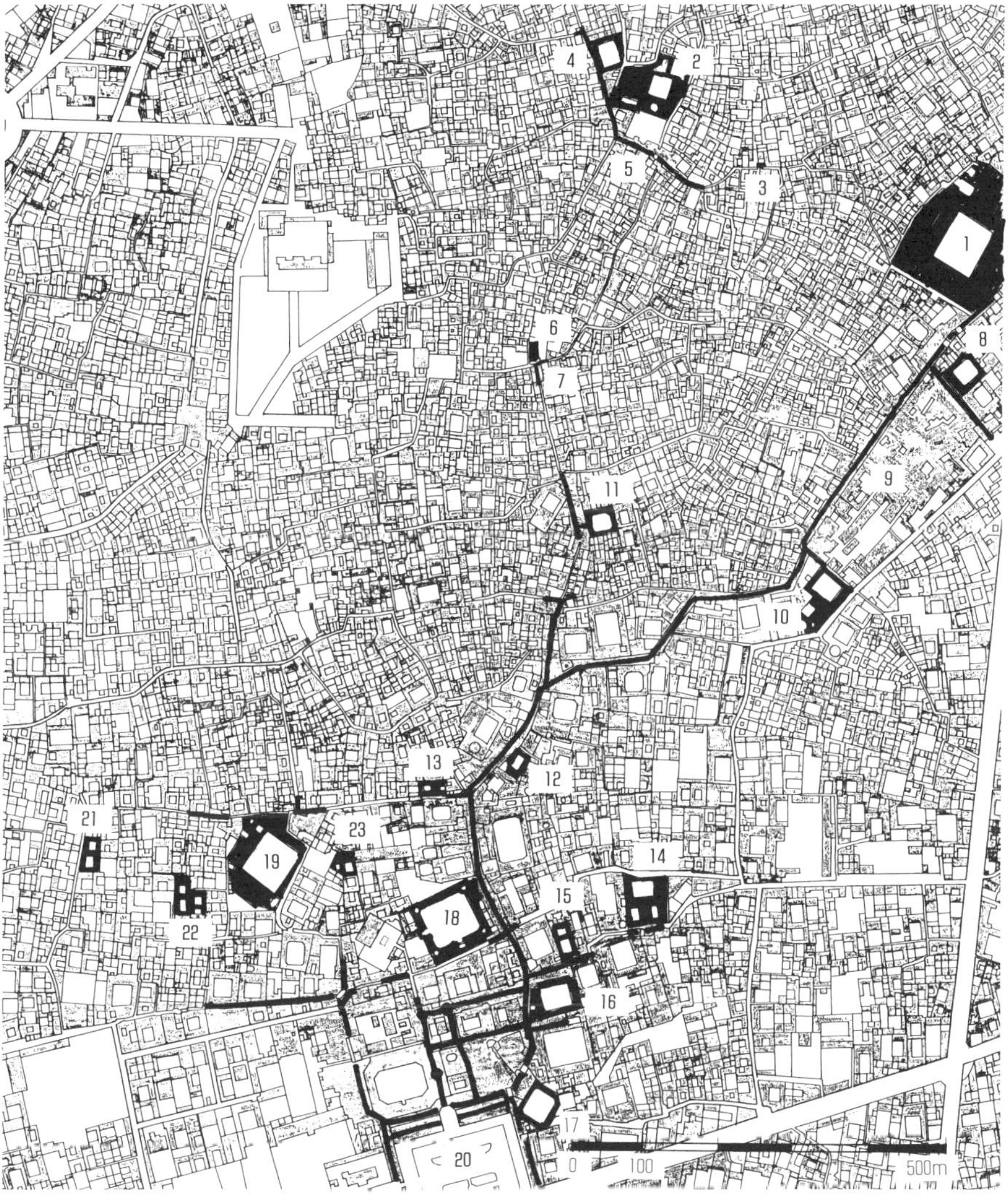

図7　バーザール周辺詳細図　黒塗りの道路は有蓋のバーザール

1 マスジディ・ジャーミ
2 マスジディ・アガ・ヌール
3 イマームザーデ・シューリー
4 サライ・ダルダシュト
5 バーザール・ゴルダステ
6 図書館に改装されたハンマーム
7 バーザールチェ・ハッジ・モハンマド・ジャッファール
8 マドラセ・カーセ・ガラーン
9 古広場
10 ハルン・ヴィラヤ廟
11 マドラセ・ニマヴァルド
12 マドラセ・ヌール・ノアガール
13 マスジディ・シーシェ
14 サライ・サルタキ
15 マドラセ・ジャッデ・クーチェク
16 マドラセ・ジャッデ・ボゾルグ
17 マドラセ・モッラー・アブドッラー
18 マドラセ・サドル・トゥーラブ
19 マスジディ・ハキーム
20 工の広場
21 ボンデクタル・プール家
22 セルケ家とメイサミー家
23 ホダー・ダーディ家

ムスリムの宗教施設

大規模モスクと小規模モスク

イスファハーンには、創建を八世紀末までさかのぼるマスジディ・ジャーミから現在建設中のモスクまで、べつのみかたをすれば敷地面積が一万平方メートルをこえるものから二〇〇平方メートルにもみたないモスクまで、数多くのモスクがある。ちなみに、一九二四年の都市図には、ザヤンデ・ルード北岸の東西四キロ、南北三キロの当時の市街の中に一三四棟のモスクが記載されている（図1、3）。ここでは大規模なモスクの代表としてマスジディ・ハキームを、小規模なモスクの代表としてマスジディ・シーシェをとりあげて、モスク建築の実態をさぐってみよう。なお、世界中のモスクはメッカの方角（キブラ）に向かっており、イスファハーンではその方向が南西方にあたる。

マスジディ・ハキーム（図5、6）は、マスジディ・ジャーミから大バーザールをぬけて、西南方郊外へとつづく古い街道に面している（図7-19）。この街道の古さをしめすのは、マスジディ・ハキームにとりこまれたマスジディ・ジョルジールの入口（一〇世紀建立）である。この入口はイスファハーンで一番古い一〇世紀のモスクの現存遺構であり、この道が一〇〇〇年も前から存在していたことを物語る。ハキームという人物は、サファヴィー朝期の医師でムガル朝のインドで成功した人である。故郷に彼が錦をかざる意図をもって、大枚を投じ、一六五六年に着工し一六六二年に完成させたという。結局、彼はイスファハーンにかえってこの建築をみることなくインドで没したのではあるが。その広さは、マスジディ・ジャーミ（図7-1）、マスジディ・シャー（図4-5）についで街で三番目、敷地面積は九五〇〇平方メートルに達する。以上のように、三百有余年をへたマスジディ・ハキームは立地、由緒、広さから見てもイスファハーンで三指にはいるモスクといえる。

マスジディ・ハキームの周囲は細い街路にとりかこまれ、北側は小バーザール、他の三方は住宅地で、街路に向かって入口が五カ所にもうけられている。間口五三メートル、奥行六二メートルの広大な中庭の四辺の中央に壮大なイーワーン（前面を大アーチで開口した吹き抜け空間）が立ち上がる。ミナレット（礼拝の呼びかけを行なう高塔）はないが、キブラ方向手前にあるイーワーンのアーチをふちどる壁面（ピシュターク）の上には、ゴルダステと呼ばれる木製の小屋がもうけられ、ここから日々のアザーン（礼拝へのよびかけ）が行なわれていたという。残念ながら今はそこにとりつけられた拡声器からアザーンが流れるのであるが。いかにも立派そうにみえる建築の工夫は、中庭に面し人々をすいよせるような四つの大きなイーワーン、市街地への衝立てとして役立つ二層目のアーケード、そして主礼拝室をおおう大きなドームなど各所にみうけられる。手洗いとホウズ（泉）といった水施設もモスクにはなくてはならない宗教的な設備である。もうひとつ注目すべきは、キブラ（メッカへの方角）に向かって右手に位置する間口三間、奥行七間の細長い平面にひくい天井をかけた多柱室で、シャベスターンと呼ばれている（図5-3）。ペルシア語

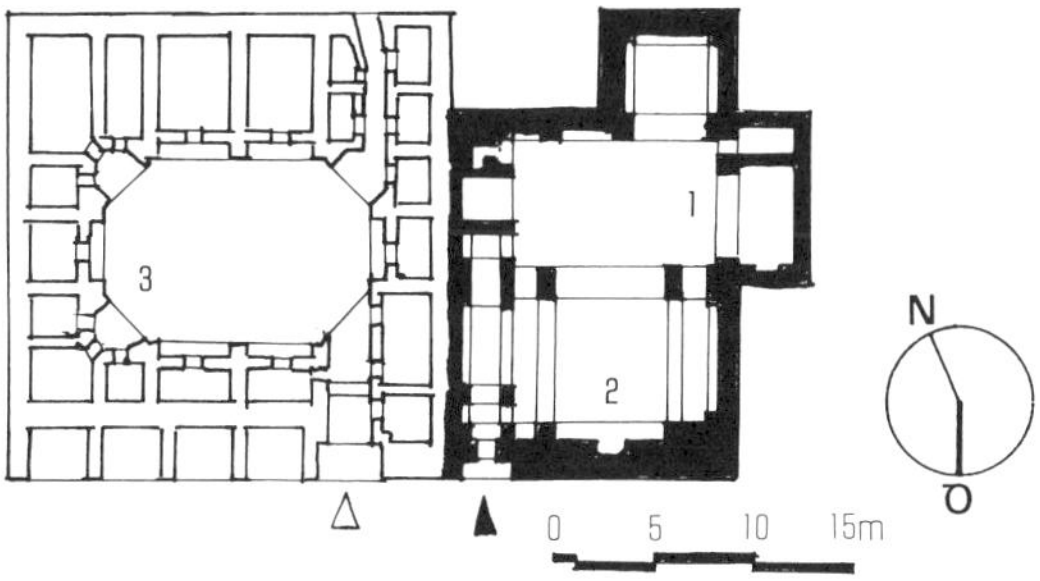

図8　マスジディ・シーシェ　平面図
1 モスク中庭
2 礼拝室
3 サライ

図9　マスジディ・シーシェ
イーワーンは木製サッシで仕切られる

でシャブは夜を意味し、ここでは夜の礼拝や冬の寒いときの礼拝が行なわれるのだという。

この立派なモスクも、礼拝の時間以外はおとずれる人もまばらである。夏の昼すぎには、大ドームの下で横になって涼をとる人、回廊の片隅で熱心に神に祈りをささげる人、イーワーンの影で本をよみふける学生、近所の子供たちが集団でとおりすぎる姿など、ひっそりと静まりかえった堂内はちかくに喧騒をきわめるバーザールがあることなどすっかりわすれさせる空間である。このような時間帯のマスジディ・ハキームは五カ所の入口を有する都市の静謐な公共広場としての役割を果たしているといえよう。

一方、マスジディ・シーシェ（図8、9）はマスジディ・ハキームの前の通りを東にすすみ、街の大動脈とでもいうべき大バーザールにつきあたる手前にあるちいさなモスクである（図7-13）ここからわずか三〇メートルあまりすすめば、イスファハーン市街を南北につらぬく大バーザール、すなわち街の北門（トクチー門）からはじまり、街一番の由緒をほこるマスジディ・ジャーミの脇をぬけ、屋根のかかった路線状店舗群を経由し、サファヴィー朝期の王の広場（メイダネ・シャー）を周回し、南門（ハサン・アーバード門）までを結ぶ街道へとはいるのである。ペルシア語のシーシェはガラスを意味し、小さな中庭（五六平方メートル）が近年になってガラスの屋根でおおわれたためにこうよばれるようになったという。本当の名はマスジディ・ハルヴァット・ネシーンといい、隣のサライ（隊商宿）とともに、一六八九年に寄進された。その後、敷地自体に変更はないとはいえ、数度の改築が行なわれ、入口とミフラーブ（メッカの方角を指し示す壁龕）をのぞけばサファヴィー朝期のものはなにものこっていない。そして、一九九三年夏にはシャベスターンとよばれる地下の礼拝室とそこにつづく手洗い所を修理中であった。

南側に直径五メートルの小ドームをいただく礼拝室があり（図8-2）、他に中庭をかこんで三つの部屋があるだけのこぢんまりとした建築である。小さいモスクであるにもかかわらず、私たちがここをおとずれたのはちょうど夕刻であったためか、礼拝の人々の出入りがかなり頻繁であった。半地下の手洗いで身を清め、それぞれの人がおもいおもいの場所でメッカの方角へと向かい神に平伏する。バーザールではたらく人々が仕事を中断してお祈りにやってきたり、近くにすむ子供たちも集まってくる。メイサミーさんがお祈りにやってきたところに偶然にであった。彼は、先のマスジディ・ハキームの西側にすんでおり、後で紹介するメイサミー邸（図7-22）の当主である。メイサミーさんのお話によれば、彼の仕事場はこの近くのバーザールにあり、しかもおじいさんの代にはこのモスクの改修に出資し古くからこのモスクと縁が深いので、足繁くお祈りにでむくのだという。

イスファハーンの一〇〇をこえるモスクの規模を概観すると、六棟（マスジディ・ハキームを含む四〇〇〇平方メートルを超えるモスク）が群をぬき、その他のモスクが連続的にならぶ。そして、おおくの中小規模のモスクは、大バーザール周辺の小モスク（マスジディ・シーシェはこの例）、街区に点在する中規模のモスク（地区モスクと呼ぶことにする）、墓地にあるモスクのように立地条件によっていくぶんかは性格づけをすることができる。イスファハーンに住む人々にきくと、誰がどこのモスクに行かねばならないという原則はないけれども、住まいの近くや仕事場のちかくには顔なじみのモスクがあるという。

単調な煉瓦色の街路に面して、人々をさそいこむように設けられたモスクの入口は、タイル細工で色鮮やかに飾られる。それは街を歩く者にその存在をしらせるだけでなく、そこにかかれたインスクリプションによって人々の生活が神にまもられていることを、くわえてそのモスクの歴史をつたえているのである。そして、毎日さまった時間にモスクから聞こえてくるアザーン（礼拝への呼びかけ）は、イスラーム教徒に生活の座標軸をやさつけ、全世界からメッカの方向へと向かうムスリムの磁場を強化するのである。モスクでは、人が神の前に無力な個人として向かいあい、日々の生活においてムスリムとして自分を覚醒する力を得るのであろう。

街の中心にあるマドラサ

ムスリムの敬虔な信仰生活を遵守するために必須なウラマー（学者、宗教指導者）は、都市内にあるマドラサ（全寮制の高等教育機関）で師や同輩達とともに共同寄宿生活をおくりながら伝統的なイスラーム学を伝授され、その資格

図10　マドラサ分布図

1995年の時点で現存するマドラサ
■ サファヴィー朝より前に創建
⧓ サファヴィー朝期に創建
⊡ カージャール朝期に創建

1995年の時点で現存しないマドラサ
? 推定
× 1924年地図に記載（非現存）
···· バーザール

1 マドラセ・ジャッデ・ボゾルグ
2 マドラセ・モッラー・アブドッラー
3 マドラセ・カーセ・ガラーン
4 マドラセ・ニマヴァルド
5 マドラセ・ズール・ファガール
6 マドラセ・マーダレ・シャー
7 マドラセ・サドル・トゥーラブ

を得るのが常であった。立派な学者になるためにはひとつのマドラサで学ぶだけではことたりず、イスラーム世界各地のマドラサを遍歴することもまれではなかった。

イスファハーンは一七世紀にサファヴィー朝の首都となると、今までにもましておおくのマドラサが建立された。一九九五年の調査時には、三二棟のマドラサあるいはその痕跡を確認することができた（図10）。これらのマドラサの建物自体はあらたな建築におきかわっているものもあるが、創建を比較すると、サファヴィー朝よりも前にさかのぼるものは八棟（図10-■）、サファヴィー朝期のもの二〇棟（図10-⧓）、それ以後四棟（図10-⊡）と、建設時期がサファヴィー朝期にかたよっている。いくつかのマドラサが破却されたり新築されているのだろうが、一七世紀後半にイスファハーンに滞在したシャルダンが市壁内のマドラサ数を四八個と記述していること、一九二四年の地図に三二棟のマドラサが記載されていることなどから、各時代に機能していたマドラサのおよその数を知ることができる。

マドラサの伝統的な建築形態を把握するために居室数が七〇室を数えるマドラセ・ジャッデ・ボゾルグに注目してみよう（図11、12）。このマドラサは王の広場にほど近い大バーザールに面している（図7-16）。一六四八年に国王アッバース二世（一六四二―六六年在位）のジャッダ（祖母）が建立したという由緒あるマドラサである。ちなみに彼女はイスファハーンにふたつのマドラサを寄進しており、大きい方がボゾルグ（大きい）、小さい方がクーチェク（小さい、図7-15）とよばれている。

南北三六メートル、東西二七メートルの中庭には、直交二軸上に四つのイーワーンがある。四つのイーワーンをつなぐ部分は二層にかさなった居室群となり、中庭をとりかこんでいる。先のマスジディ・ハキームではピシュタークが軒線からひときわたちあがり堂々たる姿をきわだたせていた（図6）のにたいし、マドラサのイーワーンは居室の二層分を吹き抜けにしただけのものである（図12）。これには常時住まう人が存在する建築（マドラサ）とときおり人々が集まり儀式の場となる建築（モスク）におけるデザインのちがいがあらわれているのかもしれない。大バーザールに面する入口をくぐると、ハシュティー（八角形の玄関広間、図11-3）をとおり、短辺にある西側イーワーンへ

図11　マドラセ・ジャッデ・ボゾルグ
平面図
1　イーワーン
2　居室
3　ハシュティー
4　ザーウィヤ
5　階段

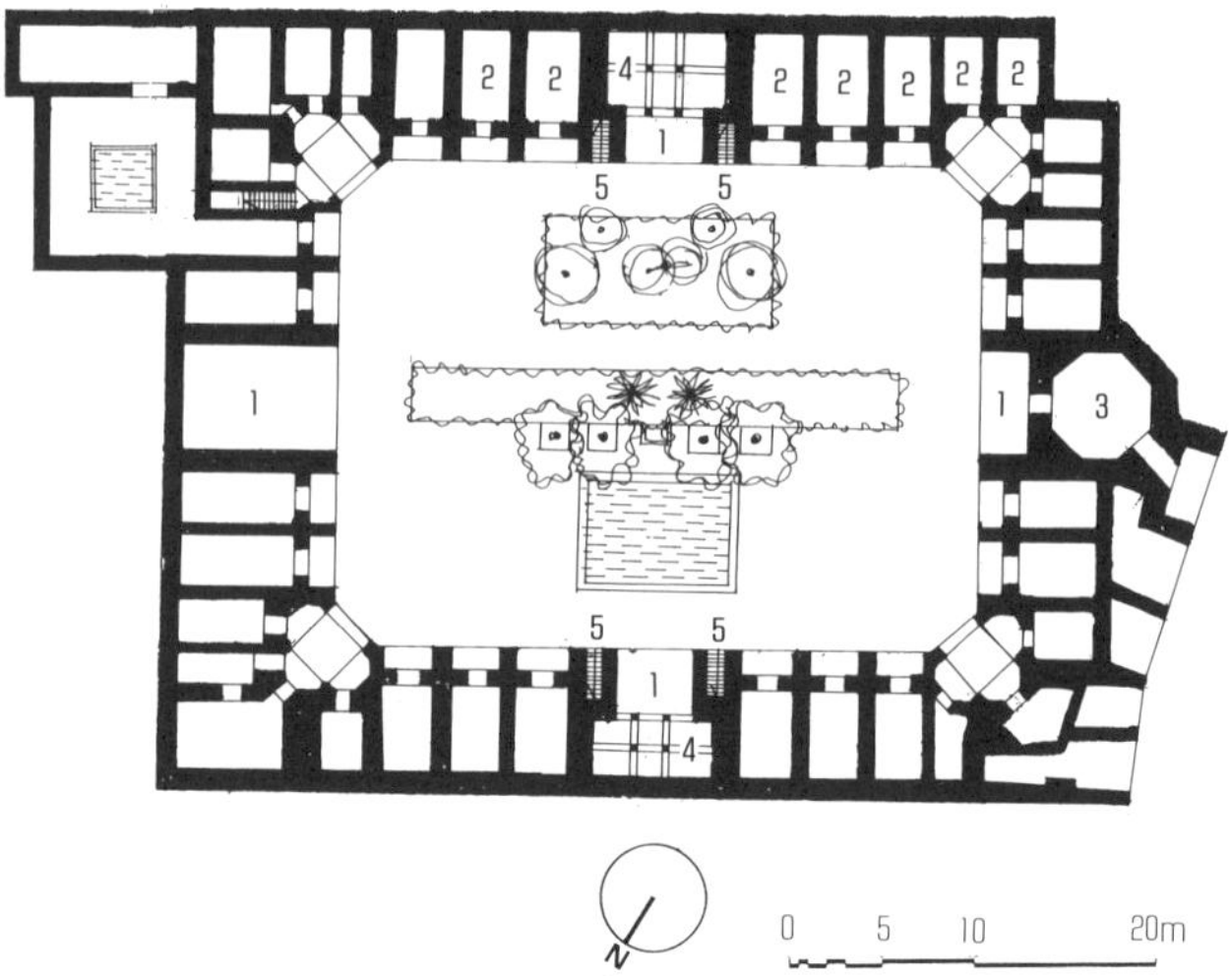

図12　マドラセ・ジャッデ・ボゾルグ
二層の居室群が中庭をとりかこむ

図13
マドラセ・ズール・ファガール
中庭まわりは改装される

とぬける。対辺にある奥行の深い東側イーワーンはお祈りにつかわれるのだという。長辺にある奥行の浅い南北のイーワーンの背後には天井の高い特別室（図11-4）があり、ザーウィヤ（ペルシア語で庵を意味する）とよばれていた。ここは、かつては教室あるいは教授の住まいとしてつかわれていたのであろうか。その両脇に二階への階段室がある（図11-5）。中庭まわりに階段室は計四カ所である。二階は外廊下式になっていて、延々とつづく居室背面の狭い廊下からおのおのの居室へとはいる。このような工夫により、一、二階とも各居室は中庭に面して開放的な専有空間をもつ。居室は一二から一五平方メートルあまりの広さで、全面白漆喰塗りで、高い曲面天井をいただくという、簡素ながら心のおちつく部屋である。現状では、空き部屋や一人部屋もあるが原則的には学生達は一室を二人で使用し、アフガニスタン出身の学生がおおいときいた。

このマドラサはサファヴィー朝期の大規模マドラサの典型として位置づけられる。なぜならイスファハーンにおける現存マドラサの規模と立地を詳細に検討すれば、①後述する群を抜く特大規模の二棟、②ジャッデ・ボゾルグなど大バーザールに面する居室数七〇室程度の四棟、③大バーザール沿いに位置する居室数四〇室程度の中規模マドラサ、④大バーザール沿いに位置する居室数二〇室程度の小規模なマドラサ、⑤住宅地内に位置する居室数一〇室程度の特小規模のマドラサと五つのグループにわけることができるからである。

このマドラセ・ジャッデ・ボゾルグと同規模の中庭と居室数を有し、しかも二層四（二）イーワーン式という建築形態のよくにたマドラサがもう三棟ある。それらは、サファヴィー朝期に建立されたモッラー・アブドッラー（一五九八年、図7-17）、カーセ・ガラーン（一六九三年、図7-8）、ニマヴァルド（一六九三年、図7-11）で、いずれも大バーザール沿いにある（図10）。すなわち、大規模マドラサとは一〇〇〇平方メートルほどの中庭を持ち、居室数七〇程度、一室二人居住と想定すると学生定員一五〇人ほどのマドラサである。

現状においても、イスファハーンにあるほとんどの伝統的マドラサ建築がイスラーム学の高等教育機関として機能している。興味ぶかいことに現状ではそれぞれのマドラサが講義、事務、教授居住、学生居住など固有の機能をになっているそうだ。一九九五年時点でイスファハーンのマドラサの運営を行なっている総本山はマドラセ・ズール・ファガール（図13）にあるとのことだった。このマドラサは、大バーザールの中ほどの位置から分岐した小路ぞいにある（図7-12）。その名はシーア派の初代イマームであるアリーが使った二股の剣に由来し、創建はイスファハーンがまだサファヴィー朝の首都となる前の一六世紀までさかのぼるといわれる。小路をはさんで対面する同名のモスクとともに寄進されたという。しかしながら、古そうな門をくぐると中庭まわりはまったくの現代建築で、いくつかのがらんとしたホールがあるだけだ。古くは一層で約二〇個の居室（フジュラ）が中庭をとりかこんでいたらしい。現在イスファハーンのマドラサに所属する学生達はここで授業科目を選択し、居住のわりふりや奨学金のうけわたしも行なわれると聞いた。このマドラサと街で二番目の広さをほこるマドラセ・サドル・トゥーラブ（図7-18）、他にいくつかのおおきなモスクで授業が行なわれ、イスファハーンでもっとも大きく豪華なマドラセ・マーダレ・シャー（図10-6）は教授たちの居住用であるという。なお、この群をぬいた二棟は居室数が一二〇室を超え、一室二人居住と考えれば本来の学生定員は二五〇人に達していた。

現在のイスファハーンにみられるマドラサごとのつかいわけは、イスラーム革命以後の所産で、本来は各マドラサに教師と学生が共に起居し、各マドラサでも教師のまわりに学生があつまり授業が行なわれていた。現存マドラサのうち比較的居室数の多い一七棟が大バーザール沿いにあり、今は存在しないマドラサも大バーザール近くにおおかったことから、大バーザールとマドラサが深い関係を持っていたことが指摘できる。すなわち、多くのマドラサが街の商業的な中心地に建設されたのである。おそらく、過去においてもマドラサ相互に密接な教師や学生の行き来や、モスクでの講義の聴講もあり、大バーザール周辺という位置が人の往来ということから便利だったのではないだろうか。くわえて、世界中の物品ばかりでなく情報が行き交うバーザールにおいてその存在を誇示することによって、イスラーム世界全域から優秀な教師や学生を集める広告効果もあったのではないだろうか。一方住宅地にあるマドラサは一層でしかも廟を併設したり学生定員数に比すると大きな礼拝室をもつことからも、単に学生専用のマドラサとしてだけではなく当該地区のコミュニティ・センターとして機能した可能性も考えられよう。

喧騒を極めるバーザールと学問を究める神学院がならびあうというのは奇妙なとりあわせのようだが、マドラサに入ると中庭にはホウズ（泉水）と緑の樹陰があり、外界とは無縁の秩序ある空間が展開している。ここで今なお学生達はイスラーム学の習熟にはげんでいる。

街に組み込まれた聖者の墓廟複合体

イスラーム世界には、マドラサでまなんだウラマーという宗教指導者層とは別の生き方をめざす神に近い人々がおり、民衆の篤信を集めている。とくに特殊な霊力をもつ聖者やシーア派のイマーム（アリーの子孫にあたるシーア派最高指導者）、およびその血を引くイマームザーデとよばれる徳のたかい人々は、死後もなお信奉される。その遺体からはバラカとよばれる恩恵が発散されつづけると信じられる。墓を覆う建築がつくられ、多くの墓参りの人々をあつめるようになる。そして、その周囲にさまざまな機能を有する複合体が建てられることも多い。一般にイスラームの墓建築は郊外に造られるものもおおいが、なかには住房を備えた中庭建築として、あるいは街の小さな祠堂として、都市内にくみこまれる場合もある。

付言ながら、先に述べたマドラサ建築の中にも、マドラサとよばれながらも聖者の墓廟が主体で、ハンガーやグルガーと呼ばれる修道院施設に近いものも少数ながら存在する。また、マドラサの建立主の墓を併設するものもある。マドラサの調査事例からは、修道院的マドラサや墓付きマドラサは、創建を一六世紀以前にさかのぼる場合あるいは街の周縁部にある場合に多く、墓をともなわないものは一七世紀以後の創建で大バーザール沿いに多いという傾向が指摘できた（図10）。

ここでは、大規模な墓廟複合体としてハルン・ヴィラヤ廟を、街角の小さな廟としてイマームザーデ・シューリーをとりあげて詳述しよう。

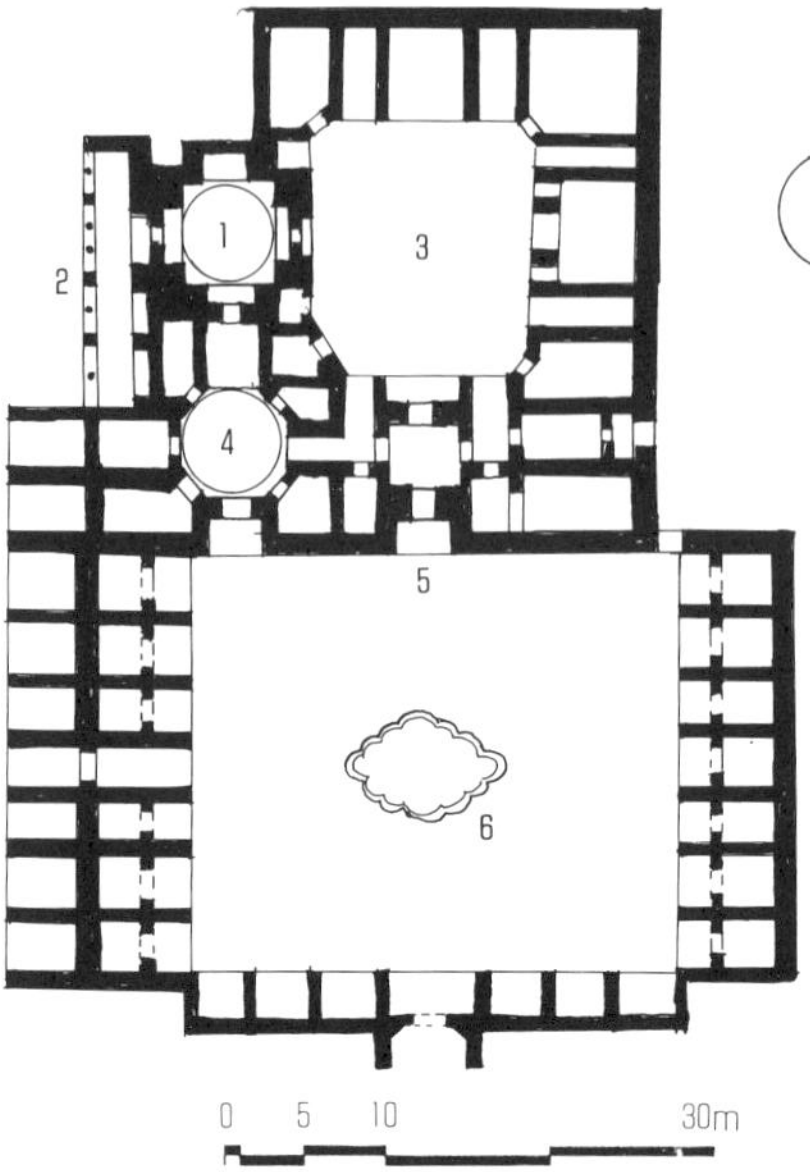

図14　ハルン・ヴィラヤ廟　平面図
1 墓室
2 通りに面する入口
3 ホセイニエ
4 前室
5 1512年の入口
6 マドラサ

図15　ハルン・ヴィラヤ廟　マドラサの中庭よりホセイニエ入口と廟のドームをのぞむ．商店街をはさんで対面するマスジディ・アリーのミナレット（写真左端）が見える

図16　イマームザーデ・シューリー　緑の布のかかったセノタフ（棺型石碑）と道路に面する格子が見える

ハルン・ヴィラヤ廟（図14、15）は、マスジディ・ジャーミ近くの大バーザール沿いに位置する（図7-10）。古くは、古広場の南西辺を占めており、この広場はさきにも述べたように一七世紀初頭の王の広場の建設までイスファハーンの中心となっていたものである。その立地は、この廟が建立当初から町の目抜き通りに設営されたことを示している。廟についてはシャルダンが、被葬者である聖人の素性および廟の建設にあたった石工の出世話を記している。羽田氏の解説によれば、諸説はあるがハルン・ヴィラヤと呼ばれるのはシーア派イマームの直系の人物と推定され、この廟自体は一五一二年に後にサファヴィー朝の国政の最高実力者にのぼりつめる人物によって建設されたらしい。シャルダンは「この墓はペルシア人の巡礼地のひとつになっており、いくつもの奇蹟がここで起こっていると人は称し、大勢の人、とりわけ女性がでかけてゆく」と記している。後世にも引き続き崇敬を集める墓廟だけあってたびたび改修をうけてはいるものの、参拝の状況は今もかわらない。

色鮮やかなタイルで覆われた球根状のドームの下の墓室には、銀の結界でかこまれた聖者の棺型の墓碑が金糸で縁どられた緑の厚布におおわれている。小さな部屋ながら、金彩と朱をまじえた極彩色のムカルナス（鐘乳石飾り）の天井など、モスクやマドラサとはちがう幻惑的な雰囲気がただよっている。実際の遺体はこの地下に安置されているはずだが、建設時にもどったとしても七〇〇年近く前の人物の墓なのだから、真偽のほどはわからない。墓室のキブラに向かって左側は、通りに面する立派な入口である（図14-2）。通りを歩く人たちは入口の列柱ごしに銀の結界を覗ける仕組になっている。墓室の右側にはいくつかの小室によってかこまれた一辺一五メートルほどの小中庭があり（図14-3）、現在はホセイニエ（殉教劇を演ずる劇場）としてつかわれているという。墓室のキブラに向かって手前にはおそらく一九世紀に改修された八角形平面の前室があり（図14-4）、この壁には顔にベールをかけた聖なる人々の絵がえがかれている。この絵をみると、本来は偶像を否定するイスラームが大衆の心をつかむ過程で、変質していった様子がうかがえる。そして、これら複合体の手前の大きな中庭（図14-6）はマドラサとして建設され、現在も聖職者の住む修道院として機能していた。この中庭のキブラ側中央には一五一二年のインスクリプションが残る入念なタイル細工の美しいイーワーン（図14-5、15）があり、先の小中庭への入口となっている。他の三辺を一層のアルコーブが取り囲み、いくつかの居室がもうけられている。

こんなに立派な複合体が都市内にある一方、やはり街中にあるイマームザーデ・シューリー（図16）は内径四メートルあまりの墓室と小さな前庭だけのちっぽけな建築である。マスジディ・ジャーミから西へ通じる道を三〇〇メートルほどすすむと道にヴォールト天井のかかった部分があり、この下の道に面して緑色の格子細工の入った開口部があり、格子越しに緑の布におおわれた棺型の墓碑がみえる（図7-3）。この建築は様式的には一九世紀のものと判断できるが、一六世紀の初頭にはイマームの子孫とされるこの人物の墓がすでに存在したという。

この墓室内には黒いチャードルに身を包んだ数人の女性が集まり、皆でなにやら書物を熱心に朗読していた。年のいった女性にまじり、うら若き女性もいた。イランの信心深い女性たちの毎日の生活は、神により近い存在である聖者をしたう心にあふれている。聖者の墓をおとずれ、涙を流す女性たちの純粋な気持ちは、長い歴史を経てもなお変わることのない部分なのではないだろうか。

世俗施設

広場とバーザール、そして商館

今までに何度か話題にのぼった街の北から南へと蛇行する大バーザールには、二キロ以上にわたって、延々と高さ六から九メートル程度の曲面天井がかかり、その両側には隙間なく小間割りの店舗がならんでいる（図7の太線部）。この大バーザールはイスファハーンのふたつのおおきな広場（メイダーン）をむすんでいた。古広場はイスファハーンがまだユダヤ人の街ヤフーディヤだったはるか昔に、馬の競走のために町の外側に計画されたといわれる（図7-9）。一方、王の広場は一五世紀のティムール朝期に街の城壁近くに中央アジアから来た遊牧民出身の支配者たちの住む幕営区域として設定され、一七世紀初頭にアッバース一世による宮殿区域の整備にともなって政治的意図をもって現在の形が構築された（図7-20）。これらの広場には政治表明の場としても機能しながら、市がたつようになり、商業活動の中心としての意味をも有し、見世物なども行なわれたという。イスファハーンの人々はもちろんのこと、イラン各地、世界各地から人々がつどう街の多目的広場となった。

古広場では、古くは仮設のテント建築だったといわれる市《いち》が、すでに一九二四年の頃には常設の建物におきかわっていたようで（図1、3）、現状では大バーザールの一画となり都市計画道路によって分断され（図2）、空間的には広場の面影はない。王の広場には自動車道路が横ぎり、周囲を囲む路線状商店街にはみやげもの店がたちならび広場には観光客がたむろしているが、現イスラーム政権下にあっては金曜日の昼の礼拝の時間にはムスリムのための巨大な祈りの場と化す。

このように変幻自在な都市の大広場は、どのような伝統を有するのであろうか。歴史的にイスラーム世界を広くみわたして公共の大空間をとりだしてみよう。まず街の中には、宗教的政治的機能をもつ金曜モスクの中庭、市街地の端あるいは中心にある城砦への門前広場、あるいは重要公共建築によって計画的にかこまれた一画などがあった。他方、街の外にあるものとしては、ヒッポドロームに由来するといわれる軍事的な広場、市門の前にある市のたつ広場、宗教広場としてのムサッラー（郊外の広場状のモスク）、墓地などがあった。このように、ムスリムの住む都市の歴史にはいくつかの大空間の機能と形態が出没する。いつの頃からかは定かではないが、イスファハーンでは古広場がこれらの諸機能をあわせもつようになり、都市の中心となっていった。

ふたつの広場をつなぐ大バーザールは、途中、新設のヒヤバーン（計画自動車道路）によって分断されている個所はあるものの、その両側に小さな店がびっしりとたちならび、狭い道路を通してサライやティムチェとよばれる歴史的建造物たる商館がたくさんぶらさがっている。こうした商館にまじって、前節で述べたマドフサや小モスクが点在しているのである。ありし日にはシルクロードを通ってイスファハーンに商品がはこばれ、商館で売買が行なわれ、

図18　サライ・サルタキ小中庭　現在は住居として使われる

図19　サライ・サルタキ大中庭
中庭に屋根がかかり倉庫として使われる

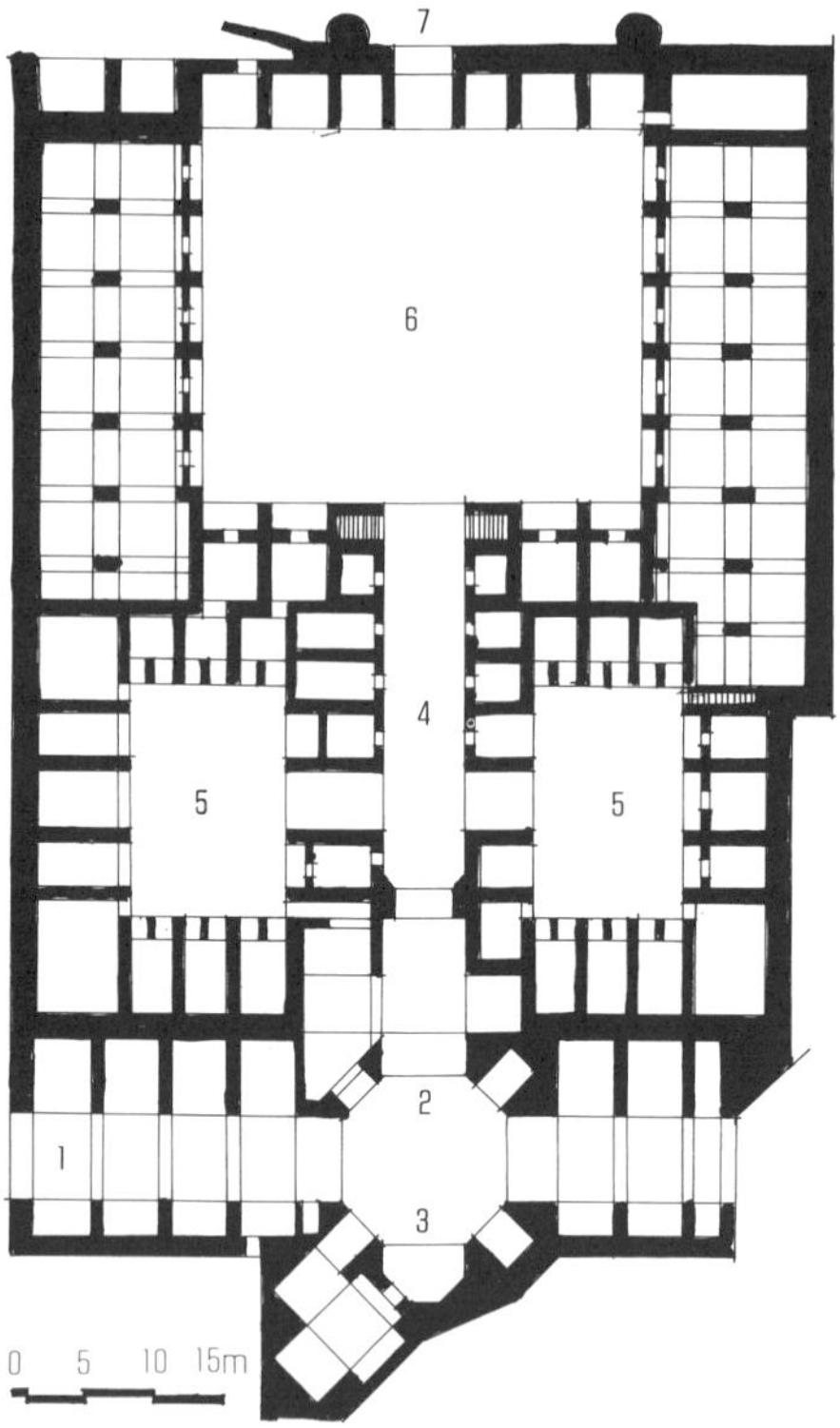

図17　サライ・サルタキ　平面図
1 小バーザール
2 サライの入口
3 モスクの入口
4 デフリーズ
5 ティムチェ
6 大中庭
7 入口

図20　チャハル・スーイエ・アリー・ゴリー・アガ　十字路に建つドーム建築

そしてまた遠隔地へと旅立っていったのであろう。自動車交通がラクダのキャラヴァンにとってかわり、流通形態も変化した今日では、これらの古めかしい商館は手入れもいきとどかず、雑居ビル風の事務所や工房としてつかわれていることがおおい。

そのひとつ、由緒あるサライ・サルタキをおとずれた（図17、18、19）。元来はサファヴィー朝の宦官サルタキが王の広場の近くに一六四六年にハンマーム、小モスク、バーザールと共に建立したものだというが、現状の建物はカージャール朝期の一九世紀に改築されたものである。街の大バーザールから先述したマドラセ・ジャッデ・ボゾルグ（図7-16）の角で分岐した道を東にすすむと小バーザールにはいり、そこに直径一〇メートルをこえる大ドームがかかった部分があり、この北側に三つの中庭を有するサライの入口、南側に小さなモスクの入口がある（図7-14）。

話はそれてしまうが、バーザールの通りが交わる十字路に架かる大ドームは、チャハル・スーと呼ばれる（図20）。

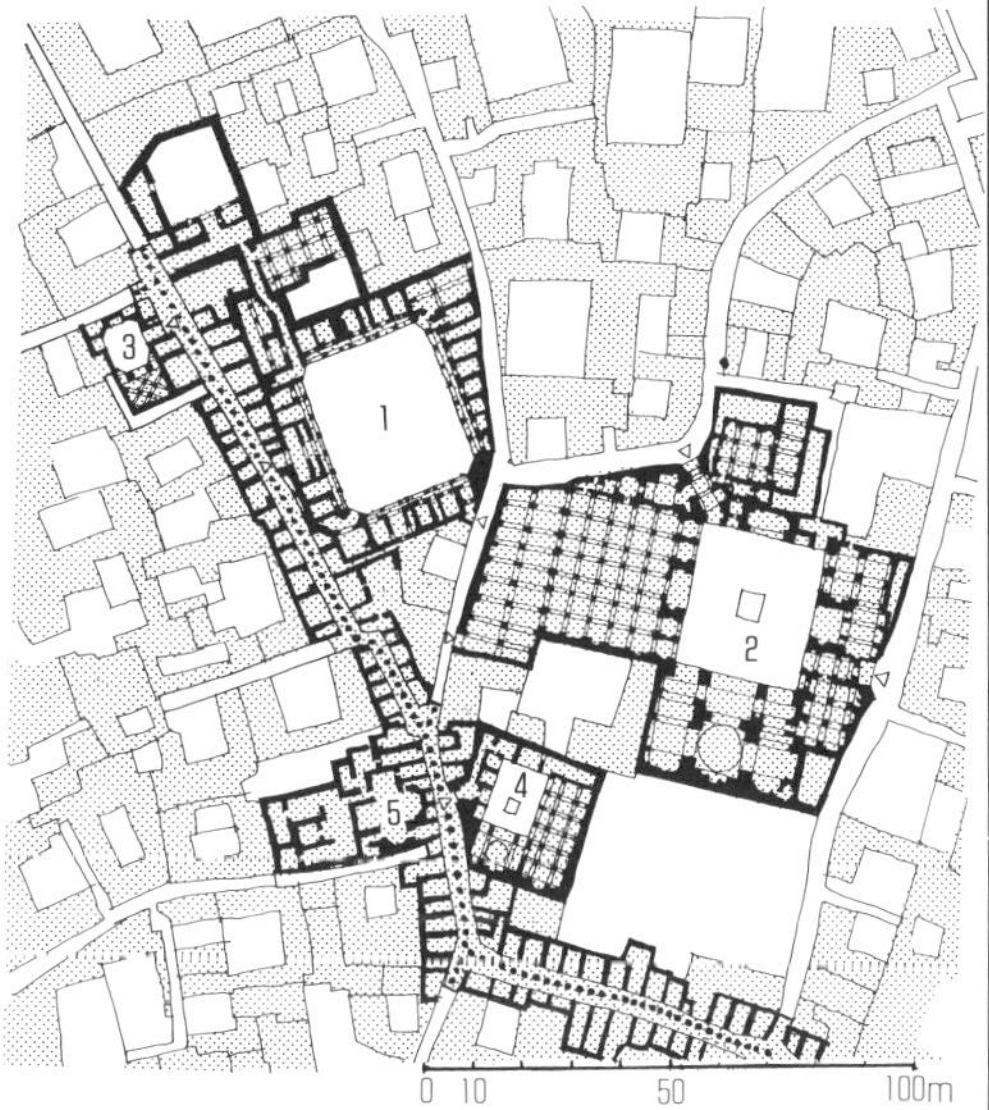

図21　サライ・ダルダシュト近傍
1 サライ・ダルダシュト
2 マスジディ・アガ・ヌール
3 マスジディ・ゴルダステ
4 マスジディ・シャーレ
5 ハンマーム

図22　サライ・ダルダシュト
小バーザール近くにある隊商宿

ペルシア語で四つ辻を意味するように、通例、道路の交差する部分に大ドームが配され、店舗で囲まれた結節点を作る。バーザールを歩く時の目安となる、よどみのような空間である。しかしながらこの例のように大建築の前に大ドームを配する例もある。

サライの入口（図17-2）をはいるとデフリーズと呼ばれる天井の高く長い通路（図17-4）がつづき、その両側にティムチェとよばれる小さめの中庭（図17-5）が設けられ、この二つの中庭の周囲には小部屋が二層に並んでいる。今は中庭に木が茂り、誰か居住しているようすだった（図18）。中央のデフリーズ（通廊）を進むと、間口三二メートル、奥行二七メートルの広い中庭（図17-6）にでる。この中庭まわりも二層で、階下の両端には多柱室がもうけられている（図19）。大中庭の北辺中央には、北側をとおる街路からの入口がある。現在では大中庭にトラスが架かって屋根がふかれ、何台かのトラックが入り雑然とした荷物置き場としてつかわれていた。

イスファハーンにある多くのサライ（商館）は、敷地いっぱいに広めの矩形中庭をとり、その周囲を小部屋でとりかこむことが多いようで、このように三つの中庭をもつ例はめずらしい。坂本氏の研究によれば一九世紀後半には商館のフジュラ（小室）は賃貸に付され、商人が事務所を構えていたという。おそらく、近代にはいって商館にもとめられる機能が分化し、もしくは立派な商館には特別な居住や接待といったような機能ももとめられ、このような変則的な平面を生んだのではないだろうか。

商館には個人名のほか、商品の種類や商人の出身地の名を冠したものもおおく、そのようなつかいわけがされていたことが推察される。しかしながら、中庭に建物がたったり、更地となって駐車場としてつかわれていたり、過去の機能を現状からみきわめることはむずかしい。それにひきかえ、大バーザールの両側にならぶ店の列は、貴金属、絨毯、金物、靴、布地、香料などにわけられ、多少現代的な商品種もはいりこんでいるものの、現在でも同業種がかたまる姿がみられるのである。

街の中心たる大バーザールのほかにも、イスファハーンの街には、地区のモスクのかたわらなどにいくつかの小バーザールが残っている。小バーザールはバーザールチェあるいはゴザルと呼ばれる。道路に天井がかかり、両脇に日用雑貨や生鮮食料品をあきなう商店がならび、商館があり、ときにはチャハル・スー（四つ辻）に大ドームがかかる場合もある（図20）。街で五番目に大きいマスジディ・アガー・ヌール（図7-2）に隣接してバーザール・ゴルダステ（図7-5）という小バーザールがあり、そこから入るサライ・ダル・ダシュト（図7-4）は、一辺三〇メートルあまりの中庭を有し、周囲に一層で二〇を超える小室を有するかなりの規模の商館である（図21、22）。商館としての機能を失ってからひさしいのか、荒廃がはなはだしく、現状では建材置き場兼ごみ捨て場のようにつかわれていた。一九二四年の地図をみると、このような小バーザールには必ずハンマーム（公衆浴場）がある。しかし家庭に風呂やシャワーが普及し、伝統的なハンマームは数少なくなった。大バーザールから五〇〇メートルほど離れたバーザールチェ・ハッジ・モハンマド・ジャッファール（図7-7）にはハンマーム建築（図7-6）が子供用のこぎれいな図書館に改造されている姿がみられた。このように、現代では小バーザールにおける商館や公衆浴場は本来の役割を終えてしまったものの、日常の食品を取り扱う商店街は今でもまわりの住宅地の重要な拠点として機能していた。

都市のこうむった時代の変化は、イスラーム革命後のイランということもあってか、宗教建築ではあまりめだたなかったけれども、世俗建築にはよく現われる。卑近な話をすれば、洋服や靴などいわゆる現代的な商品は、ヒヤバーンに面するブティックにはモダンな商品が並び値段も高く、大バーザールに面する商店にはケバケバしい時代遅れの商品がつるされ値段も安い。このように、かつては経済の大動脈であった大バーザールも今日ではその位置を他にゆずろうとしているのかもしれない。ただ絨毯や貴金属など伝統的な商品の重心はまだ大バーザールにかたよっているような印象をうけた。

結節のシステム——街路網と運河

イスファハーンにはいくつかのことなった街路網が存在する。おそらく歴史のちがいがうんだものとおもわれるので、古い順に列挙してみよう（図4）。第一に、マスジディ・ジャーミ（図4-2）の周辺やマスジディ・ハキーム（図4-8）の周辺は、さかのぼればセルジューク朝以前から都市化していた旧市街の部分で、ここにはいわゆるイスラームの細街路網がみられる。第二に、一七世紀初頭に王の広場（図4-4）、王宮（図4-6）、チャハル・バーグ大通り（図4-7）が造られ、その西側部分に形成された新住宅街（図4のアッバース・アーバード及びジョルファ）には、かなりととのった東西南北方向のグリッド・パターンがみられる。第三に、この部分の北、旧市街の西側、一九世紀の大モスクや建築がのこる部分（図4のビード・アーバード）、加えて旧市街の南部分（図4のハージュー）には、やはり不規則な街路網があるものの、旧市街の街路網と比べると道路の幅員もひろく、まっすぐな部分がおおい。この部分には一九世紀の大モスクが位置しているので、一九世紀に集中的に再開発が推進された部分であるとおもわれる。第四に、この三つの部分以外は一九二四年の地図をみると荒れ地や庭園になっており、一九五六年の航空写真でも大部分が農地でいくつかの集落がみられるだけで、一九五六年以後に都市化がすすんだことがわかる。そこでは放射状にのびるヒヤバーンが街路網の基本となっているようである。

旧市街の伝統的な街路には、微妙なカーブがあり、みとおしのきく道はすくない。そして街路の両側には無表情な高い壁がつづき、ところどころにタイルで飾られたモスクの入口や小綺麗な意匠の住宅の入口がある。とかくイスラームの街路は袋小路ばかりの迷路であるような先入観があるが、実際に街をあるいてみると、伝統的細街路がつづく部分では、街路幅がせまいためスケール感がとらえやすく、歩く者にとっては気分が良い。このような道は少しの工夫で比較的わかりやすくなる。街のメルクマールとなるような建築は立派な入口を街路に誇張しており、その建築の顔写真さえおぼえてしまえば街をあるくことはかなり楽になる。ある程度の単位で街路はかならず閉じており、その内部へと袋小路がはいりこむ仕組みとなっている。それらを無造作に分断する幅員の広いヒヤバーン（都市計画道路）にであうと、街路の感覚がつかめなくなる。現代のヒヤバーンはあくまでも自動車用で、伝統的なクーチェ（小路）は歩くための道路であることを再認識させられる。

図24　シャルダンに記載されたチャハル・バーグ大通り

図23　アッバース・アーバードの小径，
運河の水を利用した泉

図25　ハージュ橋　水辺にたたずむ人々

図27　街中のサカー・ハーネ　タイルで飾られる

図26　シオセ・ポル　サファヴィー朝期に王宮と庭園域を連結した橋

イスファハーンでは、街路網に加えて伝統的な運河にも注目せねばならない。旧市街の西側、すなわちビード・アーバードなど一九世紀の再開発区域、アッバース・アーバードなどサファヴィー朝にあらたに市街化した部分、そしてその南側のザヤンデ・ルードまでのサファヴィー朝期の庭園区域には、いくつかの太い道に沿って水路網がみられる。水路自体の幅は広いところで二メートルほどで、せまい部分では五〇センチぐらいのものもある。現在もかなりの水量をたたえ、岸にチェナール（スズカケ）の木がしげり、ここちよい空間をつくっている（図23）。こういった水路をともなう道は、古くは一七世紀初頭に計画されたチャハル・バーグ大通りにさかのぼる。シャルダンの記述によれば、長さ一二〇〇歩、幅一一〇歩の大遊歩道は、両側に並木をそなえた階段状で、中央に泉水を繋いで走る水路が設けられていたという（図24）。そしてこれを横切る街路も掘割りと平行していて、掘割りぞいの両側に並木があったという。水路をもちいた四分庭園はイスラーム世界には古くからみられるので、こういった思想が都市における計画街路にもちこまれたのであろう。

庭園の思想が都市にまであふれてきたことはサファヴィー朝期の橋からもうなずける。町の南側を西から東へと流れるザヤンデ・ルードにかかるふたつの橋（図4の10、11）をみると、歩車道が分離され、途中にあずまやがあったり、水面におりることのできる広いテラスを備えたり、美しくかざられたり、単に両岸を繋ぐ実用的な橋ではなく人々が散策し、たむろする場として設計されたようすがつたわってくる（図25、26）。

イスファハーン自体は、乾燥気候にありながらザヤンデ・ルードの恵みによって水はかなり豊富である。街路沿いの水路や運河、そして庭園を流れる小川の水は川からひいたものであり、人々の飲み水は水道が完備するまでは井戸水にたよっていたようである。調査した伝統的な住宅には井戸があること、シャルダンもイスファハーンの人は自家の井戸の水を飲むと記していることからも裏付けられる。道をあるいていると、ときおりサカー・ハーネと呼ばれる公共水飲み場にあう（図27）。まったく新しい冷却器がおいてあるものや、ポリタンクに氷と水が入っているだけのものもあるけれども、なかには、古そうな建築もあり、街路に面して格子がはまりそこから蛇口がでている。水道の

図28　ズール・ハーネ・キャマール
棍棒の競技をする人々

ない時代に水の供給システムがどのようになっていたのかは不明な点がおおいが、こんな小さな公共施設にも、街を歩く人へのこころづかいを感じるのである。

パフォーマンスの場

公共施設の最後に、共同体の肉体的、精神的なパフォーマンスの場を紹介しよう。パフォーマンスという意図からか、多分に宗教施設と世俗施設の中間的な性格をもっている。

まず、ズール・ハーネ、直訳すれば、「力の家」というこの施設は、イランの古式の体操を行なうクラブである。現在は観光客に公開される場合もある。本来は近くに住む男性会員だけが集まり、体を鍛えるところであった。マスジディ・ジャーミの東側の街区にあるズール・ハーネ・キャマールは体育館のような現代建築である。このようなズール・ハーネが現存イスファハーンに五カ所あると聞いた。イスファハーンではズール・ハーネの前近代の遺構を見る機会はなかったが、キャビール砂漠のはるか彼方の廃墟となってしまった南の町バムには、町中にズール・ハーネの遺構がある。それは、中央に内径五メートルほどのドーム室をもち、四方に一段上がった深いアルコーブを設けた煉瓦造の建築であった。

ズール・ハーネ・キャマールでは、一段高いところに男性がおり、はじめにコーランの聖句をとなえ、鐘と太鼓をたたきながら掛け声をかける。するとその下のゴウド（競技場）に、少年から老人まで二〇名ほどが姿をあらわし、輪になってリズムにあわせて競技を行なう。さまざまな容貌の人がおり、筋骨隆々としたレスラーのような人物がいるかとおもえば、青白い細身の若者やこんなお年寄りがとおもうような人も、上手な人も下手な人もいる。けっしてプロの演技者ではなくバーザールで出会う人々の集団といった感じである。

競技には旋回をくりかえすものや棍棒をあやつるものなどがあり、かわるがわるに競技を行ない、一人一人が力をきそいあうような方法もとられる。外人客用にショーアップしてある部分もあるのだろうが、少年の競技には大人たちのあたたかい目がそそがれ、成年の競技には力や強さにたいするきびしい切磋琢磨の意識が、そして老人たちの競技にはまわりの者から尊敬の念がわきだす様子がうかがえた。

もうひとつ、街の中の限られた区域の共同体が使用する宗教的な施設にタキエやホセイニエがある。これらはシーア派の受難劇を演ずる場所である。アーシュラー（フサインの殉教日）には、男達が鎖でみずからの体をうち、殉教の苦しみをともにし、街を練り歩いたという。タキエやホセイニエはハーンカー（神秘主義者の修道場）などとならんで、パフレヴィー王朝の神秘主義教団弾圧によって姿を消した宗教施設のひとつで、残念ながら伝統的建造物をみることはできなかった。キャビール砂漠の縁にあるヤズドでは、何方かへと道を通じる町の小広場がタキエとよばれ、木で組まれた山車がおいてあった。もしかしたら、イスファハーンの古地図にえがかれ、今も旧市街地の中にのこる街路の結節点にもうけられたいくつかの小広場（図3）も、このように宗教的パフォーマンスの場としてつかわれることもあったのかもしれない。ちなみにこれらの小広場はサッへと呼ばれていた。

こういった装置は、民衆の社会生活と精神生活をつなぎ、古くからムスリムの共同体としての心の絆を深めるものとして機能してきたのであろう。ズール・ハーネでみた、個人の能力の尊重、年老いた者への尊敬、他人へのいたわりと仲間としての意識、ひいては神への尊厳などは、現代の日本ではうすらいでしまった部分である。芸術においては美しくはかないものを求める反面、力や涙にたいする陶酔は、イラン人の持つメンタリティーの一部なのであろうか。カージャール朝期には、ズール・ハーネやタキエやホセイニエが、次に述べるマハレ（街区）より下位の共同体の成員の心の絆をやしなう装置として機能していたらしい。

伝統的な住宅

住宅地

都市にくみこまれたさまざまな公共施設の間をうめているのは住宅である。一九二四年の都市図において街路網によって区切られ、白抜きで表示されている部分がこれにあたる（図1）。これらの部分はマハレとよばれる街区にわけられる。坂本氏の研究によれば、イスファハーンのマハレの数は一八五〇年代には二〇、一八七〇年代に二三であったという。サファヴィー朝末にあたる一八世紀初頭に登録されたマハレの数は三六で、カージャール朝期に入って荒廃がすすみ、マハレの統合・分化が行なわれた結果だという。ちなみに一九二四年の古地図には一五のマハレの名が挙がっている。シャルダンにもマハレのモスクという名が挙がっており、マハレの名を冠したモスクもある。マハレには、住民たちが使用する共有の公共施設があり、マハレに属する人々のコミュニティが存在したとおもわれる。

サファヴィー朝末期のマハレ数三六、モスク数一六二（シャルダン記述）、一九二四年のマハレ数一五、モスク数一三四（一九二四年の都市図）の値をもとに、大モスク、バーザール周辺の小モスク、あるいは墓関係のモスクの数をのぞいて、一つのマハレにある中規模から小規模の住宅地内のモスク数について検討すると、ひとつのマハレには、三から四個くらいの中小規模のモスクがあることとなる。これらのモスクを便宜的に地区モスクと呼ぶことにする。

一九二四年の地図を仔細にみれば（図1、3）、モスクは住宅地内に集中することなくほぼ均等な密度で点在し、通り抜け可能な街路に面し、地区モスクの近傍にはいくつかの袋小路がある。地図情報を整理すれば、マハレ自体にはより下位の地区モスクを単位とするいくつかのまとまりが考えられ、しかも地区モスクにつらなるコミュニティの単位はより小さな袋小路の単位に枝わかれし、さらにその先にはいくつかの住宅がつらなっていることとなる。

地図上に見てとれる何段階かの分節が、実際の社会の単位として機能するために何が必要とされたのであろうか。少し暴論かもしれないが、各段階の構成人員に共有の空間を有することが必要条件のひとつとなるのではないだろうか。

これらのことから、一つのマハレは地区モスクを共有空間とする三から四個のかたまりにわけられ、さらにより こまかい装置によってなんらかの共有空間を有する単位にふりわけられ、最終的な中庭を共有空間とする住宅へといきつくという仮説が導かれる。ここまで踏み込んで、一軒の家に住む家族よりも上位の、あたかも隣組、近隣地域、そして小学校区のような概念を明らかにした研究に出会っていないので確かなことはわからない。地区モスクよりも下位の単位として留意せねばならないのは、まず袋小路の単位であろう。ただしイスファハーンの場合、各戸の玄関口には厚い扉がもうけられているが、現状において袋小路の入口に扉がみられる例は少ない。より小さな単位としてハシュティー（八角形玄関広間）とかダーラーン（長方形玄関広間）とかの数軒共有の玄関広間に注目すべきである。玄関広間によって統括されたいくつかの住戸は、一カ所の扉をとざせば、他者を排除できる単位となる。

最小の単位は、航空写真をみればあきらかなように、ひとつの中庭まわりに展開する空間となる。サファヴィー朝期のシャルダンの記述をよむと、郊外に建ついくつかの立派な邸宅は周囲に塀をまわして、敷地内に分棟式の住宅を築く場合もあった。しかしながら稠密な市街地においては壁と壁が接しあう、ある場合には壁を共有するような中庭式住宅がふるくから一般的であったとおもわれる。一九五六年の航空写真をみればほとんどの建物が中庭式で、住宅地にみられる広さに偏差のすくない中庭は、ほぼ東西南北軸にのっている（図7、21）。そのわけは、イランが中緯度地方に位置するため、太陽を受ける面が重要視されたからであろう。イランでは北辺の広間を冬用に、南辺の広間を夏用にと、季節による住宅の使いわけが見られる。

ただし、中庭の個数がそのまま所帯数をあらわすとはかぎらないということには留意せねばならない。後述するように、中庭を二つ連結させたような住宅があり、より多くの中庭をもつ伝統的な住宅も報告されている。また、これとならんで、家族の単位も考慮せねばならない。現在のイランでは核家族化がすすんでいるが、一九世紀の史料には一つの中庭の四辺を祖母と三人の息子達の家族がつかいわける記述がでてくる。大家族が中庭住宅をどのように使いこなしていたのかを知ることによって、そして家族と街区の間に介在する単位を知ることによって、中庭と細街路網を特色とする伝統的な集住様式をときあかすことができるのであろう。

二つの中庭を有する住宅

中庭式住宅は乾燥地帯で人々が集住する方法として有史以前から踏襲されてきたものである。それは、不整形な敷地にたいして、整形な矩形中庭をとり、その四辺あるいはより少ない辺に部屋を配するものである。ムスリムの都市生活が成熟するにつれ、住居は私的な生活空間であると同時に客人を迎える公的空間という性格が要求されるようになり、宮殿や邸宅ばかりでなく、両者を分離する傾向が一般住宅にも普及した。ここ、イスファハーンではアンダールーニー（私的空間）とビールーニー（公的空間）の性格を別の中庭に与える例が観察できた。

こういった例はヤズドなど他の都市の伝統的住宅にも報告されている。その場合、アンダールーニーとビールーニーは壁を隔てて独立し、その間には細い通路があるだけである。ところが興味深いことに、イスファハーンの調査事例では二つの中庭が独立しながら、両者の境にそれぞれの中庭を見通せる部屋がもうけられていた。住宅の建立年代から推察すれば、この状況は一九世紀後半に西欧文明を受け入れたイランの住宅が、変質した結果として生じたものと考えられる。こういった二中庭を持つ住宅は、当時、ある程度以上の資産を有する近代のプチ・ブルジョアジーの住宅だったのであろうか。古い時代の住まいかたについてはまだまだわからない点だらけである。

資産家の住宅にあるビールーニーは公的な性格が強い。一九世紀の文献によれば、地域の子供たちを集める学校がひらかれたり、近隣の人の集いのために機能したり、個人の住宅という枠を超えて、地域の施設として役立ってきた

図31 ボンデクタル・プール家
北中庭から見たつなぎの間

図32 ボンデクタル・プール家
パズィロイないからオロシーを
とおして中庭をのぞむ

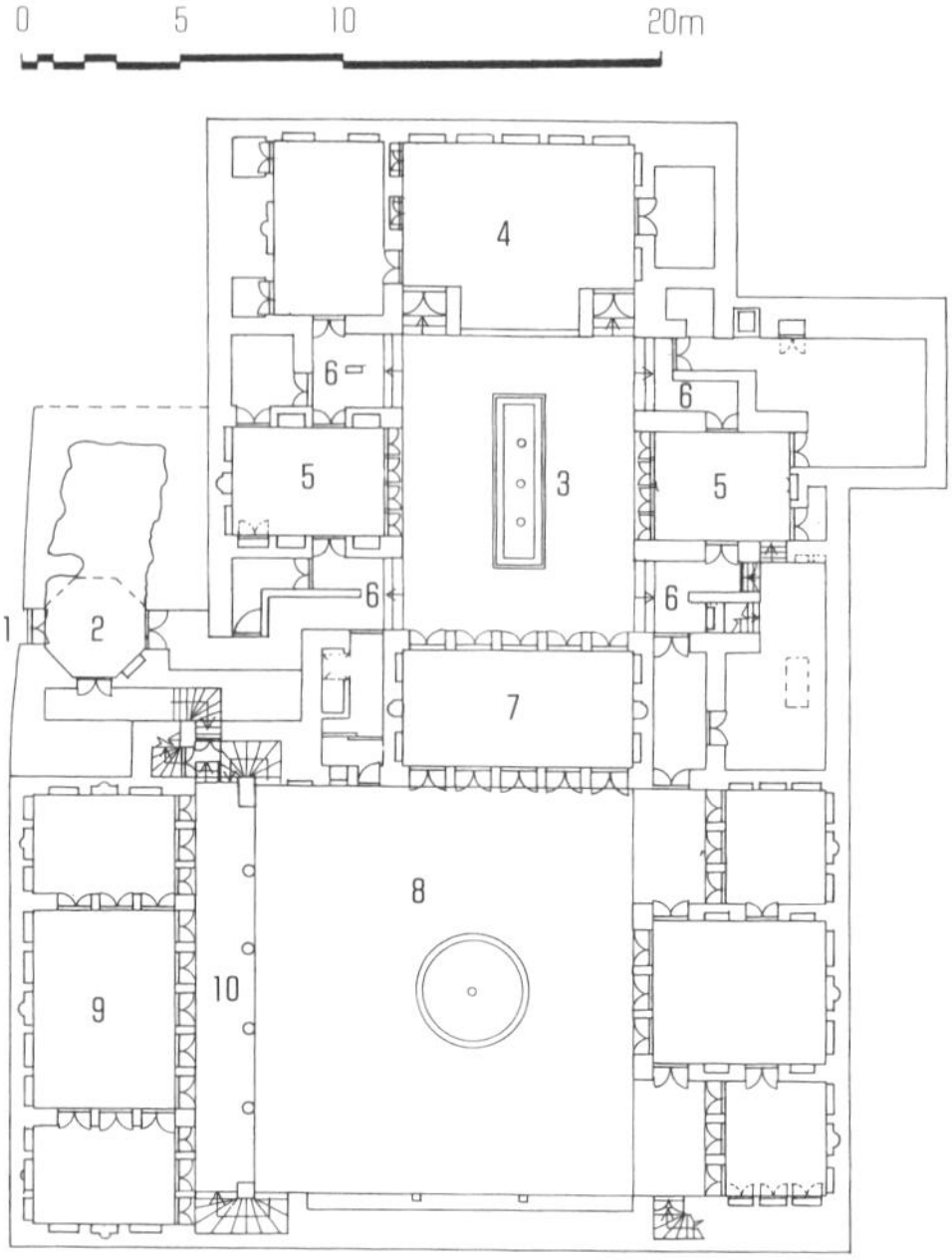

図29 ボンデクタル・プール家 平面図
1 入口
2 ハシュティー
3 北中庭（ビールーニー）
4 主室（パズィロイ）
5 居室（オターゲ・ハーブ）
6 踊り場的通路
7 つなぎの間
8 南中庭（アンダールーニー）
9 主室（パズィロイ）
10 ターラール

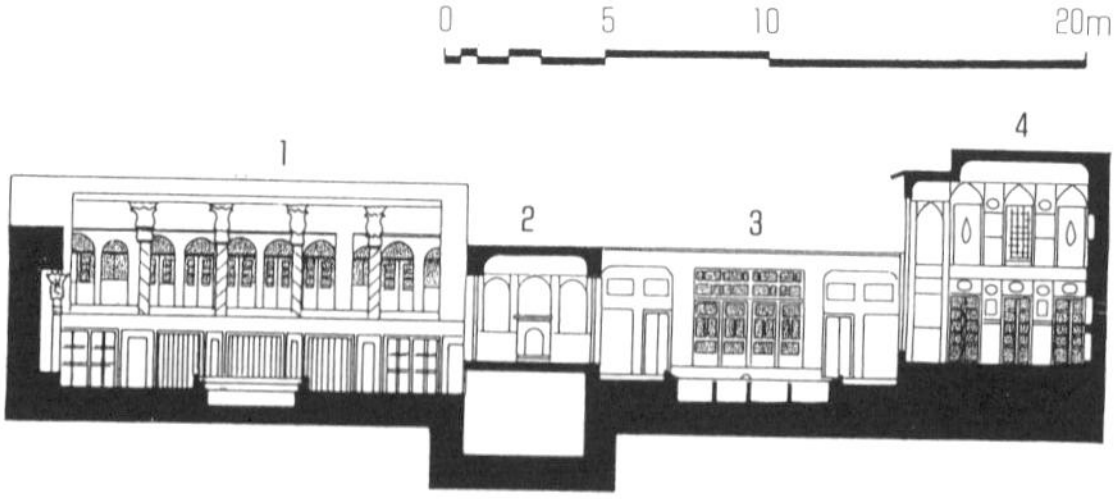

図30 ボンデクタル・プール家 南北断面図
1 南中庭とその主室
2 つなぎの間
3 北中庭
4 北中庭の主室

側面がよみとれる。これらの中庭は、先述した地区モスクの単位をよりこまかく分ける、もっとも下位の概念に対応する公的施設としての意味をもちあわせていたのかもしれない。

ここでは二中庭住宅の実例として、マスジディ・ハキームの西側にあるボンデクタル・プール家(図7-21)とセルケ家(図7-22)を紹介しよう(図5)。

ボンデクタル・プール家(図29、30、31、32)は、西側をとおりぬけ可能の小路に面しており、小路を北に上ればすぐに小バーザールがある。小路に面した入口(図29-1)をはいるとハシュティー(図29-2)があり、本来はここから三方へとつうじていたようだが、今はハシュティーの屋根もくずれ、北への動線はとざされていた。入口に直面する扉をくぐり、屈曲した通路をすすむとビールーニーとしてつかわれた北中庭(図29-3)にでる。北中庭の北辺にパズィロイとよばれる主室(図29-4)があり、豪華な極彩色と鏡の装飾がのこっている(図32)。この部分の装飾はサファヴィー朝期までさかのぼるといわれるが、当時どのような部屋配置をもっていたのかは今となってはわからない。その後一九世紀末から二〇世紀初頭にかけて、中庭廻りが改築されたらしい。すでにサファヴィー朝期からこの主室が客人を迎える部屋だったのであろう。北庭の東西辺にはオターゲ・ハーブ(寝室)と呼ばれる居室(図29-5)がある。庭から部屋にはいるためには両脇に位置する階段を上がり、部屋の側部からはいらねばならない。この通路(図29-6)は、「居室が中庭に面しているとはいえ直接中庭からアプローチするものではない」というイランの伝統的な住まいかたの作法を私たちにおしえてくれる。他の住宅にも頻繁にみられるので、この通路を踊り場的通路とよぶことにした。そして、北中庭の南辺には五カ所の窓をもつ開放的な部屋(図29-7)がある。ここはアンダールーニーとしてつかわれる南中庭(図29-8)にも同様に開口しているので、つなぎの間とよぶことにした。南中庭の主室(図29-9)は西辺にあり、前面にターラールとよばれる列柱ふきはなし空間(図29-10)を有し、上下二層構成で季節によるつかいわけがなされていたという。

大モスクの例としてとりあげたマスジディ・ハキームの近隣に位置するセルケ家(図33、34、35)も、本来は上述

図33　セルケ家とメイサミー家　復元平面図
1　セルケ家の北中庭（ビールーニー）
　現状は文化財として保存
2　セルケ家の南中庭（アンダールーニー）
　現状は個人所有住宅
3　メイサミー家の北中庭　現状は東辺を削られ，個人所有住宅
4　メイサミー家の南中庭　現状は空き地
5　セルケ家の主室
6　セルケ家のつなぎの間
7　ダーラーン
8　袋小路
9　メイサミー家の主室

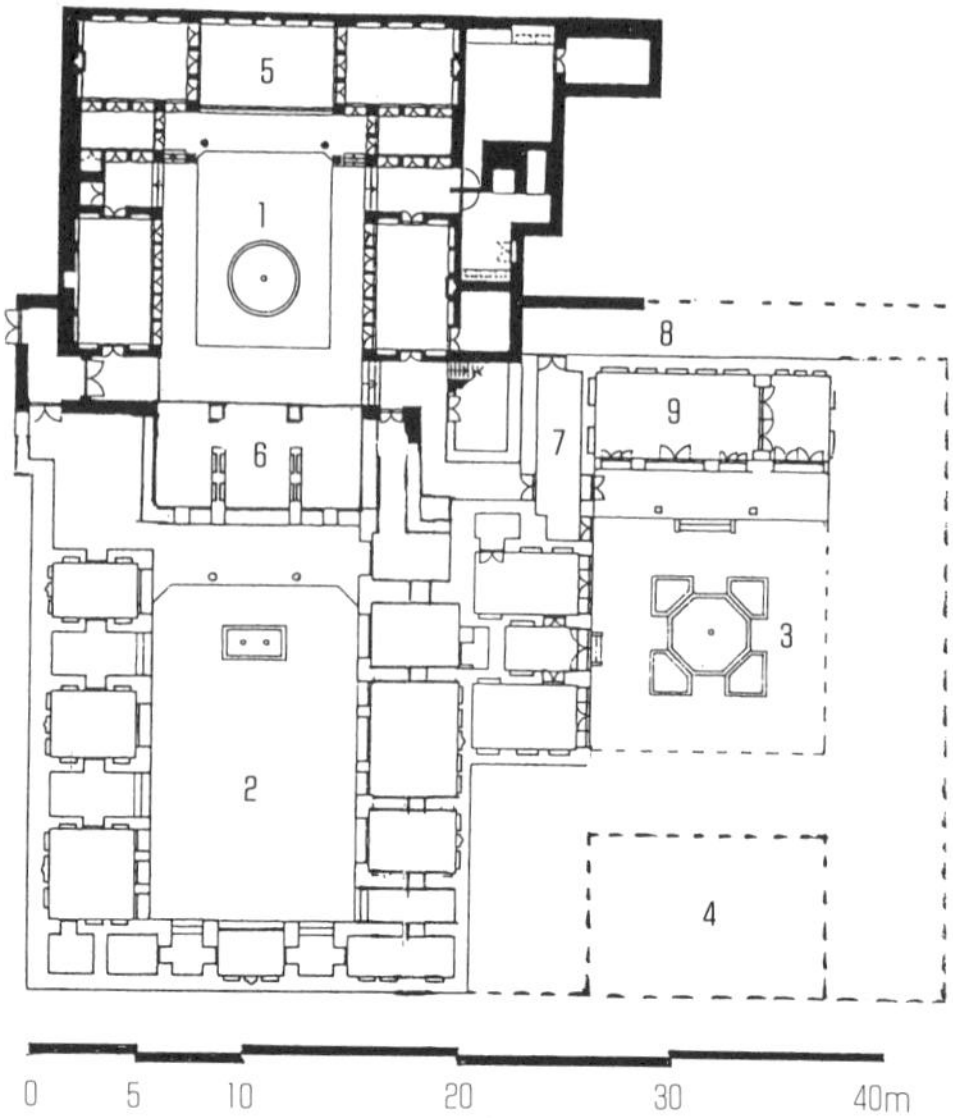

図35　セルケ家　上階の部屋より主室をのぞむ

図34　セルケ家　中庭隅から主室前のターラールをのぞむ

図36　メイサミー家　縮小された中庭

のような二中庭の住宅が二つ複合した形態であったらしい。うちひとつの中庭（図33-4）は更地となり、のこる三つの中庭の所有者はそれぞれバラバラである。もっとも立派なのは本来のセルケ家のビールーニー（図33-1）である。主室はオロシー（ロシア風）と呼ばれる上げ下げ窓を有する。オロシーの南側はタータール（開放的な列柱ポーチ）となり、主室両側には二層構成の部屋を備える三部構成となっている（図34）。一般にイランの住宅においては、三分割、五分割、七分割といった奇数が好んでつかわれ、中庭辺の分割や窓数などにあらわれる。このビールーニーの南側に接する住居（図33-2）は現在では他家の所有となり、中庭の南側には無造作な煉瓦壁がつんである。調査の結果、本来の姿は、現在隣家の中庭の北辺となっている部分（図33-6）が両方の中庭につなぎの間であったことが判明した。

この二中庭住宅の入口はダーラーンと呼ばれる通路状の玄関広間（図33-8）に面している。この玄関広間にはもう一軒の住宅への入口があり、ここがマスジディ・シーシェであった初老のメイサミー氏の住宅である（図33-3、36）。本来はこの玄関広間への入口は長い袋小路のいきどまりにつくられたものであった。マスジディ・ハキームの脇を南北にはしる都市計画道路が貫通した現在では、小路の長さは五メートルたらずであった。これら二つの二中庭住居（図33）は、ふるくはカージャール朝の時代に先にのべたセルケ家の所有であったという。いつごろからかはわからないがメイサミー家の所有となり一〇年くらい前まではメイサミー氏の叔父が西側の二中庭住居（図33-1・2）に、メイサミー氏家族が東側の二中庭住居（図33-3・4）に居住していたという。その後、西側二中庭住居は南半分（図33-2）を他家へ北半分（図33-1）を文化財保存局へと譲渡した。東側のメイサミー家は都市計画道路で東辺と中庭の一部を削られ南庭を売却し、北中庭を縮小・変形した形でいきながらえている。

ボンデクタル・プール家とセルケ家は、現状はイスファハーン文化財保存局の所有で、修理をまつ状態にある。現代文化の浸透や家族の盛衰にあって、これらの住宅はいささか役割をかえ、過去の遺物としてのこされていくのであろうか。生活自体が変化した現在にあって、うしろばかりふりかえるのは得策ではないかもしれないが、イスファハーンをおそう急速な変化をみせつけられ、せめて過去の文化を今確かに記述するという作業は、現代人に課された責務であると実感した。

中庭式住宅

こういったある程度豊かな二中庭、あるいは複数中庭の住宅がある反面、本来の中庭住居は、一中庭で完結する場合がおおかったのではないだろうか。マスジディ・ジャーミの東側にあるユダヤ人の居住区、ジューバーレで出会った古色蒼然とした住宅（図37）は、旧市街のまん中にありながら、あたかもさびれた農家の中庭のようなたたずまいをみせていた。街路から、五段ほど階段をおりて到達する中庭の中央には古木があり、鶏が放し飼いにされ、むしろの上に座をかまえた老夫婦が手仕事にはげんでいた。建物自体に目をやれば、仕上げ面がはげおち、軀体の泥煉瓦と木部が露呈する。階下は家畜小屋につかわれているものの、中庭の三辺が二層で、他の一辺が単層と、かなり立派な造りである。おそらく一九世紀にさかのぼるある程度の住宅であったことが推察されるが、そこに住む人の盛衰もあったのだろうか。住宅は瀕死の状態にあるかのようにうつった。

もうひとつ、少し時代はくだるが今世紀前半の一中庭で住宅が完結する近代住宅の例として、マスジディ・ハキームの東側にあるホダー・ダーディ家（図7-23）を紹介しよう。

この住宅の建設年代は改修も多いためあきらかではないが、様式史的にみると第二次世界大戦前までには存在したものと推察される。厚い鉄扉（図38-1）をくぐり、細い通路を直角におれ、再び木製の扉をくぐり、直進（図38-2）すると中庭（図38-3）に到達する。中庭には中心にホウズ（泉、図38-4）があり、四つに分割された花壇に果樹が栽培される。中庭への通路に面して井戸と古い水槽を備えた台所（図38-5）および倉庫（図38-6）がある。中庭にはいるとその北面、すなわち中庭に南面する部分にターラールとよばれる吹き放しの列柱空間（図38-7、39）があり、その背後の諸室がもっとも格の高い主室群（図38-8）で、天井高もたかい。中庭の東辺には台所と鳥小屋（図38-9）

図39　ホダー・ダーディ家
主室前のターラール

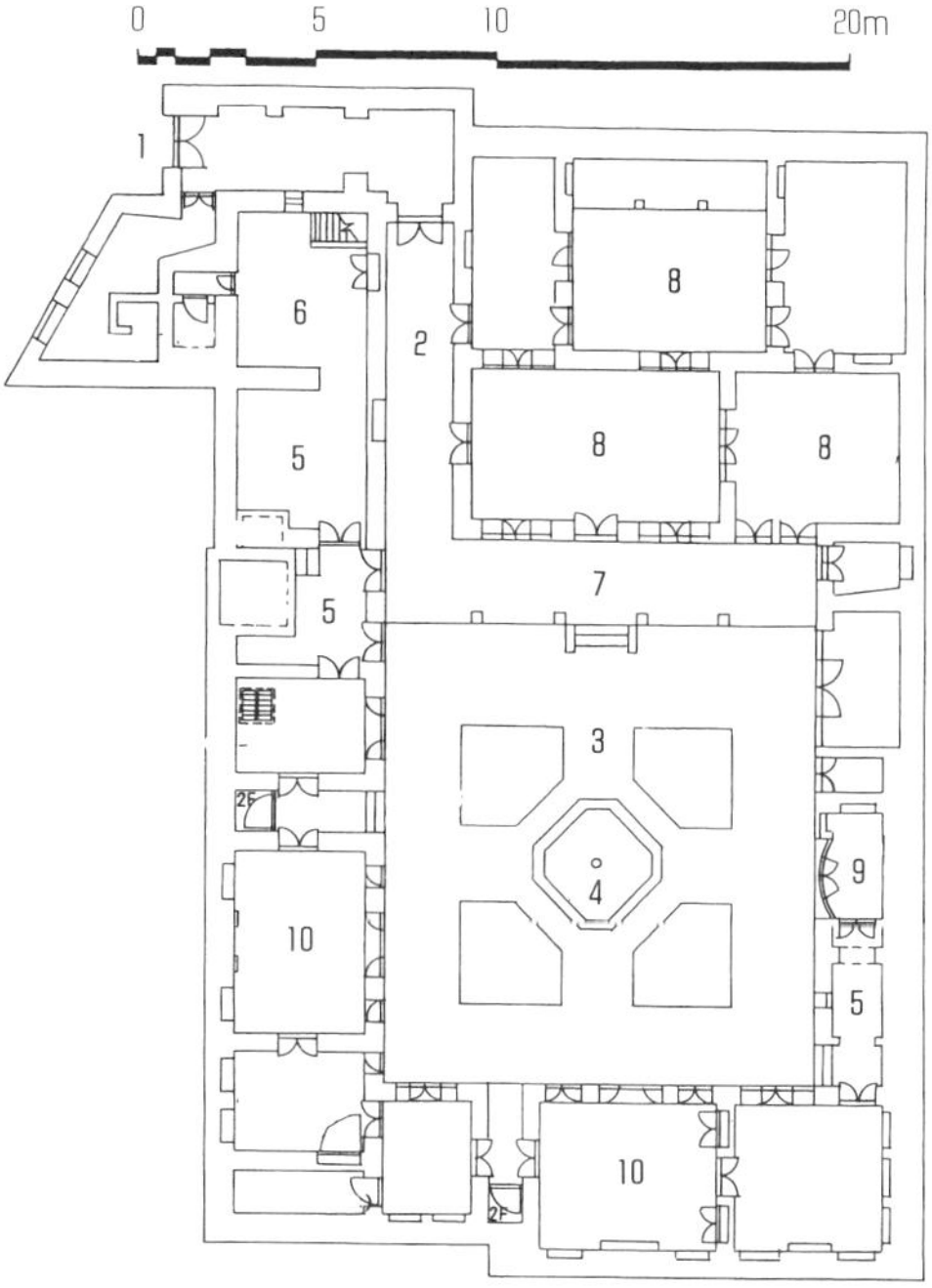

図38　ホダー・ダーディ家　平面図
1 入口
2 長い廊下
3 中庭
4 泉
5 台所
6 倉庫
7 ターラール
8 主室
9 鳥小屋
10 地下倉庫をもつ部屋

図40　道路拡張によって取り壊される伝統的家屋

図37　ジューバーレの住宅

がもうけられていたが、これらは鉄のサッシでしきられ、後世の改修と判断でき、本来は多少奥行はあさいが他の二辺と同様な部屋になっていたらしい。残る中庭の二方には中庭に面して三つの開口部をもつ部屋（図38-10）がもうけられ、両者ともに半地下の倉庫をそなえていた。

この家が大規模に改修された三〇年ほど前、そして建設当初、どのような家族構成でこの住居を建設し、そして使用した経緯があるのだろうか。現状では二〇歳の息子とその母が住むだけで、息子が中庭北辺の主室群をつかい、中庭南辺の部屋がこぢんまりとした客室としてしつらえてあり、広い家をもてあましているようだった。

このように、伝統的な中庭住居が住まいかたに変化を生じているのと同時に、住居の形態にも変化がおこりつつある。住宅を新築する場合には、街路に面して高い壁をもうけることは変わらないが、敷地の北側によせて建物をたて、南側の庭をおおきくとる形態がおおいようだ。鉄骨と中空煉瓦といった新建材をもちいた家は、従来の煉瓦造りの家にくらべると壁厚もうすく、夏はあつく冬はさむい家だという苦情もきいた。そして、おおくの家では前庭の一部を車庫とし、車が必需品となっていく姿もみられた。

おわりに

今までみてきたムスリムが都市において共生するために必要な伝統的な建築装置をまとめてみよう。モスク、マドラサ、廟などの宗教施設はムスリムの心のよりどころとなり、日々の生活にふかく関与しながらイスラーム社会の秩序を都市に波及させる効果をもっているといえよう。そして、都市を都市たらしめる物流と情報の交換する場では、広場、バーザール、商館が重要な役割を演じ、前近代においては異邦人が行き交い、ある都市にいながら世界の広さを認識できる数少ない場のひとつであったにちがいない。さらに、集住を余儀なくされた人々は、中庭建築を用いて、大通り─袋小路─玄関広間─公的中庭─私的中庭というふうな、段階的なプライバシーを住宅建築にもちこむ工夫をなしとげた。そして、モスク、聖者廟、ハンマーム、小バーザール、ズール・ハーネ、タキエ、ホセイニエといったイスラーム教徒特有の公共施設は、機能的に市民生活を支えると同時に、重層する集団意識を市民に焼き付けた。最後に、それらを繋ぎあわせる結節のシステムは、一見不可解でなんの序列性をもたないようにおもえるが、一朝一夕になったものではない。はてしない歴史の積層によってつくられた、柔軟性を持つ街路網であった。すくなくとも自動車交通が都市をまきこむまでは。

本章では触れることはできなかったが、イスファハーンの都市としてのもうひとつの側面として、そこに住む人々はさまざまな職業に従事している。それればかりではなく、歴史的にもアルメニア人、ユダヤ人、ゾロアスター教徒などさまざまな宗教を信仰する人々をもうけいれてきた。都市のもつ他を排除しない力は、都市としての繁栄を享受するための必須条件であったことはいうまでもない。今も残るジョルファのアルメニア人居住区や、ジューバーレのユダヤ人居住区にはいると、教会堂やシナゴーグのシルエットのせいか、なんとなく違う街にきたような気がする。この寛容な力をもって、イスファハーンは現代をもうけいれつつある。パフレヴィー王朝以来近代化への道を邁進し、イスラーム革命以後もヒヤバーンと新市街は今なお拡大し、その大きな改造の波の中に伝統的な旧市街をもとりこもうとしている（図40）。ただ、その変化の速さと破壊の大きさに、今までの歴史的な積み重ねは圧倒されてしまうかのようにみえるのである。

参考文献

坂本勉「十九世紀イスファハーンの都市構成とメイダーン（Ⅰ）」『史学』第五〇巻、一九八〇～八一年
坂本勉「十九世紀イスファハーンの都市構成とメイダーン（Ⅱ）」『史学』第五一巻一・二号、一九八一年
坂本勉「十九世紀イスファハーンの都市構成とメイダーン（Ⅲ）」『史学』第五一巻三号、一九八一年
羽田正「一六七六年のイスファハーン――都市景観復元の試み」『東洋文化研究所紀要』第一一八冊、一九九二年
羽田正編著「シャルダン『イスファハーン誌』研究」『東京大学東洋文化研究所報告』一九九六年

深見奈緒子・他「イスファハーンの現存モスクに関する調査研究(1)〜(5)」日本建築学会大会学術講演梗概集、一九九五年
深見奈緒子・他「イランの伝統的住居に関する考察1〜3」日本建築学会大会学術講演梗概集、一九九七年
深見奈緒子「マドラサのフジュラ――もうひとつの住まい・極限の空間」『*INAX REPORT*』一二九号、一九九七年
深見奈緒子「イスファハーンのマドラサ調査から――建築形態と分布状況について」『東洋文化研究所紀要』一三七冊、一九九九年
深見奈緒子「イスファハーンのサファヴィー朝期の住宅に関する一考察」『東洋文化研究所紀要』一三九冊、二〇〇〇年
深見奈緒子「建築から見たイスラーム・環インド洋世界」『岩波講座世界歴史　一四　イスラーム・環インド洋世界一六―一八世紀』二〇〇〇年

L. Honarfer, *Ganjina-yi Asar-i Tarikhi yi Isfahan*, Isfahan, 1965.
L. Mihrabadi, *Asar-i Milli-yi Isfahan*, Tehran, 1973.
H. Gaube & W. Eugen, *Der Bazar von Isfahan*, TAVO, 1978.
Sayyed Rezakhan, *Map of Isfahan by Sultan Sayyed Rezakhan in 1924*, Teheran, 1984.
R. D. McChesney, “Four Sources on Shah ‘Abbas Building of Isfahan,” *Muqarnas* 5, 1988.
H. Gaube & R. Klein, *B VII 14 Beispile islamischer Städte 14.5 Das Safavidische Isfahan*, Dr. Lidwig Reichert, Weisbaden, 1989.
Map No. 215 Isfahan City, Gita Shenasi, 1990.
M. Haneda, “The Character of the Urbanization of Isfahan in the Later Safavid Period,” *Pembroke Papers* 4, 1996.
S. P. Blake, *Half the World : The Social Architecture of Safavid Isfahan 1590-1722*, Costa Mesa, 1999.

中国西域＊ウイグル族の住まい

栢　和　秀

カシュガル――中庭と縁台の生活空間

絲綢之路。シルクロードを中国語ではこう書く。中国で、シルクロードは西の世界とを結ぶ重要な交通路であり、さまざまな文化やイスラーム教もここを通って伝えられた。中国のシルクロードの主な住人はウイグル族である。彼らは中国の西域に住み、シルクロードに沿って点在するように町をつくってきた。そしてそこでは彼ら独自の建築文化が生まれた。中国のシルクロードの大部分を占める新疆ウイグル自治区を対象に、その住まいと住まい方について、現地調査で得た資料をもとに紹介してみたい。ここでは、戸外生活に長けた遊牧民族である彼らが、戸外生活のための空間を住宅の中にいかにしてつくったのかという点に着目しながら、三つの地区の住宅について比較を加えながら見ていくことにしよう（図1）。

幸い上海の同済大学に留学していた頃、建築を学ぶウイグル族とカザフ族の学生と知り合いになり、彼らの案内で数度にわたって現地調査を行なうことができた。また、留学以前に研究室で行なった中東シリアのダマスクスの都市・住宅調査に参加していたことが、イスラーム世界の都市という観点からここを見る上でおおいに役立った。

カシュガルは新疆ウイグル自治区の西に位置し、かつて交易の拠点として栄えた町で、周囲を砂漠に囲まれたオアシス都市である。きびしい自然環境と外敵から身を守るため、限られた土地に多くの人たちが集まって住まわなければならないという歴史的な経験の中で、彼らは都市に集住する手法を培ってきた。中庭を住宅にとり入れたつくり方も、その手法の一つである。中庭式住宅は狭く密集した都市の中で、プライバシーを確保しながら、光と風を採り入れて住まうにはもってこいである。だがカシュガルでは、中庭は単に採光・通風の機能的な意味ばかりではない。長い歴史の中で、中庭を居住性の高い空間につくり変えていった。中国を代表する四合院の中庭式住宅とは大きく異なり、むしろペルシアやアラブ世界の住宅と共通点が多い。

中庭・ブドウ棚・縁台

さっそく住宅を見てみよう。入口から両開きの扉を押し開けて、まず中庭に出る。街路から住宅の中に入ると様相は一変する。日干煉瓦の土壁が続く無表情な街路とうってかわって、中庭は植物が溢れた有機的な空間である。まずブドウ棚が目に飛び込んでくる。ブドウ棚は中庭全体を覆って強い陽射しを和らげ、八月なら葉は太陽の光をいっぱいに吸って、蔓から熟したブドウの房が今にも落ちんばかりとなる。さらに花壇には樹木が植えられ、植木鉢が中庭の隅々まで置かれて緑でいっぱいになる。町を砂漠に囲まれ、敷地の制約から広い庭をもつことのできない彼らにとって、植物でいっぱいに満たされた中庭は住む人の心を和ませる空間である（図2）。

住宅はみなこの中庭が中心となって構成される（図3）。中庭の四方は部屋と高い壁によって囲まれ、客間や居室などの主な部屋は、光の入る北側にとられる。前室のみが中庭に出入口をもち、客間と居室は前室の左右に配される。客間には家具はあまり置かれず、壁に石膏でつくられた壁龕が設けられ（図4、5）、そこに食器などの生活用品を収納したり、また花瓶や聖典コーランを飾ったりする。西側の壁には、壁いっぱいにアーチを描いた壁龕が象徴的につくられる。そこには布団などの寝具が収納されるばかりか、礼拝時には、モスクのミフラーブのような聖地メッカ

図1　中国・新疆ウイグル自治区

図2　緑に覆われたカシュガルの住宅の中庭

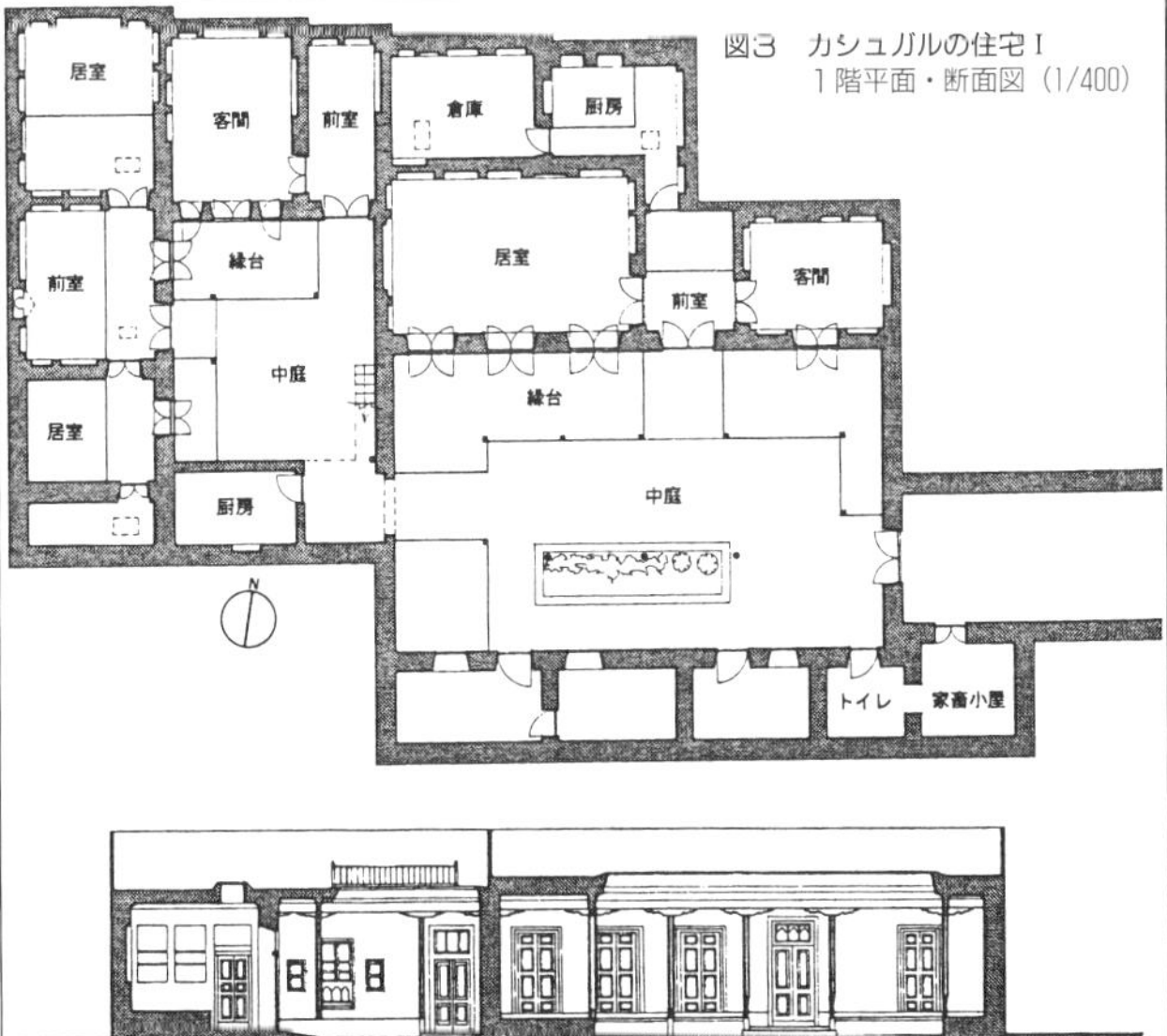

図3　カシュガルの住宅Ｉ
1階平面・断面図（1/400）

図4　壁龕には細かい装飾が
施される

図5　石膏でつくられた壁龕はカシュガルの
住宅の特徴となる

の方角を示す役割に転じる。宗教と密接に関係した住宅のつくり方がみてとれる。

客間や居室の窓は中庭側にのみ設け、ここから光をとり入れ、深い軒が中庭に張り出して強い光が直接部屋の中に入るのを避ける。軒はぐるっと中庭を囲うように巡らされ、その下には高さ五〇センチほどの縁台があり、上を深い軒に、後方を部屋によって囲まれ、前方は中庭に大きく開かれた半戸外空間をつくっている。ブドウ棚の木漏れ日が差し込むこの縁台の上では、住人が食事の準備をしたり、訪れた客と会話を楽しんだり、また昼寝をしたりしている。乾燥した気候風土をもつこの地域では、太陽の光をある程度遮るだけで涼しい快適な環境が得られるのである。夏だと一日のほとんどの時間はここで過ごされ、生活に欠かすことのできない炊事場も中庭に置かれ、縁台の空間は単なる憩いの場ではなく、完全に生活の場となる。ここでは住み手が戸外生活を楽しみながら建築をうまく使いこなすことによって、建築空間と住み手が一体となっているのである。

中庭を取り込む空間

中庭の居住性が高くなると、そこに使われる材料や構法にも変化が現われる。外壁は日干煉瓦による粗末なものであるが（図6）、中庭を囲う壁や縁台には耐久性のある焼いた煉瓦を用い、軒の先も煉瓦によって縁どられ、長手に凹凸のついた煉瓦が四、五層積み重ねられることによって、中庭空間に格を与え様式的になる。さらにその軒を支える柱や梁にもこの砂漠地帯では貴重な木材がふんだんに用いられ、そこに彫刻が施されて縁台空間を装飾的にも豊かにしている。

カシュガルでは人口の増加にともなって住宅の空間や形態も変わっていった（図7、8）。住宅が高密化してくると、外に住宅を拡大できない分、屋上が利用され始める。雨が少ないという風土は陸屋根の形式を採用し、屋上の高度利用を可能にしたのである。屋根は洗濯物を干したり、食べ物を乾燥させたりして少し広めのテラスのような使われ方をする。普通、住宅の隅に追いやられるトイレもここでは屋上に設けられる。日がよく当たり、乾燥のはやい屋

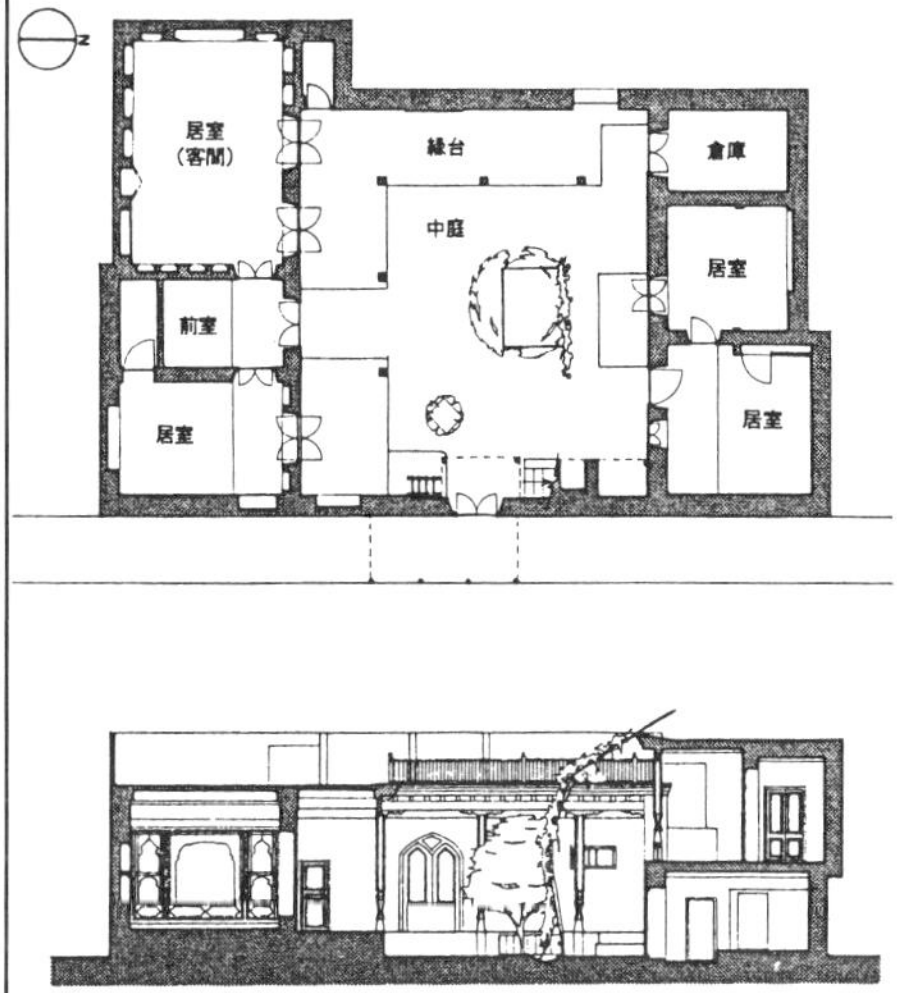

図8　カシュガルの住宅II
1階平面・断面図（1/400）

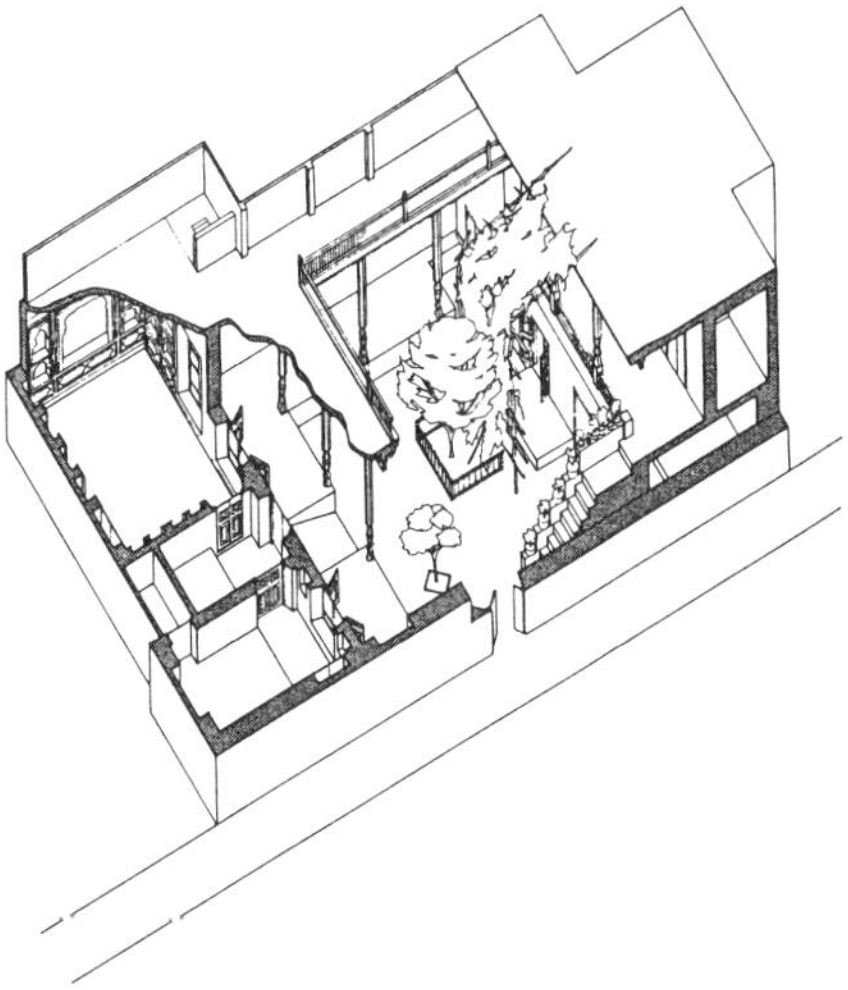

図7　カシュガルの住宅Ｉ
断面アクソメトリック

図9　縁台の軒

図10　二階は中庭に面してギャラリーが廻る

図6　カシュガルの住宅街の街路空間

上はむしろ衛生的であるといえよう。屋上の利用が頻繁になると安全のために欄干が取り付けられ（図9）、それがカシュガル独自の中庭空間の容貌をつくっている。

さらに技術的な進歩も加えて、それまで平屋だった住宅が二階建てになると中庭の様子にも変化が起きる。建物が高く立派になるのはもちろんだが、二階へ上がるための煉瓦で造られた外階段が中庭に設けられ、二階の動線を処理するためにギャラリーが廻り（図10）、外階段やギャラリーに欄干が取り付けられることによって、中庭が装飾的で劇的な空間になる。住宅は上にのびるばかりか、二階の部屋の一部を街路にまで張り出して建て、街路の上の空間までを無駄なく利用するのである。外から見れば張り出しは街路の上を跨ぎ、トンネルのようになって街路の景観を大きく変える。土地に制約のあるこの地域では、狭い土地にいかにして高度に住まうかが長い間のテーマであり、それが住宅の空間や形態を決定する上で大きな要因となっているのである。そしてそれがカシュガル独自の空間を構成しているのである。

ホタン——アイワンの生活空間

新疆ウイグル自治区の南部に横たわるタクラマカン砂漠、その南縁に沿って、いくつものオアシス都市が数珠つなぎに点在している。ここは、かつてチベットと中央アジアを結ぶ交易路の拠点として栄えたオアシスである。紀元前二世紀に、すでにオアシス都市が存在し、一一世紀にイスラーム教が入るまで、そこは于闐《うてん》という一大仏教国であった。

現在の中心都市であるホタン市、およびその周辺の町を訪れ、宗教施設と住宅について調査を行なうことができた。

図11　週に一度開かれる大バザール

図12　モスクの入口は象徴的なアーチをもつ

オアシス都市

　どこの町でも週に一度、大バザールが開かれる（図11）。バザールでは、人と家畜と物がひしめき合い、カラフルな民族衣装を身にまとったウイグルの人々がところせましと行き交う。スイカやハミ瓜が山のように積まれ、隣の店からは客を呼び込む声が聞こえてくる。どこからともなく香辛料や羊肉を焼くにおいが鼻を刺激する、エネルギッシュな空間である。バザールに行けば何でも揃うといわれるほど、ありとあらゆる物が売買される。遠くからロバ車でやってくる農民は、野菜・穀物などの作物や羊・牛・馬などの家畜を売って、町でしか手に入らない日用品を買いつける。

　中央アジアのオアシスでは、バザールは生活にとって重要な位置を占める。砂漠の中にあるオアシスは、海の中にある孤島と同様、そこだけで完結しており、都市と農村の相互依存関係があってはじめて成り立つ。バザールを媒介として、都市と農村が結びついているのである。

　かつて東西貿易が盛んだった頃は、バザールでは各地の珍しい商品が取引きされ、都市と都市が結びついていたのだろう。

　このような定期バザールが町の周縁で開かれるのに対して、

常設バザールや職人街は町の中心である大モスクの周辺に店をかまえてできる。

モスクの入口は象徴的な大きいアーチをもち、左右にはミナレットが聳える（図12）。モスクの建築様式もシルクロードを通ってペルシアからもたらされた。集団礼拝が行なわれる金曜日、礼拝の始まりを知らせるアザーンが肉声で叫ばれると、モスクの大空間も敬虔なムスリムたちでいっぱいになる。この地域のオアシス都市は、モスクとバザールが町の骨格をつくるイスラーム世界の都市なのである。

砂漠と建築

この地域の気候は、降雨量が少なく乾燥していて陽射しが強いという点では、世界の他の砂漠地帯にある町と共通している。だが、タクラマカン砂漠に接するこの地域は、こまかい砂を多量に含んだ風が砂漠から吹きつけるという少し変わった風土をもつ。この特異な気候風土は、アイワンというこの地域独自の建築形態を生み出した。

アイワンとは、天井の中央部分を一段高くし、その側面から光を取り入れるアトリウム空間のことである（図13、14）。このアイワンは、砂が部屋に侵入するのを防ぎながら、明かりを採ることができる。それによって生み出された空間は、室内でありながら、同時に外気と触れることができる（図15、16）。

アイワンはペルシア語を語源とし、地域によって指す意味も異なるが、現地では、このようなアトリウムのことをアイワンとよんでいる。今回は、アイワンに着目しながら、この地域の伝統的な住宅について紹介してみたい。

アイワンのある住空間

まず、住宅の空間配置をみてよう。街路から入口を入ると、まず中庭に出る（図17）。中庭のまわりは建物と塀によって囲まれる。囲うことはプライバシーを確保するという意味もあるが、ここでは風や砂を防ぐことの意味も大きい。建物はみな平屋で、主な部屋は南から光が入る北側に配される。庭に縁台や軒が設けられるとしたらこの部屋の

図14　チャルチェの住宅　室内のアトリウム空間はアイワンと呼ばれ，ホタンの特徴となる

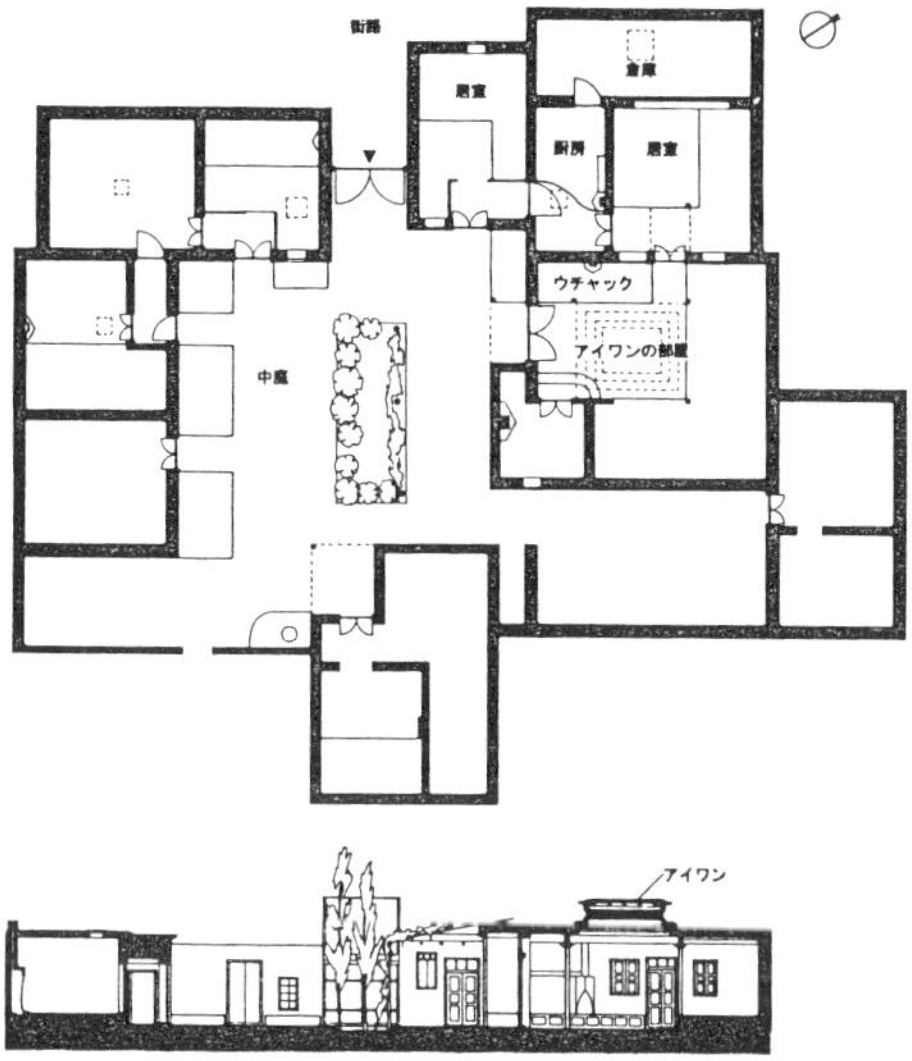

図13　チャルチェの住宅　平面・断面図（1/500）

図16　ケリヤの農村型住宅　アイワンの部屋は天井から光と風を採り入れる

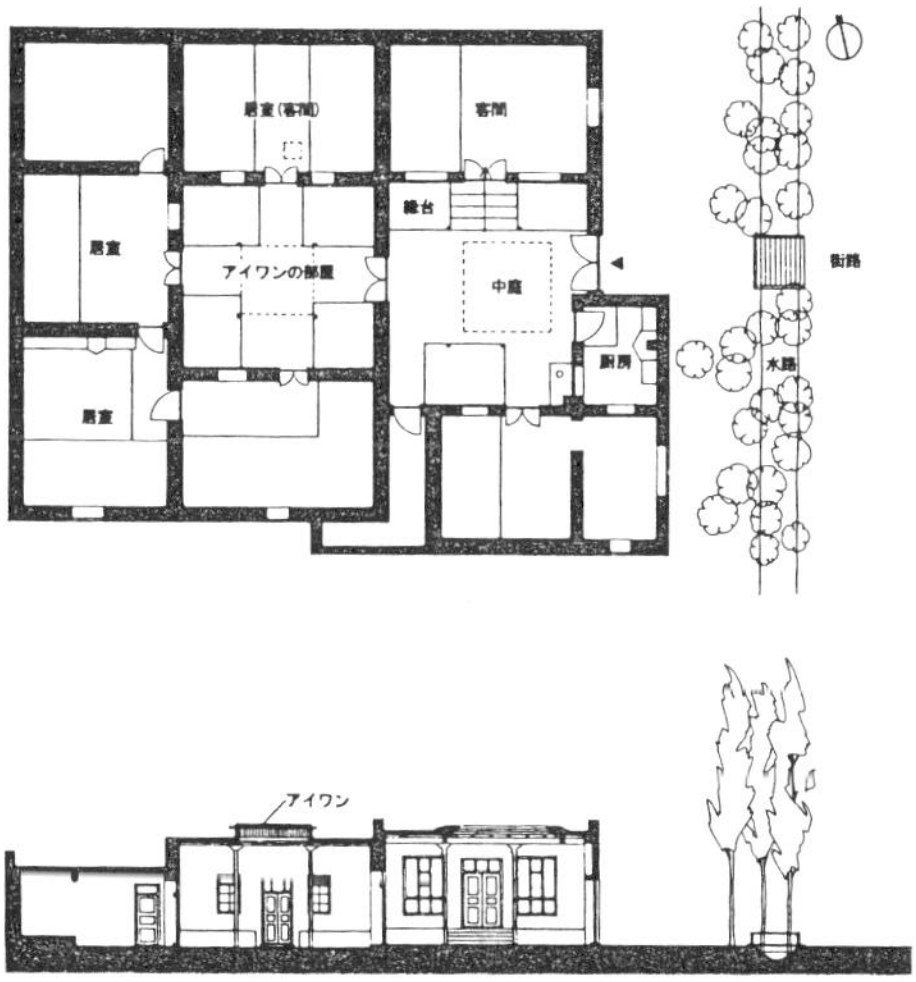

図15　ケリヤの農村型住宅　平面・断面図（1/500）

前で、北側に設けられた縁台には日が差し込み、また中庭にはブドウ棚が架けられる。

だが、この中庭は、カシュガルの住宅にみられたような居住性の高い生活の場とはいえず、むしろ作業場か物置場としての要素が多い。戸外に開放した住み方は、砂風の多いこの地域では不都合なのである。それにかわって、居住性の高い生活空間は、アイワンのある部屋に求められる。中庭のように十分な光は入らないが、砂風を防ぎ、部屋の熱い空気を外へ逃がして夏は涼しい快適な空間である。アイワンの部屋は家族の集う憩いの場であり、接客の場である。この部屋の壁にはウチャックという炉が設けられ、ここで湯を沸かしたり簡単な料理をつくったりすることが可能である（図18）。また隣に厨房が付随することによって、アイワンの部屋は一日を過ごす生活の場となる。

アイワンの部屋のまわりには、居室が囲うように配される。アイワンの部屋が、生活や接客のパブリック空間であるのに対して、周囲に配された部屋は寝室などのプライベート空間である。どの居室もこのアイワンの部屋側に入口をもち、ここを通ってからアプローチする。アイワンの部屋は、動線を整理する入口のホールの役割もする。イスラーム教というプライバシーを重んじる宗教に対応した動線計画といえよう。

外壁には日干煉瓦が使われるが、アイワンを支える柱や梁には木材が用いられ、アイワンの光の入る部分にも木製の棒が格子状に組まれている（図19）。

象徴としてのアイワン

通風採光の役割をしていたアイワンも、近代化にともない変化を見せた。ガラスが住宅に使われるようになると、アイワンの格子状に組んでつくられた部分にガラスがはめ込まれ、光は入るが空気は通らなくなる。また、照明器具から容易に光が取れるようになると、板をはめ込み、採光さえもなされないアイワンもでてくる。このように、アイワンの本来の機能が損なわれるようになる。しかし、アイワンは機能的な意味がなくなっても、象徴的空間として住宅に用いられ続けるのである。

図18　ウチャックと呼ばれる炉

図19　アイワンの光が入る部分は格子状に木の細工が施される

図17　住宅入口とその奥に見える中扉

図21　豪華につくられたアイワン

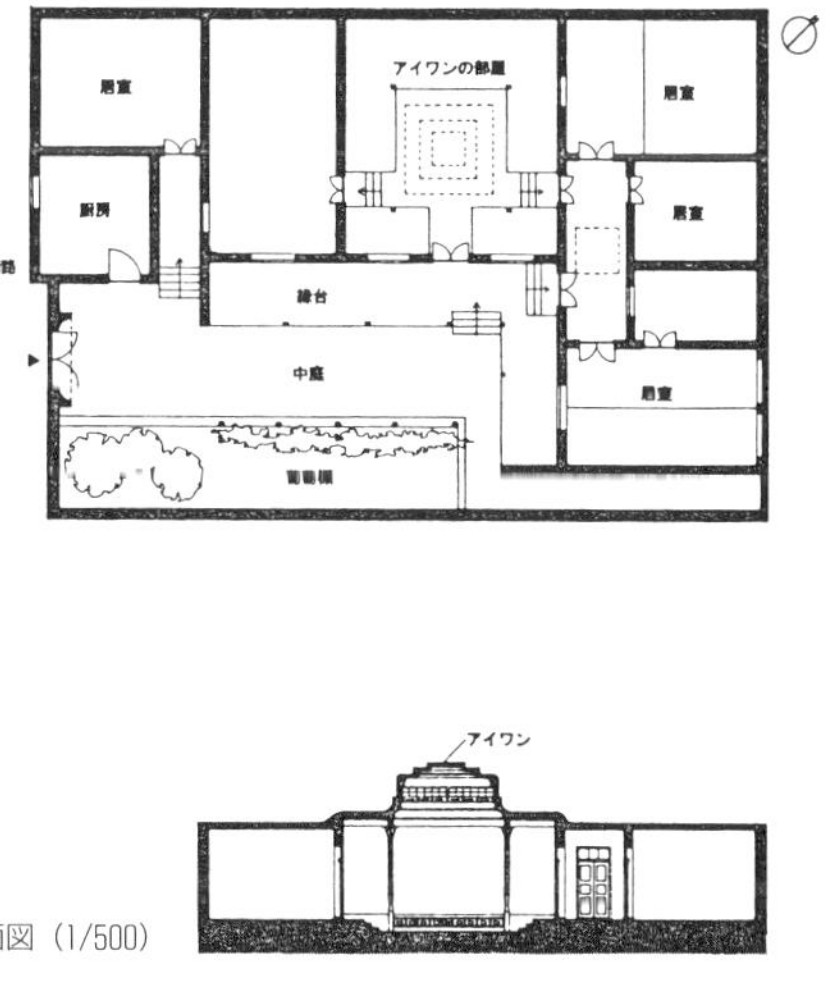

図20　カラカッシュの住宅　平面・断面図（1/500）

アイワンの天井は、平らで小梁が見える質素なものから、内側にいくにしたがい高くなるような豪華なものになる（図20、21）。部屋全体も、柱や梁に彫刻がこまかく施され、綺麗で立派になる。長方形であったアイワンが、正方形をとるようになり、またその位置もできるだけ中心軸上に置いて、左右対称に強くこだわるようになる。この中心軸上に入口が設けられることによって、中庭から部屋に入ると、高く盛り上がったアイワンが目の前に現われ、象徴的な空間の見せ方を演出しているのである。アイワンの部屋ばかりか、まわりの居室まで含めて、左右対称につくるものもある。

このように、アイワンの形態だけではなく、空間配置までが象徴的なつくりになっているのである。このようなアイワンをもつ住宅は比較的新しいものばかりである。

作業場としての意識が薄れた中庭を、今度は生活の場として使いだす。部屋が象徴性をもつように中庭も縁台や軒を巡らして格を表現し、またブドウ棚が庭一面を覆って砂風を遮り、居心地のいい空間となる。厨房も中庭に設けられ、カシュガルでみられたような戸外生活が営まれる。

それまで生活の場として機能的に使われていたアイワンの部屋は、接客の場として強く意識されるようになるにしたがい、象徴性を追求し、家の格式や財力をアピールする空間になっていったのだろう。

イーニン――チャイハネの生活空間

新疆ウイグル自治区を東西に走る天山山脈、それを境に南側の不毛な砂漠地帯とは対象的に北側には草原地帯が広がる。ここは紀元前からずっと遊牧国家が支配していた土地である。遊牧民は草原でテントに住むため、彼らにとって都市を建設する必要はなかった。そのためここに都市が建設されたのは、一八世紀に清朝が新疆に進出してからである。

イーニンも、草原にできた町の一つである。極度に乾燥した砂漠地帯の町とは異なり、山脈から流れ出る雪解け水によって水と緑が溢れる潤いのある町となっている。イーニン市内で伝統的な住宅の調査を行なうことができた。このような土地の中で人々がいかにして住まうかを見ていきたい。

草原の町

大通りに面して大モスクが建っている。その裏側に、ウイグル族の集住する一帯がある。住宅街のあちこちには水路が巡り、街路の両脇を水が流れる。ポプラの木が水路に根をはり、そこから水を吸収して上へと高くのびる。直線的な広い街路の両側に整然と植えられたポプラ並木は、パースペクティブな効果を生んでいる（図22）。

街路に面する住宅の門は、大きく目立つようにつくられる（図23）。装飾の施された窓も街路を彩る。カシュガルの砂漠の町のように土壁が続き二階の張り出しが見られる街路空間とは違ったつくり方である。

住の要素

住宅の入口を入ると、広い庭に出る（図24）。二メートルほどの高い塀に囲われ、街路から水路を引き込んでいる。水路は、花壇やブドウ棚、菜園に水をあたえて庭の緑を満たし、また食器や手などを洗うために用いられる。

庭にはチャイハネと呼ばれる四阿《あずまや》がつくられる（図25）。チャイハネは、「茶を飲むところ」という意味で、その名のとおり茶を飲み食事をする憩いの場であり、料理をつくり仕事をするための生活の場でもある。また、客が訪れたときにはそこが接客の場となる。ウイグルの人々は、庭の中に戸外生活を楽しむ空間をつくったのである。

また隅の方には、ウイグル族が主食とするナンを焼くための竈や炊事場、トイレが設けられる。このように住宅の庭には、さまざまな生活の要素が混在しているのである。

主屋の平面の形態は長方形かL字型で、平屋である。一階に居住空間がとられ、半地下が倉庫になっている。前室

右：図22　イーニンの住宅街の街路は，ポプラ並木で美しい景観が生み出されている
左：図23　目立つように大きく造られるイーニンの住宅の門

左：図24　庭に水路が引き込まれている
右上：図25　チャイハネと呼ばれる庭に面した四阿（あずまや）
右下：図26　窓や入口の上に三角形の破風が美しく装飾される

から出入りし、隣に客間や居室が配される。このような空間の単位が二つか三つ集まって主屋の全体が構成される。室内に南からの光が入るように、主屋はできるだけ南か東を向いて配置される。南側には柱廊がとられ、木製の柱や欄干が設けられる。窓や入口の上部に三角形の破風のついた意匠が特徴的である（図26）。

チャイハネの生活空間

チャイハネは、主屋とは独立して別に建てられる。柱と屋根で構成された、夏の暑い日に快適な戸外生活を送るための空間である。南からの強い陽射しを遮るために、できるだけ北を向いて配置される。その隣には生活に欠かせない炊事場が設けられ、戸外生活を充実させている。チャイハネには、柱を立て屋根をのせただけの簡単なものもあれば、柱や梁に装飾を施した立派なものもある。敷地や財力に余裕があれば、破風をつけたり左右対称形として象徴性を高め、家の格式をアピールするのである（図27、28、29）。

一方、チャイハネを設けない住宅も多い。しかしその場合にも、庭にブドウ棚かアンペラをのせた棚が設けられる（図30、31、32）。こうして日陰が生まれ、戸外生活の場となる。チャイハネはこのような口除けの棚が原型となって発展したものと思われる。

チャイハネは、夏の部屋である。それに対して、年間の温度差がはげしく寒さも厳しいこの地方では、冬の部屋が設けられることもある（図33、34、35）。それはチャイハネの隣に置かれる。チャイハネが庭に大きく開かれるのに対し、冬の部屋は厚い壁で囲われる。床に段差があり奥が五〇センチほど高く、オンドル式の床暖房になっている。床に直接座って生活をする彼らは、これで暖をとる（図36）。

遊牧民が年二回草原を移動して、夏と冬で生活の場を変えるように、住宅でも夏と冬の空間を分けているのが興味深い。

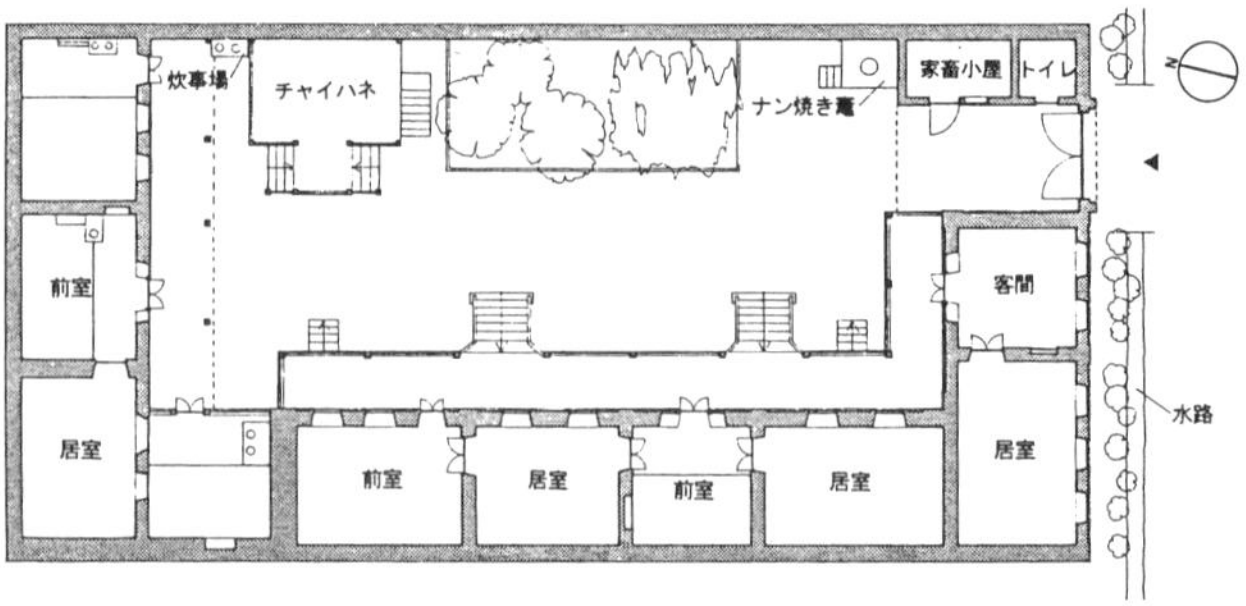

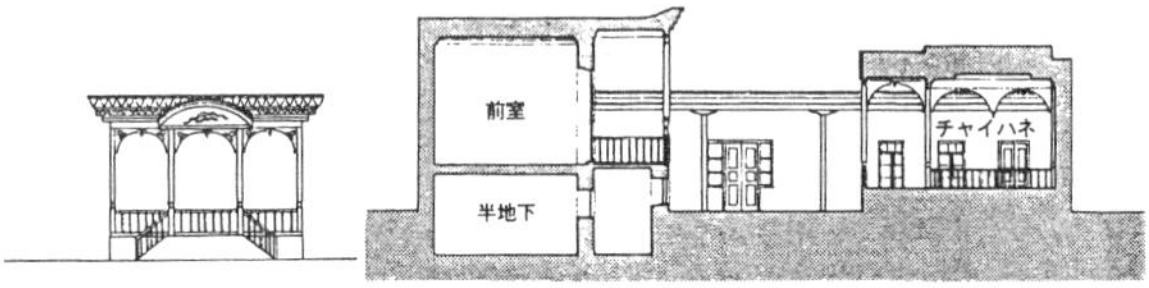

右上：図27　イーニンの住宅 I　平面図（1/500）
右下：図28　イーニンの住宅 I　立面・断面図（1/400）
左：図29　破風のついたチャイハネ

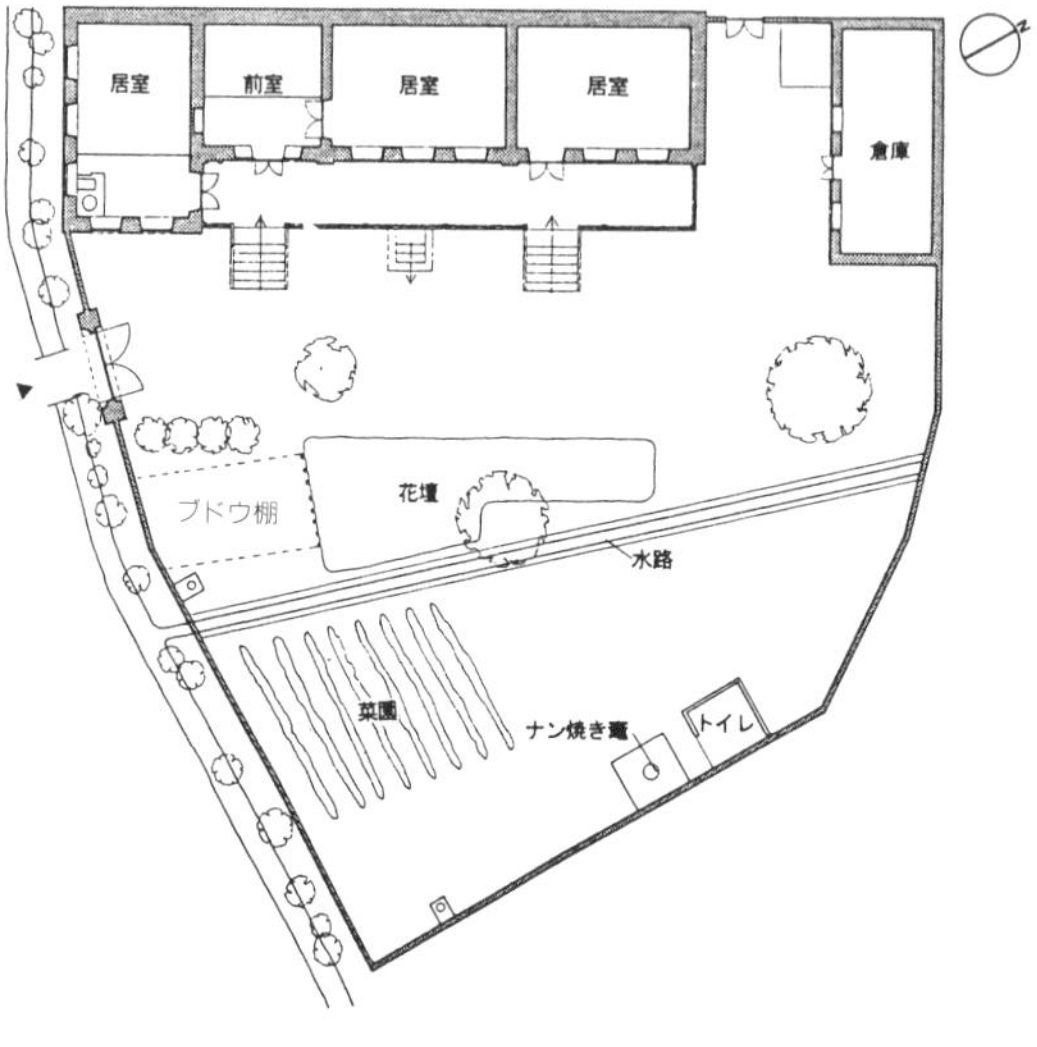

左上：図30　イーニンの住宅 II
平面図（1/500）
左下：図31　イーニンの住宅 II
立面・断面図（1/400）
右：図32　ブドウ棚で覆われた半戸外空間

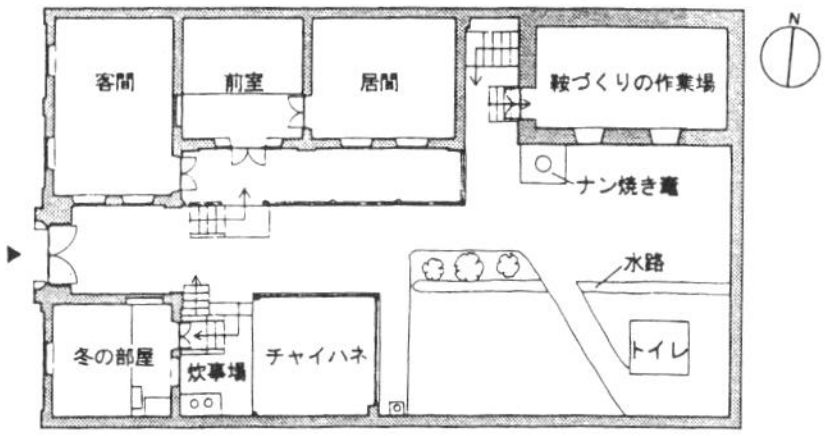

図33　イーニンの住宅III　平面図（1/500）

図34　イーニンの住宅III　立面・断面図（1/400）

図35　イーニンの住宅III　炊事場をはさんで左にチャイハネ，右に冬の部屋がある

図36　イーニンの住宅III　冬の部屋は床暖房が備わっている

ウイグルの半戸外

これまで新疆ウイグル自治区の三つの地域の伝統的住宅について見てきた。これらは共通するところも多いが、それぞれ異なった空間構成をもっている。

すべての住宅に共通する特徴は、庭をもち敷地を囲うことである。建物や高い塀で敷地を囲い、街路や隣りの住宅の境界とする。こうしてプライバシーを確保し、住空間を豊かにするのである。

この囲われた敷地の中で、住空間は室内と戸外の二つに分かれている。室内には居室や客間があり、戸外は塀や建物で囲まれた庭の空間である。

とはいえ、室内と戸外の空間が明確に分断されているわけではない。新疆ウイグル自治区の住宅には、室内でも戸外でもない中間的な、半戸外空間が存在する。この半戸外空間を備えていることが、新疆ウイグル自治区の大きな特徴となっている。

ウイグルの人々は、夏の一日の大半を外気に触れることのできる半戸外空間で過ごす。雨が少ない上に、乾燥していて日陰をつくるだけで快適な環境が得られる気候だから、戸外を生活の場として使う発想が生まれたのであろう。ウイグル族はかつて遊牧を営み、草原で戸外生活をしていた。定住するようになってからも戸外生活を得意とし、今でも住宅の中に戸外の空間をうまく取り入れながら住んでいる。一口に半戸外空間といってもその形態や空間は、各地によって大きく異なる。カシュガルでは中庭や縁台であり、ホタンではアイワンというアトリウム空間であり、イーニンではチャイハネであった。風土や生業の違いによってそれぞれの地域に個性的な半戸外空間がつくられたのである。

参考文献

間野英二『中央アジアの歴史』講談社現代新書、一九七七年真田安「東西都市像の分水嶺——中国共産党解放期の調査報告からみたカシュガリアの都市像」『イスラームの都市性・研究報告 研究報告編・第21号)』文部省科学研究費重点領域研究「イスラムの都市性」事務局、一九八九年（『イスラームの都市性』の中に、「東西都市像の分水嶺——時空軸の中の中央アジア都市」というタイトルで修正を加えて出版されている）
堀直「ウイグル民族の生活文化」、小玉新次郎・大澤陽典編『アジア諸民族の生活文化』阿吽社、一九九〇年
権藤与志夫編『ウイグル——その人びとと文化』朝日選書、一九九一年
小松久男「カシュガルのアンディジャン地区調査報告」、清水宏祐編『イスラム都市における街区の実態と民衆組織に関する比較研究』東京外国語大学、一九九一年
柘和秀「中国新疆の住空間——ウイグル族の伝統住居に関する研究」『民俗建築』第一〇七号、日本民俗建築学会、一九九五年
袁大化総裁『新疆図志』、一九一一年
韓嘉桐・袁必「新疆維吾爾族伝統建築的特色」『建築学報一九六三年第一期』中国建築学会
劉定陵・他『新疆維吾爾族建築図案』人民美術出版社、一九八三年
劉致平『中国伊斯蘭教建築』新疆人民出版社、一九八五年
李吟屏『仏国于闐』新疆人民出版社、一九九一年
趙月・李京生他「喀什旧城密集型聚落——喀什伝統維族民居」『中日伝統民居学術研討会論文集』中国建築学会、日本建築学会、日中建築技術交流会、一九九二年（『建築学報一九九三年四月』中国建築学会に同じ文面で掲載されている）
邱玉蘭「中国伊斯蘭教建築概況」『建築歴史研究』中国建築工業出版社、一九九二年
常青『西域文明与華夏建築的変遷』湖南教育出版社、一九九二年（博士論文を一冊の本にして出版したもの）
新疆維吾爾自治区教育委員会・新疆歴史教材編写組『新疆地方史』新疆大学出版社、一九九三年
陳従周他『中国民居』学林出版社、一九九三年

用語解説

（　）内はそれぞれ、ア＝アラブ地域（特にマ＝マグリブ地方）、ト＝トルコ地域、ペ＝イラン地域（ペルシア語）で用いられていることを表している。アラビア語の建築・都市関連用語を中心に簡単に解説を試みた。地方ごとに方言があり、発音も多少異なってくるため、なるべく一般的に広く使われている用語を取り上げている。また、今日ある地域で使われている用語についても、起源や使われ出した時代まで問うとあまりに複雑になるため、ここでは現在使われている地域を中心に考えている。

〈都市的な用語〉

・カルア（ア）、カスバ（マ）、カレ（ト）、カルエ（ペ）
　城砦。城壁に囲われる市街の一角に設けられた、支配者や兵士の居住地区。強固に防御がなされ、外敵に攻められたときには市民の避難場所ともなった。

・キュリイェ（ト）
　モスクを中心に宗教・公共施設が集まった宗教・商業コンプレックス。

・サーバート（ア）
　トンネル状の街路。二階や三階の部屋が街路に張り出したり、アーケードのような屋根が街路の上に架かっている空間。

・スーク（ア）、チャルシュ（ト）、バーザール（ペ）

市場。都市の中に恒常的に建設された店舗や商業施設などが密集する市場と、城壁の外の空地に屋台やテントなどによって、週市のように仮設的に開かれる市場がある。

・バーブ（ア）、カプ（ト）、ダルワーザ（ペ）
城門、市門。

・ハーラ（ア）、マハッラ（ア）、マハッレ（ト・ペ）
街区。単に街路で囲われた一区画ではなく、コミュニティ単位となる居住の範囲を指す。街区は、出身地・部族・職業・宗教などによって緩やかに住み分けがなされていた。十数戸から数百戸まで、時代や都市によって、住宅の集合規模に違いが見られる。

・ヒサール（ト）
ビザンツ時代の城壁に囲われた市街で、オスマン時代の都市に受け継がれた区域。

・マクバラ（ア）、メザルルック（ト）、ガブレスターン（ペ）
墓地。

・マディーナ（ア）、メディナ（ア・マ）、ケント（ト）、シェヒル（ト）、シャフル（ペ）
都市。メディナは正則アラビア語のマディーナが訛ったもので、主に城壁に囲われた旧市街を指す。サウジ・アラビアの「預言者の街」を指すこともある。

・ミーダーン（ア）、サーハ（ア）、バトハ（マ）、メイダン（ト）、メイダーン（ペ）
広場。三叉路などに見られる広めの公的な戸外スペース。

・ミスル（ア）
軍営都市。イスラーム時代初期に、支配拡大の前衛基地として建設した。

・メラー（マ）、ヤフーディヤ（ペ）

ユダヤ人居住地区。

・ラバド（マ）

城壁に囲まれた市街のすぐ外側に広がる地区。郊外。

〈施設・建築用語〉

・アラスタ（ト）

直線状の市場。

・イマーレット（ト）

慈善食堂、救貧院。広義には宗教施設、商業施設の複合体を指すこともある。

・カイサリーヤ（ア）、キサリヤ（マ）

商業施設。中庭を中心に店舗や工房が集まった施設。または、その一画を指す。トルコのベデステンと機能的には似たものである。

・カニーサ（ア）、キリセ（ト）、ケリーサー（ペ）

教会。

・クッターブ（ア）

コーランの暗誦を中心とする初等教育機関。

・ザーウィヤ（ア）、リバート（ア）、ハーンカー（ア・ペ）、テッケ（ト）

スーフィー（イスラーム神秘主義者）の修道場。

・サビール（ア）、チェシュメ（ト）、サッカーハーネ（ペ）

公共の泉や水汲み場。

・シナゴーグ、カニース（ア）、シナゴグ（ト）、カニーセ（ペ）
ユダヤ教の礼拝堂。
・トゥルバ（ア）、トゥルベ（ト）、アーラムガー（ペ）
墓廟、私的な墓を指す。
・ハーン（ア）、ワカーラ（ア）、フンドゥク（ア・マ）、ハン（ト）、キャラヴァン・サライ（ペ）
隊商宿。商人や旅人の宿屋兼倉庫で、商品取引の事務所や工房などに使われるものもある。メディナの中にある都市型隊商宿と、交易ルートにある郊外型隊商宿がある。詳しくは、「商業施設と都市構成」を参照。
・ハンマーム（ア・ペ）、ハマム（ト）、ギャルマーベ（ペ）
公衆浴場。本来は私的な浴室を含む。
・ベデステン（ト）
トルコの市場の中で、貴金属やカーペットなど高価な商品を販売する店舗が集まり、一段と堅固に造られた商業施設。
・マクハー（ア）、チャイハネ（ト）、カフヴェハーネ（ト・ペ）
コーヒーやお茶を出す店。
・マドラサ（ア・ペ）、メデルサ（マ）、メドレッセ（ト）、マドラセ（ペ）
イスラーム世界における高等教育機関。
・マーリスターン（ア・ペ）、ビーマーリスターン（ア・ペ）、ムスタシュファー（ア）、ハスタネ（ト）
病院。
・ミーダーア（ア）、シャドルヴァン（ト）
公共の沐浴場。

・ミナレット、ミンザナ（ア）、マナーラ（ア）
モスクに付属する尖塔。礼拝の告知（アザーン）を流す塔。かつては塔の上からムアッジン（アザーンを呼びかける人）が肉声で行なっていた。
・ミフラーブ（ア）
キブラ壁にある壁龕。半円形のくぼみを中心に、大理石やタイルなどで一段と素晴らしい装飾が施されている。
・ミンバル（ア）
説教壇。イマームが信者に向かい、イスラームの教えを説く場所となる。
・モスク、マスジド（ア・ペ）、ジャーミ（ト）、マスジェド（ペ）
イスラーム教の礼拝堂。特にマスジド・ジャーミーあるいはジャーミー（ア）、ウル・ジャーミ（ト）、マスジディ・ジャーミ（ペ）は、金曜午後の最初の礼拝を集団で行なう礼拝堂で、大モスク、金曜モスクと呼ばれる。
・ラブァ（ア）
隊商宿（ハーンやワカーラ）の上部階が、集合住宅化したもの。現代のマンションやアパートのような構成をもち、市民に貸し出されていた。

〈住宅用語〉

・イーワーン（ア）、エイヴァン（ト）、リヴァン（ト）、イーヴァーン（ペ）、リワーク（ア）、ターラール（ア・ペ）
中庭に面し、屋根をかけ、太陽を背にするように大きく中庭に開いた半戸外空間。主に夏に使われ、庭との境に柱があるタイプと、柱がなくアーチで区切られているタイプとがあり、呼び名が異なる。その形態の発祥はメソポタミア、ペルシャ地域とされる。
・カーア（ア）、ドゥル・カーア（ア）

広間、大広間。
・カスル（ア・ペ）、サライ（ト）、カーフ（ペ）
宮殿、大邸宅。
・グルファ（ア）、バイト（マ）、オダ（ト）、オターグ（ペ）
部屋。
・スキーファ（マ）
玄関ホールで、簡単な接客も行なわれる。
・セラムリック（ア）、セラームルック（ト）、ビールーニー（ペ）
住宅での男性向けの空間。男性たちが団欒や接客などに使用する。
・ソファ（ト）、ハイヤット（ト）、セルギャーフ（ト）、ディヴァンハーネ（ト）
家の中心に設けられた広間や居間。そこから各部屋に出入りする廊下の役割もになう。形態や機能がほとんど同じであっても、地域によって呼称が異なっている。
・ドリーバ（マ）
玄関通路。
・バイト（ア）、マンジル（ア）、ダール（マ）、エヴ（ト）、ハーネ（ペ）
家、住居。
・ハダムリック（ア・ト）
台所や水周りなどを中心としたサービス空間。
・バドギール（ア）、バードギール（ペ）
自然の風を室内に取り込むため住宅の屋上に取り付けられたウィンド・キャッチャー。住宅内で風を循環させ、涼をとる仕掛けがなされている。部屋の床などに水装置を設け、気化熱をうばうことによって、気温を下げる工夫も見られる。

・ハレムリック（ア・ト）、ハリーム（ア）、ハレム（ト）、アンダールーニー（ペ）
住宅の中で、家族や女性が生活する部屋や空間。

・フィナー（ア）、サーハ（ア）、サハン（ア）、ホウシュ（ア）、ウスト・ダール（マ）、アウル（ト）、ハヤート（ペ）
中庭。

・マクァド（ア）
露台。カイロの伝統的な住宅によく見られ、中庭を見下ろすステージのように二階、ときには三階に設けられている。中庭との境は連続アーチで飾られ、主に夏に男性の接客に使われる。機能的にはイーワーンと同じである。

・マトゥバフ（ア）、ムトファク（ト）、アーシュパズハーネ（ペ）
台所。

・マシュラビーヤ（ア）
格子窓。木製や漆喰の窓に、幾何学模様やコーランの文句などの細かい装飾が掘られており、採光や通風に適している。部屋の内部から外を見ることができるが、外からは内部が伺えない。かつて女性達は家の外に出ることが難しく、家族以外の男性から見られることを避けていたため、そこから外を覗き、街の雰囲気や来客の様子を伺っていた。

・ラウダ（ア）、プスターン（ア・ペ）、バフチェ（ト）、バーグ（ペ）
庭園。宮殿や邸宅で、緑や水を使って演出された庭。広義には、果樹園、菜園、住宅の中庭などを指すこともある。

・リワーク（ア）、ブルタール（マ）
中庭と部屋の間に設けられた連続アーチで飾られる柱廊部分。中庭の四面を巡る本格的な形式から、三面、二面、一面を巡るもの、あるいはまったくない場合もあり、それによって住宅の格式を知る指標ともなる。また、時代によりアーチの形態も異なる。柱廊が巡る点では、古代ローマの住宅に見られるペリスティリウムに似ている。

〈一般用語〉
・アザーン（ア）
一日に五回行なわれる礼拝の呼び掛け。アザーンを唱える人をムアッジンと呼ぶ。
・アッラー（ア）
イスラームにおける唯一絶対の神。
・イマーム（ア）
イスラーム教の説教を行う導師。
・キブラ（ア）
メッカのカーバ神殿の方向。モスクなどでメッカに向けられた壁をキブラ壁といい、たいていミフラーブが設けられている。
・コーラン（ア）
正確にはクルアーンと発音し、預言者ムハンマドが伝えた神の言葉がアラビア語で記されている。内容として、神観念、人類の歴史、天国と地獄、終末、イスラーム教徒としての生活規範や行動・作法、結婚や離婚、財産分与や売買など、多岐にわたってイスラーム教の規範が書かれている。
・ハッジュ（ア）

メッカ巡礼。イスラーム教徒に課せられた義務で、巡礼月（イスラーム暦の一二月）の三日間に、巡礼の儀式を行なう。巡礼日後のお祭りは重要なもので、羊や牛がさばかれ、盛大な料理が振舞われる。巡礼を終えた人はハッジと呼ばれ、その人が住む家の入口の壁などに、巡礼を称える言葉やカーバ神殿の姿が書かれているのを目にすることができる。

・フトバ（ア）

説教。金曜日の集団礼拝の時などに行なわれる。

・ラマダーン（ア）

イスラーム暦で九月の一ヶ月間、日の出から日没まで、飲食を一切とらない行事が行なわれる。ラマダーンとは、実際には九月のことを指し、断食はサウム（ア）という。断食は、皆で食べ物が取れない苦しみを共感しようとするものであるが、現在ではむしろこの期間を楽しんでいる。断食明けのお祭りは盛大に行なわれ、苦痛に耐えた喜びを皆でたたえ合い、親類や友人の家を互いに訪問して、料理やお菓子などでもてなしが行なわれる。

・ワクフ（ア）

宗教施設や公共施設に対して行なわれるイスラームの寄進制度。

あとがき

この十数年、我が国においても、イスラーム世界の都市に関する研究がとみに活発になった。一九八八年から三年間行なわれた「イスラームの都市性」に関する研究プロジェクトが大きな役割を果たし、歴史学、人類学、考古学、社会学、地理学などの分野の研究者を中心に、イスラーム世界の都市、あるいは都市社会に関する研究成果が続々と刊行されてきた。

だが一方、我々の建築の分野は残念ながら、だいぶ遅れをとっている。そもそも建築史の領域での研究テーマとしては、近年、東アジア、東南アジアの前近代・近代の歴史、そして日本の近代の歴史に人気が集まり、その反面、ヨーロッパ研究も一頃に比べ低調で、ましてや中東・イスラーム世界の研究に取り組む研究者は残念ながら、いっこうに増えないのが実情である。これほど面白い建築や都市空間がイスラーム世界の各地に見られるというのに、残念でならない。その生活空間の実像を伝え、魅力を解明する、建築分野からのまとまった書物をできるだけ早く出版することが急務と感じられたことから、本書が企画された。

本書は、法政大学陣内研究室でこの十数年取り組んできた中東・イスラーム世界の都市に関するフィールド調査の成果を中心に編集し、日本における数少ないイスラーム建築史の専門家で優れた研究を次々に発表している山田幸正氏、深見奈緒子氏の協力を得ながら実現したものである。イスタンブルに関しては、オスマン朝都市史が専門の林佳世子氏に協力していただいた。

編者の一人、陣内にとって、初めてイスラーム世界の都市に出会ったのは、ヴェネツィアに留学していた一九七四年の晩秋であった。ちょうどその年、日本におけるイスラーム建築史の第一人者、石井昭先生がテヘランを拠点にイランの歴史的な建築を本格的に調査研究されていた。幸いにも、ヴェネツィアにいた陣内は先生のお誘いを受け、イランの主要部分をジープで調査して回るという願ってもない機会を得た。数多くの都市を訪ね、賑わいに満ちたバーザールで感激し、モスクやキャラヴァンサライなど多くの建築や都市施設の素晴らしさに圧倒された。実際の建築や都市空間を前に、現地で専門家の石井先生から魅力溢れるレクチャーを受けるという、何とも贅沢な旅であった。同時に、自由時間を活用して、一人で街の中を徘徊し、民家の中に入れてもらって、(言葉はわからずとも)もてなしを受けるということも幾度となくあった。この調査旅行での貴重な体験が、陣内にとって後に、イスラーム世界の都市研究へ向かわせる大きな動機づけとなった。石井昭先生にはこの場を借りて心から感謝申し上げたい。

もう一人の編者、新井は、学生の時にヨーロッパやエジプトを中心とした旅をしていく中で、地中海建築に早くから関心をもった。カイロには一九八七年に初めて行き、事前にさほど情報を得ていなかったため、驚きの連続であった。遺跡はもちろんのこと、それ以上に旧市街での徘徊は刺激的であった。人やモノでごった返す市場、一日五回いたるところから聞こえてくるアザーンの声、そして圧倒的なスケールで迫ってくるイスラーム建築の数々、あたかも中世にタイムスリップしたかのような不思議な体験となった。そのような経験から、一見して複雑で無秩序のような都市空間が、はたしてどう造られているのか、解き明かしたいという思いから、陣内研究室で学ぶことになった。折しも研究室で取り組み始めたイスラーム世界の都市のフィールド調査に最初から参加することができ、トルコ、モロッコ、そしてシリアのダマスクス、チュニジアにおける調査で常に中心的な役割を果たすことになった。その経験の中から、旧市街の保存状態や地図を含む文献史料の豊富さ、さらにシリア人の人柄の良さなどで、ダマスクスを留学先に選び、ダマスクス大学、フランス・アラブ研究所で、アラブ・イスラーム世界の都市・建築史に関する研究を深めることができた。

こうして、もともとイタリアで都市研究の方法を学び、地中海世界のヨーロッパ側から中東・イスラーム世界に関心を広げた陣内と、シリアで学び、まさにアラブ地域の中心から中東・イスラーム世界を研究する新井とが共同する形で、本書がとりまとめられた。

この本が構想されてから出版に漕ぎ着けるまでにだいぶ年数を費やしてしまったが、その間に、二〇〇一年九月一一日、ニューヨークで乗客と乗員を乗せた航空機ごとビルに突入するという衝撃的な事件が起こった。この事件を切っ掛けに、イスラーム過激派の存在が急激にクローズアップされ、アメリカによるアフガニスタン攻撃が連日報道されて、それまでイスラーム世界に関心がなかった人たちまでもが、注目することになった。ともするとイスラーム教徒は怖い、悪いという単純なイメージが先行しがちであったが、一方、背後に横たわる民族問題、領地問題、貧富の格差などの複雑な問題を直視し、イスラーム社会を正当に理解することの必要性もおおいに説かれ、多くの人々の共感も得た。

実際、イスラーム世界を構成する大半の地域の人々は、成熟した文化を持ち、安定した秩序を求めている。長い年月の間、連綿と築き上げられてきた都市文化や生活スタイルは、現代社会に生きる我々にも、大いなるヒントを与えてくれるのである。

イスラーム世界は、東は中央アジア、インドネシア、西はモロッコに至るまで、広大な範囲に及んでいる。イスラーム教という共通した基盤の上にあるが、それぞれの地域を観察すると、歴史的背景は異なり、気候・風土も同じというわけではない。中東世界にあっても、アラブ、トルコ、イランとそれぞれ民族が異なり、言語も違い、文化の多様性を見せる。一様にイスラーム世界をとらえるのでなく、相違性や地域ごとの固有の文化を考慮しながら、一つ一つを掘り下げていく必要がある。本書でも、そうした発想に立ち、さまざまな地域の都市を取り上げながら、その社会や文化を深く理解しようと努めた。

また本書では、イスラーム世界の中での多様性を尊重する立場から、都市や建築に関する用語についても、国や地域ごとの違いにできる限り配慮した。現地で使われる用語の発音に近づけて表記するように試み、巻末には、その用語の解説を付けた。

ところで、我々がこれまで行なってきたフィールド調査は、地中海周辺に広がるイスラーム世界を中心とするものであった。地中海をはさむ西欧とイスラーム世界の間に、都市や建築、そして生活スタイルから見て、いかなる共通性と違いがあるのか、交流と対立の歴史をも考慮に入れて、研究を進めてきた。そのため、やや地理的に離れたアラビア半島での調査はまだ行なっておらず、これからの課題としたい。その代わり本書では、東西の文化交流で重要な役割を演じたイラン、中国西域のイスラーム地域を取り上げ、比較の視点を充実させることを意図した。

本書の出版を実現するまでに、大勢の方々にお世話になった。まず、日本におけるイスラーム研究を精力的に推進しておられる多くの専門家の方々から多大なご教示をいただいたことを感謝申し上げたい。建築の分野から中東・イスラームの都市研究に取り組む我々にとって、歴史学、人類学、考古学、社会学、地理学など、文系諸分野の研究者の方々との日常的な交流が、何よりもの大きな糧になった。板垣雄三先生、後藤明先生をはじめ、「イスラームの都市性」の研究プロジェクトを中心的に推進された方々にはとりわけお世話になった。その傘下で実現した文部省科学研究費による海外調査研究では、現地を巡りながら佐藤次高、三浦徹、鈴木董、八尾師誠、浜下武志、樺山紘一という錚々たる先生方から多くのご教示をいただいた。その際、カイロ近郊のフスタートでは、発掘の仕事に携わる川床睦夫氏に初期イスラーム時代の都市遺跡の詳しいご案内をいただいた。また、研究プロジェクトが始まった頃に研究会でうかがった黒木英充氏によるアレッポの都市空間に関する発表は刺激に満ちた内容であったし、宮治美江子氏のチュニジア、羽田正氏のイラン、本書にも協力いただいた林佳世子氏のトルコ、坂本勉氏のトルコ及びイラン、加藤博氏のエジプト、三木亘氏の中東全般に関する研究から教えを得ることが実に多かった。特に、三浦徹氏が出版された『イスラームの都市世界』には、中東・イスラームの都市世界の全体像が形態から社会の仕組みまで見事に描かれており、我々もそこから研究上のパースペクティブを得ることができた。

佐藤次高氏が中心となり、小杉泰、私市正年をはじめとする方々と取り組んだB・S・ハキームの著書（邦題『イスラム都市——アラブのまちづくりの原理』）を翻訳するという仕事も、陣内にとって貴重な体験であった。

一方、様々な文明の交流の場となった地中海世界を学際的に研究する「地中海学会」においても、イスラーム研究がご専門の牟田口義郎、片倉もとこ、内藤正典らの諸先生、そしてすでにお名前の挙がった多くの研究者の方々、さらには太田敬子、鷹木恵子、堀井優らの続く世代の方々から常に、広い視野からの中東世界に対する見方をお教えいただいた。

「イスラームの都市性」に続く、研究プロジェクト「現代イスラーム世界の動態的研究」(通称「イスラーム地域研究」一九九七―二〇〇二年)においては、岡部篤行、浅見泰司の両氏を中心とする、小松久男、寺阪昭信、及川清昭、曲渕英邦、深見奈緒子、江川ひかり、鶴田佳子、山下公王といった方々との共同研究、「地理情報システムによるイスラーム研究」を通じて数多くの新たな知見を得られた。また、本書をまとめるにあたり、西アジアにおけるイスラーム時代以前の古代の都市に関して、岡田保良氏からご教示をいただいた。さらに、現地の調査・研究において、シリアでは留学生の谷口淳一、大河原知樹の両氏、モロッコでは建築文化遺産保護に携わっていた海外青年協力隊員の方々、そして留学生の松原康介氏に、大いにお世話になった。お名前をすべて挙げることはできないが、お世話になった日本の数多くの研究者の方々にこの場を借りてお礼を述べたい。

一方、海外の数多くの専門家の方々にも我々の研究にとっての多大なサポートをいただいた。シリアでは、元シリア国立博物館館長のアフィーフ・バハナシー氏、フランス・アラブ研究所のアブド・アッラザーク・モアーズ氏をはじめとする諸先生方、ダマスクス大学建築学部のナジーフ・カワキビー氏、ドイツ考古学研究所の方々、トルコでは、ミマール・シナン大学のジェンギズ・エルズン氏、イスタンブル工科大学のアイセ・セマ・クバット氏に多くのご教示をいただいた。チュニジアでは、東京在住のメッセルマニ氏からご紹介いただいた各地の建築家の方々が貴重な情報を提供して下さった。シリアのダマスクス調査では、アブダラ・アラジュ氏と彼の家族に大変お世話になった。これらの方々に心より感謝したい。

そして、本書の企画に賛同し、その内容を充実させる上で大きな貢献をして下さった執筆者の山田幸正氏、深見奈緒子氏、林佳世子氏には、厚くお礼申し上げる。本書でトルコの部分のもととなった『トルコ都市巡礼』（PROCESS：Architecture No. 93）のために、現地調査・執筆を精力的に担ったのは谷水潤氏であったが、惜しくも早逝された。今は亡き谷水氏に本書を捧げたい。

この本の屋台骨を構成する法政大学陣内研究室が手掛けた中東・イスラーム世界の都市に関する一連のフィールド調査には、研究室に在籍した大勢の人々が参加した。中東の地で調査のために奮闘したこれらのメンバーの方々には感謝の意を伝えたい。

なお、本書の内容の七割ほどは、これまで様々な機会に雑誌、専門誌等に発表してきた調査報告に加筆修正をほどこしたものである。お世話になった編集担当者の方々にお礼を述べたい。そして、この膨大な原稿と図版資料を収録した本書を刊行して下さった法政大学出版局と、とりわけ手のかかる編集作業を担当して下さった秋田公士・佐藤憲司の両氏に心よりお礼申し上げる。

最後に、フィールド調査で訪ねたそれぞれの都市で、我々を快く迎え、調査にご協力下さった数多くの住民の方々に深く感謝したい。中東・イスラーム世界の人々のホスピタリティの大きさに支えられてこそ実現できたのが、我々の一連の調査であり、またこの本だったといえるのである。

二〇〇二年七月三一日

陣内秀信
新井勇治

編者略歴

■ 陣内秀信（じんない ひでのぶ）
1947年福岡県生まれ。1973年東京大学大学院工学系研究科修士課程修了。1980年東京大学大学院工学系研究科博士課程単位取得退学。イタリア政府給費留学生としてヴェネツィア建築大学に留学（1973～75年），ユネスコのローマ・センターで研修（1976年）。歴史の層が重なったイタリアの都市を解読する研究方法を学び，ヴェネツィアや南イタリア都市でフィールド研究を行なう。同時に，都市再生の方法を研究する。

東京大学工学部助手を経て，現在，法政大学工学部教授。博士（工学）。

パレルモ大学契約教授（1986年），トレント大学契約教授（1995年）。

サントリー学芸賞，日刊工業新聞技術・科学図書文化賞優秀賞，建築史学会賞，地中海学会賞。
＊現在の研究テーマ
南イタリア，アンダルシアの都市に関するフィールド調査を継続し，イスラーム世界を含む地中海都市の特質を描く研究に取り組んでいる。同時に，ヴェネツィア，アマルフィ，ジェノヴァ，ピサの海洋都市の比較研究を進めている。
＊著書・研究論文
「ヴェネツィア庶民の生活空間──16世紀を中心として」『社会史研究』3号，『ヴェネツィア──都市のコンテクストを読む』鹿島出版会，『東京の空間人類学』筑摩書房，『都市を読む＊イタリア』法政大学出版局，『都市と人間』岩波書店，『東京』文藝春秋，『ヴェネツィア──水上の迷宮都市』講談社，『ヴェネツィア──光と陰の迷宮案内』NHK出版，『南イタリアへ！』講談社，『イタリア──小さなまちの底力』講談社，『水辺から都市を読む──舟運で栄えた港町』（共編著）法政大学出版局，『シチリア──〈南〉の再発見』淡交社，ほか。

■ 新井勇治（あらい ゆうじ）
1965年東京都生まれ。1993年法政大学大学院工学研究科建設工学専攻修士課程修了。1999年法政大学大学院工学研究科建設工学専攻博士課程単位取得退学。講談社の野間アジア・アフリカ奨学金留学生（1993～96年）として，シリアのダマスクス大学建築学部，フランス・アラブ研究所（Institut Français d'Etudes Arabes de Damas）にて，ダマスクスの旧市街の都市空間，伝統的住宅の研究を行なう。日本学術振興会特別研究員CD（法政大学大学院工学研究科に所属），同PD（東京大学大学院工学系研究科都市工学専攻に所属，その後東京大学空間情報科学研究センターに所属）を経て，現在，国士舘大学イラク古代文化研究所研究員，ならびに工学院大学専門学校講師。
＊現在の研究テーマ
シリア，トルコ，モロッコ，チュニジアなど地中海に面する中東地域を中心に，旧市街（メディナ）の都市構造やイスラーム建築の形態，そして伝統的な住宅の構造について，その使われ方や住まい方など，人と建築の関係，生活空間などに着目しながら考察・研究を行なっている。
＊著書・研究論文
「ダマスクス旧市街における街区の構成に関する考察」『民俗建築』第111号，「アラブ・イスラーム都市の構成と住宅について」『民俗建築』第113号，『PROCESS: Architecture No. 93 トルコ都市巡礼』（共著），「マラケシュ物語」『SD』1991年4月号（共著），「フェズ物語」『SPAZIO』43号（共著），『季刊iichiko No. 26 ダマスクスの文化学』（共著），「いまに生きる都市」『at』1992年5月号（共著），「トルコのキャラバン都市／ギョイヌック」『SD』2000年4月号（共著），「ギョイヌック」『実測術』学術出版社，ほか。

執筆者・執筆協力者略歴

［執筆者略歴］

■ 山田幸正（やまだ ゆきまさ）
1954年東京都生まれ。1979年東京都立大学大学院工学研究科建築学専攻修士課程修了。国際協力事業団青年海外協力隊員として，モロッコ王国フェズ市に派遣（1983～85年）。メディナを中心にフェズ市内の建築行政にたずさわる。エジプト・カイロの日本学術振興会海外研究連絡センター派遣研究員，およびカイロ・アメリカン大学客員研究員となる（1994～95年）。カイロの旧市街に遺存するワカーラ・ラブァなどを対象に調査・研究を行なう。現在，東京都立大学大学院工学研究科建築学専攻・助教授。博士（工学）。
＊現在の研究テーマ
エジプト，トルコ，レバノンなどの地域を対象に，中世マムルーク朝期から近世オスマン朝期の都市建築遺構について，建築様式史的あるいは都市史的な観点から分析・考察している。
＊著書・研究論文
「モロッコ・フェズにおける都市型隊商施設（フンドゥク）の建築類型と商業的機能について」『日本建築学会計画系論文集』第482号，「エジプト・カイロにおける都市型隊商施設（ワカーラ）の建築的実態と歴史的変化について」『日本建築学会計画系論文集』第489号，『図説世界建築史6　イスラム建築』（翻訳）本の友社，『アジア読本・アラブ』（共著）河出書房新社，『銭湯へ行こう・イスラム編』（共著）TOTO出版，ほか。

■ 深見奈緒子（ふかみ なおこ）
1956年群馬県生まれ。1981年東京都立大学大学院工学研究科建築学専攻修士課程修了。現在，東京大学東洋文化研究所，ならびに横浜国立大学大学院工学研究科において非常勤講師を勤める。博士（工学）。
＊現在の研究テーマ
イランにおいてイスファハーンの都市調査，およびカーシャーンの住宅調査などを実施し，分析・考察を行なう。また，インドのイスラーム建築についても研究を進めており，東京大学東洋文化研究所のホーム・ページにインド・イスラム史跡のデータベースを公開中（http://www.ioc.u-tokyo.ac.jp /index.html）。
＊著書・研究論文
「イスファハーンのマドラサ調査から」『東洋文化研究所紀要』第137冊，「イスファハーンのサファヴィー朝期の住宅に関する一考察」『東洋文化研究所紀要』第139冊，「建築からみたイスラーム・環インド洋世界」『講座世界史　第14巻　イスラーム・環インド世界 16－18 世紀』岩波書店，「イランの建築，都市，伝統的住居，市場，水施設，庭園，ズール・ハーネの項」『地球の歩き方イラン編』ダイアモンド社，ほか。

■ 谷水　潤（たにみず じゅん）
1956年埼玉県生まれ（～1999年）。1982年東京都立大学大学院工学研究科建築学専攻修士課程修了。1990年東京都立大学大学院工学研究科建築学専攻博士課程単位取得退学。イスタンブル工科大学建築学部に留学し，建築史，保存修復学を学ぶ（1986～88年）。
＊著書
「トルコのイスラム建築」『PROCESS：Architecture No.27 空間と伝統　トルコの建築』，『PROCESS: Architecture No.93 トルコ都市巡礼』（共編），『建築巡礼 17 イスタンブール』（共著）丸善株式会社

■ 林佳世子（はやし かよこ）
1958年山口県生まれ。1984年お茶の水女子大学人文科学研究科修士課程修了。1988年東京大学人文科学研究科博士課程中退。東

京大学東洋文化研究所助手を経て，現在，東京外国語大学外国語学部助教授。
＊現在のテーマ
オスマン朝都市史研究。主にオスマン朝下の都市におけるワクフ制度（宗教寄進制度）の展開をテーマとしている。
＊著書・研究論文
『オスマン帝国の時代』（山川出版社），『イスラム都市研究』（共著）東京大学出版会，「トルコ・イラン」『西アジア史』（永田雄三編）山川出版社，*Islamic Urban Studies: Historical Review and Perspectives*, Edited by Masashi Haneda and Toru Miura,（共著）Kegan Paul International, London

■ **柘　和秀**（つげ かずひで）
1969年東京都生まれ。1995年法政大学大学院工学研究科建設工学専攻修士課程修了。中国政府給費留学生（1993～94年）として，上海同済大学に留学。現在，建築設計事務所勤務。
＊著書
「中国・新疆の住空間」『民俗建築』第107号，「中国シルクロード・ウイグル族の住まい 1-3」『新建築』1995年1－3月号，「カシュガル」『実測術』学術出版社

■ **今村文明**（いまむら ふみあき）
1962年鹿児島県生まれ。1986年法政大学工学部建築学科卒業。青年海外協力隊員として，モロッコ・ラバトの文化省文化財管理局でメディナの修復，再生計画にたずさわる（1987～90年）。現在，建築設計事務所主宰。
＊著書
「マラケシュ物語」『SD』1991年4月号（共著），「フェズ物語」『SPAZIO』43号（共著），『迷宮都市モロッコを歩く』NTT出版，『ワールドミステリーツアー13　地中海編』（共著）角川書店，「マラケシュ」『実測術』学術出版社

■ **鈴木茂雄**（すずき しげお）
1966年新潟県生まれ。1993年法政大学大学院工学研究科建設工学専攻修士課程修了。空間研究所（1993～2000年）を経て，現在，studio sync（建築設計事務所）主宰。
＊著書
「マラケシュ物語」『SD』1991年4月号（共著），「フェズ物語」『SPAZIO』43号（共著），『季刊 iichiko No.26 ダマスクスの文化学』（共著），「いまに生きる都市」『at』1992年5月号（共著），「ダマスクス」『実測術』学術出版社

■ **鎌田康嗣**（かまた やすし）
1968年宮城県生まれ。1991年法政大学工学部建築学科卒業。現在，東日本旅客鉄道（株）東北工事事務所開発調査室勤務。
＊著書
「フェズ物語」『SPAZIO』43号（共著）

■ **佐藤隆行**（さとう たかゆき）
1972年群馬県生まれ。1999年法政大学大学院工学研究科建設工学専攻修士課程修了。現在，建築設計事務所勤務。

■ **米田圭吾**（よねだ けいご）
1975年大分県生まれ。2000年法政大学大学院工学研究科建設工学専攻修士課程修了。現在，ミサワホーム（株）設計統括部勤務。

[執筆協力者略歴]

■ **豊島さおり**（とよしま さおり）
1974年東京都生まれ。2001年法政大学大学院工学研究科建設工学専攻修士課程修了。イスタンブル工科大学建築学部都市計画学科（1998～99年）に留学し，伝統的な都市や建築の保存・再生について研究を行なう。現在，株式会社アーク・コミュニケーションズ（出版・編集）勤務。

■ **杉山俊彦**（すぎやま としひこ）
1965年東京都生まれ。1991年東京工業大学総合理工学研究科社会開発工学専攻修士課程修了。現在，東日本旅客鉄道（株）建設工事部，駅・サービスG勤務。

執筆(分担)者・調査参加者・図版作成者一覧

■ なぜ今，イスラーム世界の都市か
執筆者：陣内秀信

■ 都市の空間構造
執筆者：陣内秀信，新井勇治

■ 宗教施設と都市のコンテクスト
執筆者：山田幸正

■ 商業施設と都市構成
執筆者：山田幸正

■ 住宅と住宅地
執筆者：陣内秀信
執筆協力者：新井勇治

■ イスラーム世界の都市空間の特質
執筆者：陣内秀信

■ シリア
執筆者：新井勇治
執筆協力者：陣内秀信，鈴木茂雄，鎌田康嗣（マアルーラに関して），杉山俊彦（マアルーラに関して）
調査参加者：陣内秀信，新井勇治，鈴木茂雄，林幸稔，梁涛，柘和秀，陣内美子（1991年），新井勇治，鎌田康嗣，杉山俊彦（1994年），新井勇治，及川清昭，曲渕英邦，谷田明義，山下雅絵（1999年）
図版作成者：新井勇治，鈴木茂雄，林幸稔，梁涛，柘和秀，鎌田康嗣，杉山俊彦，押川考一郎，安藤正人，石原篤

■ チュニジア
総括：陣内秀信，新井勇治
執筆分担者：米田圭吾（チュニジアの都市を読む，チュニス，カイラワーン，スファックス），佐藤隆行（スース）
調査参加者：陣内秀信，新井勇治，高村雅彦，柳瀬有志，佐藤隆行，米田圭吾（1996年），新井勇治，佐藤敦彦（2001年）
図版作成者：佐藤隆行，米田圭吾，蔵原真弓，鈴木のり子

■ モロッコ
執筆分担者：陣内秀信，今村文明，新井勇治，鈴木茂雄（フェズ，マラケシュ），鎌田康嗣（フェズ）
調査参加者：陣内秀信，今村文明，新井勇治，鈴木茂雄，鎌田康嗣，難波匡甫（1990年），今村文明，新井勇治，佐藤敦彦，松原康介（2001年），今村文明，新井勇治，松原康介（2002年）
図版作成者：今村文明，新井勇治，鈴木茂雄，鎌田康嗣

■ トルコ
執筆分担者：陣内秀信，谷水潤，林佳世子，新井勇治（「トルコの建築と都市の特質」を陣内秀信・谷水潤が担当。「イスタンブル――東西の融合」の中で，「海と丘の風景」，「ビザンツの遺産」，「スルタンの栄華」，「欧化の舞台」を林佳世子，「オスマンの構築美」「喧騒と迷宮・バザール」「海にひらく街」「伝統への再評価」を谷水潤が担当。イスタンブル以外の都市については，主として街並みや民家を陣内秀信・新井勇治，モスクやマドラサなどのイスラーム建築を谷水潤が担当）
執筆協力者：豊島さおり
調査参加者：陣内秀信，谷水潤，林佳世子，新井勇治，出広美穂，西河哲也（1989年），陣内秀信，新井勇治，鶴田佳子，豊島さおり，宍戸克実，押川考一郎（1999年）
図版作成者：新井勇治，出広美穂，豊島さおり

■ イラン
執筆者：深見奈緒子
図版作成者：深見奈緒子

■ 中国西域
執筆者：柘和秀
図版作成者：柘和秀

■ 用語解説
執筆者：新井勇治

■ あとがき
執筆者：陣内秀信，新井勇治

図版引用文献・初出一覧

[図版引用文献]

■ 都市の空間構造

L. Benevolo, *Storia della città*, Roma-Bari, 1976
図 9, 11

F. Pasini, *Ostia antica*, Roma, 1978
図12

N.Schoenauer, *6000 Years of Housing—The Oriental Urban House*, 1981
図10

『イスラム事典』平凡社，1982年
図26

F. Fusaro, *La città islamica*, Roma-Bari, 1984
図18

H. Gaube & E. Wirth, *Aleppo*, Wiesbaden, 1984
図 5

L. Micara, *Architettura e spazi dell' Islam—Le istituzioni collettive e la vita urbana*, Roma, 1985
図 4, 7, 88, 14, 16, 22, 23

B. S. Hakim, *Arabic Islamic Cities*, London, 1986
図 1, 24

P. Cuneo, *Storia dell' urbanistica-Il mondo islamico*, Roma-Bari, 1986
図 3, 6, 13, 15, 17, 20

■ 宗教施設

K. A. C. Creswell, *The Muslim Architecture of Egypt vol.II*, Oxford, 1959
図12, 13

H. Terrasse, *La mosquée al-Qaraouiyin à Fes*, Paris, 1968
図11

K. A. C. Creswell, *Early Muslim Architecture vol.I*, Oxford, 1969
図 2

K. A. C. Creswell, *Early Muslim Architecture vol.II*, Oxford, 1969
図 5

H. & R. Leacroft, *The Buildings of Early Islam*, London-Edinburgh, 1979
図 1

H. Stierlin, *Architecture de l'Islam*, Fribourg, 1979
図 4

石井昭編『世界の建築　第 3 巻　イスラーム』学習研究社，1983年
図 8

A. Raymond, "Cairo's Area and Population in the Early Fifteenth Century", O.Grabar ed., *Muqarnas: An Annual on Islamic Art and Architecture*, New Haven and London, 1984
図16

日本建築学会編『東洋建築史図集』彰国社，1995年
図 6, 7

■ 商業施設

A. Raymond, *Le Caire*, Paris, 1993
図 4, 5

■ 住宅と住宅地

L. Benevolo, *Storia della città*, Roma-Bari, 1976
図 5

J. Revault & B. Maury, *Palais et maisons du Caire du XIVᵉ au XVIIIᵉ siècle III*, le Caire, 1979
図 9, 30

J. Revault, *Palais et demeures de Tunis (XVIᵉ et XVIIᵉ siècles)*, Paris, 1980
図 7, 8, 25

N. Schoenauer, *6000 Years of Housing—The Oriental Urban House*, 1981
図 1

J. C. Garcin & J. Revault, *Palais et maisons*

du Caire—epoque mamelouke, Paris, 1982
図 6

J. Warren & I. Fethi, *Traditional House in Bagdad*, Horsham, 1982
図 3, 4, 15, 16

E. Guidoni, *Vicoli e cortili*, Palermo, 1982
図28

B. Maury, *Palais et maisons du Caire du XIVe au XVIIIe siècle IV*, le Caire, 1983
図17, 18, 19

V. Alliata, *Le case del paradiso*, Milano, 1983
図 2

B. S. Hakim, *Arabic Islamic Cities*, London, 1986
図20

■ ダマスクス

フランス・アラブ・ダマスクス研究所提供
Plan cadastral

J. Sauvaget, *Les monuments historiques de Damas*, Beyrouth, 1932
図10

H. Stierlin, *Architecture de l'Islam*, Suisse, 1979
図20

S. Cantacuzino, *Architecture in continuity —Building in the Islamic world today*, 1990
図86

■ チュニジア

チュニス・メディナ保存局提供
図15（原図をもとに図版作成），16, 20

Plan directeur de Sfax, Rèpublique Tunisienne ministère de l'èquipement direction de l'amènagement du territoire, 1975
図61, 73

J. Revault, *Palais et demeures de Tunis (XVIe et XVIIe siècles)*, Paris, 1980
図21-3，21-4，35-3，35-4

J. Revault, *Palais et demeures de Tunis (XVIIIe et XIXe siècles)*, Paris, 1983
図21-5，35-5

B. S. Hakim, *Arabic Islamic Cities*, London, 1986
図13（本文献の図をもとに図版作成）

J. Abdelkafi, *La medina de Tunis*, Tunis, 1989
図29（本文献の図をもとに図版作成）

Groupe de recherches et d'etudes sur le proche—orient, *L'Habitat traditionnel*, le Caire, 1990
図27（本文献の図をもとに図版作成），58（本文献の図をもとに図版作成）

S. Santelli, *Medinas—Traditional Architecture of Tunisia*, Tunis, 1992
図17（本文献の図をもとに図版作成），38（本文献の図をもとに図版作成），57（本文献の図をもとに図版作成），58（本文献の図をもとに図版作成）

■ モロッコ

モロッコ文化省管財局提供
図11（資料をもとに図版作成），12, 14（資料をもとに図版作成），16, 20（資料をもとに図版作成），26, 51

モロッコ国土地理院発行
図42

P. Cuneo, *Storia dell'urbanistica—Il mondo islamico*, Romo-Bari, 1986
図17（本文献の図をもとに図版作成）

■ トルコ

ブルサ市役所提供
図99（原図をもとに図版作成）

サフランボル市役所提供
図106

Grelot, *Grund Serail à Constantinople*, 1680
図 8

G. Goodwin, *A History of Ottoman Architecture*, London, 1971
図33, 49, 51, 54, 78, 103

M. Sozen, *Diyarbakir'da Turk mimarisi*, Istanbul, 1971
図59, 61

H. Sumner-Boyd & J. Freely, *Strolling Through Istanbul*, Istanbul, 1972
図11, 17

W. Muller-Wiener, *Bildlexikon zur Topographie Istanbuls*, Tubingen, 1977
図23（本文献の図をもとに図版作成）
A. Koyunlu, *Le plan général du grand bazaar*, Istanbul, 1978
図20
S. H. Eldem, *Turkish Houses Ottoman Period I*, Istanbul, 1984
図108
P. Cuneo, *Storia dell'urbanistica—Il mondo islamico*, Romo-Bari, 1986
図14, 71, 72

■ イスファハーン

S. Rezakhan, *Map of Isfahan by Sultan Sayyed Rezakhan in 1924*, Teheran, 1984
図 1
Map No.215 Isfahan City, Gita Shenasi 社, Teheran, 1990
図 2
羽田正編著「シャルダン『イスファハーン誌』研究」『東京大学東洋文化研究所報告』, 1996年
図 3

［初出一覧］

陣内秀信「イスラム都市の空間的特質」『季刊カラム』114号，新日本製鉄株式会社，1989年

陣内秀信「イスラムの都市と住宅」『今後の都市型集合住宅のあり方に関する研究報告』住宅・都市整備公団，1990年

陣内秀信・谷水潤編『PROCESS：Architecture No. 93 トルコ都市巡礼』，プロセス・アーキテクチュア，1990年

法政大学陣内研究室「マラケシュ物語——迷宮のパラダイス」『SD』4 月号，鹿島出版会，1991年

法政大学陣内研究室「フェズ物語——モロッコ迷宮都市を読む」『SPAZIO』43号，日本オリベッティ，1991年

法政大学陣内研究室『季刊 iichiko No. 26 特集・ダマスクスの文化学』，日本ベリエールアートセンター，1993年

柘和秀「中国シルクロード・ウイグル族の住まい 1－3」『新建築』1－3 月号，新建築社，1995年

イスラーム世界の都市空間

2002年10月30日　初版第1刷発行

編　者　陣内秀信・新井勇治

発行所　財団法人　法政大学出版局
〒102-0073 東京都千代田区九段北 3-2-7
電話 03-5214-5540／振替 00160-6-95814
印刷　平文社
製本　鈴木製本所

ISBN4-588-78605-9

Printed in Japan